Michael Zeuske

Afrika – Atlantik – Amerika

Dependency and Slavery Studies

Edited by
Jeannine Bischoff and Stephan Conermann

Volume 2

Michael Zeuske

Afrika – Atlantik – Amerika

Sklaverei und Sklavenhandel in Afrika, auf dem Atlantik und in den Amerikas sowie in Europa

DE GRUYTER

Gefördert durch die Deutsche Forschungsgemeinschaft (DFG) im Rahmen der Exzellenzstrategie des Bundes und der Länder – Exzellenzcluster Bonn Center for Dependency and Slavery Studies (BCDSS) EXC 2036/1-2020, Projektnummer: 390683433

Funded by the Deutsche Forschungsgemeinschaft (DFG, German Research Foundation) under Germany's Excellence Strategy – Cluster of Excellence Bonn Center for Dependency and Slavery Studies (BCDSS) EXC 2036/1-2020, Project No.: 390683433

ISBN 978-3-11-153611-8
e-ISBN (PDF) 978-3-11-078716-0
e-ISBN (EPUB) 978-3-11-078721-4
ISSN 2701-1127
DOI https://doi.org/10.1515/9783110787160

Library of Congress Control Number: 2022943345

Bibliografische Information der Deutschen Nationalbibliothek
Die Deutsche Nationalbibliothek verzeichnet diese Publikation in der Deutschen Nationalbibliografie; detaillierte bibliografische Daten sind im Internet über http://dnb.dnb.de abrufbar.

Einbandabbildung: Quibangua (Sklaven-Baracke) an der Loango-Küste um 1770. Aus: Grandpré, Louis Marie Joseph Ohier de [auch: Degrandpré], Voyage á la côte occidentale d'Afrique fait dans les années 1786 et 1787, Bd. 1, Paris: DENTU Imprimieur-Libraire, 1801, S. 65. Alamy Stock Photo. Abbildungen S. V und S. VI: (S. V) „Ingenio Amistad. Propiedad del señor D. Joaquín de Ayestarán". Aus: García Mora, Luis Miguel; Santamaría García, Antonio (eds.), Los Ingenios. Colección de vistas de los principales ingenios de azúcar de la Isla de Cuba. El texto redactado por Cantero, Justo G. Con las láminas dibujadas del natural y litografiadas por Eduardo Laplante, Madrid: CEDEX-CEHOPU; CSIC, Fundación MAPFRE Tavera y EDICIONES Doce Calles, S.L., 2005, S. 170–175, hier S. 170. (S. VI) „Noir au bois Mayombe". Aus: Grandpré, Louis Marie Joseph Ohier de [auch: Degrandpré], Voyage á la côte occidentale d'Afrique fait dans les années 1786 et 1787, 2 Bde., Paris: DENTU Imprimieur-Libraire, 1801, Bd. II, S. 49. Satz: Integra Software Services Pvt. Ltd.

www.degruyter.com

Dibujado y litografiado por F.^{co} LAPLANTE   publicado por L.Marquier y Lapierre Obrapia nº 13½ Habana   litografía de L.MARQUIER

INGENIO LA AMISTAD.

Propiedad del Señor Dn. JOAQUIN DE AYESTARAN.

Noir au bois Mayombe.

Slavery is possibly the most ubiquitous of all human institutions.[1]

[...] the basic idea of the slave as a person inferior even to the point of being entirely dispensable is one that will be familiar to students of slavery in all periods of history.[2]

1 Engerman, Stanley L., „Slavery", in: Horowitz, Maryanne C. (ed.), New Dictionary of the History of Ideas, Bd. 5: Physics to Syncretism, Detroit: Thomson Gale, 2005, S. 2213–2216, hier S. 2213.
2 Baker, Heather D., „Slavery and Personhood in the Neo-Assyrian Empire", in: Bodel, John; Scheidel, Walter (eds.), On Human Bondage. After Slavery and Social Death, Malden, Oxford; Chichester: Wiley-Blackwell, 2017, S. 15–30, 15; zu Sklaverei als „Human Institution" und den Problemen der Definition siehe: Philips, John Edward, „Slavery as Human Institution", in: Afrika Zamani 11 & 12 (2003–2004), S. 27–48.

Inhaltsverzeichnis

1 Eine kurze Einführung

Alle Texte dieses Buches sind seit Beginn meiner Tätigkeit als Forschungsprofessor am *Bonn Center for Dependency and Slavery Studies* (BCDSS) an der Universität Bonn entstanden. Sie stellen Fortsetzungen und Zuspitzungen bereits früher begonnener Forschungen und Publikationen dar – natürlich mit neuem Material, neuen Schwerpunktsetzungen sowie Perspektiven und neuen Interpretationen.

Mein Hauptinteresse richtet sich auf die Bedeutung der drei im Titel genannten Großräume: Afrika, den Atlantik und die Amerikas in der Atlantischen Sklaverei (*Atlantic slavery*). Ich verstehe unter *Atlantic slavery* bzw. *Atlantic slaveries* sowohl die Sklaverei-Regimes an Land in Afrika und in Amerika, inklusive Inseln, wie auch Versklavung und Transport zu Land und zu Wasser sowie den Schiffs-Sklavenhandel auf dem Atlantik. Die drei territorialen Hauptelemente, zwei Kontinente und ein Ozean, bilden das System Afrika-Atlantik-Amerikas (AAA). Europa spielt auch eine Rolle. Im Grunde müsste das Kürzel so aussehen: AAAE.

Atlantische Sklaverei war nicht nur Sklaverei auf dem Atlantik. Es war auch Sklaverei in Afrika, in den Amerikas und in Europa. Atlantische Sklaverei, Sklavenhandel immer einbegriffen, veränderte Europa. *Atlantic slavery* war aber vor allem ein Süd-Süd-Phänomen, das als ein strukturell-anthropologisches Movens die Globalgeschichte beeinflusste. Der Atlantik als Motor der globalen Geschichte.

Als solches werden in diesem Buch einige seiner Dimensionen analysiert. Das qualitative, aber auch chronologisch-historische, Hauptproblem ist die Bedeutung von AAA in dieser global-spatialen Konfiguration für die globale Geschichte der Moderne und des Kapitalismus.

1.1 Europa als peripherer Aufsteiger qua Sklaverei und Sklavenhandel

Ich beginne mit Europa. Ich bin zwar kein Europa-Historiker, aber in Europa verortet. Das Kapitel „Das periphere Europa und sein Aufstieg durch afrikanischen Sklavenhandel" behandelt das Thema der Sklavereien und der Sklavenhandels-Regimes, wie immer bei mir, zwischen Mikro und Makro sowie mit einem impliziten Fokus auf Versklavte. Die Hauptaussage ist, dass das Gebiet, das heute als Europa bezeichnet wird, in globalhistorischer Perspektive immer Sklaverei- und Sklavenhandelsgebiet war. Damit war es Ressourcen-Gebiet und zugleich peripher. Sklavereien sowie *slaving* waren ubiquitär.[3] Es gab viele unterschiedliche Sklaverei- und

---

[3] „Slaving", verstanden als alle praktischen Aktivitäten in Bezug auf Versklavung, Sklavenhandel sowie Sklaverei ist ein fundamentales Konzept; siehe: Miller, Joseph C., „The Historical Contexts of Slavery in Europe", in: Hernæs, Per O.; Iversen, Tore (eds.), Slavery across Time and Space. Studies

https://doi.org/10.1515/9783110787160-001

Sklavenhandels-Regimes. Sklavenhandelsrouten fanden sich fast überall, Razzien-Grenzen ebenfalls. Große Bevölkerungsgruppen bestanden aus Sklaven und Sklavin-nen sowie anderen extrem Abhängigen. Gefangene, Sklaven und Sklavinnen prägten Gesellschaften. In Bezug auf Griechenland und das römische Imperium leuchtet Let-zteres sofort ein. Aber auch alle Völker, Gesellschaften und Gemeinschaften außer-halb dieser antiken Sklavenhalter-Gesellschaften hatten eigene Sklaverei-Regimes. Ich fasse darunter, wie gesagt, Sklaverei *und* Sklavenhandel sowie Unfreiheitsformen an den unscharfen Grenzen zwischen Sklavereien und extremer Abhängigkeit, wie etwa Heloten, Hirten, angesiedelte Kriegsgefangene und Leichtbewaffnete sowie viele Zwangs-Migranten. Dieses erste Kapitel bringt die lange Perspektive der Welt- und Globalgeschichte ein. Aus dieser Perspektive wird deutlich, dass Europa außer-halb der klassischen antiken Geschichte immer oder fast immer Peripherie der Welt- und Globalgeschichte war – was selbst beim antiken Griechenland mittlerweile klar sein dürfte.[4] Natürlich gab es viele und wechselnde, sagen wir, „kleinere" Zentren, die untereinander durch Reichsbildungen, Kriege und/ oder andere Beziehungen (wie etwa Religionen, Handel, Transkulturation, Sprache/ Kultur und Wissen) in Ver-bindung standen. Die globalhistorische Hauptaussage des vorliegenden Kapitels be-steht darin, dass das Europa der Zeit zwischen 1400 und 1800 („frühe Neuzeit") nur durch das Andocken an Afrika und Asien, die Conquista Amerikas sowie weitere Kolonialexpansionen mit ihren Versklavten, den vielen Sklavereien, die dort bereits existierten, massivem Sklavenhandel sowie Myriaden von Sklaverei-Regimes zu glo-

---

in Medieval Europe and Africa, Trondheim: Department of History, NTNU, 2002 (Trondheim Studies in History 38), S. 1–57; Miller, „Defining Slaving as a Historical Strategy", in: Miller, The Problem of Slavery as History. A Global Approach, New Haven: Yale University Press, 2012, S. 18–24; Zeuske, Michael, „Writing global histories of slavery", in: Doddington, David Stefan; Dal Lago, Enrico (eds.), Writing the History of Slavery, London: Bloomsbury Academic, 2022, S. 41–57.

4 „Peripherie" in Bezug auf Sklaverei- und Sklavenhandels-Regimes wird vor allem für Mitteleu-ropa und das Alte Reich thematisiert: Brahm, Felix; Rosenhaft, Eva (eds.), Slavery Hinterland. Transatlantic Slavery and Continental Europe, 1680–1850, Woodbridge: Boydell Press, 2016; Weber, Klaus; Wimmler, Jutta (eds.), Globalized Peripheries. Central and Eastern Europe's Atlantic Histories, c. 1680–1860, Woodbridge: Boydell Press, 2019; Zeuske, Michael, „Peripherie der Weltge-schichte. Europa als „Afrika" islamischer Territorien und Razziengrenze der Christenheit", in: Zeuske, Handbuch Geschichte der Sklaverei. Eine Globalgeschichte von den Anfängen bis heute, Bd. 2, Berlin; Boston: De Gruyter, ²2019, S. 811–822; in Bezug auf interne Sklavereien in einem Terri-torium dieser Peripherie, siehe: Mallinckrodt, Rebekka von, „There Are No Slaves in Prussia?", in: Brahm, Felix; Rosenhaft, Eva (eds.), Slavery Hinterland. Transatlantic Slavery and Continental Eu-rope, 1680–1850, Woodbridge: Boydel Press, 2016, S. 109–131. In Bezug auf Gesellschaften mit Skla-ven für das deutschsprachige Mitteleuropa und das Alte Reich, siehe: Mallinckrodt; Köstlbauer, Josef; Lenz, Sarah, „Beyond Exceptionalism – Traces of Slavery and the Slave Trade in Early Mo-dern Germany, 1650–1850", in: Mallinckrodt; Köstlbauer; Lenz (eds.), Beyond Exceptionalism. Traces of Slavery and the Slave Trade in Early Modern Germany, 1650–1850, Berlin; Boston: De Gru-yter, 2021, S. 1–25. In den Amerikas waren vor allem die britischen Kolonien in Nordamerika und die späteren USA sowie Louisiana und Florida bis um 1830 peripher in Bezug auf die karibischen Sklaverei-Regimes sowie die afrikanischen, spanischen und portugiesischen Sklavereien.

baler Vorherrschaft aufsteigen konnte. Damit erhielt es überhaupt die Chance auf die Moderne. Besonders wichtig in der Frühgeschichte des atlantischen Europas war das Andocken an die Sklavereien und den Sklavenhandel Afrikas und die bereits existierenden indigenen Sklavereien in der Karibik und in den Amerikas.[5] Das gelang zuerst den iberischen Mächten Portugal und Spanien. Sie durchbrachen damit ihre dreifach periphere Lage von Grenz-Königreichen, besetzt von Mächten, deren Zentren in Vorderasien und Nordafrika lagen; in einem peripheren Kontinent. Nord-westeuropäische und amerikanische Mächte folgten ihnen. Portugal dominierte lange den Sklavenhandel auf dem Atlantik. Spanien und Portugal dominierten die wichtigste Empfängerseite, ein „Imperium der Sklaverei"[6] in den Amerikas. Zusammen kontrollierten beide Nationen zunächst ein atlantisches „Imperium der Inseln" (vor allem Kanaren, Madeira, Kapverden, São Tomé und Príncipe sowie die großen Antillen in der Karibik). Von diesen Insel-Pfeilern aus bildeten sich sowohl die kontinentalen Reiche (eher Spanien) und die Sklavenhandels-Ozeane (eher Portugal). Beide Mächte vereinigten zwei Drittel der elf Millionen aus Afrika über den Atlantik in die Amerikas verschleppten Menschen auf sich. Aus diesen millionenfachen extrem asymmetrischen Dependenzen bildete sich die Basis ihrer globalen Imperien.

1.2 Afrika als Zentrum des Kapitals menschlicher Körper

Das Kapitel „Afrika, der afrikanische Atlantik und die Iberer" setzt am Beginn des globalhistorischen „Durchbrechens der Peripherie" durch Portugal und Kastilien/ Spanien ein. Ich ändere aber die Perspektive vom peripheren Europa auf das zu dieser Zeit zentrale Afrika sowie den atlantischen Raum. Das Zentrum des Systems Afrika-Atlantik-Amerikas (AAA) war Afrika (das erste „A") mit seinen Sklaverei- und Sklavenhandelsregimes, *slaving zones*[7] sowie den internen Konflikten seiner Gesellschaften und Imperien. An diese dockten sich, oft durch afrikanisch-iberische oder luso-afrikanische Broker (*lançados*, *tangomãos*, etc.) vermittelt, zuerst Iberer, dann

---

5 Caldeira, Arlindo Manuel, „O tráfico de escravos na costa ocidental africana nos séculos XV e XVI. Primeiras viagens, estratégias de exploração, papel dos arquipélagos de Cabo Verde e de São Tomé e Príncipe", in: Pérez García, Rafael M.; Fernández Chaves, Manuel F.; França Paiva, Eduardo (eds.), Tratas, esclavitudes y mestizajes. Una historia conectada, siglos XV–XVIII, Sevilla: Editorial Universidad de Sevilla, 2020, S. 19–42.

6 Reséndez, Andrés, „An Empire of Slaves", in: Reséndez, The Other Slavery. The Uncovered Story of Indian Enslavement in America, Boston; New York: Houghton Mifflin Harcourt, 2016, S. 131–134.

7 Caldeira, Arlindo Manuel, Escravos e Traficantes no Império Português. O Comércio Negreiro Português no Atlântico Durante Os Séculos XV a XX, Lisboa: Esfera dos Livros, 2013; Fynn-Paul, Jeff; Pargas, Damian Alan (eds.), Slaving Zones. Cultural Identities, Ideologies, and Institutions in the Evolution of Global Slavery, Leiden: Brill, 2018 (Studies in Global Slavery 4); Rossum, Matthias van, „Slavery and Its Transformations. Prolegomena for a Global and Comparative Research Agenda", in: Comparative Studies in Society and History 2021 63:3 (2021), S. 566–598.

Nordwest-Europäer, sowie ihre eurokreolischen Nachkommen aus den Amerikas, an. Alle Europäer und ihre Nachkommen in allen Amerikas sind für mich Kreolen. In Afrika blieben sie alle bis weit in das 19. Jahrhundert hinein Juniorpartner von Eliten aus und in Afrika. Sie dominierten aber seit etwa 1550 durch Schiffbau, Orientierungs- und Wissenssysteme, Kriege, extreme Gewalt, christliche Motivation und Kolonialexpansion sowie Finanzierungs- und Handelsorganisation mehr als andere den Atlantik (nicht an den Küsten Afrikas, aber auf hoher See). Damit entstand das System AAAE (Afrika-Atlantik-Amerika-Europa). Ich verzichte bewusst auf weitere Symbol-Spekulationen wie Afrika-Europa, Europa-Atlantik oder Europa-Amerika. Das ganze AAAE-System gründete sich auf dem afrikanischen Konzept des Kapitals menschlicher Körper, unter Kontrolle der Europäer mittels Hochseeschiffen[8] im Mittelstück des AAA-Systems (dem zweiten „A" – Atlantik) und in seinem Endstück (dem dritten „A" – den Amerikas). Weil der Atlantik als Raum für Europäer so prominent war, nenne ich die Prozesse auf dem Atlantik, aber mehr noch an den Rändern des Atlantiks auch *Atlantisierung*.[9] Dass das Ganze ein extrem mobiles und sich permanent weiterentwickelndes Routen- und Akteurs-Geflecht in deutlicher Süd-Süd-Ausrichtung mit extrem vielen Konflikten war, zeigt schon die oben genannte Tatsache, dass die meisten Schiffe des atlantischen Sklavenhandels aus den Amerikas abfuhren und auch wieder dort landeten. Der immer wieder evozierte „Dreiecks-Handel" auf dem Atlantik war eher eine Besonderheit.[10] Europa war, mit Ausnahme vielleicht der Zeit zwischen 1680 und 1820, sogar Peripherie des Süd-Süd-Sklaverei-Atlantiks. Vor allem in der britischen und US-amerikanischen Historiografie, wurde und wird die Rolle der beiden Hauptakteure – Afrika und die iberischen Gebiete – traditionell entweder gar nicht erwähnt oder sehr heruntergespielt (mit Ausnahmen unter Fachhistorikerinnen und -historikern natürlich). Das Kapitel ist genau wegen dieser Durchbrechung der traditionellen Perspektive und dem textlichen Beginn mit Afrika sowie Akteuren in und aus Afrika und iberischen Akteuren, die Kontakt zu diesen afrikanischen Akteuren aufnahmen, wichtig. Er nimmt erst in einem zweiten Teil weitere amerikanische und europäischen Akteure sowie Institutionen, Routen, Prozesse, Waren (*commodities*) sowie Städte, Festungen und Schiffe in den Blick.

---

8 Sklavenschiffe waren „the key to the entire enterprise – 12 million people departed West Africa on such vessels": Walvin, James, „Maps. Revealing Slavery", in: Walvin, Slavery in Small Things. Slavery and Modern Cultural Habits, Chichester: Wiley Blackwell, S. 128–150, hier S. 135.

9 Zeuske, Michael, „Kurze Konklusion", in: Zeuske, Sklavenhändler, Negreros und Atlantikkreolen. Eine Weltgeschichte des Sklavenhandels im atlantischen Raum, Berlin; Boston: De Gruyter, 2015, S. 377–381; siehe auch: Weber, Klaus, „Atlantic Commerce and the Rise of Central European Rural Industry", in: Buchet, Christian; La Bouëdec, Gérard (eds.), The Sea in History. The Early Modern World/ La Mer Dans L'histoire, Woodbridge: Boydell & Brewer, 2017, S. 66–77.

10 Bernhard, Roland; Wimmler, Jutta, „‚Dreieckshandel', Glasperlen und Gender. Mythische Narrative zum transatlantischen Sklavenhandel in aktuellen deutschen und österreichischen Schulbüchern", in: Geschichte in Wissenschaft und Unterricht 70:3–4 (2019), S. 149–164.

1.3 Amerika mit allen Sklavereien

Das Kapitel „Sklaverei-Regimes in den Amerikas" ist dem dritten „A" im AAA-System gewidmet. Es behandelt erstmals *alle* Sklavereien in einem einigermaßen historisch-spatial begründeten „Gesamt-Amerika" (die Amerikas von Süden bis Norden, inklusive Mittelamerika). In amerikanischer Perspektive wird das als *las Americas/ the Americas* bezeichnet. Der Blick auf Gesamtamerika zeigt, dass es drei Hauptperioden der Sklaverei in einem, wie soll ich sagen, Sklaverei-Kontinuum in den Amerikas gab: erstens eine Vielzahl indigener Sklavereien, Sklaverei-Regimes sowie Sklavenhandels-Systeme „vor Kolumbus" (mit großen Sklavereien in den Herrschaftsgebieten vor allem der Azteken, Inkas und Mayas), zweitens große koloniale Sklavereien von meist weißen oder farbigen Kreolen (darunter fasse ich, wie gesagt, alle kolonialen Siedlerbevölkerungen mit europäischen Vorfahren, auch die in den USA oder Kanada), die, basierend auf dem afrikanischen Konzept des Kapitals menschlicher Körper und der atlantischen Sklaverei (in der Dopplung Sklavenhandel zur See/ auf Flüssen und Sklavereien „an Land"), Kolonialreiche eroberten. Diese basierten auf unterschiedlichsten Sklavereien, auch indigenen, und formierten sich nach 1550 zum System der *Atlantic slavery*. Zunächst waren die vielen Sklavereien im Sog der *Atlantisierung*, natürlich durch Gewalt, aber auch durch unterschiedliche herrschaftliche und legale Setzungen, dann mehr und mehr durch die erfundene Tradition des „römischen" Rechts legitimiert. Seit dem 17. Jahrhundert entstand auch eine Reihe von regionalen Rechtordnungen auf Basis etwa des *common law*. Diese schlossen sich in fundamentalen Rechtsfragen, z. B., in der Frage „wie wird der Sklaverei-Status individuell vererbt", den Ordnungen in „römischer" Tradition an (Vererbung durch mütterliche Linie)[11]. Die dritte Periode war die der kapitalistischen *Second Slavery* (siehe Kapitel 5 „Second Slaveries – eine neue, kapitalistische Sklaverei und ihre regionalen Varianten"). Die Begrenzung auf die beiden ersten Perioden zeigt dreierlei: einmal, dass die Iberer/ Europäer in der Karibik und in den Amerikas auf unterschiedlichsten indigenen Sklavereien trafen und zum Teil an sie andockten oder/ und sie in die atlantische Sklaverei hineinsogen. Die Zahlen dieser *„other slaveries"* (A. Reséndez) sind erstaunlich, auch im Vergleich zu den rund elf Millionen lebend in den Amerikas angelangten Versklavten aus Afrika (siehe Kapitel 4 „Sklaverei-Regimes in den Amerikas"). Keine dieser Sklavereien war atypisch.[12] Zweitens versuchten Spanier und andere Akteure (vor allem Genuesen und Portugiesen) zunächst, auch durch massive Übernahme indigener Sklaverei-Formen, eine *Atlantic slavery* mit *yndios* (gemeint waren globale heidnische Indi-

---

11 Dorsey, Joseph C., „Women without History. Slavery and the International Politics of Partibus Sequitur Ventrem in the Spanish Caribbean", in: Journal of Caribbean History 28:2 (1994), S. 165–207.
12 Aje, Lawrence; Armstrong, Catherine (eds.), The Many Faces of Slavery. New Perspectives on Slave Ownership and Experiences in the Americas, London: Bloomsbury Publishing, 2020.

gene, die nicht aus dem subsaharischen Afrika kamen (*negros*); in den iberischen Gebieten bald *indios* – heute eher ein Schimpfwort) auf Basis der Aktivitäten von Kolumbus[13] zu begründen. In Razzien gefangene oder aus indigenen Sklavereien übernommene Indigene wurden nach Spanien/ Europa verschifft, um die einsetzende Kolonialisierung zu finanzieren; im Gegenzug kamen auch Versklavte aus Europa, dem Mittelmeergebiet und Nordafrika in die Neue Welt der Sklaverei. Die spanische Krone verbot diese „andere" atlantische Sklaverei von *yndios* sehr schnell. Es brauchte aber rund 180 Jahre, um diese Abolition auch formal durchzusetzen. Seit 1518 wurden massiv Menschen aus Afrika verschleppt, zunächst in die Karibik, dann nach Brasilien und seit dem 17. Jahrhundert auch in die peripheren nordwesteuropäischen Gebiete. In den Amerikas bildete sich einerseits auf Basis von Millionen versklavter Indios eine „erste Sklaverei" (viele „billige" *indios* und wenige „teure" *negros*) unter Kontrolle der (meist) weißen Kolonial- und Siedlereliten. Dazu kamen, von Krone und Kolonialverwaltungen gefördert, eine Reihe von starken kollektiven Abhängigkeits-Systemen (*repartimiento, encomienda, mita* u.v. a.m.). Andererseits entwickelten sich koloniale indigene Sklavereien und Sklavenhandels-Regimes weiter (die „anderen" *other slaveries* sowie *frontier*-Sklavereien) – zum Teil zu beachtlicher Mächtigkeit (Comanchen, Kariben, Mapuche und eine Reihe weiterer indigener Völker). In *frontier*-Regionen und an den Peripherien der Kolonialgebiete bildeten sich Übergangsformen von Sklaverei- und Sklavenhandels-Regimes (vor allem *casta*-Sklavereien – mit farbigen oder neu-christlichen Sklaverei-Eliten[14] –, Missionssklavereien, *hato/ estancia*-Sklavereien, basierend auf Großvieh mit meist berittenen Akteuren: *gauchos, cowboys, llaneros, vaqueros/ vaqueiros, huasos, rancheros, monteros*). Die „erste Sklaverei" in den Amerikas geriet meist schon vor der Sklavenrevolution auf Saint-Domingue (1791–1803) in Krisen; einige *other slaveries* (wie Missions-Sklavereien) auch, andere nicht (wie Missions-Sklavereien).

Das Kapitel analysiert auch die Frage, ob es Sklaverei-Regimes gegeben haben kann, die „besser" oder „schlechter" für Versklavte waren. Grundsätzlich gab es keine „gute" Sklaverei – auch kein einziges Sklaverei-Regime in Afrika oder andernorts. Aber Versklavte wussten oft ziemlich genau, wo sie lieber waren als anderswo. Zum Beispiel gibt es Zeugnisse, dass sie lieber in den relativ autonomen Vieh-, Holzsucher- oder Goldsucher-Sklavereien waren; bzw. lieber Haus- als Feld-Sklaven. Es gab durchaus

---

13 Zeuske, Michael, „Kolumbus als Sklavenhändler und der Kapitalismus menschlicher Körper", in: Arnold, Rafael; Buschmann, Albrecht; Morkötter, Steffi; Wodianka, Stephanie (eds.), Romanistik in Rostock. Beiträge zum 600. Universitätsjubiläum, Norderstedt: BoD, 2019 (Rostocker Studien zur Universitätsgeschichte; 32), S. 11–36.
14 Garrigus, John, „Colour, Class, and Identity on the Eve of the Haitian Revolution: Saint-Domingue's Free Coloured Elite as Colons Américains", in: Slavery & Abolition 17 (1996), S. 20–43; Garrigus, „New Christians/ ‚New Whites'. Sephardic Jews, Free People of Color, and Citizenship in French Saint-Domingue, 1760–1789", in: Bernardini, Paolo; Fiering, Norman (eds.), The Jews and the Expansion of Europe to the West, 1450–1800, New York: Berghahn, 2001, S. 314–332.

„gute" Eigentümer und/ oder Eigentümerinnen. Nur verkauften oder vererbten diese ihr Eigentum wie alle anderen Eigentümer (auch die „bösen") oder ließen ihr menschliches Kapital nach den Regeln der Sklaverei-Marktwirtschaft verkaufen, wenn sie in Schwierigkeiten waren oder Erben die Sklaven übernahmen. Versklavte waren in den formalen atlantischen Sklavereien nach der Formierungsphase bis um 1580 immer Privateigentum; in Afrika und in den indigenen Sklavereien ohne formales Privateigentum waren sie immer Kapital menschlicher Körper.

In diesem ausführlichen Kapitel untersuche ich auch generell, d. h. für alle Sklavereien in allen Amerikas, Exit-Möglichkeiten für Versklavte, wie Sklaven-Flucht und -widerstand (*cimarronaje/ marronage*) sowie je nach Sklaverei unterschiedliche Formen von Manumission, Freikauf, Selbstfreikauf durch Versklavte (*coartación*), Emanzipation und Abolition.

1.4 *Second Slaveries* und koloniale Industrialisierungen im Vergleich

Das Kapitel „*Second Slaveries* – eine neue, kapitalistische Sklaverei und ihre regionalen Varianten" gibt eine chronologisch-historische sowie strukturell-vergleichende Einführung in die Geschichte der „zweiten Sklaverei", besser *Second Slaveries*, in den Amerikas. Die Besonderheit meines Ansatzes ist, dass die *Second Slaveries* in den Amerikas nicht wie bei Immanuel Wallerstein vorwiegend aus einer europäischen Perspektive erklärt werden, sondern eben aus einer kolonialen Perspektive.[15] *Second Slaveries* als Basis eigenständiger industrieller Revolutionen sowie Gesellschaften der kapitalistischen Moderne entwickelten sich vor allem in der Karibik (Kuba, Puerto Rico, mit Abstrichen im französischen kolonialen „Rest"-Reich, speziell Martinique und Guadeloupe (die in der Industrialisierung schnell zurückfielen), Suriname, Guyana und Trinidad/ Tobago – wobei es in Letzteren seit 1838 keine formale Sklaverei mehr gab), im *South* der USA (Südstaaten) und im Süden Brasiliens (vor allem in den Provinzen Rio de Janeiro, Minas Gerais und São Paulo). Grundlage war die Produktion von *commodities* wie Zucker, Baumwolle, Kaffee und Tabak sowie einiger anderer Produkte (Indigo, Kakao, Sisal/ *henequén*, später auch Bananen und andere Früchte) und

---

15 Wallerstein dürfte mittlerweile allgemein bekannt sein; sein „System" ist seit um 1990 zur Haupterklärung der Globalgeschichte geworden, herausgefordert im Wesentlichen von Indien- und China-Historikern und -Historikerinnen (von Amerika-Historikern und -Historikerinnen eher selten): Wallerstein, Immanuel, The Modern World-System. Capitalist Agriculture and the Origins of the European World-Economy in the Sixteenth Century, New York: Academic Press, Inc., 1974; Wallerstein, The Modern World-System II. Mercantilism and the Consolidation of the European World-Economy, 1600–1750, New York: Academic Press, Inc., 1980; Wallerstein, The Modern World-System III. The Second Era of Great Expansion of the Capitalist World-Economy, 1730s–1840s, New York: Academic Press, Inc., 1989; Wallerstein, The Modern World-System IV. Centrist Liberalism Triumphant, 1789–1914, Berkeley: University of California Press, 2011.

Fleisch/ Leder. Diese Produktion fand mit Massen von Versklavten auf Plantagen, in gewisser Weise auch auf den *hatos/ estancias/ ranches*, statt. Diese Plantagen wurden auf Grundlage der jeweiligen Haupt-*commodity* in unterschiedlichen Rhythmen industriell modernisiert. Der Text vergleicht die industriellen Modernisierungspotenzen der *Second-Slavery*-Plantagen in ihren Hauptgebieten (*South, Cuba grande* und Süd-Brasilien um São Paulo, Rio und Minas). Die globalhistorisch betrachtet, wie soll ich sagen „modernste", wichtigste und konzentrierteste *Second-Slavery*-Gesellschaft war die auf Kuba (ab 1830 vor allem Zucker und Tabak im Westen und in Mittelkuba, im *Oriente* auch Kaffee, Zucker, Baumwolle und Indigo sowie etwas Tabak). Die beiden Hauptsäulen der Modernisierung und Industrialisierung waren Kapitalakkumulation/ Finanzierung durch legalen und illegalen Sklavenhandel sowie fortwährende Entwicklung der für die Produktion relevanten Technologien.[16] Die Kapitalgrundlage der Modernisierungen waren, ich unterstreiche das nochmals, trotz oder gerade wegen der Abolitionsdiskurse, weiterhin Kapital menschlicher Körper sowie der atlantische Sklavenhandel im Modus des illegalen *hidden Atlantic* (Menschenschmuggel aus Afrika über das AAA-System sowie globalhistorische *coolie*-Migrationen) nach und in Brasilien (wenige *coolies*) sowie nach und in Kuba (relativ viele *coolies*). In den USA waren die Grundlagen hingegen der interne Sklavenhandel, die Beziehungen zu Großbritannien und die schnelle Modernisierung der Küsten- und Flusstransporte sowie Eisenbahnen. Dazu kam ein sehr aggressiver „Kriegs-Kapitalismus" (Sven Beckert[17]).

1.5 Nota Bene zum Widerstand

Die Darstellung von Widerstand gegen Sklaverei-Formen, Sklaverei-Regimes und Sklavenhandel sowie konkrete Akteure (Aufseher, Verwalter, Besitzer oder Mit-Sklaven) ist quantitativ eine Ausnahme in der Entwicklungsgeschichte von Sklavereien als Systeme

---

16 García Mora, Luis Miguel; Santamaría García, Antonio, „Donde cristaliza la esperanza. Lectura de *Los Ingenios*", in: García Mora; Santamaría García (eds.), Los Ingenios. Colección de vistas de los principales ingenios de azúcar de la Isla de Cuba. El texto redactado por Cantero, Justo G. Con las láminas dibujadas del natural y litografiadas por Eduardo Laplante, Madrid: CEDEX-CEHOPU; CSIC, Fundación MAPFRE Tavera y EDICIONES Doce Calles, S.L., 2005, S. 15–81; Belmonte Postigo, José Luis, „‚Brazos para el azúcar', esclavos para vender. Estrategías de comercialización en la trata negrera en Santiago de Cuba, 1789–1794", in: Revista de Indias 70, no. 249 (2010), S. 445–468; Zeuske, Michael, „Historische Grundlagen des atlantischen Sklavenhandels und des Hidden Atlantic", in: Zeuske, Sklavenhändler, Negreros und Atlantikkreolen. Eine Weltgeschichte des Sklavenhandels im atlantischen Raum, Berlin; Boston: De Gruyter, 2015, S. 3–49; Piqueras, José Antonio, Negreros. Españoles en el tráfico y en los capitales esclavistas, Madrid: Catarata, 2021 (Procesos y movimientos sociales).
17 Beckert, Sven, „Einleitung", in: Beckert, King Cotton. Eine Geschichte des globalen Kapitalismus, München: C.H. Beck, 2014, S. 7–18; hier S. 12.

extremer Abhängigkeit, zugleich aber Teil des Sklaverei-Kontinuums in Afrika, auf und am Atlantik und in den Amerikas.

Eigentlich gehören Sklaverei-Geschichte und Geschichte oder Geschichten des Widerstandes gegen die Sklaverei *getrennt* dargestellt –aus dem Grunde, dass Widerstand eine *eigene* Geschichte ist. Diese Geschichte ist vor allem für die Erinnerungskultur (*memory*) ehemaliger Sklaverei-Gesellschaften auf allen Kontinenten extrem wichtig.

Es gab Myriaden einzelner Widerstandsakte, Sklaven-und *maroon*-Kriege, eine Reihe Aufstände größerer Gruppen sowie eine wirkliche Sklavenrevolution.[18] In der Masse wurden aber Sklavereien formal „von oben" aufgehoben (in den USA sogar durch den ersten modernen Massenkrieg) – sicherlich auch wegen der Aktivitäten und der Gegenwehr von Versklavten und ihrer Unterstützer. Es gibt gute Argumente sowohl für das Schreiben einer Sklaverei-Geschichte mit Widerstand (siehe: „Sklaverei-Regimes in den Amerikas") als auch einer Widerstands-Geschichte „ohne Sklaverei" – sozusagen nur „von unten".[19] Für die Trennung beider Großthemen sprechen die Tatsachen, dass die überwiegende Mehrheit der Versklavten aller hier in diesem Buch genannten und analysierten Sklavereien in eben diesem Status als Versklavte (Sklaven, Sklavinnen und Sklavenkinder) *in* den Sklavereien gestorben ist oder getötet wurde. Die vielbeschworene *agency* war extrem schwierig und gefährlich – es gab sie trotzdem.[20] Die politischen Aktivitäten der Sklaven hatten Auswirkungen auf die respektiven Sklaverei-Regimes und führten zu unterschiedlichen Formen von Abolitionen.[21] Das wichtigere Argument ist aber, dass es bisher kaum gelungen ist, Quellen der Autorepräsentation von Versklavten zu finden (mit einigen wenigen Ausnahmen).[22]

---

18 Zeuske, Michael, „Widerstand", in: Zeuske, Schwarze Karibik. Sklaven, Sklavereikulturen und Emanzipation, Zürich: Rotpunktverlag, 2004, S. 321–331; Laviña, Javier; Ruiz-Peinado, José Luis, Resistencias esclavas en las Américas, Aranjuez (Madrid): Doce Calles, 2006; Lucassen, Leo; Voss, Lex Herman van, „Flight as Fight", in: Rediker, Marcus; Chakraborty, Titas; Rossum, Matthias van (eds.), A Global History of Runaways. Workers, Mobility, and Capitalism, 1600–1850, Oakland: University of California Press, 2019 (California World History Library 28), S. 1–21; Laviña, Javier, De Saint-Domingue a Haití. Conflicto y revolución, San Juan: Ediciones Universidad de Puerto Rico, 2020.
19 Taylor, Eric Robert, If We Must Die. Shipboard Insurrections in the Era of the Atlantic Slave Trade, Baton Rouge: Louisiana State University Press, 2006; Helg, Aline, Slave no More. Self-Liberation before Abolitionism in the Americas. Translated by Vergnaud, Lara, Chapel Hill: The University of North Carolina Press, 2019.
20 Johnson, Walter, „On Agency", in: Journal of Social History 37:1 (2003). S. 113–125; Johnson, „Agency. A Ghost Story", in: Follett, Richard; Foner, Eric; Johnson (eds.), Slavery's Ghost. The Problem of Freedom in the Age of Emancipation, Baltimore: Johns Hopkins University Press, 2011, S. 8–30.
21 Marquese, Rafael de Bivar; Parron, Tâmis, „Revolta Escrava e Política da Escravidão. Brasil e Cuba, 1791–1825", in: Revista de Indias 71, no. 251 (2011), S. 19–52.
22 Zeuske, Michael, „Slaving. Traumata und Erinnerungen der Verschleppung", in: Jahrbuch für Europäische Überseegeschichte 13 (2013), S. 69–104; Sanz Rozalén, Vicent; Zeuske, „Microhistoria de esclavos y esclavas", in: Sanz Rozalén; Zeuske (eds.), Millars. Espai i Història 42 (2017) (= Número

In Kapitel 4 über alle Amerikas spreche ich über den tausendfachen Widerstand von Versklavten als Reaktion auf die Gewalt in allen Sklaverei- und Sklavenhandels-Regimes und hebe die neuen Sozialformationen der Versklavten und ihre Transkulturation in den Sklaverei-Regimes (und im Sklavenhandel) der *Second Slavery* hervor. Besonders wichtig waren Gemeinschafts-Bildung und Transkulturation (*transculturación*) unter den aus Afrika in amerikanische Sklaverei-Regimes verschleppten Menschen (*bozales* und *ladinos* – sofern sie eine iberische Sprache beherrschten, wie Versklavte aus Angola oder Moçambique). Auch das war Widerstand – allerdings vorwiegend kultureller Widerstand in langer Perspektive (Kreolisierung[23] und *transculturación*).[24] Eine ebenfalls sehr wichtige Dimension ist der reformerisch-legale Widerstand im Umfeld von Revolutionen und antikolonialen Kriegen.[25]

---

monográfico dedicado a ,Microhistoria de esclavas y esclavos'), S. 9–21 (http://repositori.uji.es/xmlui/bitstream/handle/10234/168225/Sanz_Zeuske.pdf?sequence=1 [01. Juli 2022]); Sanz Rozalén; Zeuske, „Towards a Microhistory of the Enslaved. Global Considerations", in: Luxán Meléndez, Santiago; Figuerôa Rêgo, João (eds.), El tabaco y la rearticulación imperial ibérica (s. VV–XX), Évora: Publicações do Cidehus, 2019 (https://books.openedition.org/cidehus/6545 [12. Dezember 2019]).

23 Zur Debatte um die Kreolisierung, die heute auch den „Afro"-Begriff erfassen müsste, siehe: Mintz, Sidney W.; Price, Sally, „The Beginnings of African-American Societies and Cultures", in: Mintz; Price (eds.), Caribbean Contours, Baltimore; London: The Johns Hopkins University Press, 1985, S. 42–51; Rediker, Marcus, „From Captives to Shipmates", in: Rediker, The Slave Ship. A Human History, New York: Viking, 2007, S. 263–307; Zeuske, Michael, „Atlantik, Sklaven und Sklaverei – Elemente einer neuen Globalgeschichte", in: Jahrbuch für Geschichte der Europäischen Expansion 6 (2006), S. 9–44; Price, Richard; Price, Sally, Stedman's Surinam. Life in an Eighteen-Century Slave Society, Boston: Johns Hopkins University Press, 1992; Price, Richard, „The Miracle of Creolization. A Retrospective", in: New West Indian Guide/ Nieuwe West Indische Gids 75:1 (2001), S. 35–64; Price, Richard, „The Miracle of Creolization", in: Yelvington, Kevin A. (ed.), Afro-Atlantic Dialogues. Anthropology in the Diaspora, Santa Fe; Oxford: School of American Research Press; James Currey, 2006, S. 115–147.

24 Ortiz, Fernando, Contrapunteo cubano del tabaco y del azúcar (advertencia de sus contrastes agrarios, económicos, históricos y sociales, su etnografía y su transculturación), Introducción de Bronislaw Malinowski, La Habana: Jesús Montero, 1940 (Biblioteca de Historia, Filosofía y Sociología, v. 8); Ortiz, Contrapunteo cubano del tabaco y del azúcar (Advertencia de sus contrastes agrarios, económicos, históricos y sociales, su etnografía y su transculturación). Edición de Santí, Enrico Mario, Madrid: Cátedra; Música Mundana Maqueda, 2002 (Letras Hispánicas); Ortiz, „El fenómeno social de la transculturación y su importancia en Cuba", in: Revista Bimestre Cubana 46 (1940), S. 273–278; Coronil, Fernando, „Transculturation and the Politics of Theory. Countering the Center, Cuban Counterpoint", in: Ortiz, Cuban Counterpoint. Tobacco and Sugar, Durham: Duke University Press, 1995, S. IX–LVI; Schmieder, Ulrike; Zeuske, Michael (eds.), Transkulturation und Wissen, München: Martin Meidenbauer, 2007 (= Zeitschrift für Weltgeschichte. Interdisziplinäre Perspektiven 8:2).

25 Fuente, Alejandro de la; Gross, Ariela J., Becoming Free, Becoming Black. Race, Freedom, and Law in Cuba, Virginia, and Louisiana, 1500–1860, Cambridge: Cambridge University Press, 2020.

2 Das periphere Europa und sein Aufstieg durch afrikanischen Sklavenhandel

Man versteht besser, warum fast alle Historiker und Kommentatoren sich über dieses Phänomen ausschweigen: Es fällt ihnen schwer, anzuerkennen, dass die wirtschaftliche Wiedergeburt des Okzidents zwischen dem 8. und 11. Jahrhundert über den Handel mit menschlichen Wesen verwirklicht wurde [Übersetzung Michael Zeuske]![26]

Europa war immer Sklaverei- und Sklavenhandels-Gebiet. Es war zugleich meist ein peripheres Gebiet (für das Kalifat, für Byzanz, für China oder die Reiche im Norden Afrikas, Persiens bzw. Chinas), aus dem andere Mächte Versklavte bezogen. Wenn es eine einigermaßen sinnvolle Gesamt-Bezeichnung für den „Balkon" der großen Landmasse gibt, die etwa seit dem 16. Jahrhundert mit einem der Kontinent-Namen (Asia-Africa-Europa) benannt worden ist, dann ab der Wieder-Konsolidierung des Byzantinischen Reiches und der Konsolidierung des fränkischen Karolinger-Reiches im 9. Jahrhundert. „Westen" ist etwas älter.[27] Zu dieser Zeit war das geografische Gebiet, das heute mit Europa bezeichnet wird (ich meine etwa die heutige Kartengestalt bis zum Ural/ Schwarzen Meer) seit Jahrtausenden ein Territorium lokaler Sklaverei-Regimes und massiven Sklavenhandels sowie eng an Sklaverei angelehnter Formen asymmetrischer Abhängigkeiten sowie sexueller Ausbeutung und Prostitution, darunter alle möglichen Formen von kollektiven Sklavereien, Zwangs-Ansiedlungen von versklavten Kriegsgefangenen, Versklavten als Waffenträgern und Amts-Exekutoren, Kolonaten, Hörigkeiten und Leibeigenschaften, d. h. Unfreiheits-Formen an den *blurred boundaries* von Sklavereien.[28] Alle frühen Kulturen, mindestens

---

26 Skirda, Alexandre, La traite des Slaves. L'esclavage des Blancs du VIIIe au XVIIIe siècle, Paris: Les Éditions de Paris, 2010, S. 112.

27 Der so genannte „Westen" setzt im globalen Eigenverständnis der Latinität mit der europäischen Expansion zwischen 1100 und 1450–1500 ein und hat nach der Meta-Geografie sieben Groß-versionen bis in das 20. Jahrhundert, siehe: Lewis, Martin W.; Wigen, Kären, The Myth of Continents. A Critique of Metageography, Berkeley: University of California Press, 1997, S. 50 (in seiner Version 3 [etwa 1700] umfasst er alle europäischen Sklavenhandelsmächte und ihr Hinterland, ebd.); siehe auch: Grataloup, Christian, L'invention des continents. Comment l'Europe a découpé le monde, Paris: Larousse, 2009.

28 Philips, John Edward, „Slavery as Human Institution", in: Afrika Zamani 11–12 (2003–2004), S. 27–48; McCormick, Michael, Origins of the European Economy. Communication and Commerce, AD 300–900, Cambridge: Cambridge University Press, 2001; Riché, Pierre, „Der Sklavenhandel", in: Riché, Die Welt der Karolinger. Aus dem Französischen übersetzt von Dirlmeier, Cornelia und Ulf, Stuttgart: Reclam, ³2016, S. 140–141; Zeuske, Michael, Sklaverei. Eine Menschheitsgeschichte. Von der Steinzeit bis heute, Stuttgart: Reclam, 2021. Es gibt verschiedene Fassungen des „blurred"-Problems, siehe: Roldán de Montaúd, Inés, „On the Blurred Boundaries of Freedom. Liberated Africans in Cuba, 1817–1870", in: Tomich, Dale W. (ed.), New Frontiers of Slavery, Albany: State University of New York Press, 2015, S. 127–155; siehe auch: Bulach, Doris; Schiel, Juliane (eds.), Europas Sklaven, Essen: Klar-

seit im Jung-Neolithikum die Lagerung von Ressourcen einsetzte und vor allem seit den frühen Metallzeiten mit der Nutzung von Pferden und Ochsen, Verkehrsmitteln (auch Schiffen) und Fernhandel waren auch Sklaverei-Kulturen, so etwa die Sklavereien der Antike, die als Mittelmeerkulturen in die *slaving*-Tradition Europas gehören.[29] Sklavereien, Sklavenhandel und Sklaverei-Regimes waren ubiquitär, allerdings bleiben Versklavte als Beute, Kapital und *commodity* sowie als Arbeits- und Dienstkräfte oft unsichtbar in den Quellen (textlich, visuell und materiell[30]).

Im Karolinger-Reich sowie den entstehenden christlichen Monarchien gab es massive Sklaverei, lokale Sklaverei-Regimes sowie Razzien zur Sklavenbeschaffung und umfangreichen Sklaven-Fernhandel von den Britischen Inseln, Mittel- und Osteuropa in die islamischen Gebiete Europas (vor allem auf die iberische Halbinsel, Süditalien, Sizilien sowie Osteuropa). Die Britischen Inseln, Skandinavien und das slawische Mitteleuropa bildeten eine überregionale Sklaverei-Zone mit eigenständigen Sklaverei-Regimes und -Kulturen. Die Wikinger/ Dänen/ Nordmänner-Kulturen des Nordens verbanden *slaving zones* mit den großen Sklaverei-Imperien (vor allem den Kalifaten, Byzanz und den Reichen der Karolinger/ Ottonen). Ihre *slaving*-Silber-

---

text Verlag, 2015 (= WerkstattGeschichte 66–67); Weber, Klaus, „Blurred concepts of slavery", in: Hilgendorf, Eric; Marschelke, Jan-Christoph; Sekora, Karin (eds.), Slavery as a Global and Regional Phenomenon, Heidelberg: Universitätsverlag Winter, 2015, S. 17–47; Paolella, Christopher, Human Trafficking in Medieval Europe. Slavery, Sexual Exploitation, and Prostitution, Amsterdam: Amsterdam University Press 2020 (Social Worlds of Late Antiquity and the Early Middle Ages).
29 Miller, Joseph C., „The Historical Contexts of Slavery in Europe", in: Hernæs, Per O.; Iversen, Tore (eds.), Slavery across Time and Space. Studies in Medieval Europe and Africa, Trondheim: Department of History, NTNU, 2002 (Trondheim Studies in History; 38), S. 1–57; Miller, „Defining Slaving as a Historical Strategy", in: Miller, The Problem of Slavery as History. A Global Approach, New Haven: Yale University Press, 2012, S. 18–24; Gronenborn, Detlef, „Zum (möglichen) Nachweis von Sklaven/ Unfreien in prähistorischen Gesellschaften Mitteleuropas", in: Ethnologisch-Archäologische Zeitschrift 42:1 (2001), S. 1–42; Gronenborn, „Häuptlinge und Sklaven? Anfänge gesellschaftlicher Differenzierung", in: Terberger, Thomas; Gronenborn (eds.), Vom Jäger und Sammler zum Bauern. Die Neolithische Revolution, Darmstadt: Theiss, 2014, S. 39–47; Biermann, Felix, „Kult, Sklaverei, Mord und Totschlag – menschliche Knochen aus slawischen Siedlungsbefunden", in: Beiträge zur Ur- u. Frühgeschichte Mitteleuropas 82 (2017) (mit Nachtrag) (= Religion und Gesellschaft im nördlichen westslawischen Raum), S. 97–119; Herrmann-Otto, Elisabeth (ed.), Unfreie Arbeits- und Lebensverhältnisse von der Antike bis zur Gegenwart. Eine Einführung, Hildesheim: Georg Olms Verlag, 2005; Herrmann-Otto, Sklaverei und Freilassung in der griechisch-römischen Welt, Hildesheim: Georg Olms Verlag, 2009 (Studienbücher Antike 15) (²2017); Eck, Werner, „Sklaven und Freigelassene von Römern in Iudaea und den angrenzenden Provinzen", in: Novum Testamentum 55 (2013), S. 1–21; Hezser, Catherine, Jewish Slavery in Antiquity, Oxford: Oxford University Press, 2005; Lewis, David, Greek Slave Systems in their Eastern Mediterranean Context, c. 800–146 BC, Oxford; New York: Oxford University Press, 2018; Hanß, Stefan, „Sklaverei im vormodernen Mediterraneum", in: Zeitschrift für Historische Forschung 40:4 (2013), S. 623–661.
30 Siehe aber: Biermann, Felix, „Kult, Sklaverei, Mord und Totschlag – menschliche Knochen aus slawischen Siedlungsbefunden", S. 97–119.

Kultur füllte als Kriegs-, Sklavenrazzien-und-Sklavenhandels-Ökonomie die Nischen/ Lücken der christlichen und islamischen Reichs- und Herrschaftsbildungen einerseits. Die Wikinger nutzten andererseits die beginnenden Herrschaftsbildungen in Skandinavien selbst, aber auch im Gebiet der „russischen Flüsse" aus; im Fall der Dänen/ Normannen auch auf den britischen Inseln, Irland, in der Normandie und Süditalien. Die slawischen Regionen Mittel- und Osteuropas waren unter dem Einfluss der hochmobilen Wikinger/ Rus-Kulturen sowie asiatischen Migrations-Völkern (Hunnen, Awaren, Kumanen, Chasaren, Ungarn,[31] Bulgaren[32] – letztere bildeten dauerhafte Reiche – sowie Balten und Finnen im Nordosten) sowohl eigenständige lokale Sklaverei-Regimes wie auch eine gigantische *slaving zone*[33] für die polnischen, sächsischen und fränkischen Gebiete sowie für Byzanz und die islamischen Herrschaftsgebiete/ Reiche in Asien. Der Begriff/ Name „Sklave" (aber auch Slawe) stammt im Wesentlichen aus diesen *slaving zones* und dieser Zeit.[34] Es gab auch dort, wie gesagt, immer lokale und regionale Sklaverei-Regimes und natürlich Versklavte (Undine Ott[35]). Schließlich waren Byzanz und das Byzantinische Reich (unter Einschluss der heutigen Türkei, Vorderasiens und Ägyptens) Sklaverei- und Sklavenhandels-Territorien par excellence.[36] Dazu kamen, wie am Beginn der Wikinger-/ Nordmann-/ Dänen-/ Rus-Kultur, militaristische Gesellschaften, die imperialen Expansionen unterlagen und zugleich expansive Sklaverei- und Sklavenjagd-Gesellschaften waren (Sachsen, Schotten, Iren, Basken, Normannen, Liutizen, Pommern, Polen, Finnen,

---

31 Dubler, César E. (ed. u. übers.), Abū Ḥāmid el Granadino y su relación de viaje por tierras eurasiáticas, Madrid: Maestre, 1953 (Franz. Übersetzung und Neuausgabe: Ducène, Jean-Charles [trad.; annot.], De Grenade à Bagdad. La relation de voyage d'Abû Hâmid al-Gharnâtî [1080–1168] ou Al-mu'rib 'an ba'd 'adjâ'ib al-Maghrib [Exposition claire de quelques merveilles de l'Occident], Paris; Budapest; Kinshasa; Turin; Ouagadougou: L'Harmattan, 2006 [Histoire et Perspectives Méditerranéennes 8]).
32 Ziemann, Daniel, Vom Wandervolk zur Großmacht. Die Entstehung Bulgariens im frühen Mittelalter (7.–9. Jh.), Köln; Weimar; Wien: Böhlau, 2007.
33 Fynn-Paul, Jeff; Pargas, Damian Alan (eds.), Slaving Zones. Cultural Identities, Ideologies, and Institutions in the Evolution of Global Slavery, Leiden: Brill, 2018 (Studies in Global Slavery 4).
34 Zeuske, Michael, „Tausend Namen der Sklaverei", in: Zeuske, Handbuch Geschichte der Sklaverei. Eine Globalgeschichte von den Anfängen bis zur Gegenwart, Bd. 2, Berlin; Boston: De Gruyter, 2019, S. 871–935.
35 Ott, Undine, „Europas Sklavinnen und Sklaven im Mittelalter. Eine Spurensuche im Osten des Kontinents", in: Bulach, Doris; Schiel, Juliane (eds.), Europas Sklaven, Essen: Klartext Verlag, 2015 (= WerkstattGeschichte 66–67), S. 31–53.
36 Rotman, Youval, Les esclaves et l'esclavage. De la Méditerranée antique à la Méditerranée médiévale, VIe-XIe siècles, Paris: Les Belles Lettres, 2004 (Engl.: Rotman, Byzantine Slavery and the Mediterranean World, Cambridge; London: Harvard University Press, 2009); Rotman, „Captif ou esclave? La compétition pour le marché d'esclaves en Méditerrané médiévale", in: Guillén, Fabienne P.; Trabelski, Salah (eds.), Les esclavages en Mediterranée. Espaces et dynamiques économiques (Moyen Âge et Temps Modernes), Madrid: Casa de Velázquez, 2012, S. 25–46; Rotman, „Byzantium and the International Slave Trade in the Central Middle Ages", in: Necipoglu, Sevgi; Magdalino, Paul (eds.), Trade in Byzantium. Papers from the Third International Sevgi Gönül Byzantine Studies Symposium, Istanbul: Koç University Publications, 2016, S. 129–142.

Pruzzen, alle baltischen Völker, alle Balkanvölker, Tataren und viele nichtrussische Völker des späteren Russlands, etc.).

Aus Sicht der expandierenden islamischen Kulturen im Süden, Südosten und Westen war das westliche „fränkische" oder „lateinische" Europa (*occidens*), aber erst recht Mittel-, Nord- und Osteuropa, eine ungemütliche und unterentwickelte Rohstoff-Peripherie sowie ein Flickenteppich von *slaving zones* und gewalttätigen Kriegern. Waffenrohlinge aus Stahl, Pelze/ Felle, Bernstein, Holz/ Waldprodukte sowie Menschen als Versklavte – möglichst blond oder rothaarig und blauäugig – waren das einzige Erstrebenswerte aus dieser finsteren Weltgegend. Alle sich bildenden christlichen Reiche, von den Westgoten, Merowingern/ Karolingern sowie Angelsachsen, Walisern, Schotten, Iren, Normannen über Polen, Tschechen, Sachsen, Bulgaren und Ungarn bis hin zur Kiewer Rus, waren auch Razzien-, Sklaverei- und Sklavenhandelsreiche, oft mit mehreren lokalen Sklaverei-Regimes (selbiges gilt für andere Reiche wie die der Wolgabulgaren-, Seldschuken, Osmanen/ Türken/ Tataren-, Kasachen-, Kiptschaken-, Mongolen- und Chasaren).[37]

Etwa zugleich mit den massiven Sklaverei-Regimes und dem Sklavenhandel in und aus dem mittleren und östlichen Europa setzten der mediterrane Sklavenhandel sowie die Razzien-Sklavereien und der Sklavenhandel im 8. Jahrhundert ein bzw. wieder ein. Die beiden großen imperialen Gebilde, das byzantinische Reich und das expansive islamisch-arabische Kalifat, aber auch andere Reiche und Gesellschaften wie das Karolinger-Reich brauchten Massen von Versklavten. Aber es gab, wie erwähnt, immer auch lokale und regionale Sklaverei-Regimes (meist mit versklavten Kriegern/ Soldaten und versklavten Frauen, die auch Elite-Sklaven sein oder werden konnten). Die Sklaverei-Regimes änderten sich unter dem Einfluss von Expansionen und Gaben- und Handelssystemen, die auf dem Kapital menschlicher Körper beruhten, oder passten sich ihnen an. Oft verbergen sich diese Sklaverei-Regimes und die Sklavenhandelssysteme unter den Wirtschaftsdiskursen zu Fernhandels-Waren und/ oder zu Massengütern, neudeutsch *commodities*. Dieser massiven Expansion von gegenseitigen Razzien, Kriegsgefangenen- und Sklavenhandel sowie Sklaverei-Regimes verdanken wir, wie gesagt, den heutigen westlichen „Namen" der Sklaven (*sakaliba*, *slave*, *sklabos*, *slaf*, *Sklave*, *escravo/ esclavo*, *schiavo*, *esclave*, etc.). Das angehängte „ei" von Sklaverei (bzw. -age, -y/ i, -itud/ -tura) reflek-

37 Ott, Undine, „Europas Sklavinnen und Sklaven im Mittelalter. Eine Spurensuche im Osten des Kontinents", in: Bulach, Doris; Schiel, Juliane (eds.), Europas Sklaven, Essen: Klartext Verlag, 2015 (= WerkstattGeschichte 66–67), S. 31–53; siehe auch: Bartlett, Robert, „Der Wandel an der Peripherie", in: Bartlett, Die Geburt Europas aus dem Geist der Gewalt. Eroberung, Kolonisierung und kultureller Wandel von 950 bis 1350, München: Knaur, 1996, S. 554–564; Kołodziejczyk, Dariusz, „Slave Hunting and Slave Redemption as a Business Enterprise. The Northern Black Sea Region in the Sixteenth to Seventeenth Centuries", in: Oriente Moderno 25, no. 86 (2006), S. 149–159; Roşu, Felicia (ed.), Slavery in the Black Sea Region, c.900–1900. Forms of Unfreedom at the Intersection between Christianity and Islam, Leiden: Brill, 2021 (Studies in Global Slavery 11).

tiert die Institutionsbildung auch durch Rechtstexte und Sprache. Die „ethnisch geprägte" Bezeichnung für Versklavte und für die „neue" Institution, die mit der Expansion slawischer Völker in Richtung der byzantinischen Gebiete sowie mit der Benennung der oben genannte Versklavten-Typen im Griechischen und Arabischen aufkam, hat sich mit den europäischen Expansionen seit dem 15. Jahrhundert auf der ganzen Welt verbreitet.

Im Gesamtblick auf die von Europa ausgehenden Sklaverei-Diskurse und -Forschungen ergeben sich daraus drei globalhistorische Problemkreise von Sklaverei und Sklavenhandel.

Erstens: In traditionellen Arbeiten über Sklaverei gibt es eine „richtige" Sklaverei (ich nenne die Sklavereien dieses Typs „hegemonische Sklavereien"), meist auf dem römischen Recht und auf der erfundenen Tradition des römischen Rechts beruhend. Man könnte diese „richtige" Sklaverei auch Eigentums-Sklaverei in der legalen Tradition „ein Herr-ein Sklave" nennen.

Es existieren zweitens extrem vielfältige andere Traditionen und Abhängigkeiten, darunter (als wichtigste) die Kontrolle durch einen Vorstand (meist Männer, deshalb auch „patriarchalisch") eines wie auch immer gearteten Kin-Verbandes in bestimmten Wohneinheiten (Klan, Sippe, Stamm, Dorf, Familie, aber auch Herrscher in frühen Imperien in Häusern, Palästen, Tempeln, Zelten, Jurten, Schiffen, etc.).

Drittens gab und gibt es kollektive Sklavereien an den oben erwähnten *blurred boundaries*, sowohl in extrem vielfältigen und weltweiten Sklaverei-Regimes eigener Ordnung als auch eigenen „Namens" unter lokalen und regionalen Eliten. Beide grundlegenden Formen – individuelle und kollektive *slaving*-Prozesse – gehören in eine heutige Gesamt-Geschichte der Sklaverei ebenso wie in eine Sklaverei-und-Sklavenhandels-Geschichte Europas. Das sage ich, weil es oft in der Geschichte der Sklaverei und der Geschichte der Abolition zu dem Phänomen kam, dass nicht-europäische Eliten gegen das Vordringen des europäischen Kolonialismus (mit Plantagen-Sklaverei und Welthandel sowie europäischen Rechtsformen) „ihre" Sklaverei-Regimes (aus „Sklaven-Produktion", eigentlicher Sklaverei und Sklavenhandel sowie Manumission) unter ihrem „eigenen" Namen als nicht mit der „richtigen" Sklaverei vergleichbar erklärten und erklären (Russland, China, Indien, z. T. auch Südostasien und Afrika, frühe Imperien weltweit, am deutlichsten wohl in Bezug auf das Inka-Reich). Allerdings gibt es auch in der breiteren Alten Geschichte mehr und mehr deutliche Bezüge zur Sklaverei-Forschung (vor allem in der Geschichte Mesopotamiens, Babyloniens, Assyriens und Alt-Ägyptens).[38]

---

38 Bussmann, Richard, „Kriege und Zwangsarbeit im pharaonischen Ägypten", in: Lingen, Kerstin von; Gestwa, Klaus (eds.), Zwangsarbeit als Kriegsressource in Europa und Asien, Paderborn: Schöningh, 2014, S. 58–72; Langer, Christian, „Forced Migration in New Kingdom Egypt. Remarks on the Applicability of Forced Migration Studies Theory in Egyptology", in: Langer (ed.), Global Egyptology. Negotiations in the Production of Knowledges on Ancient Egypt in Global Contexts, London: Golden House Publications, 2017, S. 39–51; Bartash, Vitali, „Coerced Human Mobility and Elite So-

Von der Sklaverei- bzw. „Nicht-Sklaverei"-Ideologie zurück zur Geschichte Europas: Seit dem europäischen Hochmittelalter 1050–1250 kam es in Europa zu vier Entwicklungsdimensionen.

1) In den Hauptterritorien des mehr oder weniger latinisierten Europas der Westkirche (Germania, Italia, Francia, Anglia, Hispania) durfte die christliche Bevölkerung nicht mehr direkt versklavt und schon gar nicht dem *slaving* in fremden (und eigenen) Sklavenhandelssystemen anheimfallen (Rechtsgrundsatz: „Kein Sklavenhandel mit Christen auf und zwischen christlichen Territorien"). Dieses Prinzip wurde zwar durchgesetzt, allerdings nicht immer sehr konsequent, vor allem in den Kernterritorien der Feudalisierung (Nordfrankreich, westelbisches Mitteleuropa, Dänemark, südöstliches und mittleres England). Bauern kamen in lokale Hörigkeits- und Leibeigenschafts-Verhältnisse – am seltensten in England, auf der iberischen Halbinsel und in Skandinavien und alpinen Landschaften des Reiches. Aus lokalen Hörigkeits- und Leibeigenschafts-Verhältnissen konnten einige Akteure durch den Aufstieg in die Elite-Sklaverei (Reiter/ frühe Ritter, Gutsverwalter, Amtmänner, Ministeriale[39]) oder, wegen der Partialisierung der Gewalten, seit dem 11. Jahrhundert vor allem durch Flucht in Städte entkommen. Die Zeitgenossen unterschieden allerdings noch nicht sehr deutlich zwischen den Sklaverei-Formen der unfreien „Dienstmannen" (Eike von Repgow um 1230; Ministeriale) und Amt-Männer sowie anderen unfreien Formen asymmetrischer Abhängigkeit an den oben genannten *blurred boundaries* der Sklaverei.[40] Die aus ihrer Sicht „richtige" Sklaverei lernten die europäischen Eliten, Militärs und Schiffsbesatzungen während der Kreuzzüge im Morgenland bzw. in pruzzischen/ baltischen Gebieten oder an den Kriegsgrenzen als Razzien-Sklaverei oder auf dem Mittelmeer als Piraterie und Korsarentum vor allem zwischen christlichen und muslimischen Gebieten kennen.[41]

2) In Ost- und Südost-Europa blieben unterschiedlichste lokale und regionale Sklaverei- und Sklavenhandels-Regimes intakt (unter anderem die von Roma und

---

cial Networks in Early Dynastic Iraq and Iran", in: Journal of Ancient Near Eastern History 7:1 (2020), S. 25–57; Langer, Christian, Egyptian Deportations of the Late Bronze Age. A Study in Political Economy, Berlin; Boston: De Gruyter, 2021 (Zeitschrift für ägyptische Sprache und Altertumskunde. Beihefte 13).

39 Zwahr, Helmut, „Aus Küche und Keller aufs Pferd. Reiter auf Widerruf. Servus, Knecht, Knappe, Ritter", in: Zwahr, Herr und Knecht. Figurenpaare in der deutschen Geschichte, Leipzig; Jena; Berlin: Urania-Verlag, 1990, S. 77–80.

40 Rio, Alice, Slavery After Rome, 500–1100, Oxford: Oxford University Press, 2017.

41 Gillingham, John, „Crusading Warfare, Chivalry, and the Enslavement of Women and Children", in: Halfond, Gregory (ed.), The Medieval Way of War. Studies in Medieval Military History in Honor of Bernard S. Bachrach, Aldershot: Ashgate, 2015, S. 133–151; Bono, Salvatore, Piraten und Korsaren im Mittelmeer. Seekrieg, Handel und Sklaverei vom 16. bis 19. Jahrhundert, Stuttgart: Klett-Cotta, 2009.

Tigani[42]) bzw. intensivierten sich exponentiell mit kumanischer, ungarischer, mongolischer, osmanisch-türkischer und krimtatarischer Expansion. Russland und andere Territorien, wie Ungarn, die Walachei, Moldawien, Wolhynien, die Ukraine und andere Gebiete an den Grenzen zum osmanischen Reich hatten eigene Sklaverei-Regimes. Die globale Stellung dieser Gebiete als *slaving zones* (vor allem in den Steppenzonen und an den Ufern des Schwarzen Meeres[43]) blieb bis Ende des 18. Jahrhunderts intakt und wurde von der Expansion Russlands mit seinen kollektiven Sklaverei-Leibeigenschaftsformen (inklusive lokaler indigener Sklaverei-Regimes) sowie neuen asymmetrischen Abhängigkeiten abgelöst. In einem breiten Zwischen-Territorium von Mecklenburg, Schlesien, Polen bis zum Schwarzen Meer entwickelte sich nach 1500 die so genannte „Zweite Leibeigenschaft".[44]

3) In Nord- und Nordosteuropa existierten die Wikinger- und Dänen-Sklaverei ebenso wie verschiedene Formen von Razzien-Sklaverei (u. a. von Finnen, Lappen und Sami) sowie Sklavenhandel lange. Die Ostexpansionen nach der Wikinger-Zeit (bis um 1100) brachten neue Formen von Sklaverei und extremer Abhängigkeit hervor. In dem „gentilen Keil"[45] der Liutizen bis in das 13. Jahrhundert und in den lange Zeit nicht christianisierten pruzzischen, litauischen, lettischen, estnischen und baltischen Gebieten (mit jeweils eigenen Sklaverei-Regimes) wurden die im 14. Jahrhundert Unterworfenen in der so genannten „harten Leibeigenschaft" zu hörigen Bauersklaven bekehrt.[46] In Dänemark und Teilen Schwedens entwickelten sich andere Formen von unfreien und asymmetrischen Abhängigkeiten wie Leibeigenschaft und Hörigkeit sowie unfreie Hausdienste.

---

42 Achim, Viorel, The Roma in Romanian History, Budapest: Central European University Press, 2004; Achim, „The Gypsies in the Romanian Principalities. The Emancipation Laws, 1831–1856", in: Historical Yearbook 1 (2004), S. 109–120.

43 Roşu, Felicia (ed.), Slavery in the Black Sea Region, c.900–1900. Forms of Unfreedom at the Intersection between Christianity and Islam, Leiden: Brill, 2021 (Studies in Global Slavery 11).

44 Boatcă, Manuela, „Coloniality of Labor in the Global Periphery. Latin America and Eastern Europe in the World-System", in: Review 36:3–4 (2013), S. 287–314; Boatcă, „Second Slavery versus Second Serfdom. Local Labor Regimes of Global Age", in: Saïd Amir, Arjomand (ed.), Social Theory and Regional Studies in the Global Age, Albany: State University of New York, 2014, S. 361–387.

45 Biermann, Felix, „Zentralisierungsprozesse bei den nördlichen Elbslawen", in: Sikora, Przemysław (ed.), Zentralisierungsprozesse und Herrschaftsbildung im frühmittelalterlichen Ostmitteleuropa. Studien zur Archäologie Europas 23, Bonn: Habelt, 2014, S. 157–194.

46 Schmidt, Christoph, „Typologie", in: Schmidt, Leibeigenschaft im Ostseeraum. Versuch einer Typologie, Köln; Weimar; Wien: Böhlau Verlag, 1997, S. 127–144; Scheuerer, Gerhard, „The Brandenburg Triangle", in: Backhaus, Jürgen (ed.), The Liberation of the Serfs. The Economics of Unfree Labor, New York: Springer, 2012, S. 7–14; Taterka, Thomas, „Zu Bauersklaven bekehrt. 700 Jahre deutsche Kolonialgeschichte im Baltikum", in: D'Aprile, Dorothee; Bauer, Barbara; Kadritzke, Niels (eds.), Auf den Ruinen von Imperien. Geschichte und Gegenwart des Kolonialismus, Berlin: taz-Verlags- und Vertriebs GmbH, 2016 (= Edition Le Monde diplomatique 18), S. 59–61.

4) Im westlichen Süd-Europa und Süd-Europa, vor allem in den Reichen der iberischen Halbinsel, Süd-Frankreich und Territorien Italiens blieben Razzien-Sklaverei zu Land (arabisch-berberisch-islamische Expansion, *reconquista*; Eroberungen von Inseln), urbane Hafen- und Haussklavereien sowie Piraterie- und regionale Sklavenhandelssysteme intakt; ebenso auf dem Balkan. Es gab erheblich mehr direkte Sklavereien und weniger Abhängigkeitsformen wie Leibeigenschaft oder Hörigkeit. Vor allem Palermo, Neapel, Amalfi, Pisa, Genua, Venedig, aber auch Aragón und Katalonien waren an großen Sklavenhandelssystemen des östlichen Mittelmeeres, des Schwarzen Meeres und des Vorderen Orients sowie Ägyptens beteiligt. Amalfitaner, Pisaner, Katalanen und vor allem Genuesen und Venezianer profitierten – in Konkurrenz und/ oder Kooperation zu/ mit armenischen, mamelukischen, arabischen, türkischen, berberischen und mongolisch-tatarischen Akteuren – massiv von Sklavenhandels- und Sklaverei-Regimes des östlichen Mittelmeeres bis nach Ägypten sowie am und im Schwarzen Meer. Sie waren fast immer die Juniorpartner – auch wenn in Bezug gerade auf Genua ein anderer Anschein vorherrscht und die Zahlen über Versklavte im genuesischen Sklavenhandel zwischen 1260 und 1450 sehr hoch sind.

Eine neue Entwicklung in Bezug auf eine aktive Rolle im *slaving* – im globalgeschichtlichen Maßstab – ergab sich im Hochmittelalter im Südwesten Europas. Möglicherweise durch die Konflikte um das angevinische Reich und den so genannten Hundertjährigen Krieg bedingt, erhielt der Seehandel allgemein einen Aufschwung und die Häfen und Städte Portugals (von der Algarve über Lissabon bis Oporto) lancierten sich in das Zentrum zwischen dem Mittelmeer und der Nordsee (über die Hanse in der Ostsee und im Norden und Osten Europas). Dazu kam, dass besonders iberische Territorien im Laufe des 13. Jahrhunderts von *slaving zones* und Razzien-Kriegsgebieten zu großen Sklavenimporteuren und Sklavenhandels-Akteuren wurden. Seit dem späten 13. Jahrhundert begannen italische und iberische Akteure in diesem Zusammenhang nicht nur die Expansion ins östlichere Mittelmeer, sondern auch die Expansion in das reichere und entwickeltere Nord- und Nordwest-Afrika im West-Mittelmeer. Die Iberer hatten bereits zuvor Erfahrungen in Inseleroberungen und -Versklavungen gesammelt (z. B. auf den Balearen[47]). Auch außerhalb der Säulen des Herkules, d. h. zunächst in der *mar pequeña* (dem Meeresgebiet zwischen der Algarve und Marokko außerhalb der Meerenge von Gibraltar) kam es auf der Basis von arabischen Vorleistungen[48] zu ersten

---

[47] Ferrer Abárzuza, Antoni, Captius i senyors de captius a Eivissa. Una contribució al debat sobre l'*esclavitut* medieval (segles XIII–XVI), Valencia: Publicacions de la Universitat de València, 2015; Ferrer Abárzuza, „Captives or Slaves and Masters in Eivissa (Ibiza), 1235–1600", in: Medieval Encounters 22 (2016), S. 565–593.
[48] Obenaus, Andreas, „Die Geheimnisse des Atlantiks und seine Erforschung im Spiegel mittelalterlicher arabischer Quellen", in: Conermann, Stephan; Wolter-von dem Knesebeck, Harald; Quiering, Miriam (eds.), Geheimnis und Verborgenes im Mittelalter. Funktion, Wirkung und Spannungsfelder von okkultem Wissen, verborgenen Räumen und magischen Gegenständen, Berlin; Boston: De Gruyter, 2021 (= Das Mittelalter. Perspektiven mediävistischer Forschung. Beihefte, 15), S. 147–166.

Erkundungs- und Handelsfahrten sowie zu lokalen Razzien-Übergriffen. Iberer und Italiener suchten vor allem Gold, Gewürze und Luxusgüter, bekamen aber mehr und mehr Versklavte aus dem Hinterland der marokkanischen Küsten und dem Innern Afrikas (vor allem auf dem Landweg und dann über das Mittelmeer), vor allem aus den expandierenden Sahara-Reichen, die schon lange vor Beginn der Neuzeit Sklaven aus dem subsaharischen Afrika exportierten (zunächst vor allem in islamische Gebiete – sephardisch-iberische und neu-christliche Kaufleute waren auch hier Juniorpartner).[49] Europa wurde von Afrika abhängig – in Bezug auf Gold und Luxusgüter, aber auch in Bezug auf Sklaven als Kapital, als Waren sowie als Arbeits- und Dienstleistungskräfte und natürlich in Bezug auf Absatz und Produktion europäischer *commodities*, etwa der oberdeutschen Textil-Produktionszentren und Metall- sowie Metallwaren-Vermarktungszentren in Nürnberg und Augsburg unter Kontrolle der Welser und Fugger. Das wirklich Neue ergab sich einerseits aus der immer stärkeren Fixierung und Abhängigkeit auf und von Afrika sowie aus der Razzien-Kriegsführung, die ideologisch als eine Art Fortführung der Reconquista verstanden wurde. Einerseits wurden marokkanische Hafen- und Handelsstädte, gerade an der nordwestafrikanischen Atlantikküste, besetzt, andererseits kam es nach der Balearen-Erfahrung zur Razzien-Conquista von atlantischen Inseln, besonders der bewohnten Kanaren. Die Strategie zur Eroberung Marokkos – auf Seiten Portugals auch von Engländern mitgetragen – scheiterte spätestens 1578 mit der Katastrophe der Schlacht von Ksar-el-Kebir (Alcazarquivir/ Alcácer-Quibir).

Die massiven Sklavenrazzien auf Alt-Kanarier (Gran Canaria: *guanches*)[50] seit dem Ende des 13. Jahrhunderts führten während der maritimen und territorialen Expansion (*conquistas*) einerseits zur weiteren Gewöhnung an menschliche Körper als Kapital, andererseits zur Entvölkerung der Inseln und der Zwangsansiedlung versklavter Menschen vor allem aus Afrika. Das gilt auch für Madeira und die Kapverden, Azoren sowie São Tomé und Príncipe – dem iberischen „Imperium der Inseln" im Ostatlantik.

Zwei Hauptentwicklungsstränge in Bezug auf das *slaving* durch marginale Eliten, Händler und Kapitäne Europas sowie – ab ca. 1510 – europäische Kolonisten in den Amerikas (zunächst als Schmuggler und ab ca. 1520 offiziell) prägten die weitere Entwicklung: Erstens konnten die Iberer an den *Guiné* genannten Küsten Westafri-

---

49 Haour, Anne, „The Early Medieval Slave Trade of the Central Sahel. Archaeological and Historical Considerations", in: Proceedings of the British Academy 168 (2011), S. 61–78; Santana Pérez, Germán, „Mercaderes hispanos en África subsahariana antes de la Unión Ibérica, 1503–1580", in: Pérez García, Rafael M.; Fernández Chaves, Manuel F.; Belmonte Postigo, Jose Luis (eds.), Los negocios de la esclavitud. Tratantes y mercados de esclavos en el Atlántico Ibérico, siglos XV-XVIII, Sevilla: Universidad de Sevilla, 2018, S. 71–92.
50 Obenaus, Andreas, „Weit gesteckte Ziele und reale Erfolge der spätmittelalterlichen Atlantikexpansion", in: Obenaus (ed.), Europas Maritime Expansion. Ideen und Innovationen, Entdeckungen und Eroberungen vom 9. bis zum 18. Jahrhundert, Wien: Mandelbaum Verlag, 2021, S. 112–136.

kas – im Wesentlichen unter portugiesischen Kapitänen und oft geadelten Anführern – seit Erreichen des Senegal-Flusses etwa in der Mitte des 15. Jahrhunderts nur noch als Juniorpartner afrikanischer Eliten im *slaving* agieren. Die Iberer waren abhängig von den Zulieferungen afrikanischer Eliten. Es gab vielfältige Gründe dafür: Die Brandungsküsten und ihre geringe Besiedlung spielten eine wichtige Rolle, auch Krankheiten, ebenso wie die militärisch überlegene Qualität afrikanischer Krieger auf hochmobilen Kriegskanus.[51] Die Iberer, vor allem Portugiesen, konnten nur Experimentalinseln außerhalb der engeren Kontinent-Küsten besetzen. Die wichtigsten waren, neben den bereits erwähnten Kanaren-Inseln, Madeira, die Kapverden sowie São Tomé und Príncipe. Dort übernahmen sie massiv afrikanische Formen der Unfreiheit/ Sklaverei sowie das Verständnis menschlicher Körper als Grund-Kapital für Herrschaft, Militär und Wirtschaft sowie zur Bevölkerungsentwicklung. Damit entstanden aus afrikanischen Sklavereien und getragen von versklavten Menschen aus Afrika erste Kerne der atlantischen Sklaverei (massiver maritimer Sklavenhandel, Besiedlung durch Versklavte und Produktion von Luxus-Massengütern auf Latifundien/ Plantagen; erste Zucker-*ingenios*).[52] Vor allem Kapitäne und Monopolbrecher (*lançados*), aber auch Anführer von europäischen Kriegstrupps und Priester unter dem Befehl afrikanischer Eliten lernten von diesen, wie gesagt, den Wert des Kapitals menschlicher Körper in Gestalt von kriegsgefangenen Männern (*cativos*), die an schwere Arbeiten unter tropischen Bedingungen gewöhnt waren, in afrikanischen Wirtschaftskreisläufen und allgemein als Kriegsbeute, Siedler, Arbeitskräfte, Austausch-Wert sowie Zahlungsmittel kennen. Genau das machte den Unterschied aus zwischen dem Scheitern der spätmittelalterlichen Eroberungsversuche auf den Kanaren oder im mauretanischen Nordwestafrika und der frühneuzeitlichen Besiedlung der westafrikanischen und karibischen Inseln: *cativos*, Versklavte/ Sklaven, das Kapital menschlicher Körper aus Afrika. Bald sammelten sich auf den Inseln auch afrikanische Frauen – teils versklavt, teils frei – sowie ihre Kinder mit europäischen Siedlern und sehr viele afrikanische *cativos*, die zunächst oft an andere Orte in Afrika an afrikanische Sklavenhalter verkauft wurden. Auf der Kapverden-Insel Santiago entstand mit Ribeira Grande der erste dauerhafte europäische Sklavenmarkt in den Tropen. Vermittler des Sklavengeschäfts waren an den Küsten des Kontinents und im näheren Hinterland *beyond the Atlantic* oft die erwähnten Monopolbrecher und deren Nachkommen mit afrikanischen Frauen (*tangomãos*/ Luso-Afrikaner).

---

51 Gayibor, Théodore N., „La mer et les royaumes du golfe de Guinée", in: Buchet, Christian; Le Bouëdec, Gérard (eds.), The Sea in History – The Early Modern World, Woodbridge: Boydell & Brewer, 2017, S. 622–634.
52 Green, Toby, The Rise of the Trans-Atlantic Slave Trade in Western Africa, 1300–1589, Cambridge: Cambridge University Press, 2012 (African Studies); zu ersten Zucker-*ingenios* auf den Kanaren, siehe: Moscoso, Francisco, „Canarias. El oro de las islas", in: Moscoso, Orígenes y cultura de la caña de azúcar. De Nueva Guinea a las islas del Atlántico, Puerto Rico: Publicaciones Gaviota, 2017, S. 261–299.

Alternativ wurden Versklavte auf den Inseln zur Produktion von *commodities* (etwa Baumwollstoffe – *panos*) für afrikanische Wirtschaftskreisläufe gezwungen. Viele von ihnen wurden zu Siedlerinnen und Siedlern der von Europäern formell kontrollierten Inseln. Auch Zucker war stark nachgefragt. Er wurde zunächst im 15. Jahrhundert auf Madeira und den Kanaren produziert;[53] erst um 1500 entstanden erste wirkliche Sklaven-Plantagen (*roças, engenhos*) in der Nordebene von São Tomé.[54] Dies hatte den Grund, dass dort die natürlichen Bedingungen (flaches Land, viel Regen) exzellent waren und Massen von Versklavten aus dem Kongogebiet sich auf der Insel sammelten, die nicht an afrikanische Eliten weiterverkauft werden konnten. Die Europäer mussten zudem erst „die Tropen lernen" (*aprender os trópicos*) – mit Hilfe versklavter Afrikaner, die ihnen Kenntnisse über afrikanische Technologien und Wissen vermittelten.[55] Unter den Europäern kursierte die Angst, dass die vielen Afrikaner und Afrikanerinnen sowie ihrer Nachkommen ihnen auch die Inseln des Ostatlantiks streitig machen könnten. Weil afrikanische Eliten den afrikanischen Handel kontrollierten und drohten, über die Nachkommen von europäischen Männern und afrikanischen Frauen auch die Inseln der iberischen Kontrolle zu entreißen, setzte

---

53 Camacho y Pérez Galdós, Guillermo, „El cultivo de la caña de azúcar y la industria azucarera en Gran Canaria (1510–1535)", in: Anuario de Estudios Atlánticos 7 (1961), S. 11–70; Vieira, Alberto, „Sugar Islands. The Sugar Economy of Madeira and the Canaries, 1450–1650", in: Schwartz, Stuart B. (ed.), Tropical Babylons. Sugar and the Making of the Atlantic World, 1450–1680, Chapel Hill: University of North Carolina Press, 2004, S. 42–84.

54 Alencastro, Luiz Felipe de, „São Tomé – Laboratório tropical", in: Alencastro, O Trato dos Viventes. Formacão do Brasil no Atlântico Sul, seculos 16. e 17., São Paulo: Companhia das Letras, 2000, S. 63–67, S. 65; Alencastro, „The Economic Network of Portugal's Atlantic World", in: Bethencourt, Francisco; Curto, Diego Ramada (eds.), Portuguese Oceanic Expansion 1400–1800, Cambridge: Cambridge University Press, 2007, S. 110–112; Caldeira, Arlindo Manuel, „Aprender os Trópicos. Plantações e trabalho escravo na ilha de São Tomé", in: Vaz do Rego Machado, Margarida; Gregorio, Rute Dias; Silva, Susana Serpa (eds.), Para a história da escravatura insular nos séculos XV a XIX, Lisboa: CHAM, 2013, S. 25–54; Bonciani, Rodrigo Faustinoni, „A emergência de uma sociedade nova em São Tomé (1485–1535)", in: Ribeiro, Alexandre Vieira; Gebara, Alexsander Lemos de Almeida (eds.), Estudos Africanos. Múltiplas Abordagens, Niterói: Editora da UFF, 2013 (Coleção História), S. 171–201; Ribeiro da Silva, Filipa, „African Islands and the Formation of the Dutch Atlantic Economy. Arguin, Gorée, Cape Verde and São Tomé, 1590–1670", in: The International Journal of Maritime History 26:3 (2014), S. 549–567; Vieira, Alberto, Portugal y las islas del Atlántico, Madrid: Editorial MAPFRE, S. A., 1992 (Colección Portugal y el mundo); Fábregas García, Adela, „Del cultivo de la caña al establecimiento de las plantaciones", in: Região Autónoma da Madeira (ed.), História e tecnologia do açúcar, Funchal: Centro de Estudos de História do Atlântico, 2000, S. 59–85.

55 Caldeira, Arlindo Manuel, „Learning the Ropes in the Tropics. Slavery and the Plantation System on the Island of São Tomé", in: African Economic History 39 (2011), S. 35–71; Caldeira, „Aprender os Trópicos. Plantações e trabalho escravo na ilha de São Tomé", in: Vaz do Rego Machado, Margarida; Gregorio, Rute Dias; Silva, Susana Serpa (eds.), Para a história da escravatura insular nos séculos XV a XIX, Lisboa: CHAM, 2013, S. 25–54; Norton, Marcy, „Subaltern Technologies and Early Modernity in the Atlantic World", in: Colonial Latin American Review 26:1 (2017), S. 18–38.

die *Atlantisierung* ein (die nun nicht mehr nur ein Nord-Süd-Verhältnis war, sondern vor allem eine Bewegung von Ost nach West sowie von Süd nach Süd über die gesamte Breite des mittleren Atlantiks).[56]

Der zweite Entwicklungsstrang eines europäisch kontrollierten Sklaverei-Atlantiks ergab sich im amerikanischen Teil des iberischen „Imperiums der Inseln", vor allem in der Karibik seit 1493. Bis 1521 kontrollierten Spanier und ein paar Portugiesen sowie Genuesen auch dort nur Inseln (mit Ausnahme einiger Küstenstützpunkte/ Inseln im heutigen Kolumbien und Venezuela sowie von *Castilla del Oro* im heutigen Panamá seit 1515), darunter ab ca. 1495 La Hispaniola (heute Haiti und Dominikanische Republik) sowie Puerto Rico und Kuba ab ca. 1508/1510 und mit Abstrichen auch Jamaika (ein Feudum der Kolumbus-Familie). Ausgelöst bereits durch Kolumbus entfaltete die europäische Razzien-Sklaverei dort eine schreckliche Dynamik:[57] Indianische Frauen begaben sich zu ihrem Schutz oft als Haussklavinnen (in der Karibik: *naborías*) in Häuser europäischer Conquistadoren und Siedler (*vecinos*). In den Konflikten nahmen auch Indigene Europäer als Sklaven.[58] Die Inseln entvölkerten sich – nicht, wie lange angenommen, in gleichem Maße wie auf den Kanaren[59], aber doch so sehr, dass Spanien neben dem karibischen Modell von indigenen Haussklavinnen als Mütter der neuen Kolonialbevölkerung auch auf das Modell der

---

56 Shaw, Rosalind, „The Atlanticizing of Sierra Leone", in: Shaw, Memories of the Slave Trade. Ritual and the Historical Imagination in Sierra Leone, Chicago: The University of Chicago Press, 2002, S. 25–45. Ähnliche Atlantisierungsprozesse fanden in anderen afrikanischen Territorien statt.
57 Sued-Badillo, Jalil, „From Tainos to Africans in the Caribbean. Labor, Migration, and Resistance", in: Palmié, Stefan; Scarano, Francisco A. (eds.), The Caribbean. A History of the Region and Its Peoples, Chicago; London: The University of Chicago Press, 2011, S. 97–113; Zeuske, Michael, „Kolumbus als Sklavenhändler und der Kapitalismus menschlicher Körper", in: Arnold, Rafael; Buschmann, Albrecht; Morkötter, Steffi; Wodianka, Stephanie (eds.), Romanistik in Rostock. Beiträge zum 600. Universitätsjubiläum, Norderstedt: BoD, 2019 (Rostocker Studien zur Universitätsgeschichte 32), S. 11–36; Eagle, Marc; Wheat, David, „The Early Iberian Slave Trade to the Spanish Caribbean, 1500–1580", in: Borucki, Alex; Eltis, David; Wheat (eds.), From the Galleons to the Highlands. Slave Trade Routes in the Spanish Americas, Albuquerque: University of New Mexico Press, 2020, S. 47–72; .
58 Santos-Granero, Fernando, „Slavery as Structure, Process, or Lived Experience, or Why Slave Societies Existed in Precontact Tropical America", in: Lenski, Noel; Cameron, Catherine M. (eds.), What is a Slave Society? The Practice of Slavery in Global Perspective, Cambridge; New York: Cambridge University Press, 2018, S. 191–219.
59 Hofman, Corinne L.; Ulloa Hung, Jorge; Herrera Malesta, Eduardo; Jean, Joseph Sony, „Indigenous Caribbean Perspectives. Archaeologies and Legacies of the First Colonised Region in the New World", in: Antiquity 92, no. 361 (2018), S. 200–216; Valcárcel Rojas, Roberto; Ulloa Hung, Jorge, „Introducción. La desaparición del indígena y la permanencia del indio", in: Valcárcel Rojas; Ulloa Hung (eds.), De la desaparición a la permanencia. Indígenas e indios en la reinvención del Caribe, Santo Domingo, R.D.: Fundación García Arévalo, 2018 (Los indígenas más allá de Colón; II), S. 5–39.

portugiesischen Inseln vor den westafrikanischen Küsten zurückgreifen musste: Versklavte wurde als getaufte Christen zu *colonos*, d. h. Siedler und Siedlerinnen[60] im sich herausbildenden System der Kasten (*castas*), ohne welche die neuen Gebiete nicht zu Kolonien territorialisiert hätten werden können.[61] Es kam selbstverständlich auch zur Transkulturation indigener Gesellschaften sowie zur Entstehung von *frontier*-Gesellschaften (oft auf Basis der Nutzung von Rindern und Pferden, Maultieren, Eseln).[62] Auch autonome *cimarrón*-Gesellschaften mit mehrheitlich indigenen sowie afrikanischen Menschen und materiellen Elementen entstanden.[63]

Beide Experimental-Inselgruppen, die iberischen „Imperien der Inseln" im Ostatlantik, an den Küsten Westafrikas (deren Territorialisierung bereits im 13. Jahrhundert einsetzte) und im Westatlantik/ der Karibik (ab 1492), kamen zunächst durch Schmuggel und ab 1520 auch formal zusammen. Um die *Atlantisierung* zu fördern, erhielten portugiesische und spanische Schiffe die Erlaubnis, direkt, d. h. ohne Umweg über Sevilla oder Lissabon sowie andere iberische Häfen, von den westafrikanischen Inseln und Faktoreien (wie Ribeira Grande und El Mina) Versklavte zu den karibischen Inseln und später Spanisch-Amerikas (*Las Indias*) zu transportieren. Die Gründe

---

60 Wheat, David, „Nharas and Morenas Horras. A Luso-African Model for the Social History of the Spanish Caribbean, c.1570–1640", in: The Journal of Early Modern History 14:1–2 (2010), S. 119–150.

61 Cortés López, José Luis, Esclavo y colono. Introducción y sociología de los negroafricanos en la América española del siglo XVI, Salamanca: Ediciones Universidad, 2004; Wheat, David, Atlantic Africa and the Spanish Caribbean, 1570–1640, Chapel Hill: University of North Carolina Press, 2016. Siehe besonders die Kapitel über Frauen aus Afrika in der Karibik (vorwiegend in Städten): „Nharas and Morenas Horras", S. 142–180; schwarze Bauern (vorwiegend rural und im Umfeld der Städte): „Black Peasants", S. 181–215; sowie die schwarze männliche Bevölkerung (vorwiegend der Hafenstädte): „Becoming ‚Latin'", S. 216–252 – alles verbunden auch mit der Frage nach der grundsätzlichen Sicherung des Kolonialterritoriums (Regel: „Nur da, wo katholisch-iberische Bauern siedeln, können die protestantischen Feinde nicht eindringen"), der Zirkulation und Konsumtion von Nahrungsmitteln sowie der Transkulturation von Wissen und der *frontier*-Expansion; Yun-Casalilla, Bartolomé, „The History of Consumption of Early Modern Europe in a Trans-Atlantic Perspective. Some New Challenges in European Social History", in: Hyden-Hanscho, Veronika; Pieper, Renate; Stangl, Werner (eds.), Cultural Exchange and Consumption Patterns in the Age of Enlightenment. Europe and the Atlantic World, Bochum: Verlag Dr. Dieter Winkler, 2013, S. 25–40.

62 Garavaglia, Juan Carlos; Gelman, Jorge D., El mundo rural rioplatense a fines de la época colonial. Estudios sobre producción y mano de obra, Buenos Aires: Biblos, 1989; Sluyter, Andrew, Black Ranching Frontiers. African Cattle Herders of the Atlantic World, 1500–1900, New Haven: Yale University Press, 2012.

63 Hernández de Lara, Odlanyer; Rodríguez Tápanes, Boris; Arredondo Antúnez, Carlos, Esclavos y cimarrones en Cuba. Arqueología histórica en la cueva El Grillete, Buenos Aires: Aspha, 2013; Cwik, Christian, „Africanization of the Amerindians in the Greater Caribbean. The Wayuu and Miskito, Fifteenth to Eighteenth Centuries", in: Knight, Franklin W.; Iyob, Ruth (eds.), Dimensions of African and Other Diasporas, Kingston: University of the West Indies Press, 2014, S. 83–104; Vidal Ortega, Antonino; Roman Romero, Raúl, „De vasallos británicos a súbditos españoles. Los márgenes borrosos de los imperios en el caribe occidental a finales del siglo XVIII y principios del siglo XIX", in: Revista Temas Americanistas 40 (2018), S. 161–187.

waren, wie oben gesagt, einerseits die Furcht iberischer Akteure (formal in Gestalt der Kronen) vor einer Afrikanisierung der Inseln vor den Küsten Westafrikas, andererseits die Entvölkerung des karibischen Teils des „Imperiums der Inseln" und seit 1521 auch die massiven Edelmetall-Beuten aus den laufenden Conquistas und Grabplünderungen. Der erste afrikanisch-iberische Atlantik entstand. Während die atlantische Sklaverei eher eine Gründung Afrikas war bzw. eine Fortführung afrikanischer *slavings* war, entstand nun der Hochsee-Sklaverei-Atlantik – eine genuine Schöpfung Europas. Getragen wurde er vor allem von Hochsee-Fischern, Schmugglern sowie iberischen Kapitänen und ihren Mannschaften, zumeist Männer aus mediterranen und atlantischen Küstenbevölkerungen, die untereinander wahrscheinlich ein *lingua franca* (*baixo portugues*) sprachen. Er war auch eine Süd-Süd-Schöpfung von Europäern, die in den kolonialen Amerikas zu Kreolen im allgemeinsten Sinne wurden (oder zeitweilig als Kaufleute und Sklavenhändler von den Amerikas aus operierten). Dieser entstehende Sklaverei-Atlantik war nur partiell ein *Black Atlantic* – in Gestalt der vielen Versklavten aus afrikanischen Gesellschaften sowie afrikanischer Atlantikkreolen auf europäischen und amerikanischen Schiffen (auch von Piraten/ Korsaren).[64] Bis zur formalen Aufhebung des transatlantischen Sklavenhandels im 19. Jahrhundert summierten sich die lebend in die Amerikas verschleppten Versklavten auf rund elf Millionen Menschen. Er bestand soziostrukturell-historisch gesehen aus in Europa von Staaten, Korporationen und Privat-Unternehmern finanzierten und gebauten Schiffen (inklusive des dafür nötigen Wissens- und Technologiekomplexes), europäischen Kaufleuten/ Finanziers/ Reedern, einer sehr großen Mehrheit amerikanisch-kreolischer und europäischer Kapitäne und den jeweiligen Orientierungs- und Körperspezialisten (Navigationsoffizieren und Schiffsärzten). Die Mannschaften rekrutierten sich im Wesentlichen aus transkulturellen See-Männern, die sich als „Weiße" definierten, und aus den oben genannten Nachkommen von *lançados*, Verbannten (*degredados*) sowie Nachkommen von aus Afrika in die Amerikas verschleppten Frauen, die als Broker, Ruderer (*grumetes/ crews/ kru*) sowie Hilfskräfte (Übersetzer, Köche, Heiler, Leichtmatrosen, Wachkräfte, Essensverteiler) auf den Schiffen des Sklavenhandels oder auf Piraten- und Korsaren-Schiffen arbeiteten. In ihrer Gesamtheit werden sie als Atlantikkreolen bezeichnet. Es gab sowohl versklavte als auch freie Atlantikkreolen.[65]

---

64 Hancock, David J., „The Intensification of Atlantic Maritime Trade (1492–1815)", in: Buchet, Christian; Le Bouëdec, Gérard (eds.), The Sea in History – The Early Modern World, Suffolk: Boydell & Brewer, 2017, S. 19–29.

65 Bialushewski, Arne, „Black People Under the Black Flag. Piracy and the Slave Trade on the West Coast of Africa, 1718–1723", in: Slavery & Abolition 29:4 (2008), S. 461–475; Bialushewski, „Pirates, Black Sailors and Seafaring Slaves in the Anglo-American Maritime World", in: The Journal of Caribbean History 45:2 (2011), S. 143–158; Zeuske, Michael, Sklavenhändler, Negreros und Atlantikkreolen. Eine Weltgeschichte des Sklavenhandels im atlantischen Raum, Berlin; Boston: De Gruyter, 2015, S. 172–205.

Mittlerweile gibt es, vor allem in der US-amerikanischen und europäischen Geschichtsschreibung, eine Vielzahl von „Atlantiken".[66] Das vorliegende Kapitel würde nicht ausreichen, um sie alle zu nennen. Eine grobe Periodisierung des Sklaverei-Atlantiks kennt den „ersten", „zweiten" und „dritten" Atlantik. Traditionell wird der erste Atlantik als iberischer Atlantik bezeichnet.[67] Der „zweite" Atlantik ist in der traditionellen Darstellung meist ein englisch/ britischer, nordwesteuropäischer oder französischer Atlantik bzw. einer der Konflikte zwischen iberischen und nordwesteuropäischen Sklavenhandelsmächten. Der weiterlaufende afrikanisch-iberisch-brasilianische Südatlantik (*Atlántico Sul*) wird meist unterschlagen. Ab 1794, 1808 oder 1820 wird meist nur noch über Abolition (des Sklavenhandels bzw. der Sklavereien) publiziert. In der Realität wurden 1815–1880 über den „dritten", den so genannten *hidden Atlantic* (ein Sklaverei-Atlantik des Schmuggels und der Illegalität), trotz – oder gerade wegen formaler Abolitionen – nochmals 2–3 Millionen Menschen verschleppt.

Der gesamte Sklavenhandels-Atlantik, geprägt von Europäern und Kolonial-Europäern sowie Amerikanern, war also viel mehr als einzelne national-imperiale Ozeane. In seiner Gesamtheit ist er zunächst ein afrikanischer, dann ein afrikanisch-iberischer Atlantik mit vielen Konnexionen und den Zentren Westafrika-Karibik-Brasilien-Lissabon-Sevilla[68] (bis ca. 1640). Dieser Atlantik ist noch kein direkter Vorläufer der nachfolgenden „Sklaverei-Atlantike", obwohl er schon seit ca. 1520 (mit einzelnen Nachweisen seit 1514[69]) als eine seiner strategischen Ausrichtungen die Ost-West-transatlantische Verbindung „westafrikanische Inseln-

---

66 Meist werden die „Atlantike" mit Farben belegt (Schwarz, Grün oder gar Rot, siehe zum Beispiel: Weaver, Jace, The Red Atlantic. American Indigenes and the Making of the Modern World, 1000–1927, Chapel Hill: University of North Carolina Press, 2014; zur Historiografie der „Atlantike" siehe: Zeuske, Michael, „Atlantik und ‚Atlantic Slavery'. Neuere Forschungskomplexe und Historiografien", in: Historische Zeitschrift 309 (2019), S. 411–428 (= Neue Historische Literatur. Schwerpunkt Geschichte der Sklaverei), siehe auch unten zum „Black Atlantic".

67 Cañizares Esguerra, Jorge, Puritan Conquistadors. Iberianizing the Atlantic, 1500–1700, Stanford: Stanford University Press, 2006; Mendes, António de Almeida, „The Foundations of the System. A Reassessment of the Slave Trade to the Spanish Americas in the Sixteenth and Seventeenth Centuries", in: Eltis, David; Richardson, David (eds.), Extending the Frontiers. Essays on the New Transatlantic Slave Trade Database, New Haven: Yale University Press, 2008, S. 63–94; Mendes, „Les Portugais et le premier Atlantique (XVe-XVIe siècles)", in: Nef, Annliese; Coulon, Damien; Picard, Christophe; Valérian, Dominique (eds.), Les Territoires de la Méditerranée XIe-XVIe siècle, Rennes: Presses Universitaires de Rennes, 2013, S. 137–157; Fragoso, João; Guedes, Roberto; Krause, Thiago, A América portuguesa e os sistemas atlânticos na Época Moderna, Rio de Janeiro: Editora FGV, 2013.

68 Vila Vilar, Enriqueta, „Sevilla, Capital de Europa", in: Boletín de la Real Academia Sevillana de Buenas Letras: Minervae Baeticae 37 (2009), S. 57–74.

69 Green, Toby, „Building Slavery in the Atlantic World. Atlantic Connections and the Changing Institution of Slavery in Cabo Verde, Fifteenth–Sixteenth Centuries", in: Slavery & Abolition 32:2 (2011), S. 227–245.

Karibik" enthält.[70] Seit etwa 1560 entstand ein weiteres Subsystem zwischen Regionen in Brasilien und Regionen in Angola (bis um die Mitte des 19. Jahrhunderts). Wie Benjamin Scheller und Tobias Green an den Beispielen Alvise Cadamostos und des Neu-Christen Manuel Alvarez Prietos, eines Opfers der Inquisition in Cartagena de Indias, zeigen, handelte es sich um eine mediterran-atlantische und bald auch pan-atlantische Welt, die im weltweiten iberisch-christlichen Expansionismus der christlichen Imperialität und des Frühkapitalismus wurzelte und Westafrika, die Amerikas, Ostasien, die Philippinen, Teile Südasiens und Südostasiens sowie Iberien und seine mediterranen Kontaktzonen umfasste.[71] Dieser translokale und vor allem transnationale atlantische Raum, begründet immer auch im Raubhandel/ Piraterie/ Sklavenrazzien, Menschenraub und Menschenhandel[72], war zugleich Teil einer religiös-philosophisch begründeten iberischen Globalausrichtung *por toda la tierra* – alle Ozeane und Kontinente übergreifend (trotz vieler realer Grenzen).[73] Das war kommerziell-religiöse sowie wissenschaftliche Geopolitik – alle Heiden und zu Bekehren-

---

70 Eagle, Marc; Wheat, David, „The Early Iberian Slave Trade to the Spanish Caribbean, 1500–1580", in: Borucki, Alex; Eltis, David; Wheat (eds.), From the Galleons to the Highlands. Slave Trade Routes in the Spanish Americas, Albuquerque: University of New Mexico Press, 2020, S. 47–72.

71 Scheller, Benjamin, „Erfahrungsraum und Möglichkeitsraum. Das sub-saharische Westafrika in den Navigazioni Atlantiche Alvise Cadamostos", in: Baumgärtner, Ingrid; Falchetta, Piero (eds.), Venedig und die neue Oikoumene. Kartographie im 15. Jahrhundert, Rom; Venedig: Viella Libreria Editrice, 2006, S. 201–220; Green, Toby, „Baculamento or Encomienda? Legal Plurisms and the Contestation of Power in Pan-Atlantic World of the Sixteenth and Seventeenth Centuries", in: Journal of Global Slavery 2:3 (2017), S. 310–336; Valladares, Rafael, „Por toda la Tierra", España y Portugal. Globalización y ruptura (1580–1700), Lisboa: CHAM, 2016.

72 Heinen, Heinz (ed.), Menschenraub, Menschenhandel und Sklaverei in antiker und moderner Perspektive. Ergebnisse des Mitarbeitertreffens des Akademievorhabens *Forschungen zur antiken Sklaverei* (Mainz, 10. Oktober 2006). Stuttgart: Steiner, 2008 (Forschungen zur antiken Sklaverei 37).

73 Barros, Amâdio Jorge Morais, „O negócio atlântico. As redes comerciais portugeneses e as novas geografias do trato internacional (séculos XVI – XVII)", in: Revista da Fac. de Letras História 3, no. 8 (2007), S. 29–47; Martínez Shaw, Carlos; Martínez Torres, José Antonio (eds), España y Portugal en el mundo. 1581–1668, Madrid: Polifemo, 2014; Martínez Shaw; Alfonso Mola, Marina, „The Philippine Islands. A Vital Crossroads During the First Globalization Period", in: Culture & History. Digital Journal 3:1 (2014) (http://dx.doi.org/10.3989/chdj.2014.004); Polónia, Amélia; Antunes, Cátia (eds.), Mechanisms of Global Empire Building, Porto: CITCEM; Edições Afrontamento, 2017; Silva Jayasuriya, Shihan de, The Portuguese in the East. A Cultural History of a Maritime Trading Empire, London: I.B. Tauris, 2017; Crewe, Ryan, „Connecting the Indies. The Hispano-Asian Pacific World in Early Modern Global History", in: Jornal de Estudos Históricos 60 (2017), S. 17–34; Truchuelo, Susana; Reitano, Emir (eds.), Las fronteras en el Mundo Atlántico (siglos XVI-XIX), La Plata: Universidad Nacional de La Plata, 2017 (Colección Hismundi); Mojarro, Jorge, „Filipinas en la temprana historiografía indiana", in: Revista de Indias 79, no. 277 (2019), S. 631–657. Ob Spanien dabei als Land-Imperium oder See-Imperium definiert werden sollte, debattiert Horst Pietschmann: Pietschmann, „Frühneuzeitliche Imperialkriege Spaniens. Ein Beitrag zur Abgrenzung komplexer Kriegsformen in Raum und Zeit", in: Bührer, Tanja; Stachelbeck, Christian; Walter, Dierk (eds.), Imperialkriege von 1500 bis heute. Strukturen – Akteure – Lernprozesse, Paderborn: Ferdinand Schöningh, 2011, S. 73–92.

den des nichtmuslimischen Südens außer Afrikas (dort: *negros de Guinea*) galten als *yndios*. Um die Expansion zu unterstützen und das einmal Erreichte zu sichern und zu schützen, entstanden bzw. wirkten selbstverständlich auch globale Wissenszentren (wie Lissabon) und globale Institutionen, wie zum Beispiel die Inquisition oder der Jesuiten-Orden.[74] Und es war – schon damals – auch eine Nord-Süd-Strategie, die durch Kolumbus eine spezifisch atlantische Ost-West-Dimension im Süden, auf dem Atlantik, bekam. Es ging um die Möglichkeits-Räume der „heißen Zonen" des Erdballs, also der Tropen. Der Atlantik hieß zunächst *mar del Norte* (Nordmeer) oder Spanisches Meer. Man erkennt an der Bezeichnung also bereits eine erste strategische Ausweitung des nicht ganz so nördlichen „Nordens" in die Tropen. Ganz am Beginn wären die Europäer in der Siedlung sowohl auf den Inseln Westafrikas und den Inseln der Karibik, wie gesagt, fast gescheitert.[75] Sie wurden durch neue Formen des Handels (speziell dem Sklavenhandel und der Ansiedlung von Versklavten) sowie durch die Produktion von Zucker und die Entstehung eines Weltmarktes auf Basis von Zucker- und Tabakhandel sowie ruralen Sklavereien (ferner Nahrungs- und Viehhandel) gerettet.[76] Gesichert wurde das Ganze erstens durch die Inselsituationen und dann durch Forts/ Faktoreien und Festungen sowie Schiffe. Gerettet, ich wiederhole das, wurden sie durch afrikanische und tropengewöhnte *cativos* auf den westafrikanischen Inseln, Atlantikkreolen, die direkte transatlantische Verbindungsaufnahme um 1516 (zwischen den afrikanischen und karibischen Inseln des „Imperiums der Inseln"[77]) sowie durch die massive Ansiedlung von Versklavten auf den Inseln und an den Küsten der Neuen Welt. Opfer wurden die Altkanarier auf den Kanaren und die Völker der *yndios*, d. h. Indigene, der karibischen Gebiete. Letztere passten sich zwangsweise an und wurden nicht – wie meist angenommen – völlig vernichtet.[78] *Yndios* wurden bis um 1550 massiv als Versklavte über den Atlantik nach Europa und

---

74 Green, Toby, „Policing the Empires. A Comparative Perspective on the Institutional Trajectory of the Inquisition in the Portuguese and Spanish Overseas Territories (Sixteenth and Seventeenth Centuries)", in: Hispanic Research Journal 13:1 (2012), S. 7–25.

75 Rubies, Joan-Pau, „The Worlds of Europeans, Africans, and Americans ca. 1490", in: Canny, Nicholas; Morgan, Philip D. (eds.), The Oxford Handbook of the Atlantic World, Oxford: Oxford University Press, 2011, S. 21–37.

76 Häberlein, Mark, „Das Geschäft mit Zucker, Sklaven und dem Gold der Neuen Welt", in: Häberlein, Aufbruch ins globale Zeitalter. Die Handelswelt der Fugger und Welser, Darmstadt: Wissenschaftliche Buchgesellschaft, 2016, S. 107–131; 213–216.

77 Gillis, John R., „Islands in the Making of an Atlantic Oceania, 1500–1800", in: Bentley, Jerry H.; Bridenthal, Renate; Wigen, Kären (eds.), Seascapes. Maritime Histories, Littoral Cultures, and Transoceanic Exchanges, Honolulu: University of Hawai'i Press, 2007, S. 21–37; Rodrigues, José Damião, „Widening the Ocean. Eastern Atlantic Islands in the Making of Early-Modern Atlantic", in: Comparativ 26:5 (2016), S. 76–89.

78 Stevens-Arroyo, Anthony M., „The Inter-Atlantic Paradigm. The Failure of Spanish Medieval Colonization of the Canary and Caribbean Islands", in: Comparative Studies in Society and History 35:3 (1993), S. 515–543; siehe auch die europäische Perspektive: Obenaus, Andreas, „Weit gesteckte Ziele und reale Erfolge der spätmittelalterlichen Atlantikexpansion", in: Obenaus (ed.), Europas

in andere Gebiete der Welt transportiert und verkauft. Wenn man ein Fenster für den gesamten *Slavery Atlantic* bis um 1900 öffnet, unter dem ich, wie gesagt, alle Arten der von Europäern und Euro-Amerikaner kontrollierten Sklavenhandels-Systeme und Sklaverei-Regimes auf See und an Land zusammenfasse, ergibt sich folgendes Bild: Die wichtigsten Handelsgüter, *commodities*, des Sklaverei-Atlantiks unter der Kontrolle christlicher Kapitäne/ Händler (darunter auch Neu-Christen und Sepharden) waren Versklavte – zunächst *yndios*, ab ca. 1520 Menschen aus Afrika (offiziell beginnend um 1515) sowie aus Asien (ab ca. 1570).[79] Zunächst existierten noch drei getrennte „Atlantike": Erstens das Mittelmeer mit einem Stück Atlantik (*mar pequeña*), wo *captifs* und Razzienopfer gemacht wurden – vorwiegend in Kämpfen zwischen Christen und Muslimen, aber auch durch Razzien in den jeweiligen Gebieten. Zweitens der frühe iberische Atlantik, auf dem – initiiert durch Kolumbus – massiv *yndios* per Razzien versklavt und zwischen den amerikanisch-karibischen Expansionsgebieten transportiert wurden,[80] und drittens der frühe afrikanisch-iberische Atlantik, auf dem überwiegend westafrikanische *cativos* transportiert wurden, die auch aus Angst vor afrikanischen Eliten zunehmend in die Karibik transportiert wurden. In der frü-

---

Maritime Expansion. Ideen und Innovationen, Entdeckungen und Eroberungen vom 9. bis zum 18. Jahrhundert, Wien: Mandelbaum Verlag, 2021, S. 112–136.

79 Mira Caballos, Esteban, „El proyecto esclavista de Cristóbal Colón", in: Mira Caballos, Indios y mestizos americanos en la España del siglo XVI, Frankfurt am Main; Madrid: Vervuert-Iberoamericana, 2000, S. 46–48; Mira Caballos, Nicolás de Ovando y los orígenes del sistema colonial español, 1502–1509, Santo Domingo: Patronato de la Ciudad Colonial de Santo Domingo, Centro de Altos Estudios Humanisticos y del Idioma Español, 2000; Zeuske, Michael, „Kolumbus als Sklavenhändler und der Kapitalismus menschlicher Körper", in: Arnold, Rafael; Buschmann, Albrecht; Morkötter, Steffi; Wodianka, Stephanie (eds.), Romanistik in Rostock. Beiträge zum 600. Universitätsjubiläum, Norderstedt: BoD, 2019 (Rostocker Studien zur Universitätsgeschichte 32), S. 11–36; Lindsay, Lisa A., Captives as Commodities. The Transatlantic Slave Trade, New York: Prentice Hall, 2007; für Brasilien allein 4,810,353 (45% der rund elf Millionen lebend in die Amerikas Verschleppten) lebend Angelandete von 5,361096 in Afrika Versklavten; siehe: Lopes, Gustavo A., „Brazil's Colonial Economy and the Atlantic Slave Trade. Supply and Demand", in: Richardson, David; Ribeiro da Silva, Filipa (eds.), Networks and Trans-Cultural Exchange. Slave Trading in the South Atlantic, 1590–1867, Leiden: Brill, 2015, S. 31–70, hier S. 69f; Bonciani, Rodrigo Faustinoni, „‚Havendo escravos se restaurará tudo'. Trajetórias e políticas ibero-atlânticas no fim do século XVI", in: Portuguese Studies Review 75:2 (2017), S. 17–53; zu den *indios*: Huber, Vitus, „Indios als Beute. Repartimiento und encomienda", in: Huber, Beute und Conquista. Die politische Ökonomie der Eroberung Neuspaniens, Frankfurt am Main: Campus, 2018 (Campus Historische Studien 76), S. 175–183; Chipman, Donald, „The Traffic in Indian Slaves in the Province of Pánuco, New Spain, 1523–1522", in: The Americas 23:2 (1966), S. 142–155, hier S. 147–151. Zu den von außen in die iberischen Amerikas verbrachten Versklavten, siehe: Ferreira, Roquinaldo; Seijas, Tatiana, „The Slave Trade to Latin America. A Historiographical Assessment", in: Fuente, Alejandro de la; Andrews, George Reid (eds.), Afro-Latin American Studies. An Introduction, Cambridge: Cambridge University Press, 2018, S. 27–51.

80 Wolff, Jennifer, „‚Guerra justa' y Real Hacienda. Una nueva aproximación a la esclavitud indígena en la isla de San Juan y la Española, 1509–1519", in: Op. Cit. 22 (2013–2014), S. 215–257.

hen Mobilisierungsphase von 1400–1560 gab es daher zunächst relativ wenige „*negros*" außerhalb des kontinentalen Afrikas. Im 17. Jahrhundert wurde dieses Modell von Nordwesteuropäern übernommen.[81] Versklavte aus Afrika konzentrierten sich nun auf den westafrikanischen Inseln und in den karibischen Gebieten des Imperiums der Inseln. Ab dem 18. Jahrhundert gab es dann sehr viele Versklavte aus Afrika in den Amerikas, vor allem an den Küsten Brasiliens und in der Karibik (rund 6 Millionen im 18. Jahrhundert).

Die Portugiesen nutzten global die Sklavenhandels-Lücke. Westafrika und West-Zentralafrika sowie Teile Ostafrikas spielten vor dem Hintergrund des massiven Sklavenhandels als Dimensionen globaler iberischer Dominanzanstrengungen sowie indigener Sklavereien[82] eine mehr als autonome Sonderrolle in diesem Pan-Atlantik (und im Indik). Deshalb nenne ich den „ersten" Atlantik afrikanisch-iberischer Atlantik (anstatt nur iberischer Atlantik).[83] In der angloamerikanischen Sklavenhandelsliteratur wird meist der Atlantik behandelt, der in unserer Zählung hier der „zweite" Atlantik ist: der nordwesteuropäische Atlantik etwa zwischen 1600 bis 1800 (das frühmoderne Frankreich auf dem Weg in den Absolutismus hatte für den Atlantik, schon seit Beginn des 16. Jahrhunderts, ähnliche globale Pläne wie Spanien[84]). Der zweite Atlantik wurde geprägt durch massive französische Dominanz-Versuche und einen intensiven niederländischen Auftakt bis etwa 1670.[85] Informationen, Kontakte, Wissen und deren Materialisierungen in Informationsnetzen sowie in und auf kleinen Inseln waren zunächst auch für die nordwesteuropäischen, meist protestantischen Konkurrenten der Iberer von höchster Wichtigkeit.

Ende des 17. Jahrhunderts begann eine Phase britisch-französischer Großmacht-Konkurrenz mit *asientos* (Monopolverträgen über die Anlieferung von Versklavten

---

81 Walvin, James, Slavery in Small Things. Slavery and Modern Cultural Habits, Chichester: Wiley Blackwell, 2017.

82 Lovejoy, Paul E., „Indigenous African Slavery", in: Lovejoy; Kopytoff, Igor; Cooper, Frederic, Indigenous African Slavery (= Historial Reflections/ Réflections Historiques 6:1 (1979): Current Directions in Slave Studies), S. 19–83, hier S. 21 f; Beswick, Stephanie; Spaulding, Jay (eds.), African Systems of Slavery, Trenton; Asmara: Africa World Press, Inc, 2010.

83 Schwartz, Stuart B., „The Iberian Atlantic to 1650", in: Canny, Nicholas; Morgan, Philip D. (eds.), The Oxford Handbook of the Atlantic World, Oxford: Oxford University Press, 2011, S. 147–164.

84 Zum Eindringen der Franzosen in die Karibik, vor allem über die kleinen Antillen, siehe: Moreau, Jean-Pierre, „Navigation européenne dans les Petites Antilles aux XVIe et début du XVIIe siècles. Sources documentaires, approche archéologique", in: Revue française d'histoire d'outre-mer 74, no. 275 (1987) (= Economie et société des Caraïbes XVII-XIXe s. [1re Partie]), S. 129–148; Hodson, Christopher; Rushforth, Brett, „Absolutely Atlantic. Colonialism and the Early Modern French State in Recent Historiography", in: History Compass 8:1 (2010), S. 101–117.

85 Postma, Johannes Menne, The Dutch in the Atlantic Slave Trade 1600–1815, Cambridge: Cambridge University Press, 1990; Coclanis, Peter A. (ed.), The Atlantic Economy during the Seventeenth and Eighteenth Centuries. Organization, Operation, Practice, and Personnel, Columbia: University of South Carolina Press, 2005; Klooster, Wim, The Dutch Moment. War, Trade, and Settlement in the Seventeenth-Century Atlantic World, Ithaca: Cornell University Press, 2016.

aus Afrika in die spanischen Kolonien Amerikas) und Handelskriegen sowie Monopol-
kompanien und einem bourbonischen Atlantik zwischen Frankreich sowie Spanien.[86]
Frankreich war in dieser Zeit „absolut atlantisch" (eigentlich bis zur Niederlage in
Saint-Domingue – danach kam es zum „death of the French Atlantic").[87] *Les Amériques* – die französischen Karibikkolonien Frankreichs – dominierten von 1763–1790
den Handel Europas mit tropischen Produkten. Frankreich war zu diesen Zeiten der
weltweit größte Exporteur von Zucker, Kaffee und Indigo.[88] Allerdings war der französische Sklavenhandel, der *les Amériques* mit Arbeitskräften versorgte, chronisch
wettbewerbsunfähig vor allem gegenüber den Engländern. Französische Migranten
landeten in der Karibik im Wesentlichen zunächst als *engagées* und später als angestellte Antreiber auf Sklavenplantagen. Frankreich war unfähig, auch nur ein Drittel
der Exporte seiner Kolonien zu absorbieren. Deshalb trank man im Alten Reich vor
1791 San-Domingo-Kaffee und süßte ihn mit Zucker aus den französischen Karibikkolonien. Dazu kam Tabak aus der spanischen Karibik (oder aus Virginia). Saint-Pierre auf
Martinique war mit Abstand die größte französisch-amerikanische Stadt.

Die atlantischen Imperien waren zwar legal als national-imperiale Monopole
angelegt (nach innen und außen), aber in Realität bis Ende des 18. Jahrhunderts sozusagen trans-imperial auf Spanisch-Amerika ausgerichtet.[89] Spanien versuchte im
18. Jahrhundert (bis 1808) ein „nationales" Imperium zu beiden Seiten des Atlantiks
(wieder) zu konsolidieren. In den Jahren 1750–1808 kam es zu einer relativ erfolgrei-

---

86 Donoso Anes, Rafael, El asiento de esclavos con Inglaterra (1713–1750). Su contexto histórico y
sus aspectos económicos y contables, Sevilla: Universidad de Sevilla, 2010; Góngora Mera, Manuel;
Vera Santos, Rocío; Costa, Sérgio, „Los Asientos Internacionales y el reformismo esclavista ilustrado del XVIII", in: Góngora Mera; Vera Santos; Costa (eds.), Entre el Atlántico y el Pacífico Negro.
Afrodescendencia y regímenes de desigualdad en Sudamérica, Madrid; Frankfurt am Main: Iberoamericana; Vervuert, 2019 (Biblioteca Ibero-Americana 174), S. 136–154.
87 Hodson, Christopher; Rushforth, Brett, „Absolutely Atlantic. Colonialism and the Early Modern
French State in Recent Historiography", in: History Compass 8:1 (2010), S. 101–117; Lachenicht, Susanne, „Histoires naturelles, récits de voyage et géopolitique religieuse dans l'Atlantique français
XVIe et XVIIe siècles", in: Revue d'histoire de l'Amérique française 69:4 (2016), S. 27–45; Røge, Pernille, Economistes and the Reinvention of Empire. France in the Americas and Africa, c.1750–1802,
Cambridge; New York: Cambridge University Press, 2019; Forrest, Alan, The Death of the French
Atlantic: Trade, War, and Slavery in the Age of Revolution, Oxford: Oxford University Press, 2020.
88 Garrigus John D., „Blue and Brown. Contraband Indigo and the Rise of a Free Colored Planter
Class in French Saint-Domingue", in: The Americas 50:2 (1993), S. 233–263; Geggus, David P., „In-
digo and Slavery in Saint Domingue", in: Shepherd, Verene A. (ed.), Slavery without Sugar. Diver-
sity in Caribbean Economy and Society since the 17th Century, Gainesville: University of Florida
Press, 2002, S. 19–35.
89 Liss, Peggy K., Atlantic Empires. The Network of Trade and Revolution, 1713–1826, Baltimore:
Johns Hopkins University Press, 1982; zu heutigen trans-imperialen Ansätzen: Donoghue, John;
Jennings, Evelyn P. (eds.), Building the Atlantic Empires. Unfree Labor and Imperial States in the
Political Economy of Capitalism, ca. 1500–1914, Leiden: Brill, 2016 (Studies in Global Social History
20); Phillips, Andrew Sharman, J. C., Outsourcing Empire. How Company-States Made the Modern
World, Princeton: Princeton University Press, 2020.

chen Modernisierung, eine Ausweitung von Sklavereien sowie Sklavenhandel und der Versuch, diese rechtlich klar zu regeln, was nur in Ansätzen gelang.[90] Bis 1810 (auf Kuba bis um 1900) war „Spanish America [...] the largest, richest, most heavily populated, as well as the most urbanized European imperial domain in the New World"[91] und blieb, zusammen mit Brasilien, bis um 1850–1870 der größte Nachfrage-Markt des atlantischen Sklavenhandels. Der afrikanisch-iberische, der afrikanisch-englisch-britische Atlantik sowie andere afrikanisch-nordwesteuropäische „Atlantike" waren eng verflochten.[92] Seit der Besetzung Havannas durch die Briten im Siebenjährigen Krieg (1762–1763) galten diese Verflechtungen besonders für die Karibik, wobei nun das Interesse an Versklavten und atlantisch-karibischem Sklavenhandel merklich stieg.[93]

Niederländer sowie nordeuropäische und baltische Nationen (Dänemark, Norwegen, Schweden, Kurland, Brandenburg-Preußen/ Preußen) befanden sich zwischendrin – vor allem in den Konflikten um Handelsplätze/ Emporien oder Festungen in Westafrika und im karibischen Schmuggel.[94] Diese Epoche des Atlantiks endete für

---

90 Núñez Seixas, Xosé Manoel, „Nation-Building and Regional Integration. The Case of the Spanish Empire (1700–1914)", in: Miller, Alexei; Berger, Stefan (eds.), Nationalizing Empires, Budapest; New York: CEU Press, 2015, S. 195–245; zur rechtlichen Seite siehe: García Montón, Alejandro, „The Cost of the Asiento. Private Merchants, Royal Monopolies, and the Making of the Trans-Atlantic Slave Trade in the Spanish Empire", in: Polónia, Amélia; Antunes, Cátia (eds.), Mechanisms of Global Empire Building, Porto: CITCEM; Edições Afrontamento, 2017, S. 11–34; Martineau, Ann-Charlotte, „A Forgotten Chapter in the History of International Commercial Arbitration. The Slave Trade's Dispute Settlement System", in: Leiden Journal of International Law 31 (2018), S. 219–241; Pearce, Adrian J., The Origins of Bourbon Reform in Spanish South America, 1700–1763, New York: Palgrave Macmillan, 2014.
91 Eltis, David, „Iberian Dominance and the Intrusion of Northern Europeans into the Atlantic World. Slave Trading as a Result of Economic Growing?", in: Almanack 22 (2019), S. 495–549 (https://www.scielo.br/scielo.php?script=sci_arttext&pid=S2236-46332019000200496 [08. März 2022]).
92 Cañizares-Esguerra, Jorge (ed.), Entangled Empires. The Anglo-Iberian Atlantic, 1500–1830, Philadelphia: University of Pennsylvania Press, 2018; siehe auch: Klooster, Wim, „The Northern European Atlantic World", in: Canny, Nicholas; Morgan, Philip D. (eds.), The Oxford Handbook of the Atlantic World, Oxford: Oxford University Press, 2011, S. 165–180.
93 Schneider, Elena A., „A Slaving Fever", in: Schneider, The Occupation of Havana. War, Trade, and Slavery in the Atlantic World, Williamsburg; Chapel Hill: Omohundro Institute of Early American History and Culture/ University of North Carolina Press, 2018, S. 270–284.
94 Pritchard, James, In Search of Empire. The French in the Americas 1670–1730, Cambridge: Cambridge University Press, 2004; Klooster, Wim; Oostindie, Gert, Realm between Empires. The Second Dutch Atlantic, 1680–1815, Ithaca; Leiden: Cornell University Press; Leiden University Press, 2018; Weiss, Holger, „Danskar och svenskar i den atlantiska slavhandeln 1650–1850" [Les Danois et les Suédois dans la traite négrière transatlantique 1650–1850], in: Müller, Leos; Rydén, Göran; Weiss (eds.), Global historia från periferin. Norden 1600–1850, Lund: Studentlitteratur, 2009, S. 39–74; Naum, Magdalena; Nordin, Jonas M. (eds.), Scandinavian Colonialism and the Rise of Modernity. Small Time Agents in a Global Arena, New York: Springer International, 2013; Jensen, Niklas Thode; Simonsen, Gunvor, „Introduction. The Historiography of Slavery in the Danish-Norwegian West Indies, c. 1950–2016", in: Scandinavian Journal of History 41:4–5 (2016) (Slavery, Servitude and Freedom. New

den Nord-Atlantik, inklusive des nordwesteuropäischen Sklavenhandels, mit der Revolution von Saint-Domingue (1791–1803), der zeitweiligen Abolition der Sklaverei während der Französischen Revolution (1794), den napoleonischen Kriegen, der britischen und US-amerikanischen Abolition des atlantischen Sklavenhandels auf nationalen Schiffen 1807/ 1808 sowie der global wirksamen britischen Abolition.[95]

Der afrikanisch-iberische Atlantik war, wie oben angedeutet, um 1650 keineswegs verschwunden.[96] Trotz oder gerade wegen der Konflikte zwischen Spanien und Portugal sowie der Annäherung Portugals und Großbritanniens existierte er auch nach 1640 weiter. Als Sklaverei-Atlantik florierte er regelrecht – vor allem im Südatlantik (unter Einschluss der Karibik und Panamás), als *Atlântico Sul.*[97] Aber die Strukturen und Routen änderten sich, vor allem für und nach Spanisch-Amerika, zwischen den Kolonial-Imperien (vor allem zwischen dem portugiesischen und dem spanischen Kolonialimpe-

---

Perspectives on Life in the Danish-Norwegian West Indies, 1672–1848), S. 475–494; Bendtsen, Lasse, „Domestic Slave Trading in St. Croix, 1764–1848", in: Scandinavian Journal of History 41:4–5 (2016) (Slavery, Servitude and Freedom. New Perspectives on Life in the Danish-Norwegian West Indies, 1672–1848), S. 495–515; zum Schmuggel an der *tierra firme*, siehe: Cromwell, Jesse, The Smugglers' World. Illicit Trade and Atlantic Communities in Eighteenth-Century Venezuela, Chapel Hill: University of North Carolina Press for the Omohundro Institute, 2018.

95 Parron, Tâmis, „The British Empire and the Suppression of the Slave Trade to Brazil. A Global History Analysis", in: Journal of World History 29:1 (2018), S. 1–36; Barcia Zequeira, María del Carmen, Intereses en pugna. España, Gran Bretaña y Cuba ante la trata illegal de africanos, 1835–1845, Aranjuez (Madrid): Doce Calles, 2021 (Colección Antilia).

96 Eltis, David, „Iberian Dominance and the Intrusion of Northern Europeans into the Atlantic World. Slave Trading as a Result of Economic Growing?", in: Almanack 22 (2019), S. 495–549 (https://www.scielo.br/scielo.php?script=sci_arttext&pid=S2236-46332019000200496 [08. März 2022]).

97 Alencastro, Luiz Felipe de, „Le versant brésilien de l'Atlantique-Sud. 1550–1850", in: Annales: Histoire, Sciences Sociales 61:2 (2006), S. 339–382; Alencastro, „Brazil in the South Atlantic. 1550–1850", in: Mediations 23:1 (2007), S. 125–174; Saupin, Guy (ed.), Africains et Européens dans le monde atlantique XVe-XIXe siècle, Rennes: Presses Universitaires de Rennes, 2014; Richardson, David; Ribeiro da Silva, Filipa, „Introduction. The South Atlantic Slave Trade in Historical Perspective", in: Richardson; Ribeiro da Silva (eds.), Networks and Trans-Cultural Exchange. Slave Trading in the South Atlantic, 1590–1867, Leiden: Brill, 2015, S. 1–29; Borges, Graça Almeida, „The South Atlantic and Transatlantic Slave Trade. Review Essay", in: e-Journal of Portuguese History 15:1 (2017) (http://www.scielo.mec.pt/scielo.php?script=sci_arttext&pid=S1645-64322017000100009 [08. März 2022]); Carrington, Selwyn H.H.; Noel, Ronal C., „Slaves and Tropical Commodities. The Caribbean in the South Atlantic System", in: Palmié, Stephan; Scarano, Francisco A. (eds.), The Caribbean. A History of the Region and Its Peoples, Chicago; London: University of Chicago Press, 2011, S. 231–242; Silva Júnior, Waldomiro Lourenço da, „A escravidão hispano-americana. Uma perspectiva de longa duração", in: Cañizares-Esguerra, Jorge; Fernandes, Luiz Estevam de O.; Martins, Maria Cristina Bohn (eds.), As Américas na primeira modernidade. 1492–1750, Curitiba: Editora Prismas, 2018, S. 147–180; Olivas, Aaron Alejandro, „The Global Politics of the Transatlantic Slave Trade During the War of the Spanish Succession, 1700–1715", in: Eissa-Barroso, Francisco A.; Vázquez Varela, Ainara (eds.), Early Bourbon Spanish America. Politics and Society in a Forgotten Era (1700–1759), Leiden: Brill, 2013, S. 85–109.

rium an der und um die *Banda oriental*) sowie zwischen den unterschiedlichen Koloni-almächten in der Karibik.[98] In der Karibik und auch auf und an den westafrikanischen Inseln und Küsten agierten andere amerikanische Akteure, speziell US-Amerikaner. Ab 1808, aber vor allem ab 1820 (dem Jahr der formalen Abolition des atlantischen Skla-venhandels durch Spanien) entstand ein „dritter" Atlantik (oder, je nach Zählweise, ein „vierter" Atlantik), der so genannte „verborgene Atlantik" (*Hidden Atlantic/ Atlántico oculto*)[99] des Menschenschmuggels trotz oder gerade wegen der formalen Abolitionen. Er war – zusammen mit den *Second Slaveries* vor allem in der Karibik – ein Raum neuer, sehr expansiver Sklaverei-Gesellschaften, neuer Technologien, neuer Systembauten (Forts/ Festungen, Häfen, Lagerhäuser, Kirchen), neuer Wissensorte (Klöster, Schulen, Hospitäler, auch Universitäten), der Wissenschaft (Medizin/ Heilkunde/ Pharmazie[100]), Kultur und Kunst. Die *Second Slavery* bildete sich im 19. Jahrhundert auf Basis von Massensklaverei, Menschenschmuggel über den Atlantik (*hidden Atlantic*) sowie spezifischen industriellen Revolutionen vor allem auf Kuba, in den USA und seit 1860 in Brasilien heraus.[101] Eigenständige Sklaverei-

---

98 García-Montón, Alejandro, „The Rise of Portobelo and the Transformation of the Spanish Slave Trade, 1640s–1730s. Transimperial Connections and Intra-American Shipping", in: Hispanic American Historical Review 99:3 (2019), S. 388–429; Salvucci, Linda K., „Atlantic Intersections. Early American Commerce and the Rise of the Spanish West Indies (Cuba)", in: Business History Review 79 (2005), S. 781–810; Hunt, Nadine, „Scattered Memories. The Intra-Caribbean Slave Trade to Spanish America, 1700–1750", in: Araujo, Ana Lucia; Candido, Mariana P.; Lovejoy, Paul E. (eds.), Crossing Memories. Slavery and African Diaspora, Trenton: Africa World Press, 2011, S. 105–127; Venegas [Delgado], Hernán, Trinidad de Cuba. Corsarios, azúcar y revolución en el Caribe, La Habana: Centro de Investigación y Desarrollo de la Cultura Cubana Juan Marinello, 2005.

99 Ferreira, Roquinaldo, „Negociantes, fazendeiros e escravos. O tráfico ilegal de escravos no Brasil", in: Revista Internacional de Estudos Africanos 18–22 (1995–1999), S. 9–28; Lopes Filho, João, „Tráfico clandestino", in: Lopes Filho, Cabo Verde. Abolição da escravatura. Subsidios para o estudo, Praia: Spleen Edições, 2006, S. 45–75; Zeuske, Michael, „Out of the Americas. Slave Traders and the Hidden Atlantic in the Nineteenth Century", in: Atlantic Studies 15:1 (2018), S. 103–135; Forrest, Alan, The Death of the French Atlantic. Trade, War, and Slavery in the Age of Revolution, Oxford: Oxford University Press, 2020; Hausse de Lalouvière, Joseph la, „A Business Archive of the French Illegal Slave Trade in the Nineteenth Century", in: Past & Present 252:1 (2021), S. 139–177. Andrew Sluyter nennt diesen Atlantik den „Hispanic Atlantic", siehe: Sluyter, „The Hispanic Atlantic's Tasajo Trail", in: Latin American Research Review 45:1 (2010), S. 98–120.

100 Barcia, Manuel, The Yellow Demon of Fever. Fighting Disease in the Nineteenth-Century Transatlantic Slave Trade, New Haven: Yale University Press, 2020.

101 Johnson, Walter, „The Pedestal and the Veil. Rethinking the Capitalism/ Slavery Question", in: Journal of the Early Republic 24:2 (2004), S. 299–308; Downey, Tom, Planting a Capitalist South. Masters, Merchants, and Manufacturers in the Southern Interior, 1790–1860, Baton Rouge: Louisiana State University Press, 2006; Tomich, Dale W.; Zeuske, Michael (eds.), The Second Slavery. Mass Slavery, World-Economy, and Comparative Microhistories, 2 Bde., Binghamton: Binghamton University, 2009 (=Special Issue: Review. A Journal of the Fernand Braudel Center

Kapitalismen mit Plantagen-Landschaften[102] entstanden – mit und ohne Beteiligung von Europäern, aber immer in europäischen Kolonien (die als USA und Brasilien seit 1783 und 1825 selbständig waren). Allgemein müssen wir sogar von

------

31:2–3 [2008]); Johnson, Walter, River of Dark Dreams. Slavery and Empire in the Cotton Kingdom, Cambridge: Harvard University Press, 2013; Follett, Richard, „Slavery and Plantation Capitalism in Louisiana's Sugar Country", in: American Nineteenth Century History 1:3 (2000), S. 1–27; Martin, Bonnie, „Slavery's Invisible Engine. Mortgaging Human Property", in: Journal of Southern History 76 (2010), S. 817–866; Baptist, Edward E., The Half Has Never Been Told. Slavery and the Making of American Capitalism, New York: Basis Books, 2014; Schermerhorn, Calvin, „Capitalism's Captives. The Maritime United States Slave Trade, 1807–1850", in: Journal of Social History 47:4 (2014), S. 897–921; Donoghue, John; Jennings, Evelyn P. (eds.), Building the Atlantic Empires. Unfree Labor and Imperial States in the Political Economy of Capitalism, ca. 1500–1914, Leiden: Brill, 2015 (Studies in Global Social History 20), passim; Schermerhorn, Calvin, „Slave Trading in a Republic of Credit. Financial Architecture of the United States Slave Market, 1815–1840", in: Slavery & Abolition 36:3 (2015); Schermerhorn, The Business of Slavery and the Rise of American Capitalism, 1815–1860, New Haven: Yale University Press, 2015; siehe auch: Nelson, Scott R., „Who Put Their Capitalism in My Slavery?", in: The Journal of the Civil War Era 5:2 (2015), S. 289–310 sowie den Topical Guide von Stephen R. Leccese auf H-Slavery: https://networks.h-net.org/node/11465/pages/76870/capitalism-and-slavery-united-states-topical-guide (08. März 2022); Post, Charles, The American Road to Capitalism, Chicago: Haymarket Books, 2011; Rockman, Seth, „The Future of Civil War Era Studies. Slavery and Capitalism", in: The Journal of Civil War Era 2 (2012) (http://journalofthecivilwarera.com/forum-the-future-of-civil-war-era-studies/the-future-of-civil-war-era-studies-slavery-and-capitalism/ [18. März 2014]); Beckert, Sven; Rockman, Seth (eds.), Slavery's Capitalism. A New History of American Economic Development, Philadelphia: University of Pennsylvania Press, 2016; Tomich, Dale W. (ed.), Slavery and Historical Capitalism during the Nineteenth Century, Lexington Books: Lanham, 2017; zu Kuba-Spanien: Marrero Cruz, Eduardo, „Traficante de esclavos y chinos", in: Marrero Cruz, Julián de Zulutea y Amondo. Promotor del capitalismo en Cuba, La Habana: Ediciones Unión, 2006, S. 46–79; eine stärker auf die gesamtamerikanische Dimension orientierte Perspektive: Marquese, Rafael de Bivar; Salles, Ricardo (eds.), Escravidão e Capitalismo Histórico no Século XIX. Cuba, Brasil, Estados Unidos, Rio de Janeiro: Civilização Brasileira, 2016; Muaze, Mariana; Salles (eds.), O Vale do Paraíba e o Império do Brasil nos Quadros da Segunda Escravidão, Rio de Janeiro: 7 Letras, 2015; Piqueras, José Antonio (ed.), Esclavitud y capitalismo histórico en el siglo XIX. Brasil, Cuba y Estados Unidos, Santiago de Cuba: Casa del Caribe, 2016; Burnard, Trevor; Garrigus, John D., The Plantation Machine. Atlantic Capitalism in French Saint-Domingue and British Jamaica, Philadelphia: University of Pennsylvania Press, 2016; Scanlan, Padraic X., „Blood, Money and Endless Paper. Slavery and Capital in British Imperial History", in: History Compass 14:5 (2016), S. 218–230; Crowley, John, „Sugar Machines. Picturing Industrialized Slavery", in: American Historical Review 121:2 (2016), S. 403–436; Rood, Daniel, „Plantation Laboratories. Industrial Experiments in the Cuban Sugar Mill, 1830–1860", in: Tomich, Dale W. (ed.), New Frontiers of Slavery, New York: State University of New York Press, 2016, S. 157–184; Rood, The Reinvention of Atlantic Slavery. Technology, Labor, Race, and Capitalism in the Greater Caribbean, Oxford: Oxford University Press, 2017.

102 Tomich, Dale W.; Marquese, Rafael de Bivar; Funes Monzote, Reinaldo; Venegas Fornias, Carlos, Reconstructing the Landscapes of Slavery. A Visual History of the Plantation in the Nineteenth-Century Atlantic World, Chapel Hill: University of North Carolina Press, 2021.

einer kosmopolitischen Sklaverei-Moderne sprechen.[103] Das heißt, der Atlantik, den ich hier als afrikanisch-iberischen Atlantik bezeichnete, existierte von 1415[104] bis mindesten 1900 durchgehend, sofern wir die atlantisch-iberische Geschichte Westafrikas, Europas und den *Hidden Atlantic* (1808–1900) mitzählen – was ich hier tue. Natürlich gab es spatiale Erweiterungen sowie Änderungen, neue Routen und Küstenterritorien, Häfen, Städte und Akteure. Das späte Endjahr muss hervorgehoben werden, weil es immer noch nicht ganz klar ist, wann dieser Sklaverei-Atlantik real und nicht nur diskursiv endete. Unklar ist vor allem, ob dieser Atlantik mit seinen globalen Massenmigrationen sowie quasi versklavten Schiffsdienern und Kabinenjungen relativ nahtlos in die „Weltwirtschaft" des 19. und frühen 20. Jahrhunderts überging (der alle Ozeane sowie wichtigen Randmeere erfasste).[105] Klar ist hingegen, dass dieser Atlantik beiden iberischen Mächten ihre lange Existenz als Kolonialmächte ermöglichte – Spanien sogar als Weltmacht und Portugal bis an das Ende des 20. Jahrhunderts (Macao) als eine Art kleiner, aber sehr resilienter Weltmacht im Schatten vor allem der Briten. Die iberischen Imperien waren extrem abhängig von Versklavten, Sklavereien und Zwangsarbeiten.

Kritik am atlantischen Sklavenhandel durch Europäer und christliche Amerikaner kam zuerst in religiösen Gruppen in England und in den USA (vor allem den Quäkern) in der Krise der absolutistischen Regimes auf. Der Grund ist unbekannt. Sklaverei und Sklavenhandel waren sehr profitable Geschäftsfelder. In den Amerikas wurden sie zur Grundlage eigenständiger Sklaverei-Kapitalismen vor allem in ehemaligen und existierenden europäischen Kolonien in den Amerikas (USA, Kuba, Puerto Rico, Suriname, Brasilien, Martinique, Guadeloupe).

Die große Zeit der westlichen Abolitionen „von oben" war das späte 18. und das 19. Jahrhundert (ca. 1770–1900). Die Abolitionisten waren oft Gruppen freier Farbiger,

---

103 Leonard, Adrian; Pretel, David (eds.), The Caribbean and the Atlantic World Economy. Circuits of Trade, Money and Knowledge, 1650–1914, London: Palgrave Macmillan, 2015 (Cambridge Imperial and Post-Colonial Studies Series).
104 Mit mittelalterlichen Vorläufern in der Eroberung bzw. Besiedlung der Kanaren; siehe: Obenaus, Andreas, „Weit gesteckte Ziele und reale Erfolge der spätmittelalterlichen Atlantikexpansion", in: Obenaus (ed.), Europas Maritime Expansion. Ideen und Innovationen, Entdeckungen und Eroberungen vom 9. bis zum 18. Jahrhundert, Wien: Mandelbaum Verlag, 2021, S. 112–136.
105 McKeown, Adam, „Global Migration 1846–1940", in: Journal of World History 15:2 (2004), S. 155–190; McKeown, „Chinese Emigration in Global Context, 1850–1940", in: Journal of Global History 5 (2010), S. 95–124; Hu-DeHart, Evelyn, „Latin America in Asia-Pacific Perspective", in: Parreñas, Rhacel Salazar; Siu, Lok C. D. (eds.), Asian Diasporas. New Formations, New Conceptions, Stanford: Stanford University Press, 2007, S. 29–61; Hu-DeHart; López, Kathleen, „Asian Diasporas in Latin America and in the Caribbean. An Historical Overview", in: Afro-Hispanic Review 27:1 (2008), S. 9–21; Zeuske, Michael, „Coolies – Asiáticos and Chinos. Global Dimensions of Second Slavery", in: Damir-Geilsdorf, Sabine; Lindner, Ulrike; Müller, Gesine; Tappe, Oliver; Zeuske (eds.), Bonded Labour. Global and Comparative Perspectives (18th–21st Century), Bielefeld: transcript Verlag, 2016, S. 35–57; Hahamovitch, Cindy, „Creating Perfect Immigrants. Guestworkers of the World in Historical Perspective", in: Labor History 44:1 (2003), S. 69–94.

manchmal aber auch nur einzelne Prominente oder Politiker. Nur in den seltensten Fällen standen Versklavte oder ehemalige Sklaven, Sklavinnen und Sklavenkinder selbst als Akteure im Mainstream der Diskurse; inwieweit sie die Diskurse durch Widerstand beeinflussten, ist in der Debatte. Vor allem die formalen „westlichen" Abolition des atlantischen Sklavenhandels bis um 1840 und – nachfolgend bis 1888 (in den Amerikas) – der Sklavereien in den Kolonien europäischer Mächte stellen die Forschung immer noch vor Herausforderungen. Grundsätzlich können wir festhalten, dass weder die Aufklärung vor 1794 noch die Französische Revolution in ihrer Anfangsphase mit der Erklärung der Menschen- und Bürgerrechte den Sklavenhandel und/ oder die Sklaverei aufgehoben oder gar beendet haben, ebensowenig hatten dies andere „atlantische Revolutionen" (wie die Amerikanische Revolution 1776–1786[106]) getan. Im ersten namentlich *liberalen* Parlament der Welt (Cortes von Cádiz, 1810–1813) fassten die liberalen Parlamentarier Sklaverei und im Sklavenhandel erworbene menschliche Körper als Privateigentum. Eigentum gehörte für sie zu den wichtigsten „Menschenrechten" des dritten Standes, d. h. unter das Menschenrecht auf Eigentum.[107] In der Krise des imperialen Spaniens zur Zeit der französischen Besetzung und der antinapoleonischen liberalen Revolution 1808–1814 – d. h. zu einer Zeit, als „Restspanien" mit Großbritannien verbündet war – schlug José Miguel Guridi y Alcocer, Deputierter aus Neu-Spanien (Mexiko), in den berühmten liberalen Cortes von Cádiz die graduelle Abschaffung der Sklaverei vor. Die hysterische Erregung, die seine Worte in der Sklavenhandelsstadt Cádiz verursachten, führten dazu, dass die Sitzung zu einer Geheimsession erklärt wurde. Der Vorschlag Guridis sah vor, den atlantischen Sklavenhandel zu beenden, die Freiheit der nach der Proklamation des Verbotes geborenen Sklavenkinder zu erklären (auch als „freier Bauch" bekannt), die Abschaffung der körperlichen Züchtigung, die Zahlung geringer Tagessätze an Sklaven, die in der Sklaverei verblieben (eine sofortige Abolition der

---

106 Ganz im Gegenteil, die Ideologie der *common cause* war geprägt von bewusst auf den Innenseiten der Zeitungen geschürter Furcht vor Sklaven und *indians*; siehe: Parkinson, Robert G., The Common Cause. Creating Race and Nation in the American Revolution, Chapel Hill: University of North Carolina Press, 2016; siehe auch: Thornton, John K., „Cannibals, Witches and Slave Traders in the Atlantic World", in: William and Mary Quarterly 60:2 (2003), S. 273–293; Green, Toby, „Fear and Atlantic History. Some Observations Derived from Cape Verde Islands and the African Atlantic", in: Atlantic Studies 3:1 (2006), S. 25–42; Zeuske, Michael, „Slaving. Traumata und Erinnerungen der Verschleppung", in: Jahrbuch für Europäische Überseegeschichte 13 (2013), S. 69–104; Barcia, Manuel, „„To Kill all Whites'. The Ethics of African Warfare in Bahia and Cuba, 1807–1844", in: Journal of African Military History 1:1 (2017), S. 72–92.

107 Roth, Rainer, Sklaverei als Menschenrecht. Über die bürgerlichen Revolutionen in England, den USA und Frankreich, Frankfurt am Main: DVS, ²2017; siehe auch die oft vergessenen Anfangskapitel des Bestsellers *Robin Crusoe* von Daniel Defoe oder die Versklavten der Familie von George Washington auf Mount Vernon (von denen mehr geflohen waren als im Durchschnitt Virginias): Thompson, Mary V., ‚The Only Unavoidable Subject of Regret'. George Washington, Slavery, and the Enslaved Community at Mount Vernon, Charlottesville: University of Virginia Press, 2019.

Sklaverei war es also nicht) sowie die Anerkennung des Rechts für alle Versklavten auf Selbstfreikauf (*coartación*) zum gleichen Preis, zu dem sie erworben worden waren.[108] Aus Kuba protestierten sofort Francisco de Arango y Parreño, ein Freund Humboldts, Sklavereiökonom, „Stimme" der *hacendados* (Sklaven- und Ingeniobesitzer), sowie der Generalkapitän; in Spanien protestierten die Kaufleute von Cádiz und viele andere mehr.[109] Deren Begründung lautete, dass keiner gezwungen werden könne, die „Befugnis" (also das Eigentumsrecht) über „seine" Versklavten, d. h. über die *servidumbre* (ich benutze bewusst das spanische Wort, das aus dem „römischen Recht" stammt und auch Dienerschaft umfasst) der von ihm oder ihr gekauften und ihm oder ihr gehörenden Körper, ihrer Arbeit/ Dienstleistungen und über das Status-Kapital, das sie für ihn oder sie repräsentierten, aufzugeben. Die Cortes von Cádiz lösten das Problem der Beibehaltung des Privateigentums an menschlichen Körpern durch Herkunft (Abstammung, d. h. Rassismus).[110] Ausnahmen unter den so genannten „atlantischen Revolutionen" waren die Revolution von Saint-Domingue/ Haiti 1791–1803 (sowie die gesamte Insel La Hispaniola[111]) und die muslimischen Revolu-

---

108 „Propuestas de José Miguel Guridi y Alcocer para la abolición del tráfico de esclavos", in: Chust Calero, Manuel (ed.), América en las Cortes de Cádiz, Aranjuez (Madrid): Fundación MAPFRE; Doce Calles, 2010, S. 105–106 [Doc. XI]; „Propuestas de Agustín Argüelles y José Mejía Lequerica para la abolición de la tortura y del tráfico de esclavos", in: Chust Calero, Manuel (ed.), América en las Cortes de Cádiz, S. 107–113 [Doc. XII]; Tenorio Adame, Antonio, „La esclavitud en el discurso de José Miguel Guridi y Alcocer", in: López Sánchez, Eduardo Alejandro; Soberanes Fernández, José Luis (eds.), La constitución de Cádiz de 1812 y su impacto en el occidente novohispano, México: Universidad Nacional Autónoma de México, 2015, S. 401–422 (http://biblio.juridicas.unam.mx/libros/8/3961/26.pdf [08. März 2022]); Piqueras, José Antonio [Arenas], La esclavitud en las Españas. Un lazo transatlántico, Madrid: Catarata, 2011, S. 221–223; zum Selbst-Freikauf in Raten (*coartación*) siehe: Varella, Claudia; Barcia, Manuel, Wage-Earning Slaves. Coartación in Nineteenth-Century Cuba, Gainesville: University of Florida Press, 2020.
109 Tomich, Dale W., „The Wealth of the Empire. Francisco de Arango y Parreño, Political Economy, and the Second Slavery in Cuba", in: Comparative Studies in Society and History. An International Quarterly 45:1 (2003), S. 4–28; Holeman, Jamie, „,A Peculiar Character of Mildness'. The Image of a Human Slavery in Nineteenth-Century Cuba", in: González-Ripoll, Maria Dolores; Álvarez Cuartero, Izaskun (eds.), Francisco Arango y la invención de la Cuba azucarera, Salamanca: Servicio de Publicaciones de la Universidad de Salamanca, 2009, S. 41–54; Fradera, Josep Maria; Schmidt-Nowara, Christopher (eds.), Slavery and Antislavery in Spain's Atlantic Empire, New York; Oxford: Berghahn, 2013 (European Expansion & Global Interaction 9).
110 Álvarez, Clara, „Libertad y propiedad. El primer liberalismo y la esclavitud", in: Anuario de historia del derecho español 65 (1995), S. 559–583; Petit, Carlos, „Negros y mulatos. Españoles de ambos hemisferios", in: Historia Constitucional 15 (2014), S. 155–204.
111 Pinto Tortosa, Antonio Jesús, „Santo Domingo's Slaves in the Context of the Peace of Basel. Boca Nigua's Black Insurrection, 1796", in: Journal of Early American History 3 (2013), S. 131–153; Nessler, Graham, An Islandwide Struggle for Freedom. Revolution, Emancipation and Re-Enslavement in Hispaniola, Chapel Hill: University of North Carolina Press, 2016; Eller, Anne, „Rumors of Slavery. Defending Emancipation in a Hostile Caribbean", in: American Historical Review 122:3 (2017), S. 653–679.

tionen in Afrika. Aber auch auf Haiti gerieten die Akteure der Abolition schnell in Konflikte zwischen der Masse der ehemals Versklavten und den neuen Eliten. Diese Zeit, das späte 18. und das 19. Jahrhundert bis in die 1880er Jahre – wenn man es aus der Perspektive nicht des diskursiv „guten" Endes („Abolition gut, Ende gut"), sondern aus Sicht des Prozesses und der Versklavten sieht – bescherten der institutionalisierten atlantischen Sklaverei einen elend langen (offiziellen) Tod und auch danach besserten sich die realen Bedingungen für die Ex-Sklaven und -Sklavinnen kaum.[112]

Bis um 1880 war die westliche Moderne in Bezug auf Sklavenhandel sowie Eigentum und Kontrolle von Menschen sehr fest mit der institutionalisierten oder informellen Sklaverei verbunden (oft unter anderen Namen wie *manumisión, emancipados/ emancipated slaves* oder *aprendizaje*[113]). Auch die schärfsten Anti-Sklavenhandelsgesetze, wie die der USA gegen den atlantischen Sklavenhandel und gegen den Schmuggel in der Karibik, in Florida und in Texas um 1820[114], griffen nicht, wenn vor allem kommerzielle Interessen damit geschützt wurden und im atlantischen Sklavenhandel verschleppte Menschen aus Afrika nicht nach Afrika zurückgebracht wurden. Bis in die 1870er Jahre waren nicht nur die amerikanischen Sklaverei-Gesellschaften, sondern besonders der entstehende „westliche" Kapitalismus manchmal direkt, oft aber auch indirekt, über Kredit- und Versicherungssysteme, Landkontrolle, Kontrolle menschlicher Körper, Nahrungsmittelproduktion, Exportproduktion tropischer Güter bzw. Exportproduktion von Stoffen, Luxusgegenständen oder technischen Gütern für Sklaverei-Gesellschaften, Technologie, Ressourcen, „Vermögen" (in Großbritannien, Frankreich und den Niederlanden sowie einer Reihe ehemaliger Kolonien Spaniens auch durch Entschädigung), allgemeine Finanzgeschäfte, Wissenserwerb und Konsum engstens mit Sklaverei und – trotz Beginn der formalen Abolitionen – mit Sklavenhandel in

---

112 Drescher, Seymour „The Long Goodbye. Dutch Capitalism and Antislavery in Comparative Perspective", in: Oostindie, Gert (ed.), Fifty Years Later. Antislavery, Capitalism and Modernity in the Dutch Orbit, Leiden; Pittsburgh: KITLV Press; University of Pittsburgh Press, 1995, S. 25–66; Rael, Patrick, Eighty-Eight Years. The Long Death of Slavery in the United States, 1777–1865, Athens: University of Georgia Press, 2015; Bonazza, Giulia, Abolitionism and the Persistence of Slavery in Italian States, 1750–1850, Cham: Palgrave Macmillan, 2019 (Italian and Italian American Studies).
113 Eliot, Lewis B. H., „We Don't Recognize Your Freedom. Slavery, Imperialism, and Statelessness in the Mid-Nineteenth Century Atlantic World", in: Atlantic Studies 16:4 (2019), S. 482–501; Vergara, Ana J., „La libertad durante el ocaso de la esclavitud. Peticiones de libertad de esclavos y las leyes de manumisión republicanas (1821–1854)", in: Anuario de Estudios Bolivarianos 14, no. 15 (2008), S. 151–183; Lovejoy, Henry, „The Registers of Liberated Africans of the Havana Slave Trade Commission. Implementation and Policy, 1824–1841", in: Slavery & Abolition 37:1 (2016), S. 23–44; Lovejoy; Prieto, Yorùbá Kingship in Colonial Cuba during the Age of Revolutions, Chapel Hill: The University of North Carolina Press, 2018; Varella, Claudia; Barcia, Manuel, Wage-Earning Slaves. Coartación in Nineteenth-Century Cuba, Gainesville: University of Florida Press, 2020.
114 Batterson, Sarah, „,A Horde of Foreign Freebooters'. The U.S. and the Suppression of the Slave Trade", in: Diacronie. Studi di Storia Contemporanea 13:1 (2013), S. 1–16 (= Contrabbandieri, pirati e frontier. Per una storia delle pratiche informali nell'America Centrale [XVII–XXI secolo]) (http://www.studistorici.com/2013/04/29/batterson_numero_13/ [08. März 2022]).

Form von Menschenschmuggel verbunden. In den selbst ernannten Zentren der „zivilen" Gesellschaft des Westens in Europa war dies meist verflochten mit der ideologisch-diskursiv-normativen Gegenvorstellung eines „freien Mannes" im protonationalen/ national-imperialen Gewand (etwa der „freie Engländer") und der Regel des *free soil*-Territoriums. Abgeleitet wurden diese sozusagen „nach hinten", d. h. aus so genannten „alten Freiheiten", sowie „nach vorn" mit der Ideologie einer „freien Gesellschaft mit freiem Markt" sowie Freihandel (und rasantem Rassismus).[115] Dazu kamen religiöse Ideen und Netzwerke (bspw. die Quäker, später auch Baptisten und Methodisten), radikale Demokraten sowie Ideen der schottischen Aufklärung, die massiv den „freien" Markt und die „freie" Arbeit propagierte.[116]

Im Zusammenhang mit der schweren Krise der Revolutionskriege/ napoleonischen Kriege und der Umorientierung Großbritanniens von der Karibik nach Indien und in die östliche Hemisphäre knüpften die britische Abolitionskampagnen 1807–1900 an diese Freiheitsgedanken an.[117] Eine Begleiterscheinung waren Verschleierung, Marginalisierung, Euphemismus und Nichtnennung von Tatsachen in Bezug auf den „Erwerb" von „Vermögen" aus Sklavenhandel und Sklavenbesitz (die engstens mit Abolitionsdiskursen zusammenhingen).[118] Die breite Basis für diese Diskurspolitik war zweifelsfrei das Verschweigen der „Klagen" – ein schwaches Wort für eine unendliche Geschichte von Grausamkeiten, Ängsten, Traumata, realen Verletzungen von Körpern, Raub von Lebenschancen, etc. – Versklavter oder ehemals Versklav-

---

115 Palen, Marc-William, „Free-Trade Ideology and Transatlantic Abolitionism. A Historiography", in: Journal of the History of Economic Thought 37:2 (2015), S. 291–304.

116 Bender, Thomas (ed.), The Antislavery Debate. Capitalism and Abolitionism as a Problem in Historical Interpretation, Berkeley: University of California Press, 1992; Grieshaber, Christian, „Forschungen zur antiken Sklaverei im Zeitalter der schottischen Aufklärung – Wurzeln des britischen Abolitionismus?", in: Herrmann-Otto, Elisabeth (ed.), Sklaverei und Zwangsarbeit zwischen Akzeptanz und Widerstand, Hildesheim: Georg Olms Verlag, 2010, S. 164–177; Grieshaber, Frühe Abolitionisten? Die Rezeption der antiken Sklaverei zur Zeit der schottischen Aufklärung und deren Einfluss auf die britische Abolitionsbewegung (1750–1833), Hildesheim: Georg Olms Verlag, 2012.

117 Miers, Suzanne, Slavery in the Twentieth Century. The Evolution of a Global Problem, Walnut Creek; Lanham: Altamira Press, 2003; Linden, Marcel van der, „Unanticipated Consequences of ‚Humanitarian Intervention'. The British Campaign to Abolish the Slave Trade, 1807–1900", in: Theory and Society 39:3–4 (2010), S. 281–298; Pearson, Andrew, Distant Freedom. St Helena and the Abolition of the Slave Trade, 1840–1872, Liverpool: Liverpool University Press, 2016; Cottias, Myriam; Rossignol, Marie-Jeanne (eds.), Distant Ripples of the British Abolitionist Wave. Africa, Asia and the Americas, Trenton: Africa World Press, 2017.

118 Hall, Catherine; Draper, Nicholas; McClelland, Keith, „Introduction", in: Hall; Draper; McClelland; Donington, Katie; Lang, Rachel (eds.), Legacies of British Slave-Ownership. Colonial Slavery and the Formation of Victorian Britain, Cambridge: Cambridge University Press, 2014, S. 1–33; siehe auch: Jennings, Judith, The Business of Abolishing the British Slave Trade, 1783–1807, London: Routledge, 1997.

ter.[119] Der niederländische Forscher Gunjo Jones bezeichnet die tiefen Schatten der Erinnerung als „schwarze Löcher des epistemologischen Nichts":

> [The] impactful, horrific stories of many millions have disappeared into black holes of episte-mological nothingness, and there is no way to retrieve them. Perhaps ‚recognition' from this perspective is also about epistemological and political humility – realizing that the stories of millions are lost forever, regardless of the paradigm or ‚method' we apply.[120]

Seit den formalen Abolitionen existierte eine breite Kultur des aktiven, fast muss ich sagen aggressiven, Vergessens oder Verschweigens.[121] Wenn er nicht so abgegriffen wäre, könnte man den Begriff Abolitions-*Dispositiv* benutzen. Die globale Sklaverei-Entwicklung war geprägt einerseits durch Diskurse vom „Ende der Sklaverei" (und des Sklavenhandels)[122] und – vor allem im Britischen Imperium – von Abolition/ „Zivilisation" sowie andererseits durch verschärfte Statusminderungen, vulgo Rassismus, sklavereiähnliche Arbeitsbedingungen, aber auch reale informelle Sklavereien (oft in Grenzzonen, *frontiers* oder Peripherien von Kolonialreichen[123]) oder Kombinationen von freien und unfreien Arbeitsverhältnissen – oft unter kolonialen Bedingungen, die sich zwischen 1830 und 1960 massiv globalisierten.[124] Es handelte sich also eher um Informalisierungen der großen, legalen Sklaverei- und Sklavenhandelssysteme. Reale Sklavereien dieser Art kamen – wenn ich

---

119 Díaz Benítez, Ovidio C., „La realidad cubierta", in: Díaz Benítez, Verdades ocultas de la esclavitud. El clamor de los cautivos, La Habana: Editorial de Ciencias Sociales, 2012, S. 34–35; Zeuske, Michael, „Slaving. Traumata und Erinnerungen der Verschleppung", in: Jahrbuch für Europäische Überseegeschichte 13 (2013), S. 69–104.

120 Jones, Guno, „The Shadows of (Public) Recognition Transatlantic Slavery and Indian Ocean Slavery in Dutch Historiography and Public Culture", in: Schrikker, Alicia; Wickramasinghe, Nira (eds.), Being A Slave. Histories and Legacies of European Slavery in the Indian Ocean, Leiden: Leiden University Press, 2020, S. 269–293, hier S. 288.

121 Saunier, Éric, „‚El compás y los grilletes'. La masonería y el mundo negrero. Balance y perspectivas", in: Sanz Rozalén, Vicent; Zeuske, Michael; Luxán, Santiago de (eds.), Resistencia, delito y dominación en el mundo esclavo. Microhistorias de la esclavitud atlántica (siglos XVII-XIX), Granada: Editorial Comares, 2019, S. 193–201.

122 Zeuske, Michael, „Kein Ende nach dem Ende – Diskurse und Realitäten der globalen Sklaverei seit 1800", in: Zeuske, Sklaverei. Eine Menschheitsgeschichte. Von der Steinzeit bis heute, Stuttgart: Reclam, 2021, S. 236–271.

123 Reséndez, Andrés, The Other Slavery. The Uncovered Story of Indian Enslavement in America, Boston; New York: Houghton Mifflin Harcourt, 2016; Reséndez, „La Cruzada antiesclavista y las fronteras del imperio español, 1660–1690", in: Valenzuela Márquez, Jaime (ed.), América en diásporas. Esclavitudes y migraciones forzadas en Chile y otras regiones americanas (siglos XVI-XIX), Santiago: Pontificia Universidad Católica de Chile, Instituto de Historia; Red Columnaria; RIL Editores, 2017, S. 285–318.

124 Zeuske, Michael, „Viertes Sklavereiplateau – Abolitionsdiskurse, Bond-Sklaverei und *Second Slaveries* (Beginn um 1800)", in: Zeuske, Sklaverei. Eine Menschheitsgeschichte. Von der Steinzeit bis heute, Stuttgart: Reclam, 2021, S. 111–136.

beim britischen Beispiel bleibe – oft auch in sehr gewinnträchtigen und technikintensiven Bergbauaktivitäten vor. Ich zitiere ein paradigmatisches Beispiel:

> British capitalists had invested heavily in Latin America in the post-Napoleonic period and mineral exploitation, dominated by joint-stock companies that raised huge sums on the London money markets, was an especially favoured activity. The modus operandi of these speculative ventures was this: a British managerial class, augmented by skilled specialists (usually experienced hard-rock miners from Cornwall), opened up mines at which the bulk of the labouring workforce was local. In several key locations, however, the labouring class was not exactly local. In Brazil, where British companies began mining gold in the 1820s, the auxiliary workforce was composed of freshly imported African slaves, just as in Cuba.[125]

Anhand der ehemaligen britischen Sklaveneigentümer können die Autoren des Buches *British Slave-ownership* zeigen, wie sich für eine neue imperiale britische Reformelite das „afterlife of slavery following Emancipation"[126], die als imperialer Rechtsakt für die britische Karibik, Mauritius und die Kapkolonie galt, gestaltete. Sklaverei als ein bis um 1860 globales Arbeits- und Kapitalsystem wurde mehr und mehr als eine exotische Besonderheit „unzivilisierter" Gesellschaften dargestellt.

Die Kombinationen von klassischen Sklavereien mit massiven „neuen" Verschleppungssystemen war neben den britischen Kolonien in Ostafrika und Indien sowie französischen/ spanischen Einflussgebieten in Südostasien – wo sich immer auch lokale Eliten beteiligten – besonders gut ersichtlich an der Verschleppung von *chinos* und Mayas in die *Second Slavery* sowie von mehrheitlich versklavten Afrikanern nach Kuba.[127]

Besonders deutlich wird die Verdrängungsgeschichte in Bezug auf Haiti: Zwischen 1800 und 1825 hielten alle atlantischen Eliten die postkoloniale Geschichte Haitis, d. h. die siegreiche Revolution von Versklavten, sowie die unmittelbare postrevolutionäre Geschichte der ehemals wertvollsten Kolonie Europas (Saint-Domingue)[128] noch für lokal eingrenzbar. Die Fehlbewertungen von Abolitionsproklamationen und -diskursen ziehen sich bis in die heutige Wissensgeschichte wie das Beispiel

---

125 Vor allem in El Cobre bei Santiago de Cuba; siehe: Evans, Chris, „Brazilian Gold, Cuban Copper and the Final Frontier of British Anti-Slavery", Slavery & Abolition 34:1 (2013), S. 118–134.

126 Hall; Draper, Nicholas; McClelland, Keith, „Introduction", in: Hall; Draper, Nicholas; McClelland, Keith; Donington, Katie; Lang, Rachel (eds.), Legacies of British Slave-Ownership. Colonial Slavery and the Formation of Victorian Britain, Cambridge: Cambridge University Press, 2014, S. 1–33, hier S. 6.

127 Álvarez Cuartero, Izaskun, „De españoles, yucatecos e indios. La venta de mayas a Cuba y la construcción imaginada de una nación", in: Revista de Pesquisa Histórica da Universidade Federal de Pernambuco 30:1 (2012), S. 1–20.

128 Dayan, Joan, „Last Days of Saint-Domingue", in: Dayan, Haiti, History and the Gods, Berkeley; Los Angeles; London: University of California Press, 1998, S. 143–186; Pestel, Friedemann, „The Impossible Ancien Régime colonial. Postcolonial Haiti and the Perils of the French Restoration", in: Journal of Modern European History 15:2 (2017), S. 261–279.

aus einer „sklavenfreien" Wissens-Geschichte zeigt: „Zumal beides, geographischer Wissenserwerb und Kampf gegen Sklaverei und Sklavenhandel, zu den genuin europäischen Jahrhundertvorhaben gehörten, ist zu vermuten, dass beides miteinander verknüpft war."[129] Zunächst einmal waren alle „Wissenserwerber" an das umstrittene „lokale" Wissen gebunden, das im Falle der *negreros* (Sklavenhändler und Sklavenschiffs-Kapitäne), darunter auch islamische Händler, und ihres Personals sehr viel großräumiger und kosmopolitischer sein konnte. Die Infrastrukturen, Wege und Routen ins „Unbekannte" oder im „Unbekannten" (für die „Wissenserwerber") sowie die jeweiligen realen Kontexte kannten Schmuggler und *negreros* nun einmal am besten. Selbst wenn „Wissenserwerber" gegen Sklaverei und Sklavenhandel unterwegs waren, nutzten sie das Wissen der Sklavenhändler und ihrer Hilfskräfte und/ oder Matrosen, deren Kenntnisse (zu Krankheiten, Klima, Gebräuchen, Waren, Umgangsformen, Heilung, Nahrungsmitteln und -erwerb, etc.) und deren „lokales" Wissen.[130]

Die beiden getrennten Diskursuniversen „Revolution" (im Westen) und „Sklaverei" (jenseits des Westens oder in Ausnahmeterritorien) führen dazu, dass eine fundamentale Tatsache in Bezug auf die begründenden Revolutionen der Moderne (Revolution in England einschließlich der *Glorious Revolution* 1640–1688, Amerikanische Unabhängigkeitsrevolution 1776–1783 und Französische Revolution 1789–1795) bis heute gerne übersehen wird: Diese Revolutionen haben, wie erwähnt, Sklaverei und Sklavenhandel *nicht* abgeschafft, sondern im Grunde Eigentum nach „römischem Recht" (auch wenn es in England und USA formell anders begründet wurde) – inklusive des Eigentums an menschlichen Körpern – als „Menschenrecht" begründet und zugleich, dies gilt vor allem für die Amerikanische Revolution, „Rassen"-Furcht (Angst vor schwarzen Sklaven und *indians*) in die kulturelle DNA der USA eingeschrieben.[131] Als erst freie Farbige und dann Versklavte das Menschenrecht auf Gleichheit und Freiheit auch für sich forderten, dafür Rebellion, Revolution und Krieg wagten und schließlich gewannen (Saint-Domingue/ Haiti 1790–1803, die ganze Insel Santo Domingo bis Mitte des

---

129 Schröder, Iris, „Einleitung", in: Schröder, Das Wissen von der ganzen Welt. Globale Geographien und räumliche Ordnungen Afrikas und Europas 1790–1870, Paderborn: Ferdinand Schöningh, 2011, S. 7–25, hier S. 19.
130 Das wird schlaglichtartig immer wieder deutlich an authentischen Informationen über Sklavenhandel in Afrika: Casares, Aurelia Martín; M'bachu, Oluwatoyin, „Memorias de un tratante de Liverpool sobre el comerico esclavista entre Canarias y el África Occidental Subshariana a finales del siglo XVIII", in: Acosta Guerrero, Elena (ed.), XXI Coloquio de Historia Canario-Americana, Las Palmas de Gran Canaria: Cabildo de Gran Canaria, 2016, S. 1–10.
131 Roth, Rainer, Sklaverei als Menschenrecht. Über die bürgerlichen Revolutionen in England, den USA und Frankreich, Frankfurt am Main: DVS, ²2017; Parkinson, Robert G., The Common Cause. Creating Race and Nation in the American Revolution, Chapel Hill: University of North Carolina Press, 2016; Jobs, Sebastian, „Unsicheres Wissen und Gewalt. Der Sklavenaufstand von Camden 1816 und Praktiken der Vergewisserung im US-amerikanischen Süden", in: Historische Anthropologie 22:3 (2014), S. 313–333.

19. Jahrhunderts), wurde dieser fundamentale Widerspruch zwischen Freiheit und Gleichheit sowie Versklavung in der Realität deutlich – aber schnell auch wieder marginalisiert.[132] Sogar die neue Elite Haitis, die aus *der* globalhistorischen Revolution gegen die Sklaverei hervorgegangen war, glaubte wohl an die Abolition der Sklaverei und daran, dass Menschen kein Eigentum sein sollten, aber nicht wirklich an „Nicht-Sklaverei" in Bezug auf Arbeit und Entschädigung für verlorenes Eigentum. Selbst Toussaint Louverture war bereit, ein De-facto-Sklaverei-Arbeitsregime „ohne den Namen Sklaverei" einzuführen und damit die große Exportwirtschaft der Plantagen wieder in Gang zu setzen, als er sich militärisch und politisch stabil glaubte.[133] Obwohl das Zustandekommen des Entschädigungsvertrages für „verlorenes Eigentum" (als Gegenwert zur Anerkennung der Unabhängigkeit Haitis durch Frankreich) umstritten war, hat Präsident Jean-Pierre Boyer (1776–1850) ihn abgeschlossen. Der Vertrag betraf die grotesk hohe Summe von 150 Millionen Goldfrancs (später auf 90 Millionen reduziert und bis in das 20. Jahrhundert abbezahlt) und wird meist unter dem Motto des „Kaufes der Unabhängigkeit" dargestellt. Es war aber vor allem ein Rückkauf der Eigentumsrechte über versklavte Körper und zeigt, wieviel Wert die Zeitgenossen Sklaven und Plantagen als „verlorenem Eigentum" beimaßen.[134]

Die „Freiheits"-Normen und -diskurse galten im Wesentlichen für Gebiete, in denen der Katholizismus nur (relativ) kurz das gesamte Gebiet erfasst hatte und sich seit dem 16.-17. Jahrhundert der Protestantismus ausbreitete (England/ Schottland, Niederlande, Skandinavien, USA). Die reale „freie" Arbeit war angesichts von Kinder- und Frauenüberarbeitung sowie der Länge des Arbeitstages und Lebensbedingungen in diesen Gebieten noch im gesamten 19. und oft auch im 20. Jahrhundert von schwersten direkten und strukturellen Zwängen und Asymmetrien geprägt. In katholischen Gebieten war ein Diskurs des „freien Untertanen" bis 1789 schwieriger. Im Kolonialbereich, der konstruierten „Peripherie" dieser „Zentren", und in den unabhängigen Nachfolgestaaten vor allem der Amerikas war der Kapitalismus bis 1865, 1886 und 1888 (USA, Kuba und Brasilien) mit Sklaverei und (internem) Sklavenhandel verbunden. In Iberoamerika existierten kompliziertere und diffusere Verbindungen zwischen Sklaverei, Sklavenhandel (auch von Indigenen) und Kapitalismus, auch weil die „freie" kapitalistische Entwicklung selbst kompliziert verlief. Kolonial anders konnotierte Ausbeutungs- und Zwangsarbeitsformen/ kollektive Sklavereien bzw. Grenz-

---

132 Trouillot, Michel-Rolph, „An Unthinkable History. The Haitian Revolution as a Non-Event", in: Trouillot, Silencing the Past. Power and the Production of History, Boston: Beacon Press, 1995, S. 70–107; Ferrer, Ada, „Haiti, Free Soil, and Antislavery in the Revolutionary Atlantic", in: The American Historical Review 117:1 (2012), S. 40–66; Daut, Marlene, Baron de Vastey and the Origins of Black Atlantic Humanism, Basingstoke: Palgrave Macmillan, 2017.

133 Geggus, David P., „Toussaint's Labor Decret (Supplement to the Royal Gazette [Jamaica], 15 Nov. 1800)", in: Geggus (ed.), The Haitian Revolution. A Documentary History, Indianapolis; Cambridge: Hackett, 2014, S. 153–154.

134 Pestel, Friedemann, „The Impossible Ancien Régime colonial. Postcolonial Haiti and the Perils of the French Restoration", in: Journal of Modern European History 15:2 (2017), S. 261–279.

situationen bildeten bis weit nach der politischen Unabhängigkeit die Basis der Gesellschaften. In der gesamten restlichen Welt kam es seit ca. 1840 nur ganz zögerlich und oftmals ohne wirklichen Durchschlag auf die reale Arbeit zur Abolition, zumal traditionelle Kin-Sklavereiformen weiterexistierten und schnell mit „neuen" Sklaverei- und Bondageformen sowie formalen Kontrakten maskiert wurden. In allen anderen Staaten, Imperien und Territorien der Welt kam die Abolition, wenn überhaupt, erst im 20. oder 21. Jahrhundert: in der heute so parademodernen Golfregion in Ansätzen erst Mitte des 20. Jahrhundert;[135] in China erst 1910 und für millionenfache Kin-Sklaverei/ Bondageformen wie Kinderhandel und Mädchensklaverei erst 1949[136] und in Äthiopien formal erst 1942 mit den Briten.[137]

Europäische Akteure/ Staaten nahmen den außereuropäischen Sklavenhandel/ Sklavereien oft zum Anlass für die jeweilige Kolonialexpansion im 19. Jahrhundert. Eliten feierten ihre „abolitionistische Zivilisation" trotzdem oder gerade deswegen in Reden und Repräsentationen.[138] Aber auch das betraf im Wesentlichen Gebiete, in denen europäische Kolonialmächte direkten Einfluss hatten. Osmanische Eliten, lange herrschend in Teilen Südosteuropas, stimmten auf britischen Druck notgedrungen dem Handelsverbot für Versklavte aus Afrika zu (1857). Die Beschaffung vor allem weißer Frauen aus dem Kaukasus und Teilen des Balkans blieb aber bis in das 20. Jahrhundert ein gutes Geschäft. Abnehmer der in Razzien verschleppten oder von ihren Familien verkauften Mädchen waren Zwischenhändler, die sie ausbilden ließen und mit hohen Gewinnen in die Harems der osmanischen Oberschichten verkauften.[139]

---

135 Barth, Fredrik, Sohar. Culture and Society in an Omani Town, Baltimore: Johns Hopkins University Press, 1983; Sheriff, Abdul, „The Twilight of Slavery in the Persian Gulf", in: Zanzibar International Film Festival Journal 2 (2005), S. 35–46.

136 Chevaleyre, Claude, „Under Pressure and out of Respect for Human Dignity. The 1910 Chinese Abolition", in: Cottias, Myriam; Rossignol, Marie-Jeanne (eds.), Distant Ripples of the British Abolitionist Wave: Africa, Asia and the Americas, Trenton: Africa World Press, 2017, S. 147–198; Zeuske, Michael, „Versklavte und Sklavereien in der Geschichte Chinas aus global-historischer Sicht. Perspektiven und Probleme", in: Dhau. Jahrbuch für außereuropäische Geschichte 2 (2017) (= Sklaverei in der Vormoderne. Beispiele aus außereuropäischen Gesellschaften, ed. Conermann, Stephan), S. 25–51; Zeuske, „Andere globale Räume – andere Sklavereien. Fallbeispiel China", in: Zeuske, Sklaverei. Eine Menschheitsgeschichte. Von der Steinzeit bis heute, Stuttgart: Reclam, 2021, S. 173–192.

137 Bombe, Bosha, „Reclaiming Lost Identity. Redemption of Slave Descendants among the Ganta", in: Epple, Susanne (ed.), Creating and Crossing Boundaries in Ethiopia. Dynamics of social categorization and differentiation, Münster: LIT Verlag, 2014 (Afrikanische Studien/ African Studies 53), S. 77–88.

138 Wood, Marcus, The Horrible Gift of Freedom. Atlantic Slavery and the Representations of Emancipation, Athens: Ohio University Press, 2010.

139 Calic, Marie-Janine, „Piraten, Pest und andere globale Herausforderungen", in: Calic, Südosteuropa. Weltgeschichte einer Region, München: C.H. Beck, 2016, S. 265–276, hier S. 274.

Um die Metanarrative der „westlichen" Abolitionsdiskurse[140] kritisch mit der Realität von weiter existierenden unterschiedlichsten formellen und vor allem informellen Sklavereien und Menschenhandelssystemen sowie Globalisierungen zu konfrontieren, will ich einen für die Globalgeschichte symptomatischen Prozess der prolongierten Transition quasi ohne wirkliche Abolition außerhalb der hegemonischen britischen Sklaverei und des hegemonischen britischen Abolitionsdiskurses am Beispiel des portugiesischen Imperiums darstellen. Portugal verantwortet immerhin, zusammen mit Brasilien, den größten Anteil Versklavter der *Atlantic slavery* (rund fünf Millionen der rund elf Millionen). Portugal verantwortet auch erhebliche Anteile an Sklavereien und Sklavenhandel in Afrika und Asien. Zunächst will ich mit James Walvin und William Pettigrew gerne darauf hinweisen, dass das britische Parlament, der globalhistorische Abolitions-Champion, heute nicht nur wegen des immer wieder zitierten Antisklavenhandels-Acts erinnert werden sollte. Das gleiche Parlament hatte vorher Dutzende von Pro-Sklaverei und Pro-Sklavenhandelsgesetzen erlassen: „Parliament was in fact a slave trading legislature, before it became an abolitionist legislature."[141] Meist wird in Artikeln über die „westliche Abolition" darauf hingewiesen, dass schon um 1840, bis zur ersten *World Anti-Slavery Convention* in London, alle europäischen Sklavenhandelsnationen den Sklavenhandel abgeschafft hätten und es bald auch zu Abolitionen der Sklavereien „an Land" gekommen sei. Dabei wird, wie bereits mehrfach erwähnt, meist auf den britischen Abolitionsprozess im atlantischen Westen verwiesen: seit 1808 kein atlantischer Sklavenhandel mehr und seit 1834/1838 Abolition der Sklaverei mit Entschädigung der Besitzer in der westlichen Hemisphäre; seit 1843 in Indien und der östlichen Hemisphäre.[142] Die anderen Nationen seien gefolgt (was, wie oben ge-

---

140 Gestrich, Andreas, „Die Antisklaverei-Bewegung im ausgehenden 18. und 19. Jahrhundert. Forschungsstand und Forschungsperspektiven", in: Herrmann-Otto, Elisabeth (ed.), Unfreie Arbeits- und Lebensverhältnisse von der Antike bis zur Gegenwart. Eine Einführung, Hildesheim: Georg Olms Verlag, 2005, S. 237–257; Hochschild, Adam, Sprengt die Ketten. Der entscheidende Kampf um die Abschaffung der Sklaverei, Stuttgart: Klett-Cotta, 2007; Powell, Jim, Greatest Emancipations. How the West Abolished Slavery, New York; Basingstoke: Palgrave Macmillan, 2008; Bender, Thomas (ed.), The Antislavery Debate. Capitalism and Abolitionism as a Problem in Historical Interpretation; Drescher, Seymour, Abolition. A History of Slavery and Antislavery, Cambridge: Cambridge University Press, 2009; Drescher; Emmer, Pieter C. (eds.), Who Abolished Slavery? Slave Revolts and Abolitionism. A Debate With João Pedro Marques, New York; Oxford: Berghahn Books, 2010 (European Expansion & Global Interaction 8); Blackmon, Douglas, Slavery by Another Name. The Re-Enslavement of Black Americans from the Civil War to World War II, New York: Doubleday, 2008; Berlin, Ira, The Long Emancipation. The Demise of Slavery in the United States, Cambridge: Harvard University Press, 2015; Zeuske, Michael, „Neuzeitliche Sklavereien und Abolitionsdiskurse. Kein Ende nach dem Ende", in: Zeuske, Handbuch Geschichte der Sklaverei. Eine Globalgeschichte von den Anfängen bis heute, Bd. 1, Berlin; Boston: De Gruyter, ²2019, S. 237–268.
141 Walvin, James, „Commemorating Abolition, 1807–2007", in: Linden, Marcel van der (ed.), Humanitarian Intervention and Changing Labor Relations, Leiden: Brill, 2011, S. 57–67.
142 Bader-Zaar, Birgitta, „Abolitionismus im transatlantischen Raum. Organisationen und Interaktionen der Bewegung zur Abschaffung der Sklaverei im späten 18. und 19. Jahrhundert"

sagt, in Bezug auf Dänemark, das Frankreich der großen Revolution (1794–1802) und die Länder des ehemaligen Spanisch-Amerika nicht ganz richtig ist[143]); Schweden 1847; Frankreich nach Wiedereinführung durch Napoleon 1802 mit der Revolution von 1848[144]; am deutlichsten die Niederlande (1863/1873, auch mit Entschädigung der Eigentümer).[145] Selbst ein deutscher Staat wie Preußen – der ansonsten wenig Anteil an der Sklaverei-Debatte hatte – folgte mit dem berühmten Oktoberedikt und der Aufhebung der Leibeigenschaft für die „Bauernsklaven" der ostelbischen Gebiete dem britischen Abolitionsgesetz.[146]

Ein etwas genauerer Blick auf die Chronologien der Abolitionen zeigt Erstaunliches: Zwischen 1792 und 1840 kam zu einer diskursiven und legislativen „Abolitions-ralley" des äußeren atlantischen Sklavenhandels, ab 1808 unter britischen Druck. Das erste Land der formalen Abolition für das ganze Imperium war aber Dänemark 1792 (nach einer Zehn-Jahresfrist für 1802[147]) – ohne wirkliche Durchsetzung: Saint

---

(http://www.ieg-ego.eu/de/threads/transnationale-bewegungen-und-organisationen/internatio nale-soziale-bewegungen/birgitta-bader-zaar-abolitionismus-im-transatlantischen-raum-abschaf fung-der-sklaverei [08. März 2022]); zum realen „britischen Modell" der Abolition in Indien und zu seinen globalen Applikationen, siehe: Miers, Suzanne, „The British Indian Model of Emancipa-tion", in: Miers, Slavery in the Twentieth Century. The Evolution of a Global Problem, Walnut Creek; Lanham: Altamira Press, 2003, S. 30–31; siehe auch: Major, Andrea, „'To Call a Slave a Slave'. Recovering Indian Slavery", in: Major, Slavery, Abolition and Empire in India, 1772–1843, Liverpool: Liverpool University Press, 2012, S. 18–38; Chatterjee, Indrani, „Abolition by Denial? Slavery in South Asia after 1843", in: Campbell, Gwyn (ed.), Abolition and Its Aftermath in Indian Ocean Africa and Asia, London; Portland: Frank Cass, 2005, S. 150–168.
143 Echeverri, Marcela, „Slavery in Mainland Spanish America in the Age of the Second Slavery", in: Tomich, Dale W. (ed.), Atlantic Transformations. Empire, Politics, and Slavery During the Nine-teenth Century, New York: State University of New York Press, 2020, S. 19–44.
144 Dubois, Laurent, „The Road to 1848. Interpreting French Antislavery", in: Slavery & Abolition 22 (2001), S. 150–157; Dorigny, Marcel (ed.), Esclavage, résistance, abolitions, Paris: èditions du C.T.H.S, 1999; siehe auch: Jennings, Lawrence C., „French Policy towards Trading with African and Brazilian Merchants, 1840–1853", in: The Journal of African History 17:4 (1976), S. 515–528; Jen-nings, French Antislavery. The Movement for the Abolition of Slavery in France, 1802–1848, Cam-bridge: Cambridge University Press, 2000.
145 Alexandre, Valemtin, „Portugal e a abolição do tráfico de escravos (1834–1851)", in: Análise Social 25:3 (1991), S. 293–333 (http://analisesocial.ics.ul.pt/documentos/1223038698G8jRF9au8Nl18MP8.pdf [08. März 2022]); siehe auch: Correia, Arlindo, „A Escravatura" (http://www.arlindo-correia.com/ 200507.html [08. März 2022]).
146 Scheuerer, Gerhard, „The Brandenburg Triangle", in: Backhaus, Jürgen (ed.), The Liberation of the Serfs. The Economics of Unfree Labor, New York: Springer, 2012, S. 7–14; Taterka, Thomas, „Zu Bauernsklaven bekehrt. 700 Jahre deutsche Kolonialgeschichte im Baltikum", in: D'Aprile, Do-rothee; Bauer, Barbara; Kadritzke, Niels (eds.), Auf den Ruinen von Imperien. Geschichte und Ge-genwart des Kolonialismus, Berlin: taz-Verlags- und Vertriebs GmbH, 2016 (= Edition Le Monde diplomatique 18), S. 59–61.
147 Aus Sicht der imperialen Diskurse und Politiken ist die dänische Abolition wichtig, siehe: „why Denmark, a relatively obscure colonial empire on the periphery of Europe, became the first European empire to abolish its slave trade", in: Røge, Pernille, „Why the Danes Got There First – A

Thomas und Saint Croix blieben karibisch-atlantische Schmuggelzentren des Menschenhandels. Die Siegermächte der napoleonischen Kriege beschlossen auf dem Wiener Kongress 1815 die Abolition des „afrikanischen Neger- und Sklavenhandels" (Signatarmächte: Österreich, Russland, Preußen, Großbritannien, Frankreich, Portugal, Spanien und Schweden). Großbritannien hatte dies, wie gesagt, bereits 1807/ 1808 getan; die Niederlande 1814 (London-Vertrag) und 1815/1818[148] sowie jeweils zum Zeitpunkt der Eroberungen niederländischer Kolonien durch die Briten (z. B. Surinam und Karibik 1803, Kapkolonie 1806/1814, Java 1811); Frankreich 1793–1802 (zeitweilig) dann 1815/1818/1831 und 1848[149]; Schweden 1813; Spanien 1814, 1817,

Trans-Imperial Study of the Abolition of the Danish Slave Trade in 1792", in: Slavery & Abolition 35:4 (2014), 576–592, hier S. 576; allgemein siehe: Gøbel, Erik, The Danish Slave Trade and Its Abolition, Leiden: Brill, 2016 (Studies in Global Slavery).

148 Drescher, Seymour, „The Long Goodbye. Dutch Capitalism and Antislavery in Comparative Perspective", in: Oostindie, Gert (ed.), Fifty Years Later. Antislavery, Capitalism and Modernity in the Dutch Orbit, Leiden; Pittsburgh: KITLV Press; University of Pittsburgh Press, 1995, S. 25–66.

149 Die formale Abolition des atlantischen Sklavenhandels im französischen Imperium fand 1831 statt; danach gab es noch Schmuggel in der Karibik, siehe: Daget, Serge, „L'abolition de la traite des noirs en France de 1814 à 1831", in: Cahiers d'études africaines 11 (1971), S. 22–30, 41; Kielstra, Paul Michael, The Politics of Slave Trade Suppression in Britain and France, 1814–1848, London: Macmillan Press, 2000; Dubois, Laurent, „The Road to 1848. Interpreting French Antislavery", in: Slavery & Abolition 22 (2001), S. 150–157; Bénot, Yves; Dorigny, Marcel (ed.), Rétablissement de l'esclavage dans les colonies françaises. Aux origines de Haïti, Paris: Maisonneuve et Larose, 2003; Belaubre, Christophe; Dym, Jordana; Savage, John (eds.), Napoleon's Atlantic. The Impact of Napoleonic Empire in the Atlantic World, Leiden: Brill, 2010 (= The Atlantic World. Europe, Africa and the Americas, 1500–1830 20); Jennings, Lawrence C., French Antislavery. The Movement for the Abolition of Slavery in France, 1802–1848, Cambridge: Cambridge University Press, 2000; Blancpain, François, „Les abolitions de l'esclavage dans les colonies françaises (1793–1794 et 1848)", in: Hoffmann, Léon-François; Gewecke, Frauke; Fleischmann, Ulrich (eds.), Haïti 2004 – Lumières et ténèbres, Frankfurt am Main: Vervuert, 2008, S. 63–83. Die zeitweilige Rückkehr Napoleons 1815 begann in Bezug auf den französischen Sklavenhandel mit dem Paukenschlag des Verbots. Das hatte in Europa keine großen Auswirkungen, weil Napoleon schnell besiegt wurde. Es zeigt aber, dass der Kaiser noch um die Verbindung zwischen sozialer Revolution, Anti-Sklaverei (und seiner) Macht wusste. Die wichtigsten Auswirkungen zeigten sich auf Martinique und Guadeloupe. Ich danke Flavio Eichmann (Universität Bern) für den Hinweis, siehe seinen Artikel: Eichmann, Flavio, „Die letzte Schlacht – Guadeloupe 1815. Koloniale Konflikte im Lichte von Napoleons Sklavenhandelsverbot", in: Zeitschrift für Weltgeschichte. Interdisziplinäre Perspektiven 16:2 (2015), S. 93–112 (= Themenheft: Der Wiener Kongress und seine globale Dimension).

1820, 1835, 1845, 1866; Brasilien 1831,[150] 1845, 1850/1851/52[151] (als Kolonie bereits 1810, 1815 und 1817); Portugal 1810, 1815, 1817/1818 und 1836/1842 (äußerer Sklavenhandel sowie Sklavenhandel zwischen portugiesischen und britischen Gebieten), 1854/1871 (Verschärfungen für alle Gebiete der Monarchie)[152] und die USA 1807/1808 (Texas erst 1840/45). Fast alle lateinamerikanischen Republiken taten es zwischen 1810 und 1830 sowie in einer zweiten Welle in den 1850ern und einige neue Republiken des späteren Lateinamerikas hatten, wie schon gesagt, 1815–1825 nicht nur den äußeren Sklavenhandel, sondern auch die Sklaverei aufgehoben – noch vor Großbritannien.[153] Auch Haiti trat 1839 dem Vertrag über die Unterdrückung des Sklavenhandels zwischen Frankreich und Großbritannien bei.[154]

Um 1840 hatten alle europäischen und amerikanischen Sklavenhandelsnationen formal den äußeren Meeressklavenhandel verboten. Die Menschenhandels-Ozeane sowie die „Vermögen" der Akteure des Sklavenhandels (hier sind vor allem die Profiteure, wie Staaten, Firmen, Kaufleute, Ausrüster, Kapitäne und Faktoren, gemeint) existierten trotzdem weiter. Kapitalien, Schiffe und versklavte Menschen oder *coolies* mit formalen Kontrakten zirkulierten auf dem *hidden Atlantic* sowie dem *hidden Indian Ocean* der Kuliverschleppung. Die liberale Weltwirtschaft entstand. Die britische Navy wurde zu einem Instrument der imperialen, moralischen und legalistischen Politik der britischen Regierung, um das „zivilisierte" Großbritannien als globale, nicht mehr nur atlantische Macht zu etablieren – hier stehen sich New Imperial History und postkoloniale Geschichte in Bezug auf Versklavte ziemlich diametral gegenüber, in Bezug auf lokale Eliten aber ergänzend.[155] In den

---

150 Zu den legislativen Aktivitäten bis 1830 und zum Problem der *africanos libres*, siehe: Pires, Ana Flávia Cicchelli, „A Aboliçao do Comercio Atlântico de Escravos e os Africanos Livres no Brasil", in: Buffa, Diego; Becerra, María José (eds.), Los estudios afroamericanos y africanos en América Latina. Herencia, presencia y visiones del otro, Córdoba; Buenos Aires: Ferreyra Editor; Centro de Estudios Avanzados, Programa de Estudios Africanos; Consejo Latinoamericano de Ciencias Sociales, 2008, S. 89–115.

151 Rodrigues, Jaime, O infame comércio. Propostas e experiências no final do tráfico de africanos para o Brasil, 1800–1850, Campinas: Editora da Unicamp, Cecult, 2000.

152 Silva, Susana S., „Do Abolicionismo as novas formas de Escravatura. Portugal e os Açores no século XIX", in: Vaz do Rego Machado, Margarida; Gregorio, Rute Dias; Silva, Susana Serpa (eds.), Para a história da escravatura insular nos séculos XV a XIX, S. 97–207 (S. 133–207: „Apêndice Documental" – die Texte der wichtigsten Gesetze und Verträge).

153 King, James Ferguson, „The Latin-American Republics and the Suppression of the Slave Trade", in: Hispanic-American Historical Review 24:3 (1944), S. 387–411; De Vinatea, María Julia, „Las aboliciones de la esclavitud en Iberoamérica. El caso peruano (1812–1854)", in: Revista Historia de la Educación Latinoamericana 16, no. 23 (2014), S. 187–204.

154 Convention Between her Majesty and the Republick of Hayti for the More Effectual Suppression of the Slave Trade, signed at Port-au-Price, December 23, 1839, Printed in London, 1841 by T.B. Harrison, siehe: www.haiti.uhhp.com/historical_docs/slave_trade_document.html (20. Februar 2007).

155 Sondhaus, Lawrence, „Ruling the Waves. The British Navy, 1815–1902", in: Sondhaus, Navies in Modern World History, London: Reaction Books, 2004 (Reaction Books – Globalities), S. 9–48, vor

Amerikas dauerte der massive Menschenhandel aus Afrika vor allem nach Brasilien (bis um 1851[156]) und Kuba (bis etwa 1878/80) an; der jeweilige interne Sklavenhandel noch viel länger.

Die beiden bedeutendsten staatlichen Sklavenhandels- und Sklaverei-Akteure Europas waren Portugal und Spanien. Der Abolitionsprozess im spanischen Imperium, seit 1825 im „Restimperium"[157] mit Kuba, Puerto Rico und den Philippinen sowie einigen Küstenkolonien in Afrika, wurde erst 1870–1873 auf Puerto Rico und 1870–1880–1886 auf Kuba realisiert. Auf den Philippinen unter den Spaniern erfolgte er nie, denn dort existierte nach legalistischer Auffassung über die „Freiheit der Indios" Sklaverei schon seit dem späten 17. Jahrhundert nicht mehr. Die Philippinen entwickelten sich zu dem globalen Arbeitskräfte-Reservoir, das sie heute noch sind.[158] Portugal war und blieb, wie gesagt, die westliche Sklavenhandelsnation mit den meisten Verschleppten aus Afrika. Unterhalb der Metanarrative, Zivilisationsrhetoriken, Abolitionsdiskurse und -texte, kann als ein in Realität paradigmatisches Gegenbeispiel zu den vorherrschenden Abolitionsrhetoriken und dem britischen „Abolitionsprozess mit Abolitionisten" – in unserem Zusammenhang der Sklavereigeschichte sowie der Geschichte der Versklavten[159] – der Prozess in diesem atlantischen Imperium gelten, wo Sklaverei und Sklavenhandel eine noch größere Rolle als im Britischen Imperium spielte. Ähnliches gilt für Niederländisch-Indien (Indonesien), wo die Briten nach der Eroberung Javas zwar schon 1811 formell den Sklavenhandel aufhoben. Aber die Sklavereiformen verschwanden sozusagen unter dem gigantischen

---

allem S. 30–40; zur „sklavenfreien" New Imperial History, siehe: Hirschhausen, Ulrike von, „Diskussionsforum. A New Imperial History?", in: Geschichte und Gesellschaft 41:4 (2015), S. 718–757.

156 Arlindo Caldeira schreibt, dass in Brasilien 1851 noch 5000 Sklaven eingeschmuggelt wurden und 1852 weitere 1000; insgesamt nach 1850 (bis. ca. 1855) rund 8700, siehe: Caldeira, Arlindo Manuel, „Contas de somar. Os números do tráfico", in: Caldeira, Escravos e Traficantes no Império Português. O Comércio Negreiro Português no Atlântico Durante Os Séculos XV a XX, Lisboa: Esfera dos Livros, 2013, S. 251–255, hier S. 252, 254; die Datenbank www.slavevoyages.org weist folgendes aus: Nach der Lei Eusebio de Queiroz 1850 wurden in den Jahren 1850, 1851, 1852 und 1856 28.616, 6.596, 984, respektive 320 Verschleppte, insgesamt 36.516 Menschen in 81 Fahrten verschleppt (es dürfte sich um Minimalwerte handeln); siehe auch: http://slavevoyages.org/voyages/8Fi4cHdq (08. März 2022).

157 Fradera, Josep María, „Cuba, Puerto Rico y Filipinas. Del Imperio al sistema de tres colonias", in: Fradera, Colonias para después de un imperio, Barcelona: edicions bellaterra, 2005, S. 17–59.

158 Wendt, Reinhard, „Überlebensstrategie Migration. Das Beispiel der Philippinen", in: Wendt, Vom Kolonialismus zur Globalisierung. Europa und die Welt seit 1500, Paderborn: Ferdinand Schöningh, ²2016 (UTB 2889), S. 373–374.

159 Es ist, wie oben bereits gesagt, zweifelsfrei auch Emanzipationsgeschichte „von unten" möglich, wie es Aline Helg u. a. demonstrieren, siehe: Helg, Aline, Plus jamais esclaves! De l'insoumission à la révolte, le grand récit d'une émancipation (1492–1838), Paris: La Découverte, 2016. Ich habe versucht, Lebensgeschichten von Ex-Versklavten unter den Bedingungen der Abolitionen „von oben" darzustellen; siehe: Zeuske, Michael, „Neuzeitliche Sklavereien und Abolitionsdiskurse. Kein Ende nach dem Ende", in: Zeuske, Handbuch Geschichte der Sklaverei. Eine Globalgeschichte von den Anfängen bis heute, Bd. 1, Berlin; Boston: De Gruyter, ²2019, S. 237–268.

Schirm des Indenture-Konzepts und seiner Realitäten.[160] Der Kampf gegen Piraterie und Menschenhandel (vor allem im Sulu-Archipel), mit dem auch die weitere Kolonialisierung legitimiert wurde, dauerte noch bis zum Ende des 19. Jahrhunderts.

Spanien und seine Imperien vor und nach der *Independencia* der kontinentalen Kolonien in Amerika (1810–1830) rücken nach den neuesten Schätzungen über den atlantischen Sklavenhandel auf den zweiten Platz der Sklaverei-Imperien (vor allem im so genannten *imperio después de un imperio* – Imperium nach einem Imperium, d. h. Kuba, Puerto Rico, Philippinen sowie verschiedene Inseln und Plätze in Afrika).[161] In Spanien gab es eine „modest local antislavery tradition" mancher Personen und Orte (vor allem Barcelona[162]) – aber kein liberales Imperium, das die moralische Überhöhung der Abolitionsdiskurse für neue globale Expansionen gebraucht und genutzt hätte (wie Großbritannien).

Seymour Drescher hat einmal den niederländischen Abolitionsprozess „*The Long Goodbye*" genannt.[163] Das kann auch für die USA (1777–1865) oder Spanien gelten, mehr noch aber für Portugal.[164] Im „long, long, long goodbye" des portugiesischen Imperiums handelte es sich gänzlich um „Kolonialdiskurse ohne Abolition und ohne Abolitionisten", also im Grunde um elend lange Prozesse der Transformation hin zu anderen Formen extremer Abhängigkeit (die innerhalb der komplizierten Nationsbildungen ehemaliger Kolonien – wie Angola oder Moçambique – heute oft noch nicht abgeschlossen sind). Es kam nicht zu einer wirklichen Aufhebung von Sklavereien und Menschenhandel – vor allem in Afrika, speziell in Guinea-Bissau (Cacheu, Bissau),

---

160 Termorhuizen, Thio „Indentured Labour in the Dutch Colonial Empire 1800-1940", in: Oostindie, Gert (ed.), Dutch Colonialism, Migration and Cultural Heritage, Leiden: Brill, 2008, S. 261-314.

161 Fradera, Josep María, „Cuba, Puerto Rico y Filipinas. Del Imperio al sistema de tres colonias", in: Fradera, Colonias para después de un imperio, Barcelona: edicions bellaterra, 2005, S. 17–59; Delgado Ribas, Josep, „The Slave Trade in the Spanish Empire (1501–1808). The Shift from Periphery to Center", in: Fradera, Josep Maria; Schmidt-Nowara, Christopher (eds.), Slavery and Antislavery in Spain's Atlantic Empire, New York; Oxford: Berghahn, 2013, S. 13–42; zu den neuen Zahlen des atlantischen Sklavenhandels nach Spanisch-Amerika, siehe: Borucki, Alex; Eltis, David; Wheat, David, „Atlantic History and the Slave Trade to Spanish America", in: The American Historical Review 120:2 (2015), S. 433–461.

162 Garcia Balanya, Albert, „Antislavery before Abolitionism. Networks and Motives in Early Liberal Barcelona, 1833–1844", in: Fradera, Josep Maria; Schmidt-Nowara, Christopher (eds.), Slavery and Antislavery in Spain's Atlantic Empire, New York; Oxford: Berghahn, 2013, S. 229–255 (Zitat S. 232), zur katalanischen Anti-Sklaverei „ohne Abolitionismus", siehe: Fradera, „Limitaciones históricas del abolicionismo catalán", in: Solano, Francisco; Guimerá, Agustín (eds.), Esclavitud y derechos humanos. La lucha por la libertad del negro en el siglo XIX, Madrid: Consejo Superior de Investigaciones Científicas, 1990, S. 125–133.

163 Drescher, Seymour, „The Long Goodbye. Dutch Capitalism and Antislavery in Comparative Perspective", in: Oostindie, Gert (ed.), Fifty Years Later. Antislavery, Capitalism and Modernity in the Dutch Orbit, Leiden; Pittsburgh: KITLV Press; University of Pittsburgh Press, 1995, S. 25–66.

164 Silva, Cristina Nogueira da; Grinberg, Keila, „Soil Free from Slaves. Slave Law in Late Eighteenth- and Early Nineteenth-Century Portugal", in: Slavery & Abolition 32:3 (2011), S. 431–446.

Ajudá (Ouidah), Lagos (Onim), Angola/ Kongomündung, Cabinda (Portugiesisch-Kongo) und Moçambique, den indischen Kolonien (Goa, Diu und Damão), auf Timor, Flores (Larantuka) und Solor.[165] Eher geschah das Gegenteil: Es breiteten sich ältere Sklavereien wieder aus, meist bezogen auf Kinder und Frauen; oft auch in einzelnen Branchen oder Infrastrukturen wie dem Transportwesen. Oft wurden sie unter anderer Bezeichnung, meist lokalen Namen, von den Eliten als „alte" Traditionen verteidigt. Oder es kam zu neuen Sklaverei-Systemen, mit einer Anpassung der Diskurse, Schreib- und Sprachrege-lungen sowie der praktischen Kolonialpolitik: Auch hier war Großbritannien Vorreiter.[166]

Der Sprachgebrauch verrät oft viel, ebenso wie die Rechtspraxis: Im Grunde gab es in der Sprache des portugiesischen Imperiums die Worte „Abolition" und „Eman-zipation" nicht. Es gab einzelne Rechtsakte, an die sich nicht mal die Eliten hielten, die sie eigentlich durchsetzen sollten. Bezeichnenderweise wurden etwa in einer Stadt wie Luanda, in der es von Sklaven wimmelte, im Laufe des 19. Jahrhunderts von der dortigen *Mixed Commission* nur 137 Versklavte „frei gesprochen".[167] All dies geschah im welthistorischen Raum des Süd-Atlantiks – ein Wort, das eher marginal klingt, obwohl der Raum es nicht ist: Es handelt sich um den eigentlichen Sklaven-handels-Teil der *Atlantic slavery* – d. h. alles südlich des Wendekreises des Krebses/ Äquators auf dem Atlantik inklusive seiner Zugänge zum Indischen Ozean, den Küs-ten und Inseln des Indischen Ozeans sowie des Pazifiks.[168]

Nach der Aufhebung des atlantischen, des inneren Sklavenhandels sowie der Skla-vereien in der britischen, niederländischen und französischen Karibik (1838/1848/ 1863[169]) beherbergte die spanische Karibik, zusammen mit Süd-Brasilien, die paradig-matische „große" Sklaverei des 19. Jahrhunderts auf Basis von Plantagen. Neben denen in Afrika lagen sie vor allem, wie oben dargelegt, auf Inseln (São Tomé um 1908

---

165 Daus, Ronald, Die Erfindung des Kolonialismus, Wuppertal: Peter Hammer Verlag, 1983; Wendt, Reinhard, „Das interkontinentale Stützpunktsystem der Portugiesen", in: Wendt, Vom Ko-lonialismus zur Globalisierung. Europa und die Welt seit 1500, Paderborn: Ferdinand Schöningh, 2016, S. 44–48.
166 Miers, Suzanne, „The British Indian Model of Emancipation", in: Miers, Slavery in the Twen-tieth Century. The Evolution of a Global Problem, Walnut Creek; Lanham: Altamira Press, 2003, S. 30–31 und passim; Tinker, Hugh, A New System of Slavery. The Export of Indian Labour Over-seas, 1830–1920, London: Oxford University Press, 1974 (London: Hansib, ²1993).
167 Coghe, Samuël, „The Problem of Freedom in a Mid Nineteenth-Century Atlantic Slave Society. The Liberated Africans of the Anglo-Portuguese Mixed Commission in Luanda (1844–1870)", in: Slavery & Abolition 33:3 (2012), S. 479–500.
168 Guizelin, Gilberto da Silva, „A abolição do tráfico de escravos no Atlântico Sul. Portugal, o Brasil e a questão do contrabando de africanos", in: Almanack 5 (2013), S. 123–144.
169 Drescher, Seymour, „The Long Goodbye. Dutch Capitalism and Antislavery in Comparative Perspective", in: Oostindie, Gert (ed.), Fifty Years Later. Antislavery, Capitalism and Modernity in the Dutch Orbit, Leiden; Pittsburgh: KITLV Press; University of Pittsburgh Press, 1995, S. 25–66; Kielstra, Paul Michael, The Politics of Slave Trade Suppression in Britain and France, 1814–1848, London: Macmillan Press, 2000.

weltgrößter Kakaoexporteur), im Sudan und in Ostafrika sowie weltweit (vor allem in Indien und Südostasien).[170] Von den kleineren der „großen" Sklaverei-Gesellschaften der Karibik bestand die niederländische Plantagensklaverei in Suriname bis 1863–1873 (mit zehn Jahren *apprenticeship* (*Staatstoezicht*) und Entschädigung der Besitzer; dann setzte *bondage labor* von Kulis vor allem aus China, Indien und Indonesien ein).[171]

Formal waren nach 1880 Sklavenhandel und Sklavereien in ganz Europa verboten und nicht mehr legal. Im globalen „Kriegskapitalismus" (Sven Beckert) und in den Kolonien der Europäischen Mächte sah es ganz anders aus: Massenmigrationen von Arbeiterinnen und Arbeitern zeitigen neue Bondage-Sklaverei-Formen. In den Kolonien wurden zwar der große Sklavenhandel (meist von konkurrierenden Mächten oder Kaufleute) bekämpft, aber traditionelle Formen der Haussklavereien von Frauen, Mädchen und Köchen wurde, oft unter traditionellen lokalen Namen, beibehalten. Die Versklavten „ohne den Namen Sklave" kamen oft aus lokalen oder regionalen Sklaverei-Regimes nicht-europäischer Eliten. Staatliche Programme für koloniale Großprojekte in den jeweiligen Einflussbereichen wurden schnell zu neuen kollektiven Sklavereiformen (besonders deutlich im belgischen Kongo).[172] Auch im 20. Jahrhundert blieb Sklaverei ein globales Problem;[173] in Europa existierten die großen Lager-Sklavereien – vor allem Konzentrationslager in Nazi-Deutschland, an den östlichen Rändern auch als Gulags und andere Typen extremer Lagerhaft.

Sklavereien und Sklavenhandel (Menschenhandel) änderten in der Geschichte, auch Europas, oft ihren Aggregatzustand. Nur globalhistorisch mittelfristig für etwa

---

170 Zeuske, Michael, „Europäischer Sklavenhandel global – Plantagen und Sklavereimoderne weltweit", in: Zeuske, Sklavenhändler, Negreros und Atlantikkreolen. Eine Weltgeschichte des Sklavenhandels im atlantischen Raum, Berlin; Boston: De Gruyter, 2015, S. 270–295; Burnard, Trevor; Garrigus, John D., The Plantation Machine. Atlantic Capitalism in French Saint-Domingue and British Jamaica, Philadelphia: University of Pennsylvania Press, 2016; Burroughs, Charles, „The Plantation Landscape and Its Architecture. Classicism, Representation, and Slavery", in: Niell, Paul B.; Widdifield; Stacie G. (eds.), Buen Gusto and Classicism in the Visual Cultures of Latin America, 1780–1910, Santa Fe: University of New Mexico Press, 2013, S. 114–135; Burnard, Trevor, „Plantations", in: Burnard, The Atlantic in World History, 1490–1830, London: Bloomsbury Academic, 2020, S. 237–247.

171 Drescher, Seymour, „The Long Goodbye. Dutch Capitalism and Antislavery in Comparative Perspective", in: Oostindie, Gert (ed.), Fifty Years Later. Antislavery, Capitalism and Modernity in the Dutch Orbit, Leiden; Pittsburgh: KITLV Press; University of Pittsburgh Press, 1995, S. 25–66.

172 Zeuske, Michael, „Viertes Sklavereiplateau – Abolitionsdiskurse, Bond-Sklaverei und *Second Slaveries* (Beginn um 1800)", in: Zeuske, Sklaverei. Eine Menschheitsgeschichte. Von der Steinzeit bis heute, Stuttgart: Reclam, 2021, S. 111–136; Zeuske, „Ein fünftes Sklavereiplateau (Beginn um 1900)?", in: Zeuske, Sklaverei. Eine Menschheitsgeschichte. Von der Steinzeit bis heute, Stuttgart: Reclam, 2021, S. 136–148.

173 Miers, Suzanne, Slavery in the Twentieth Century. The Evolution of a Global Problem, Walnut Creek; Lanham: Altamira Press, 2003; Reséndez, Andrés, The Other Slavery. The Uncovered Story of Indian Enslavement in America, Boston; New York: Houghton Mifflin Harcourt, 2016, passim.

300–400 Jahre bildeten die Sklaverei-Regimes festere, größere und legal strukturierte Komplexe. Fernand Braudel hätte über diese Aussage gejubelt. Neben den allgegenwärtigen „kleinen", flexiblen und nahen Haussklavereien von Frauen, Mädchen und Kindern waren imperiale Expansionen, Krisen, Razzien-Konflikte (oft in religiöser Form), Wirtschaftswandel und Kriege immer mit der Opferung, Vermarktung und Versklavung großer Mengen von Kriegsgefangenen sowie mit Flucht, erzwungenen Migrationen und illegalem *trafficking* verbunden, die meist auch entsprechende Opfer und Versklavungsformen vor allem von Frauen und Kinder zeitigten.[174]

---

[174] Miller, Joseph C., „Domiciled and Dominated. Slavery as a History of Women", in: Campbell, Gwyn; Miller (eds.), Women and Slavery, Bd. 2: The Modern Atlantic, Athens: Ohio University Press, 2007–2008, S. 284–312.

3 Afrika, der afrikanische Atlantik und die Iberer

In Afrika tanzen sogar die Götter.[175]

Der eigentliche Ausgangspunkt dieses Buches ist Afrika. Nicht Europa. Wie im vorangegangenen Kapitel gezeigt, war Europa 1500–1840 zum größten Teil globale Peripherie. In allgemeinen Geschichtswerken zum atlantischen Sklavenhandel werden normalerweise folgende Sklavenhandelsmächte aufgezählt: England/ Großbritannien (bis 1783 mit den 13 britischen Kolonien, die sich als USA konstituierten), Portugal (bis 1822 mit Brasilien), Frankreich, Spanien (bis 1825 mit den kontinentalen Kolonien Mittel- und Südamerikas, Niederlande, Dänemark sowie weitere baltische Gebiete. Seit dem revolutionären Artikel über den Sklavenhandel nach Spanisch-Amerika ist klar, dass die iberischen Mächte Portugal und Spanien sowie Sklavenhändler aus Brasilien, Kuba, Uruguay sowie anderen spanisch-amerikanischen Gebieten quantitativ die meisten Menschen aus Afrika – ich verleibe zunächst einmal auf diesem generalisierenden Niveau – in die Amerikas verschleppt haben: von 1492 bis um 1880 ungefähr sieben Millionen der insgesamt elf Millionen lebend in die Amerikas gelangter versklavter Menschen aus Afrika.[176] Die traditionelle Listung enthält mehrere Denk- und Wahrnehmungsfehler, die – wie der sprichwörtliche Elefant im Raum – vor allem in der allgemeineren englischsprachigen Literatur aus Großbritannien und/ oder den USA nicht oder sehr selten in diesem Zusammenhang erwähnt werden. Die wichtigsten sind:

1) Die meisten und – als Agenten der ersten *slaving*-Aktionen und des Transports aus den *slaving zones* in Afrika zur atlantischen Küste – wichtigsten Sklavenjäger, Versklaver und Sklavenhändler des modernen Sklaverei-Atlantiks waren Afrikaner und Afrikanerinnen in eigener Souveränität sowie afrikanische Atlantikkreolen (meist Nachkommen europäischer oder europastämmiger und afrikanischer Väter und afrikanischer sowie indigener Frauen).

2) Die meisten Sklavenhandelsschiffe fuhren aus den Amerikas ab, vor allem aus Häfen, die von iberischen Mächten (wie Spanisch-Amerika bis 1810, Brasilien bis 1822 sowie Kuba und Puerto Rico) oder von ehemals iberischen Territorien kontrolliert wurden (wie Brasilien oder Uruguay).[177] Es war, im Überblick der fünf Jahrhunderte von 1400–1900, ein Süd-Süd-Geschäft mit periodischer europäischer Ober-Kontrolle des Mittelstücks von AAA – dem Atlantik, den Kolonien in den Amerikas sowie seit 1830 auch mehr und mehr von *slaving zones* in Afrika.

---

175 Santana Pérez, Germán, „El África Atlántica. La construcción de la historia atlántica desde la aportación africana", in: Vegueta. Anuario de la Facultad de Geografía e Historia 14 (2014), S. 11–25; Ortiz, Fernando, „Los bailes de los negros", in: Ortiz, Los bailes y el teatro de los negros en el folklore de Cuba, La Habana: Editorial de Ciencias Sociales 1981, S. 167–266, 195.
176 Borucki, Alex; Eltis, David; Wheat, David, „Atlantic History and the Slave Trade to Spanish America", in: The American Historical Review 120:2 (2015), S. 433–461.
177 www.slavevoyages.org (01. Juli 2022).

3) Dazu kommt der fundamentale Fehler in der Chronologie, schon auf Karl Marx zurückgehend, dass die kapitalistische Moderne (und damit das System AAA) „grob angeschlagen" erst um 1650 eingesetzt habe.

Der Beginn der modernen Sklaverei in Afrika

Die moderne Sklaverei beginnt in Afrika und bei den sich zunächst auf Afrika sowie westafrikanische Inseln fokussierenden Iberern schon im 14. Jahrhundert. Sklaverei- und Sklavenhandels-Regimes im subsaharischen Afrika überlappten und durchdrangen sich bis weit in zentrale Gebiete des Kontinents mit arabisch-berberischen Sklaverei- und Sklavenhandels-Regimes. Im Grunde war der interregionale, transkulturelle und transimperiale Sklavenhandel um 1500 ein Süd-Nord-Sklavenhandel (zwischen afrikanischen Gesellschaften/ Territorien, aus Gebieten Afrikas in Richtung des arabisch-berberischen Nordafrika, Arabien, weiterer osmanischer Gebiete sowie nach Europa). Mit der Erschließung des Atlantiks setzte um 1520 ein immer massiverer Süd-Süd-Sklavenhandel ein, der transatlantisch von Ost nach West verlief und eine Verbindung zum Mittelmeer hatte. Die um 1500 eher noch peripheren Europäer, zu dieser Zeit meist Iberer oder mediterrane Kapitäne und Sklavenhändler, beteiligten sich an diesen Geschäften in Nordafrika, dem westlichen Mittelmeer sowie, mit Erreichen des Senegals und der Besetzung westafrikanischer Inseln, in den Tropen.[178] In Nordafrika und im westlichen Mittelmeer versuchten sie es über Conquistas, Razzien und Piraterie/ Korsarentum sowie seit Erreichen der Tropen als Juniorpartner afrikanischer Eliten. Der Atlantik wurde zum Trans-Atlantik; die bereits mehrfach erwähnte *Atlantisierung* wurde eine Art Meeres-Motor der neuzeitlichen Globalgeschichte und der frühen Globalisierung.[179]

Die wichtigsten herrschaftlichen Entstehungsbedingungen des Sklaverei-Atlantiks unter Einbeziehung von Europäern – wie gesagt, ich bleibe noch sehr allgemein -, die sich am Handel/ Tausch mit afrikanischen Souveränitäten sowie afrikanischen Skla-

---

178 Caldeira, Arlindo Manuel, „Learning the Ropes in the Tropics. Slavery and the Plantation System on the Island of São Tomé", in: African Economic History 39 (2011), S. 35–71; Caldeira, „Aprender os Trópicos. Plantações e trabalho escravo na ilha de São Tomé", in: Vaz do Rego Machado, Margarida; Gregorio, Rute Dias; Silva, Susana Serpa (eds.), Para a história da escravatura insular nos séculos XV a XIX, Lisboa: CHAM, 2013, S. 25–54; Santana Pérez, Germán, „Mercaderes hispanos en África subsahariana antes de la Unión Ibérica, 1503–1580", in: Pérez García, Rafael M.; Fernández Chaves, Manuel F.; Belmonte Postigo, Jose Luis (eds.), Los negocios de la esclavitud. Tratantes y mercados de esclavos en el Atlántico Ibérico, siglos XV–XVIII, Sevilla: Universidad de Sevilla, 2018, S. 71–92.

179 Morgan, Philipp D., „Atlantic Studies Today", in: Lerg, Charlotte A.; Lachenicht, Susanne; Kimmage, Michael (eds.), The TransAtlantic Reconsidered, Manchester: Manchester University Press, 2018, S. 52–75. Eines der Beispiele für transatlanische Geschichte unter Einschluß der *memory*-Dimension ist: Felipe-González, Jorge; Lawrance, Benjamin N.; Cole, Gibril R., „The Amistad Saga. A Transatlantic Dialogue", in: Oxford Research Encyclopedia of Latin American History (https://doi.org/10.1093/acrefore/9780199366439.013.941).

venhändlern und Sklavenhändlerinnen beteiligten, waren erstens die zentrale Lage Portugals seit dem Hundertjährigen Krieg.[180] Zweitens die Tatsache, dass iberische Portugiesen und deren sehr unternehmungsfreudige Krone Zugriff auf die Schätze Nordwestafrikas (Marokkos) und der islamischen Gebiete überhaupt erlangen wollten (und die kürzesten Routen hatten) sowie drittens die Unterlegenheit der iberischen und anderer Europäer, später der Eurokreolen sowie Atlantikkreolen aus den Amerikas in Westafrika.[181] Dazu kam die dynamische Entwicklung der Kosmologie, Kartografie und insgesamt des Wissens um die Welt im Süden und Südwesten Europas – die Modernität der Renaissance spielte durchaus eine eigene Rolle:[182] Sie hat dazu geführt, dass sich spätere Europäer den Afrikanern für überlegen hielten (ein Topos, der vor allem von der traditionellen britischen und USA-amerikanische Historiografie zu voller Blüte geführt worden ist). Bei genauerer Betrachtung ist die Unterlegenheit der Iberer, vor allem der Portugiesen, seit um 1460 aber ziemlich klar.[183] Sie wurde durch die Misserfolge der späten „Kreuzzüge", ebenfalls vor allem für Portugal (Alcazarquivir/ Alcácer-Quibir 1578!), mehr als bestätigt.[184]

Meist wird Westafrika in Geschichtswerken zur Sklaverei (in den Amerikas) in einer Opferperspektive präsentiert. Opfer aus Westafrika gab es durchaus sehr viele. Ich mache hier aber das Gegenteil: Ich stelle afrikanische Akteure des – die Dopplung ist gewollt – afrikanisch-transatlantischen Sklaverei-Atlantiks in den Mittelpunkt. Bis zur Mitte des 19. Jahrhunderts, manchmal auch darüber hinaus, lag die Kontrolle über Sklaven-„Produktion", Sklavenlieferungen und Sklavenhandel

---

180 Muhaj, Ardian, „Portugal as a Rising ‚Periphery' of Europe at the Beginning of the Fifteenth Century", in: Instituto de Estudios Ceutíes (ed.), I Congreso internacional. Los orígenes de la expansión europea. Ceuta 1415, Ceuta: Papel de Aguas, 2019, S. 31–42; Nicolussi-Köhler, Stephan, „Vom Mittelmeer zur Nordsee. Der atlantische Handel im Spätmittelalter", in: Obenaus, Andreas (ed.), Europas maritime Expansion. Ideen und Innovationen, Entdeckungen und Eroberungen vom 9. bis zum 18. Jahrhundert, Wien: Mandelbaum Verlag, 2021, S. 92–111.
181 Blake, John W. (ed.), Europeans in West Africa. 1450–1560. Documents to Illustrate the Nature and Scope of Portuguese Enterprise in West Africa, the Abortive Attempt of Castilians to Create an Empire There, and the Early English Voyages in Barbary and Guinea, London: Hakluyt Society, 1942; Caldeira, Arlindo Manuel, Escravos e Traficantes no Império Português. O Comércio Negreiro Português no Atlântico Durante Os Séculos XV a XX, Lisboa: Esfera dos Livros, 2013.
182 Roeck, Bernd, Der Morgen der Welt. Geschichte der Renaissance, München: Beck 2017 (= Historische Bibliothek der Gerda Henkel Stiftung).
183 Bennett, Herman L., African Kings and Black Slaves. Sovereignty and Dispossession in the Early Modern Atlantic, Philadelphia: University of Pennsylvania Press, 2018; Gomez, Michael A., African Dominion. A New History of Empire in Early and Medieval West Africa, Princeton: Princeton University Press, 2018; Caldeira, Arlindo Manuel, „O tráfico de escravos na costa ocidental africana nos séculos XV e XVI. Primeiras viagens, estratégias de exploração, papel dos arquipélagos de Cabo Verde e de São Tomé e Príncipe", in: Pérez García, Rafael M.; Fernández Chaves, Manuel F.; França Paiva, Eduardo (eds.), Tratas, esclavitudes y mestizajes. Una historia conectada, siglos XV–XVIII, Sevilla: Editorial Universidad de Sevilla, 2020, S. 19–42.
184 Weber, Benjamin (ed.), Croisades en Afrique. Les expéditions occidentales à destination du continent africain, XIIIe–XVIe siècle, Toulouse: Méridiennes; Presses Universitaires du Midi, 2019.

in Afrika in der Hand von afrikanischen Akteuren.[185] Europäer hatten dort bis weit in das 19. Jahrhundert keine militärische Überlegenheit.[186] Am Beginn, also im 15. Jahrhundert, kamen auf den iberischen Schiffen neue Handelspartner in einen alten Handel, die es zunächst zu „disziplinieren" galt. Da die Iberer, hier Portugiesen und Kastilier, auch in Konkurrenz gegeneinanderstanden, war das ziemlich einfach. Herbert Klein schreibt dazu:

> The arrival of the Portuguese explorers and traders on the sub-Saharan African coast in the early 1400s would ultimately represent a new development in the history of the slave trade in Africa in terms of the intensity of its development, the sources of its slaves, and the uses to which these slaves would be put. But initially there was little to distinguish the Portuguese traders from the Muslim traders of North Africa and the sub-Saharan regions. Portuguese interest was primarily directed toward controlling the North African Saharan routes by opening up a route from the sea. Their prime interest was gold, with slaves, pepper, ivory, and other products as only secondary concerns. Even when they began shipping slaves in 1444, they were mainly sent to Europe to serve as domestic servants, Africans had already arrived at these destinations via the overland Muslim-controlled caravan routes, and thus the new trade was primarily an extension of the older patterns.[187]

Heute sollte keine Geschichte der atlantischen Sklaverei – verstanden als Sklavenjagd, *slaving*, lokale Sklavereien, überregionale Sklavenhandels-Systeme *und* globale Sklaverei-Regimes (meist an Land) – in Europa beginnen. Der Grund dafür ist, dass sich Europa, speziell West- und Südwest-Europa, wie im ersten Kapitel dargelegt, von einem Sklaven-Liefergebiet für entwickeltere Gebiete (wie Byzanz oder das Kalifat und die jeweiligen Nachfolgegesellschaften) bis um 1300 in ein Gebiet spezieller interner kollektiver Sklavereien wandelte – natürlich mit *frontier*-Regionen, an denen weiter viele Menschen versklavt wurden. Interne, sehr mobile und dynamische Sklavereien, durchaus im Sinne von „ein Herr-ein Sklave" (wenn auch ohne „römisches" Recht des formalen Privateigentums, aber oft mit Einfluss islamischer oder lokaler Rechts-Traditionen) spielten besonders in Afrika eine Rolle,[188] aber auch – mit vollständig eigenen Rechtsgrundlagen – im präkolonialen Amerika und in den Gebieten, die bis ins 19. Jahrhundert noch nicht kolonisiert waren (siehe Kapitel 4 „Sklaverei-Regimes in den Amerikas").

---

185 Klein, Herbert S., The Atlantic Slave Trade, Cambridge: Cambridge University Press, 2010, hier S. 53, 106 und 108; Thornton, John K., Africa and Africans in the Making of the Atlantic World, 1400–1800, Cambridge: Cambridge University Press, 1998.
186 Sharman, Jason C., Empires of the Weak. The Real Story of European Expansion and the Creation of the New World Order, Princeton: Princeton University Press, 2019.
187 Klein, Herbert S., The Atlantic Slave Trade, Cambridge: Cambridge University Press, 1999, S. 9.
188 Lovejoy, Paul E., „Esclavitud y comercio esclavista en el África Occidental. Investigaciones en curso", in: Velázquez, María Elena (ed.), Debates históricos contemporáneos. Africanos y afrodescendientes en México y Centroamérica, México: Centro de Estudios Mexicanos y Centroamericanos; Instituto Nacional de Antropología e Historia; Institut de Recherche pour le Développement; Universidad Nacional Autónoma de México, 2011, S. 35–57.

Aus afrikanischer Perspektive – wobei das „afrikanisch", wie gesagt, ebenso eine Generalisierung darstellt wie das Pauschalisieren „der Europäer" – waren die Involvierten „Könige",[189] Handels-„Prinzen", Eliten/ *chiefs* sowie Kaufleute und Transport-Chefs unter meist enger Kontrolle der jeweiligen politisch-militärischen Eliten,[190] aber auch von *big men/ chiefs* oder von kollektiven Akteuren aus nicht-staatlichen Gesellschaften (wie Geheimgesellschaften), d. h. meist jüngere Männer bzw. Verwandte der jeweiligen Anführer oder Kanuführer und Karawanenchefs und ihre Untergebenen (aber auch Frauen).[191]

Ein paradigmatischer Handelsprinz des 19. Jahrhunderts am Río Pongo (heute Guinea) wird vom atlantischen Sklavenhändler Theodore Canot (oder Conneau) be-

189 Siehe zum Beispiel: Araujo, Ana Lucia, „Dahomey, Portugal and Bahia. King Adandozan and the Atlantic Slave Trade", in: Slavery & Abolition 33:1 (2012), S. 1–19; Araujo, „La correspondance du Roi Adandozan avec la couronne portugaise. Petite histoire d'une grande amitié", in: Saupin, Guy (ed.), Africains et Européens dans le monde atlantique XVe–XIXe siècle, Rennes: Presses Universitaires de Rennes, 2014, S. 129–151; Dalrymple-Smith, Angus E., Commercial Transitions and Abolition in West Africa 1630–1860, Leiden: Brill, 2019 (Studies in Global Slavery 9).
190 Hanley, Ryan, „The Royal Slave. Nobility, Diplomacy and the ‚African Prince' in Britain, 1748–1752", in: Itinerario 39:2 (2015), S. 329–347; ein Kaufmann aus Ijebu, dem Staat, der die Sklavenhandelsrouten zwischen Ibadan und Lagos kontrollierte und von Ijaw-Razzienkriegern in die atlantische Sklaverei verkauft wurde, bietet Material über afrikanische Kaufleute: Lloyd, Peter C., „Osifekunde of Ijebu", in: Curtin, Philip D. (ed.), Africa Remembered. Narratives by West Africans from the Era of the Slave Trade, Madison: University of Wisconsin Press, 1967, S. 218–288; Law, Robin, „Early European Sources Relating to the Kingdom of Ijebu (1500–1700). A Critical Survey", in: History in Africa 13 (1986), S. 245–260; Ramos de Santana, Aderivaldo, „A Extraordinária Odisseia do Comerciante Ijebu que foi Escravo no Brasil, e Homem Livre na França (1820–1842)", in: Revista Afro-Ásia 57 (2018), S. 9–53; siehe auch: Ojo, Olatunji, „The Organization of the Atlantic Slave Trade in Yorubaland, ca. 1777 to ca. 1856", in: The International Journal of African Historical Studies 41:1 (2008), S. 77–100; Wheat, David, „Garcia Mendes Castelo Branco, fidalgo de Angola y mercader de esclavos en Veracruz y el Caribe a principios del siglo XVII", in: Velázquez, María Elisa (ed.), Debates históricos contemporáneos. Africanos y afrodescendientes en México y Centroamérica, México, D.F.: INAH; CEMCA; UNAM-CIALC; IRD, 2011, S. 85–107 (unter: http://books.openedition.org/cemca/197#ftn3 [25. Juli 2014]).
191 Coquery-Vidrovitch, Catherine; Lovejoy, Paul E. (eds.), The Workers of African Trade, Beverly Hills: Sage Publications, 1985; Austen, Ralph A.; Derrick, Jonathan, Middlemen of the Cameroons Rivers. The Duala and their Hinterland, c. 1600 – c. 1960, Cambridge: Cambridge University Press, 1999; Perbi, Akosua Adoma, „Merchants, Middlemen and Monarchs", in: Kessel, Ineke van (ed.), Merchants, Missionaries, and Migrants. 300 Years of Dutch-Ghanaian Relations, Amsterdam: KIT Publishers, 2002, S. 33–41; Perbi, „Slavery and the Slave Trade up to the eighteenth Century", in: Perbi, History of Indigenous Slavery in Ghana. From the Fifteenth to the Nineteenth Century, Ghana: Sub-Saharan Publishers, 2004; Coquery-Vidrovitch, Catherine, „African Slavery in the Nineteenth Century. Inseparable Partner of the Atlantic Slave Trade", in: Tomich, Dale W.; Lovejoy, Paul E. (eds.), The Atlantic and Africa. The Second Slavery and Beyond, Albany: State University of New York Press, 2021, S. 7–17.

schrieben.[192] Canot war ein französisch-italienischer Abenteurer, der zunächst von Kuba, später auch von Europa und den USA, in Afrika seine Geschäfte betrieb. Die wichtigste Macht des Hinterlandes, Futa Jallon, die das Ästuar der Río Pongo als atlantisches Sklavenhandelsportal nutzte, strebte eine Sklavenhandels-Allianz mit ihm an – gegen andere etablierte Atlantikkreolen/ Faktoren. Ende 1827 hatte sich Canot als Faktor selbständig gemacht. Er empfing eine Karawane mit einem „Führer von wirklich fürstlichem Rang", d. h., ein Handelsprinz, der von „König" Ali Mami von Futa Jallon zur Handelsniederlassung Canots in Kambia gesandt worden war.[193] Ali Mami lud Canot ein, mit einer Karawane nach Timbo in Futa Jallon zu kommen. Canots Bericht ist eine der eher seltenen europäisch-atlantischen Beschreibungen der Interna einer Sklavenkarawane und der afrikanischen Sklavenhändler.[194] Canot stellt sich in seinem typischem rassistischen *basso continuo* als die entscheidende Figur dar. Er war es aber nicht. Canot war Juniorpartner. Seniorpartner waren der Handelsprinz und die afrikanisch-islamischen Eliten. Der Karawanenführer und Handelsprinz *Mami-di-yong*, der im Auftrag des Fulbe (*fulani, peul*)-Königs Ali Mami von Futa Jallon agierte, übernahm zur Sicherheit sogar den Stützpunkt von Canot an der Küste, um ihn „vor dem Mulatten Mongo [Ormond] in Bangalang" zu schützen.[195] Der „Mulatte Mongo" John Ormond, Sohn eines Europäers und einer Afrikanerin, hatte versucht, seine Vorherrschaft im atlantischen Sklavenhandel zu verteidigen. Junior Canot war ein günstigerer Partner für die Sklavenhändler der Fulbe von Futa Jallon.

---

192 Von den Lebenserinnerungen Canots, die seit Mitte des 19. Jahrhunderts zirkulieren, gibt es gmehrere Ausgaben: Canot, Theodore, Sklaven für Havanna. Der Lebensbericht des Sklavenhändlers Theodore Canot 1826–1839, Pleticha, Hans (ed.), Stuttgart; Wien: Edition Erdmann; Thienemann, 1988 (Alte abenteuerliche Reiseberichte). Das ist die heute am weitesten verbreitete gekürzte Ausgabe, siehe auch: Canot, Abenteuer afrikanischer Sklavenhändler, Wiesbaden: Fourier Verlag GmbH, 2003 (Nachdruck der Auflage OB Gent von 1931 ohne Kürzungen); Originalmanuskript nach Bearbeitung von Brantz Mayer: Mayer, Brantz (ed.), Captain Canot; or Twenty Years of an African Slaver being an Account of His Career and Adventures on the Coast, in the Interior, on Shipboard, and in the West Indies. Written out and Edited from the Captain's Journals, Memoranda and Conversations, by Brantz Mayer, New York; London: D. Appleton and Company; George Routledge and Co., 1854 (www.gutenberg.org/files/23034/23034-h/23034-h.htm [10. Oktober 2010]); Reprint: New York: Arno, 1968 sowie Originalmanuskript vor der Bearbeitung von Mayer: Conneau, Theophilus, A Slaver's Log Book, or 20 Years Residence in Africa. The Original 1853 Manuscript by Captain Theophilus Conneau, Englewood Cliffs: Prentice Hall, 1976.
193 Canot, Theodore, „14. Kapitel. Botschaft von König Ali Mami mit Einladung, ihn in Timbo in der afrikanischen Wildnis zu besuchen. Seltsame geographische Erklärung der Reiseroute", in: Canot, Abenteuer afrikanischer Sklavenhändler, S. 147–154; Conneau, Theophilus, „Chapter 12th. Ama-De-Bella Visits Our Factory", in: Conneau, A Slaver's Log Book, or 20 Years Residence in Africa. The Original 1853 Manuscript by Captain Theophilus Conneau, Englewood Cliffs: Prentice Hall, 1976, S. 63–70. Zum Hintergrund siehe: Mouser, Bruce, „Continuing British Interest in Coastal Guinea-Conakry and Fuuta Jaloo Highlands (1750 to 1850)", in: Cahiers d'études africaines 172 (2003), S. 761–790.
194 Zu anderen europäischen Perspektiven siehe: Mouser, Bruce, „Forgotten Expedition into Guinea, West Africa, 1815–17. An Editor's Comments", in: History in Africa 35 (2008), S. 481–489.
195 Conneau, „Chapter 12th. Ama-De-Bella Visits Our Factory", S. 63–70.

Canot wird folgendermaßen charakterisiert: „the cynical Theodore Canot, known to the trade as Mongo Gunpowder („mongo" is the Mandingo word for „king") claimed to be an Italian".[196] In Wirklichkeit war Canot ein Sklavenhandels-Kosmopolit mit viel Afrika, viel Atlantik und vielen Amerikas (und ein bisschen Europa).[197] Und er kannte alle Besonderheiten des Sklavenschmuggels und des Verkaufs großer Gruppen illegal angelandeter Versklavter aus Afrika in der aufstrebenden *Second Slavery* Kubas.

Im 19. Jahrhundert akkumulierten afrikanische *merchants* in einigen Gebieten so viel Kapital und Status, dass einige Autoren vom Entstehen einer afrikanischen Kaufleute-Klasse sprechen. Sie bestand aus Männern und, wie gesagt, Frauen.[198] Die Regularien des Handels mit Menschen spielten für die Unterscheidung vor allem zwischen Christen und Muslimen, aber auch anderen Religionen, keine ganz wichtige Rolle. In Westafrika etwa galt vor allem die Unterscheidung zwischen Muslimen und Nichtmuslimen – Muslime versklavten einfach mehr Menschen und waren oft Razzien-Krieger und Sklavenhändler.[199]

In Westafrika existierten in diesem Sinne drei große Regionen.[200] Erstens das nördliche Westafrika, vor allem am Senegal und Gambia, an der Guinea-Küste (heutiges Sierra Leone,[201] Guinea sowie Guinea-Bissau); zweitens die Gebiete, die zunächst El Mina, *costa de ouro*, Benin und *costa de camarão* hießen sowie im englischen Sprachgebrauch *Gold-coast* und *Slave-coast* (mit Calabar) und drittens die Gebiete des zentralen Westafrikas (Guinea ecuatorial, Loango, Congo und Ndongo/ Angola[202]).

---

196 Howe, George L. „The Slave Trade", in: Howe, Mount Hope. A New England Chronicle, New York: Viking Press, 1959, S. 97–133, S. 116. Nach heutigen sprachwissenschaftlichen Forschungen handelt es sich um das Mande-Wort *mogõ* (= Person, Mensch, im Sinne von „big man"), siehe: Kastenholz, Raimund, Sprachgeschichte im West-Mande. Methoden und Rekonstruktionen, Köln: Köppe, 1996 (Mande Languages and Linguistics/ Langues et Linguistique Mandé, 2), S. 196.

197 Zu kosmopolitischen Mongos und zu John Ormond, siehe: Zeuske, Michael, „Afrika", in: Zeuske, Die Geschichte der Amistad. Sklavenhandel und Menschenschmuggel auf dem Atlantik im 19. Jahrhundert, Stuttgart: Reclam, 2012, S. 139–211; sowie: Zeuske: „Mongos und Negreros, Kapitäne und Mannschaften", in: Ebd., S. 125–138.

198 Reynolds, Edward, „The Rise and Fall of an African Merchant Class on the Gold Coast 1830–1874", in: Cahiers d'études africaines 14, no. 54 (1974), S. 253–264; Adumbrate, Kwabena, „Abolition, Economics, Gender and Slavery. The Expansion of Women's Slaveholding in Ghana, 1807–1874", in: Slavery & Abolition 31:1 (2010), S. 117–136.

199 Lovejoy, Paul E., „Patterns in Regulation and Collaboration in the Slave Trade of West Africa", in: Leidschrift 22:1 (2007), S. 41–57.

200 Ebd.

201 Howard, Allen M., „Nineteenth-Century Coastal Slave Trading and the British Abolition Campaign in Sierra Leone", in: Slavery & Abolition 27:1 (2006), S. 23–49.

202 Wheat, „Garcia Mendes Castelo Branco, fidalgo de Angola y mercader de esclavos en Veracruz y el Caribe a principios del siglo XVII", in: Velázquez, María Elisa (eds.), Debates históricos contemporáneos. Africanos y afrodescendientes en México y Centroamérica, México, D.F.: INAH; CEMCA; UNAM-CIALC; IRD, 2011, S. 85–107 (http://books.openedition.org/cemca/197#ftn3 [01. Juli 2022]); Thornton, John K., A History of West Central Africa to 1850, Cambridge; New York: Cambridge University Press, 2020 (New Approaches to African History), passim; Sapede, Thiago C., "Negociar como

Afrikanische *slaver* und „Kaufleute" waren meist Teil der jeweiligen Elite oder sogar die Anführer militärischer Eliten und insbesondere seit dem 19. Jahrhundert auch Kaufleute-Gruppen.[203] Afrikanische Staaten oder Herrschaftsgebilde formierten sich als regelrechte Sklavenjagd-Institutionen vor allem im 18. und 19. Jahrhundert.[204] Afrikanische Städte spielten eine wichtige Rolle im Sklavenhandel (und als Ort von Sklavereien).[205] Es gab aber auch nichtstaatliche „Kaufleute-Krieger", oft als Razzien-kriegs- und Transportunternehmer. Einige nutzten Kanus oder Boote – sie lassen sich wie Wikinger oder Kariben-Kriegskanubesatzungen vorstellen, oder wie die Samal in der malayischen Inselwelt bzw. *freebooters* in der Karibik. Es gab aber auch Razzien-kriegs-/ Handels-/ Transporttrupps zu Fuß oder auf Reittieren. Afrikanische Träger

dantes: católicos e protestantes no trato de escravizados no reino do Congo do século XVIII. 1752–1800", in: História e Economia. Revista Interdisciplinar Vol. 12:1, São Paulo (2014), S. 15–35.
203 Reynolds, Edward, „The Rise and Fall of an African Merchant Class on the Gold Coast 1830–1874", in: Cahiers d'études africaines 14, no. 54 (1974), S. 253–264; Henige, David; Johnson, Marion, „Agaja and the Slave Trade. Another Look at the Evidence", in: History in Africa 3 (1976), S. 57–67; Henige, „John Kabes of Komenda. An Early African Entrepreneur and State Builder", in: Journal of African History 18 (1977), S. 1–19; Law, Robin, „Slave-Raiders and Middlemen, Monopo-lists and Free Traders. The Supply of Slaves for the Atlantic Trade in Dahomey, c. 1715–1850", in: Journal of African History 30 (1989), S. 45–68; MacGaffey, Wyatt, „Dialogues of the Deaf. Europeans on the Atlantic Coast of Africa", in: Schwartz, Stuart B. (ed.), Implicit Understandings. Observing, Reporting, and Reflecting on the Encounters between Europeans and Other Peoples in the Early Modern Era, Cambridge; New York: Cambridge University Press, 1994, S. 249–267; Jones, Adam; Sebald, Peter, An African Family Archive. The Lawsons of Little Popo/ Aneho (Togo) 1841–1938, Oxford: Oxford University Press, 2005 (British Academy Fontes Historiae Africanae, New Series 7); M'baye, Babacar, „The Economic, Political, and Social impact of the Atlantic Slave Trade on Af-rica", in: The European Legacy: Toward New Paradigms 11:6 (2006) (= Modern Perspectives on Sla-very), S. 607–622; Diakité, Tidiane, La traite des Noirs et ses acteurs africaines du XVe au XIXe siècle, Paris: Éditions Berg international, 2008; Heywood, Linda M., „Slavery and its Transforma-tion in the Kingdom of Kongo. 1491–1800", in: Journal of African History 50 (2009), S. 1–22; Bes-wick, Stephanie; Spaulding, Jay (eds.), African Systems of Slavery, Trenton; Asmara: Africa World Press, Inc, 2010; Duke, Antera, The Diary of Antera Duke, an 18th-Century African Slave Trader, ed. Behrendt, Stephen D.; Latham, A.J.H.; Northrup, David, Oxford: Oxford University Press, 2010; Newson, Linda A., „Africans and Luso-Africans in the Portuguese Slave Trade on the Upper Guinea in the Early Seventeenth Century", in: Journal of African History 53:1 (2012), S. 1–24; Hanley, Ryan, „The Royal Slave. Nobility, Diplomacy and the ‚African Prince' in Britain, 1748–1752", in: Itinerario 39:2 (2015), S. 329–347; Barcia Zequeira, María del Carmen, „La vida cotidiana en Gallinas", in: Bar-cia Zequeira, Pedro Blanco, el negrero, La Habana: Ediciones Boloña, 2018 (Collección Raíces), S. 75–81; Ramos de Santana, Aderivaldo, „A Extraordinária Odisseia do Comerciante Ijebu que foi Escravo no Brasil, e Homem Livre na França (1820–1842)", in: Revista Afro-Ásia 57 (2018), S. 9–53.
204 Jones, Adam, „The Procurement of Slaves", in: Jones, From Slaves to Palm Kernels. A History of the Galinhas Country (West Africa), 1730–1890, Wiesbaden: Steiner, 1983, S. 45–51; Anquandah, James K., „Researching the Historic Slave Trade in Ghana. An Overview", in: Anquandah (ed.), The Transatlantic Slave Trade. Landmarks, Legacies, Expectations, Accra: Sub-Saharan Publishers, 2007, S. 23–53.
205 Lovejoy, Paul E., „The Urban Background of Enslaved Muslims in the Americas", in: Slavery & Abolition 26:3 (2005), S. 349–376.

des Handels sollten nach den jeweiligen Hauptregionen der afrikanischen Sklaven-
küsten und sogar nach den einzelnen Handelsorten unterschieden werden, ebenso
wie Handelsgüter (*commodities*).[206] Das große Problem im Vergleich mit Kaufleuten
und Unternehmern anderer Weltregionen (z. B., Europa oder Amerika) ist: Wo sind
ihre akkumulierten Kapitalien geblieben? Möglicherweise findet sich die Lösung in
eben dem mehrfach erwähnten Basis-Kapital in Afrika, d. h. dem Kapital menschlicher Körper und der Persistenz politischer Macht bestimmter Clans, *kings* und Familien. Toby Green vermerkt zu diesem Problem, nachdem er die „existence of multiple
currencies" in Senegambien/ Afrika dargelegt hat: „So, where gold and silver were
being used to accrue ‚hard' currencies in Eurasia, valuable currencies in Senegambia
were being used as the glue of reciprocal giving that holds societies together, even as
the hierarchies within those societies expanded."[207]

In bestimmten Gebieten spielten muslimische Sklavenhändler eine wichtige
Rolle in Bezug auf den Sklavenhandel in Afrika und partiell auch auf dem Atlantik.
Paul Lovejoy sagt dazu unter Einbeziehung des oben erwähnten Futa Jallon:

> Virtually all slaves leaving from Senegambia passed through Muslim hands. Similarly, Mus-
> lims were responsible for exporting many enslaved people from Sierra Leone and the upper
> Guinea coast, especially those who came from Futa Jallon or elsewhere in the interior. Muslim
> merchants were also active in Asante, specifically to the north, and also in the hinterland of
> the Bight of Benin, even though the major exporting states from these regions were not Mus-
> lim. Muslim commercial networks therefor covered much of West Africa and catered to several
> of the major exporting regions of the trans-Atlantic slave trade as customarily defined.[208]

Allerdings muss gesagt werden, dass von Muslimen Versklavte meist in den Gebieten blieben, die von Muslimen beherrscht wurden. Sie stellten sehr große Gruppen
von Versklavten in Westafrika oder wurden in die Sahara bzw. in muslimische Gebiete von Nordafrika oder den Vorderen Orient verkauft. Muslimische Sklaven, die

---

206 Lovejoy, Paul E., „The Trans-Atlantic Slave Voyage Database and the History of the Upper Guinea Coast", in: African Economic History 38 (2010; = Special Issue: The Trans-Atlantic Slave Trade
Database and African Economic History), S. 1–28; Ribeiro da Silva, Filipa; Sommerdyk, Stacey,
„Reexaming the Geography and Merchants of the West Central African Slave Trade. Looking behind
the Numbers", in: African Economic History 38 (2010; = Special Issue: The Trans-Atlantic Slave
Trade Database and African Economic History), S. 77–106.
207 Green, Toby, „Conclusion. Inequality and the seeds of change in Greater Senegambia", in:
Green, A Fistful of Shells. West Africa from the Rise of the Slave Trade to the Age of Revolution,
Chicago: University of Chicago Press, 2019, S. 102–107, hier S. 105 und 106; Adam Jones hat darauf
verwiesen, dass Kontrolle über Sklavenhandel für afrikanische *chiefs*, etc. im Wesentlichen Kontrolle über Konsumgüter bedeutete; siehe: Jones, Adam, „Wealth Brought by the Slave Trade", in:
Jones, From Slaves to Palm Kernels. A History of the Galinhas Country (West Africa), 1730–1890,
Wiesbaden: Steiner 1983, S. 78–80: „If the slave trade did not directly stimulate the creation of fur-
ther wealth, it did bring at least a superficial glamour" (Ebd., S. 80).
208 Lovejoy, Paul E., „The Urban Background of Enslaved Muslims in the Americas", S. 349–376,
hier S. 350.

direkt an Christen verkauft wurden, bildeten in der Gesamtmenge der aus Afrika Verschleppten eher kleine Gruppen.[209] Auch deswegen spielten afrokreolische sowie luso-afrikanische Gruppen und Sepharden als Broker eine wichtige Rolle.[210]

Es gab afrikanische, kreolische sowie afrikanisch-europäische Träger des Handels, die oft zugleich Faktoren in Afrika waren.[211] Sklavenhändler waren, wie oben bereits gesagt, nicht nur Männer, sondern auch Frauen als Sklavenhändlerinnen. Am Senegal, auf den westafrikanischen Inseln, in Cacheu, den „rios Guiné de Cabo Verde", auf Gorée sowie Angola gab es schon relativ zeitig Sklavenhändlerinnen, in Fante-Gebieten des heutigen Küstengebiete von Ghana etwa seit der britischen Abolition.[212] Dass sie so selten in der Historiografie erscheinen, mag auch daran liegen,

---

209 Ebd.

210 Seibert, Gerhard, „Creolization and Creole Communities in the Portuguese Atlantic. São Tomé, Cape Verde, the Rivers of Guinea and Central Africa in Comparison", in: Proceedings of the British Academy 178 (2012), S. 29–51.

211 Green, Toby, „Beyond an Imperial Atlantic. Trajectories of Africans From Upper Guinea and West-Central Africa in the Early Atlantic World", in: Past & Present 230 (2016), S. 91–122; Newson, Linda A., „Africans and Luso-Africans in the Portuguese Slave Trade on the Upper Guinea in the Early Seventeenth Century", in: Journal of African History 53:1 (2012), S. 1–24; Heintze, Beatrix, „Os Luso-Africanos no Interior de Angola", in: Heintze, A África centro-occidental no século XIX (c. 1850–1890). Intercâmbio com o Mundo Exterior. Appropriação, Exploração e Documentação. Tradução de Marina Santos, Luanda: Editorial Kilombelombe, 2013, S. 259–307; siehe auch: Schafer, Daniel L., „Family Ties that Bind. Anglo-African Slave Traders in Africa and Florida, John Fraser and His Descendants", in: Heuman, Gad; Walvin, James (eds.), The Slavery Reader, London: Routledge, 2003, S. 778–796; Sweet, James H., „Slaves, Convicts and Exiles. African Travelers in the Portuguese Atlantic World, 1720 1750", in: Williams, Caroline A. (ed.), Bridging the Early Modern Atlantic World. People, Products, and Practices on the Move, Farnham; Burlington: Ashgate, 2009, S. 193–202; Lovejoy, Paul E., „The Black Atlantic in the Construction of the ‚Western' World", in: Hoerder, Dirk with Harzig, Christiana and Shubert, Adrian (eds.), The Historical Practice of Diversity. Transcultural Interactions from the Early Modern Mediterranean to the Postcolonial World, New York; Oxford: Berghahn Books, 2003, S. 109–133; Zeuske, Michael, „Microhistorias de vida y Hidden Atlantic. Los ‚africanos' Daniel Botefeur y Robin Botefeur en África, en el Atlántico y en Cuba/ Life microhistories and Hidden Atlantic. The ‚Africans' Daniel Botefeur and Robin Botefeur in Africa, the Atlantic, and Cuba", in: Sanz Rozalén, Vicent; Zeuske (eds.), Millars. Espai i Història 42 (2017) (= Número monográfico dedicado a ‚Microhistoria de esclavas y esclavos'), S. 151–191; Mouser, Bruce L., „Continuing British Interest in Coastal Guinea-Conakry and Fuuta Jaloo Highlands (1750 to 1850)", in: Cahiers d'études africaines 172 (2003), S. 761–790.

212 Brooks, George E., „The Signares of Saint-Louis and Gorée. Women Entrepreneurs in Eighteenth-Century, Senegal", in: Hafkin, Nancy J.; Bay, Edna G. (eds.), Women in Africa. Studies in Social and Economic Change, Stanford: Stanford University Press, 1976, S. 19–44; Brooks, „A Nhara of the Guinea-Bissau Region. Mãe Aurélia Correia", in: Robertson, Claire C.; Klein, Martin A. (eds.), Women and Slavery in Africa, Madison: University of Madison Press, 1976, S. 295–313; Brooks, „Lançados, Tangomaos, Luso-Africans, and Grumetes", in: Brooks, Eurafricans in Western Africa. Commerce, Social Status, Gender, and Religious Observance from the Sixteenth to the Eighteenth Century, Oxford: James Currey, 2003, S. 49–54; Wheeler, Douglas, „Angolan Woman of Means. D. Ana Joaquina dos Santos e Silva, Mid-Nineteenth Century Luso-African Merchant-Capitalist of Luanda", in: Santa Barbara Portuguese Studies Review 3 (1996), S. 284–297; Havik, Philip J., „Matronas e Mandonas. Parentesco e poder feminino nos rios de Guiné (século XVII)", in: Pantoja, Selma (ed.), Entre Áfricas e Brasis, Brasília: Paralelo 15 Editores,

dass „die Afrikaner" (und „Afrikanerinnen") damals nicht wussten, dass sie Afrikaner waren. Sie ordneten sich einer Gemeinschaft, einem Ort, einem Geschlecht, einer Altersgruppe, einer *lineage/* Clan oder einer Gruppe, einer Geheimgesellschaft (wie Poro oder Ekpe) zu, wie es die meisten „Europäer" auch taten. Sie drückten diese Zuordnung durch Skarifikationen/ Narben (Tattoos) aus, die oftmals von Matrosen imitiert wurden.[213] Sie versklavten Normbrecher, Kriegsgegner und Feinde in Afrika. Sie wurden versklavt, meist in lokalen Sklavereien.[214] Sie verkauften ihre Sklaven an die Meistbietenden oder wurden an diese verkauft. Im Laufe der Geschichte des gesamten afrikanisch-iberischen Atlantiks formierten sich aufgrund des Handels – auch Sklaven- und Menschenhandel – und der Transkulturation (inklusive materiellen Austauschs) Gemeinschaften, die heute noch existieren; manchmal auch als religiöse Gemeinschaften.[215] Auch afrikanische Träger des Handels auf dem Atlantik waren si-

---

2001, S. 13–34 (zu Bibiana Vaz de França aus Cacheu); Adu-Boahen, Kwabena, „Abolition, Economic Transition, Gender, and Slavery. The Expansion of Women's Slaveholding in Ghana, 1807–1874", in: Slavery & Abolition 32:1 (2010), S. 117–136; Ipsen, Pernille, Daughters of the Trade. Atlantic Slavers and Interracial Marriage on the Gold Coast, Philadelphia: University of Pennsylvania Press, 2015; Candido, Mariana P.; Jones, Adam (eds.), African Women in the Atlantic World. Property, Vulnerability and Mobility, 1660–1880, Melton: Boydell & Brewer, 2019. Die soziale Mobilität von Frauen, oft auch ehemalige Sklavinnen, beruhte auf Zusammenleben und Heirat mit atlantischen Sklavenhändlern, Atlantikkreolen (*lançados*, *tangomãos*) und/ oder mit Männern, die koloniale Machtpositionen einnahmen oder afrikanische Machtpositionen (wie *sobas* in Angola – eine Art Dorfvorsteher und Abgabeneintreiber); siehe: Candido, Mariana P., „Comerciantes en el Puerto de Benguela a finales del siglo XVIII. Las donas y la trata de esclavos", in: Velázques Gutiérrez, María Elisa; González Undurraga, Carolina (eds.), Mujeres africanas y afrodescendientes. Experiencias de esclavitud y libertad en América Latina y África. Siglos XVI al XIX, México: Instituto Nacional de Antropología e Historia, 2016 (colección africanía 9), S. 243–278; Candido, „Strategies for Social Mobility. Liaisons between Foreign Men and Slave Women in Benguela, ca. 1770–1850", in: Campbell, Gwyn; Elbourne, Elizabeth (eds.), Sex, Power, and Slavery, Athens: Ohio University Press, 2014, S. 272–288; sowie: Candido, „Memórias de uma Mercadora Africana", in: Cienciahoje (www.cienciahoje.org.br/artigo/memorias-de-uma-mercadora-africana/ (15. April 2019).
213 Zehnle, Stephanie, „Narben vor Gericht. Afrikanische Dermografiken und koloniale Aneignungen", in: WerkstattGeschichte 83:1 (2021), S. 75–94.
214 Miller, Ivor, Voice of the Leopard. African Secret Societies and Cuba, Jackson: University Press of Mississippi, 2009 (Caribbean Studies); Beswick, Stephanie; Spaulding, Jay (eds.), African Systems of Slavery, Trenton; Asmara: Africa World Press, Inc, 2010.
215 Palmié, Stephan, „Ecué's Atlantic. An Essay in Method", in: Journal of Religion in Africa 37:2 (2007), S. 207–315; Palmié, „On Predications of Africanity", in: Palmié (ed.), Africas of the Americas. Beyond the Search for Origins in the Study of Afro-Atlantic Religions, Leiden: Brill, 2008, S. 1–37; Palmié, „Ekpe/ Abakuá in Middle Passage. Time, Space, and Units of Analysis in African American Historical Anthropology", in: Apter, Andrew; Derby, Lauren (eds.), Activating the Past. Historical Memory in the Black Atlantic, London: Cambridge Scholars Press, 2010, S. 1–44; Lovejoy, Paul E., „Transformations of the Ékpè Masquerade in the African Diaspora", in: Innes, Christopher; Rutherford, Annabel; Bogar, Brigitte (eds.), Carnival. Theory and Practice, Trenton: Africa World Press, 2013, S. 127–152; Lingna Nafafé, José, „Political Challenges of the African Voice. Autonomy, Commerce and Resistance in Pre-Colonial Western Africa", in: Green, Toby (ed.), Brokers of Change. Atlantic Commerce and Culture in Pre-Colonial Western Africa, London; Oxford: British Academy; Oxford University Press, 2012, S. 71–90.

cherlich keine Ausnahme, wir kennen ihre Zahl aber nicht. Dies hat den Grund, dass Kapitäne gegen die strikten Regularien und Kontrollen oft informelle Passagiere mitnahmen. Deshalb werden Akteure aus Afrika auf dem Atlantik wenig erfasst und genannt, wobei die am Atlantik und *beyond the Atlantic*, d. h. das afrikanische und atlantikkreolische Hilfspersonal bzw. die Broker des Sklavengeschäfts, mittlerweile etwas öfter, aber immer noch selten, genannt werden (wie etwa *lançados, tangomãos, kroomen*, auch *kru*, Ambakisten oder Kristons[216]). Extrem selten genannt werden auch Versklavte aus Afrika als Akteure innerhalb der Gewaltstrukturen, die die Operationen der Träger des Handels stark beeinflussten.[217] Von dem Großteil der insgesamt riesigen Menge Versklavter auf dem Atlantik existieren nicht einmal Informationen über ihre Namen (aber immerhin so etwas wie „Profile" in Notariatsprotokollen). In iberischen Sprachen wurden sie wurden meist mit einem Kollektivsingular als *armazón, cargo* oder gar *bultos* bzw. *paquetes* (Packen, Paket) bezeichnet.[218] Als Individuen wer-

---

216 Heintze, Beatrix, „Schwarze ‚Weiße'. Die Ambakisten", in: Heintze, Afrikanische Pioniere. Trägerkarawanen im westlichen Zentralafrika (ca. 1850–1890), Frankfurt am Main: Verlag Otto Lehmbeck, 2002, S. 155–274; Havik, Philip J., „Women and Trade in the Guinea Bissau Region. The Role of African and Luso-African Women in the Trade Networks from the Early 16th to the Mid nineteenth Century", in: Studia 52 (1994), S. 83–120; Havik, Silences and Soundbytes. The Gendered Dynamics of Trade and Brokerage in the Pre-Colonial Guinea Bissau Region, Münster: LIT Verlag, 2004; Lingna Nafafé, José, Colonial Encounters. Issues of Culture, Hybridity and Creolisation, Portuguese Mercantile Settlers in West Africa, Frankfurt am Main: Peter Lang, 2007; Lingna Nafafé, „Lançados, Culture and Identity. Prelude to Creole Societies on the Rivers of Guinea and Cape Verde", in: Havik; Newitt, Malyn D. (eds.), Creole Societies in the Portuguese Colonial Empire, Bristol: University of Bristol, 2007, S. 65–91; Havik, „Traders, Planters and Go-Betweens. the Kriston in Portuguese Guinea", in: Portuguese Studies Review 19:1–2 (2011), S. 197–226; Seibert, Gerhard, „Creolization and Creole Communities in the Portuguese Atlantic. São Tomé, Cape Verde, the Rivers of Guinea and Central Africa in Comparison", in: Proceedings of the British Academy 178 (2012), S. 29–51.
217 Candido, Mariana P., „Different Slave Journeys. Enslaved African Seamen on Board of Portuguese Ships, c.1760–1820s", in: Slavery & Abolition 31:3 (2010), S. 395–409; siehe vor allem die Historiografie zu den *liberated slaves/ emancipados*: Lovejoy, Henry B., „The Registers of Liberated Africans of the Havana Slave Trade Commission. Transcription Methodology and Statistical Analysis", in: African Economic History 38 (2010; = Special Issue: The Trans-Atlantic Slave Trade Database and African Economic History), S. 107–135; Lovejoy, Henry B., „The Registers of Liberated Africans of the Havana Slave Trade Commission. Implementation and Policy, 1824–1841", in: Slavery & Abolition 37:1 (2016), S. 23–44; sowie: Schwarz, Suzanne, „Extending the African Names Database. New Evidence from Sierra Leone", in: African Economic History 38 (2010; = Special Issue: The Trans-Atlantic Slave Trade Database and African Economic History), S. 137–163.
218 Suzanne Schwarz hält zu *cargo* bzw. anderen Bezeichnungen der „Ladung" der Sklavenschiffe fest: „The outlook of James Irving, a Liverpool slave ship captain and surgeon, was probably typical of other men engaged in the trade, as he described 526 Africans on board the Jane in 1786 as ‚disagreeable Cargo' and ‚Black Cattle' ", siehe: Schwarz, Suzanne, „Extending the African Names Database. New Evidence from Sierra Leone", in: African Economic History 38 (2010; = Special Issue: The Trans-Atlantic Slave Trade Database and African Economic History), S. 137 (siehe auch Fußnote 2, S. 156). Schwarz (ed.), Slave Captain. The Career of James Irving in the Liverpool SlaveTrade, Liverpool: Liverpool University Press, ²2008, S. 22, S. 85–87.

den versklavte Akteure nur selten genannt, etwa bei Rebellionen in Häfen und auf Schiffen (wie bei der Amistad-Rebellion[219]).

Stellt man sich den Sklavenhandel zwischen Afrika und den Amerikas als die oben beschriebene netzartige Gewalt-Infrastruktur Inneres Afrika-Küsten-Atlantik-Küsten-Sklavereiorte in den Amerika vor, kurz gesagt Afrika-Atlantik-Amerikas (AAA in Süd-Süd-Hauptausrichtung), so waren der Atlantikhandel und seine Träger eng vernetzt mit dem Transport und dem Handel *beyond the Atlantic*, vor den westafrikanischen Küsten und in Afrika vor allem mit dem Fluss- und Küstentransport, dem Transport zwischen Küsten-Faktoreien und Schiffen (sowie zur Versorgung der Faktoreien, Handelsplätze und Festungen).[220]

Für das nördliche Westafrika wissen wir um Familiendynastien von Versklavern und Sklavenhändlern, die meist als „luso-afrikanisch" bezeichnet werden. Ich halte sie eher für afro-lusitanische Familien mit „portugiesischen" Namen. Sie waren entweder Nachkommen der oben bereits genannten *lançados* und *tangomãos* bzw. von portugiesischen *degredados* (Verbannte, u. a. Sepharden und Neu-Christen) mit afrikanischen Frauen. Die Familien könnten auch erst im 18. Jahrhundert entstanden sein. Seit dem 18. Jahrhundert heirateten sie auch in afro-englische, afro-amerikanische und afro-französische Familien ein. Bruce Mouser sagt zu „Afro-Lusitanern":

> From the eighteenth century, important LusoAfrican families have played significant roles within the Rio Pongo, and more particularly in that part of the river extending southward toward Bouramaya on the Konkoure River. These families, who still reside in the area, set a model for integration with local Baga and Susu peoples and formed ruling dynasties that survive in church, economy, and politics. The Gomes and Fernandez families interlocked through marriage with the Ormonds, Lightburns, Wilkinsons, and Harrisons (I suspect many more) and formed large corporations of interest that continued into the colonial period and, even now, exercise vast influence within coastal Guinea.[221]

---

219 Zeuske, Michael, Die Geschichte der Amistad. Sklavenhandel und Menschenschmuggel auf dem Atlantik im 19. Jahrhundert, Stuttgart: Reclam, 2012; Zeuske; García Martínez, Orlando, La sublevación esclava en la goleta *Amistad*. Ramón Ferrer y las redes de contrabando en el mundo Atlántico, La Habana: Ediciones UNIÓN, 2013; Zeuske, Amistad. A Hidden Network of Slavers and Merchants. Translated by Rendall, Steven, Princeton: Markus Wiener Publishers, 2014.

220 Ribeiro da Silva, Filipa, „Dutch vessels in African Waters. Coastal Routes and Intra-Continental Trade (c.1590–1674)", in: Tijdschrift voor Zeegeschiedenis 1 (2010), S. 19–38.

221 Mouser, Bruce L., „A History of the Rio Pongo. Time for a New Appraisal?", in: History in Africa 37 (2010), S. 329–354; siehe auch: Brooks, George E., Eurafricans in Western Africa. Commerce, Social Status, Gender, and Religious Observance from the Sixteenth to the Eighteenth Century, Oxford: James Currey, 2003; Havik, Philip. J., „Traders, Planters and Go-Betweens. The Kriston in Portuguese Guinea", in: Portuguese Studies Review 19:1–2 (2011), S. 197–226; Seibert, Gerhard, „Creolization and Creole Communities in the Portuguese Atlantic. São Tomé, Cape Verde, the Rivers of Guinea and Central Africa in Comparison", in: Proceedings of the British Academy 178 (2012), S. 29–51; Heintze, Beatrix, „Os Luso-Africanos no Interior de Angola", in: Heintze, A África centro-occidental no século XIX (c. 1850–1890). Intercâmbio com o Mundo Exterior. Appropriação, Exploração e Documentação. Tradução de Marina Santos, Luanda: Editorial Kilombelombe, 2013, S. 259–307.

Der Kontakt zu den *slaving zones*[222] im Inneren Afrikas wurde meist über Mittelsmänner gehalten, die unterschiedlichste Bezeichnungen hatten. José Andrés-Gallego zitiert zum inneren Sklavenhandel von Cacheu den Jesuiten Sandoval in Bezug auf Versklavte, die man „negros de los ríos" nannte:

> En llegando el mercader o dueño de la nao al puerto, vende las mercancías [...] a los vecinos portugueses que están allí poblados quienes llaman tangomaos, a truque de negros, los cuales [los tangomaos – MZ] tienen sus agentes, que llaman mochilleros, cuyo oficio es ir la tierra adentro con aquellas mercancías a buscar rescate de negros, que les dan por ellas y traen a buen recaudo [Wenn der Kaufmann oder Eigner des [iberischen] Schiffes im Hafen [in Afrika] ankommt, verkauft er die Ware [...] an die dort ansässigen portugiesischen Siedler [Luso-Afrikaner], die Tangomaos genannt werden, im Austausch gegen Schwarze, die [Tangomaos – MZ] haben ihre Agenten, die mochilleros [Rucksackträger] genannt werden, deren Beruf darin besteht, mit diesen Waren ins Landesinnere zu gehen, um Schwarze [Sklaven] zu fordern, die sie für sie [die Waren] geben und sie [die Versklavten] sicher [an die Küste] bringen].[223]

Oft kamen Versklavte auch mit großen Karawanen aus dem Interior Afrikas. Dies wissen wir, weil viele luso-afrikanische Karawanenchefs und Menschenhändler ihre Informationen an europäische Forscher und Expeditionschefs sowie Ethnologen weitergaben. Beatrix Heintze beschreibt noch für die zweite Hälfte des 19. Jahrhunderts und einige Jahrzehnte im 20. Jahrhundert, d. h., in einer Zeit, die in traditionellen Sklaverei-Geschichten als „Zeit der Abolition" firmiert, die anhaltende Bedeutung von Karawanen sowie luso-afrikanischer Karawanenhändler in Angola und darüber hinaus in der Erschließung des Interior.[224] Alle Typen von Sklavereien, Menschenhandel, Razzien, Plünderungen und Menschenraub in Form von kleinflächigem Kidnapping, aber auch Verurteilungen zur Sklaverei finden sich im Panorama der Versklavten und überhaupt auf der afrikanischen *supply-side*. Intensives *slaving* und signifikante Exporte von Sklaven waren auf afrikanischer Seite eher selten abhängig von zentralisierten Strukturen, wie es Paul Lovejoy für die Handelsnetzwerke der Aro-Sklavenhändler gezeigt hat, die die atlantischen Träger des Handels in den Sklavenhäfen der Bucht von Biafra belieferten (Old Calabar, Bonny und New

---

222 Caldeira, Arlindo Manuel, „Principais áreas de resgate", in: Caldeira, Escravos e Traficantes no Império Português. O Comércio Negreiro Português no Atlântico Durante Os Séculos XV a XX, Lisboa: Esfera dos Livros, 2013, S. 51–98; Fynn-Paul, Jeff; Pargas, Damian Alan (eds.), Slaving Zones. Cultural Identities, Ideologies, and Institutions in the Evolution of Global Slavery, Leiden: Brill, 2018 (Studies in Global Slavery 4).
223 Übersetzung Michael Zeuske; siehe: Andrés-Gallego, José, La esclavitud en la América española, Madrid: Ediciones Encuentro, S. A.; Fundación Ignacio Larramendi, 2005, S. 71–158, hier S. 72.
224 Vansina, Jan, „Long-Distance Trade Routes in Central Africa", in: Journal of African History 3 (1962), S. 375–390; Ferreira, Roquinaldo, „Negociantes, fazendeiros e escravos. O tráfico ilegal de escravos no Brasil", in: Revista Internacional de Estudos Africanos 18–22 (1995–1999), S. 9–28. Die Zeit bis Ende des 18. Jahrhunderts behandelt: Caldeira, Arlindo Manuel, „O reino do Ndongo a que os portugueses chamaram Angola", in: Caldeira, Escravos e Traficantes no Império Português. O Comércio Negreiro Português no Atlântico Durante Os Séculos XV a XX, Lisboa: Esfera dos Livros, 2013, S. 91–98.

Town, etc.).[225] Für die Briten sowie andere Handelspartner – mit den oben erwähnten Erfahrungen, die diese von den Iberern (vor allem „Portugiesen" und Brasilianer) übernommen hatten – gilt das auch für andere Räume und die dortigen Karawanensysteme (wie zum Beispiel im Oyo- und Yorubagebiet).[226] Inwieweit auch die *castle slavery* sowie die wichtige Rolle, die ausgebildete Versklavte/ Abhängige im lokalen maritimen Sektor (zum Beispiel beim schwierigen Navigieren der Kanus zwischen den Festungen/ Faktoreien und den Sklavenschiffen auf Reede) und im extrem wichtigen Hafensektor sowie im Handwerk spielten, nicht eigentlich eine Übernahme afrikanisch-iberisch-portugiesischer Traditionen waren, bleibt zu untersuchen. So etwa für *krus/ kroomen*, *grumetes*, *crumanos*, die mit ihren großen Kanus Versklavte an Bord der Sklavenschiffe brachten und an den Küsten von Senegambien bis nach Angola operierten.[227]

Rund um den atlantischen Ozean gab es um 1500 auch andere (als die immer wieder erwähnten west-europäischen) Imperien, Monarchien und differente politische Territorien sowie staatenlose Gemeinschaften mit eigenen politisch-herrschaftlichen Rahmenbedingungen (etwa die bereits erwähnten Geheimgesellschaften). Zudem gab es auch politische Herrschaften unter Mikrobedingungen, mit denen vor allem Sklaventransporteure und -händler aller Couleur, Bootschefs, Kapitäne, Faktoren und Broker umgehen konnten und mussten, aber eben auch Matrosen/ Seeleute sowie *degredados* (Verbannte).[228] Die Grund-

---

225 Lovejoy, Paul E., „The Yoruba Factor in the Trans-Atlantic Slave Trade", in: Falola, Toyin; Childs, Matt (eds.), The Yoruba Diaspora in the Atlantic World, Bloomington: Indiana University Press, 2004 (Blacks in Diaspora), S. 40–55.

226 Falola, Toyin, „The Yoruba Caravan System of the Nineteenth Century", in: International Journal of African Historical Studies 24 (1991), S. 111–132; Lovejoy, Paul E., „The Yoruba Factor in the Trans-Atlantic Slave Trade", in: Falola; Childs, Matt (eds.), The Yoruba Diaspora in the Atlantic World ..., S. 40–55.

227 Brooks, George E., „Lançados, Tangomaos, Luso-Africans, and Grumetes", in: Brooks, Eurafricans in Western Africa. Commerce, Social Status, Gender, and Religious Observance from the Sixteenth to the Eighteenth Century, Oxford: James Currey, 2003, S. 49–54; Havik, Philip J., „Traders, Planters and Go-Betweens. The Kriston in Portuguese Guinea", in: Portuguese Studies Review 19:1–2 (2011), S. 197–226; Havik, „The Port of Geba. At the Crossroads of Afro Atlantic Trade and Culture", in: Mande Studies 9 (2007), S. 21–50; Seibert, Gerhard, „Creolization and Creole Communities in the Portuguese Atlantic. São Tomé, Cape Verde, the Rivers of Guinea and Central Africa in Comparison", in: Proceedings of the British Academy 178 (2012), S. 29–51; Bialushewski, Arne, „Pirates, Black Sailors and Seafaring Slaves in the Anglo-American Maritime World", in: The Journal of Caribbean History 45:2 (2011), S. 143–158; Newman, Simon P., „A Spirit of Liberty", in: Newman, A New World of Labor. The Development of Plantation Slavery in the British Atlantic, Philadelphia: University of Pennsylvania Press, 2013, S. 139–165, hier S. 146–150.

228 Rodrigues, Jaime, „Aspectos de la religiosidad de los marineros en el Océano Atlántico en la Edad Moderna", in: Uncal, Lucía; Moro, Pedro (eds.), Buenosvientos: circulación, resistencias, ideas y prácticas en el Mundo Atlántico de la Modernidad Temprana, La Plata: Lucía Uncal, 2020, S. 135–150; Wheat, David, „Otros pasajes. Movilidades africanas y la polifuncionalidad de los navíos negreros en el Atlántico ibérico, siglos XVI–XVII", in: Naranjo Orovio, Consuelo (ed.), Sometidos a esclavitud. Los africanos y sus descendientes en el Caribe Hispano, Santa Marta: Editorial Unimagdalena, 2021 (Colección Humanidades y Artes. Historia), S. 89–116.

lage des Sklaverei-Ozeans *„beyond the Imperial Atlantic"* (T. Green), aber ebenso in Süd-Süd-AAA-Ausrichtung, war der informelle, zeitweilig auch formelle, Zugang zu Häfen sowie den neuen Vizekönigreichen und Provinzen Spaniens in Amerika, d. h. den *Índias de Castelha*.[229]

Den Zugang hatten afrikanische Kaufleute,[230] Bootschefs (*kru*), atlantische Seeleute und Kaufleute Portugals, der *nação* (sephardischen Juden),[231] d. h. iberische Juden, oft mit Ansiedlung in Guiné/ Guinea, verstanden als subsaharisches

---

229 Mira Caballos, Esteban, „Las licencias de esclavos negros a Hispanoamérica (1544–1550)", in: Revista de Indias 54, no. 201 (1994), S. 273–297; Lovejoy, Paul E., „The Black Atlantic in the Construction of the ‚Western' World", in: Hoerder, Dirk; Harzig, Christiana; Shubert, Adrian (eds.), The Historical Practice of Diversity. Transcultural Interactions from the Early Modern Mediterranean to the Postcolonial World, New York; Oxford: Berghahn Books, 2003, S. 109–133; Borucki, Alex; Eltis, David; Wheat, David, „Atlantic History and the Slave Trade to Spanish America", in: The American Historical Review 120:2 (2015), S. 433–461; Fernández Chaves, Manuel F.; Pérez García, Rafael M., „Las redes de la trata negrera. Mercaderes portugueses y tráfico de esclavos en Sevilla (c. 1560–1580)", in: Martín Casares, Aurelia; García Barranco, Margarita (eds.), La esclavitud negroafricana en la historia de España, Granada: Editorial Comares, 2010, S. 5–34; Fernández Chaves; Pérez García, „La élite mercantil judeoconversa andaluza y la articulación de la trata negrera hacia las Indias de Castilla, ca. 1518–1560", in: Hispania 76, no. 253 (2016), S. 385–414.
230 Curtin, Philip D. (ed.), Africa Remembered. Narratives by West Africans from the Era of the Slave Trade, Madison: University of Wisconsin Press, 1967; Green, Toby (ed.), Brokers of Change. Atlantic Commerce and Culture in Pre-Colonial Western Africa, London; Oxford: British Academy; Oxford University Press, 2012; Green, „Beyond an Imperial Atlantic: Trajectories of Africans From Upper Guinea and West-Central Africa in the Early Atlantic World", in: Past & Present 230 (2016), S. 91–122; Duke, Antera, The Diary of Antera Duke, an 18th-Century African Slave Trader, ed. Behrendt, Stephen D.; Latham, A.J.H.; Northrup, David, Oxford: Oxford University Press, 2010.
231 Schorsch, Jonathan, Jews and Blacks in the Early Modern World, Cambridge: Cambridge University Press, 2004; Studnicki-Gizbert, Daviken, A Nation Upon the Ocean Sea. Portugal's Atlantic Diaspora and the Crisis of the Spanish Empire, 1492–1640, Oxford: Oxford University Press, 2007; Israel, Jonathan, „Jews and Crypto-Jews in the Atlantic World System", in: Kagan, Richard L.; Morgan, Philip D. (eds.), Atlantic Diasporas. Jews, Conversos, and Crypto-Jews in the Age of Mercantilism, 1500–1800, Baltimore, MD: Johns Hopkins University Press, 2009, S. 3–17 und passim; Horta, José da Silva, „Ser ‚Português' em terras de Africanos. Vicissitudes da construção identitária na ‚Guiné do Cabo Verde' (sécs. XVI–XVII)", in: Fernandes, Hermenegildo; Henriques, Isabel Castro; Horta; Matos, Sérgio Campos (eds.), Nação e Identidades – Portugal, os Portugueses e os Outros, Lisboa: Centro de História; Caleidoscópio, 2009, S. 261–273; Schorsch, Swimming the Christian Atlantic. Judeoconversos, Afroiberians and Amerindians in the Seventeenth Century, 2 Bde., Leiden: Brill, 2009; Figuerôa-Rêgo, João de, „Os Homens da Nação e o Trato Tabaqueiro. Notas sobre Redes e Mobilidade Geográfica no Contexto Europeo e Colonial Moderno", in: Anais de História de Além-Mar 14 (2013), S. 177–199; Gómez González, Juan Sebastián, „Las tensiones de una frontera ístmica. Alianzas, rebeliones y comercio ilícito en el Darién. Siglo XVIII", in: Historia y Sociedad 15 (2008), S. 143–163; Schorsch, „New Christian Slave Traders. A Literature Review and Research Agenda", in: Rauschenbach, Sina; Schorsch (eds.), The Sephardic Atlantic. Colonial Histories and Postcolonial Perspectives, London: Palgrave Macmillan,

Afrika,[232] afrikanisch-iberische Atlantikkreolen (*lançados, tangomãos, baquianos*) auf „atlantischen" Schiffen, d. h. Schiffen aus den Amerikas und Europa. Für Afrikaner kamen Amerikaner und Europäer über den Atlantik, sie waren „Atlantiker".[233] Die genannten „freien" Afrikaner und iberischen Atlantikkreolen bildeten eine eigenständige afrikanische Diaspora im Atlantik und den Amerikas; einige kehrten sogar dauerhaft zurück nach Afrika.[234] In Europa fand sich die afrikanische Diaspora zunächst vor allem in Hafenstädten und Fürstensitzen. Etwa seit den europäischen Renaissance-Kriegen um 1520/1560 kamen im Modus terroristischer Gewalt französische, niederländische und englische Piraten/ Korsaren und Schmuggler hinzu (auch mit schwarzen Kaufleuten, Matrosen, Hilfskräften und Atlantikkreolen). Aber auch spanisch-iberische Conquistadoren und Siedler waren fast von Anfang an im *corso* und im *rescate* (hier: „nichtmonopolistischer Handel", d. h. Schmuggel) engagiert. Gehandelt wurden lokale Produkte oder Ressourcen wie Salz und Holz, oft auch Häute, teils getrocknetes und gesalzenes Tortuga-Fleisch, Vieh, Rinder-Trockenfleisch (*tasajo*), Früchte, Tabak, Kakao, Wasser, Wachs[235] und Farbhölzer gegen Sklaven und Luxus- bzw. Manufaktur-Waren (vor allem Textilien). Ähnliches gilt für San Antonio de Gibraltar am Südufer des Maracaibo-Sees im heutigen Venezuela – im 17. Jahrhundert einer der wichtigsten Häfen des nördlichen Südamerikas.[236] Zum „Unterstrom" des Schmuggels mit menschlichen Körpern sagt María Cristina Navarrete: „la trata de negros fue considerada como una de las vías para el contrabando en el período colonial. El contrabando más importante que se llevó a cabo fue el de los mismos esclavos [Der

2018, S. 23–55; Schorsch, Hidden Lives of Jews and Africans. Underground Societies in the Iberian Atlantic World, Princeton: Markus Wiener Publishers, 2019.

232 Santana Pérez, Germán, „Mercaderes hispanos en África subsahariana antes de la Unión Ibérica, 1503–1580", in: Pérez García, Rafael M.; Fernández Chaves, Manuel F.; Belmonte Postigo, Jose Luis (eds.), Los negocios de la esclavitud. Tratantes y mercados de esclavos en el Atlántico Ibérico, siglos XV–XVIII, Sevilla: Universidad de Sevilla, 2018, S. 71–92.

233 Shaw, Rosalind, „The Atlanticizing of Sierra Leone", in: Shaw, Memories of the Slave Trade. Ritual and the Historical Imagination in Sierra Leone, Chicago: University of Chicago Press, 2002, S. 25–45.

234 Wheat, David, „Otros pasajes. Movilidades africanas y la polifuncionalidad de los navíos negreros en el Atlántico ibérico, siglos XVI–XVII", in: Naranjo Orovio, Consuelo (ed.), Sometidos a esclavitud. Los africanos y sus descendientes en el Caribe Hispano, Santa Marta: Editorial Unimagdalena, 2021 (Colección Humanidades y Artes. Historia), S. 89–116.

235 Wachs war ein beliebtes Schmuggelgut, u. a. durch geflohenene Sklaven; siehe das Verbot des Gouverneurs von Santiago de Cuba, *cimarrones* Wachs zu verkaufen: Archivo Nacional de Cuba, Donativos y Remisiones, leg. 444, no. 90. Negros (1792): „Copia de Bando promulgado por Juan Bautista Vallaint Gobernador de Stgo. de Cuba, en virtud de conocer por expedientes judiciales que los negros cimarrones se nutren de la cera que sacan de los campos de la jurisdicción, ordenando que ningún tabernero, mercader o vecino pueda comprar cera sin su expresa licencia. Fechado: Santiago de Cuba, Septiembre 6, 1792".

236 Ramírez Méndez, Luis Alberto, „El comercio trasatlántico de San Antonio de Gibraltar (Venezuela). Siglo XVII", in: Boletín Nacional de la Academia de Historia 98, no. 389 (2015), S. 35–62.

Sklavenhandel galt in der Kolonialzeit als einer der Hauptwege des Schmuggels. Der wichtigste Schmuggel, der dabei stattfand, war der der Sklaven selbst].“[237]

Auch beim Transport von Massengütern wird der oft nebenbei getätigte Handel mit Versklavten oder die Verschleppung von Menschen kaum jemals erwähnt. Paradigmatisch zeigt sich das auch im frühen transatlantischen Salztransport für das Quasi-Monopol der Niederländer im Herings- und Fischhandel gegen baltisches Holz, Schiffsbau-Produkte (Seile, Teer, Nägel, Planken, Segeltuch, etc.[238]) zwischen der Nordküste-Südamerikas (Salinen der Araya-Halbinsel an der Küste Venezuelas) und den Vereinigten Provinzen der Niederlande seit 1599 (mit Verbot Philipps II., Salz aus Sanlúcar und Setúbal zu beschaffen).[239] Es liegt auf der Hand, dass dabei auch Schmuggel, Korsarentum, Piraterie und Sklavenhandel im Spiel waren.

Bei Piraterie und Korsarentum, sprich maritimen Terrorismus, sollten nicht immer nur Francis Drake und die englisch-britischen Seeräuber erwähnt werden, sondern auch die Iberer. Vor allem Spanien bediente sich ebenfalls der Korsaren und Piraten.[240] Im Grunde wurde ein Salz-Konflikt an der *tierra-firme*-Küste (Araya) zum Auslöser iberischer Maßnahmen (Schutzflotten, iberische Korsaren) gegen nicht-iberischen Handel/ Schmuggel, Piraterie und Versuche, Teile der iberischen Kolonialterritorien zu besetzen.[241] Oft wurden Schmuggel- und Korsarenaktivitäten als „Unfälle"/ „Reparaturen", Wasseraufnahme und „Schiffbrüche" getarnt, bei denen die Schiffe auch in nichtautorisierte Häfen einliefen und Handel trieben.[242]

---

237 Navarrete, María Cristina, „De las ‚malas entradas‘ y las estrategias del ‚buen pasaje‘. El contrabando de esclavos en el Caribe neogranadino, 1550–1690", in: Historia Crítica 34 (2007), S. 160–183, hier S. 164; siehe auch: Cromwell, Jesse, „More than Slaves and Sugar. Recent Historiography of the Trans-Imperial Caribbean and Its Sinew Populations", in: History Compass 12 (10) (2014), S. 770–783; Cromwell, The Smugglers' World. Illicit Trade and Atlantic Communities in Eighteenth-Century Venezuela, Chapel Hill: University of North Carolina Press for the Omohundro Institute, 2018.
238 Sutner, Philipp A., „‚Der Mutterhandel‘. Getreidehandel zwischen den Niederlanden und dem Baltikum", in: Halbartschlager, Franz; Obenaus, Andreas; Sutner, Philipp A. (eds.), Seehandelrouten. Wegbereiter der frühen Globalisierung, Wien: Mandelbaum Verlag, 2019, S. 75–101.
239 Dávila P., Rafael I., „La sal. Objetivo codiciado por Holanda en las provincias de Nueva Andalucía y Venezuela durante el siglo XVII", in: Tiempo y Espacio 64 (2015), S. 45–71; siehe auch: Goslinga, Cornelis Ch., The Dutch in the Caribbean and on the Wild Coast 1580–1680, Assen: Van Gorcum, 1971.
240 García del Pino, César, El corso en Cuba. Siglo XVII. Causas y conscuencias, La Habana: Editorial de Ciencias Sociales, 2001; García del Pino, Corsarios, piratas y Santiago de Cuba, La Habana: Editorial de Ciencias Sociales, 2009.
241 Varela Marcos, Jesús, Las salinas de Araya y el origen de la Armada de Barlovento, Caracas: Academia Nacional de la Historia, 1980 (Serie Historia Colonial 146); Herrero Sánchez, Manuel, „La explotación de las salinas de Punta de Araya. Un factor conflictivo en el proceso de acercamiento hispano-neerlandés (1648–1677)", in: Cuadernos de Historia Moderna 14 (1993), S. 179–200.
242 ANC, Academia de la Historia, caja 89, signatura 549 (30 septiembre de 1673). ESCLAVOS. Carta del Gobernador Francisco Rodríguez de Ledesma a S.M., acerca del contrabando, esclavos y otros particulares (Procedencia: Archivo General de Indias. 54–1–20.- (Indiferente General de

Dabei waren oft periphere Inseln und Häfen wichtiger als zentrale Häfen (etwa die Bermudas[243]). Oft artete dieser „Handel" und/ oder die Anlandung wegen Wasseraufnahme schlicht in Razzien der Schiffsbesatzungen aus – „Handel" wurde schnell zu Piraterie und Seeraub. Alternativ wurde über unklare Landgrenzen und lokale Häfen auf extreme Weise geschmuggelt, wie zwischen Saint-Domingue und Santo Domingo.[244] Im frühen 19. Jahrhundert wurde das Korsarentum durch die republikanischen Territorien im antikolonialen Kampf gegen das spanische Imperium sozusagen wieder erfunden[245] und seit 1816 wurden aus Korsaren auch wieder Piraten und vice versa[246] – eminente Sklavenhändler waren beide.[247]

Die Welt des Atlantiks und des atlantischen Sklavenhandels war vorwiegend eine Welt der Männer. Vor allem in Senegambien gab es aber auch, wie mehrfach erwähnt, Sklavenhändlerinnen als Träger des Handels, ebenso im Retail-Handel, d. h. im Weiterverkauf ganzer *armazones* (Schiffladungen) von Versklavten, in den Amerikas.[248] Der

---

Registros). Donativo del Dr. Néstor Carbonell); ANC, Academia de la Historia, caja 91, signatura 689 (3 septiembre de 1694). ESCLAVOS. Carta del Gobernador Severino de Manzaneda a S.M., acerca del contrabando, esclavos y efectos del navío „Santa Rosa", del convoy de Jamaica, por la costa de Matanzas a La Habana, con dictamen fiscal (Procedencia: Archivo General de Indias. 54–1–28.- (Indiferente General de Registros). Donativo del Dr. Néstor Carbonell).

243 Jarvis, Michael J., In the Eye of All Trade. Bermuda, Bermudians, and the Maritime Atlantic World, 1680–1783, Chapel Hill: University of North Carolina Press, 2010.

244 Belmonte Postigo, José Luis, „Bajo el negro velo de la ilegalidad. Un análisis del mercado de esclavos dominicano 1746–1821", in: Nuevo Mundo Mundos Nuevos (http://nuevomundo.revues.org/69478 [08. März 2022]).

245 McCarthy, Matthew, Privateering, Piracy and British Policy in Spanish America, 1810–1830, Woodbridge: Boydell Press, 2013; Pérez Morales, Edgardo, No Limits to Their Sway. Cartagena's Privateers and the Masterless Caribbean in the Age of Revolutions, Nashville: Vanderbilt University Press, 2018; Espersen, Ryan, „Fifty Shades of Trade. Privateering, Piracy, and Illegal Slave Trading in St. Thomas, Early Nineteenth Century", in: New West Indian Guide 93:2 (2019), S. 1–26.

246 Gámez Duarte, Feliciano, „El crepúsculo de los héroes. El corso insurgente y la edad de plata de la piratería", in: Revista Mexicana de Historia del Derecho 27 (2013), S. 73–98.

247 Thomin, Mike, „Among Ships of Thieves on Waves of Change", in: Coriolis. Interdisciplinary Journal of Maritime Studies 8:1 (2018), S. 12–32.

248 Brooks, George E., „The Signares of Saint-Louis and Gorée. Women Entrepreneurs in Eighteenth-Century, Senegal", in: Hafkin, Nancy J.; Bay, Edna G. (eds.), Women in Africa. Studies in Social and Economic Change, Stanford: Stanford University Press, 1976, S. 19–44; Brooks, „A Nhara of the Guinea-Bissau Region. Mãe Aurélia Correia", in: Robertson, Claire C.; Klein, Martin A. (eds.), Women and Slavery in Africa, Madison: University of Madison Press, 1976, S. 295–313; Havik, Philip J., „Women and Trade in the Guinea Bissau Region. The Role of African and Luso-African Women in the Trade Networks from the Early 16th to the Mid nineteenth Century", in: Studia 52 (1994), S. 83–120; Pantoja, Selma A., „Género e comércio. As traficantes de escravos na região de Angola", in: Travessias. Revista de Ciências Sociais e Humanas em Língua Portuguesa 4–5 (2004), S. 79–97; Oliveira, Vanessa S., „The Gendered Dimension of Trade. Female Traders in Nineteenth Century Luanda", in: Portuguese Studies Review 23:2 (2015), S. 93–121; Oliveira, „Slavery and the Forgotten Women Slave Owners of Luanda", in: Lovejoy, Paul E.; Oliveira (eds.), Slavery, Memory, Citizenship, Trenton: Africa World Press, 2016, S. 126–147.

Sklavenhandel zwischen Luanda/ Angola und den Amerikas (meist über Brasilien) wurde seit dem Ende des 18. Jahrhunderts von einer relativ kleinen Gruppe von reichen brasilianischen Schiffeignern kontrolliert.[249]

Beziehungen zu afrikanischen *chiefs*, Königen, Herrschern und Eliten sowie Kaufleuten, die die meisten Versklavten für Iberer und andere Sklavenhändler lieferten, waren zunächst vor allem herrschaftliche Beziehungen auf afrikanischer Seite: Politische und religiöse Beziehungen, bei denen politische und religiöse Rituale sowie Performanzen, Wissenserwerb (auch über Güter, Textilien, Metalle, Edelmetalle und *commodities* sowie Krankheiten/ Epidemien sowie Medizin und Drogen) und Diplomatie im Vordergrund standen und die kommerziellen Beziehungen nachgeordnet (aber natürlich keineswegs unwichtig) waren.[250] Das Christentum an sich und die christlichen Kirchen stellten seit Beginn der Expansion (die im Grunde schon mit den Kreuzzügen begann) zwar „positive Legitimierungen" der Versklavung, d. h., des *slaving*, bereit, auch wenn sie die Versklavung bereits missionierter Menschen öfters untersagte. Auch Philosophie und Alchemie wurden zur Legitimation von Versklavung herangezogen.[251] Die Macht in Afrika aber lag bei den Afrikanern. Kirchen und Christentum förderten die gewaltsame Verwandlung afrikanischer Versklavter und *cativos* zu in römischer Tradition „rechtmäßig" Versklavten, d. h. die Aufnahme in die jeweilige „Gemeinschaft" – aller Gläubigen (vor allem im Katholizismus).[252] Allerdings konnte dies erst passieren, wenn sie wirklich unter Kontrolle der Iberer/ Europäer und fern der komplizierten Kontinental-Küsten Afrikas waren (auf Schiffen, Inseln sowie Sklaverei-Hubs).

Inwieweit die zentralen Akteure „Europäer", vor allem aus den Seemächten, aber auch den europäischen Hinterländern, waren und inwieweit es, vor allem seit dem Zweiten Atlantik (*Atlântico Sul* der Iberer) Brasilianer sowie Menschen aus der Karibik oder aus afrikanischen oder anderen Kolonialterritorien waren, muss noch untersucht werden.[253] Aus der europäischen Perspektive des späten Mittelalters und der Neuzeit waren die Träger des Handels, wie gesagt, vor allem Fernhändler/ Schiffsausrüster/

249 Domingues da Silva, Daniel B., The Atlantic Slave Trade from West Central Africa, 1780–1867, Cambridge: Cambridge University Press, 2017 (Cambridge Studies on the African Diaspora).

250 Bennett, Herman L., African Kings and Black Slaves. Sovereignty and Dispossession in the Early Modern Atlantic, Philadelphia: University of Pennsylvania Press, 2018.

251 Bauer, Ralph, The Alchemy of Conquest. Science, Religion, and the Secrets of the New World, Charlottesville: University of Virginia Press, 2019.

252 Adiele, Pius Onyemechi, The Popes, the Catholic Church and the Transatlantic Enslavement of Black Africans 1418–1839, Hildesheim: Georg Olms Verlag, 2017 (Sklaverei. Knechtschaft. Zwangsarbeit 16).

253 Schon die jetzigen Daten von www.slavevoyages.org zeigen rund 40% „Amerikaner" (aus allen Amerikas). Für die Waren, vor allem aus Asien, muss es noch debattiert werden; siehe: Kelley, Sean M., „New World Slave Traders and the Problem of Trade Goods. Brazil, Barbados, Cuba, and North America in Comparative Perspective", in: English Historical Review 134, no. 567 (2019), S. 302–333.

Reeder (*mercaderes, comerciantes, armadores*) sowie ihre Agenten (*factores*).[254] In den von Iberern dominierten Teilen der kolombinischen *Indias* und Brasilien galt Ähnliches.[255] Seeleute sowie Besatzungen der Sklaven-Schiffstypen waren stets involviert: Kapitäne, Offiziere, Ärzte/ Heiler, Cargos, Steuerleute, Bootsmänner, Funktionsträger (Übersetzer, Wachen, Sheriffs, Essensverteiler), Matrosen,[256] Leichtmatrosen und Schiffsjungen/ Kabinenjungen. In den Mannschaften – vor allem unter Ruderern, Übersetzern, Heilern, Leichtmatrosen (*mozos*) und Köchen – befanden sich auch Männer und Jungen aus Afrika an Bord der Hochseeschiffe.[257]

Mit Schiffsausrüstern/ Reedern (und Konsignataren) sind vor allem Schiffbauer und Schiffseigentümer gemeint und weniger diejenigen, die Schiffe an Kaufleute und Kapitäne verkauften. Auch diese konnten involviert sein, denn oftmals handelte es sich dabei um einen Akkumulationsbereich von Personen, die später Sklavenhändler wurden. Träger des Handels mit Sklaven waren Sklavenhändler und ihre Angestellten, wie Faktoren, Agenten und Cargos. Kaufleute als Sklavenhändler konnten auch Konsignatare sein – im Grunde Geschäftsvermittler gegen eine Gebühr: so etwa Juan Luis de la Cuesta, der Gastgeber Alexander von Humboldts in Havanna, und viele andere *negreros* (eine abfällige Bezeichnung für Sklavenhändler) seiner Zeit in Havanna oder Puerto Rico (vor allem zwischen 1790 und 1808).

Sklavenhändler bildeten als Teile von kosmopolitischen Gruppen und Korporationen von Kaufleuten eine relativ große Gruppe im AAAE.[258] Dies wird dadurch mit-

---

254 Borgolte, Michael; Jaspert, Niklas (eds.), Maritimes Mittelalter. Meere als Kommunikationsräume, Sigmaringen: Thorbecke Verlag, 2016; siehe auch: Fernández Chaves, Manuel F., „Capital y confianza. Enrique Freire, factor de los tratantes de esclavos portugueses, 1574–1577", in: Fernández Chaves; Pérez García, Rafael M.; Perez, Beatrice (eds.), Mercaderes y redes mercantiles en la Península Ibérica. Siglos XV–XVIII, Lisboa; Sevilla; Paris: Editorial Universidad de Sevilla; Cátedra Alberto Benveniste; Éditions Hispaniques, 2019, S. 303–329; Andújar Castillo, Francisco; Heredia López, Alfonso, „Del comercio a la nobleza titulada. El mercader sevillano Antonio del Castillo Camargo", in: Guillaume-Alonso, Araceli; Pérez, Béatrice (eds.), Figures de la monarchie espagnole des Habsbourg. Charges, fonctions, parcours, Lisboa: Cátedra Alberto Benviste; Faculdade de letras da Universidade de Lisboa, 2020, S. 259–277.

255 Otte, Enrique, „Empresarios españoles y genoveses en los comienzos del comercio trasatlántico. La avería de 1507", in: Revista de Indias 93–94 (1963), S. 519–530. Orlandi, Angela, „Ciudades y aldeas del Nuevo Mundo en los documentos de los mercaderes y viajeros italianos del Quinientos", in: Anuario de Estudios Americanos 73 (2016), S. 45–64.

256 González Guardiola, María Dolores; Igual Luis, David (eds.), El mar vivido. Perfiles sociales de las gentes de mar en la larga duración (siglos XV–XXI), Cuenca: Ediciones de la Universidad de Castilla-La Mancha, 2020 (colección estudios 170).

257 Mamigonian, Beatriz G. „José Majojo e Francisco Moçambique, marinheiros das rotas atlânticas. Notas sobre a reconstituição de trajetórias da era da abolicão", in: Topói 11 (2010), S. 75–91.

258 Zu den atlantischen, hier vor allem europäischen Kaufleutegruppen im atlantischen Europa, siehe: Crespo Solana, Ana (ed.), Comunidades transnacionales. Colonias de mercaderes extranjeros en la Europa atlántica, Aranjuez (Madrid): Doce Calles, 2010; Scheller, Benjamin, „Verkaufen, Kaufen und Verstehen. Die Atlantikexpansion der Europäer, die Fernhändler und die neue Erfahrung des Fremden im 14. und 15. Jahrhundert", in: Borgolte, Michael; Jaspert, Nikolas (eds.), Maritimes

bedingt, dass zu ihnen auch Kapitäne und Schiffsführer auf dem Atlantik sowie – *beyond the Atlantic* – in gewisser Weise Sklavenjäger, Razzienkrieger-Kaufleute, Karawanenkaufleute und Boots-/ Kanuführer auf den Wegen zu und von den atlantischen Küsten gezählt werden müssen. In den jeweiligen Handelszentren Europas und Amerikas waren diese einzelnen Kaufleute-Typen Teil des urbanen Bürgertums (Spanisch: *burguesía*).

Zu einzelnen Sklavenhändlern gibt es spezialisierte Arbeiten vor allem in der brasilianischen und in der US-amerikanischen, britischen sowie französischen[259] und in jüngster Zeit auch in der europäisch-iberischen und in der kubanischen Historiografie.[260]

Die formalen Träger des allgemeinen Handels auf dem iberischen Atlantik waren, wie erwähnt, vor allem *comerciantes/ homems de negócios/ negociantes* (Großkaufleute), *armadores* (Schiffsausrüster/ Besitzer) oder *mercaderes/ mercadores*, die auch kleinere Geschäfte machten.[261] Als Großkaufleute galten sie nur, wenn

---

Mittelalter. Meere als Kommunikationsräume, Ostfildern: Jan Thorbecke Verlag, 2016 (Vorträge und Forschungen 83), S. 233–260.

259 Zeuske, Michael, „Historiografische Skizze zur Geschichte der Sklavenhändler", in: Zeuske, Sklavenhändler, Negreros und Atlantikkreolen. Eine Weltgeschichte des Sklavenhandels im atlantischen Raum, Berlin; Boston: De Gruyter, 2015, S. 49–54 und passim.

260 Caldeira, Arlindo Manuel, Escravos e Traficantes no Império Português. O Comércio Negreiro Português no Atlântico Durante Os Séculos XV a XX, Lisboa: Esfera dos Livros, 2013; Capela, José, O tráfico de Escravos nos Portos de Moçambique 1733–1904, Porto: Ed. Afrontamento, 2002 (Colecção as armas e os varões 15); Silva, Alberto da Costa e, Francisco Félix de Souza. Mercador de escravos, Rio de Janeiro: Editora Nova Fronteira; Ed. Uerj, ³2004; Capela, Conde de Ferreira & Ca. Traficantes de escravos, Porto: Afrontamento, 2012 (Biblioteca das ciências sociais: História 36); Marrero Cruz, Eduardo, „Traficante de esclavos y chinos", in: Marrero Cruz, Julián de Zulueta y Amondo. Promotor del capitalismo en Cuba, La Habana: Ediciones Unión, 2006, S. 46–79; Rodrigo y Alharilla, Martín, „Spanish Merchants and the Slave Trade. From Legality to Illegality, 1814–1870", in: Fradera, Josep María; Schmidt-Nowara, Christopher (eds.), Slavery and Antislavery in Spain's Atlantic Empire, New York; Oxford: Berghahn, 2013, S. 176–199; Barcia Zequeira, María del Carmen, Pedro Blanco, el negrero, La Habana: Ediciones Boloña, 2018 (Collección Raíces).

261 Pedreira, Jorge Miguel, „Os negociantes de Lisboa na segunda metade do século XVIII. Padrões de recrutamento e trajectórias sociais", in: Análise Social 27, nos. 116–117 (1992), S. 407–440; Lorenzo Sanz, Eufemio, Comercio de España con América en la época de Felipe II. Los mercaderes y el tráfico indiano, 2 Bde., Valladolid: Institución Cultural Simancas, 1979; Fernández Chaves, Manuel F.; Pérez García, Rafael M., „Las redes de la trata negrera. Mercaderes portugueses y tráfico de esclavos en Sevilla (c. 1560–1580)", in: Martín Casares, Aurelia; García Barranco, Margarita (eds.), La esclavitud negroafricana en la historia de España, Granada: Editorial Comares, 2010, S. 5–34; Caldeira, Arlindo Manuel, „Mercadores, armadores e contratadores", in: Caldeira, Escravos e Traficantes no Império Português. O Comércio Negreiro Português no Atlântico Durante Os Séculos XV a XX, Lisboa: Esfera dos Livros, 2013, S. 164–174; Fernández Chaves; Pérez García, „La élite mercantil judeoconversa andaluza y la articulación de la trata negrera hacia las Indias de Castilla, ca. 1518–1560", in: Hispania 76, no. 253 (2016), S. 385–414; Crespo Solana, Ana, Mercaderes atlánticos. Redes del comercio flamenco y holandés entre Europa y el Caribe, Córdoba: Servicio de Publicaciones, Universidad de Córdoba, 2009; Iglesias Rodríguez, Juan José, „La burguesía atlántica

sie nicht in Ladengeschäften handelten (obwohl sie „aus Gewohnheit" oft auch Läden hatten), sondern *al por mayor* (*mayoristas*). Kaufleute der *Carrera de Indias* wurden *cargadores* genannt.[262] Sie konzentrierten sich zunächst in Sevilla,[263] aber seit dem 17. Jahrhundert auch in Cádiz[264] und im 19. Jahrhundert in Barcelona und anderen Hafenstädten (wie Sanlúcar de Barrameda oder der Puerto de Santa María). Juan José Iglesias spricht von *„nuevas élites nobiliarias atlánticas"* [neue atlantische Adelseliten], deren Status aus der Akkumulation von Handelsgewinnen und ihrer Investition in Land resultierte.[265] Kaufleute im europäischen Teil des Atlantikzuganges waren bis zum Ende des 18. Jahrhunderts meist in Gremien/ Konsulaten (wie den *Cargadores de Indias* oder den Kaufleute-Gremien/ Interessenverbänden von Cádiz, Madrid, Sevilla, etc.) und Handelskorporationen organisiert (transnationale Kompagnien,[266] wie denen von Havanna,[267] der *Guipuzcoana de Caracas* oder *Companhia*

---

gaditana del siglo XVIII. Visiones del mundo y transformaciones de mentalidad, Francisco Guerra de la Vega, comerciante y naviero", in: Iglesias Rodríguez; García Bernal, José Jaime (eds.), Andalucia en el mundo moderno. Agentes y escenarios, Madrid: Sílex, 2016, S. 355–388; Iglesias Rodríguez, „Redes familiares y élites mercantiles internacionales en la Andalucia atlántica moderna (Cádiz, siglos XVI–XVII)", in: Sánchez-Montes González, Francisco; Lozano Navarro, Julián José; Jiménez Estrella, Antonio (eds.), Familias, élites y redes de poder cosmopolitas de la Monarquía Hispánica en la Edad Moderna, Granada: Editorial Comares, 2016, S. 143–169; Menz, Maximiliano M., „Domingos Dias da Silva, o último contratador de Angola. A trajetória de um grande traficante de Lisboa", in: Revista Tempo 23:2 (2017), S. 384–407 (= Dossiê: O tráfico de escravos africanos. Novos horizontes).

262 Rodríguez, Sergio, La Carrera de Indias. Las rutas, los hombres y las mercancías, Santander: La Huerta Grande, 2015; Zambrano Pérez, Milton, „Piratas, piratería y comercio ilícito en el Caribe. La visión del otro (1550–1650)", in: Historia Caribe 12 (2007), S. 23–56.

263 Siehe: García Fuentes, Lutgardo, „La introducción de esclavos en Indias desde Sevilla en el siglo XVI", in: Torres Ramírez, Bibiano; Hernández Palomo, José J. (eds.), Andalucía y America en el siglo XVI. Actas de las II Jornadas de Andalucía y América, Sevilla: Escuela de Estudios Hispanoamericanos, CSIC, 1983, S. 249–274, hier S. 267: „tres grupos de cargadores: comerciantes españoles, generalmente afincados en Sevilla, funcionarios dependientes de la Administración indiana y comerciantes indianos que tras realizar las operaciones mercantiles propias del oficio regresaban como pasajeros al Nuevo Mundo".

264 Bustos Rodríguez, Manuel, Cádiz en el sistema atlántico. La ciudad, sus comerciantes y la actividad mercantil (1650–1830), Madrid: Sílex Ediciones; Universidad de Cádiz, 2005.

265 Perez, Béatrice, Les marchands de Séville. Une société inquiète (XVe–XVIe siècles), Paris: Presses Universitaires Paris-Sorbonne, 2016; Girón Pascual, Rafael M., „Capital comercial, capital simbólico. El patrimonio de los cargadores a Indias judeoconversos en la Sevilla de los siglos XVI y XVII", in: Mediterranea Ricerche Storiche 16, no. 46 (2019) (https://www.academia.edu/40016402 [08. März 2022]), S. 315–348; Iglesias Rodríguez, Juan José, „Los procesos de acumulación y vinculación patrimonial de la propiedad en las nuevas élites nobiliarias atlánticas de la Andalucía moderna" (https://journals.openedition.org/e-spania/32837 [08. März 2022]).

266 Mit Betonung der englischen/ britischen East India Company: Gottmann, Felicia; Stern, Philip, „Crossing Companies", in: Journal of World History 31:3 (2020), S. 477–488.

267 Garate, Montserrat, Comercio Ultramarino e ilustración. La Real Compañía de La Habana, Donostia-San Sebastián 1993 (Colección ilustración Vasca 6); García Rodríguez, Mercedes, „La Real Compañía de La Habana. Su actividad por el puerto de Carenas", in: Elías Caro, Jorge Enrique;

Geral do Comércio do Brasil).[268] Die Kaufleute der amerikanischen Seite waren ca. 270 Jahre lang formal monopolistisch geblockt, faktisch aber wichtige Teilhaber des Süd-Süd-Sklavenhandels, der Gewinne, des Schmuggels und der Korruption sowie der Belieferung von Militärs.[269] Vor allem die Kaufleute der so genannten Kolonial-Peripherien: der Karibik sowie Buenos Aires/ Montevideo. Seit den bourbonischen Reformen gab es auch *consulados* in den wichtigen Sklavenhandelsgebieten Spanisch-Amerikas (wie Buenos Aires, Cartagena/ Panamá, Veracruz, Caracas und La Habana).[270]

Die Kaufleute führten Handelshäuser mit Wuchergeschäften sowie oft auch mit Bank- und Versicherungs-Funktionen. Die meisten legten ihr Geld auch in Sklavenplantagen an. Viele waren im Großhandel mit Zucker, Mehl, Textilien/ Stoffen (*ropas*), Leder, Lederwaren (*corambre*) oder Tabak zu finden. Der Transport von Zucker und Tabak oder Textilien auf dem iberischen Atlantik bedeutete, dass Sklavenhandel, Versicherungsgeschäfte mit Sklavenschiffen und Sklaverei nicht

---

Vidal Ortega, Antonino (eds.), Ciudades portuarias en la gran cuenca del Caribe. Historia, Cultura, Economía y Sociedad, Barranquilla: Ediciones Uninorte; Editorial Universidad del Magdalena, 2010, S. 103–119.

268 Zu „nationalen" Handelskompanien gibt es ziemlich viel Literatur; einen atlantischen und globalen Neuansatz, der sehr viel mehr „Kapitalismus" außerhalb der europäischen Monarchien zeigt, bieten: Costa, Leonor Freire, O Transporte no Atlântico e a Companhia Geral do Comércio do Brasil (1580–1663), Lisboa: CNCDP, 2002; Roulet, Éric (ed.), Le monde des compagnies. Les premières compagnies dans l'Atlantique. I. Structures et modes de fonctionnement, Aachen: Shaker Verlag, 2017; Pettigrew, William A.; Veevers, David (eds.), Transoceanic Constitutions. The Corporation as a Protagonist in Global History, 1550–1750, Leiden: Brill, 2019; Gottmann, Felicia; Stern, Philip, „Crossing Companies", in: Journal of World History 31:3 (2020), S. 477–488.

269 Córdoba Ochoa, Luis Miguel, „Los altos precios de la vida en los puertos del Caribe, los cortos salarios de los oficiales y la justificación velada de los fraudes a la Corona en las primeras décadas del siglo XVII", in: Andújar Castillo, Francisco; Ponce Leiva, Pilar (eds.), Debates sobre la corrupción en el mundo ibérico, siglos XVI–XVIII, Alicante: Biblioteca Virtual Miguel de Cervantes, 2018, S. 229–239; Gómez González, Juan Sebastián, „‚Poner el reino en la consternación'. Contrabando y hermandad en el istmo de Panamá a mediados del siglo XVIII", in: Boletín Cultural y Bibliográfico 55, no. 100 (2021), S. 13–30.

270 Böttcher, Nikolaus, „Kreolische Handlungskompetenz in Hispanoamerika vor der Unabhängigkeit – Die Reales Consulados im spanischen Kolonialreich", in: Fischer-Tiné, Harald (ed.), Handeln und Verhandeln. Kolonialismus, transkulturelle Prozesse und Handlungskompetenz, Münster: LIT Verlag, 2002 (Periplus Parerga 8), S. 11–28; Souto Mantecón, Matilde, Mar abierto. La política y el comercio del Consulado de Veracruz en el ocaso del sistema imperial, México: El Colegio de México-Instituto de Investigaciones Dr. José María Luis Mora, 2001; García de León, Antonio, Tierra adentro, mar en fuera. El puerto de Veracruz y su litoral a Sotavento, 1519–1821, Ciudad de México: Fondo de Cultura Económica; Universidad Veracruzana, Secretaría de Educación del Estado de Veracruz, 2011; Ortiz Escaramilla, Juan, „El Veracruz que mira al Caribe, 1750–1825", in: Memorias. Revista Digital de Arqueología e Historia desde el Caribe 14, no. 34 (2018), S. 60–86; Vanegas Beltrán, Muriel; Solano, Sergio; Flórez Bolívar, Roicer, „Elites y poder colonial. Comerciantes y Cabildo en Cartagena de Indias, 1750–1810", in: Memorias. Revista Digital de Historia y Arqueología desde el Caribe colombiano 42 (2020), S. 44–75.

weit waren, obwohl keiner dieser Kaufleute offiziell Sklavenhändler (*negrero/ negreiro*) genannt wurde.

Seit den bourbonischen Reformen der zweiten Hälfte des 18. Jahrhunderts, vor allem aber seit der formalen Einführung von Privateigentum (durch die rechtliche Umwandlung feudaler Titel in Privateigentum seit 1815) profilierten sich Handelshäuser und kleinere Gesellschaften von zwei bis drei Kaufleuten (oft auch Brüder oder Kompagnons aus dem gleichen Ort). Die Abolition des atlantischen Sklavenhandels 1820 (Spanien) und 1836–1840 in Portugal führte dazu, dass sich verschiedene Kaufleute und Gesellschaften auch auf den formal illegalen, informell aber geduldeten, Menschenschmuggel des 19. Jahrhunderts (*hidden Atlantic*) einließen. Der Sklavenhandel in das spanische Imperium war vor allem vor 1790 sehr lange und sehr massiv Schmuggel gewesen, sozusagen Menschenschmuggel innerhalb einer halbformell organisierten Schmuggelwirtschaft.[271] In dieser halbformellen iberischen Atlantikpolitik und durch privates Unternehmertum, kamen eine ganze Reihe von Neuanfängern ins Geschäft. Es waren an ihren biografischen Anfängen oft radikale Liberale, die aus den „Mutterländern" regelrecht abgeschoben worden waren. Wegen der großen Nachfrage nach Versklavten in den Wirtschaften der *Second Slavery* verfügten sie noch schneller über sehr große Kapitalien als ihre Vorgänger – zumindest die erfolgreichen Kaufleute unter ihnen. Dieses Kapital wurde in modernste Technologie (Schiffe, Ausrüstungen, Zeitungen, Kommunikation, Wissenschaft, Epidemiekontrolle/ Medizin), aber auch in Immobilien angelegt – oft, um noch mehr Versklavte zu schmuggeln oder Transportflotten für europäischen Auswanderer zu gründen. Die Profite wurden in Land und in die Zucker-, Tabak- oder Kaffeeproduktion (sowie anderer *commodities*) angelegt und auch dort in modernste Technologien. Die reichsten Kaufleute unter ihnen operierten zwischen 1840 und 1870 auf Kuba – im Wesentlichen im Versklavten-Verkauf an Land auf der letzten Etappe von AAA (wie Antonio López y López oder Tomás Terry). Einige von ihnen transferierten ihre Kapitalien (meist nicht mehr in der Form des Kapitals menschlicher Körper, sondern in Geld- oder Aktienkapital) um 1870 nach Spanien und andere Gegenden Europas oder Nordamerikas (vor allem wegen der antikolonialen Kriege auf Kuba 1868–1898).[272] Es handelte sich um

271 Gómez González, Juan Sebastián, „„Poner el reino en la consternación'. Contrabando y hermandad en el istmo de Panamá a mediados del siglo XVIII", in: Boletín Cultural y Bibliográfico 55, no. 100 (2021), S. 13–30.

272 Rodrigo y Alharilla, Martin, „Familia, redes y alianzas en la gran empresa española. El holding Comillas (1857–1890)", in: prohistoria 10 (2006), S. 73–92; Rodrigo y Alharilla, Indians a Catalunya. Capitals cubans en l'economia catalana, Barcelona: Fundación Noguera, 2007; Rodrigo y Alharilla, „Trasvase de capitales antillanos. Azúcar y tranformación urbana en Barcelona en el siglo XIX", in: Santamaría García, Antonio; Naranjo Orovio, Consuelo (eds.), Más allá del azúcar. Política, diversificación y prácticas económicas en Cuba, 1878–1930, Aranjuez (Madrid): Ediciones Doce Calles, 2009, S. 127–158; Rodrigo y Alharilla, „De la esclavitud al cosmopolitismo. Tomás Terry Adán y su familia", in: Laviña, Javier; Piqueras, Ricardo; Mondejar, Christina (eds.), Afroamérica, espacios e identidades, Barcelona: Icaria editorial, 2013, S. 93–119; Rodrigo y Alharilla, „Spanish Merchants and the Slave

Sklaverei-Kapitalismus der *Second Slavery*, der in Bezug auf quasi versklavte Arbeitskräfte seit um 1840 sehr schnell auch wirklich global – in beiden Hemisphären – operierte (siehe Kapitel 5 zu den *Second Slaveries*).[273]

Die wichtigsten aktiven Träger des Handels agierten unter den in den ersten drei Sektionen dieses Kapitels genannten Grundlagen, Bedingungen sowie Infrastrukturen und Schiffen. Sie waren Kapitäne, Schiffoffiziere (Schiffschirurgen), Handwerker und Mannschaften sowie Faktoren und Cargos. In Bezug auf die Imperialgeschichte – oder besser „Nicht-mehr-nur-Imperialgeschichte" – wird der neue Ansatz einer transimperialen Atlantikgeschichte (siehe oben zu den „Atlantiken") sowie einer Atlantikgeschichte auf der Ebene von Kaufleuten/ Kapitän-Unternehmern sowie einzelner Schiffe vielleicht am deutlichsten in neueren Kulturgeschichten des *Portuguese Atlantic*[274] oder des *Dutch Atlantic* mit seinen interimperialen Akteuren, dem frühen *commodity*-Ansatz der *Oceans of Wine*[275] und im *biographical turn* – oder Mikroge-

Trade. From Legality to Illegality, 1814–1870", in: Fradera, Josep Maria; Schmidt-Nowara, Christopher (eds.), Slavery and Antislavery in Spain's Atlantic Empire, New York; Oxford: Berghahn, 2013, S. 176–199; Rodrigo y Alharilla, „From Periphery to Centre. Transatlantic Capital Flow, 1830–1890", in: Leonard, Adrian; Pretel, David (eds.), The Caribbean and the Atlantic World Economy. Circuits of Trade, Money and Knowledge, 1650–1914, London: Palgrave Macmillan, 2015 (Cambridge Imperial and Post-Colonial Studies Series), S. 217–237; Rodrigo y Alharilla; Chaviano, Lizbeth J. (eds.), Negreros y esclavos. Barcelona y la esclavitud atlántica (siglos XVI–XIX), Barcelona: Icaria editorial, 2017; Rodrigo y Alharilla; Cózar Navarro, María del Carmen (eds.), Cádiz y el tráfico de esclavos. De la legalidad a la clandestinidad, Madrid: Silex Ediciones, 2018; Rodrigo y Alharilla, Un hombre, mil negocios. La verdadera historia de Antonio López, marqués de Comillas, Barcelona: Ariel, 2021.

273 Zeuske, Michael, „Versklavte, Sklavereien und Menschenhandel auf dem afrikanisch-iberischen Atlantik", in: Zeuske, Sklavenhändler, Negreros und Atlantikkreolen. Eine Weltgeschichte des Sklavenhandels im atlantischen Raum, Berlin; Boston: De Gruyter, 2015, S. 296–364; Zeuske, „Coolies – Asiáticos und Chinos. Globale Dimensionen der Second Slavery", in: Zeuske, Sklavenhändler, Negreros und Atlantikkreolen. Eine Weltgeschichte des Sklavenhandels im atlantischen Raum, Berlin; Boston: De Gruyter, 2015, S. 365–381.

274 Sweet, James H., „The Slave Trade in the Portuguese Colonial World, 1441–1700", in: Sweet, Recreating Africa. Culture, Kingship, and Religion in the African-Portuguese World, 1441–1770, Chapel Hill: University of North Carolina Press, 2003, S. 15–22; Bohorquez, Jesús; Menz, Maximiliano, „State Contractors and Global Brokers. The Itinerary of Two Lisbon Merchants and the Transatlantic Slave Trade during the Eighteenth Century", in: Itinerario 42:3 (2018), S. 403–429.

275 Oostindie, Gert; Roitman, Jessica V., „What is the ,Dutch Atlantic'"?, in: Oostindie; Roitman (eds.), Dutch Atlantic Connections, 1680–1800. Linking Empires, Bridging Borders, Leiden: Brill, 2014, S. 2–10; Ribeiro da Silva, Filipa, Dutch and Portuguese in Western Africa. Empires, Merchants and the Atlantic System, 1580–1674, Leiden: Brill, 2011; Ribeiro da Silva, „Crossing Empires. Portuguese, Sephardic, and Dutch Business Networks in the Atlantic Slave Trade, 1580–1674", in: The Americas 68:1 (2011), S. 7–32; Ribeiro da Silva, „Forms of Cooperation between Dutch-Flemish, Sephardim and Portuguese Private Merchants for the Western African Trade within the Formal Dutch and Iberian Atlantic Empires, 1590–1674", in: Portuguese Studies 28:2 (2012), S. 159–172; Ribeiro da Silva, „African Islands and the Formation of the Dutch Atlantic Economy. Arguin, Gorée, Cape Verde and São Tomé, 1590–1670", in: The International Journal of Maritime History 26:3 (2014), S. 549–567; Ribeiro da Silva, „The Dutch and the Consolidation of the Seventeenth-Century South Atlantic Com-

schichten/ *life histories* der atlantischen Welt, inklusive der Geschichte der Schiffe und der Träger des Handels.[276]

Ein Beispiel für eine solche *life history* ist die des bereits erwähnten Manuel Alvarez Prieto: Prieto wurde 1636 von den Inquisitions-Richtern in Cartagena de Indias verhört, am Anfang der Befragung über seine Herkunft und seine Karriere. Er gab zu Protokoll, dass er zunächst sieben oder acht Jahre als Lehrling des Sklavenhändlers Lope Henriques de Guzman in Guiné (Senegambien) verbracht habe, dann sei er nach Spanien zurückgekehrt und von dort aus nach Lissabon: „After four years in Lisbon",[277] fährt Tobias Green fort,

> Alvarez Prieto embarked for Angola and from there sailed to the Rio de la Plata, from where he made his way to Salvador de Bahia. From Salvador he returned to Angola before going to Cartagena, traveling to Puerto Rico and then to Seville and Lisbon, from Lisbon to Cabo Verde and Upper Guinea, thence to the Maroccan coast and back to Lisbon. In Lisbon he spent another four years, where he got married to the daughter of a well-known slave trader resident in Cacheu, Alvaro Gonçalves Frances. Eventually, Alvarez Prieto returned to Cacheu and then crossed the Atlantic with a cargo of enslaved Africans to Cartagena, where the Inquisition caught up with him.[278]

plex, c.1630–1654", in: Portuguese Literary and Cultural Studies 27 (2014), S. 83–103; Ribeiro da Silva, „Between Iberia, the Dutch Republic and Western Africa. Portuguese Sephardic Long- and Short-Term Mobility in the Seventeenth Century", in: Jewish Culture and History 16:1 (2015), 45–63 (http://dx.doi.org/10.1080/1462169X.2015.1032011); Ribeiro da Silva, „The Slave Trade and the Development of the Atlantic Africa Port System, 1400s-1800s", in: The International Journal of Maritime History 29:1 (2017), S. 138–154; Hancock, David J., Oceans of Wine. Madeira and the Emergence of American Trade and Taste, New Haven: Yale University Press, 2009; Fatah-Black, Karwan, White Lies and Black Markets. Evading Metropolitan Authority in Colonial Suriname, 1650–1800, Leiden: Brill, 2015 (The Atlantic World 31). S. auch https://commoditiesofempire.org.uk/ (08. März 2022).

276 Zeuske, Michael, „Cosmopolites of the Hidden Atlantic. The ‚Africans' Daniel Botefeur and his Personal Slave Robin Botefeur in Cuba/ Cosmopolitas del Atlántico esclavista. Los ‚africanos' Daniel Botefeur y su esclavos de confianza Robin Botefeur in Cuba", in: Almanack 12 (2016), S. 129–155 (http://dx.doi.org/10.1590/2236-463320161208); Zeuske; Sanz Rozalén, Vicent, „El Negrito y la microeconomía política de la trata negrera en el Atlántico. La arribada a puerto con un cargamento de esclavizados", in: Martín Casares, Aurelia; Benítez Sánchez-Blanco, Rafael; Schiavon, Andrea (eds.), Reflejos de la esclavitud en el arte. Imágenes de Europa y América, Valencia: tirant humanidades, 2021, S. 138–160.

277 Green, Toby, „Baculamento or Encomienda? Legal Plurisms and the Contestation of Power in Pan-Atlantic World of the Sixteenth and Seventeenth Centuries", in: Journal of Global Slavery 2:3 (2017), S. 310–336, hier S. 310.

278 Ebd. Siehe auch die *life history* des Portugiesen Jorge Rodríguez de Lisboa: Chuecas Saldías, Ignacio, „El Caribe portugués. Sobre políticas imperiales, redes planetarias y la presencia de portugueses en el Caribe durante el gobierno de Felipe III (1598–1621)", in: Iberoamérica Social. Revistared de estudios sociales 2 (2018), S. 27–45.

Sozial, wirtschaftlich und institutionell kommen fünf Gruppen in Frage, die direkte-europäische und amerikanische Träger des transatlantischen Sklavenhandels und Sklaventransports waren:[279] erstens Sklavenhändler-Kaufleute, die selber auf Schiffen mitfuhren, zweitens Kapitäne, Offiziere und Ärzte, drittens Faktoren und Hilfskräfte sowie Mediziner (vor allem in Afrika, aber seit dem 18. Jahrhundert auch in den amerikanischen Häfen), viertens Mannschaften,[280] d. h. Matrosen/ Fischer (Lotsen) sowie fünftens Atlantikkreolen zu Lande, aber vor allem zu Wasser. Die Atlantikkreolen konnten Freie sein, aber es waren ebenfalls Versklavte unter ihnen; auch und gerade in den Schiffsmannschaften.[281] Am wichtigsten im direkten Kontakt zu den Versklavten waren Kapitäne und *maestres*, also Schiffsführer, die nicht Eigentümer der von ihnen geführten Schiffe waren. Auf dem ersten Atlantik sowie dem zweiten afrikanisch-iberischen *Atlântico Sul* waren die meisten Kapitäne und *maestres* [Schiffsmeister] Lusitanier.[282] Die Schiffe waren zuallererst portugiesisch, an zweiter Stelle spanisch (vor allem andalusisch und baskisch), aber auch, vor allem im 16. und am Beginn des 17. Jahrhunderts – niederländisch (*flamencos*): *„navíos portugueses, castellanos o [...] filibotes flamencos* (portugiesische, kastilische Schiffe oder

---

279 Schiffsbauer, Reeder und Schiffsausrüster oder -händler (unter letzteren finden sich recht viele Sklavenhändler) sowie große Sklavenhändler, Versicherer und Bankiers sind indirekte Träger des atlantischen Sklavenhandels; siehe: Zeuske, Michael, Sklavenhändler, Negreros und Atlantikkreolen. Eine Weltgeschichte des Sklavenhandels im atlantischen Raum, Berlin; Boston: De Gruyter, 2015, passim.

280 Rodrigues, Jaime, De costa a costa. Escravos, marinheiros e intermediarios do tráfico negreiro de Angola ao Rio de Janeiro, São Paulo: Companhia das Letras, 2005; Rodrigues, „Saúde e artes de curar", in: Rodrigues, De costa a costa. Escravos, marinheiros e intermediarios do tráfico negreiro de Angola ao Rio de Janeiro, São Paulo: Companhia das Letras, 2005, S. 252–296; Rodrigues, „O fim do tráfico transatlântico de escravos para o Brasil. Paradigmas em questão", in: Grinberg, Keila; Salles, Ricardo (eds.), O Brasil Imperial 1831–1870, Bd. 2, Rio de Janeiro: Civilização Brasileira, 2009, S. 299–338; Rodrigues, „Marinheiros forros e escravos em Portugal e na América Portuguesa (c. 1760–c. 1825)", in: Revista de História Comparada 7:1 (2013), S. 9–35; Rodrigues, „Aspectos de la religiosidad de los marineros en el Océano Atlántico en la Edad Moderna", in: Uncal, Lucía; Moro, Pedro (eds.), Buenosvientos. Circulación, resistencias, ideas y prácticas en el Mundo Atlántico de la Modernidad Temprana, La Plata: Lucía Uncal, 2020, S. 135–150.

281 Reis, João; Gomes, Flávio dos Santos; Carvalho, Marcus J.M. de, O alufá Rufino. Tráfico, escravidão e liberdade no Atlântico negro (c. 1822 – c. 1853), São Paulo: Companhia Das Letras, 2010; Chaviano Pérez, Lizbeth J., „The Dark Faces Among the Slave Trade. Mariners of African Origin in Spanish Ships (1817–1845)", in: Journal of Iberian and Latin American Studies 25:3 (2019), S. 425–439; Teubner, Melina, „Street Food, Urban Space, and Gender. Working on the Streets of Nineteenth-Century Rio de Janeiro (1830–1879)", in: International Review of Social History (= Special Issue 27 [2019]: Free and Unfree Labor in Atlantic and Indian Ocean Port Cities); Teubner, Die ‚zweite Sklaverei' ernähren. Sklavenschiffsköche und Straßenverkäuferinnen im Südatlantik (1800–1870), Frankfurt am Main: Campus, 2021.

282 Peralta Rivera, Germán, „Los navíos negreros", in: Peralta Rivera, Germán, Los mecanismos del comercio negrero, Lima: Kuntur ed., 1990, S. 199–210, hier 201.

[...] flämische filibotes [Fleuten])".[283] Dazu kamen Boots-Besitzer für Fluss- sowie Küstentransporte (auch an der Ostküste der USA)[284] und Karawanenchefs.

Sklavenhändler und Träger des Handels als Sklavenhalter und ihr jeweiliges Hilfspersonal (vor allem Wachen und Aufseher) spielten insofern eine wichtige Rolle, als viele Sklavenhändler/ Kaufleute und Kapitäne, etc. – wie oben angedeutet – in Land, Plantagen und Versklavte, die auf den Plantagen produzierten, sowie in Haussklaven investierten. Aufseher hatten vor ihrem Job an Land oft auch im Sklavenhandel auf Schiffen oder als Faktoren in Afrika gearbeitet. Es gab Unteraufseher (Spanisch: *contramayorales*), die selbst Versklavte waren (*capataces*).[285]

Städte, Häfen und Hafenstädte (eine Grundstruktur atlantischer Hubs), oft auch Monarchen oder Monarchinnen (wie Elizabeth I. oder die Monarchen von Portugal und Spanien), d. h. Staaten,[286] standen als institutionelle Akteure/ Träger hinter der ersten und der zweiten Gruppe. Schiffsbesitzer, Schiffsausrüster, Investoren – das konnten ebenfalls Könige oder Königinnen sein[287] – und Kaufleute/ Wucherer/ Versicherer sowie Reeder und Konsignatare, die Waren anderer Kaufleute, meist von solchen aus anderen politischen Territorien zu bestimmten Bedingungen transportierten und verkauften, standen in eher indirektem Kontakt zum Handel auf dem Atlantik. Ihre Vertreter im face-to-face-Sklavenhandel waren in erster Linie Faktoren vor Ort in Westafrika, angestellte Kapitäne oder eben neu-christlich-sephardische „Direkt-

---

283 Ebd.

284 Fatah-Black, Karwan, „Slaves and Sailors on Suriname's Rivers", in: Itinerario 36 (2012), S. 61–82; Williams, Jennie K., „Trouble the Water. The Baltimore to New Orleans Coastwise Slave Trade, 1820–1860", in: Slavery & Abolition 41:2 (2020), S. 275–303; Kerr-Ritchie, Jeffrey R., Rebellious Passage. The Creole Revolt and America's Coastal Slave Trade, Cambridge: Cambridge University Press, 2019.

285 Barcia, Manuel, „Un aspecto de las relaciones de dominación en la plantación esclavista cubana. Los contramayorales esclavos", in: Boletín del Gabinete de Arqueología 1:2 (2001), S. 88–93.

286 Siehe die „Top-20-Listen" der Ausrüsterstädte von Sklavenhandelsexpeditionen sowie die afrikanischen Verschiffungspunkte in: Zeuske, Michael, „Zentren des neuzeitlichen Sklaven- und Menschenhandels und Grundlinien der Historiografie", in: Zeuske, Handbuch Geschichte der Sklaverei. Eine Globalgeschichte von den Anfängen bis heute, Bd. 1, Berlin; Boston: De Gruyter, ²2019, S. 62–92; siehe auch: Knight, Franklin W.; Liss, Peggy K. (eds.), Atlantic Port Cities. Economy, Culture and Society in the Atlantic World, 1650–1850, Knoxville: The University of Tennessee Press, 1991; Eltis, David; Lovejoy, Paul E.; Richardson, David, „Slave-Trading Ports. Toward an Atlantic-Wide Perspective", in: Law, Robin; Strickrodt, Silke (eds.), Ports of the Slave Trade (Bights of Benin and Biafra), Stirling: Centre of Commonwealth Studies, University of Stirling, 1999, S. 12–34; O'Flanagan, Patrick, Port Cities of Atlantic Iberia, c. 1500–1900, Aldershot: Ashgate Publishing, 2008.

287 Régent, Frédéric, „Les négociants, les colons, le roi et la traite négrière", in: Régent, La France et ses esclaves. De la colonisation aux abolitions (1620–1848), Paris: Grasset, 2007, S. 37–57.

Kaufleute" (natürlich von Sklaven), wie Manuel Alvarez Prieto oder Manuel Bautista Pérez (Manoel Batista Peres).[288]

Als Träger des Menschenhandels auf der hohen See des Sklaverei-Atlantiks werden generell meist Kollektivakteure genannt, die heutigen spatial-geografische und national-imperialen Konventionen und historischen Perspektiven bzw. historischen Schiffsflaggen entsprechen:[289] „Portugiesen", „Engländer/ Briten" („Schotten", „Iren"[290]), „Franzosen", „Holländer/ Niederländer",[291] „Spanier" („Katalanen",[292] „Bas-

---

288 Newson, Linda A., „Africans and Luso-Africans in the Portuguese Slave Trade on the Upper Guinea in the Early Seventeenth Century", in: Journal of African History 53:1 (2012), S. 1–24; Newson; Minchin, Susie, „The Acquisition of Slaves", in: Newson; Minchin, From Capture to Sale. The Portuguese Slave Trade to Spanish America in the Early Seventeenth Century, Leiden: Brill, 2007 (The Atlantic World 12), S. 32–71; Newson, „Bartering for Slaves on the Upper Guinea Coast in the Early Seventeenth Century", in: Green, Toby (ed.), Brokers of Change. Atlantic Commerce and Culture in Pre-Colonial Western Africa, London; Oxford: British Academy; Oxford University Press, 2012, S. 257–282.
289 Eltis, David, „National Participation in the Transatlantic Slave Trade. New Evidence", in: Curto, José C.; Renée Soulodre-La France, Renée (eds.) Africa and the Americas. Interconnections During the Slave Trade, Trenton: Africa World Press, 2005, S. 13–41.
290 Rodgers, Nini, Ireland, Slavery and Anti-Slavery, 1612–1865, London: Palgrave Macmillan, 2007.
291 Vos, Jelmer; Eltis, David; Richardson, David, „The Dutch in the Atlantic World. New Perspectives from the Slave Trade with Particular Reference to the African Origins of the Traffic", in: Eltis; Richardson (eds.), Extending the Frontiers. Essays on the New Transatlantic Slave Trade Database, New Haven: Yale University Press, 2008, S. 228–249.
292 Zur spezifischen Historiografie von Katalanen im afrikanisch-iberischen Atlantik, schon zeitig mit einerseits imperial-kulturellem Pränationalismus (*reino de Aragón*) sowie transnationalem Kosmopolitismus andererseits, und der globalen Hub-Funktion des Hafens von Barcelona, siehe: Maluquer de Motes, Jordi, „Burguesia catalana y l'esclavitud colonial. Modes de producció y pràctica política", in: Recerques 3 (1974), S. 83–116; Fradera, Josep Maria, „La participació catalana en el tràfic d'esclaus", in: Recerques 16 (1984), S. 119–139; Maluquer de Motes, „Abolicionismo y resistencia a la abolición en la España del siglo XIX", in: AEA 43 (1986), S. 311–331; Maluquer de Motes, „La formación del mercado interior en condiciones coloniales. La inmigración y el comercio catalán en las Antillas españolas durante el siglo XIX", in: Estudios de Historia Social 44–47 (1988), S. 89–104; Yáñez, César, „Los negocios ultramarinos de una burguesía cosmopolita. Los catalanes en las primeras fases de la globalización, 1750–1914", in: Revista de Indias 64, no. 238 (2006), S. 679–710; Clarence-Smith, William Gervase, „The Portuguese Contribution to the Cuban Slave and Coolie Trades in the Nineteenth Century", in: Slavery & Abolition 5 (1984), S. 25–33; Clarence-Smith, „La traite portugaise et espagnole en Afrique au dix-neuvième siècle", in: Daget, Serge (ed.), De la traite à l'esclavage, V^e au XIXème siècle. Actes du Colloque International sur la Traite des Noirs (Nantes 1985), 2 Bde., Nantes; Paris: Université de Nantes; Société Française d'Histoire d'Outre-mer et Centre de Recherche sur l'Histoire du Monde Atlantique, 1988, S. 425–434; siehe auch: Clarence-Smith, The Third Portuguese Empire, 1825–1975. A Study in Economic Imperialism, Manchester; Dover: Manchester University Press, 1985; Clarence-Smith, Slaves, Peasants and Capitalists in Southern Angola 1840–1926, Cambridge: Cambridge University Press, 2007; sowie: Schmidt-Nowara, Christopher, Slavery, Freedom, and Abolition in Latin America and the Atlantic World, Albuquerque: University of New Mexico

ken"[293]), „Dänen",[294] manchmal auch „Brandenburger"[295] oder „Schweden";[296] afrikanische Eliten, wie oben gesagt, eher nicht.[297] Die Sklavenhandelseliten aus den kolonial dominierten Teilen der jeweiligen Imperien bzw. aus ehemaligen Kolonien, die selbstverständlich als Träger des atlantischen Handels eine wichtige Rolle gespielt haben, werden eher selten genannt: „Brasilianer" noch am ehesten (es waren aber auch alle möglichen anderen „Portugiesen" aus den portugiesischen Sklaverei-Imperium[298]), „Kubaner" oder „Uruguayer". Die Eliten der spanischen Kolonien bezeichneten sich vor der Unabhängigkeit alle als „Spanier" (*españoles*). Die Unterscheidung zwischen Sklavenhändlern aus Europa und Sklavenhändlern aus der Neuen Welt, d. h. den Amerikas, ist nicht leicht. Aus afrikanischer Sicht waren, wie gesagt, beide Gruppen „Atlantiker". Noch schwieriger ist es – ich wiederhole es – Sklavenhändler des atlantischen

Press, 2011; Fradera; Schmidt-Nowara (eds.), Slavery and Antislavery in Spain's Atlantic Empire, New York; Oxford: Berghahn, 2013.

293 Goicoetxea, Ángel, Los vascos y la trata de esclavos, Madrid: ediciones pastor, 2017.

294 Green-Pedersen, Svend E., „Colonial Trade under the Danish Flag. A Case Study of the Danish Slave Trade to Cuba 1790–1807", in: Scandinavian Journal of History 5 (1980), S. 93–120; Justesen, Ole (ed.), Danish Sources for the History of Ghana 1657–1754, 2 Bde. (Bd. 1: 1657–1735; Bd. 2: 1735–1754), Copenhagen: Det Kongelige Danske Videnskabernes Selskab/ The Royal Danish Academy of Sciences and Letters, 2005; Heinzelmann, Eva; Riis, Thomas; Robl, Stefanie (eds.), Der dänische Gesamtstaat – ein unterschätztes Weltreich?, Kiel: Verlag Ludwig, 2006; Hüsgen, Jan, „General Buddhoe und Peter von Scholten. Erinnerungen an Sklavenemanzipation auf den U.S. Virgin Islands und in Dänemark", in: Schmieder, Ulrike; Zeuske, Michael (eds.), Erinnerungen an Sklaverei, Leipzig: Leipziger Universitätsverlag, 2012 (= Comparativ. Zeitschrift für Globalgeschichte und Vergleichende Gesellschaftsforschung 22:2), S. 112–125; Weiss, Holger, „Danskar och svenskar i den atlantiska slavhandeln 1650–1850" [Les Danois et les Suédois dans la traite négrière transatlantique 1650–1850], in: Müller, Leos; Rydén, Göran; Weiss (eds.), Global historia från periferin. Norden 1600–1850, Lund: Studentlitteratur, 2009, S. 39–74; Weiss (ed.), Ports of Globalisation, Places of Creolisation. Nordic Possessions in the Atlantic World during the Era of the Slave Trade, Leiden: Brill, 2016.

295 Jones, Adam, Brandenburg Sources for West African History 1680–1700, Stuttgart: Steiner, 1985 (Studien zur Kulturkunde 77); Weindl, Andrea, „The Slave Trade of Northern Germany from the Seventeenth to the Nineteenth Centuries", in: Eltis, David; Richardson, David (eds.), Extending the Frontiers. Essays on the New Transatlantic Slave Trade Database. New Haven: Yale University Press, 2008, S. 250–271.

296 Schnakenbourg, Eric, „Sweden and the Atlantic. The Dynamism of Sweden's Colonial Projects in the Eighteenth Century", in: Naum, Magdalena; Nordin, Jona M. (eds.), Scandinavian Colonialism and the Rise of Modernity. Small Time Agents in a Global Arena, New York: Springer, 2013 (Contributions To Global Historical Archaeology 37), S. 229–242.

297 Siehe aber: Wheat, David, „Otros pasajes. Movilidades africanas y la polifuncionalidad de los navíos negreros en el Atlántico ibérico, siglos XVI–XVII", in: Naranjo Orovio, Consuelo (ed.), Sometidos a esclavitud. Los africanos y sus descendientes en el Caribe Hispano, Santa Marta: Editorial Unimagdalena, 2021 (Colección Humanidades y Artes. Historia), S. 89–116.

298 Silva, Daniel B. Domingues da, „Brasil e Portugal no comércio atlântico de escravos. Um balanço histórico e estatístico", in: Guedes, Roberto (ed.), Brasileiros e Portugueses, Rio de Janeiro: Mauad X, 2013, S. 49–66; Caldeira, Arlindo Manuel, Escravos e Traficantes no Império Português. O Comércio Negreiro Português no Atlântico Durante Os Séculos XV a XX, Lisboa: Esfera dos Livros, 2013.

Sklavenhandels aus Afrika zu identifizieren.[299] Deshalb sind u. a. die Abfahrtsorte der Sklavenschiffe, wie sie Sean Kelley untersucht hat, für diese Identifizierung sehr wichtig.[300]

Unter den Großkaufleuten, Reedern, Versicherern und Investoren des atlantischen Sklavenhandels (Spanisch: *capitalistas*) sowie Kapitänen gab es – zumindest was Iberer, Europäer und Amerikaner betrifft – keine „Mulatten" oder „Schwarze". Auch unter den Kapitänen der niederländischen, anglo-amerikanischen und französischen sowie dänischen Sklavenschiffe gab es keinen „Schwarzen" – farbige Kapitäne von Atlantik-Schiffen gab es nur als Piraten oder als Schmuggler und Korsaren. In britischen Quellen wird nur ein Captain namens John Tittle genannt, der zugleich als „*mulatto*" bezeichnet wird. Tittle machte zwischen 1765 und 1774 sechs Sklavenfahrten von Liverpool nach Sierra Leone und von dort in die britische Karibik und nach Savannah (Georgia).[301] Alle Fahrten waren erfolgreich. Tittle brachte die Mehrzahl der Verschleppten lebend nach Amerika und verkaufte sie dort. Thomas Boulton erwähnt den Kapitän und seine afrikanische Ehefrau in dem gereimten Bericht *The Voyage, a Poem in Seven Parts* (Boston, 1773).[302] Tittle dürfte die Ausnahme gewesen sein, die die Regel bestätigt: Ansonsten gab es farbige Kapitäne und Mannschaften, wie gesagt, vor allem unter Piraten und Korsaren sowie Schmugglern.[303] Faktoren in Afrika waren dagegen sehr oft Menschen mit afrikanischen und europäischen oder amerikanischen Vorfahren (*tangomãos* und *tangomães*).

Kaum ein Kaufmann aus den regionalen Kulturen im Atlantikraum oder in Nordafrika hat sich zur Zeit der Legalität des Sklavenhandels, wie bereits gesagt, „Sklavenhändler" genannt. „Sklavenhändler" (*slave merchant*) sei ein „misnomer, popularized by the British abolitionists, which was later adopted by historians".[304] *Negrero* ist zwar, wie erwähnt, eher eine zeitgenössische abfällige Bezeichnung, die aber offiziell niemand in den Mund nahm. „Spanische" oder „kubanische" Sklavenhändler – „Spanier" waren es eher auf dem Atlantik und Afrika, „Kubaner" eher, wenn sie in der zweiten oder mehr Generationen auf Kuba lebten – nannten sich

---

299 Newson, Linda A., „Africans and Luso-Africans in the Portuguese Slave Trade on the Upper Guinea in the Early Seventeenth Century", in: Journal of African History 53:1 (2012), S. 1–24.

300 Kelley, Sean M., „New World Slave Traders and the Problem of Trade Goods. Brazil, Barbados, Cuba, and North America in Comparative Perspective", in: English Historical Review 134, no. 567 (2019), S. 302–333.

301 Siehe www.slavevoyages.org (09. März 2022), voyages no. 91,076 (1765); 91,303 (1766); 91,422 (1768); 91,495 (1770); 91,559 (1770); 91,816 (1774).

302 Zitiert nach: Rediker, Marcus, „Jailer", in: Rediker, The Slave Ship. A Human History, New York: Viking, 2007, S. 212–217, hier S. 215.

303 Vgl. Zeuske, Michael, „Europa, seine Sklavereien und sein Sklavenhändler", in: Zeuske, Handbuch Geschichte der Sklaverei. Eine Globalgeschichte von den Anfängen bis heute, Bd. 1, Berlin; Boston: De Gruyter, ²2019, S. 850–858, hier 851.

304 Ortega, José Guadalupe, „Cuban Merchants, Slave Trade Knowledge, and the Atlantic World, 1790s-1820s", in: Colonial Latin American Historical Review 15:3 (2006), S. 225–251.

selbst immer *comerciantes*, d. h. Großkaufleute, die Import-Export-Handel betrieben (auch von Sklaven und Zucker, z. T. als *consignatarios*). Oder sie wurden, in ihrer Funktion als Finanziers der Plantagenproduktion und der Sklavenhandelsfahrten nach Afrika, einfach *capitalistas*[305] oder *armadores* (Schiffausrüster/ Reeder) genannt. Viele von ihnen betätigten sich auch als *refaccionistas*, d. h. Kaufleute/ Wucherer/ Banker, die die Landbesitzer (*hacendados*) mit den jährlichen Krediten und finanziellen Diensten für Operationen der Ingenios versorgten. *Mercaderes* wurden Detailhändler genannt (im Kolonialhandel).

Erfolgreiche *comerciantes* kauften sich, als der iberisch-spanisch-kubanische Sklavenhandel als Menschenschmuggel des *hidden Atlantic* gut etabliert war (seit ca. 1821) und sie Profite akkumuliert hatten, Plantagen und investierten sowohl Geldkapital wie auch menschliches Kapital in die Modernisierung.[306] Sie kauften und verkauften Schiffe für die atlantische *trata de negros*. Sie benutzen Menschen sowie Tabak oder Zucker als *cash-commodities*. Sie kauften sich damit auch in die „anständige" Gesellschaft ein, nachdem sie 15–20 Jahre sozusagen unsichtbar auf dem Atlantik und an den Küsten Afrikas operiert hatten. Wie weiland der Graf von Monte Christo erschienen sie plötzlich als steinreiche Menschen. Es gibt allerdings eine wichtige Grenzlinie in der zeitgenössischen Gruppe der Sklavenhändler oder „Kapitalisten" (*capitalistas*), gerade im aufsteigenden „spanischen" Sklavenhandel des 19. Jahrhunderts. Es ist die zwischen *mongo* und Finanzier oder *capitalista* und Kaufmann (durchaus mit Beteiligung im Sklavenhandel, in dem sie andere operieren ließen – als Konsignatare oder durch Kapitäne und Faktoren). Die Differenz gilt, cum grano salis, auch für den „portugiesischen" Sklavenhandel zwischen Brasilien und Afrika. An den Küsten Senegambiens wurden die „Macher", d. h. meistens Faktoren, auch mit einem afrikanischen Titel, *mongos* genannt – so etwas wie

305 Ebd., S. 229; siehe auch: „Anexo 13. Informe elevado por D. Gerónimo Valdés, capitán general de la Isla de Cuba, al gobierno de Madrid", in: Barcia Zequeira, María del Carmen, Pedro Blanco, el negrero, La Habana: Ediciones Boloña, 2018 (Collección Raíces), S. 201–205 („se hizo Blanco muy pronto capitalista" (S. 201) – das bedeutet hier, dass Pedro Blanco wegen seiner Erfolge und Profite im illegalen Sklavenhandel sehr schnell Geld verleihen konnte; auch in Form von Versklavten).
306 Lockhart, James, „The Merchants of Early Spanish America", in: Lockhart, Of Things of the Indies. Essays Old and New in Early Latin American History, Stanford: Stanford University Press, 1999, S. 158–182; Ortega, José Guadalupe, „Cuban Merchants, Slave Trade Knowledge, and the Atlantic World, 1790s-1820s", in: Colonial Latin American Historical Review 15:3 (2006), S. 225–251, hier S. 229; Rodrigo y Alharilla, Martín, „Spanish Merchants and the Slave Trade. From Legality to Illegality, 1814–1870", in: Fradera, Josep Maria; Schmidt-Nowara, Christopher (eds.), Slavery and Antislavery in Spain's Atlantic Empire, New York; Oxford: Berghahn, 2013, S. 176–199; Pires, Julio Manuel; Da Costa, Iraci del Nero, „Slave-Mercantile Capital and Slavery in The Americas", in: Canadian Journal of Latin American and Caribbean Studies/ Revue canadienne des études latino-américaines et caraïbes 37, no. 73 (2012), S. 155–171.

„großer Herr".[307] *Mongos* waren atlantik- und afrikabasiert, also eher Kapitäne und Faktoren; Finanziers und waren eher havanna- oder amerikabasierte *comerciantes*.

In breiterer Perspektive möchte ich gerne zwei Beispiele bringen:

1) Möglicherweise ist der Atlantik immer vor allem durch Fischer und Fischerei geprägt gewesen. Diese fand vor allem in küstennahen Gewässern statt und galt der Subsistenz bäuerlicher Bevölkerungen, oft in Verbindung mit landwirtschaftlicher Produktion (in Afrika etwa Reisanbau). Aber Fischer und Fischerei waren in bestimmten Fällen, bei der Versorgung ansteigender Bevölkerungszahlen sowie aus religiösen Gründen, auch mit dem atlantischen Handel und Austausch verbunden (und damit mit dem atlantischen Sklavenhandel), wenn der Atlantik überquert werden musste. So war es in der Kabeljau-Fischerei (*bacalao*) vor allem vor Neufundland, dem Fang von Thunfisch und dem Walfang (weltweit – vor allem aus Ressourcen-Gründen: Fett, Tran, Knochen und Fleisch). Fischer wurden zu Trägern des Fisch- und Ressourcen-Handels. Aber sie wurden nicht oder selten zu Trägern des Handels mit anderen Gütern mit Ausnahme von *food* – es sei denn, erfahrene Fischerei-Matrosen heuerten wegen der besseren Bezahlung auf Sklavenschiffen an und beteiligten sich auch am *pacotille*-Handel. Das war privater, aber informeller Beilast-Handel mit dem sich vor allem Kapitäne und Offiziere bereicherten. Grundsätzlich heißt es über die Matrosen auf *privateer*-Schiffen (Korsaren- und Piratenschiffen) und im Rückschluss auch über Matrosen auf anderen Schiffen:

> Privateering ships were more attractive for sailors than merchant vessels or the navy. Despite the uncertainty regarding payment and the possibility of death, sailors in privateers enjoyed better working conditions than their counterparts in trade or military service. Journeys were relatively short (especially compared to the ships crossing the Atlantic) and usually the coast was always on sight. Food on privateering ships was generally better and more varied than in military or commercial fleets, as we can see in the list of products of the San Cayetano. Sailors on privateers performed the usual duties of manning the vessel, cleaning and watching, and they always needed to be ready for combat, but they did not have to take care of the cargo, the most exhausting and time-consuming activity. Privateer crews were larger than commercial ships in order to man the captures, which also eased the work on board.[308]

Im Rückschluss auf Matrosen von Sklavenschiffen bedeutet das: Sie hatten die extremsten Bedingungen in Bezug auf die Länge der Fahrten, die Krankheitsrisiken und in Bezug auf Bewachung und Versorgung der „Fracht" – deshalb erhielten sie die

---

307 Nerín, Gustau, „La Factoria", in: Nerín, Traficants d'ànimes. Els negrers espanyols a l'Àfrica, Barcelona: Raval Edicions SLU, Pòrtic, 2015, S. 38–47.

308 Salamanca Rodríguez, Alejandro, „The Last Journey of the San Cayetano (1745). Privateering and Male Migration During the War of Jenkins' Ear/ El último viaje del San Cayetano (1745). Corsarismo y migración masculina durante la guerra del Asiento", in: Revista Universitaria de Historia Militar 9, no. 18 (2020), S. 246–265, 261; zu Matrosen auf Handelsschiffen siehe auch: Zabala, Aingeru. „La vida cotidiana en los navíos de comercio", in: Palacio Atard, Vicente (ed.), España y el mar en el siglo de Carlos III. Vicente Palacio Atard y otros, Madrid: Marinvest, 1989, S. 183–198.

höchste Heuer, allerdings nur im Falle des Erfolgs. Idealiter hieß dies – und wurde so auch in Verträge geschrieben – „so viel wie möglich ihres *armazón* in guter körperlicher Verfassung im *barracón* des Kaufmannes o. ä. im Hafen X abliefern". Oftmals wurden diese Bedingungen Gegenstand juristischer Auseinandersetzungen.[309]

2) Am Beispiel des amerikanischen *South* möchte ich eine allgemeine Strategie von Sklaverei-Profiteuren in Bezug auf Sklavenhändler anführen. Sklaverei-Profiteure und -Verteidiger gab es in der Geschichte mehr als Abolitionisten. Die Standard-Argumentation der Sklaverei-Propagandisten bestand darin, Sklavenhändler nicht als Teil einer ansonsten „gesunden" Institution Sklaverei aufzufassen, die darauf angelegt war, unglücklichen Afrikanern (oder überhaupt Versklavten) „Zivilisation" und die richtige Religion beizubringen (vor allem in katholischen Regionen). Sklavenhandel, der immer Menschenhandel war, wird in dieser zeitgenössischen Wahrnehmungs- und Marginalisierungsstrategie immer als eine „kleine", relativ unbedeutende Sache dargestellt. In diesen Strategien – und das gilt cum grano salis für die ganze Welt- und Globalgeschichte der Sklaverei und des Menschenhandels – wurden Sklavenhändler zu *outcasts* der „normalen" Sklavenhaltergesellschaft konstruiert. Eine Ausnahme in dieser Regel bildeten vielleicht die großen *slaver* im England des 18. Jahrhunderts, spanisch-kubanische *negreros* des 19. Jahrhunderts (die sogar Hochadelstitel vom König bekamen), brasilianische *negreiros*, die als einflussreiche/ reiche Individuen oft in politischer Symbiose zum Kaiser standen, ebenfalls Adelstitel und Milizränge trugen (oft im Rang eines *coronel* – Oberst) und Mitglieder des Christus-Ordens waren, und eine Reihe von afrikanischen Handelsprinzen. Auf jeden Fall gilt diese Negativ-Perzeption aber für die heutige Erinnerung an Menschen- und Sklavenhandel. Im *South* der USA erfasste der innere Sklavenhandel auch nach Verbot der *Atlantisierung* 1807 rund 1,2 Millionen versklavter Menschen (oft auseinander gerissene Familien) – mehr als dreimal so viel wie der transatlantische Menschenhandel der 13 britischen Kolonien/ USA bis Ende 1807. Und, ich zitiere Michael Tadman, „the white South was comfortable with the domestic slave trade, and [...] the trader was not an outcast."[310]

In chronologischer Abfolge waren die ersten wirklich großen Macher aus Europa, d. h. hier iberische Unternehmer/ Sklavenhandels-Akteure der neuzeitlichen Geschichte, die Transport und Handel mit menschlichen Körpern auf dem Hochsee-Atlantik betrieben, keine Großkaufleute und Wucherer/ Bankiers. Es waren, wie bereits mehrfach gesagt, im Grunde private Unternehmer und Kaufleute, ihre Agenten/ Fakto-

---

309 Zeuske, Michael; Sanz Rozalén, Vicent, „El Negrito y la microeconomía política de la trata negrera en el Atlántico. La arribada a puerto con un cargamento de esclavizados", in: Martín Casares, Aurelia; Benítez Sánchez-Blanco, Rafael; Schiavon, Andrea (eds.), Reflejos de la esclavitud en el arte. Imágenes de Europa y América, Valencia: tirant humanidades, 2021, S. 138–160.
310 Tadman, Michael, Speculators and Slaves. Masters, Traders, and Slaves in the Old South, Madison: University of Madison Press, 1989; das Zitat stammt aus: Tadman, „The Reputation of the Slave Trader in Southern History and the Social Memory of the South", in: American Nineteenth Century History 8:3 (2007), S. 247–271, hier S. 248.

ren und deren Netzwerke (*vínculos familiares, de paisanaje, de negocios y de clientela*) sowie Kapitäne mit ihren Mannschaften aus iberischen Küstengebieten (vor allem Südportugal (Algarve) und Südspanien (Andalusien), aber auch Kapitäne, Händler und Unternehmer aus Portugal, Galicien und von den Biskaya-Küsten), Sephardim/ Neu-Christen (wie Manual Alvarez Prieto und seine oben genannten Kontakte und Verwandten), *lançados, tangomãos*, Faktoren und Atlantikkreolen.[311] Bei jüdischen Unternehmern/ Trägern des Handels ist nicht ganz klar, ob es nicht seit muslimischen Zeiten in Andalusien und Nordafrika – oder sogar vorher – eine weiter zurückreichende Kontinuität gab.[312] Filipa Ribeiro da Silva sagt, dass es schon vor den großen Wellen der Judenverfolgung auf der iberischen Halbinsel in den 1490er Jahren Juden in Westafrika gab: „the earliest period of Portuguese expansion and settlement overseas [...] preceded the forced conversion."[313] Jüdische und sephardische Kaufleute und ihre Familien kamen vor allem an die Petite Côte im heutigen Senegal südlich von Cap Vert, nach 1490 (auch als *degredados* – d. h. Verbannte als Siedler) und seit etwa 1600 als eine Art Re-Migration in den Süden und in das Judentum.[314]

Im Hintergrund wirkten jüdische Kaufleute und Broker mit ihren kosmopolitischen Beziehungen sicherlich bereits viel länger. In der Frühzeit der iberischen Expansion waren sie auch Träger des Handels, zu dem auch Sklavenhandel gehörte. Seit dem „Ende der Toleranz" in Spanien und vor allem Portugal (1492–1496) wurden sephardische Juden sowie Kaufleute in die Marginalisierung gedrängt und sozusagen etatmäßig zu *lançados* oder man zwang sie, auf Tropeninseln, wie São Tomé, bzw. in zunächst peripheren portugiesischen Stützpunkten in Westafrika (wie Cacheu oder Bissau) zu siedeln oder in die sieben Provinzen der Niederlande

311 Lingna Nafafé, José, „Lançados, Culture and Identity. Prelude to Creole Societies on the Rivers of Guinea and Cape Verde", in: Havik, Philip J.; Newitt, Malyn D. (eds.), Creole Societies in the Portuguese Colonial Empire, Bristol: University of Bristol, 2007, S. 65–91; Lingna Nafafé, Colonial Encounters. Issues of Culture, Hybridity and Creolisation, Portuguese Mercantile Settlers in West Africa, Frankfurt am Main: Peter Lang, 2007; Mark, Peter; Horta, José da Silva (eds.), The Forgotten Diaspora. Jewish Communities in West Africa and the Making of the Atlantic World, Cambridge: Cambridge University Press, 2011; Gottlieb, Alma, „Crossing Religious Borders-Jews and Cabo Verdeans", in: Mande Studies 16–17 (2015), S. 31–68.
312 Santana Pérez, Germán, „Mercaderes hispanos en África subsahariana antes de la Unión Ibérica, 1503–1580", in: Pérez García, Rafael M.; Fernández Chaves, Manuel F.; Belmonte Postigo, Jose Luis (eds.), Los negocios de la esclavitud. Tratantes y mercados de esclavos en el Atlántico Ibérico, siglos XV–XVIII, Sevilla: Universidad de Sevilla, 2018, S. 71–92.
313 Ribeiro da Silva, Filipa, „Between Iberia, the Dutch Republic and Western Africa. Portuguese Sephardic Long- and Short-Term Mobility in the Seventeenth Century", in: Jewish Culture and History 16:1 (2015), S. 45–63, hier S. 54 (http://dx.doi.org/10.1080/1462169X.2015.1032011).
314 Mendes, António De Almeida, „Le rôle de l'Inquisition en Guinée vicissitudes des présences juives sur la Petite Côte (XVe–XVIIe siècles)", in: Revista Lusófona De Ciência Das Religiões 3, nos. 5–6 (2004), S. 137–155.

zu emigrieren und von dort oft an die Wilde Küste (Guayanas). Ähnliches gilt für Spanisch-Amerika und Brasilien.[315] In Europa waren sie formal als portugiesische Katholiken (und *conversos*) und Migranten, d. h. so genannte Neu-Christen, eng mit dem Handel von Zucker und Kolonialwaren verbunden.[316]

Der in Nantes lehrende portugiesische Historiker António de Almeida Mendes sagt zu dieser sehr wichtigen Siedlungs-Verbannung und ihren Folgen für den Skla-verei-Atlantik:

> A savoir que nous ne sommes pas confrontés à un groupe humain homogène mais à des présen-ces multiples, qui sont le résultat d'un double mouvement migratoire autonome: une première vague composée d'individus isolés qui, pour échapper aux persécutions, furent contraints à l'exil (quand ils ne furent pas exilés directement par la Couronne, à l'image des degredados qu'on envoya peupler les îles de l'Atlantique) et une seconde émigration plus tardive issue de la communauté juive fixée aux Pays-Bas; un groupe qui pour sa part se structurait et s'organisait autour de réseaux familiaux et marchands. Ces deux mouvements humains, distincts dans leurs motivations et leur composition sociale, contribuèrent à une occupation originale de la Petite-Côte dans le cadre de l'Empire colonial ibérique. Mais ils témoignent également d'une évolution des échanges commerciaux et des rapports de domination entre les Européens et les populations indigènes au cours des XVe–XVIIe siècles. Pendant cet intervalle, nous sommes ainsi passés d'une traite monopolisée par les Portugais, et d'un esclavage destiné aux nations de la péninsule ibérique, à un trafic intercontinental, ‚global', dominé par les Espagnols, les Anglais et les Hol-landais. Dans les deux cas les juifs fixés sur la Côte occupèrent une place centrale, celle d'inter-médiaires commerciaux entre les Africains et les Européens. Mais alors que les premiers, avec l'éloignement géographique et le passage des années, se mêlèrent, se métissèrent avec les popu-lations africaines, les seconds réussirent à préserver une identité forte, centrée sur la pratique du judaïsme. Plus encore, chez ces derniers, le passage en Guinée fonctionna souvent comme le moyen d'effectuer un retour au judaïsme [...] Arrivés en conquérants tout-puissants sur les lit-toraux ouest-africains autour des années 1440–1446, les Portugais multiplièrent d'abord les opé-rations de razzias et de pillages. Dans une seconde phase, à partir des années 1460, confrontés à une résistance physique des noirs, la Couronne portugaise opta pour une stratégie plus pacifi-que qui reposait sur une collaboration active avec les chefs et les souverains africains des royau-mes côtiers.[317]

Als Gruppe meist indirekt Beteiligter ist nochmals auf Schiffsausrüster (Spanisch: *ar-madores*) und -versicherer (oftmals Großkaufleute oder Kaufleutegruppen in wichti-gen Häfen) sowie Schiffsbauer hinzuweisen; sie werden in Bezug auf Sklavenhandel und –schmuggel meist übergangen. Auch Abgesandte/ Verantwortliche am Ort der

---

315 Cwik, Christian, „Curazao y Riohacha. Dos puertos caribeños en el marco del contrabando judío (1650–1750)", in: Elías Caro, Jorge; Vidal Ortega, Antonino (eds.), Ciudades portuarias en la gran cuenca del Caribe. Historia, Cultura, Economía y Sociedad, Barranquilla: Ediciones Uninorte; Edito-rial Universidad del Magdalena, 2010, S. 298–327; Roitman, Jessica, „Creating Confusion in the Colo-nies. Jews, Citizenship, and the Dutch and British Atlantics", in: Itinerario 36:2 (2012), S. 55–90.
316 Ebd. sowie: Ribeiro da Silva, Filipa, „Os Judeus de Amersterdão e o Comércio com a Costa Oci-dental Africana, 1580–1660", in: Anais de História de Além-Mar 14 (2013), S. 121–144.
317 Mendes, António De Almeida, „Le rôle de l'Inquisition en Guinée vicissitudes des présences juives sur la Petite Côte (XVe–XVIIe siècles)", S. 137–155, hier S. 140.

Faktoreien (*factores*), Geldwechsler, Bänker, Kaufleute und auch Kartographen[318] aus dem Italien der Renaissance, vor allem aus Genua, Venedig (etwa Alvise Cadamosto, ein venezianischer Sklavenhändler[319]) und Florenz sind in dieser frühen Gruppe der Träger des Handels zu nennen. Faktoren spielten überall eine sehr aktive Rolle, wo Handel getrieben wurde. Besonders wichtig und oft machtvoll waren sie an den afrikanischen Handelsplätzen und Verschiffungspunkten; auch und gerade, weil sie Kontakte zu afrikanischen Brokern, Atlantikkreolen sowie den oben genannten Trägern des Handels in das Innere Afrikas hatten. Bänker und Großkaufleute hatten, wie gesagt, eher selten direkt face-to-face-Kontakt mit verschleppten Menschen und Sklaven. Sie schickten ihre Faktoren, Lobbyisten und Kapitäne, die sich wiederum auf das Personal des Menschenhandels verließen und sich Erfahrungen der Atlantikkreolen aneigneten oder Allianzen mit ihnen eingingen. Und sie versuchten, nach dem damaligen Grundverständnis von Wirtschaft, Ehre (Status) und Handel, Privilegien und Monopole der Kronen für ihre Unternehmen zu sichern. Einer der frühen Geschäftemacher, Kosmopoliten und indirekten atlantischen Sklavenhändler war Bartolommeo Marchionni aus Florenz. Seine Familie hatte Sklavenhandelserfahrungen im Schwarzmeerhandel (Kaffa). Marchionni war auch Bänker der portugiesischen Krone während der frühen atlantischen Expansion. Schon in den 1480er Jahren besaß Marchionni Zuckerrohrfelder auf Madeira.[320] Ihr Ertrag fiel noch recht bescheiden aus. Der Florentiner Bänker in Lissabon finanzierte die portugiesische Expedition nach Äthiopien 1487. In den 1490er Jahren dominierte Marchionni, zusammen mit Agenten der Medici, den Brüdern Berardi sowie den Brüdern Simon und Donato de Bernardo Nicolini – alle aus dem Bankenzentrum Florenz – auch den Sklavenhandel Sevillas, Valencias, Neapels und Südspaniens.[321] Dort wurden kriegsgefangene Muslime oder Kanarier und Schwarze

---

318 Boelhower, William, „Framing Anew Ocean Genealogy. The Case of Venetian Cartography in the Early Modern Period", in: Atlantic Studies 15:2 (2018), S. 279–297.
319 Scheller, Benjamin, „Erfahrungsraum und Möglichkeitsraum. Das sub-saharische Westafrika in den Navigazioni Atlantiche Alvise Cadamostos", in: Baumgärtner, Ingrid; Falchetta, Piero (eds.), Venedig und die neue Oikoumene. Kartographie im 15. Jahrhundert, Rom; Venedig: Viella Libreria Editrice, 2006, S. 201–220; Ankenbauer, Norbert (ed.), Paesi novamente retrovati – Newe unbekanthe landte. Eine digitale Edition früher Entdeckerberichte. Wolfenbüttel: Editiones Electronicae Guelferbytanae 2017 [work in progress] (http://diglib.hab.de/edoc/ed000145/start.htm [09. März 2022]).
320 Vieira, Alberto, Os Escravos no Arquipélago da Madeira. Séculos XV a XVII, Funchal: Região Autónoma da Madeira, 1991; Vieira, „La isla de Madeira y el tráfico negrero en el siglo XVI", in: Revista de Indias 55, no. 204 (1995), S. 333–356; Vieira, „Sugar Islands. The Sugar Economy of Madeira and the Canaries, 1450–1650", in: Schwartz, Stuart B. (ed.), Tropical Babylons. Sugar and the Making of the Atlantic World, 1450–1680, Chapel Hill: University of North Carolina Press, 2004, S. 42–84.
321 Fernández Chaves, Manuel F.; Pérez García, Rafael M., „Las redes de la trata negrera. Mercaderes portugueses y tráfico de esclavos en Sevilla (c. 1560–1580)", in: Martín Casares, Aurelia; García Barranco, Margarita (eds.), La esclavitud negroafricana en la historia de España, Granada: Editorial

aus Nordafrika, aber auch Griechen, Russen, Sarden, Slawen vom Balkan und Tataren als Sklaven gehandelt.[322]

Einer der ersten bekannten Kapitäne des Transatlantiks in voller Ost-West-Breite (mit Tendenz zur Süd-Süd-Ausrichtung) war Christoph Kolumbus. Er hatte seine ersten Erfahrungen zur See im Ostmittelmeer, im Nordatlantik und auf den portugiesischen Inseln sowie in Afrika gemacht. Sein Itinerar weist neben anderen Atlantikfahrten auch Seereisen an den Küsten Westafrikas bis El Mina auf. Kolumbus war aber in Wirklichkeit mehr: Er war angestellter Kaufmann und Seeman in den Diensten des Genueser Handelshauses von Ladislao Centurión und Paolo di Negro, die u. a. zusammen mit den Kaufleuten Spinola sowie den oben erwähnten Marchioni aus Florenz, portugiesische Westafrikafahrten organisierten, an ihnen partizipierten sowie profitierten. Juanoto Berardi hatte schon früh mit Kolumbus Kontakt gehabt, möglicherweise seit 1477, als Kolumbus in seinem Auftrag den Nordatlantik bis Island sowie den iberischen Atlantik im Süden bis Guinea (São Jorge da Mina) befuhr.[323] Kolumbus war ein Seemann/ Unternehmer, der auch Sklavenhandel praktizierte.[324] Seine Finanziers, vor allem Florentiner, sind bekannt. Allerdings war Kolumbus als Sklavenhändler nicht sehr erfolgreich. Die spanische Königin untersagte, wie bereits erwähnt, schon 1495 das transatlantische Geschäft des Verkaufs von Indios als Sklaven nach Europa. Wie die anderen Anführer der iberischen Expansion war auch Kolumbus nur ein Kapitän und musste stets nach Geldgebern suchen. Also musste er sich mit solch unerfreulichen Sachen wie Krediten, Leihe, Pfand, Gegenwert (Hypothek) und Rückzahlung beschäftigen. Der Florentiner Juanoto (Giannotto) Berardi jedenfalls schloss mit Kolumbus, als dessen Freund er sich bezeichnete, schon 1492 einen Vertrag über die Ausrüstung von Kolumbus' Expeditionen und über den Sklavenhandel von den neu zu entdeckenden *„islas y tierras firmes del mar océana"*.[325] Im Bericht über seine zweite Reise beschreibt Kolumbus eine Razzienökonomie, bei der Jagd auf junge Menschen gemacht wurde (eine Spezialität der Portugiesen):

Comares, 2010, S. 5–34; Fernández Chaves; Pérez García, „La élite mercantil judeoconversa andaluza y la articulación de la trata negrera hacia las Indias de Castilla, ca. 1518–1560", in: Hispania 76, no. 253 (2016), S. 385–414.

322 Mendes, António De Almeida, „Les réseaux de la traite ibérique dans l'Atlantique nord. Aux origines de la traite atlantique (1440–1640)", in: Annales. Histoire, Sciences sociales 63:4 (2008), S. 739–768; siehe auch: Alessandrini, Nunziatella, „Vida, história e negócios dos Italianos no Portugal dos Filipes", in: Cardim, Pedro; Freire Costa, Leonor; Soares da Cunha, Mafalda (eds.), Portugal na Monarquia Hispânica. Dinâmicas de integração e conflito, Lisboa: Cham, 2013, S. 105–132.

323 Varela, Consuelo, „Traficando por el Atlántico portugués y castellano", in: Varela, Christóbal Colón. De corsario a almirante, Barcelona; Madrid: Lunwerg editores, 2005, S. 73–88; zu Berardi: S. 76.

324 Ebd.

325 Varela, Consuelo, „Una firma comercial. La sociedad entre Cristóbal Colón y J. Berardi", in: Varela, Colón y los florentinos, Madrid: Alianza Editorial, 1988, S. 49–57; Arcila Farias, Eduardo, Economía colonial de Venezuela, México: Fondo de Cultura Económica, 1946 (Colección Tierra

Ich sorgte dafür, einen Übersetzer zu haben [*lengua*: Zunge/ Übersetzer – ein meist junger Mensch, der zum Dienst bei Kapitänen oft geraubt worden war, ähnlich den *cafres, moços* und *grumetes* in Afrika – MZ] und ich erfuhr, dass alle diese Inseln [die kleinen Antillen] von Caníbales waren und bevölkert von den Leuten, die die anderen essen [...] Was die Insel Mateninó [betrifft], von der alle Frauen sind, hatte ich keinen Ort noch Zeit, wegen meiner großen Eile [Kuba als östlichsten Teil Indiens zu erkunden], sie ist östlicher als Domenica [Dominica]; ich hatte Nachrichten von ihr, aber ich lasse die Fahrt dorthin für diesen Sommer, mit Ruderbooten. Als ich alle die Inseln der Canibales und die benachbarten befuhr, nahm ich sie ein und verbrannte die Häuser und Kanus. Sehe Eure Hoheit, ob sie gefangen genommen [*captivar* – d. h. versklavt] werden sollen, ich glaube, dass man danach von ihnen und den Frauen jedes Jahr unendlich viele haben kann   [Übersetzung Michael Zeuske].[326]

Das war Razzien-Sklaverei mit nachfolgender Sklaven-Zucht. 1494 schlug Kolumbus den katholischen Königen einen Tausch vor: Rinder und andere Lebensmittel sowie Werkzeuge, um eine neue Siedlung auf der Insel Hispaniola zu gründen gegen *„Sklaven von diesen Kannibalen"*.[327] Mit den Lieferungen aus Spanien wurde La Isabela[328] auf der Nordseite der Insel, sozusagen die erste Hauptstadt der noch vollständig atlantischen *Indias* gegründet. Santo Domingo-Stadt entstand dann ab 1495 auf der Südseite von Hispaniola. Anders ausgedrückt: Sklaverei und Razzien auf Menschen dienten der kurzfristigen Ausrüstung der Expansion, zugleich zur Deckung der Kosten (und Schulden) und zur Versorgung der mit den Subtropen noch völlig unerfahrenen Mannschaften. Menschen waren damit Kapital; es handelte sich um Kapitänssklavenhandel. Kolumbus hielt zunächst Indios für bessere „Diener" (Sklaven) als Sklaven von Guinea

Firme 24), S. 41; Ezquerra Abadia, Ramón, „Los primeros contactos entre Colón y Vespucio", in: Revista de Indias 37, nos. 143–144 (1976), S. 19–47; Varela, „Una compañía comercial", in: Varela, Cristóbal Colón. Retrato de un hombre, Madrid: Alianza Editorial, 1992, S. 126–129; Mira Caballos, Esteban, „El proyecto esclavista de Cristóbal Colón", in: Mira Caballos, Indios y mestizos americanos en la España del siglo XVI, Frankfurt am Main; Madrid: Vervuert-Iberoamericana, 2000, S. 46–48; Mira Caballos, Nicolás de Ovando y los orígenes del sistema colonial español, 1502–1509, Santo Domingo, República Dominicana: Patronato de la Ciudad Colonial de Santo Domingo, Centro de Altos Estudios Humanisticos y del Idioma Español, 2000; Zeuske, Michael, „Kolumbus als Sklavenhändler und der Kapitalismus menschlicher Körper", in: Arnold, Rafael; Buschmann, Albrecht; Morkötter, Steffi; Wodianka, Stephanie (eds.), Romanistik in Rostock. Beiträge zum 600. Universitätsjubiläum, Nordersdedt: BoD, 2019 (Rostocker Studien zur Universitätsgeschichte 32), S. 11–36.
326 Colón, Cristóbal, Textos y documentos completos, Edición de Varela, Consuelo, Nuevas cartas. Edición de Gil, Juan, Madrid: Alianza Editorial, 1992, S. 235–254, hier S. 250.
327 Colón, Cristóbal, „Memorial que para los Reyes Católicos dio el Almirante Don Cristobal Colón en la ciudad de Isabela, a 30 de Enero de 1494 a Antonio Torres" (30. Januar 1494), in: Colón, Textos y documentos completos, Edición de Varela, Consuelo, Nuevas cartas. Edición de Gil, Juan, Madrid: Alianza Editorial, 1992, S. 254–268, hier vor allem S. 260–261. Antonio Torres war übrigens ein Mitglied der weitverzweigten Velázquez-Familie, aus der auch Diego Velázquez, Conquistador und später erster Gouverneur von Kuba, stammte, siehe: Gould, Alice B., Nueva lista documentada de los tripulantes de Colón en 1492, Madrid: Real Academia de la Historia, 1984.
328 Deagan, Kathleen; Cruxent, José María, Archaelogy at La Isabela. America's First European Town, New Haven: Yale University Press, 2002.

oder Cabo Verde.[329] Im Februar 1495 waren infolge der kriegerischen Konflikte 1500 Tainos – Männer, Frauen und Kinder – in der Nähe von *La Isabela* gefangen genommen worden; 500 bis 550 davon ließ Kolumbus als Sklaven auf die Karavellen verschleppen. Schon 1494 hatte er *„viele"* nach Spanien geschickt.[330]

Nach 400 Jahren der Erfahrungen im Mittelmeer-Menschenhandel sowie 100 Jahren westafrikanischer Erfahrungen (1400–1500) kamen neben Agenten von oberitalischen Finanziers sowie Kaufleuten auch bald flämische, niederländische und oberdeutsche Kaufleute und Wucherer-Bankiers in der „Neuen Welt" des Atlantiks und Amerikas ins Geschäft, wie etwa Erasmus Schetz und seine Nachkommen sowie die Fugger und Welser aus Oberdeutschland.[331]

---

329 Colón, Cristóbal, Textos y documentos completos, Edición de Varela, Consuelo, Nuevas cartas. Edición de Gil, Juan, Madrid: Alianza Editorial, 1992, S. 235–254, S. 407 f. Siehe auch: Tardieu, Jean-Pierre, „Cristóbal Colón y Africa", in: Tardieu, De l'Afrique aux Amériques Espagnoles (XVe–XIXe siècles). Utopies et réalités de l'esclavage, Paris: L'Harmattan; Université de la Réunion, 2002, S. 27–40.

330 „Brief von Michele de Cuneo an Gerolamo Annari, geschrieben in Savona zwischen dem 15. und 28. Oktober 1495", in: Columbus, Christoph, Dokumente seines Lebens und seiner Reisen. Auf Grundlage der Ausgabe von Jacob, Ernst Gerhard (1956) erweitert, neu herausgegeben und eingeleitet von Berger, Friedemann, 2 Bde., Leipzig: Sammlung Dietrich, 1991, S. 82–105, hier S. 102–103. Siehe auch: Mira Caballos, Esteban, Indios y mestizos americanos en la España del siglo XVI, Frankfurt am Main; Madrid: Vervuert-Iberoamericana, 2000, S. 46–48 und S. 141–143 (Apéndice I: „Envío de indios a Castilla, 1492–1550").

331 Simmer, Götz, Gold und Sklaven. Die Provinz Venezuela während der Welser-Verwaltung (1528–1556), Berlin: Wissenschaft und Technik Verlag, 2000; Otte, Enrique, „Der Negersklavenhandel der Deutschen", in: Otte, „Die Welser in Santo Domingo", in: Otte, Von Bankiers und Kaufleuten, Räten, Reedern und Piraten, Hintermännern und Strohmännern. Aufsätze zur atlantischen Expansion Spaniens, Stuttgart: Franz Steiner Verlag, 2004 (Studien zur modernen Geschichte 58), S. 117–159; Walter, Rolf, „Oberdeutsche Kaufleute und Genuesen in Sevilla und Cadiz (1525–1560)", in: Kellenbenz, Hermann; Walter (eds.), Oberdeutsche Kaufleute in Sevilla und Cadiz (1525–1560). Eine Edition von Notariatsakten aus den dortigen Archiven. Eingeleitet von Walter, Rolf, Stuttgart: Steiner, 2001 (Deutsche Handelsakten des Mittelalters und der Neuzeit; 21), S. 11–64; Häberlein, Mark, Die Fugger. Geschichte einer Augsburger Familie (1367–1650), Stuttgart: Kohlhammer, 2006; Everaert, John G., „Una ‚Pesadilla Dulce'. Problemas de Gestión y de Rendimiento de un Ingenio Flamenco en el Brasil (ca. 1548–1615)", in: Centro de Estudos de História do Atlântico (ed.), O Açúcar Antes e Depois de Colombo Seminário Internacional de História do Açúcar, Funchal: Secretaria Regional de Educação e Cultura; Centro de Estudos de História do Atlântico, 2009 (CD-Rom), S. 127–133; Weber, Klaus, „Deutschland, der atlantische Sklavenhandel und die Plantagenwirtschaft der Neuen Welt", in: Journal of Modern European History 7:1 (2009), S. 37–67; Häberlein, „Atlantic Sugar and Southern German Merchant Capital in the Sixteenth Century", in: Lachenicht, Susanne (ed.), Europeans Engaging the Atlantic. Knowlegde and Trade, 1500–1800, Frankfurt am Main: Campus, 2014, S. 47–71; zu italischen Kaufleuten, Reisenden und frühen Zuckerunternehmern in der Neuen Welt: Stevens-Acevedo, Anthony, The Origins of the Colonial Sugar Oligarchy in La Hispañola. The Case of the Varas-Soderín-Castillo-Torres Clan in the Sixteenth Century, M.A. Thesis, The City College of New York, 2005; Orlandi, Angela, „Ciudades y aldeas del Nuevo Mundo en los documentos de los mercaderes y viajeros italianos del Quinientos/ Towns and Villages of the New World in the Papers of Italian Merchants and Travelers of the Sixteenth Century", in: Anuario de Estudios Americanos 73 (2016), S. 45–64.

Die Gruppe der wirklich Ausführenden (Exekutoren) und „Macher" des Sklaven-Handels waren, wie bereits mehrfach gesagt, Kapitäne, Faktoren/ Agenten, Cargos (Verantwortliche für Schiffsladungen) sowie eine Reihe von Unterfunktionen auf den Schiffen (wie der *condestable*, *mayordomo* oder *despensero* – der erste ein Art Polizei-Bootsmann, der zweite Ober-Stewart und der dritte Essensverteiler im Sklavendeck[332]), die für die Kontrolle/ Sicherheit der Versklavten verantwortlich waren. Die Exekutoren waren immer die direkten Verantwortlichen für den Eintausch/ Kauf[333] von Versklav-ten an den westafrikanischen Küsten und Verladeplätzen, den gewaltsamen Transport zu den iberischen Schiffen, bei dem sie sich auf afrikanische Atlantikkreolen und Broker sowie vor allem Wachen verlassen mussten, sowie den Transport auf den Sklavenschiffen (*barcos* oder *buques negreros* in Spanisch) über den Atlantik und die Anlandung sowie den Verkauf in den Amerikas. Dazu kamen, vor allem seit dem 18. Jahrhundert, Schiffsärzte bzw. Chirurgen.[334]

---

332 Siehe einen beliebigen Vertrag des Kapitäns eines Sklavenhandelsschiffes mit der Mannschaft, den Offizieren, Bootsleuten, Handwerkers und den genannten Kontrollverantwortlichen noch im 19. Jahrhundert als Beispiel für tausende solcher Verträge: Cap.n y Piloto del Berg.n mercantil espa-ñol titulado Tres Amigos de esta matricula [...] una expedicion de presente á las Yslas del Príncipe y Santomé para donde tiene abierto su registro [...] ha contratado con los oficiales, marineros y mozos [...] Primeramente se obliga á pagar al contramaestre Ygnacio Cabrera sesenta y cinco pesos todos los meses: al segundo contramaestre José Vilaseca, y tercer contramaestre Andres Costa cua-renta pesos á cada uno: al carpintero José Carreras cincuenta pesos: al fisico José Joven treinta pesos: al condestable Bernabé Gonzalez cuarenta: al mayordomo Hilario Ortega cincuenta y cinco: al Despensero José Botet treinta: al cocinero Juan Gomez treinta y cinco: al segundo cocinero [...]" („Contrata", La Habana, 21 de Febrero de 1833, in: Archivo Nacional de Cuba, Notaría Marina 1833, f. 74 r-v). Neben dem genannten *condestable* und *mayordomo* gab es auf großen Schiffen auch noch *guardianes* (Wachverantwortliche) und *armeros* (Waffenverantwortliche).
333 Aus afrikanischer Sicht war der Verkauf an atlantische Träger des Handels (fast) immer nur eine der Möglichkeiten des Sklavenstatus; siehe vor allem: Lovejoy, Paul E., „Slavery in Societies on the Frontier of Centralized States in West Africa", in: Lenski, Noel; Cameron, Catherine M. (eds.), What is a Slave Society? The Practice of Slavery in Global Perspective, Cambridge; New York: Cambridge Uni-versity Press, 2018, S. 220–247; Daniel Domingues hebt auf Basis von Quellen aus Angola und speziell für Luanda kleinflächiges Kidnapping und lokale Verurteilungen als Gründe für Versklavungen her-vor, siehe: Domingues da Silva, Daniel B., The Atlantic Slave Trade from West Central Africa, 1780–1867, Cambridge: Cambridge University Press, 2017 (Cambridge Studies on the African Dias-pora); Wilks, Ivor, Forests of Gold. Essays on the Akan and the Kingdom of Asante, Athens: Ohio University Press, 1993; siehe auch: Nwokeji, G. Ugo, The Slave Trade and Culture in the Bight of Bia-fra. An African Society in the Atlantic World, Cambridge: Cambridge University Press, 2010; Shum-way, Rebecca, The Fante and the Transatlantic Slave Trade, Rochester: University of Rochester Press, 2011; Sparks, Randy J., Where the Negroes are Masters. An African Port in the Era of Slave Trade, Cambridge: Harvard University Press, 2014; Hawthorne, Walter, „The Production of Slaves Where There Was No State. The Guinea-Bissau Region, 1450–1815", in: Slavery & Abolition 29:2 (1999), S. 97–124; Hawthorne, Planting Rice and Harvesting Slaves. Transformations Along the Guinea-Bissau Coast, 1400–1900, Portsmouth: Heinemann, 2003.
334 Zeuske, Michael, „Del reino de Hannover a Cuba y Estados Unidos, pasando por el infierno de la trata en Senegambia y el Atlántico. El médico y negrero alemán Daniel Botefeur 1770–1821", in:

Bislang eher wenig untersuchte Träger des Handels auf dem afrikanisch-iberischen Atlantik waren Sklavenschiffsköche[335] und Heiler (*barbeiros*), zumeist Atlantikkreolen.[336] Atlantikkreolen waren auch – vor allem an den Küsten Afrikas und im Handel mit afrikanischen Handelseliten und Karawanenchefs – Broker zwischen afrikanischen und atlantischen Sklavenhändlern und Exekutoren. Auf den Schiffen der Iberer wurden sie Hilfspersonal. Europäer und Neo-Europäer, in Selbstbezeichnung „Weiße" oder „Christen", behielten dagegen die Kontrolle über die Hochseeschifffahrt, die im 17. Jahrhundert zeitweilig massiv von Piraten,[337] Atlantikkreolen und Korsaren bedroht war. Selbst in Westafrika gab es Piraterie. Unter den Sklavenhändlern und Kapitänen kamen immer Piraterie-Akte vor. Am Beginn des 18. Jahrhunderts hatte England seine früheren Verbündeten – die Piraten – aus der Karibik vertrieben – eine Beschreibung der Expeditionen gegen die Konkurrenten ist vom Schiffschirurgen John Atkins erhalten.[338] Die globalen Dimensionen der illegalen Netzwerke und des illegalen Handels von *privateers*/ Privatiers (Piraten und Korsaren) sind nicht zu übersehen.[339]

Die iberischen Kronen und die Iberer als Sklavenhandels-Akteure versuchten, wie gesagt, den von ihnen notdürftig kontrollierten Teil des Atlantiks und der

---

Opatrný, Josef (ed.), Caribe hispano y Europa. Siglos XIX y XX. Dos siglos de relaciones, Praga: Universidad Carolina; Editorial Karolinum, 2018 (= Ibero-Americana Pragensia Supplementum 48), S. 47–81.
335 Siehe aber: Rodrigues, Jaime, De costa a costa. Escravos, marinheiros e intermediarios do tráfico negreiro de Angola ao Rio de Janeiro, São Paulo: Companhia das Letras, 2005; Reis, João José; Gomes, Flávio dos Santos; Carvalho, Marcus J.M. de, O alufá Rufino. Tráfico, escravidão e liberdade no Atlântico negro (c. 1822 – c. 1853), São Paulo: Companhia Das Letras, 2010; sowie neuerdings: Teubner, Melina, Die ‚zweite Sklaverei' ernähren. Sklavenschiffsköche und Straßenverkäuferinnen im Südatlantik (1800–1870), Frankfurt am Main: Campus, 2021.
336 Zeuske, Michael, „Atlantikkreolen. Leben auf und am Atlantik sowie *beyond the Atlantic*", in: Zeuske, Sklavenhändler, Negreros und Atlantikkreolen. Eine Weltgeschichte des Sklavenhandels im atlantischen Raum, Berlin; Boston: De Gruyter, 2015, S. 172–205.
337 Zu iberischen Piraten siehe: Franco, Luciano, „Piratas, corsarios, flibusteros y contrabandistas siglos XVIII y XIX", in: Franco, Ensayos históricos, La Habana: Editorial de Ciencias Sociales, 1974, S. 45–92; García del Pino, César, El corso en Cuba. Siglo XVII. Causas y conseuencias, La Habana: Editorial de Ciencias Sociales, 2001; García del Pino, Corsarios, piratas y Santiago de Cuba, La Habana: Editorial de Ciencias Sociales, 2009; McCarthy, Matthew, „Cuban-based Piracy", in: McCarthy, Privateering, Piracy and British Policy in Spanish America, 1810–1830, Woodbridge: Boydell Press, 2013, S. 39–45; allgemein siehe: McDonald, Kevin P., Pirates, Merchants, Settlers, and Slaves. Colonial America and the Indo-Atlantic World, Berkeley: University of California Press, 2015; Pieken, Gorch, „Fürsten, Menschenhändler und Piraten im transatlantischen Handel Brandenburg-Preußens 1682–1721", in: Hofbauer, Martin (ed.), Piraterie in der Geschichte, Potsdam: Zentrum für Militärgeschichte und Sozialwissenschaften der Bundeswehr, 2013, S. 39–62.
338 Atkins, John, A Voyage to Guinea, Brazil and the West Indies, London: Routledge, 2013.
339 Head, David, „Slave Smuggling by Foreign Privateers. Geopolitical Influences on the Illegal Slave Trade", in: Journal of the Early Republic 33:3 (2013), S. 433–462; Antunes, Cátia; Polónia, Amélia (eds.), Beyond Empires. Global, Self-Organizing, Cross-Imperial Networks, Leiden: Brill, 2016.

Punkte an den kontinentalen Küsten Afrika (vor allem in Angola sowie in der Senegalmündung sowie in den Mündungen der „Flüsse des Südens"), die hohe See, die Häfen auf der iberischen Halbinsel, auf den westafrikanischen Inseln, in der Karibik und in den Amerikaszu monopolisieren. Trotz starker Netzwerke grenzten sich die iberischen Mächte vor allem nach 1640 dabei auch gegenseitig aus.[340]

Aus bürokratischer Perspektive war das Institutionen-, Rechts- und Finanzierungskonstrukt mit seinen Wissens-Speichern und -Sammlungen bemerkenswert, darunter etwa die bereits genannte *Casa de la Contratación* (*Casa y Audiencia de Indias*) als Institution des Indien-Rates (*Consejo Real y Supremo de las Indias*).[341] In Portugal und seinen *imperios* war das Institutionen- und Rechtsdesign ähnlich. Es ging aber mit den verschiedenen *casas* (Handelshäusern) dem kastilisch-spanischen voraus, wie etwa *Casa de Ceuta, Casa de Guiné, Casa da Mina, Casa dos Escravos, Casa da Índia* (zwischen 1434 und 1499). Die Institutionen waren viel stärker auf die Krone als kommerziellem Akteur ausgerichtet. Die kapitalistische Akkumulation kam nicht von ungefähr – sie benötigte, meist schon lange bevor sie in marxistischen und neo-liberalen Ursprungserzählungen angesetzt werden (um 1650), staatliche Unterstützung, öffentliche und private Institutionen, Netzwerke, Akteure, Links und Zusammenarbeit. Das gilt auch für die Aussage, dass Kapitäne, Händler und Broker/ Interloper (*lançados*

---

340 Böttcher, Nikolaus, „Kreolische Handlungskompetenz in Hispanoamerika vor der Unabhängigkeit – Die *Reales Consulados* im spanischen Kolonialreich", in: Fischer-Tiné, Harald (ed.), Handeln und Verhandeln. Kolonialismus, transkulturelle Prozesse und Handlungskompetenz, Münster: LIT Verlag, 2002 (Periplus Parerga 8), S. 11–28; Cañizares-Esguerra, Jorge, Puritan Conquistadors. Iberianizing the Atlantic, 1500–1700, Stanford: Stanford University Press, 2006; Truchuelo, Susana; Reitano, Emir (eds.), Las fronteras en el Mundo Atlántico (siglos XVI–XIX), La Plata: Universidad Nacional de La Plata, 2017 (Colección Hismundi); D'Amato, Giuseppe; Vidal Ortega, Antonino, „Cartagena de Indias y los mercaderes portugueses de esclavos en la primera mitad del s. XVII", in: Anais de História de Além-Mar 16 (2015), S. 17–50; Chuecas Saldías, Ignacio, „El Caribe portugués. Sobre políticas imperiales, redes planetarias y la presencia de portugueses en el Caribe durante el gobierno de Felipe III (1598–1621)", in: Iberoamérica Social. Revista-red de estudios sociales, Número Especial 2 (2018), S. 27–45. Zum Konzept des Imperiums und der Imperialkriege, siehe: Pietschmann, Horst, „Frühneuzeitliche Imperialkriege Spaniens. Ein Beitrag zur Abgrenzung komplexer Kriegsformen in Raum und Zeit", in: Bührer, Tanja; Stachelbeck, Christian; Walter, Dierk (eds.), Imperialkriege von 1500 bis heute. Strukturen – Akteure – Lernprozesse, Paderborn: Ferdinand Schöningh, 2011, S. 73–92.
341 Crespo Solana, Ana, La Casa de Contratación y la Intendencia General de la Marina en Cádiz (1717–1730), Cádiz: Servicio de Publicaciones de la Universidad de Cádiz, 1996; Acosta Rodríguez, Antonio; González Rodríguez, Adolfo, La Casa de la Contratación y la navegación entre España y las Indias, Sevilla: Secretariado de Publicaciones de la Universidad de Sevilla; Centro de Estudios Hispanoamericanos del CSIC; Fundación El Monte, 2004; Siegert, Bernhard, Passagiere und Papiere. Schreibakte auf der Schwelle zwischen Spanien und Amerika, München; Zürich: Wilhelm Fink, 2006; Serrera, Ramón María, „La Casa de la Contratación en el Alcázar de Sevilla (1503–1717)", in: Boletín de la Real Academia Sevillana de Buenas Letras 36 (2008), S. 141–176; Heredia López, Alfonso Jesús, „Los comerciantes a Indias y la Casa de la Contratación. Vínculos y redes (1618–1644)", in: Colonial Latin American Review 28:4 (2019), S. 514–537.

und *tangomãos*[342]) die Ersten waren, die die Bedeutung des Kapitals menschlicher Körper in Gestalt von *cativos* aus Afrika erkannten und nutzten; zumindest Kapitäne unterlagen immer staatlicher Kontrolle (die nie sehr effizient war).

Portugal war eine Monarchie wie Kastilien-Spanien auch – letztere sogar eine „zusammengesetzte" (*compuesta*) Monarchie, die aber seit Karl V. als Imperium und Weltmacht agierte.[343] Monarchien – im Falle Portugals und Spaniens spricht man, wie gesagt, auch von *monarquía compuesta* oder *monarquía policéntrica* – und Wirtschafts-Imperien, auch die iberischen, beruhten auf Sklavereien, Handel/ Schmuggel mit Versklavten und starken Abhängigkeiten in hierarchischen Systemen.[344]

Als am wenigsten erfolgreich erwiesen sich die iberisch-atlantischen Monopole in Westafrika – insofern herrschte dort freie Konkurrenz unter Iberern und Europäern, auch wenn afrikanische Eliten und Potentaten versuchten, Souveränität, Kontrollen, Monopole sowie Grenzen zu halten. Auch das Atlantik-Monopol war nie einfach und hat in der Historiografie zu einem Trend geführt, die nationale Imperial-Geschichte heranzuziehen.[345] Beides wurde erleichtert durch die globalen Monopolpositionen Portugals sowie die imperiale Supermacht-Position, die Spanien im 16. und frühen 17. Jahrhundert (in Kron-Union mit Portugal) einnahm – auch und gerade nach der Trennung des Habsburger-Imperiums in den spanischen Teil (mit *Las Indias* sowie den Philippinen) und den zentraleuropäisch-deutschen Teil des „Alten Reiches" mit dem Zentrum Wien/ Österreich um 1560 (wo die Bedrohung durch die Türken zunahm). Flankiert wurde diese Supermacht-Position Spaniens durch die Verrechtlichung aller Formen von Gefangennahme/ Versklavung (*guerra justa*) sowie die Annäherung zwischen Portugal und Kastilien/ Spanien und die genannte Kron-Vereinigung zwischen beiden iberischen Reichen (Kastilien ca. 7 Mio, Portugal ca. 1 Million Einwohner) nach der Katastrophe von Ksar-El-Kebir in Marokko 1578. Das war übrigens eine massive Niederlage der Portugiesen in der langen Reihe von Versu-

---

342 Wheat, David, „Tangomãos en Tenerife y Sierra Leona a mediados del siglo XVI", in: Cliocanarias 2 (2020), S. 545–569; Santana Pérez, Germán, „Mercaderes hispanos en África subsahariana antes de la Unión Ibérica, 1503–1580", in: Pérez García, Rafael M.; Fernández Chaves, Manuel F.; Belmonte Postigo, Jose Luis (eds.), Los negocios de la esclavitud. Tratantes y mercados de esclavos en el Atlántico Ibérico, siglos XV–XVIII, Sevilla: Universidad de Sevilla, 2018, S. 71–92.

343 Pietschmann, Horst, „Imperio y comercio en la formación del Atlántico español", in: Lobato Franco, Isabel; Oliva Melgar, Juan María (eds.), El sistema comercial español en la economía mundial (siglos XVII–XVIII). Homenaje a Jesús Aguado de los Reyes, Huelva: Universidad de Huelva, 2013, S. 71–95.

344 Burbank, Jane; Cooper, Frederic, „Tráfico de esclavos, esclavitud e imperio", in: Burbank; Cooper, Imperios. Una nueva visión de la historia universal, Barcelona: Crítica, 2011, S. 247–249 (Original: Burbank; Cooper, Empires in World History. Power and the Politics of Difference, Princeton; Oxford: Princeton University Press, 2010); Tölle, Tim, „Early Modern Empires. An Introduction to the Recent Literature", in: H-Soz-Kult 20.04.2018 (https://www.hsozkult.de/literaturereview/id/forschungsberichte-2021 [09. März 2022]).

345 Chet, Guy, The Ocean is a Wilderness. Atlantic Piracy and the Limits of State Authority, 1688–1856, Amherst: University of Massachusetts Press, 2014.

chen, Territorien in Afrika nach dem Muster einer invasiven Territorial-Conquista zu erobern. Auch die spanischen Eroberungen in Afrika waren – mit wenigen Ausnahmen – nicht dauerhaft.[346] Unter Heinrich VIII. und Elisabeth I. scheiterten auch frühe Ambitionen Englands, in Afrika Fuß zu fassen. Es war aber nicht nur ein Problem der territorialen Eroberung in Afrika (oder besser des weitgehenden Scheiterns dieser Expansion vor dem 19. Jahrhundert). Es war ein globales Problem der Sicherung der iberischen Expansion – vor allem die portugiesische Krone benötigte für die Bemannung von Schiffen und von Festungen (und auch für die Gewaltausübung) in beiden Hemisphären dringend erfahrenes Personal.[347]

Von 1580 bis 1640 waren die Könige Kastiliens/ Spaniens auch Träger der Krone Portugals.[348] Eine Verlagerung des iberischen Reichszentrums nach Lissabon war nicht vorgesehen – aber eine Intensivierung des Handels, auch des Sklavenhandels mit Unterstützung des Staates und seiner Akteure.[349] So profitierten vor allem Sklavenhändler und der Sklavenhandel sowie Sklavereien in Afrika, auf dem Atlantik und in den Amerikas von dieser Kron-Union – aber eben auch konkurrierende Korsaren/ Piraten und Schmuggler (Piraten und Korsaren des Mittelmeeres; seit um 1520 vor allem Franzosen; seit 1570 vor allem Niederländer und Engländer). Die wirkliche tiefgehende imperiale Zäsur war die disruptive Trennung beider iberischer Imperien 1640. Der Schnitt ging allerdings im Bereich des atlantischen Sklavenhandels nicht so tief, wie man aus der Imperial-Geschichtsschreibung annehmen könnte – es war eine Restrukturierung.[350] Sklavenhandel, Schmuggel, Piraterie/ Korsarentum und illegaler Handel (auch Handel mit Menschen) waren Teil der Imperien-Bildung und -erhaltung,[351] ebenso wie die vielen Kriege zwischen Kolonial- und Sklavereimächten Versuche zur

346 Hess, Andrew C., The Forgotten Frontier. A History of the Sixteenth Century Ibero-African Frontier, Chicago; London: University of Chicago Press, 1987 (Publications of the Center for Middle Eastern Studies 10), S. 26–44.

347 Metzig, Gregor M., „Guns in Paradise. German and Dutch Artillerymen in the Portuguese Empire (1415–1640)", in: Anais de História de Além-Mar 12 (2012), S. 61–87.

348 Santos Pérez, José Manuel, „Brazil and the Politics of the Spanish Habsburgs in the South Atlantic, 1580–1640", in: Alencastro, Luiz Felipe de (ed.), The South Atlantic, Past and Present, North Dartmouth: Tagus Press, 2015 (Portuguese Literary & Cultural Studies 27), S. 104–120.

349 Lorenzo Sanz, Eufemio, Comercio de España con América en la época de Felipe II. Los mercaderes y el tráfico indiano, 2 Bde., Valladolid: Institución Cultural Simancas, 1979; Sampaio Garcia, Rozendo, „Contribuição ao estudo do aprovisionamento de escravos negros na América espanhola (1580–1640)", in: Anais do Museu Paulista 16 (1962), S. 1–195; D'Amato, Giussepe; Vidal Ortega, Antonino, „Cartagena de Indias y los mercaderes portugueses de esclavos en la primera mitad del s. XVII", in: Anais de História de Além-Mar 16 (2015), S. 17–50.

350 García-Montón, Alejandro, „The Rise of Portobelo and the Transformation of the Spanish Slave Trade, 1640s–1730s. Transimperial Connections and Intra-American Shipping", in: Hispanic American Historical Review 99:3 (2019), S. 388–429.

351 Pietschmann, Horst, „Imperio y comercio en la formación del Atlántico español", in: Lobato Franco, Isabel; Oliva Melgar, Juan María (eds.), El sistema comercial español en la economía mundial (siglos XVII–XVIII). Homenaje a Jesús Aguado de los Reyes, Huelva: Universidad de Huelva, 2013,

Durchsetzung oder wenigstens Erhaltung der jeweiligen Monopole waren.[352] Piraterie, Korsaren und *corso* (illegaler Schmuggelhandel) waren aber auch Teil der Auflösung von Imperien, vor allem im Zuge der so genannten *„Atlantischen Revolutionen"*, der *Independencia* 1810–1826 sowie der komplizierten Geschichte der unterschiedlichen Abolitionen des Sklavenhandels und der Sklavereien 1794–1888.[353]

Das verdient eine kurze Parenthese der politischen Rahmenbedingungen außerhalb der bis heute weit verbreiteten Imperiums-Perspektive neuzeitlicher europäischer Reiche.[354] Der Raum der hohen See des Atlantiks und seiner komplizierten Ränder war so unreglementiert, dass sich Versklaver, Razzienräuber, Piraten, Korsaren und Skla-

---

S. 71–95; Hanna, Mark G., Pirate Nests and the Rise of the British Empire, 1570–1740, Chapel Hill: University of North Carolina Press, 2015; Borucki, Alex, „Transimperial Networks of Slave Trading, Piracy, and Empire Building in the Iberian Atlantic", in: Latin American Research Review 52:4 (2017), S. 681–688; zum Überblick über „spanisches" Korsarentum: Lucena Salmoral, Manuel, Piratas, bucaneros, filibusteros y corsarios en América, Madrid: Fundación MAPFRE, 1992; Reichert, Rafał, „Corsarios españoles en el Golfo de Honduras, 1713–1763", in: Estudios de Cultura Maya 51 (2018), S. 151–174; im 19. Jahrhundert: Grafenstein, Johanna von, „Hacer negocios en tiempos de guerra. Comercio, corso y contrabando en el golfo de México y mar caribe durante la segunda década del siglo XIX", in: Grafenstein; Reichert; Rodríguez Trevino, Julio César (eds.), Entre lo legal, lo ilícito y lo clandestino. Prácticas comerciales y navegación en el Gran Caribe, siglos XVII al XIX, Ciudad de México: Instituto de Investigaciones Dr. José María Luis Mora, 2018 (Historia económica), S. 96–142.

352 Borucki, Alex, „The Slave Trade to the Río de la Plata. Trans-Imperial Networks and Atlantic Warfare, 1777–1812", in: Colonial Latin American Review 20:1 (2011), S. 81–107; Borucki, „Trans-Imperial History in the Making of the Slave Trade to Venezuela, 1526–1811", in: Itinerario 36:2 (2012), S. 29–54; Antunes, Cátia; Polónia, Amélia (eds.), Beyond Empires. Global, Self-Organizing, Cross-Imperial Networks, Leiden: Brill, 2016; Cromwell, Jesse, The Smugglers' World. Illicit Trade and Atlantic Communities in Eighteenth-Century Venezuela, Chapel Hill: University of North Carolina Press for the Omohundro Institute, 2018; Grafenstein, Johanna von; Reichert, Rafał; Rodríguez Trevino, Julio César (eds.), Entre lo legal, lo ilícito y lo clandestino. Prácticas comerciales y navegación en el Gran Caribe, siglos XVII al XIX, Ciudad de México: Instituto de Investigaciones Dr. José María Luis Mora, 2018 (Historia económica).

353 Serrano Mangas, Fernando, „La Armada española frente a la oleada de corsarios colombianos de 1826", in: Revista de Historia Naval 1:2 (1983), S. 117–129; Grafenstein Gareis, Johanna von, „Patriotas y piratas en un territorio en disputa, 1810–1819", in: Revista Theorethikos 3:1 (2000), S. 1–51; Langfur, Hal; Walker, Charles F., „Protest and Resistance Against Colonial Rule in Iberian America", in: Bouza, Fernando; Cardim, Pedro; Feros, Antonio (eds.), The Iberian World, 1450–1820, London: Routledge, 2019, S. 617–634 (ohne Erwähnung des Sklavenhandels oder der maritimen Seite der Revolten).

354 Nur eine kleine Auswahl: Scammell, G.V., The World Emcompassed. The First European Maritime Empires c. 800–1650, London: Methuen, ²1987; zu den Kaufleute-Imperien, siehe: Tracy, James D. (ed.), The Rise, of Merchant Empires, 2 Bde. (Bd. 1: Long Distance Trade in the Early Modern World, 1350–1750; Bd. 2: The Political Economy of Merchant Empires. State Power and World Trade, 1350–1750), Cambridge: Cambridge University Press, 1990; Calic, Marie-Janine, „Weltreiche und Weltwirtschaften 1450–1800", in: Calic, Südosteuropa. Weltgeschichte einer Region, München: C.H. Beck, 2016, S. 83–151; Paquette, Gabriel, Imperial Portugal in the Age of Atlantic Revolutions. The Luso-Brazilian World, c. 1770–1850, Cambridge: Cambridge University Press, 2013; Paquette, The European Seaborne Empires. From the Thirty Years' War to the Age of Revolution, New Haven: Yale University Press, 2019. Zur Rolle von Korporationen und Companies; siehe: Pettigrew, William; Veevers, David

venverkäufer im Grunde bis weit in die Zeit der Abolition frei oder weitgehend frei von staatlicher Kontrolle bewegen konnten, zumal sich die Nationalstaaten auch in Konkurrenz zueinander und in komplizierten staatlichen Beziehungen befanden.[355] Diese Gebiete waren damit viel „freier" als Europa (besonders England) – wo sich der „moderne Kapitalismus" gebildet haben soll. Gefährlicher noch als die per se schon recht „freien" Kapitäne und ihr Anhang waren allemal andere „freie Unternehmer" – wie eben Korsaren und Piraten. Das gilt auch für die Zeit der Aufklärungs-Reformen, als sich Imperien mit speziellen Gesetzen (auf Basis ihrer spezifischen sozialen Grundlagen und Zielen) für Kolonial- und Einflussgebiete zu modernisieren versuchten.[356]

An den Küsten des späteren Brasiliens entwickelte sich, auch auf Basis interner Razzien-Sklaverei von *índios*,[357] seit ca. 1580 ein massiver Schmuggel zum Río de la Plata und dem in diesem Jahr zum zweiten Male gegründete Buenos Aires (*peruleiros*) sowie in die „spanische" Karibik: sozusagen „Handel" durch die atlantische Hintertür in das Silberreich *Las Indias* mit Zentrum in Perú.[358] Dazu kam ein massi-

---

(eds.), Transoceanic Constitutions. The Corporation as a Protagonist in Global History, 1550–1750, Leiden: Brill, 2019. Das portugiesische Imperium besteht in der portugiesischen Historiografie aus drei Imperien („erstes Imperium" 1444–1580/1640; „zweites Imperium"1640–1822; „drittes Imperium" 1822–1974). Das wichtigste Überblickswerk im Zusammenhang von Sklaverei und Sklavenhandel ist: Caldeira, Arlindo Manuel, Escravos e Traficantes no Império Português. O Comércio Negreiro Português no Atlântico Durante Os Séculos XV a XX, Lisboa: Esfera dos Livros, 2013; siehe zum Imperium bis 1808: Russell-Wood, Anthony John R., The Portuguese Empire, 1415–1808. A World on the Move, Baltimore; London: The Johns Hopkins University Press, 1998; Marques, João Pedro, Portugal e a Escravatura dos Africanos, Lisboa: Imprensa de Ciências Sociais, 2004; Lahon, Didier, O Negro no Coração do Império – Uma Memória a Resgatar. Séc. XV–XIX, Lisboa, 1999; Curto, José C.; Soulodre-La France, Renée (eds.) Africa and the Americas. Interconnections During the Slave Trade, Trenton: Africa World Press, 2005.

355 Eliot, Lewis B. H., „We Don't Recognize Your Freedom. Slavery, Imperialism, and Statelessness in the Mid-Nineteenth Century Atlantic World", in: Atlantic Studies 16:4 (2019), S. 482–501, hier S. 487: „Realizing the incredible complexity of emancipation in the Atlantic World [around 1850 – MZ] is vital to understanding the statelessness of so many actors within. Appreciating Atlantic actors' lack of understanding regarding the antislavery laws of other states is, however, equally important. It is also critical to comprehend that in many cases, governments and diplomats also understood their own laws incorrectly". Boelhower, William, „Framing Anew Ocean Genealogy. The Case of Venetian Cartography in the Early Modern Period", in: Atlantic Studies 15:2 (2018), S. 279–297.

356 Fradera, Josep Maria, Imperial Nation. Ruling Citizens and Subjects in the British, French, Spanish, and American empires, Princeton: Princeton University Press, 2018.

357 Monteiro, John M., Blacks of the Land. Indian Slavery, Settler Society, and the Portuguese Colonial Enterprise, edited and translated by Woodard, James and Weinstein, Barbara, Cambridge: Cambridge University Press, 2018 (Cambridge Latin America Studies).

358 Alencastro, Luiz Felipe de, „O Mercado Ibero-Americano", in: Alencastro, O Trato dos Viventes. Formacão do Brasil no Atlântico Sul, seculos 16. e 17., São Paulo: Companhia das Letras, 2000, S. 78–86; Crespi, Liliana M., „Contrabando de esclavos en el puerto de Buenos Aires durante el siglo XVII. Complicidad de los funcionarios reales", in: Desmemoria. Revista de Historia 26 (2000), S. 115–133; Studer, Elena F. S. de, La trata de esclavos en el Río de la Plata durante el

ver Sklavenhandel in die „spanische" Karibik, vor allem in der Zeit der iberischen Kron-Union (1580–1640).[359] All dies geschah trotz des generellen Zwangs der spanischen Krone, ihr Monopol zu achten und trotz schwerer Strafen gegen Monopolbrecher sowie gegen die eigene Kolonialbevölkerung im Falle der Nichtbeachtung des Monopols. Die spanische Krone und Imperialbürokratien nannten diese gezielten und großflächigen Strafen „Verwüstungen" (*devastaciones*).

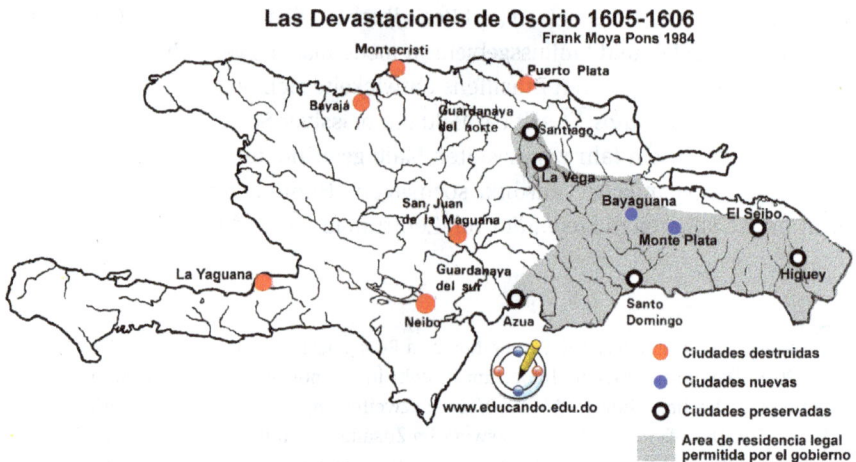

Karte 1: Die spanische Krone ließ um 1600 bestimmte Gebiete endemischen Schmuggels gezielt entsiedeln und verwüsten (= *devastar*), wie zum Beispiel den Westteil der Insel La Hispaniola, woraus später Saint Domingue unter französischer Kontrolle wurde.[360]

siglo XVIII, Buenos Aires: Libros de Hispanoamérica, ²1984; Schultz, Kara D., „The Kingdom of Angola Is Not Very Far From Here. The South Atlantic Slave Port of Buenos Aires, 1585–1640", in: Slavery & Abolition 36:3 (2015), S. 424–444; Aladrén, Gabriel, „Uma bicoca na costa da África. A política espanhola para o tráfico de escravos, o Reglamento de Comercio Libre e as fronteiras ibéricas na América do Sul (1776–1778)", in: Revista de Indias 77, no. 270 (2017), S. 585–615; Arrelucea Barrantes, Maribel; Cosamalón Aguilar, Jesús A., La presencia afrodescendiente en el Perú. Siglos XVI–XX, Lima: Ministerio de Cultura, 2015 (Caminos de la Historia 2); Moutoukias, Zacarías, Contrabando y control colonial en el siglo xvii. Buenos Aires, el Atlántico y el espacio peruano, Buenos Aires: Ceal, 1988.

359 Schultz, Kara D., „Interwowen. Slaving in the Southern Atlantic under the Union of the Iberian Crowns, 1580–1640", in: Journal of Global Slavery 2:3 (2017), S. 248–272.

360 Siehe: Wright, Irene, „Rescates. With Special Reference to Cuba, 1599–1610", in: Hispanic American Historical Review 3:3 (1920), S. 333–361; Andrews, Kenneth R., The Spanish Caribbean. Trade and Plunder, 1530–1630, New Haven: Yale University Press, 1978; Fuente, Alejandro de la, „Introducción al studio de la trata en Cuba. Siglos XVI y XVII", in: Santiago 61 (1986), S. 155–208;

Den offiziellen Monopol-Handel des Atlantiks konnte die spanische Krone nur durch eine hochkomplexe und extrem schwerfällige und schmuggelanfällige Flotten-Organisation mit der entsprechenden Bürokratie notdürftig sichern.[361] Diese „Sicherung" wurde aber durch das Einsickern von niederländischen, englischen, französischen und mitteleuropäischen Händlern in den iberischen Atlantikhäfen konterkariert.[362] Sie bildeten natürlich Handelsnetzwerke, siedelten aber auch in iberischen Städten (inklusive Iberianisierung).[363] Aus englischen Lancasters etwa wurden portugiesisch-iberische Alencastros.[364] Sie machten sich die lokalen Machtbedingungen und die relative wirtschaftliche Offenheit der iberischen Gebiete zunutze. Sie siedelten sich, zusammen mit sephardischen Kaufleuten, auch in afrikanischen und amerikanischen Häfen und Handelsplätzen an, vor allem aber in Afrika, auch im Hinterland (*Interior*). Andererseits ließen die formal schwächeren europäischen Macht-Konkurrenten des iberischen Superreiches ihre „Terroristen" los – die *sea dogs* oder *privateers* (d. h. private Unternehmer), Korsaren, Interloper, *bucaneros/ buccaneers* und Piraten (im zeitgenössischen Spanisch auch *pechelingues* genannt, wegen ihres Pidgin aus holländischen, französischen, englischen, spanischen und sicher auch portugiesischen Worten[365]), in der Karibik (hier auch Flibustiere und Bukaniere) und an

Deive, Carlos E., Tangomangos. Contrabando y piratería en Santo Domingo, 1522–1606, Santo Domingo: Fundación Cultural Dominicana, 1996; Reichert, Rafał, „Las Devastaciones de Osorio y los situados novohispanos para Santo Domingo durante los reinados de la casa de Habsburgo", in: Iberoamericana 16, no. 63 (2016), S. 131–147.

361 Mira Caballos, Esteban, Nicolás de Ovando y los orígenes del sistema colonial español, 1502–1509, Santo Domingo, República Dominicana: Patronato de la Ciudad Colonial de Santo Domingo, Centro de Altos Estudios Humanisticos y del Idioma Español, 2000; Martínez Shaw, Carlos; Oliva Melgar, José Maria (eds.), El sistema atlántico español (siglos XVII–XIX), Madrid: Marcial Pons, 2005; Martínez Shaw; Martínez Torres, José Antonio (eds.), España y Portugal en el mundo. 1581–1668, Madrid: Polifemo, 2014.

362 O'Flanagan, Patrick, Port Cities of Atlantic Iberia, c. 1500–1900, Aldershot: Ashgate Publishing, 2008; Weber, Klaus, Deutsche Kaufleute im Atlantikhandel 1680–1830. Unternehmen und Familien in Hamburg, Cádiz und Bordeaux, München: C.H. Beck, 2004 (Schriftenreihe zur Zeitschrift für Unternehmensgeschichte 12); Weber, „Deutschland, der atlantische Sklavenhandel und die Plantagenwirtschaft der Neuen Welt", in: Journal of Modern European History 7:1 (2009), S. 37–67; Schulte Beerbühl, Margrit; Weber, „From Westphalia to the Caribbean. Networks of German Textile Merchants", in: Gestrich, Andreas; Schulte Beerbühl (eds.), Cosmopolitan Networks in Commerce and Society 1660–1914, London: German Historical Institute, 2011 (German Historical Institute London Bulletin Supplement 2), S. 53–98.

363 Dalton, Heather, „‚Into Speyne to selle for Slavys'. Slave Trading in English and Genoese Merchant Networks prior to 1530", in: Green, Toby (ed.), Brokers of Change. Atlantic Commerce and Cultures in Pre-Colonial Western Africa, Oxford: Oxford University Press, 2012, S. 91–123.

364 Cañizares-Esguerra, Jorge, „How the ‚Reformation' Invented Separate Catholic and Protestant Atlantics", in: Archiv für Reformationsgeschichte 108 (2017), S. 245–254, hier S. 247.

365 Zambrano Pérez, Milton, „Piratas, piratería y comercio ilícito en el Caribe. La visión del otro (1550–1650)", in: Historia Caribe 12 (2007), S. 23–56.

afrikanischen Küsten (und im Indik).[366] Symbolfiguren sind, wie oben schon gesagt, Sir Francis Drake, der englische Nationalheld, noch in *Merry Old England* unter Elisabeth I. oder der gewählte Gouverneur von Jamaika Henry Morgan.[367] Privateers, Korsaren und Piraten, auch lokale Freibeuter, verbündeten sich mit Rebellen, *cimarrones* (geflohenen Sklaven), Korsaren, Schmugglern, Atlantikkreolen/ Tangomãos, Juden und anderen Piraten, um illegale Geschäfte zu betreiben (damals *corso* genannt) und das spanische Monopol zu brechen. Es gab auch viele Menschen aus iberischen Kulturen unter ihnen.[368] Oft bekamen die „Helden Englands", wie John Hawkins (siehe die Abb. auf der Umschlaginnenseite) und in seinen letzten Jahren Drake, auch Probleme mit ihnen. Seit der Revolution unter Cromwell begann die wirklich globale Expansions-

---

366 Williams, Neville, The Sea Dogs. Privateers, Plunder and Piracy in the Elizabethan Age, New York: Macmillan Publishing, 1975; McDonald, Kevin P., „‚A Man of Courage and Activity'. Thomas Tew and Pirate Settlements of the Indo-Atlantic Trade World, 1645–1730", in: Working Papers, UC World History Workshop, UC Berkeley, 2005, S. 1–21 (https://www.academia.edu/4362092/_Thomas_Tew_and_Pirate_Settlements_of_the_Indo-Atlantic_Trade_World_2005%20 [09. März 2022]), S. 1–2: „In the developing Atlantic world, pirates were often commissioned as privateers and functioned both as a first line of defense against seaborne attack from imperial foes and as essential economic contributors in the often-depressed colonies. In the latter half of the seventeenth century, moreover, colonial pirates and privateers became important transcultural brokers in the Indian Ocean region, spanning the globe to form an Indo-Atlantic trade network between North America and Madagascar. More than mere ‚pirates', as they have traditionally been designated, these were early modern transcultural frontiersmen: in the process of shifting their theater of operations from the Caribbean to the rich trading grounds of the Indian Ocean world ... [S. 2] ... they established settlements, married local Malagasy women, raised cattle as well as children, and traded and raided for slaves". Bialuschewski, Arne, „Black People under the Black Flag. Piracy and the Slave Trade on the West Coast of Africa, 1718–1723", in: Slavery & Abolition 29:4 (2008), S. 461–475; Latimer, Jon, Buccaneers of the Caribbean. How Piracy Forged an Empire, Cambridge: Harvard University Press, 2009; Bialushewski, „Pirates, Black Sailors and Seafaring Slaves in the Anglo-American Maritime World", in: The Journal of Caribbean History 45:2 (2011), S. 143–158; Kempe, Michael, „Die Piratenrunde. Globalisierte Seeräuberei und internationale Politik um 1700", in: Grieb, Volker; Todt, Sabine (eds.), Piraterie von der Antike bis zur Gegenwart, Stuttgart: Steiner (Historische Mitteilungen der Ranke-Gesellschaft – Beihefte 81), 2012, S. 155–180; Hanna, Mark G., Pirate Nests and the Rise of the British Empire, 1570–1740, Chapel Hill: University of North Carolina Press, 2015; Chet, Guy, The Ocean is a Wilderness. Atlantic Piracy and the Limits of State Authority, 1688–1856, Amherst: University of Massachusetts Press, 2014; Lessa de Sá, Vivian Kogut (ed.), The Admirable Adventures and Strange Fortunes of Master Anthony Knivet. An English Pirate in Sixteenth-Century Brazil, Cambridge: Cambridge University Press, 2015; McDonald, Kevin P., Pirates, Merchants, Settlers, and Slaves. Colonial America and the Indo-Atlantic World, Oakland: University of California Press, 2015.
367 Breverton, Terry, Admiral Sir Henry Morgan. King of the Buccaneers, Gretna: Pelican, 2005.
368 Ullivari, Saturnino, Piratas y corsarios en Cuba, Sevilla: Renacimiento, 2004; Zambrano Pérez, Milton, „Piratas, piratería y comercio ilícito en el Caribe. La visión del otro (1550–1650)", in: Historia Caribe 12 (2007), S. 23–56.

phase Englands – natürlich in der Karibik als globaler Sklaverei-Region.[369] Rafał Reichert sagt dazu:

> [...] desde el año 1655, la isla de Jamaica se convirtió para los ingleses en el punto estratégico desde el cual dirigieron las acciones piráticas y corsarias relativamente exitosas en la región del Gran Caribe hasta finales del siglo XVII, para después transformar la economía agraria de la isla con base en mano de obra esclava. Así, Jamaica se convirtió en el núcleo comercial, naval e imperial de Inglaterra en el Caribe, conectando la metrópoli con las colonias de la región y de América del Norte hasta la independencia de las trece colonias.

> Ab dem Jahr 1655 wurde die Insel Jamaika für die Engländer zum strategischen Punkt, von dem aus sie bis Ende des 17. Jahrhunderts ihre relativ erfolgreichen Piraten- und Korsarenaktionen in der Region Greater Caribbean durchführten, um später die Agrarwirtschaft der Insel auf der Grundlage von Sklavenarbeit umzuwandeln. So wurde Jamaika das Handels-, Marine- und imperiale Zentrum Englands in der Karibik und verband die Metropole mit den Kolonien der Region und Nordamerika bis zur Unabhängigkeit der dreizehn Kolonien.[370]

Es kam zu mehreren atlantisch-globalen militärischen Konflikten: von 1588 bis 1609 zwischen Spanien und England und von 1590 bis 1609 gar zu einem globalisierten Krieg von Niederländern gegen iberische Häfen, Schiffe und Gebiete.[371] Seit der „Rebellion der Niederlande" (1568–1648, vor allem nach 1630) waren portugiesische Teile des Imperiums massiven Konflikten, Razzien, Angriffen und Eroberungen ausgesetzt (Afrika[372] und vor

---

369 Appleby, John C., „A Guinea Venture, c. 1657. A Note on the Early English Slave Trade", in: Mariner's Mirror 79:1 (1993), S. 84–87.

370 Reichert, Rafał, „La pérdida de la isla de Jamaica por la Corona española y los intentos de recuperarla durante los años 1655–1660", in: Ulúa. Revista de Historia, Sociedad y Cultura 7, no. 14 (2009), S. 9–33, hier S. 28; siehe auch: Reichert, „La política defensiva española en la región del Gran Caribe y su impacto en la Nueva España durante la Casa de los Austrias", in: González Aguayo, Leopoldo Augusto; Velasco Molina, Mónica (eds.), La Talasopolítica mexicana 1, México D.F.: Universidad Nacional Autónoma de México, 2019, S. 105–122.

371 Emmer, Pieter C., „The First Global War. The Dutch versus Iberia in Asia, Africa and the New World, 1590–1609", in: e-Journal of Portuguese History 1:1 (2003), S. 1–14 (https://www.brown.edu/Departments/Portuguese_Brazilian_Studies/ejph/html/issue1/pdf/emmer.pdf [09. März 2022]).

372 Ratelband, Klaas, Os holandeses no Brasil e na costa Africana. Angola, Kongo e São Tomé, 1600–1650, Lisboa: Vega, 2003; Coclanis, Peter A. (ed.), The Atlantic Economy During the Seventeenth and Eighteenth Centuries. Organization, Operation, Practice, and Personnel, Columbia: University of South Carolina Press, 2005; Ribeiro da Silva, Filipa, Dutch and Portuguese in Western Africa. Empires, Merchants and the Atlantic System, 1580–1674, Leiden: Brill, 2011; Ribeiro da Silva, Filipa, „Crossing Empires. Portuguese, Sephardic, and Dutch Business Networks in the Atlantic Slave Trade, 1580–1674", in: The Americas 68:1 (2011), S. 7–32; Ribeiro da Silva, „Forms of Cooperation between Dutch-Flemish, Sephardim and Portuguese Private Merchants for the Western African Trade within the Formal Dutch and Iberian Atlantic Empires, 1590–1674", in: Portuguese Studies 28:2 (2012), S. 159–172; Ribeiro da Silva, „African Islands and the Formation of the Dutch Atlantic Economy. Arguin, Gorée, Cape Verde and São Tomé, 1590–1670", in: The International Journal of Maritime History 26:3 (2014), S. 549–567; Ribeiro da Silva, „The Dutch and the Consolidation of the Seventeenth-Century South Atlantic Complex, c.1630–1654", in: Portuguese Literary and Cultural Studies 27 (2014), S. 83–103; Ribeiro da Silva, „Between Iberia, the Dutch Republic and

allem Brasilien 1630–1654,[373] Suriname 1667,[374] aber auch Gebiete in Indien, im indischen Ozean sowie auf Inseln der Randmeere des Pazifiks in der malaiischen Welt).[375] Dazu kamen formelle Kriege, bei denen es meist um atlantische Hegemonie und Kontrolle des Atlantik-Handels, u. a. des spanischen Sklavenhandels-Monopols (Spanischer Erbfolge-krieg 1700–1713; Asiento-Krieg 1739–1748 – „War of Capt'n Jenkins Ear") oder die Kontrolle von Kolonien (Siebenjähriger Krieg/ „French and Indian War" 1756–1763) ging. Es ist nur ein scheinbarer Widerspruch, dass der „niederländische Moment" (1630er-1654) im atlanti-schen Sklavenhandel und in Brasilien den nordwesteuropäischen Sklaverei-Atlantik als solchen, vor allem aber den Sklavenhandel auf dem Südatlantik („erster Atlantik"), stabili-sierte – trotz oder gerade wegen der vielen Konflikte.[376]

England konnte den atlantisch-globalen Vorsprung der nördlichen Niederlande[377] erst im Umfeld der englischen Revolution (von 1640) sowie der Sicherung und weiterer Eroberung seiner ersten „Kolonien" in Irland, der Besetzung von Stützpunkten im Nor-den Amerikas (1604), in der Karibik seit ca. 1640 (vor allem Barbados und Jamaika; weitere kleine Antillen, wie Antigua[378]) und in einer Reihe von Handelskriegen um die See-Vormacht (vor allem die drei Englisch-Niederländischen Kriege: 1652–1654; 1665–1667; 1672–1674) aufholen. Dazu gehörte auch die Übernahme des Thrones in London durch einen Niederländer (Wilhelm III. von Oranien-Nassau) in der so genann-ten Glorious Revolution 1688/89. Frankreich versuchte, zusammen mit Spanien, den At-

Western Africa. Portuguese Sephardic Long- and Short-Term Mobility in the Seventeenth Century",
in: Jewish Culture and History 16:1 (2015), S. 45–63 (http://dx.doi.org/10.1080/1462169X.2015.
1032011); Ribeiro da Silva, „The Slave Trade and the Development of the Atlantic Africa Port System, 1400s-1800s", in: The International Journal of Maritime History 29:1 (2017), S. 138–154.
373 Santos Pérez, José Manuel; Souza, George F. Cabral de (eds.), El desafío holandés al dominio
ibérico en Brasil en el siglo XVII, Salamanca: Universidad de Salamanca, 2006; Alencastro, „Johann Moritz und der Sklavenhandel", in: Brunn, Gerhard; Neutsch, Cornelius (eds.), Sein Feld war die Welt. Johann Moritz von Nassau-Siegen (1604–1679). Von Siegen über die Niederlande nach Brasilien und
Brandenburg, Münster: Waxmann, 2008 (Studien zur Geschichte und Kultur Nordeuropas 14), S. 123–144.
374 Fatah-Black, Karwan, White Lies and Black Markets. Evading Metropolitan Authority in Colonial Suriname, 1650–1800, Leiden: Brill, 2015 (The Atlantic World 31).
375 Thornton, John K.; Heywood, Linda, „Privateering, Colonial Expansion, and the African Presence in Early Anglo-Dutch Settlements", in: Heywood; Thornton, Central Africans, Atlantic Creoles, and the Foundations of the Americas, 1585–1660, Cambridge: Cambridge University Press,
2007, S. 5–48; Klooster, Wim, „The Geopolitical Impact of Dutch Brazil on the Western Hemisphere", in: Groesen, Michiel van (ed.), The Legacy and Impact of Dutch Brazil, Cambridge: Cambridge University Press, 2014, S. 25–40; Klooster, Wim, The Dutch Moment. War, Trade, and
Settlement in the Seventeenth-Century Atlantic World, Ithaca: Cornell University Press, 2016.
376 Ribeiro da Silva, Filipa, „The Dutch and the Consolidation of the Seventeenth-Century South
Atlantic Complex, c.1630–1654", in: Portuguese Literary and Cultural Studies 27 (2014), S. 83–103.
377 Welie, Rik van, „Slave Trading and Slavery in the Dutch Colonial Empire. A Global Comparison", in: Nieuw West-Indische Gids/ New West-Indian Guide 82:1–2 (2008), S. 45–94.
378 Appleby, John C., „English Settlements in the Lesser Antilles during War and Peace, 1603–1660",
in: Paquette, Robert L.; Engerman, Stanley (eds.), The Lesser Antilles in the Age of European Expansion, Gainesville: University Press of Florida, 1996, S. 86–104.

lantik zu dominieren (der so genannte „*Bourbonische Atlantik*"[379]). Es konzentrierte sich nach dem Spanischen Erbfolgekrieg und vor allem nach der Niederlage im globalen Siebenjährigen Krieg auf seine „neuen" Kolonien, die zunächst meist durch die staatliche Übernahme von Flibustier- sowie Bukanier-Territorien entstanden waren; so etwa Saint-Domingue, der Westteil des spanischen Santo-Domingo, das durch die *devastaciones*-Politik der spanischen Krone entvölkert war. Dies stellt mehr oder weniger die bekannte, traditionelle Perspektive auf den Atlantik dar, zu der noch die des, wie oben gesagt, formellen (nur) Warenhandels (ohne Berücksichtigung der „sprechenden *commodity*" Versklavten)[380] und der Edelmetalltransporte, vor allem der Silbertransporte nach Europa, kam. Aus dieser Perspektive entwickelten sich im Rahmen der jeweiligen Nationalgeschichtsschreibung verschiedene national-imperiale „Atlantike", oder besser Atlantik-Narrative, die so tun, als ob sie Globalgeschichte seien (manche sind es, viele nicht). Es gab keinen „*Black Atlantic*",[381] aber einen afrikanisch-iberischen Atlantik und im 19. Jahrhundert möglicherweise sogar einen Yoruba-Lucumí-Atlantik in

---

379 Kuethe, Allan J.; Andrien, Kenneth J., The Spanish Atlantic World in the Eighteenth Century. War and the Bourbon Reforms, 1713–1796, New York: Cambridge University Press, 2014; Voss, Karsten, Sklaven als Ware und Kapital. Die Plantagenökonomie von Saint-Domingue als Entwicklungsprojekt 1697–1715, München: C.H. Beck, 2017 (Schriftenreihe zur Zeitschrift für Unternehmensgeschichte 27).

380 Nur ein Beispiel: Wiecker, Nils, Der iberische Atlantikhandel. Schiffsverkehr zwischen Spanien, Portugal und Iberoamerika, 1700–1800, Stuttgart: Steiner, 2012 (Beiträge zur Europäischen Überseegeschichte 99).

381 Oostindie, Gert; Roitman, Jessica V., „What is the ‚Dutch Atlantic'?", in: Oostindie; Roitman (eds.), Dutch Atlantic Connections, 1680–1800. Linking Empires, Bridging Borders, Leiden: Brill, 2014, S. 2–10; Huxley, Selma (ed.), Itsasoa. Los vascos en el marco atlántico norte. Siglos XVI y XVII, 3 Bde., San Sebastián: Etor, 1987; Thornton, John K., Africa and the Africans in the Making of the Atlantic World, 1400–1880, Cambridge: Cambridge University Press, 1998 (Studies in Comparative World History); Thornton, Warfare in Atlantic Africa 1500–1800 (Warfare and History), London: UCL Press, 1999; Marzagalli, Silvia, „The French Atlantic", in: Itinerario 23:2 (1999), S. 70–83; Vries, Jan de; Woude, Ad van der, The First Modern Economy. Success, Failure and Perseverance of Dutch Economy, 1500–1815, Cambridge: Cambridge University Press, 1997; Miller, Joseph C., „O Atlântico Escravista. Açúcar, Escravos e Engenhos", in: Afro-Asia 19–20 (1997), S. 9–36; Degn, Christian, Die Schimmelmanns im atlantischen Dreieckshandel. Gewinn und Gewissen, Neumünster: Wachholtz, 1974; Matory, Lorand James, „El Nuevo Imperio Yoruba. Textos, Migración y el Auge Transatlántico de la Nación Lucumí", in: Hernández Rodríguez, Rafael (ed.), Culturas encontradas. Cuba y los Estado Unidos, La Habana: Centro de Investigación y Desarrollo de la Cultura Cubana Juan Marinello; Centro de Estudios Latinoamericanos David Rockefeller Harvard University, 2001, S. 167–188; O'Rourke, Kevin H.; Williamson, Jeffrey G., Globalization and History. The Evolution of a Nineteenth-Century Atlantic Economy, Cambridge: The MIT Press, 2001; Pritchard, James, In Search of Empire. The French in the Americas 1670–1730, Cambridge: Cambride University Press, 2004; Reid, Michele, „Origins of the Yoruba in Cuba. Lucumí, Yoruba, Spain and the Slave Trade", in: Falola, Toyin; Childs, Matt (eds.), The Yoruba Diaspora in the Atlantic World, Bloomington: Indiana University Press, 2004 (Blacks in Diaspora), S. 112–125; Vries, Jan de, „The Dutch Atlantic Economies", in: Coclanis, Peter A. (ed.), The Atlantic Economy During the Seventeenth and Eighteenth Centuries. Organization, Operation, Practice, and Personnel, Columbia: University of South Carolina Press, 2005, S. 1–29; Martínez Shaw, Carlos; Oliva Melgar, José Maria (eds.), El sis-

tema atlántico español (siglos XVII–XIX), Madrid: Marcial Pons, 2005; Pieper, Renate; Schmidt, Peer (eds.), Latin America and the Atlantic World. El Mundo Atlántico y América Latina (1500–1850), Köln: Böhlau, 2005; Falola; Ogundiran, Akin (eds.), The Archaeology of Atlantic Africa and the African Diaspora, Bloomington: Indiana University Press, 2007; Alencastro, Luiz Felipe de, „Le versant brésilien de l'Atlantique-Sud. 1550–1850", in: Annales: Histoire, Sciences Sociales 61:2 (2006), S. 339–382; Degn, „Schwarze Fracht – Dokumentation und Interpretation", in: Heinzelmann, Eva; Riis, Thomas; Robl, Stefanie (eds.), Der dänische Gesamtstaat – ein unterschätztes Weltreich?, Kiel: Verlag Ludwig, 2006, S. 37–50; Crespo Solana, Ana, „Las plantaciones del Caribe y el contexto atlántico holandés", in: Crepo Solana, América desde otra frontera. La Guayana Holandesa (Surinam). 1680–1795, Madrid: CSIC, 2006 (Colección América 3), S. 25–37; Crespo Solana, „Surinam en el Atlántico. Producción y comercialización", in: Crepo Solana, América desde otra frontera. La Guayana Holandesa (Surinam). 1680–1795, Madrid: CSIC, 2006 (Colección América 3), S. 187–218; Palmié, Stephan, „Ecué's Atlantic. An Essay in Method", in: Journal of Religion in Africa 37:2 (2007), S. 207–315; Palmié, „Ekpe/ Abakuá in Middle Passage. Time, Space, and Units of Analysis in African American Historical Anthropology", in: Apter, Andrew; Derby, Lauren (eds.), Activating the Past. Historical Memory in the Black Atlantic, London: Cambridge Scholars Press, 2010, S. 1–44; Fuente, Alejandro de la, Havana and the Atlantic in the Sixteenth Century, Chapel Hill: University of North Carolina Press, 2008; Crespo Solana, Mercaderes atlánticos. Redes del comercio flamenco y holandés entre Europa y el Caribe, Córdoba: Servicio de Publicaciones, Universidad de Córdoba, 2009; Fick, Caroline E., „Revolutionary Saint Domingue and the Emerging Atlantic", in: Tomich, Dale W.; Zeuske, Michael (eds.), The Second Slavery. Mass Slavery, World-Economy, and Comparative Microhistories, Bd. 1, Binghamton: Binghamton University, 2009 (= Special Issue: Review. A Journal of the Fernand Braudel Center 41:2–3 (2008), S. 121–144); Miller, Christopher L., The French Atlantic Triangle. Literature and Culture of the Slave Trade, Durham; London: Duke University Press, 2008; Weber, Klaus, Deutsche Kaufleute im Atlantikhandel 1680–1830. Unternehmen und Familien in Hamburg, Cádiz und Bordeaux, München: C.H. Beck, 2004 (Schriftenreihe zur Zeitschrift für Unternehmensgeschichte 12); Turgeon, Laurier, „Codfish, Consumption, and Colonization. The Creation of the French Atlantic World During the Sixteenth Century", in: Williams, Caroline A. (ed.), Bridging the Early Modern Atlantic World. People, Products, and Practices on the Move, Aldershot; Burlington: Ashgate, 2009, S. 33–56; Lloyd, David; O'Neill, Peter (eds), The Black and Green Atlantic. Cross – Currents of the African and Irish Diasporas, Basingstoke: Palgrave Macmillan, 2009; Belaubre, Christophe; Dym, Jordana; Savage, John (eds.), Napoleon's Atlantic. The Impact of Napoleonic Empire in the Atlantic World, Leiden: Brill, 2010 (= The Atlantic World. Europe, Africa and the Americas, 1500–1830 20); Pérez Tostado, Igor; García-Hernán, Enrique, Irlanda y el Atlántico Ibérico. Movilidad, participación e intercambio cultural (1580–1823), Madrid: Albatros Ediciones, 2012; Thornton, A Cultural History of the Atlantic World, 1350–1820, Cambridge: Cambridge University Press, 2012; Ferreira, Roquinaldo, „Rebalancing Atlantic History", in: Ferreira, Cross-Cultural Exchange in the Atlantic World. Angola and Brazil during the Era of Slave Trade, Cambridge: Cambridge University Press, 2012, S. 242–248; Mendes, António De Almeida, „Les Portugais et le premier Atlantique (XVe–XVIe siècles)", in: Nef, Annliese (ed.), Les Territoires de la Méditerranée XIe–XVIe siècle, Rennes: Presses universitaires de Rennes, 2013, S. 137–157; Cañizares-Esguerra; Breen, Benjamin, „Hybrid Atlantics. Future Directions for the History of the Atlantic World", in: History Compass 11:8 (2013), S. 597–609; Vidal, Cécile (ed.), Louisiana: Crossroads of the Atlantic World, Philadelphia: University of Pennsylvania Press, 2014; Obenaus, Andreas, Islamische Perspektiven der Atlantikexpansion. Der islamische Atlantikraum des mittelalterlichen

Abendlandes, 2 Halbbde., Wien; Berlin: Turia & Kant, 2013 (Mittelmeerstudien 3: 1. Halbbd.: Der islamische Atlantikraum des mittelalterlichen Abendlandes; 2. Halbbd.: Islamische und christliche Atlantikerkundung im Mittelalter); Schnakenbourg, Eric, „Sweden and the Atlantic. The Dynamism of Sweden's Colonial Projects in the Eighteenth Century", in: Naum, Magdalena; Nordin, Jona M. (eds.), Scandinavian Colonialism and the Rise of Modernity. Small Time Agents in a Global Arena, New York: Springer, 2013 (Contributions To Global Historical Archaeology 37), S. 229–242; Bethencourt, Francisco, „Iberian Atlantic. Ties, Networks, and Boundaries", in: Braun, Harald E.; Vollendorf, Lisa (eds.), Theorising the Iberian Atlantic, Leiden: Brill, 2013, S. 15–36; Newman, Simon P., A New World of Labor. The Development of Plantation Slavery in the British Atlantic, Philadelphia: University of Pennsylvania Press, 2013; Weaver, Jace, The Red Atlantic. American Indigenes and the Making of the Modern World, 1000–1927, Chapel Hill: University of North Carolina Press, 2014; Kuethe, Allan J.; Andrien, Kenneth J., The Spanish Atlantic World in the Eighteenth Century. War and the Bourbon Reforms, 1713–1796, New York: Cambridge University Press, 2014; Santana Pérez, Germán, „El África Atlántica. La construcción de la historia atlántica desde la aportación africana", in: Vegueta. Anuario de la Facultad de Geografía e Historia 14 (2014), S. 11–25; Cottias, Myriam; Mattos, Hebe (eds.), Esclavage et subjectivités dans l'Atlantique luso-brésilien et français (XVIIe – XXe siècles), Marseille: OpenEdition Press, 2016; siehe im Zuge der Wissensgeschichte auch die Konzipierung eines „Plantation Atlantic": Newman, Simon P., A New World of Labor. The Development of Plantation Slavery in the British Atlantic, Philadelphia: University of Pennsylvania Press, 2013; Hopkin, Daniel, „Julius von Rohr, an Enlightenment Scientist of the Plantation Atlantic", in: Brahm, Felix; Rosenhaft, Eva (eds.), Slavery Hinterland. Transatlantic Slavery and Continental Europe, 1680–1850, Woodbridge: Boydell Press, 2016, S. 133–160; Klooster, Wim, The Dutch Moment. War, Trade, and Settlement in the Seventeenth-Century Atlantic World, Ithaca: Cornell University Press, 2016; Burnard, Trevor; Garrigus, John D., The Plantation Machine. Atlantic Capitalism in French Saint-Domingue and British Jamaica, Philadelphia: University of Pennsylvania Press, 2016; Wimmler, Jutta, The Sun King's Atlantic. Drugs, Demons and Dyestuffs in the Atlantic World, 1640–1730, Leiden: Brill, 2017; Soule, Emily Berquist, „From Africa to the Ocean Sea. Atlantic Slavery in the Origins of the Spanish Empire", in: Atlantic Studies 15:1 (2018), S. 16–39; Soule, „The Spanish Slave Trade during the American Revolutionary War", in: Paquette, Gabriel; Quintero Saravia, Gonzalo M. (eds.), Spain and the American Revolution. New Approaches and Perspectives, London: Routledge, 2019, S. 100–121; zur quellenbasierten Kritik in Bezug auf die Struktur der spanischen *monarquía compuesta*, der Vizekönigreiche und des „Atlantiks" (der bis in das 20. Jahrhundert kein Konzept war), siehe: Osorio, Alejandra B., „El imperio de los Austrias españoles y el Atlántico. Propuesta para una nueva historia", in: Favarò, Valentina; Merluzzi, Manfredi; Sabatini, Gaetano (eds.), Fronteras. Procesos y prácticas de integración y conflictos entre Europa y América (Siglos XVI–XX), México: Fondo de Cultura Económica, 2016, S. 35–54; Cañizares-Esguerra, Jorge; Childs, Matt D.; Sidbury, James (eds.), The Black Urban Atlantic in the Age of the Slave Trade, Philadelphia: University of Pennsylvania Press, 2013 (The Early Modern Americas); siehe auch: Bassi, Ernesto, „Beyond Compartmentalized Atlantics. A Case for Embracing the Atlantic from Spanish American Shores", in: History Compass 12:9 (2014), S. 704–716; zur Debatte um atlantische Geschichte als *Atlantic History* sowie „atlantisches System" (im Wesentlichen Wallerstein und atlantischer Sklavenhandel), siehe: Pietschmann, Horst (ed.), Atlantic History. History of the Atlantic System 1580–1830. Papers Presented at an International Conference, held 28 August–1 September, 1999, in Hamburg, organized by the Department of History, Hamburg; Göttingen: Vandenhoeck & Rupprecht, 2002; Wiecker, Nils, „Einleitung", in: Wiecker, Der iberische Atlantikhan-

dem São Salvador da Bahia und La Habana/ Matanzas quasi zu Lucumí (nâgo/ Yoruba)-Städten außerhalb Afrikas wurden.[382]

In der neueren, wirklich globalgeschichtlich orientierten Historiografie werden auch die oben erwähnten nichteuropäischen Staatlichkeiten (oder andere Formen von Territorial-Organisation, wie z. B. azephale afrikanische Gesellschaften,[383] nichteuropäische Stadt-Staaten[384]), nichteuropäische monarchische Herrschaften (auch in Bezug auf Kredit und Vertragssicherheit[385]) und nichteuropäische Imperien vor allem in Afrika analysiert.[386]

---

del. Schiffsverkehr zwischen Spanien, Portugal und Iberoamerika, 1700–1800, Stuttgart: Steiner, 2012 (Beiträge zur Europäischen Überseegeschichte 99), S. 9–35 (gänzlich ohne Sklavenhandel, d. h. hier gibt es eigentlich keinen iberischen Atlantik), vor allem S. 21–30. Zur Kritik der Atlantik-Historiografie siehe: Coclanis, Peter A., „Drang Nach Osten. Bernard Baylin, the World-Island, and the Idea of Atlantic History", in: Journal of World History 13:1 (2002), S. 169–182; Coclanis, „Atlantic World or Atlantic/ World?", in: William and Mary Quarterly 63:4 (2006), S. 725–742; O'Reilly, William, „The Atlantic World and Germany. A Consideration", in: Pieper, Renate; Schmidt, Peer (eds.), Latin America and the Atlantic World. El Mundo Atlántico y América Latina (1500–1850), Köln, Böhlau, 2005, S. 35–56; Arnold, Torsten dos Santos, „Central Europe and the Portuguese, Spanish and French Atlantic, Fifteenth to Nineteenth Centuries", in: European Review 26:3 (2018), S. 421–429. Ich habe die ganz großen Atlantik-Synthesen der letzten 20 Jahre hier nicht mit aufgenommen – das würde den Rahmen einer schon sehr langen Fußnote sprengen.
382 Souza, Marcos Andre Torres de; Agostini, Camilla, „Body Marks, Pots, and Pipes. Some Correlations between African Scarifications and Pottery Decoration in Eighteenth and Nineteenth Century Brazil", in: Historical Archaeology 46:3 (2016), S. 102–123; Lovejoy, Paul E., „The Yoruba Factor in the Trans-Atlantic Slave Trade", in: Falola, Toyin; Childs, Matt (eds.), The Yoruba Diaspora in the Atlantic World, Bloomington: Indiana University Press, 2004 (Blacks in Diaspora), S. 40–55.
383 Hawthorne, Walter, „The Production of Slaves Where There Was No State. The Guinea-Bissau Region, 1450–1815", in: Slavery & Abolition 29:2 (1999), S. 97–124; Hawthorne, Planting Rice and Harvesting Slaves. Transformations Along the Guinea-Bissau Coast, 1400–1900, Portsmouth: Heinemann, 2003; Hawthorne, From Africa to Brazil. Culture, Identity, and an Atlantic Slave Trade, 1600–1830, Cambridge: Cambridge University Press, 2010; Lovejoy, Paul E., „Slavery in Societies on the Frontier of Centralized States in West Africa", in: Lenski, Noel; Cameron, Catherine M. (eds.), What is a Slave Society? The Practice of Slavery in Global Perspective, Cambridge; New York: Cambridge University Press, 2018, S. 220–247.
384 Reid, Anthony, „'Slavery so Gentle'. A Fluid Spectrum of Southeast Asian Conditions of Bondage", in: Lenski, Noel; Cameron, Catherine M. (eds.), What is a Slave Society? The Practice of Slavery in Global Perspective, Cambridge New York: Cambridge University Press, 2018, S. 410–428.
385 Lovejoy, Paul E.; Richardson, David, „Trust, Pawnship, and Atlantic History. The Institutional Foundations of the Old Calabar Slave Trade", in: American Historical Review 104:2 (1999), S. 333–355; Lovejoy; Richardson, „This Horrid Hole. Bonny in Eighteenth Century", in: Journal of African History 45 (2004), S. 363–392.
386 Law, Robin, The Slave Coast of West Africa, 1550–1750. The Impact of the Atlantic Slave Trade on an African Society, Oxford: Clarendon Press, 1991; Thornton, John K., Africa and the Africans in the Making of the Atlantic World, 1400–1880, Cambridge: Cambridge University Press, 1998; Lovejoy, Paul E., „The Central Sudan and the Atlantic Slave Trade", in: Harms, Robert W.; Miller, Joseph C.; Newbury, David C.; Wagner, Michelle D. (eds.), Paths to the Past. African Historical Essays in Honor

Arno Sonderegger sagt zum Muster afrikanisch-europäischer-atlantischer Beziehungen:

> Was die euro-afrikanischen Beziehungen angeht, blieb bis weit ins 19. Jahrhundert hinein das anfängliche Muster typisch: Bunte wechselseitige Beeinflussung, aber keine Hegemonie der europäischen Handelspartner – eher im Gegenteil. Den atlantischen und transatlantischen Menschenhandel zusammen hat Patrick Manning [...] den ‚okzidentalen Sklavenhandel' genannt, um ihn einerseits vom ‚orientalischen' abzuheben, dessen Zielorte in Asien lagen, andererseits auch vom ‚afrikanischen', der innerhalb der Kontinentalgrenzen verblieb. Verglichen mit dem Menschenhandel über den Atlantik vollzog sich der orientalische Sklavenhandel lange auf einem bescheideneren Niveau; noch mehr gilt dieser Befund für den innerafrikanischen Sklavenhandel. Zur Herausbildung einer ‚sklavenhalterischen Produktionsweise',[387] die mit anderen kolonialen Plantagensklavereien vergleichbar ist, kam es in Afrika jedenfalls erst im Lauf des 19. Jahrhunderts – und dann als Reaktion auf die versiegende Nachfrage von außerhalb, die auf die gebündelte Aktivität von abolitionistischer Bewegung und imperialer Politik zurückzuführen ist.[388]

All das in etwa parallel zu den globalen Dimensionen der *Second Slavery*.[389]

Die vorliegenden Arbeiten und dieses Kapitel zeigen, dass die aktive Rolle Afrikas weit über die Viktimisierung als „Opfer der Globalisierungen" hinausging (und geht).

---

of Jan Vansina, Atlanta: African Studies Association Press, 1994, S. 345–370; Lovejoy; Rogers, Nicholas (eds.), Unfree Labour in the Development of the Atlantic World, London: Frank Cass, 1994; Thornton, „The Role of Africans in the Atlantic Economy. Modern Africanist Historiography and the World System Paradigm", in: Colonial Latin American Historical Review 3 (1994), S. 125–140; Thornton, „Mbanza Kongo/ São Salvador. Kongo's Holy City", in: Anderson, David; Rathbone, Richard (eds.), Africa's Urban Past, London; Portsmouth: James Currey and Heinemann, 2000, S. 67–84; Mann, Kristin; Bay, Edna G. (eds.), Rethinking the African Diaspora. The Making of a Black Atlantic World in the Bight of Benin and Brazil, London: Frank Cass, 2001 (= Special Issue: Slavery & Abolition 22:1); Heywood, Linda (ed.), Central Africans and Cultural Transformations in the American Diaspora, New York: Cambridge University Press: 2001; Heywood; Thornton, Central Africans, Atlantic Creoles, and the Foundations of the Americas, 1585–1660, Cambridge: Cambridge University Press, 2007; Heywood, „Slavery and its Transformation in the Kingdom of Kongo. 1491–1800", in: Journal of African History 50:1 (2009), S. 1–22; Harding, Leonhard, Das Königreich Benin. Geschichte – Kultur – Wirtschaft, München: Oldenbourg, 2010; Heywood, Njinga of Angola. Africa's Warrior Queen, Cambridge: Harvard University Press, 2017.

387 Loveloy, Paul E., Transformations in Slavery. A History of Slavery in Africa, Cambridge: Cambridge University Press, 2012 (African Studies 117).

388 Sonderegger, Arno, „Atlantische Wellen – Afrikanische Positionen. Zur panafrikanischen Idee bis 1945", in: Schmieder, Ulrike; Nolte, Hans-Heinrich (eds.), Atlantik. Sozial- und Kulturgeschichte in der Neuzeit, Wien: Promedia, 2010, S. 172–192, hier S. 172.

389 Zeuske, Michael, „Coolies – Asiáticos and Chinos. Global Dimensions of Second Slavery", in: Damir-Geilsdorf, Sabine; Lindner, Ulrike; Müller, Gesine; Tappe, Oliver; Zeuske (eds.), Bonded Labour. Global and Comparative Perspectives (18th–twenty-first Century), Bielefeld: transcript Verlag, 2016, S. 35–57; Zeuske, „The Atlantic and Atlantic Slavery, the Hidden Atlantic, and Capitalism", in: Tomich, Dale W.; Lovejoy, Paul E. (eds.), The Atlantic and Africa. The Second Slavery and Beyond, Albany: State University of New York Press, 2021, pp. 65–105.

Auf amerikanischer Seite waren die *señoríos* der Karibik (Kazikenherrschaften), vor allem aber die großen Imperien (Mexica, Inka), weitere prämonarchische oder monarchische Staatlichkeiten (*chiefdoms* – Chibcha, Muisca, mexikanische Reiche) und große Bauerngesellschaften von den iberischen Spaniern bis um 1540 per Conquista erobert und als konkurrierende Machteliten vernichtet bzw. integriert worden. Um 1550 begann eine neue Etappe der Conquista, meist angeführt von Söhnen oder Enkeln der iberischen Conquistadoren mit indigenen Frauen. Die Conquista arrondierte die Zentralgebiete von *Las Indias* (z. B. mit der Eroberung der Küstengebiete des heutigen Venezuelas sowie Teilen Guayanas) oder blieb über längere Zeit an Kriegsgrenzen (Chile/ Araucania, Pampas, Llanos zwischen dem heutigen Kolumbien und Venezuela, Karibengebiete der Guayanas, Norden Neu-Spaniens, Maya-Gebiete, inneres Brasiliens) stecken, meist bis in das 18. Jahrhundert, oft aber auch bis nach der Kolonialzeit (bis ins 19. und zum Teil 20. Jahrhundert). Es bildeten sich indigene Sub-Imperialismen mit nativen Sklavereien und Sklavenhandelssystemen, wie der *caribes* in den Guayanas, der *mapuche* im mittleren/ südlichen Chile und westlichen Argentinien, der *kalinago* in der südlichen Karibik und an der Wilden Küste (Guayanas), Creeks sowie Comanchen im südlichen Nordamerika.[390]

All dies ist zwar im *big picture* der atlantischen Hemisphäre wichtig, aber keines der amerikanischen Zentralgebiete der Spanier lag direkt am Atlantik – außer Buenos Aires sowie Montevideo und – wenn man die Karibik als Randmeer des Atlantiks und, wie oben gesagt, als das Zentrum des Sklaverei-Atlantiks sieht – die ersten iberischen Häfen in den Amerikas: Santo Domingo, La Habana, Veracruz, Porto Bello (oder Portobello), Cartagena, Caracas, Puerto Cabello,[391] San Juan, Maracaibo und San Agustín. Viele dieser Städte wurden seit der Mitte des 16. Jahrhunderts zu Handelszentren. Cartagena, Veracruz und Buenos Aires waren die wichtigsten Sklavenhandelsportale bis um 1700. Sie wurden durch ein gigantisches Festungsbauprogramm geschützt – auch wegen der massiven Korsaren- und Piratenangriffe sowie des massiven Schmuggels.[392]

---

390 Santos-Granero, Fernando, „Slavery as Structure, Process, or Lived Experience, or Why Slave Societies Existed in Precontact Tropical America", in: Lenski, Noel; Cameron, Catherine M. (eds.), What is a Slave Society? The Practice of Slavery in Global Perspective, Cambridge; New York: Cambridge University Press, 2018, S. 191–219; Snyder, Christina, Slavery in Indian Country. The Changing Face of Captivity in Early America, Cambridge; London: Harvard University Press, 2010; Snyder, „Native American Slavery in Global Context", in: Lenski, Noel; Cameron, Catherine M. (eds.), What is a Slave Society? The Practice of Slavery in Global Perspective, Cambridge; New York: Cambridge University Press, 2018, S. 169–190.

391 Zapatero, Juan Manuel, Historia de las fortificaciones de Puerto Cabello, Caracas: Banco Central de Venezuela, 1977; Marchena Fernández, Juan, „Elogio de la gloria efimera. Las ciudades del istmo en el Caribe", in: Quiles, Fernando; Marchena Fernández (eds.), Viaje al corazón del mundo. Las ciudades coloniales del istmo de Panamá, Sevilla: E.R.A. Arte, Creación y Patrimonio Iberoamericanos en Redes; Universidad Pablo de Olavide, 2021, S. 125–269.

392 Blanes, Tamara, Fortificaciones del Caribe, La Habana: Editorial Letras Cubanas, 2001; Deardorff, Max, „Imperial Justice, Colonial Power. Pedro Vique y Manrique, the Galley Captain of Cartagena de

Die große Karibik, d. h. die wichtigen Inseln inklusive der kontinentalen Küsten, stellte somit die erste durch Iberer kolonisierte Region der Neuen Welt dar (am Anfang oft von Genuesen oder Florentinern finanziert).[393] Vorausgegangen waren Unternehmungen in Westafrika – wie Arguim, Ribeira Grande oder El Mina.[394] Die karibischen Festungen wiesen meist lange Bauzeiten auf und waren im Ergebnis gigantischen Bauwerke (für die Versklavte und Strafgefangene sowie freie Handwerker und Arbeiter schuften mussten[395]). Ein gutes Beispiel stellen der gigantische Castillo de San Felipe de Barajas (1536–1657) bei Cartagena de Indias sowie weitere kleinere Festungen zum Schutz der riesigen Bucht von Cartagena im heutigen Kolumbien dar.[396] Allein der Hafen und die berühmte *bolsa*-Bucht von Havanna wurden durch insgesamt sechs große Festungen und mehrere kleine im Umfeld geschützt: zunächst den Castillo de la Real Fuerza (1558–1577, 1588, 1630), den Castillo de los Tres Reyes del Morro (1563; 1589–1610), den Castillo de San Salvador de la Punta (1589–1630; beide durch Juan Bautista Antonelli, der la Punta nicht vollenden konnte), beide Festungen (Morro und La Punta) zum Schutz der Hafeneinfahrt. Selbstverständlich kam die mobile Kriegführung in Form von Schiffen dazu: das Arsenal von Havanna (*Real Astillero*; formal ab ca. 1700 mit wichtigen Anfängen in Carenas bereits im 16. Jahrhundert), neben spanischen Arsenalen das wichtigste des ganzen Atlantikraum bis in das 18. Jahrhundert. Nicht von ungefähr gibt es heute noch eine *calle Arsenal* an der Nordseite des heutigen Hauptbahnhofs in Havanna[397] und nicht zuletzt deshalb drehte sich der imperiale Konflikt des weltweiten Siebenjährigen Krieges um Havanna

---

Indias, 1578–1607", in: Colonial Latin American Historical Review 17:2 (2012), S. 117–142; Reichert, Rafał, „La política defensiva española en la región del Gran Caribe y su impacto en la Nueva España durante la Casa de los Austrias", in: González Aguayo, Leopoldo Augusto; Velasco Molina, Mónica (eds.), La Talasopolítica mexicana 1, México D.F.: Universidad Nacional Autónoma de México, 2019, S. 105–122.

393 Hofman, Corinne L.; Ulloa Hung, Jorge; Herrera Malesta, Eduardo; Jean, Joseph Sony, „Indigenous Caribbean Perspectives. Archaeologies and Legacies of the First Colonised Region in the New World", in: Antiquity 92, no. 361 (2018), S. 200–216.

394 Caldeira, Arlindo Manuel, „O tráfico de escravos na costa ocidental africana nos séculos XV e XVI. Primeiras viagens, estratégias de exploração, papel dos arquipélagos de Cabo Verde e de São Tomé e Príncipe", in: Pérez García, Rafael M.; Fernández Chaves, Manuel F.; França Paiva, Eduardo (eds.), Tratas, esclavitudes y mestizajes. Una historia conectada, siglos XV–XVIII, Sevilla: Editorial Universidad de Sevilla, 2020, S. 19–42.

395 Pérez Guzmán, Francisco, „Modos de vida de esclavos y forzados en las fortificaciones de Cuba. Siglo XVIII", in: Anuario de Estudios Americanos 46 (1990), S. 241–257; Pérez Guzmán, „Las fortificaciones cubanas en el siglo XVIII", in: Arbor 144, no. 567 (1993), S. 29–55; Pérez Guzmán, La Habana, clave de un imperio, La Habana: Editorial de Ciencias Sociales, 1997.

396 Solano D., Sergio Paolo, „Trabajadores, salarios y precios en Cartagena de Indias, 1750–1810. Una aproximación al estudio del mundo laboral de la plaza fuerte", in: Boletín de Historia y Antigüedades 106, no 869 (2019), S. 83–129.

397 Fuente, Alejandro de la, Havana and the Atlantic in the Sixteenth Century, Chapel Hill: University of North Carolina Press, 2008; Wing, John T., „Havana and the Caribbean Region", in: Wing, Roots of Empire. Forests and State Power in Early Modern Spain, c.1500–1750, Leiden: Brill, 2015 (Brill's Series in the History of the Environment 4), S. 105–109.

(und Manila). Als die Rückgabe Havannas nach der britischen Besetzung 1762–1763[398] erfolgt war, wurden weitere Festungen gebaut: der Castillo de Santo Domingo de Atarés (1763–1767), die Mega-Festung San Carlos de la Cabaña (1763–1774) sowie der Castillo de El Príncipe (1767–1779) zum Schutz der Landseite der Stadt. Zum Schutz der Einfahrt in die Chorrerabucht und den Almendares-Fluß, damals etwas entfernt im Westen von Havanna, entstanden der etwas kleinere Fuerte de Santa Dorotea de la Luna de la Chorrera/ Torreón de la Chorrera (1646, wieder aufgebaut 1763–1765), der Torreón de Cojímar (1646) im gleichnamigen Fischerort im Osten Havannas sowie der festungsartige Piraten-Wachturm Torreón de la Caleta o de San Lázaro (gebaut im Laufe des 17. Jahrhunderts) etwa in der Mitte des heutigen Malecón. Dazu kam die Stadtmauer.[399] Atlantische Sklavenhandelsportale waren Festungsstädte und stark gesicherte Häfen. Matanzas wurde zum Schutz der Bahía befestigt, zunächst mit der Festung San Carlos (1734), dann Castillo de San Severino de Matanzas,[400] ebenso Santiago de Cuba, Jagua, Trinidad und Guantánamo.[401] Es wurden aber auch kleinere und heute fast völlig unbekannte Städte befestigt, wie Baracoa, die östlichste Stadt Kubas, im Zuge des Krieges 1740–1749 („*War of Capt'n Jenkins Ear*"): der Fuerte de la Punta an der Hafeneinfahrt, der schöne Castillo de Seboruco auf einem Hügel über der Stadt sowie die Fortaleza Matachín am südöstlichen Stadteingang in der Nähe der Playa, wo 1807 englische Marineinfanteristen versucht hatten zu landen.

Es waren aber nicht nur die großen Sklavenhäfen, die befestigt wurden, sondern auch die Routen: meist Fluss-Routen oder engere Stellen der Ästuare (wie die

398 Parcero Torre, Celia María, La pérdida de La Habana y las reformas borbónicas en Cuba 1760–1773, Ávila: Junta de Castilla y León, 1998; Schneider, Elena A., The Occupation of Havana. War, Trade, and Slavery in the Atlantic World, Williamsburg; Chapel Hill: Omohundro Institute of Early American History and Culture; University of North Carolina Press, 2018.

399 Méndez Capote, Renée, Fortalezas de la Habana colonial, La Habana: Editorial Gente Nueva, 1974; Jennings, Evelyn P., „The Sinews of Spain's American Empire. Forced Labor in Cuba from the Sixteenth to the Nineteenth Centuries", in: Donoghue, John; Jennings (eds.), Building the Atlantic Empires. Unfree Labor and Imperial States in the Political Economy of Capitalism, ca. 1500–1914, Leiden: Brill, 2015, S. 25–54.

400 Blanes, Tamara, „Estudio preliminar para la recuperación de las fortificaciones de las ciudades de Matanzas y Cárdenas", in: Blanes, Fortificaciones del Caribe, La Habana: Editorial Letras Cubanas, 2001, S. 100–116.

401 Blanes, Tamara, „Estudio de las fortificaciones coloniales de Trinidad", in: Blanes, Fortificaciones del Caribe, La Habana: Editorial Letras Cubanas, 2001, S. 117–142; Padrón Reyes, Lilyam, „De defensas y fortificaciones. Santiago de Cuba en la estrategia imperial española, siglo XVIII", in: Fernández Valle, María de los Ángeles; López Calderón, Carmen; Rodríguez Moya, Inmaculada (eds.), Espacios y muros del barroco iberoamericano, Santiago de Compostela; Sevilla: Andavira Editora, 2019, S. 191–204; Ramos Zúñiga, Antonio, Guantánamo. El gran proyecto de fortificación de Cuba. Fortificaciones hispánicas y británicas, 1741–1898, s.l.: Asociación Cubana de Amigos de Castillos, 2021.

des Orinoko), aber auch Landrouten sowie intrafluviale Befestigungen von Routen, wie durch Panamá oder, weniger bekannt, durch das heutige Nikaragua.[402]

Niederländer und Engländer lernten auch in Beziehung auf Stützpunkteroberungen und ihre Sicherung durch Forts/ Faktoreien von den Iberern,[403] im Falle der Niederländer nachdem sie bereits mehrere erfolglose Versuche an den westafrikanischen Küsten unternommen hatten: Elmina (1595 und 1625) sowie São Tomé (1599, 1612 und 1625). Fort Arguim fiel erst 1633.[404] Damit begann auch der Eintritt der Niederländer in die atlantische Sklaverei. Auch die anderen atlantischen Mächte bauten Festungen in der Karibik, an den südamerikanischen Küsten, vor allem an der so genannten „Wilden Küste" Guayanas, den Küsten des heutigen Brasiliens und an den afrikanischen Küsten.[405]

Trotz der vielen Festungen war die Kolonisierung immer lückenhaft, ambivalent und transkulturell und oft sogar transimperial – und zwischen Imperien erst recht lückenhaft, vor allem in Afrika bis Mitte des 19. Jahrhunderts. Die Festungen waren Symbole dieser Lückenhaftigkeit. Probleme ergaben sich auf vielen Inseln der Karibik.[406] Große Probleme ergaben sich auch, wie oben gesagt, an und in den Mündungen der großen Flüsse – im Norden Südamerikas vor allem dem Ästuar des Orinoko und den Flüssen Guayanas. Wegen der geringen Strömung konnte man mit den atlantischen Passaten den Orinoko aufwärts (über den Río Apure oder Río Meta) faktisch bis kurz

402 Quiles, Fernando; Marchena Fernández, Juan (eds.), Viaje al corazón del mundo. Las ciudades coloniales del istmo de Panamá, Sevilla: Arte, Creación y Patrimonio Iberoamericanos en Redes; Universidad Pablo de Olavide, 2021.

403 Rella, Christoph, ‚Im Anfang war das Fort'. Europäische Fortifizierungspolitik als Instrument zur Welteroberung. Guinea und Westindien 1415–1678, Münster: Aschendorff, 2010 (Geschichte in der Epoche Karls V.); siehe auch: Dalton, Heather, „„Into Speyne to selle for Slavys'. Slave Trading in English and Genoese Merchant Networks prior to 1530", in: Green, Toby (ed.), Brokers of Change. Atlantic Commerce and Cultures in Pre-Colonial Western Africa, Oxford: Oxford University Press, 2012, S. 91–123.

404 Rella, Christoph, „Expansion durch Fortifikation. Erste Lücken im Festungskordon", in: Rella, ‚Im Anfang war das Fort'. Europäische Fortifizierungspolitik als Instrument zur Welteroberung. Guinea und Westindien 1415–1678, Münster: Aschendorff, 2010 (Geschichte in der Epoche Karls V.), S. 152–225, hier S. 160.

405 Zu den Festungen an der afrikanischen Goldküste, siehe: Osei-Tutu, John Kwadwo; Smith, Victoria E. (eds.), Shadows of Empire in West Africa. New Perspectives on European Fortifications, Cham: Palgrave Macmillan, 2018 (African Histories and Modernities).

406 Reichert, Rafał, „La pérdida de la isla de Jamaica por la Corona española y los intentos de recuperarla durante los años 1655–1660", in: Ulúa. Revista de Historia, Sociedad y Cultura 7, no. 14 (2009), S. 9–33; Reichert, „La lucha por el dominio colonial en las Indias durante el siglo XVII, casos San Martín, Jamaica y la isla Española", in: Revista Historia Caribe 7, no. 20 (2012), S. 159–182; Reichert, Sobre las olas de un mar plateado. La política defensiva española y el financiamiento militar novohispano en la región del Gran Caribe, 1598–1700, Mérida; Yucatán: Universidad Nacional Autónoma de México, Centro Peninsular en Humanidades y Ciencias Sociales, 2013.

vor Santa Fe de Bogotá segeln. Santa Fe de Bogotá war seit 1739 immerhin Sitz eines Vizekönigs. Humboldt schreibt deswegen: „[Der] Orinoco ist [der] eigentliche Schlüssel von Süd-Amerika".[407] Die spanische Krone versuchte alles durch das mehrfach genannte größte Festungsbauprogramm der Weltgeschichte abzusichern. Wo Iberer waren, waren Festungen. Schmuggel lief trotzdem oder, im Sinne der Lücken, gerade deswegen, auch mit der Unterstützung von Siedlern, Kolonialfunktionären und sogar geflohenen Sklaven. Schmuggel war tief in der lokalen, karibischen, atlantischen und sogar imperialen Tradition verankert.[408]

Die amerikanischen Zentralgebiete unter Kontrolle Spaniens, vor allem Peru, Oberperu (heute Bolivien) und Neu-Spanien/ Mexiko, spielten für den Atlantik eine extrem wichtige Rolle. Von dort ergossen sich seit den materiellen Plünderungen (Grabplünderungen und auch Menschen als Beute[409]) und speziell seit den Edelmetallbeuten der Conquistas und seit der Übernahme und dem Ausbau der Silberproduktionsgebiete Edelmetalle (vor allem Silber, seit um 1700 auch Gold aus Brasilien[410]) über den Atlantik. Die Silberstadt Potosí auf 4000 Metern lebensfeindlicher Höhe war zeitweilig die größte Stadt der Amerikas.[411] Aus Afrika kamen Eisen und Kupfer.[412]

Die reale Grundlage all dessen, auch und gerade der genannten national-imperialen „Atlantike" war der afrikanisch-iberische Atlantik. Auf dem iberisch-afrikanischen Atlantik tummelten sich die Schiffe und Kapitäne der aufstrebenden

---

407 Humboldt, Alexander von, „Rückblick auf die Reise von San Carlos del Río Negro bis Esmeralda. Von Esmeralda auf dem Orinoco über Angostura und Nueva Barcelona nach Cumaná (7.5.-26.8.1800)", in: Humboldt, Reise durch Venezuela. Auswahl aus den amerikanischen Reisetagebüchern, Faak, Margot (ed.), Berlin: Akademie Verlag, 2000 (Beiträge zur Alexander-von-Humboldt-Forschung 12), S. 311–389, hier S. 330.

408 Cromwell, Jesse, The Smugglers' World. Illicit Trade and Atlantic Communities in Eighteenth-Century Venezuela, Chapel Hill: University of North Carolina Press for the Omohundro Institute, 2018.

409 Huber, Vitus, „Indios als Beute. Repartimiento und encomienda", in: Huber, Beute und Conquista. Die politische Ökonomie der Eroberung Neuspaniens, Frankfurt am Main: Campus, 2018 (Campus Historische Studien 76), S. 175–183.

410 Carrara, Angelo Alves, „La producción de oro en Brasil, siglo XVIII", in: Hausberger, Bernd; Ibarra, Antonio (eds.), Oro y plata en los inicios de la economía global. De las minas a la moneda. México: Colegio de México, 2014, S. 251–271; Lopes, Gustavo A.; Marques, Leonardo, „O outro lado da moeda. Estimativas e impactos do ouro do Brasil no tráfico transatlâtico de escravos (Costa da Mina, c. 1700–1750)", in: CLIO. Revista de Pesquisa Histórica 37 (2019), S. 5–38.

411 Barragán, Rossana, „Potosí's Silver and the Global World of Trade (Sixteenth to Eighteenth Centuries)", in: Roth, Karl-Heinz; Lewis, Ben (eds.), On the Road to Global Labour History. A Festschrift for Marcel van der Linden, Leiden: Brill, 2018, S. 61–92.

412 Herbert, Eugenia W., Red Gold of Africa. Copper in Precolonial History and Culture, Madison: University of Wisconsin Press, 1984 (Neuedition: 2003); Thornton, John K., A History of West Central Africa to 1850, Cambridge; New York: Cambridge University Press, 2020 (New Approaches to African History).

Mächte des westeuropäischen Kapitalismus dank Privatinitiative, Schmuggel, Korsarentum und Staatsunterstützung durch Monopole einerseits, Anerkennung der Privatisierung andererseits (Niederlande, England, mit Abstrichen auch das atlantische Frankreich und Portugal). In ambivalenter Weise lernten sie von den Iberern. Sie schmuggelten und sie kämpften gegen die globalen Imperien der Iberer sowie gegen die Emporien vor allem der Portugiesen und gegen das „Monopol der Papisten", ihre Schiffskarawanen und Festungen (Hugo Grotius: „Freiheit der Meere"). Sie partizipierten aber auch am noch wichtigeren Handel mit dem Kapital menschlicher Körper in der Linie AAA (hin und zurück) sowie an der Ausbeutung der Versklavten (fast immer auf Inseln), sowohl in Produktion wie in Reproduktion, Dienstleistungen und Status-Diensten – auch *beyond the imperial Atlantic*.

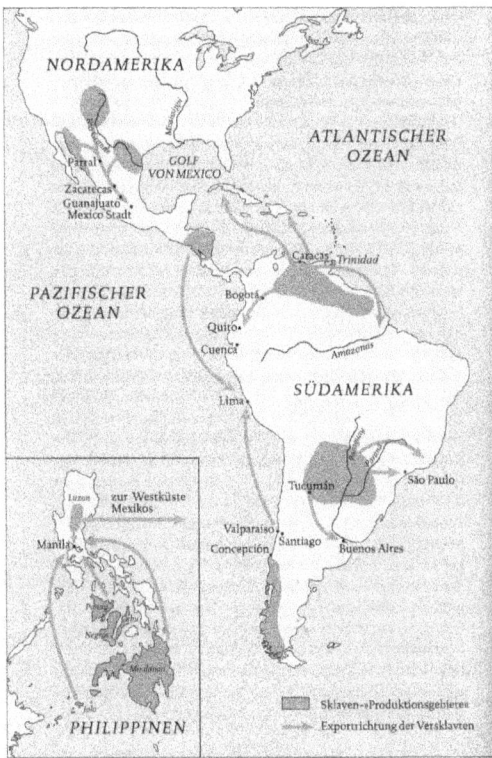

Karte 2: Die iberischen Amerikas als „Sklaverei-Imperien" mit den *slaving zones*, aus denen massiv indigene Sklaven verschleppt wurden (16.-19. Jahrhundert). In und an den Grenzen dieser *slaving zones* wurden zugleich Menschen aus den Gesellschaften der Kolonisatoren sowie Indigene verschleppt und versklavt.

Das spanische Amerika und das portugiesische Brasilien, die, wie wir nicht erst seit 2015 wissen, auf dem afrikanisch-iberischen Atlantik weit enger zusammenarbeiteten (Schiffe, Kapitäne, Mannschaften, Schmuggel) als wir aus den gängigen national-imperialen Geschichten wussten, waren eindeutig beide und jedes für sich „*Empire(s) of Slavery*".[413]

Die Iberer sammelten ihre afrikanischen Kriegsgefangenen auf den atlantischen Inseln, vor allem auf der bereits erwähnten Kapverden-Insel Santiago (Ribeira Grande) und auf São Tomé sowie Príncipe (wobei es im *cativo*- und Sklavenhandel durchaus schon sehr zeitig auch zu Konflikten innerhalb iberischer Gebiete kam[414]). Die ganz früh Versklavten wurden allerdings schon um 1515 frei gelassen und Nachkommen von Weißen und schwarzen Frauen durften schon seit 1520 öffentliche Ämter bekleiden.[415]

Hans Staden (ca. 1525–1576), der 1549 bei der Überfahrt nach Brasilien auf São Tomé Station machte, schreibt, dass die Insel „ein zuckerreich Eilandt, aber ungesunt"[416] sei. Er meinte vor allem das meist unter „Fieber" gefasste endemische Typhus-Fieber und Malaria.[417] Die Portugiesen hätten dort „viel schwarzer Mohren"[418] und Staden fügt hinzu – sehr wichtig –, dass „das [es] ihre eigene leut sein",[419] „Portugiesen" also.[420]

---

413 Reséndez, Andrés, „An Empire of Slaves", in: Reséndez, The Other Slavery. The Uncovered Story of Indian Enslavement in America, Boston; New York: Houghton Mifflin Harcourt, 2016, S. 131–135.

414 Guimarães, Cecilia Silva, „São Tomé – século XVI. Os conflitos com Portugal e Congo e a aproximação com Angola", in: Ribeiro, Alexandre Vieira; Gebara, Alexsander Lemos de Almeida (eds.), Estudos Africanos. Múltiplas Abordagens, Niterói: Editora da UFF, 2013 (Coleção História), S. 202–239.

415 Seibert, Gerhard, „São Tomé´s Great Slave Revolt of 1595. Background, Consequences and Misperceptions of One of the Largest Slave Uprisings in Atlantic History", in: Portuguese Studies Review 18:2 (2011), S. 29–50.

416 Staden, Hans, Warhafftig Historia und Beschreibung einer Landtschafft der Wilden ..., ed. Klüpfel, Karl, Stuttgart: Bibliothek des Litterarischen Vereins in Stuttgart, 1859 (N. Federmanns und H. Stadens Reisen in Südamerika, 1529 bis 1555), S. 87–197, hier S. 107.

417 Zu Malaria in Afrika aus englisch-britischer Perspektive, siehe: Palmer, Colin, „The Slave Trade, African Slavers and the Demography of the Caribbean to 1750", in: Knight, Franklin W. (ed.), General History of the Caribbean, Bd. 3: The Slave Societies of the Caribbean, London; Basingstoke: UNESCO Publishing, 1997, S. 9–44, vor allem S. 22–25 (hier auch zur Rolle „afrikanischer Medizin"); siehe auch: Kananoja, Kalle, Healing Knowledge in Atlantic Africa. Medical Encounters, 1500–1850, Cambridge: Cambridge University Press, 2021 (Global Health Histories).

418 Staden, Hans, Warhafftig Historia und Beschreibung einer Landtschafft der Wilden ..., ed. Klüpfel, Karl, Stuttgart: Bibliothek des Litterarischen Vereins in Stuttgart, 1859 (N. Federmanns und H. Stadens Reisen in Südamerika, 1529 bis 1555), S. 87–197, hier S. 107.

419 Ebd.

420 Garfield, Robert, A History of São Tomé Island 1470–1655. The Key to Guinea, San Francisco: Mellen Research University Press, 1992; Seibert, Gerhard, „São Tomé and Príncipe. The First Plantation Economy in the Tropics", in: Law, Robin; Schwarz, Susanne; Strickrodt, Silke (eds.), Commercial Agriculture and Slavery in Atlantic Africa, London: James Currey, 2013 (Western Africa Series), S. 54–78.

Deshalb blieben Einfluss und Kontrolle afrikanischer Eliten für die Iberer immer gefährlich. In Amerika brachte die bereits oben genannte demographische Katastrophe mit ihren Millionen von Toten Bauern, Sammlerinnen und Jägern in der großen Karibik die spanische Conquista fast zum Erliegen (1510–1530). Riesige tropische Küsten-Landstriche drohten unbesiedelt zu bleiben. Erst unter diesem Druck (oder Zug) konnten die Iberer den atlantischen Sklavenhandel (zwischen Westafrika und den Inseln vor der Küste) aus dem für sie extrem gefährlichen Zugriff afrikanischer Eliten mühsam auf den Atlantik ziehen und auf *Las Indias* ausrichten. Das war wirklich eine frühe und globale Süd-Süd-Connection. Dabei kam der iberischen Kontrolle des Hochsee-Atlantiks – die immer durch Atlantikkreolen, Schmuggler und Monopolbrecher sowie staatsgeduldete nordwesteuropäische „Häretiker" (Korsaren, Piraten, Engländer, Niederländer, Hugenotten, etc.) gefährdet war – eben entgegen, dass sie seit 1500 auch Landepunkte an nicht durch Territorial-Imperien kontrollierten Küsten des atlantischen Südamerikas kannten (die weit über die von Portugal beanspruchte Tordesillas-Linie hinausgingen).[421] An den langen Transportwegen zwischen Westafrika und Südamerika – mit dem Ziel Karibik, d. h. *as Indias de Castelha* (wo 1493–1520 das Zentrum spanischer Macht war und später die wichtigsten Sklavenhäfen) – bekamen diese Küstenpunkte seit etwa 1530 eine große Bedeutung. Später sollten sie einmal Brasilien heißen; nördlich davon die Guayanas (Guayana, Guiana, Essequibo, Demerara, Pomeroon, Suriname, Cayenne, Amapá).[422] Auf dem Weg über den Atlantik wurden auf den Schiffen der Iberer aus afrikanischen Kriegsgefangenen (*cativos*) atlantische Sklaven (*esclavos negros*) in Amerika. Die Sprache der Portugiesen (*baixo português*) setzte sich unter Matrosen, Atlantikkreolen und Sklavenhändlern als Fachsprache des Sklavenhandels vor allem im Südatlantik und an den Küsten Westafrikas durch. Aber sie und die Spanier mussten sich bei diesem lukrativen „Transport" zuerst der Unterwanderung durch afrikanische Atlantikkreolen, *tangomãos*, *baquianos* sowie später Angriffen von niederländischen Schiffen sowie durch Korsaren (Schmuggler) und Piraten sowie Kaufleute anderer europäischer Nationen erwehren. Vor allem afrikanische Atlantikkreolen waren Spezialisten der Razzien, des Raubes, des Transports, des Menschenhandels und der Sklavenbeschaffung zwischen Afrikanern und Europäern, in der ersten Generation, wie erwähnt, oft Söhne von iberischen Vätern und afrikanischen Frauen (*tangomãos*). Sie drängten von Afrika in den atlantischen Raum und nach Amerika.[423] Fast hätten sie auch die westafrikanischen Inseln

---

421 Siehe zur Debatte und den Evidenzen zum Schmuggel (*contrabando*) in Bezug auf historische und archäologische Quellen: Deagan, Kathleen, „Eliciting Contraband through Archaeology. Illicit Trade in Eighteenth-Century St. Augustine", in: Historical Archaeology 41:4 (2007), S. 98–116.
422 Hoonhout, Bram, Borderless Empire. Dutch Guiana in the Atlantic World, 1750–1800, Athens: University of Georgia Press, 2020 (Early American Places Series 21).
423 Green, Toby, The Rise of the Trans-Atlantic Slave Trade in Western Africa, 1300–1589, Cambridge: Cambridge University Press, 2012 (African Studies); Wheat, David, Atlantic Africa and the

übernommen. Dazu kam das faktische Scheitern der anfänglichen mittelalterlichen Expansionspolitik Kastiliens auf den Kanaren und auf den großen Antilleninseln. Vor allem, weil Sklaven aus Afrika nicht nur als Kapital und Arbeitskräfte, sondern auch als Siedler dringend gebraucht wurden, mussten die Europäer, auch und gerade machtpolitisch, die direkte Verbindung zwischen den westafrikanischen und den karibischen Inseln in der Zeit von 1515 bis 1525 extrem forcieren.[424] Die Real Cédula Karls I für den Gouverneur von Breda (Okt. 1518) öffnete formal den Atlantik für direkte Fahrten von westafrikanischen Inseln in die Karibik, nicht zuletzt deshalb, weil die Iberer Verbannte sowie Versklavte auf den Inseln ansiedeln mussten,[425] vor allem aber auch, weil die Krone Angst vor dem allgegenwärtigen Schmuggel hatte, der längst diese direkten Routen nutzte.[426]

Massive Sklavereien und Razzien (und alle damit verbundenen Handels- und Wirtschaftssysteme), ich wiederhole das noch einmal, „retteten" die iberische Expansion im Atlantik.

Das war nicht die einzige Krise. Die Iberer mussten sich seit den 1560ern in der Karibik, an den brasilianischen Küsten und in Florida nordwesteuropäischer Territorial-Konkurrenz erwehren (Franzosen (schon seit den 1520ern), Normands, Bretonen); seit den 1570ern auch der Konkurrenz von Engländern und Niederländern in Nordamerika und in den Guayanas. Sie waren alle ganz wild darauf, die Iberer zu berauben und zu kopieren.

Spanish Caribbean, 1570–1640, Chapel Hill: University of North Carolina Press, 2016 (Omohundro Institute of Early American History and Culture); Ipsen, Pernille, Daughters of the Trade. Atlantic Slavers and Interracial Marriage on the Gold Coast, Philadelphia: University of Pennsylvania Press, 2015.

424 „Document No. 1. Cédule du Gouverneur de Brésa", in: Scelle, Georges, La Traite negrière aux Indes de Castille. Contrats et Traités d'assiento, Bd. 2, Paris: Librairie de la Société du Recueil J.-B. Sirey, 1906, S. 755; sowie „Document No. 2. Cédule exemptant les licences du Gouverneur de Brésa del'Almoxarifazgo des Indes", in: Scelle, Georges, La Traite negrière aux Indes de Castille. Contrats et Traités d'assiento, Bd. 2, Paris: Librairie de la Société du Recueil J.-B. Sirey, 1906, S. 576; Álvarez Santos, Javier Luis, „Las islas Canarias en el tráfico atlántico de esclavos a finales del siglo XVI, a partir de la documentación notarial insular", in: Humania de Sur 13, no. 25 (2018), S. 123–138.

425 Garfield, Robert, A History of São Tomé Island 1470–1655. The Key to Guinea, San Francisco: Mellen Research University Press, 1992; Garfield, „Public Christians, Secret Jews. Religion and Political Conflict on Sao Tome Island in the Sixteenth and Seventeenth Centuries", in: The Sixteenth Century Journal. The Journal of Early Modern Studies 21:4 (1990), S. 645–654; Stevens-Arroyo, Anthony M., „The Inter-Atlantic Paradigm. The Failure of Spanish Medieval Colonization of the Canary and Caribbean Islands", in: Comparative Studies in Society and History 35:3 (1993), S. 515–543; Wheat, David, Atlantic Africa and the Spanish Caribbean, 1570–1640, Chapel Hill: University of North Carolina Press, 2016 (Omohundro Institute of Early American History and Culture).

426 Scelle, Georges, „La licence du gouverneur de Brésa (1518–1528)", in: Scelle, La Traite negrière aux Indes de Castille. Contrats et Traités d'assiento, Bd. 1, Paris: Librairie de la Société du Recueil J.-B. Sirey, 1906, S. 139–161; siehe S. 141: „La licence [vom 21. Oktober 1518 – MZ] autorisait le bénéficiaire àller chercher ses nègres aux côtes d'Afrique et à les porter en Amérique, sans revenir à Seville les enristrer".

All die Konflikte verzögerten die Dominanz der Europäer über das atlantische Mittelstück des Sklavenhandels bis ca. 1660.[427] Die Kontrolle über den atlantischen Zentralraum des *slaving*, die Mittelpassage, bildete sich erst unter nordwesteuropäischer Kontrolle zwischen 1630 und 1750 völlig heraus (mit Start in Amsterdam[428] und in Kooperation mit afrikanischen Eliten) – eben die „Freiheit der Meere". Die Niederländer brachten im Kampf gegen das iberische Monopol zwangsläufig mehr junge Männer auf kleineren und wendigeren Schiffen auf den Atlantik. Sie waren auch besser gebildet (die Niederlande waren Zentrum des Buchdrucks – was man heute noch an Verlagsnamen wie Brill, Elzevier oder De Gruyter, etc. ablesen kann). In dieser Zeit entstand auch das „freie" Unternehmertum, wie wir es heute verstehen, einerseits.[429] Und es kam andererseits zwischen 1700 und 1790 zur Herausbildung eines bereits erwähnten „bourbonischen Atlantiks" (Frankreichs und Spaniens). Dieser neue, sagen wir, absolutistische Reform-Atlantik, formierte sich in schweren Konflikten vor allem mit dem „britischen Atlantik". Die massiven Kolonialkriege wirkten sich oft auch förderlich auf Wirtschaft, Demographie und Sklaverei einzelner Gebiete aus.[430] Südlich des Äquators dominierten Portugiesen und Brasilianer den afrikanisch-iberischen Atlantik (*Atlântico Sul*), insbesondere am Río de la Plata und an der *Banda Oriental* (heute vor allem Uruguay) mit oft schweren imperialen Konflikten mit Spanien.[431]

Ebenso schwere Konflikte fanden in Afrika statt, wo sich, wie gesagt, neue Staaten und ganze Imperien[432] bildeten, die den Sklavenhandel und -transport aus dem

---

427 Steiner, Benjamin, Colberts Afrika. Eine Wissens- und Begegnungsgeschichte in Afrika im Zeitalter Ludwigs XIV., München: De Gruyter Oldenbourg, 2014.

428 Ribeiro da Silva, Filipa, „Os Judeus de Amersterdão e o Comércio com a Costa Ocidental Africana, 1580–1660", in: Anais de História de Além-Mar 14 (2013), S. 121–144.

429 Ab 1700 drängten verstärkt britische und französische Privatiers in den Sklavenhandel; siehe: Burnard, Trevor, „The Atlantic Slave Trade", in: Heuman, Gad; Burnard (eds.), The Routledge History of Slavery, London: Routledge, 2011, S. 80–97, hier S. 84–85.

430 Gelman, Jorge; Llopis, Enrique; Marichal, Carlos (eds.), Iberoamérica y España antes de las Independencias, 1700–1820. Crecimiento, reformas y crisis, México: Instituto Mora, El Colegio de México, 2014.

431 Borucki, Arne, „The Slave Trade to the Río de la Plata. Trans-Imperial Networks and Atlantic Warfare, 1777–1812", in: Colonial Latin American Review 20:1 (2011), S. 81–107; Kühn, Fabio, „Conexões Negreiras. Contrabandistas de escravos no Atlântico Sul (Rio da Prata, 1730–1752)", in: Anos 90 24, no. 45 (2017), S. 101–132.

432 Law, Robin, The Oyo Empire, c. 1600–c.1836. A West African Imperialism in the Era of the Atlantic Slave Trade, Oxford: Clarendon Press, 1977; Vansina, Jan, „Ambaca Society and the Slave Trade, c. 1760–1845", in: Journal of African History 46 (2005), S. 1–27; zur Vorgeschichte und zur Verbindung der Conquista Angolas zum iberischen Sklavenhandelsatlantik, siehe: Wheat, David, „Garcia Mendes Castelo Branco, fidalgo de Angola y mercader de esclavos en Veracruz y el Caribe a principios del siglo XVII", in: Velázquez, María Elisa (ed.), Debates históricos contemporáneos. Africanos y afrodescendientes en México y Centroamérica, México: Centro de Estudios Mexicanos y Centroamericanos; Instituto Nacional de Antropología e Historia; Institut de Recherche pour le Développement; Universidad Nacional Autónoma de México, 2011, S. 85–107, sowie, allerdings stärker

Interior Afrikas kontrollierten (Abomey-Allada-Dahomey ist wohl das Paradebeispiel). Sie drängten zu den atlantischen Küsten (und auch in den atlantischen Raum[433]), um die Karawanen-Transportwege und den Austausch mit atlantischen Akteuren – das waren Europäer, unter ihnen die Iberer, sowie Kolonialspanier (die sich einfach *españoles* nannten), Kolonialportugiesen und Kolonial-Nordamerikaner, aus afrikanischer Sicht – zu kontrollieren und zu dominieren.[434]

---

auf das Kongo-Reich fokussiert: Thornton, John K., „„I am a Subject of the King of Congo'. African Political Ideology and the Haitian Revolution", in: Journal of World History 4:2 (1993), S. 181–214 sowie: Heywood, Linda, „Slavery and its Transformation in the Kingdom of Kongo. 1491–1800", in: Journal of African History 50 (2009), S. 1–22; zu den Fernhandelsbeziehungen, siehe: Vansina, „Long-Distance Trade Routes in Central Africa", in: Journal of African History 3 (1962), S. 375–390; zum Sklavenhandel bis um 1830, siehe: Miller, Joseph C., Way of Death. Merchant Capitalism and the Angolan Slave Trade, 1730–1830, Madison: University of Wisconsin Press, 1988; Miller, „Central Africans during the Era of the Slave Trade, c. 1490s-1850s", in: Heywood (ed.), Central Africans and Cultural Transformation in America, Cambridge: Cambridge University Press, 2002, S. 21–69; Wimmler, Jutta, Centralized African States in the Transatlantic Slave Trade. The Example of eighteenth Century Asante and Dahomey, Graz: Leykam, 2012; Heywood, Njinga of Angola. Africa's Warrior Queen, Cambridge: Harvard University Press, 2017.

433 Law, Robin; Mann, Kristin, „West Africa in the Atlantic Community. The Case of the Slave Coast", in: William and Mary Quarterly 56:2 (1999), S. 307–334; Brauner, Christina, „Ein Schlüssel für zwei Truhen. Diplomatie als interkulturelle Praxis am Beispiel einer westafrikanischen Gesandtschaft nach Frankreich (1670/71)", in: Historische Anthropologie 21:2 (2013), S. 199–226. (Überarbeitete engl. Fassung: Brauner, „To Be the Key for Two Coffers. A West African Embassy to France (1670/1)", in: IFRA e-papers, 2013, https://ifra-nigeria.org/files/54/IFRA-E-papers/44/BRAUNER,-ChrisTo-Be-the-Key-for-Two-Coffers:-A-West-African-Embassy-to-France-(1670/1).pdf [01. Juli 2022]); Brauner, „Beim ‚König' von Anomabo. Audienzen an der westafrikanischen Goldküste als Schauplatz afrikanischer Politik und europäischer Konkurrenz (1751/2)", in: Burschel, Peter; Vogel Christine (eds.), Die Audienz. Ritualisierter Kulturkontakt in der Frühen Neuzeit, Köln; Weimar; Wien: Böhlau, 2014, S. 269–310; Brauner, Kompanien, Könige und caboceers. Interkulturelle Diplomatie an Gold- und Sklavenküste, 17.-18. Jahrhundert, Köln; Weimar; Wien: Böhlau, 2015.

434 Peukert, Werner, Der atlantische Sklavenhandel von Dahomey 1740–1797. Wirtschaftsanthropologie und Sozialgeschichte, Wiesbaden: Steiner, 1978; Boubacar, Barry, Senegambia and the Atlantic Slave Trade. Translated from the French by Ayi Kwei Armah, Cambridge: Cambridge University Press, 1998 (African Studies Series 92); Law, Robin, „Slave-Raiders and Middlemen, Monopolists and Free Traders. The Supply of Slaves for the Atlantic Trade in Dahomey, c. 1715–1850", in: Journal of African History 30 (1989), S. 45–68; MacGaffey, Wyatt, „Dialogues of the Deaf. Europeans on the Atlantic Coast of Africa", in: Schwartz, Stuart B. (ed.), Implicit Understandings. Observing, Reporting, and Reflecting on the Encounters between Europeans and Other Peoples in the Early Modern Era, Cambridge; New York: Cambridge University Press, 1994, S. 249–267 (zum so genannten „stummen Handel" siehe den Beitrag von Christoph Marx); Heywood, Linda; Thornton, John K., Central Africans, Atlantic Creoles, and the Foundations of the Americas, 1585–1660, Cambridge: Cambridge University Press, 2007; MacGaffey, „Indigenous Slavery and the Atlantic Trade. Kongo Texts", in: Beswick, Stephanie; Spaulding, Jay (eds.), African Systems of Slavery, Trenton; Asmara: Africa World Press, Inc, 2010, S. 173–201; Freire, João (ed.), Olhares europeus sobre Angola. Ocupação do território, operações militares, conhecimentos dos povos, projectos de modernização (1883–1918), Lisboa: Comissão Cultural de Marinha; Edições Culturais da Marinha, 2011

Die Hegemonie englischer, französischer, bretonischer oder holländischer Kaufleute, Faktoren und Kapitäne war, vor allem wegen der afrikanischen Dominanz in der Sklavenjagd in Afrika sowie der Anlieferung zu den Schiffen und wegen des notwendigen Hilfspersonals vor Ort (in afrikanischen und amerikanischen Sklavenhäfen – oft Nachkommen von Europäern und indigenen Müttern), auf den Schiffen (Matrosen, Übersetzer, Informanten, Lotsen, Heiler, Barbiere, Köche, u. a.) und in den amerikanischen Hafenstädten, nie ganz uneingeschränkt – auch wegen der breiten Wissenszirkulation, den Kenntnissen über Krankheiten (und *food*) sowie der Angst vor Magie.[435] Besonders wichtig unter diesen Küsten- und Atlantikkreolen sollten die Kru (*kroomen*) werden, zunächst eine Funktionsbezeichnung für Küstenkanu-Rudermannschaften in bestimmten Gebieten Senegambiens (*crew*; Port.: *grumetes*), heute ein Volk, und natürlich auch schwarze Matrosen und Piraten/Korsaren.[436]

Nach dem Siebenjährigen Krieg (1756–1763) und der Niederlage des imperialen Frankreichs (in „Familienpakten" der französischen Bourbonen mit den Bourbonen auf dem Thron Spaniens[437]) kam es, wie gesagt, zur Umstrukturierung des afrikanisch-iberischen Atlantiks: Franzosen und Briten (Schotten, Waliser, Iren) intensivierten den privaten Sklavenhandel des späten 18. Jahrhunderts massiv; die Versklavten aus Afrika[438] konzentrierten sich auf Jamaika (und anderen britischen Besitzungen; schon seit den 1640er Jahren vor allem Barbados – mit eigenen Expansionen und imperialen Teilkonflikten[439]) und im französischen *L'Amérique*, zunächst mit einem

---

(antologia de textos de época); Thornton, „Firearms, Diplomacy, and Conquest in Angola", in: Lee, Wayne (ed.), Empires and Indigenes. Intercultural Alliance, Imperial Expansion, and Warfare in the Early Modern World, New York: New York University, 2011, S. 167–191; Araujo, Ana Lucia, „Dahomey, Portugal and Bahia. King Adandozan and the Atlantic Slave Trade", in: Slavery & Abolition 33:1 (2012), S. 1–19.

435 Gómez, Pablo F., „The Circulation of Bodily Knowledge in the Seventeenth-Century Black Spanish Caribbean", in: Social History of Medicine 26:3 (2013), S. 383–402; Soares, Mariza de Carvalho, „African Barbeiros in Brazilian Slave Ports", in: Cañizares-Esguerra, Jorge; Childs, Matt D.; Sidbury, James (eds.), The Black Urban Atlantic in the Age of the Slave Trade, Philadelphia: University of Pennsylvania Press, 2013 (The Early Modern Americas), S. 207–230; Gómez, The Experiential Caribbean. Creating Knowledge and Healing in the Early Modern Atlantic, Chapel Hill: University of North Carolina Press, 2017.

436 Bialushewski, Arne, „Pirates, Black Sailors and Seafaring Slaves in the Anglo-American Maritime World", in: The Journal of Caribbean History 45:2 (2011), S. 143–158.

437 McNeill, John R., The Atlantic Empires of France and Spain. Louisbourg and Havana, 1700–1763, Chapel Hill: UNC Press, 1985; Gutiérrez Escudero, Antonio, „Las reformas borbónicas, Santo Domingo y el comercio con los puertos del Caribe, 1700–1750", in: Memorias 7, no. 12 (2010), S. 4–31 (mit einer sehr konkreten Auflistung der einzelen Warentypen und -sorten).

438 Hancock, David J., „Slaving. Bance Island's ‚General Rendevous'", in: Hancock, Citizens of the World. London Merchants and the Integration of the British Atlantic Community, 1735–1785, Cambridge: Cambridge University Press, 1995, S. 174–220.

439 Moreau, Jean-Pierre, „Navigation européenne dans les Petites Antilles aux XVIe et début du XVIIe siècles. Sources documentaires, approche archéologique", in: Revue française d'histoire

kolonial-imperialen Großprojekt des Atlantiks; seit mit des 18. Jahrhunderts vor allem Saint-Domingue, Martinique und Guadeloupe sowie Cayenne.[440] Es kam zu einer massiven Steigerung der Sklaven-Produktion tropischer *commodities*, vor allem Zucker (zunächst vor allem Saint-Domingue[441]), Kakao, Tabak (wofür in der bourbonischen „Wirtschaftsplanung" vor allem Kuba zuständig war[442]), Indigo,[443] seit 1770 auch Kaffee sowie Baumwolle (schon seit dem 15. Jahrhundert –Baumwoll-handel u. a. durch die frühen Fugger[444]). In Europa und partiell auch schon Nord-amerika erlagen die Eliten (zunächst vor allem süd-, west- und mitteleuropäische Adelsgruppen, dann auch das höhere Bürgertum) dem tropischen Luxuskonsum und

d'outre-mer 74, no. 275 (1987) (= Economie et société des Caraïbes XVII–XIXe s.), S. 129–148; Beck-les, Hilary McD., White Servitude and Black Slavery in Barbados 1627–1715, Knoxville: Tennessee University Press, 1989; Beckles, „Servants and Slaves during the 17th-Century Sugar Revolution", in: Palmié, Stephan; Scarano, Francisco A. (eds.), The Caribbean. A History of the Region and Its Peoples, Chicago; London: University of Chicago Press, 2011, S. 205–216; Chaunu, David, „L'Empire des coupeurs de bois. Sainte-Lucie et les expansions impériales française et anglaise dans la Ca-raïbe au XVIIe siècle", in: Michon, Bernard (ed.), Les Européens et les Antilles. XVIIe-début XVIIIe siècle, Rennes: Presses Universitaires de Nantes et Rennes, 2019 (Enquêtes et documents), S. 81–96.
440 Hodson, Christopher; Rushforth, Brett, „Absolutely Atlantic. Colonialism and the Early Mo-dern French State in Recent Historiography", in: History Compass 8:1 (2010), S. 101–117; Singleton, Theresa, „Islands of Slavery. Archaeology and Caribbean Landscapes of Intensification", in: Lenski, Noel; Cameron, Catherine M. (eds.), What is a Slave Society? The Practice of Slavery in Global Per-spective, Cambridge; New York: Cambridge University Press, 2018, S. 290–309.
441 Combrink, Tamira, „From French Harbours to German Rivers. European Distribution of Sugar by the Dutch in the Eighteenth Century", in: Villeret, Maud (ed.), Le diffusion des produits ultrama-rins en l'Europe dans le XVIIIe siècle, Rennes: Presses Universitaires de Rennes, 2018, S. 39–56; Combrink, „Slave-Based Coffee in the Eighteenth Century and the Role of the Dutch in Global Com-modity Chains", in: Slavery & Abolition 42:1 (2021), S. 15–42; Villeret, Maud, Le goût de l'or blanc. Le sucre en France au XVIIIe siècle, Rennes; Tours: Presses universitaires de Rennes; Presses uni-versitaires François-Rabelais, 2017 (collection „Tables des Hommes").
442 Luxán Meléndez, Santiago de, „Cuba y el primer ensayo de creación de un estanco imperial del tabaco 1684–1739", in: Chambouleyron, Rafael; Arenz, Karl-Heinz (eds.), Anais do IV Encontro Internacional de História Colonial 17, Belém: Editora Açaí, 2014 (= O sistema atlântico do tabaco ibérico. Complementaridades e diferenças [séculos XVII–XIX]), S. 100–115; Luxán Meléndez; Luxán Hernández, Lia de, „Las compañías reales de esclavos y la integración de Cuba en el sistema atlán-tico del tabaco español 1696–1739", in: Anuario de Estudios Atlánticos 62 (2016), S. 1–22; Sanz Ro-zalén, Vicent, „O tabaco em Cuba no início do século XIX. Conflitividade agrária e dominação colonial", in: Chambouleyron; Arenz (eds.), Anais do IV Encontro Internacional de História Colo-nial 17, Belém: Editora Açaí, 2014 (= O sistema atlântico do tabaco ibérico. Complementaridades e diferenças [séculos XVII–XIX]), S. 116–126.
443 Marichal, Carlos, „Un capítulo olvidado del comercio internacional. La grana cochinilla mexi-cana y la demanda europea de tintes americanos, de 1550 a 1850", in: Marichal; Topik, Steven; Ze-phyr, Frank (eds.), De la plata a la cocaína. Cinco siglos de historia económica de América latina, 1500–2000, México: Fondo de Cultura Económica, 2017, S. 9–36.
444 Häberlein, Mark, „Am Anfang war die Baumwolle", in: Häberlein, Aufbruch ins globale Zeitalter. Die Handelswelt der Fugger und Welser, Darmstadt: Wissenschaftliche Buchgesellschaft, 2016, S. 37–55.

den Luxus-Stoffen und Gegenständen aus Indien und Ostasien.[445] Georg Friedrich Wilhelm Hegel pflegte San-Domingo-Kaffee zu trinken. Kaffee und Zigarren aus Sklavenproduktion waren auch nicht unwesentlich beteiligt an der Entstehung der Werke von Marx und Engels.[446]

Etwas essentialistisch gesagt, um das Problem zu verdeutlichen: Der chaotische Menschenhandel *beyond the empire* auf der Linie AAA in seinen beiden Formen des legalen Sklavenhandels und illegalen Schmuggels[447] sowie des *corso* fand vor allem auf und von den unsinkbaren Insel-Plattformen der Nichtiberer in der Karibik statt, oft so genannten „Freihäfen"[448] nach dem Vorbild des westafrikanischen São Tomé. Bei den Freihäfen, die zugleich Schmuggelzentren waren, handelt es sich um das dänische Saint Thomas,[449] Curaçao,[450] St. Eustatius,[451] das formell seit 1797 englische Trinidad und das französisch-schwedische Saint Bartolomé (schwedisch 1785–1878; Saint-Barthélemy/ St Bartélemy[452]). Ziele waren vor allem die spanisch-iberischen Besitzungen mit ihrer Weltwährung *peso de a ocho*

445 Carmagnani, Marcello, Le isole del lusso. Prodotti esotici, nuovo consume e cultura economica europea, 1650–1800, Milano: UTET Libreria, 2010; Gikandi, Simon, Slavery and the Culture of Taste, Princeton: Princeton University Press, 2011; oft im Austausch mit europäischen Weinen, siehe: Hancock, David J., Oceans of Wine. Madeira and the Emergence of American Trade and Taste, New Haven: Yale University Press, 2009.

446 Zeuske, Michael, „Karl Marx, Sklaverei, Formationstheorie, ursprüngliche Akkumulation und *Global South*", in: Wemheuer, Felix (ed.), Marx und der globale Süden, Köln: PapyRossa Verlag, 2016, S. 96–144.

447 Klooster, Wim, „Inter-Imperial Smuggling in the Americas, 1600–1800", in: Bailyn, Bernhard; Denault, Patricia L. (eds.), Soundings in Atlantic History. Latent Structures and Intellectual Currents, 1500–1825, Cambridge: Harvard University Press, 2009, S. 141–180 (FN S. 505–528).

448 Jordaan, Han; Wilson, Victor, „The Eighteenth-Century Danish, Dutch, and Swedish Free Ports in the Northeastern Caribbean. Continuity and Change", in: Oostindie, Gert; Roitman, Jessica V. (eds.), Dutch Atlantic Connections, 1680–1800. Linking Empires, Bridging Borders, Leiden: Brill, 2014, S. 275–308.

449 Espersen, Ryan, „Fifty Shades of Trade. Privateering, Piracy, and Illegal Slave Trading in St. Thomas, Early Nineteenth Century", in: New West Indian Guide 93:2 (2019), S. 1–26.

450 Jordaan, Han, „The Curaçao Slave Market. From *Asiento* Trade to Free Trade, 1700–1730", in: Postma, Johannes Menne; Enthoven, Victor (eds.), Riches from Atlantic Commerce. Dutch Transatlantic Trade and Shipping, 1585–1817, Leiden: Brill, 2003 (The Atlantic World. Europe, Africa and the Americas, 1500–1830 1), S. 219–257; Klooster, Wim; Oostindie, Gert (eds.), Curaçao in the Age of Revolutions, 1795–1800, Leiden: KITLV Press, 2011 (Caribbean Series 30).

451 Enthoven, Victor, „„That Abominable Nest of Pirates'. St. Eustatius and the North Americans, 1680–1780", in: Early American Studies. An Interdisciplinary Journal 10:2 (2012), S. 239–301.

452 Vidal, Carlos, „Un siglo de dominación sueca, 1785–1878", in: Crespo Solana, Ana; González-Ripoll, Maria Dolores (eds.), Historia de las Antillas no hispanas, Madrid: CSIC; Ediciones Doce Calles, 2011 (Historia de Las Antillas III), S. 367–377; Stamm, Malte, „Der Schmuggelhandel", in: Stamm, Das koloniale Experiment. Der Sklavenhandel Brandenburgs im transatlantischen Raum 1680–1718, Diss. Universität Düsseldorf, 2011, S. 297–312 (https://d-nb.info/1036727564 [01. Juli 2022]); Pålsson, Ale, „Smugglers before the Swedish Throne. Political Activity of Free People of Color in Early Nineteenth-Century St Barthélemy", in: Atlantic Studies 14:3 (2017), S. 318–335.

reales (Silberpesos/ Piaster). Der extreme Sklavenhandel in all seinen Formen führte zum revolutionären Kollaps der effizientesten und profitabelsten Sklaverei-Kolonie des 18. Jahrhunderts: Saint-Domingue wurde zu Haiti (1791–1803[453]). Dies geschah im Rahmen von so genannten „atlantischen Revolutionen", zu denen mittlerweile nicht nur mehr die des *Age of Democratic Revolutions* (die weder die Sklaverei noch zunächst den Sklavenhandel beendeten[454]), sondern auch die *jihads* vor allem im nördlichen Schwarzafrika und in der Sahel-Zone gerechnet (seit 1804) werden müssen.[455] Für die iberischen Gebiete, sowohl in den Amerikas wie auch in Europa (vor allem Städte wie Lissabon, Barcelona und Cádiz[456]) und in Afrika (vor allem in Faktoreien[457] sowie in West-Zentralafrika mit Angola, dem Kongo und

453 Geggus, David P., „Slavery and the Haitian Revolution", in: Eltis, David; Engerman, Stanley L.; Drescher, Seymour; Richardson, David (eds.), The Cambridge World History of Slavery, Bd. 4: AD 1804-AD 2016, Cambridge: Cambridge University Press, 2017, S. 321–343; Pinto Tortosa, Antonio Jesús, „Spain's Diplomacy and Saint-Domingue's Revolution, 1791–1795", in: The Atlantic Millennium. An Academic Journal on Atlantic Civilization 11 (2012–13), S. 33–46; Zeuske, Michael, „The French Revolution in Spanish America. With Some Reflections on Manfred Kossok as Marxist Historian of ‚Bourgeois Revolutions'", in: Review 38:1–2 (2015; = Toward a Historical Social Science), S. 99–145.

454 Roth, Rainer, Sklaverei als Menschenrecht. Über die bürgerlichen Revolutionen in England, den USA und Frankreich, Frankfurt am Main: DVS, ²2017; siehe auch: Cheney, Paul, „Haiti's Commercial Treaties. Between Abolition and the Persistence of the Old Regime", in: Alimento, Antonella; Stapelbroek, Koen (eds.), The Politics of Commercial Treaties in the Eighteenth Century. Balance of Power, Balance of Trade, London: Palgrave Macmillan, 2017, S. 401–420.

455 Lovejoy, Paul E. (ed.), Slavery on the Frontiers of Islam, Princeton: Markus Wiener Publishers, 2004; Barcia, Manuel, „An Islamic Atlantic Revolution. Dan Fodio's Jihad and Slave Rebellion in Bahia and Cuba, 1804–1844", in: Journal of African Diaspora, Archaeology, and Heritage 2:1 (2013), S. 6–18; Barcia, West African Warfare in Bahia and Cuba. Soldier Slaves in the Atlantic World, 1807–1844, Oxford: Oxford University Press, 2014; Lovejoy, Jihad in West Africa during the Age of Revolutions, Athens: Ohio University Press, 2016.

456 Clarence-Smith, William Gervase, The Third Portuguese Empire, 1825–1975. A Study in Economic Imperialism, Manchester; Dover: Manchester University Press, 1985; Morgado García, Arturo, Una metropolí esclavista. El Cádiz de la modernidad, Granada: Editorial Universidad de Granada, 2013; Caldeira, Arlindo Manuel, Escravos e Traficantes no Império Português. O Comércio Negreiro Português no Atlântico Durante Os Séculos XV a XX, Lisboa: Esfera dos Livros, 2013; Rodrigo y Alharilla, Martin; Chaviano, Lizbeth J. (eds.), Negreros y esclavos. Barcelona y la esclavitud atlántica (siglos XVI–XIX), Barcelona: Icaria editorial, 2017; Rodrigo y Alharilla, „Víctimas y verdugos a la vez. Los marineros españoles y la trata ilegal (1845–1866)", in: Drassana. Revista del Museu Marítim de Barcelona 25 (2017) (= Dossier: El tràfic atlàntic d'esclaus), S. 112–132; Cózar Navarro, María del Carmen; Rodrigo y Alharilla (eds.), Cádiz y el tráfico de esclavos. De la legalidad a la clandestinidad, Madrid: Silex Ediciones, 2018.

457 Nerín, Gustau, Guinea Ecuatorial, historia en blanco y negro (hombres blancos y mujeres negras en Guinea Ecuatorial [1843–1968]), Barcelona: Ediciones Península, 1997; Nerín, Traficants d'ànimes. Els negrers espanyols a l'Àfrica, Barcelona: Raval Edicions SLU, Pòrtic, 2015; Barcia Zequeira, María del Carmen, „Espacios para las factorías y los factores en las costas africanas", in: Barcia Zequeira, Pedro Blanco, el negrero, La Habana: Ediciones Boloña, 2018 (Collección Raíces), S. 41–43; Nerín, „La Factoria", in: Nerín, Traficants d'ànimes. Els negrers espanyols a l'Àfrica, Barcelona:

Moçambique[458]), hatte das die Folge, dass sie nach den jeweiligen liberalen Revolutionen (meist 1808–1814) eine führende Position im Sklaverei-Kapitalismus der *Second Slavery* einnahmen – die afrikanischen Gebiete vor allem mit der Zulieferung des Kapitals menschlicher Körper. Damit konnten die iberischen Monarchien – trotz oder gerade wegen der massiven Bürgerkriege und Revolutionen in den europäischen „Mutterländern", u. a. des spanischen Revolutionszyklus 1808–1939 – ihre angeschlagenen Kolonial-Imperien retten: das spanische „Rest"-Imperium mit der „Perle" Kuba bis 1898, das portugiesische Imperium gar mit dem afrikanischen Imperium bis 1974 (Angola) und 1996 (Macao).

Die Abolitionen des 19. Jahrhunderts, zunächst des atlantischen Sklavenhandels (1808–1840) und dann der Sklavereien in den Amerikas und in atlantischen europäischen Stützpunkten in Afrika (zunächst noch sehr wenig, vor allem nicht in den Faktoreien – 1838–1888),[459] führten zu der paradoxen Situation, dass sich der afrikanisch-iberische Atlantik wieder, aber jetzt für ca. 60–70 Jahre, als informeller *hidden Atlantic* und damit einziger Sklavenhandels-Atlantik ausbreitete.

Für Spanien hatten die Monopolisierungsversuche und -konflikte auch mit den Globalisierungen zu tun. In der ersten Globalisierung 1450–1650 war ein mächtiges Imperium entstanden, das allerdings schon 1620 an seine Grenzen geriet und um 1640 als „iberisches Imperium" (Kastilien und Portugal) zerbrach. Ausgehend von den atlantischen Portalen des iberischen Imperiums (*Atlántico ibérico*) hatten sich Tabak, Viren sowie Krankheitserreger, Bananen sowie Silber, Kartoffeln und Zucker,

Raval Edicions SLU, Pòrtic, 2015, S. 38–47; Nerín, Corisco y el estuario del Muni (1470–1931). Del aislamiento a la globalización y de la globalización a la marginación. Prólogo de Valérie de Wulf, Paris: L'Harmattan, 2015; Rodrigo y Alharilla, Martin, „Les factoreries négrières espagnoles des côtes africaines (1815–1860)", in: Outre-Mers 410–411:1–2 (2021), S. 143–167.

458 Birmingham, David, The Mbundu and Their Neighbours under the Influence of the Portuguese, 1483–1790, Oxford: Clarendon Press, 1966; Oppen, Achim von, Terms of Trade and Terms of Trust, Münster: LIT Verlag, 1994; Amaral, Ilídio do, O Reino do Congo, os Mbundu (ou Ambundos), O Reino dos ‚Ngola' (ou de Angola) e a presença portuguesa de finais de sêculo XV a meados do sêculo XVI, Lisboa: Ministério da Ciência e da Tecnologia; Instituto de Investigação Científica Tropical, 1996; Henriques, Isabel de Castro, Percursos da modernidade em Angola. Dinâmicas comerciais e transformações sociais no século XIX, pref. Jean Devisse, Lisboa: Instituto de Investigação Científica Tropical; Instituto da Cooperação Portuguesa, 1997; Caldeira, Arlindo Manuel, Escravos e Traficantes no Império Português. O Comércio Negreiro Português no Atlântico Durante Os Séculos XV a XX, Lisboa: Esfera dos Livros, 2013.

459 Klein, Martin A., „Slavery, the International Slave Market and the Emancipation of Slaves in the Nineteenth Century", in: Lovejoy, Paul E.; Rogers, Nicholas (eds.), Unfree Labour in the Development of the Atlantic World, London: Frank Cass, 1994, S. 197–220; Zeuske, Michael, „Kein Ende nach dem Ende – Diskurse und Realitäten der globalen Sklaverei seit 1800", in: Zeuske, Sklaverei. Eine Menschheitsgeschichte. Von der Steinzeit bis heute, Stuttgart: Reclam, 2021, S. 212–244.

aber auch Sklaverei-*food*-Pflanzen zusammen mit dem Kapital menschlicher Körper globalisiert.[460]

In der zweiten Globalisierung 1650–1800 hielt sich das durch Reformen restabilisierte „alte" spanische Imperium bis 1808 recht ordentlich,[461] auch in Bezug auf Dynamik und Wissenschaft: in der biologischen Revolution (Mango, neue Zuckerrohrsorten, Brotbaum, Kaffee, etc.). Dann zerbrach es in den *Independencia*-Kriegen 1810–1826 als kontinentales Kolonialreich und globalisiertes Imperium (mit den „Rest"-Kolonien Kuba, Puerto Rico, Äquatorial-Guinea[462] und den Philippinen sowie einigen Versuchen in anderen Weltteilen). Aber: Globalisierung kann auch Konterrevolution bedeuten. Es gab allianzwillige kreolische Oligarchien, die auf Sklaverei, Menschenhandel und *Atlantisierung* sowie Reformen, Kosmopolitismus und wissenschaftliche Moderne setzten: u. a. in Krankheitsbekämpfung, Medizin (neue Medizinalpflanzen und Drogen aus Amerika – wie Sarsaparilla, die gegen Syphilis eingesetzt wurde,[463] und Chinin gegen „Fieber") und Pockenimpfung, um Seuchen unter Sklaven zu bekämpfen sowie Krankheiten aus unsauberem Wasser (Cholera) und seit der 2. Hälfte des 19. Jahrhunderts auch Gelbfieber.[464] Mit ihrer Hilfe konnte Spanien ein „Imperium der Inseln" noch bis 1898 bewahren. Aus der Sicht der neueren Forschung werden Sklaverei und Sklavenhandel (bei manchen Autoren sogar unter Einbeziehungen der Kreativität und des Könnens der versklav-

---

460 Eine der besseren populären Darstellungen dieser Globalisierung, leider wieder einmal fest gemacht an Kolumbus, findet sich unter: Mann, Charles C., Kolumbus' Erbe. Wie Menschen, Tiere, Pflanzen die Ozeane überquerten und die Welt von heute schufen. Aus dem Englischen von Hainer Kober, Reinbek bei Hamburg: Rowohlt, 2013. Zur Globalisierung der *food*-Wirtschaft auf Basis der Versorgung von Plantagen und Sklaven, siehe: Mintz, Sidney W., „Plantation and the Rise of a World Food Economy. Some Preliminary Ideas", in: Review 34:1–2 (2011), S. 3–14.
461 Pearce, Adrian J., The Origins of Bourbon Reform in Spanish South America, 1700–1763, New York: Palgrave Macmillan, 2014.
462 Fradera, Josep María, „Cuba, Puerto Rico y Filipinas. Del Imperio al sistema de tres colonias", in: Fradera, Colonias para después de un imperio, Barcelona: edicions bellaterra, 2005, S. 17–59; Nerín, Gustau, Guinea Ecuatorial, historia en blanco y negro (hombres blancos y mujeres negras en Guinea Ecuatorial [1843–1968]), Barcelona: Ediciones Península, 1997; Nerín, Corisco y el estuario del Muni (1470–1931). Del aislamiento a la globalización y de la globalización a la marginación. Prólogo de Valérie de Wulf, Paris: L'Harmattan, 2015.
463 López Piñero, José M., „Las ‚Nuevas Medicinas' Americanas en la Obra (1565–1574) de Nicolas Monardes", in: Asclepio 42 (1990), S. 3–67; Mira Caballos, Esteban, „La medicina indígena en la Espanola y su comercialización (1492–1550)", in: Asclepio 44 (1997), S. 185–198; Barrera, Antonio, „Local Herbs, Global Medicines. Commerce, Knowledge, and Commodities in Spanish America", in: Smith, Pamela H.; Findlen, Paula (eds.), Merchants and Marvels. Commerce, Science and Art in Early Modern Europe, London: Routledge, 2002, S. 163–182.
464 Vázquez Cienfuegos, Sigfrido, „La vacuna en Cuba durante el gobierno de Someruelos", in: Temas americanistas 17 (2004), S. 34–40; Vázquez Cienfuegos, „La vacuna contra la viruela", in: Vázquez Cienfuegos, Tan difíciles tiempos para Cuba. El gobierno del Marqués de Someruelos (1799–1812), Sevilla: Universidad de Sevilla, 2008, S. 191–195; Gänger, Stefanie, „World Trade in Medicinal Plants from Spanish America, 1717–1815", in: Medical History 59:1 (2015), S. 44–62.

ten Unterschichten und der Unterschichten aus ehemals Versklavten[465]), Zucker, Kaffee und Tabak, aber auch Wissen, Wissenschaft, Technik und Technologie als tragende Säulen des „neuen" spanischen Imperialismus des 19. Jahrhunderts gesehen.[466] Kuba wurde zum wirtschaftlichen Zentrum dieses neuen Imperiums. Dabei entstand im Westen der Insel – um Havanna, Matanzas und Cienfuegos – eine Gesellschaft der Sklaverei-Moderne (*Cuba grande* – siehe Kapitel 5 *„Second Slaveries – eine neue, kapitalistische Sklaverei und ihre regionalen Varianten"*).

Wo lagen die Anfänge dieses neuen Imperiums mit Massensklaverei (*Second Slavery*) und Zuckerproduktion sowie Globalisierung des Wissens? Philosophisch betrachtet lag der Anfang in der Individualisierung des neuen Denkens über Wirtschaft und Arbeit – die stärksten Individuen des durch Riesenmengen geschriebener Worte, Bücher, ersten Zeitungstexten, Reden, Schulstunden, Universitätsdebatten, aber vor allem durch die Bedrohung der Revolution geschaffenen neuen Raumes – der liberalen „Welt der Freiheit" – waren eigenartiger Weise immer noch die gleichen Eliten aus der Zeit der kolonialfeudalen Stände und Kasten. Dazu kamen viele wagemutige Männer aus den Unterschichten, die bereit waren, als starke Individuen – das heißt vor allem als Kapitäne, *negreros* und Faktoren – atlantischen Sklaven- und Menschenhandel direkt zu betreiben (mit hoher Todes- und Alkoholismusrate). Ihre Opfer waren ebenfalls Individuen, vereinzelte und verängstigte Menschen, die liebend gerne in ihren kollektiven Lebensformen (Familie, Dorfgemeinschaft, Clan/ Lineage, Königreich) geblieben wären.

Dazu kamen zweifelsohne drei weitere Hauptkomponenten: erstens in den erwähnten protoliberalen Entwicklungsvorstellungen der spanischen Krone für die karibischen Kolonien Santo Domingo, Kuba und Puerto Rico.[467] Diese Inseln hatten bis dahin als Wirtschaftsräume keine ganz periphere, aber auch keine zentrale Bedeutung gehabt. Nach den Entwicklungsvorstellungen der Krone sollten die drei

---

465 Rood, Daniel, „Creolization from Below", in: Rood, The Reinvention of Atlantic Slavery. Technology, Labor, Race, and Capitalism in the Greater Caribbean, New York; Oxford: Oxford University Press, 2017, S. 9–11; sowie: „A New Chapter in the History of ‚the Negro'", in: Ebd., S. 11–13.

466 Adelman, Jeremy, „Capitalism and Slavery on Imperial Hinterlands", in: Adelman, Sovereignty and Revolution in the Iberian Atlantic, Princeton; Oxford: Princeton University Press, 2006, S. 56–100; Fradera, Josep Maria; Schmidt-Nowara, Christopher (eds.), Slavery and Antislavery in Spain's Atlantic Empire, New York; Oxford: Berghahn, 2013; Fradera, La nación imperial (Ensayo Historico) 1750–1918, 2 Bde., Madrid: edhasa, 2015; Leonard, Adrian; Pretel, David (eds.), The Caribbean and the Atlantic World Economy. Circuits of Trade, Money and Knowledge, 1650–1914, London: Palgrave Macmillan, 2015 (Cambridge Imperial and Post-Colonial Studies Series).

467 Pietschmann, Horst, „Conciencia de identidad, legislación y derecho. Algunas notas en torno al surgimiento del „individuo" y de la „nación" en el discurso político de la monarquía española durante el siglo XVIII", in: Große, Sybille (ed.), Dulce et decorum est philologiam colere. Festschrift für Dietrich Briesemeister zu seinem 65. Geburtstag, Berlin: Domus, 1999, S. 535–554.

großen spanischen Inseln beziehungsweise Inselteile zu „Zucker-, Plantagen- und Sklaven-Inseln"[468] mit vorwiegend spanischer Bevölkerung werden, wie es Humboldt bezeichnete. Die zweite Komponente war – neben der bereits laufenden Zwangsimmigration von Sklaven und andere Zwangsarbeitsformen – eine massive spanische Migration, die berühmte „weiße" Immigration, die schnell um asiatische Zwangsimmigration ergänzt werden musste.[469] Drittens spielte das „Chaos" – aus imperialer Sicht – der Jahre zwischen 1791, 1815 und 1830 eine wichtige Rolle. Für die lokalen *hacendados* brachte das Chaos der sich international immer mehr verstärkenden Konflikte viel „Freiheit". Auch im historischen Bewusstsein der kreolischen Oligarchien nahm dieses „Chaos" einen hohen Rang ein. Nach Zurückweisung des *Código Español* von 1789 existierte bis 1842 von lokalen Ausnahmen abgesehen keine legale und staatliche Regelung der Sklaverei – der *Nuevo reglamento y arancel que debe gobernado en la captura de los negros cimarrones*[470] war keine staatliche Regelung. Für mehr als 50 Jahre war der klassische Fall eines „schwachen Staates" (oder geschwächten imperialen Zentralstaates) die Folge – eine Art kolonialer „Parastaat". Die Herren erfanden eine eigene Tradition der Induzierung der Zuckerplantagen- und Sklavenwirtschaft von Außen: durch Franzosen, Engländer und Nordamerikaner. In der Rückschau der Oligarchie von Havanna heißt es über die französischen Wirtschaftsimpulse: „Bis die Franzosen begannen, während des Erbfolgekrieges [1700–1713] unsere Wirtschaft mit ihren Spekulationen zu erwecken, mit der sie Neger und Waren gegen Tabak tauschten, gab es weder Motive noch Stimuli, um Neger zu kaufen."[471] Das stimmte zwar nicht, las sich aber gut im frankophilen Madrid.

---

468 Humboldt, Alexander von, Cuba-Werk. Herausgegeben und kommentiert von Hanno Beck in Verbindung mit W.-D. Grün, Darmstadt: Wissenschaftliche Buchgesellschaft, 1992 (Alexander von Humboldt Studienausgabe. Sieben Bände; Bd. III), S. 156.

469 Gonzalez-Ripoll Navarro, María Dolores, „El espacio de azúcar. Equilibrio racial y blanqueamiento de la población", in: González-Ripoll Navarro, Cuba, la isla de los ensayos. Cultura y sociedad (1790–1815), Madrid: CSIC, Centro de Humanidades, Instituto de Historia, 1999 (Colección Tierra Nueva e Cielo Nuevo 38), S. 99–121.

470 Real Consulado; Junta de Fomento (eds.), Nuevo reglamento y arancel que debe gobernar en la captura de los esclavos cimarrones, La Habana: Imprenta de la Capitanía General, 1796; Ortiz, Fernando, Los esclavos negros. Estudio sociologico y de derecho publico, Havanna: Reviste Bimestere Cubana, 2016, S. 416–422; Moreno Fraginals, Manuel, „Las soluciones marginales", in: Moreno Fraginals, El Ingenio. Complejo económico social cubano del azúcar, Bd. 1, La Habana: Editorial de Ciencias Sociales, 1978, S. 287–292, hier S. 287; die letzte Druckfassung des *Reglamento de Cimarrones* datiert von 1846.

471 „Nota sobre la introducción de negros bozales en la Isla de Cuba, al Estado, y actual distribución de las gentes de color, libres y esclavos, en ella", zit. nach: Pérez de la Riva, Juan, „Antonio del Valle Hernández, ¿El primer demógrafo cubano?", in: Valle Hernández, Antonio del, Sucinta noticia de la situación presente de esta colonia. 1800, Chávez Álvarez, Ernesto (ed.), La Habana: Editorial de Ciencias Sociales, 1977, S. 3–40, hier S. 30. Siehe auch: Lespagnol, André, Messieurs de Saint-Malo. Une élite negociante au temps de Louis XIV, 2 Bände, Rennes: Presses Universitaires de Rennes, 1997 (Collection „Histoire", Rennes, France); Lespagnol, „Les malouins dans l'espace caraïbe du XVIIIe siècle. La tentation de l'interlope", in: Butel, Paul (ed.), Commerce et Plantations dans la Caraïbe. XVIII e et XIXe siècles, Bordeaux: Maison des Pays Ibériques, 1992, S. 9–21; Lespa-

Der im 18. Jahrhundert für das ganze Imperium geplante Aufschwung mit Sklaverei sowie Massen von Sklavinnen und Sklaven gelang in Realität nur auf Kuba (seit etwa 1740, massiv seit 1790) und Puerto Rico (seit ca. 1800). Der letzte Grund war ein demographischer Aufschwung aus erzwungener und „freiwilliger" Immigration sowie Siedlung. Zunächst hatte in Spanien tiefe Niedergeschlagenheit über die Niederlagen bis 1763 und dann Euphorie über die Erfolge des Krieges 1779–1783 geherrscht. Als Spanien aber nach der französischen Revolution zwischen die Fronten der beiden Supermächte England und Frankreich geriet, schlug die Euphorie schnell wieder in große Furcht um. Trotz der Verlustängste wurden die beiden großen Antilleninseln Kuba und Puerto Rico in dem Fast-Zusammenbruch der napoleonischen Kriege 1792–1815 zu Felsen konservativer Stabilität in der Karibik. Gerade weil die Metropole Madrid bis 1790 günstige Voraussetzungen geschaffen hatte und sich nach 1793 wegen der französischen Revolution kaum noch einmischen konnte, entwickelten sich Kuba und Puerto Rico zu Angelsteinen des *cordon sanitaire* gegen die Revolution auf der Nachbarinsel Saint-Domingue/ Santo Domingo. Puerto Rico wurde zum spanischen „Gibraltar der Karibik".

Spanien und Großbritannien versuchten eine Doppelstrategie: Erstens nutzten sie die Gelegenheit, das revolutionäre, aus monarchischer Sicht wortbrüchige, Frankreich zu schädigen, und sich das Zentrum der schwarzen Karibik – die französische Paradekolonie Saint Domingue – einzuverleiben. Dabei ging die erste europäische Kolonie in Amerika (Santo Domingo, das alte *La Española*) endgültig verloren – für beide Kolonialmächte, Spanien und Frankreich, aber auch für Großbritannien (die ganze Insel La Hispaniola, d. h. Haiti und Santo Domingo, wurden zu einer prekären Ausnahme in einer Karibik der Sklaverei).[472] Zweitens versuchten beide Mächte, die Sklavenrevolution, auch und gerade durch Allianzen mit einigen Anführern der aufständischen Schwarzen und Mulatten, unter Kontrolle zu bekommen. Das kostete Großbritan-

---

gnol, La Course malouine au temps de Louis XIV. Entre l'argent et la gloire, Rennes: Ed. Apogée, 1995.

472 Geggus, David P. (ed.), The Impact of the Haitian Revolution in the Atlantic World, Columbia: University of South Carolina Press, 2001; Fick, Carolyn E., „Revolutionary Saint Domingue and the Emerging Atlantic", in: Tomich, Dale W.; Zeuske, Michael (eds.), The Second Slavery. Mass Slavery, World-Economy, and Comparative Microhistories, Bd. 1, Binghamton: Binghamton University, 2009 (= Special Issue: Review. A Journal of the Fernand Braudel Center 31:2–3 [2008]), S. 121–144; Eller, Anne, „Rumors of Slavery. Defending Emancipation in a Hostile Caribbean", in: American Historical Review 122:3 (2017), S. 653–679; Eller, We Dream Together. Dominican Independence, Haiti, and the Fight for Caribbean Freedom, Durham: Duke University Press, 2016; Eller, „Introduction. Roots and Branches of the Tree of Liberty", in: Eller, We Dream Together. Dominican Independence, Haiti, and the Fight for Caribbean Freedom, Durham: Duke University Press, 2016, S. 1–20, hier S. 7 „Map of settlement and rural spaces"; Eller, „Raining Blood. Spiritual Power, Gendered Violence, and Anticolonial Lives in the Nineteenth-Century Dominican Borderlands", in: Hispanic American Historical Review 99:3 (2019), S. 431–465; siehe aber (gegen den Krisen-Diskurs in Bezug auf Haiti): Grafenstein, Johanna von, „Haití en el siglo XIX. Desde la Revolución de esclavos hasta la ocupación norteamericana (1791–1915)", in: Istor. Revista de Historia Internacional 12, no. 46 (2011), S. 3–32.

nien mehr Opfer als der Versuch der Repression der Amerikanischen Revolution (1776–1783); nämlich 45000 Soldaten (gestorben in der Schlacht oder an Verwundungen) und 19000 Matrosen. 14000 Männer wurden verwundet, entlassen und blieben zum Teil lebenslang versehrt; 3000 desertierten.[473] Eine der Hauptfolgen war der Wiederaufschwung der britischen Abolitionsbewegung. Frankreich und Napoleon hatten 35000 Mann Truppen nach Saint-Domingue gesandt. 20000 waren an Krankheiten gestorben und 8000 Mann gefallen, darunter Leclerc und 18 weitere weiße Generäle. Unter den farbigen und weißen Milizen auf französischer Seite waren die Verluste noch einmal so hoch.

Auf Kuba entwickelten sich Reformen und, gerade wegen der Revolution, die paradigmatische karibische Massensklaverei weiter, deren Anfänge – unter anderen Bedingungen – in Jamaika und Saint-Domingue zu finden gewesen waren. Die Initialzündungen waren drei große Kriege (1759–1763, 1778–1783, 1792–1795) und drei große atlantische Revolutionen: in Nordamerika, Saint-Domingue und Frankreich. Dazu kamen, heute fast vergessen, vor 1790, die Versuche einer staatlich-imperial geförderten Sklavereiwirtschaft mit neuen Sklavereigesetzen (1789, 1842), dem „Freihandel" mit menschlichen Körpern, der formalen Regelung für Sklaven, sich selbst frei kaufen zu können (*coartación*) und regelrechten staatlichen Maßnahmen der Förderung von Vertrags-Sklavenhandel (*contratas de esclavos*, vor allem mit britischen Sklavenhandelsfirmen) sowie der Plantagenproduktion (speziell in Venezuela).[474] Insgesamt der Versuch einer weitreichenden Dynamisierung der atlantisch-iberischen Sklaverei.

Die Versuche, die gigantischen Territorien mit einer modernen „nationalen" Gesetzgebung auch juristisch im Sinne eines Rechtsstaates zu organisieren, endeten im spanischen Kontinentalamerika allerdings faktisch mit dem Jahr 1795. Das alte, große spanische Imperium schrumpfte seit 1791 (Revolution und Krieg gegen Saint-Domingue), 1795 (Abgabe von Santo Domingo) und 1800 bzw. 1803 (Rückgabe von Luisiana an Frankreich und Verkauf an die USA) in seinen atlantisch-karibischen Teilen immer schneller. Dann kam die Finanzkrise und der Versuch der *consolidación de los vales reales* (die sich vor allem auf Mexiko auswirkte; auf Kuba wurden die Anweisungen nicht umgesetzt),[475] zuerst und vor allem aufgrund der kontinentalen Unab-

---

473 Hochschild, Adam, „Ein Soldatenfriedhof", in: Hochschild, Sprengt die Ketten. Der entscheidende Kampf um die Abschaffung der Sklaverei, Stuttgart: Klett-Cotta, 2007, S. 338–346, hier S. 339–340.

474 Hernández González, Manuel, „La visión de Venezuela a través de la correspondencia entre los Gálvez y Francisco de Saavedra", in: Hernández González, El círculo de los Gálvez. Formación, apogeo y ocaso de una élite de poder indiana, Madrid: Ediciones Polifemo, 2019 (colección „La Corte en Europa" 21), S. 467–496.

475 Vázquez Cienfuegos, Sigfrido; Santamaría García, Antonio, „Cuba económica en tiempos de las independencias americanas. La hacienda y la Consolidación de los Vales Reales en comparación con el caso de México", in: Revista de Historia Económica 30:1 (2012), S. 91–124; Varella, Claudia; Barcia, Manuel, Wage-Earning Slaves. Coartación in Nineteenth-Century Cuba, Gainesville: University of Florida Press, 2020.

hängigkeitskriege gegen Spanien (1810–1830). Nach diesen antikolonialen Kriegen blieben Spanien von seinem riesigen amerikanischen Imperium nur noch Kuba und Puerto Rico (sowie die Philippinen und einige kleinere Besitzungen in Afrika und im Pazifik). Danach brach auch die Nordgrenze weg. Ein schottischer General in venezolanischen Diensten versuchte die vielfältigen Widersprüche zwischen Engländern, Amerikanern, Indianern und geflohenen sowie von Spaniern angesiedelten *cimarrones* auszunutzen und das spanische Florida als *República de las Floridas* aus dem Imperium zu brechen (1817). Das misslang.[476] Luisiana ging als Louisiana 1803/1804 an die USA. Danach kam es zur interventionistischen Übernahme Westfloridas beziehungsweise zum Verkauf Ostfloridas an die USA (1810/21) und der Annexion von Texas (1836/1845). Die großkaribische Dimension des von Havanna kontrollierten Plantagen-Reiches mit seinen Grenz- und Ressourcengebieten im Norden der Insel gehörte nach 1845 endgültig der Vergangenheit an (obwohl der Markt blieb).[477] Spanien hatte den schwarzen Golf der entstehenden Massensklaverei (*Second Slavery*) runde 80 Jahre nur kontrolliert, nicht wirklich beherrscht. Zwischen 1811 und 1824 brach auch die Südküste der Karibik und in gewissem Sinne die ganze schwarze Karibik im Süden weg. Die kreolischen Eliten improvisierten eine Reihe von Autonomien, es kam zu Bürgerkriegen. Dann gründeten die überlebenden Eliten Großkolumbien (1819–1830, danach Venezuela, Neu-Granada/ Kolumbien). Das „große", kontinentale Imperium Spaniens in Amerika war damit Geschichte; der Schatten des Imperiums und seine Phantomschmerzen aber prägten die Geschichte Spaniens und Kubas bis weit nach 1900.

Es kommt allerdings noch eine Dimension „von unten" hinzu, die das Konzept des *hidden Atlantic* nicht etwa obsolet macht, sondern sehr gut ergänzt. Im Ansatz der *microstoria* kommt man dieser Dimension am besten auf die Spur. Unterschichten- und Sklavenrebellionen sollten nicht nur an Land, sondern auch *at sea* untersucht werden. Es gab nicht nur auf der *Amistad* eine Schiffsrebellion, sondern auch auf vielen weiteren Sklavenschiffen. So auf der Brigg *Antelope* (auch: *Fénix* und *Columbia*, 1820), einem „spanischen" *negrero*-Schiff (aus Kuba), der Brigantine *Solicito* oder der Brigg *Creole* (1841)[478] – sie waren Einzelrebellionen in einer ganzen Woge

---

476 Arends, Tulio, Sir Gregor McGregor. Un escocés tras la aventura de América, Caracas: Monte Ávila, 1991; Landers, Jane G., „Africans and Native Americans on the Spanish Florida Frontier", in: Restall, Matthew (ed.), Beyond Black and Red. African-Native Relations in Colonial Latin America, Albuquerque: University of New Mexico Press, 2005, S. 53–80.

477 Bell, Gregory J., „A Caribbean Borderland. The Tampa Bay Area during the Sixteenth Century", in: Tampa Bay History 25 (2011), S. 1–22; Bell, „An Island in the South". The Tampa Bay Area as a Cultural Borderland, 1513–1904, Dissertation, University of Cincinnati, 2014 (https://www.acade mia.edu/31073065/_An_Island_in_the_South_The_Tampa_Bay_Area_as_a_Cultural_Borderland_ 1513-1904 [09. März 2022]).

478 Noonan, John T., The Antelope. The Ordeal of the Recaptured Africans in the Administration of James Monroe and John Quincy Adams, Berkeley: University of California, 1977; Rupprecht, Anita, „„All We Have Done, We Have Done for Freedom'. The Creole Slave-Ship Revolt (1841) and the Revolutionary Atlantic", in: International Review of Social History 58 (2013), S. 15–34; Tinnie,

von Rebellionen auf dem revolutionären Atlantik, eines gigantischen Raumes, der die territorialen Revolutions-Prozesse (Amerikanische Revolution 1776–1783, Französische Revolution 1789–1795, haitianische Revolution 1791–1803 und die Prozesse in Santo Domingo, spanisch-amerikanische Revolutionen 1810–1830, Juni-Revolution in Frankreich 1830 und europäische Revolution 1848–1851) miteinander verband. Das geschah im Wesentlichen durch Sklavenaufstände und Schiffsrebellionen „von unten". Das so genannte *Age of Revolutions* 1760–1850 (inklusive der *jihads* in Westafrika) hatte gigantische, bisher kaum reflektierte, maritime Dimensionen – *rebellions at sea*: Träger waren Schiffsmannschaften, Atlantikkreolen und Verschleppte sowie Hafenarbeiter.[479] Der revolutionäre Atlantik[480] gründete sich auf den oben genannten informellen Netzwerken (die etwa seit Mitte des 17. Jahrhunderts existierten).[481] Die politischen Prozesse waren im Atlantikraum nicht überall mit Revolutionen verbunden, sondern auch mit Kriegen, Imperien-Bildungen (und -Zusammenbrüchen[482]) sowie Expansionen, wie es die Geschichte des portugiesisch-brasilianischen Südatlantiks und der portugiesischen Imperien zeigen oder die der *jihads* in Westafrika.[483] Sklavenhandel und Sklavereien wurden trotz der Großmachtkonflikte auf dem Atlantik fortgeführt. Korsaren und *privateers* des revolutionären Atlantiks waren weiterhin fast immer auch Sklavenhändler.

Sklaverei hatte (und hat) immer auch eine militärische Seite. Ich bringe hier ein längeres Zitat, das eine Gesamtperspektive auf wichtige Kolonialterritorien in Afrika

---

Dinizulu, „The Slaving Brig Henriqueta and her Evil Sisters. A Case Study in the 19th-Century Slave Trade to Brazil", in: Journal of African American History 93:4 (2008), S. 509–531; Kerr-Ritchie, Jeffrey R., Rebellious Passage. the Creole Revolt and America's Coastal Slave Trade, Cambridge: Cambridge University Press, 2019; zur *Solicito*, siehe: Bericht des Kapitäns Juan Villas y Aprisa, capitan, maestre y primer piloto, an Comandante Militar de Marina in Havanna, La Habana (ohne Datum [wahrsch. Dezember 1820]), in: ANC, TC, leg. 240, no. 14 (1820). Hernandez (Gaspar). „Varios de la Tripulacion del Bergantin Negrero „Solicito" contra D.n Gaspar Hernandez su armador sobre soldadas", f. 15 r-18 v.

479 Armitage, David; Subrahmanyam, Sanjay (eds.), The Age of Revolutions in Global Context, c. 1760–1840, Basingstoke: Palgrave Macmillan, 2009; Frykman, Niklas; Anderson, Clare; van Voss, Lex Heerma; Rediker, Marcus, „Mutiny and Maritime Radicalism in the Age of Revolution. An Introduction", in: International Review of Social History 58 (2013), S. 1–14 (= Special Issue: Mutiny and Maritime Radicalism in the Age of Revolution); McDonnell, Michael, „Rethinking the Age of Revolution", in: Atlantic Studies 13:3 (2016), S. 301–314; Frykman, The Bloody Flag. Mutiny in the Age of Atlantic Revolution, Berkeley: University of California Press, 2020.

480 Thibaud, Clément; Entin, Gabriel; Gómez, Alejandro E.; Morelli, Federica (ed.), L'Atlantique révolutionnaire. Une perspective ibéro-américaine, Paris: Les Perséides, 2013.

481 Gómez, Alejandro E., „La ley de los franceses", in: Akademos 7:1 (2005), S. 97–132.

482 Belaubre, Christophe; Dym, Jordana; Savage, John (eds.), Napoleon's Atlantic. The Impact of Napoleonic Empire in the Atlantic World, Leiden: Brill, 2010 (= The Atlantic World. Europe, Africa and the Americas, 1500–1830; 20).

483 Paquette, Gabriel, Imperial Portugal in the Age of Atlantic Revolutions. The Luso-Brazilian World, c. 1770–1850, Cambridge: Cambridge University Press, 2013; Paquette, „Portugal and the Luso-Atlantic World in the Age of Revolutions", in: História 32:1 (2013), S. 175–189.

erfasst und auf die Tatsache abhebt, dass „Soldaten" in vielen Gesellschaften Afrikas eine Sklavenkaste bildeten:

After the suppression of the open slave trade in 1831, even after its formal abolition in 1848, the French continued to buy slaves on the upper Senegal for use as soldiers [...] Except for officers and some specialists, the army in French West Africa was all black, and a fair number of the soldiers were slaves. Their purchase continued informally into the 1880s, decades after the practice was officially outlawed. Nor were the French alone. The British, Germans, Belgians, Portuguese and Italians all recruited black slaves or former slaves for military service through the end of the nineteenth century. During the first half of the twentieth century, the colonial powers, France and the United Kingdom in particular, conscripted large numbers of African labourers and soldiers, whose service and treatment would not appear to differ much from the slaves of the nineteenth century. And in more recent years, the widespread use of black child soldiers in Africa's civil wars, coercively recruited, brutally disciplined, and forcibly retained, echoes the practices of a past era. Historically military institutions and slavery have been closely entwined. The primary method of slave acquisition, in Africa as elsewhere in the world, has always been warfare. In early modern Africa, military action to procure slaves became a major aspect of political economy. Military technology transfer, firearms and horses in particular, played a key role in the burgeoning slave trade of the early modern period. Slave raiding fostered the growth of powerful black African kingdoms. For the Atlantic slave trade, technology transfer and slave raiding largely defined the military aspect. But for the Saharan trade there was a military demand side as well a supply side.[484]

Zum Schluss dieses Kapitels stellt sich die Frage: Gehören Theorien, insbesondere ökonomische, zu herrschaftlichen Rahmenbedingungen? Ich weiß es nicht, nehme es aber mal an. In Afrika, in Spanien und vielen anderen Gebieten des AAA mag die Theorie des Merkantilismus gescheitert sein. Nicht gescheitert sind die Realitäten der Sklaverei- und Sklavenhandels-Regimes, zumindest nicht für viele Eliten des AAA. Im ersten A, Afrika, waren Sklavereien und Sklavenhandel Grundlage der *Atlantic slavery* bis mindesten 1850, für den *hidden Atlantic* und für die Sklavereien in Afrika selbst noch viel länger.[485] Im dritten A, den Amerikas, kam es zu dynami-

---

484 Hacker, Barton C., „Firearms, Horses, and Slave Soldiers. The Military History of African Slavery", in: ICON. Journal of the International Committee for the History of Technology 14 (2008), S. 62–83, 74–75; siehe auch: Thornton, John K., Warfare in Atlantic Africa 1500–1800, London: University College London, 1999. Thornton, „Cannibals, Witches and Slave Traders in the Atlantic World", in: William and Mary Quarterly 60:3 (2003), S. 273–293; Thornton, „Firearms, Diplomacy, and Conquest in Angola", in: Lee, Wayne (ed.), Empires and Indigenes. Intercultural Alliance, Imperial Expansion, and Warfare in the Early Modern World, New York: New York University Press, 2011, S. 167–191.

485 Coquery-Vidrovitch, Catherine, „African Slavery in the Nineteenth Century. Inseparable Partner of the Atlantic Slave Trade", in: Tomich, Dale W.; Lovejoy, Paul E. (eds.), The Atlantic and Africa. The Second Slavery and Beyond, Albany: State University of New York Press, 2021, S. 7–17; siehe auch: Rossi, Benedetta (ed.), Reconfiguring Slavery. West African Trajectories, Liverpool: Liverpool University Press, 2009; Bellagamba, Alice; Greene, Sandra E.; Klein, Martin A. (eds.), African Voices on Slavery and the Slave Trade, Cambridge: Cambridge University Press, 2013; Rossi, „Dependence, Unfreedom, and Slavery in Africa. Toward an Integrated Analysis", in: Africa 86:3 (2016), S. 571–590.

schen Entwicklungen der Modernisierung mit Sklavereien und Sklavenhandel. Im spanischen Kuba (bis 1898) zum Beispiel und vor der *Independencia* auch in anderen Gebieten Spanisch-Amerikas kam es zur extrem dynamischen Entwicklung von Sklaverei/ Sklavenhandel (*Second Slavery*), lokalem Kapitalismus und Sklaverei als Teil der Moderne im späten 18. und vor allem im 19. Jahrhundert (siehe Kapitel 5 „*Second Slaveries* – eine neue, kapitalistische Sklaverei und ihre regionalen Varianten").[486] Inwieweit das auch für Gebiete Afrikas zutrifft und durch europäischen Kolonialismus unterbrochen, vernichtet gar fortgeführt worden ist, bleibt zu erforschen.

486 Zeuske, Michael, „Humboldt in Venezuela and Cuba. The ‚Second Slavery'", in: German Life and Letters 74:3 (2021), S. 311–325; Adelman, Jeremy, „The Slave Hinterlands of South America", in: Adelman, Sovereignty and Revolution in the Iberian Atlantic, Princeton; Oxford: Princeton University Press, 2006, S. 58–64.

4 Sklaverei-Regimes in den Amerikas

> Der Herr war so wie der Neger der Sklaverei unterworfen, wenn auch in antagonistischen Positionen.[487]

Ich stelle hier die Geschichte der Sklavereien in *allen* Amerikas dar: des britisch-englischen, französischen, spanischen, portugiesischen, niederländischen und dänischen Kolonialreichs und der Nachfolge-Territorien sowie der zwar vom Kolonialismus beeinflussten, aber formal „freien" Gebiete von Indigenen in ihrer Geschichte.

Die Geschichte der Amerikas ist durch drei große Sklaverei-Epochen gekennzeichnet. Sie beeinflussten sich gegenseitig und gingen, vor allem mit dem Beginn der Kolonisierung partiell ineinander über: Erstens die Periode indigener Sklavereien „vor Kolumbus" in den unterschiedlichen Gesellschaften der beiden Kontinente sowie Mittelamerikas und der Karibik. Zweitens die Einführung, Etablierung und Entwicklung der atlantischen Sklaverei in den Amerikas unter Übernahme vieler indigener Sklaverei-Formen und -regimes sowie der Weiterentwicklung von indigenen Sklavereien wie auch *frontier*-Sklaverei-Regimes. Diese Periode kolonialer Sklaverei-Regimes wird hier im Kern als „erste Sklaverei" sowie *other slaveries* konzeptualisiert. Drittens die Periode der *Second Slaveries* mit massivem illegalem Sklavenhandel (*hidden Atlantic*) in der Zeit formaler Abolitionen von Sklavereien und Sklavenhandel sowie globaler Migrations-Regimes, begleitet von der Weiterexistenz von *other slaveries*. In dem folgenden Artikel werden vor allem die ersten beiden Epochen behandelt; die dritte Epoche der kapitalistischen *Second Slavery* ist Gegenstand eines eigenständigen Kapitels (siehe Kapitel 5 „*Second Slaveries* – eine neue, kapitalistische Sklaverei und ihre regionalen Variante").[488]

Sklavereien in den Amerikas „ohne den Namen Amerika", d. h. vor Kolumbus und parallel zur Expansion europäisch-kreolischer und afrikanischer-iberischer Conquistadoren und später Kolonisten/ Siedler, haben eine sehr lange Geschichte. Sie waren auch in den vorkolumbinischen Gesellschaften ubiquitär. Es gab überall Kriegsgefangene, Menschenjagden, Sklavenjäger und Sklavereien sowie Opfersklavereien.[489]

---

487 Ortiz, Fernando, „Los bailes de los negros", in: Ortiz, Los bailes y el teatro de los negros en el folklore de Cuba, La Habana: Editorial de Ciencias Sociales 1981, S. 167–266, hier S. 254.

488 Aje, Lawrence; Armstrong, Catherine (eds.), The Many Faces of Slavery. New Perspectives on Slave Ownership and Experiences in the Americas, London: Bloomsbury Publishing, 2020, passim.

489 Hajda, Yvonne P., „Slavery in the Greater Lower Columbia Region", in: Ethnohistory 52:3 (2005), S. 563–588; Snyder, Christina, Slavery in Indian Country. The Changing Face of Captivity in Early America, Cambridge; London: Harvard University Press, 2010; Cameron, Catherine M., „Captive Taking in Global Perspective", in: Cameron, Captives. How Stolen People Changed the World, Lincoln; London: University of Nebraska Press, 2016, S. 19–42.

Die bekanntesten vorkolumbinischen Sklavereien in den Amerikas existierten unter den Mexica, ihren Gegnern und Verbündeten, aber auch bei den Maya, den Inka, in allen Kazikentümern, staatenlosen Gesellschaften sowie Jäger- und Sammlerinnen-Gruppen. Ich wiederhole: in allen Gesellschaften, überall. Sklaverei oder, wie ich lieber sage, Sklavereien, sind globalhistorisch auch in den Gebieten entstanden, die für die Europäer und Afrikaner eine „Neue Welt", *Las Indias* oder Amerika wurden; lange vor Akteuren, die über den Atlantik kamen (wie bereits Wikinger im Norden seit dem 10. Jahrhundert). Sklavereien, ohne dass wir die legalen Grundlagen immer kennen würden, hatten ihre Ursachen meist im Razzienraub von Menschen oder in der Kriegsgefangenschaft (*captivity*), bei Frauen und Kindern auch in Selbstversklavung (auch als Schuldner), im Tausch, Verkauf oder als Geschenk.

Mexica/ Azteken wie auch die Mayas kannten Sklaven und Opfersklaverei.[490] Bei den Mexica oder Azteken hießen Sklaven *tlaco'tli* oder *tlacotin* (oder: *tlacohtli*, Pl. *tlatlacohtin*); es existierte auch ein Fernhandel von spezialisierten Händler-Kriegern (*tlacanecuilo*: „Menschenhändler" und *tlacanecuiloliztli*: „*trato o mercaderia de esclauos*" – „Handel oder Sklaven als Handelsgut") mit ausgesuchten Opfersklaven, die wohl meist aus adligen Einzelgefangenen oder aus größeren Kontingenten von Kriegsgefangenen stammten.[491] Antje Gunsenheimer analysiert unter Rückgriff auf Fray Alonso de Molina und Jerome Offner[492] weitere Differenzierungen. Bei den „Namen" von Sklavereien im Mexica-Tributimperium wird zunächst sehr deutlich, dass es, wie in vielen Sklaverei-/ Bauern-Gesellschaften, kaum möglich ist, die semantische Valenz der Worte und „Namen" für die reale Vielfalt von Versklavungssituationen klar zu bestimmen:

> A serious problem with descriptions of slavery in the sources is the lack of distinctions made among the conditions of slavery that pertained to the various types of slaves: those who had sold themselves into slavery, those who had been sold into slavery, those who had been enslaved for punishment for a crime, and those who became collared slaves.[493]

---

490 Rivera Dorado, Miguel, Los mayas, una sociedad oriental, Madrid: Editorial de la Universidad Complutense, 1982; Lohse, John C.; Valdez, Fred, Ancient Maya Commoners, Austin: The University of Texas Press, 2010.

491 Gunsenheimer, Antje, „Doña Marinas Schwestern und Brüder. Sklaverei in der aztekischen Gesellschaft", in: Dhau. Jahrbuch für außereuropäische Geschichte 2 (2017) (= Sklaverei in der Vormoderne. Beispiele aus außereuropäischen Gesellschaften), S. 53–81, hier S. 73, FN 45.

492 Molina, Fray Alonso de, Vocabulario en Lengua Castellana y Mexicana y Mexicana y Castellana [1571], México D.F.: Editorial Porrúa, 1977; Offner, Jerome A., Law and Politics in Aztec Texcoco, Cambridge: Cambridge University Press, 1983; siehe auch: Vyšný, Peter, „Grundprobleme der Erforschung des aztekischen Rechts", in: Societas et Jurisprudentia 3:3 (2015), S. 71–103.

493 Offner, Law and Politics in Aztec Texcoco, S. 141. Hier zitiert nach Gunsenheimer, Antje, „Doña Marinas Schwestern und Brüder. Sklaverei in der aztekischen Gesellschaft", in: Dhau. Jahrbuch für außereuropäische Geschichte 2 (2017) (= Sklaverei in der Vormoderne. Beispiele aus außereuropäischen Gesellschaften), S. 53–81, hier S. 73.

Zweitens wird deutlich, dass wohl die größte Versklavungsdimension, wie ebenfalls in vielen Bauerngesellschaften ohne „römisches" Eigentumsrecht (und der juristisch-semantischen Scharfzeichnung durch einen westlichen „Namen" – wie „Sklave"), die, sagen wir, „normale" Sklaverei eher ein – sicherlich mündliches – Kontraktverhältnis war. So war es auch in Indien vor den muslimischen Eroberungen (und parallel dazu), in China, auf den Philippinen, im frühen Judentum, d. h. es ging eher um Schulden und zeitweilige Sklaverei im Rahmen von Kin-Verhältnissen (Kinder von Sklavinnen konnten zwar niedrigen Status haben, waren aber keine Sklaven mehr). Aber es existierten auch härtere Sklavereiformen. Allgemein hießen Versklavte im Mexica-Reich, wie oben gesagt, *tlacohtli* (Pl. *tlatlacohtin* – „Sklave" bzw. „Sklaven").[494] Zudem gab es Versklavte „mit der Markierung des Geschlechts *tlacohtli cihuatl* (‚die Sklavin') und *tlacohtli oquichtli* (‚der Sklave')".[495] Die Historikerin Antje Gunsenheimer sagt auch:

> Vom Nomen *tlacohtli* leitet sich das Verb *tlacohti* (‚dienen, ein Sklave sein') ab. Zahlreiche weitere Begriffe stammen von diesem Begriff ab, wie *tlacoyotl*, von Molina als Dienstbarkeit und Sklaverei übersetzt. Betrachtet man die spanischen Chroniken, wird tatsächlich mehrheitlich einfach von ‚esclavos' gesprochen. Die aztekischen Quellen dagegen benutzen unterschiedliche Termini. So ist ein weiterer Begriff *cococauh* (‚der Sklave von jemanden sein'), was im Zusammenhang mit dem Begriff *cococahua* (‚Herr über eine Hacienda sein') steht und sich möglicherweise auf Landarbeiter auf den Gütern des Adels bezieht. Interessant sind ebenfalls die Begriffe *manamaca* und *maytoa* mit der Bedeutung ‚sich selbst als Arbeiter verleihen oder den eigenen Sklaven an eine andere Person vermieten'. Sie deuten auf den zu Beginn erwähnten temporären Kontraktstatus der verliehenen Arbeitskraft hin. Weitere Begriffe sind: *cihuatlacopotli* (Sklavin, Dienerin) oder auch *tlacotiamictli* mit der Bedeutung ‚ein zum Verkauf stehender Sklave bzw. das Geschäft des Sklavenhandels' mit dem Verweis auf ‚Tod' (*mic-tli*).[496]

Auch die Mayas der klassischen Periode und danach kannten Sklaven und Opfersklaverei. In Zentralamerika hießen Sklaven bei den Nahuatl-sprechenden Völkern (*Mexica/* Azteken in Zentralmexiko; *Pipil* in El Salvador und *Nicarao* in Nikaragua) *tlacotin*; bei den Maya-Sprechern, wie den *K'iche'*-Maya, *munib*.[497] Bei den *Chontales* (ein Náhuatl-Wort ähnlich dem griechischen Barbaren-Begriff; auch Name eines Departements im heutigen Nikaragua), die Kriegsgefangenensklaverei, Strafsklave-

---

494 Ebd.
495 Ebd.
496 Ebd., S. 73–74. Ich habe die Namen kursiv gesetzt.
497 Chuchiak, John F. (2018), „Translator Acquisition Strategies in Spanish Military Campaigns. Indigenous Slave Interpreters in the Spanish Conquest of Yucatan, 1517–1542", in: Kettunen, Harri; López, Verónica Amellali Vázquez; Kupprat, Felix; Lorenzo, Cristina Vidal; Muñoz Cosme, Gaspar; Iglesias, María Josefa (eds.), Tiempo detenido, tiempo suficiente. Ensayos y narraciones mesoamericanistas en homenaje a Alfonso Lacadena García-Gallo, Ponce de León, Couvin: Wayeb, 2018, S. 915–936; Chuchiak, „Human Plunder. The Role of Maya Slavery in Postclassic and Early Conquest Era Yucatan, 1450–1550" presented at Electronic Symposium: Debt in Pre-Modern State Economies from an Archaeological Perspective at the 2018 Annual Meetings of the Society for American Archaeology, Washington D.C., April 11–15, 2018, (April 11, 2018).

rei und unterschiedliche Schuldsklavereien betrieben wie alle anderen Völker Zentralamerikas auch, wurden Arbeitssklaven *meya uinicon* („Arbeitende") genannt. Sklaven und Sklavinnen als Arbeitende wurden meist in der Landwirtschaft, aber auch und grade als Träger (Náhuatl: *tamemes*) und im Haus eingesetzt. Die direkten Arbeiten in der Landwirtschaft wurden allerdings in ganz Zentralamerika zum größten Teil von freien Bauern betrieben (wie überall auf der Welt außerhalb von dem, was in der europäischen Geschichtswissenschaft „Feudalismus" genannt worden ist). Bei den Maya hießen sie *masehualo'ob*. Sklaven waren die unterste Gesellschaftsschicht, eine Kaste der Ehrlosen. Neben der relativ kleinen Elite (Kriegeradel und Priester sowie Krieger-Kaufleute) gab es die große Gruppe der bäuerlichen Gemeinfreien (in der englischsprachigen Forschung *commoners*[498]). Sklaven und Sklavinnen als Arbeitende wurden meist zu schmutzigen Arbeiten (*menial works*) sowie wenig geachteten Dienstleistungs- und Nebenaufgaben eingesetzt (wie Wasserschleppen, Holzsammeln, Maismahlen, Fäkalien, Asche und Schmutz beseitigen, Kleinvieh hüten, Essen servieren). Männer und ältere Jungen arbeiteten auch, wie gesagt, als Träger (Náhuatl: *tamemes*).

Sklaven konnten im vorkolonialen Amerika getauscht, gekauft und verkauft, sexuell ausgebeutet sowie nach dem Willen ihrer Besitzer getötet oder geopfert werden. Und sie mussten für ihre Versklaver arbeiten. Wegen ihrer Versklavung hatten sie meist einen extrem niedrigen Status – sie wurden mit Tieren verglichen. In die Sklaverei gerieten Schwache, die sich selbst versklavten oder keinen anderen Schutz hatten (meist vor dem Verhungern), wie Waisen, Mädchen und Frauen, oder durch Krieg, Razzien, Verschuldung oder Opferstatus. Die „freiwillige" Versklavung galt, wie gesagt, meist für Kinder und Frauen; Männer kamen wegen Verschuldung in die Sklaverei, als Verbrecher oder als *captivs*, ein extrem ehrloser Status für Männer, ebenso wie der Verschuldungs- oder Opferstatus. *Captivs*, kriegsgefangene Versklavte, konnten allerdings auch in hohe Positionen aufsteigen, vor allem als Krieger oder Exekutoren. Sklave konnte auch werden, wer von seinen Verwandten verkauft wurde oder wer sich selbst verkaufte wegen einer Schuld; Versklavte wurden auf lokalen Märkten gekauft oder verkauft. Menschen wurden auch wegen krimineller Taten (vor allem Mord und Ehebruch) zur Sklaverei verurteilt. Zur Kennzeichnung von Sklaven wurde in einigen Gesellschaften Farbpulver (*tile*) hergestellt, welches in einen Schnitt an einer sichtbaren Körperstelle (oft Gesicht oder Arme) gerieben wurde. Es blieb nach Heilung der Wunde als eine Art Tätowierung erhalten. So wurde der Status eines Versklavten visualisiert.

Bei den Maya sowie Azteken war Opfersklaverei kombiniert mit Kin- und Haus-Sklaverei. Menschen wurden für Weihezwecke, besonders bei der Einweihung von Gebäuden und Anlagen – eine Art Richtfest –, sowie bei Festen, die Zäsuren im Ka-

---

498 Lohse, John C.; Valdez, Fred, Ancient Maya Commoners, Austin: The University of Texas Press, 2010.

lender markierten, geopfert. Sie wurden aber auch geopfert, um die Staatsgewalt und die Macht von Göttern zu verdeutlichen. Menschliches Blut, Tränen und Teile von Körpern, aber auch ganze Körper einer bestimmten Kategorie (Jungfrauen, Kinder, Krieger) wurden bei der Befragung von Orakelgottheiten geopfert. Menschen wurden zur Abwendung von Notzeiten, Krankheiten, Hungersnöten, Sonnen- und Mondfinsternissen, Seuchen oder Kriegen geopfert bzw. zu bestimmten Anlässen im Leben eines Herrschers. Nach Siegen in Schlachten und militärischen Erfolgen wurden gefangen genommene Menschen in aufwändigen Ritualen als Dank an die Götter geopfert. Gleichzeitig sollte damit Terror unter den Feinden verbreitet werden. Diese taten bei Siegen das Gleiche. Es existierte eine weit verbreitete Kriegskultur der Gewalt und der Qual. Viele männliche Sklaven waren, wie gesagt, Kriegsgefangene. Menschen wurden auch als Sühne- und Reinigungsopfer zu Tode gebracht oder als Begleitopfer bzw. in Totenfolge. Es gab private Zeremonien mit Menschen als Opfer. Freie konnten sich selbst auch als Opfer anbieten. Wie oben bereits am Beispiel Mexikos erwähnt, suchten vor allem Priester zu jedem Menschenopfer-Anlass Menschen nach den Kriterien körperliche Unversehrtheit, Schönheit und Reinheit heraus (*castings*). Die meisten Opfer (ca. 75%) waren männlich; nur 25% waren weiblichen Geschlechts (meist Mädchen). 45% aller Opfer waren Kinder. Die meisten Opfer stammten aus der Gruppe der Versklavten oder Waisen. Die Funktion von Körpern als Kapital wurde vor allem im strukturellen Konflikt zwischen Kriegern (die Sklaven für ihren Ruhm beschafften) und Priestern (die Opfersklaven und Opferungen als symbolisches Kapital einsetzten) deutlich. Hochrangige Gefangene und Anführer wurden oft geopfert (und in kannibalistischen Ritualen verspeist; Priester erhielten meist das Herz). Priester bekamen, je nach Macht, mehr oder weniger Kriegsgefangene aus der Beute zugesprochen; sie konnten auch andere Versklavte zur Opferung bestimmen. Ähnliches gilt für Menschen- und Kinderopfer im Inka-Reich. Zum Opfer bestimmte Kinder hatten für eine gewisse Zeit (oft etwa ein Jahr vor Opferung) einen hohen Status.

Mit der frühen Conquista und der kolonialen Expansion der Iberer und anderer Europäer sowie ihrer Verbündeten wurde überall indigene Sklavereien übernommen – Prozesse, die in *frontier*-Gebieten oft die gesamte Kolonialzeit anhielten. Legalistisch zusammengefasst wurden Sklavereien in den Conquista-Zügen und in den Razzien-*entradas* als *esclavos de rescate* und *esclavos de guerra*. Beide Sklaverei-Formen stammten aus Razzien. Unter *esclavos de rescate* verstand man in vielen Gebieten Versklavte, die schon bei den Indigenen im Sklavenstatus gewesen waren[499] und Sklaven von Conquistadoren wurden, *esclavos de guerra* waren Gefangene und nach den eigentlichen Eroberungen Indigene, die sich mit Rebellionen, Waffen, Aufständen und Flucht (sowie „Abfall vom Glauben") gegen Conquistadoren und frühe

---

499 Spanien erkannte indigene Rechte formal an, natürlich in iberisch-europäischer Tradition von Rechten sowie ihren Diskursen, Kosmologien und in spanischer Prozessordnung. Das ist speziell in Bezug auf Landeigentum untersucht worden: Herzog, Tamar, „Colonial Law and ‚Native Customs'. Indigenous Land Rights in Colonial Spanish America", in: The Americas 69:3 (2013), S. 303–321.

Siedler zur Wehr setzten. Die Sklavenjagden der Conquistadoren, oft mit Hunden, waren, vor allem von 1493 bis in die 1550er Jahre, unkontrollierbar; ganze Inselgruppen und dichtbesiedelte Gebiete, wie etwa im heutigen Nikaragua, wurden regelrecht entvölkert.[500] Für besonders widerständige Indigene wurde im Laufe der Expansion und der Conquistas einzelner Räume nochmals Extrakategorien konstruiert – wie etwa *caribe*, worunter besonders starker, kulturell kodifizierter Widerstand erfasst wurde und als Wildheit, Grausamkeit sowie oft als Menschenfresserei diffamiert werden konnte. In Wirklichkeit waren Kariben eigenständige Sklavenjäger und -händler, die an den Grenzen der europäischen Einflussbereiche vor allem mit den Spaniern und Portugiesen in Konkurrenz standen.

Am Beginn der Kolonialzeit waren sowohl in Kazikentümern (*small-scale societies*)[501] wie auch den Tributreichen der Inka und Mexica diese Übernahmen von Sklavereiformen unter neue Macht-, Eigentums- und Sozialverhältnisse gang und gäbe. Im Falle des Inkareiches ist besonders umstritten, ob die aus ihren Sozialverbänden herausgerissenen (oder geflohenen) männlichen und weiblichen *yanas* – *yanaconas* und *acllas* – sowie andere *captives* schon vor den Conquistazeiten Sklaven gewesen waren.[502] Ich meine: Sie waren indigene Sklaven, ebenso wie bei der de-facto-Hausklaverei von indigenen Mädchen, Kindern und Frauen – etwa der *naborías* in der Karibik.[503] Im nördlichen Neu-Spanien (heute Mexiko und der US-Bundesstaat New Mexico) gab es, neben vielen anderen in anderen Gebieten, eine institutionalisierte Form dieser Übergangs-Sklavereien. Versklavte aus unterschiedlichen Indio-Völkern, die unter Kontrolle von Spaniern/ Eurokreolen kamen, wurden *genízaros* (wörtlich: Janitscharen) genannt. Sie waren Sklaven in spanischen Haushalten oder auf *ranchos* (landwirtschaftlichen Betrieben) mit christlichen Taufnamen und Nachnamen ihrer Herren; die Nachkommen hießen im kolonialen Jargon oft *coyotes*. Spanische Gouverneure siedelten *genízaros* und ihre Familien

---

500 Newson, Linda A., „The Depopulation of Nicaragua in the Sixteenth Century", in: Journal of Latin American Studies, 14:2 (1982), S. 253–286; Ahlert, Regine, „Indigene Sklaverei in Nicaragua", in: Ahlert, La Pestilencia más horrible ... Die Geschichte der indigenen und schwarzen Sklaverei in Nikaragua, Berlin: LIT Verlag, 2015, S. 109–240, hier vor allem S. 109–122.

501 Cameron, Catherine M., „The Nature of Slavery in Small-Scale Societies", in: Lenski, Noel; Cameron (eds.), What is a Slave Society? The Practice of Slavery in Global Perspective, Cambridge; New York: Cambridge University Press, 2018, S. 151–168.

502 Pärssinen, Martti, „Acllas y Yanas", in: Pärssinen, Tawantinsuyu. The Inca State and Its Political Organization, Helsinki: Societas Historica Finlandiae, 1992 (Studia Historica 43), S. 157–161; Noack, Karoline, „Die Einheimischen, die Fremden und die Furcht. Umsiedlungspolitik im Inka-Staat", in: Ertl, Thomas (ed.), Erzwungene Exile. Umsiedlung und Vertreibung in der Vormoderne, München: Campus 2017, S. 107–130 (Spanisch: ‚... los mitimaes temían a los naturales y los naturales a los mitimaes'. Políticas de reasentamiento y la construcción de la diferencia en el Estado inca", in: Surandino Monográfico 4 (2018), S. 23–38, http://revistascientificas.filo.uba.ar/index.php/surandino/article/view/5633 [09. März 2022]).

503 Cave, Scott, „Madalena. The Entangled History of One Indigenous Floridan Woman in the Atlantic World", in: The Americas 74:2 (2017), S. 171–200.

vor allem seit dem 18. Jahrhundert in Pufferzonen an, um Angriffe der Navajo, Ute, Comanche, Apache und Kiowa auf das nördliche Neu-Spanien abzufangen (Hauptsiedlungen waren Santa Cruz, Santa Fe, and Albuquerque).[504] *Genízaros* konnten aber auch, wie *mamelucos* in Brasilien[505] oder *tangomãos* im nördlichen Westafrika (Nachkommen von europäischen Vätern und indigenen Müttern), Versklaver bzw. versklavte Razzienkrieger sein, die selber andere Menschen versklavten und verkauften.

Grundsätzlich waren die erwähnten Formen indigener Sklavereien Grundlage aller Kolonial-Sklavereien in den Amerikas, wie Andrés Reséndez und Fernando Santo-Granero gezeigt haben.[506] Sie blieben bei einigen Völkern, z. B. im Amazonas-Becken, im Innern der Guayanas und in anderen Regionen, als solche intakt, oft über die gesamte Kolonialzeit und danach. Die indigenen Sklavereien unterlagen allerdings, vor allem in *frontier*-Regionen, der Beeinflussung europäisch-atlantischer sowie afrikanisch-atlantischer Sklaverei-Regimes sowie, wenn man so will, euro-kreolischer sowie kolonialzeitlicher *casta*-Sklavereien und Razzien- sowie Handelssystemen. Diese ragten oft weit in die Gebiete indigener Sklavereien hinein bzw. beeinflussten diese einerseits stark durch *entradas* (Razzienzüge), Missionen und Grenzkonflikte sowie durch Geflohene (*cimarrones*) aus den kolonialen Sklaverei-Regimes von Schiffbrüchen von Sklaventransporten.[507] Es gab auch Myriaden von Übergängen zwischen indigenen Razzien-Sklavereien (wie *el malón*[508]) in euro-kreolische Sklavereiformen und vice versa.

Die Razzien-Sklavereien der iberischen Conquistadoren und frühen Siedler in der Karibik hatten sofort ab 1492 begonnen – im Gegensatz zu Westafrika. Dort behielten die afrikanischen Eliten südlich des Senegal Souveränität und Kontrolle über *slaving zones* und Versklavungen (*captivity*) sowie der Transporte zu den Küsten.[509] In der Karibik kam es in den Kerngebieten der Kolonisierung (den großen Antillen und den

---

504 Gonzales, Moises, „The Genizaro Land Grant Settlements of New Mexico", in: Journal of the Southwest 56:4 (2014), S. 583–602.

505 Guedes, Roberto; Godoy, Silvana, „Mamelucos (São Paulo y São Vicente, siglos XVI y XVII)", in: Revista Historia y Justicia 14 (2020) (https://doi.org/10.4000/rhj.3706).

506 Reséndez, Andrés, The Other Slavery. The Uncovered Story of Indian Enslavement in America, Boston; New York: Houghton Mifflin Harcourt, 2016, passim; Santos-Granero, Fernando, „Slavery as Structure, Process, or Lived Experience, or Why Slave Societies Existed in Precontact Tropical America", in: Lenski, Noel; Cameron, Catherine M. (ed.), What is a Slave Society? The Practice of Slavery in Global Perspective, Cambridge; New York: Cambridge University Press, 2018, S. 191–219.

507 Rueda Novoa, Rocío, „Esclavos y negros libres en Esmeraldas, s. XVIII–XIX", in: Procesos. Revista ecuatoriana de historia 16 (2001), S. 3–33; Morelli, Federica, „Guerras, libertad y ciudadanía. Los afro-descendientes de Esmeraldas en la independencia", in: Revista de Indias 76, no. 266 (2016), S. 83–108.

508 Roulet, Florencia, „Violencia indígena en el Río de la Plata durante el período colonial temprano. Un intento de explicación", in: Nuevo Mundo Mundos Nuevos [En ligne], Débats, mis en ligne le 16 février 2018 (https://doi.org/10.4000/nuevomundo.72018).

509 Sparks, Randy J., Where the Negroes are Masters. An African Port in the Era of Slave Trade, Cambridge: Harvard University Press, 2014.

Küstengebieten der *tierra firme*), verbunden mit von Europäern eingeschleppten Krankheiten, zu Zerstörungen indigener Lebensbedingungen, unter anderem durch afrikanisches und europäisches Vieh. Sehr schnell, sozusagen explosiv, entstanden im afrikanisch-iberischen „Imperium der Inseln" (westafrikanische und karibischen Inseln, vor allem die großen Antillen) viele riesige *slaving zones*, bei denen zwar Indigene auch als Versklaver noch eine Rolle spielten. Aber die Kontrolle ging im Laufe der Kolonialzeit mehr und mehr an die Europäer sowie deren Nachkommen als Siedler/ Spanier sowie *castas* (Nachkommen indigener Frauen mit iberischen oder afrikanischen Männern) über. Versklavungen und Razzien durch Europäer begannen, wie gesagt, mit Kolumbus, seiner Mannschaft und anderen Kapitänen: Sie ließen indigene Jungen, d. h. halbwüchsige Kinder, gefangen nehmen und als *lenguas* (Dolmetscher) trainieren. Das kannten der Genuese im Dienst der katholischen Könige und die anderen iberischen Kapitäne aus Westafrika. Kolumbus sah die Indigenen auch von Anfang an, wie aus dem Bordbuch seiner ersten Reise hervorgeht, auch als *gentios*, die genauso „Diener" (Sklaven) des frühen atlantischen Sklavenhandels sein könnten wie *cativos* aus El Mina (Afrika). Kolumbus hatte, schon bei der Abreise 1492, einen Vertrag über mögliche *cativos*/ Versklavte mit Juanoto Berardi, dem Faktor eines florentinischen Handelshauses in Sevilla, ausgearbeitet.[510] 1493, während der berühmten zweiten Fahrt, nutzte Kolumbus Razzien auf indigene *tainos* von La Española, um das zu tun, was iberische Kapitäne schon lange an den westafrikanischen Küsten und auf den kanarischen Inseln getan hatten: Razzien-Sklaverei und versklavte *cativos* als Mittel zu Finanzierung der Expeditionen sowie der frühen Stützpunkte und Siedlungen (erst La Isabela, dann Santo Domingo).[511] Das war einerseits, in Bezug auf die Razzien, der gleiche Beginn von Sklaverei wie auch in indigenen Sklavereien. Nur kam jetzt eine neue Sklaverei, die atlantische, mit neuen kolonialen Rechtsvorstellungen, der Gewalt von Conquistadoren und Siedlern (auch *castas*) und einer neuen Staatsgewalt hinzu. Die atlantische Sklaverei verband sich mit dem aus Europa stammenden Kredit-, Finanz-, Versicherungs- und Notationswesen, das sich der Schriftlichkeit von Formularen und Listen für die Eigentums-Konstruktion bediente: Legale Dokumente legalisierten die „Befugnisse", d. h. Gewalt, über menschliche Körper.

---

510 Varela, Consuelo, „Una firma comercial. La sociedad entre Cristóbal Colón y J. Berardi", in: Varela, Colón y los florentinos, Madrid: Alianza Editorial, 1988, S. 49–57; Varela, „Una compañía comercial", in: Varela, Cristóbal Colón. Retrato de un hombre, Madrid: Alianza Editorial, 1992, S. 126–129.
511 Mira Caballos, Esteban, „El proyecto esclavista de Cristóbal Colón", in: Mira Caballos, Indios y mestizos americanos en la España del siglo XVI, Frankfurt am Main; Madrid: Vervuert-Iberoamericana, 2000, S. 46–48; Zeuske, Michael, „Kolumbus als Sklavenhändler und der Kapitalismus menschlicher Körper", in: Arnold, Rafael; Buschmann, Albrecht; Morkötter, Steffi; Wodianka, Stephanie (eds.), Romanistik in Rostock. Beiträge zum 600. Universitätsjubiläum, Norderstedt: BoD, 2019 (Rostocker Studien zur Universitätsgeschichte 32), S. 11–36.

Kolumbus kannte Westafrika und die portugiesische Expansion. Aber er ahnte die verheerende Wirkung der Kontakte und Krankheiten zwischen Iberern und Indigenen der Neuen Welt nicht. Seit seinem zweiten Aufenthalt in der Karibik organisierten er und seine Leute Razzien, Sklavenhandel und Verschleppungen von Indigenen (*yndios* – „Indier" genannt, unser „Indianer" ist erst eine spätere Sprachschöpfung), wie es die Portugiesen von den westafrikanischen Inseln und El Mina aus taten.[512] Parallel zur Zerstörung der lokalen indigenen Völker breiteten sich neue Razzien-Sklavereien mit neuen Akteuren in der großen Karibik aus, mit der fortlaufenden Conquista seit 1520 auch in den Kernterritorien indigener Reiche und Territorien. Die lokalen Bevölkerungen der Erstkontakt-Inseln und -gebiete waren durch die massiven „Versuche der Sklaverei", wie die der an die zuerst besiedelten großen Antillen (vor allem La Española, Puerto Rico und Kuba[513]) angrenzenden Inseln (Lucayas/ Bahamas), Floridas sowie der Küsten des heutigen Venezuelas und Kolumbiens stark dezimiert. An den Kontinental-Küsten der Karibik zogen sich Indigene meist in das Hinterland zurück. Sie konstituierten sich auf der Basis vor allem von afrikanischem oder europäischem Vieh (Rinder, Pferde), Handel und Razzien-Sklaverei sowie Waffen neu (sowie unter Aufnahme von Flüchtigen – *cimarrones* – aus europäischen Kolonial-Sklaverei-Regimes). Indigene Sklaverei-Formen, wie die erwähnte *naboría* in der Karibik, wurde den neuen Bedingungen der Conquista und frühen Siedlung von Europäern und Afrikanern angepasst.

Es wird deutlich, dass in den Amerikas alles anders und neu war für Iberer und andere europäische Siedler – auch die Sklavereien. Nur aus heutiger historiografischer Sicht sowie aus der der „hegemonischen Sklavereien", die auch besser erforscht sind als die präkolumbischen Sklavereien in den „Amerikas ohne den Namen Amerika" sowie die iberischen Sklavereien und die iberischen Sklavenhandelssysteme in den Amerikas (auch die der Indigenen[514]), scheint es eine kulturelle Kontinuität zu geben. Im spanischen Imperium in der frühen Neuzeit gab es keine klar geregelte *indentured servitude*. In den Amerikas existierten zweifelsfrei Übergangsformen an den *blurred boundaries* der Sklaverei-Regimes. Die spanische Krone musste alles tun, um die mehr oder weniger „private" Eigentumssklaverei, die Razzien-Sklaverei und den Menschenhandel sowie den Raub von Kindern bzw. Jungen (*lenguas*), an die Kapitäne und Conquistadoren gewohnt waren, und die berüchtigten *repartimientos* (Ver-

---

512 Soule, Emily Berquist, „From Africa to the Ocean Sea. Atlantic Slavery in the Origins of the Spanish Empire", in: Atlantic Studies 15:1 (2018), S. 16–39; Law, Robin, „Ethnicities of Enslaved Africans in the Diaspora. On the Meanings of ,Mina' (Again)", in: History in Africa 32 (2005), S. 247–267.

513 Wolff, Jennifer, „,Guerra justa' y Real Hacienda. Una nueva aproximación a la esclavitud indígena en la isla de San Juan y la Española, 1509–1519", in: Op. Cit. 22 (2013–2014), S. 215–257.

514 Santos-Granero, Fernando, „Slavery as Structure, Process, or Lived Experience, or Why Slave Societies Existed in Precontact Tropical America", in: Lenski, Noel; Cameron, Catherine M. (eds.), What is a Slave Society? The Practice of Slavery in Global Perspective, Cambridge; New York: Cambridge University Press, 2018, S. 191–219.

teilung von Razzien-Gefangenen während der Conquistazüge), zurückzudrängen. Das geschah durch regelrechtes Experimentieren mit Sklavereien sowie deren legalen Fixierungen (und Debatten darum). Krone, Kirche und Kolonialautoritäten vor Ort taten das durch die kollektive Anheimgabe (*encomienda*)[515] und durch koloniale Massenarbeitsaushebungen (wie *mita*), d. h. aus unserer Perspektive kollektive und bürokratisch kontrollierte Sklaverei-Formen, auch Staatssklaverei (vor allem im Infrastrukturbau, Bergbau und Militär). Die Krone hätte sonst kein Imperium auf agrarischer Grundlage gründen können.[516]

Ganz verdrängen konnte die Krone die Mischung aus fünf traditionellen (realen) Sklavereien nicht: Erstens der Sklaverei von *cativos* wie in Guinea (die aus Kriegen/ Razzien, aber auch aus Übernahmen und Verkauf der Indigenen stammten), die auch Kapitäne wie Kolumbus kannten. Diese Razzien-Sklavereien im atlantischen Raum, auf den Inseln und an den Küsten speisten die frühe transatlantische Sklaverei und den transatlantischen Sklavenhandel (im frühen 16. Jahrhundert kamen auch noch *berberiscos, moriscos, moros,* oder *blancos* dazu, d. h. Versklavte aus dem nördlichen Westafrika und dem Mittelmeergebiet[517]). Nach Meinung von Las Casas sollten Razzien und Sklavereien aber nicht auf *indios* angewendet werden.[518] Zweitens die Razzien-Sklavereien, die mit den Conquistas an Land und auf dem Kontinent, grob zwischen 1515 und 1570, neu entstanden (*rescate/ entradas/ repartimientos* sowie *lenguas*). Drittens die allen Iberern bekannte mediterrane Haus- und Hafensklaverei. Sklaverei war eine legitime Institution in Spanien. Nur Christen sollten verschont werden, was auch und gerade bei den erwähnten versklavten Neu-Christen (*moriscos*) von Granada oder versklavten „Griechen" (Ortho-

---

515 Die Arbeit der „geliehenen" kollektiv versklavten Indios galt den frühen Siedlern als viel weniger wert als die von privaten Sklaven: „el trabajo de un negro equivalía al de cuatro indios", siehe: Saco, „Libro II", in: Saco, Historia de la esclavitud de la raza africana en el Nuevo Mundo y en especial en los países américo – hispanos, tomo 1, Barcelona: Imprenta de Jaime Jepús, 1879, S. 49–109, hier S. 101 (https://archive.org/stream/historiadelaesc00sacogoog#page/n0/mode/2up [10. März 2022]).

516 Wolff, Jennifer, „,Guerra justa' y Real Hacienda. Una nueva aproximación a la esclavitud indígena en la isla de San Juan y la Española, 1509–1519", in: Op. Cit. 22 (2013–2014), S. 215–257; Domínguez, Lourdes S.; Funari, Pedro Paulo A., „Arqueología de los esclavos e indígenas en Brasil y Cuba", in: Archivo Cubano (2008) (http://www.archivocubano.org/transcult/lourdes_funari.html [10. März 2022]).

517 Eagle, Marc; Wheat, David, „The Early Iberian Slave Trade to the Spanish Caribbean, 1500–1580", in: Borucki, Alex; Eltis, David; Wheat (eds.), From the Galleons to the Highlands. Slave Trade Routes in the Spanish Americas, Albuquerque: University of New Mexico Press, 2020, S. 47–72.

518 Birr, Christiane, „Recht als Argument in Bartolomé de Las Casas' Tratado sobre los Indios que han sido hechos esclavos", in: Bunge, Kirstin; Schweighöfer, Stefan; Spindler, Anselm; Wagner, Andreas (eds.), Kontroversen um das Recht/ Contending for Law, Stuttgart: frommann-holzboog, 2012, S. 93–125.

doxen) nicht eingehalten wurde.[519] Dazu kamen viertens ab 1492 unterschiedlichste Übergangs-Formen von Sklaverei und asymmetrischen Abhängigkeiten, darunter die karibische Kin-Sklaverei (*naboría*) und der Sklavenstatus von Frauen als *naborías* „ohne (formale) Sklaverei"[520] in den Häusern der Conquistadoren und frühen Siedler (heute oft *servitude* genannt[521]). Schließlich gab es fünftens andere Formen indigener Sklavereien (wie *yanaconas, acllas* und *mitmaes/ mitimaes* im Inka-Reich – von *mitma/ mita* – gewaltsame Umsiedlung und periodische kollektive Arbeitsleistung[522]). Im Inkareich bezeichnete das Wort *yanacona/ yanakuna* einen individuellen Tributleistenden der Inka, der den Schutz seiner Gemeinde (*ayllu*) verloren hatte (oder auch einzelne Kriegsgefangene, die an Eliten vergeben wurden). Hierin bestand eine Übergangsform zum Privatsklaven hoher Inkas; ähnlich wie sie sich im Pharaonen- und Hethiterreich aus dem korporativen Gefangenenstatus individuelle/ private Sklavenstatus herausgebildet hat. Unter den Inkas existierten auch kollektive Zwangsarbeitssysteme, die im Zusammenhang mit der An- und Umsiedlung besiegter Völker standen. In der Kolonialzeit entstand daraus die kollektive Zwangsarbeit *mita*, vor allem von Potosí im Silberbergbau (die auch als „*voluntary unfree labour*" interpretiert wird und eigentlich ein *mita-minga*-System war), wo auch Yanaconas/ *yanakuna* arbeiteten.[523]

---

519 García Fitz, Francisco, „Captives in Mediaeval Spain. The Castilian-Leonese and Muslim Experience (XI–XIII Centuries)", in: e-Strategica 1 (2017), S. 205–221; González Arévalo, Raúl, „Ansias de libertad. Fuga y esclavos fugitivos en el Reino de Granada a fines de la Edad Media", in: Martín Casares, Aurelia (ed.), Esclavitudes hispánicas (siglos XV al XXI). Horizontes socioculturales, Granada: Universidad de Granada, 2014, S. 105–131; Birr, Christiane, „Rebellische Väter, versklavte Kinder. Der Aufstand der Morisken von Granada (1568–1570) in der juristisch-theologischen Diskussion der Schule von Salamanca", in: De Benedicits, Angela; Härter, Karl (eds.), Revolten und politische Verbrechen zwischen dem 12. und 19. Jahrhundert. Rechtliche Reaktionen und juristisch-politische Diskurse, Frankfurt am Main: Vittorio Klostermann, 2013 (Studien zur europäischen Rechtsgeschichte 285), S. 283–317, hier S. 300.

520 Cave, Scott, „Madalena. The Entangled History of One Indigenous Floridan Woman in the Atlantic World", in: The Americas 74:2 (2017), S. 171–200.

521 Deusen, Nancy E. van, „Coming to Castile with Cortés. Indigenous ‚Servitude' in the Sixteenth Century", in: Ethnohistory 62:2 (2015), S. 285–308.

522 Pärssinen, Martti, „Acllas y Yanas", in: Pärssinen, Tawantinsuyu. The Inca State and Its Political Organization, Helsinki: Societas Historica Finlandiae, 1992 (Studia Historica 43), S. 157–161; Noack, Karoline, „Die Einheimischen, die Fremden und die Furcht. Umsiedlungspolitik im Inka-Staat", in: Ertl, Thomas (ed.), Erzwungene Exile. Umsiedlung und Vertreibung in der Vormoderne, München: Campus 2017, S. 107–130.

523 Gil Montero, Raquel, „Free and Unfree Labour in the Colonial Andes in the Sixteenth and Seventeenth Centuries", in: International Review of Social History 56 (2011) (Special Issue 19: The Joy and Pain of Work. Global Attitudes and Valuations, 1500–1650), S. 297–318; Escobar Ohmstede, Antonio, „Instituciones y trabajo indígena en la América española", in: Revista Mundos do Trabalho 6, no. 12 (2014), S. 27–53; Barragán, Rossana, „Potosí's Silver and the Global World of Trade (Sixteenth to Eighteenth Centuries)", in: Roth, Karl-Heinz; Lewis, Ben (eds.), On the Road to Global Labour History. A Festschrift for Marcel van der Linden, Leiden: Brill, 2018, S. 61–92 (S. 81: „a single system of work, the *mita-minga*

Die strukturelle und transkulturelle Ausgangssituation, der bereits in den frühen Quellen der Conquista erwähnte *repartimiento*, war schlicht eine Verteilung von Kriegsgefangenen – eine veritable Razzien- und Kriegsgefangenen-Sklaverei: Männer und ältere Jungen wurden als Träger oft zu Tode getrieben. Jedes Mitglied einer *hueste* (Conquistatrupp) hatte mehrere dieser *cativo*-Versklavten zu seiner persönlichen Verfügung. Es kommt allerdings öfter zu Verwechselungen, denn in Quellen wird im Kontinentalbereich *repartimiento* oft mit dem Taino-Wort *naboría* bezeichnet (eine Art Haussklaverei ohne formales Recht zum Verkauf).[524] Die Krone versuchte, ungeregelten *repartimiento* einzuschränken (begonnen bereits mit Nicolás de Ovando[525]). In den *leyes de Burgos* 1512 (*Ordenanzas Reales para el buen regimiento y tratamiento de los Yndios*) proklamierte sie eine kulturell-religiös gemeinte kollektive Anheimgabe, die sich im Realen als kollektive Sklaverei-Dienste von *yndio*-Gruppen oder Dörfern für verdiente Conquistadoren darstellte, die siedeln sollten (*encomienda*). Ungeregelte Sklavereien blieben aber ein Problem. Die *encomienda* als direkte Arbeitsleistung sowie nochmals die *repartimiento*-Sklaverei (was im frühen 16. Jahrhundert als ein „Vorgänger" der *encomienda* galt) wurden mit den *Leyes Nuevas* 1542 formal als direkte Arbeitsleistung aufgehoben, vor allem weil die direkte *encomienda* zur Vernichtung der betroffenen *yndios* geführt hatte bzw. weil Indigene rebellierten. Als Verteilung von gezwungenen oder gefangenen Indigenen zur direkten Arbeitsleistung waren *repartimiento* und *encomienda* sowie *naboría* nicht mehr legal. Allerdings gab es informell weiterhin den *repartimiento* als Verteilung und Vergabe von Arbeitskräften an *obrajes* (frühe Formen von vor allem Textil-Manufakturen, die auch mit ihren Arbeitskräften verkauft werden konnten). In Peru hielt sich diese Form von Arbeitszwang, bei dem die *obraje*-Eigentümer den Kopftribut für die beschäftigten Indios bezahlten, bis mindestens 1662.[526] Ich sage

---

system [low-wage mitayos and well-paid mingas]" – eine Person konnte eine zeitlang *mitayo* sein und zu anderen Zeiten *minga*); siehe auch: Barragan, Rossana, „„Indios esclavos'. En torno a la mita minera y la igualadad, 1790–1812", in: Thibaud, Clément; Entin, Gabriel; Gómez, Alejandro; Morelli, Federica (eds.), L'Atlantique révolutionnaire. Une perspective ibéro-américaine, Paris: Les Perséides, 2013, S. 157–177.

524 Monteiro, John M., „Labor Systems", in: Bulmer-Thomas, Victor; Coatsworth, John H.; Cortés, Roberto (eds.), Cambridge Economic History of Slavery, Bd. 1, Cambridge: Cambridge University Press, 2006, S. 395–422, hier S. 191.

525 Mira Caballos, Esteban, Nicolás de Ovando y los orígenes del sistema colonial español, 1502–1509, Santo Domingo, República Dominicana: Patronato de la Ciudad Colonial de Santo Domingo, Centro de Altos Estudios Humanisticos y del Idioma Español, 2000.

526 Miño Grijalva, Manuel, El obraje. Fábricas primitivas en el mundo hispano americano en los albores del capitalismo, 1530–1850, Ciudad de México: El Colegio de México, Centro de Estudios Históricos, 2016; Miño Grijalva, Manuel, „Trabajo concentrado vs. trabajo doméstico. Para una historiografia sobre el trabajo en los obrajes andinos y novohispanos", in: Pérez Toledo, Sonia; Solano de las Aguas, Sergio (eds.), Pensar la historia del trabajo y los trabajadores en América, siglos XVIII y XIX, Madrid; Frankfurt am Main: Iberoamericana; Vervuert, 2016.

es an dieser Stelle noch einmal: Diese Form des *repartimiento* glich, trotz anderen Namens und gegenteiliger formaler Gesetzgebung, einer realen Arbeits-Sklaverei.[527]

Das war eine der strategischen Entwicklungslinien von Sklavereien, Übergangsformen und starken asymmetrischen Abhängigkeiten im Iberischen Amerika, inklusive der Küstenpunkte, die von Portugiesen kontrolliert wurden und später Brasilien bildeten. Allerdings gab es seit 1560 einen starken Gegentrend, konzentriert im und um den Bergbau in den Zentren des Kontinentalreichs (vor allem Silber in Ober-Perú und Neu-Spanien) sowie gestützt auf Städte (bis um 1830 war Spanisch-Amerika die am stärksten urbanisierte Großregion der Welt).[528] Neu-Spanien war bis um 1640 auch ein Vizekönigreich der Sklaven aus Afrika.[529] Mexiko-Stadt etwa hatte, wie gesagt, im 17. Jahrhundert eine der größten Populationen schwarzer Sklaven im atlantischen Raum, Lima auch; dort gab es zudem viele *chinos* von den Philippinen, die in Neu-Spanien schnell als *yndios* galten. Silberbergbau wurde im Wesentlichen in Ober-Perú (Potosí) mit kollektiv und temporär quasi-versklavten *yndios* betrieben; in Neu-Spanien zunächst mit afrikanischen Sklaven (bis in die Mitte des 17. Jahrhunderts), dann vor allem mit freien *casta*-Arbeitern. Schwarze Sklaven waren in diesem Zusammenhang ein urbanes Status-Symbol und wurden manchmal als Aufseher eingesetzt. Der Abbau von Gold (d. h. Waschgold) und Edelsteinen wurde in Neu-Granada und ab Ende des 17. Jahrhunderts in Brasilien (Minas Gerais, Ouro Preto, etc.) von und mit erfahrenen Versklavten aus Afrika betrieben. Mit Ausnahmen von Brasilien waren Sklavereien in diesem Zusammenhang nicht immer eindeutig. An den Grenzen der Conquista und auf den Vorstößen in noch nicht eroberte Gebiete (*entradas*, *cabalgadas*, Razzien) in den Amerikas, aber auch im Inselgewirr der Philippinen, war juristische oder legale Eindeutigkeit – zumal im Kontext der extremen Gewalt – nicht herstellbar.[530]

---

527 Fernández Méndez, Eugenio, Las encomiendas y la esclavitud de los indios de Puerto Rico. 1508–1550, San Juan: Ediciones el Cemí, 1995.

528 Monteiro, John M., „Labor Systems", in: Bulmer-Thomas, Victor; Coatsworth, John H.; Cortés, Roberto (eds.), Cambridge Economic History of Slavery, Bd. 1, Cambridge: Cambridge University Press, 2006, S. 395–422; Dobado-González, Rafael; García-Montero, Hector, „Neither So Low nor So Short. Wages and Heights in Bourbon Spanish America from an International Comparative Perspective", in: Journal of Latin American Studies 46:2 (2014), S. 291–321.

529 Castañeda García, Rafael; Hammack, María Esther, „El comercio de esclavos africanos desde el Atlántico ibérico a la Nueva Espana", in: Fernández Chaves; Pérez García (eds.), Tratas atlánticas y esclavitudes en América. Siglos XIX, Sevilla: Editorial Universidad de Sevilla, 2021 (Colección Historia 380), S. 185–207; Castañeda García, Esclavitud africana en la fundación de Nueva España, México: Instituto de Investigaciones Históricas, Universidad Nacional Autónoma de México, 2021 (Colección México 500, 12).

530 Olsen, Margaret M., „„Negros Horros' and ‚Cimarrones' on the Legal Frontiers of the Caribbean. Accessing the African Voice in Colonial Spanish American Texts", in: Research in African Literatures 29:4 (1998), S. 52–72; Restall, Matthew, Beyond Black and Red. African-Native Relations in Colonial Latin America, Albuquerque: University of New Mexico Press, 2005.

Zusammenfassend zur Frühzeit der Geschichte Amerikas und vor allem der Karibik und ihrer Küstengebiete (*gran Caribe*) kann man sagen, dass die Gruppen/ Völker und politischen Strukturen – *cacicazgos*, die Kolumbus und Las Casas für eine Art Königtümer hielten (später im Grunde der von spanisch-amerikanischen Gesetzen anerkannte Landbesitz indigener Eliten und den von ihnen Abhängigen) – vor allem der großen Antillen sowie einiger Inseln der Bahamas und der kleinen Antillen durch den Erstkontakt mit den europäischen Iberern sowie den genannten Sklaverei-Versuchen bis um 1550 nicht ausgerottet, aber als Völker und politische Entitäten zerstört wurden.[531] Sie wurden von Indigenen mit eigenen Bezeichnungen und Macht-, Abhängigkeits- sowie Besitzstrukturen und Sklaverei-Regimes (die wir oft nicht wirklich kennen) einerseits zu kolonialen *yndios* und andererseits transformierten sich ihre Gemeinschaften zu kolonialen Widerstands- oder gar Expansions-Kulturen (wie Kuna, Miskitos, Guajiros, Schwarze Kariben, *llaneros*, Seminolen, etc., aber auch Yaquis u.v. a.m., aber auch *castas*).

Indigene und koloniale Sklavereien, Sklaverei-Regimes und Sklavenhandelsformen waren auch in Nordamerika seit um 1650 gang und gäbe: so bei den Völkern der Westos, die sich in der Kolonialzeit auf den Sklavenhandel spezialisierten oder bei den Karibengruppen im nördlichen Südamerika[532], Yamassee, Tuscarora, Irokesen, Huronen, Pawnees, Apachen, Comanchen, Ute und Sioux (Lakota).[533] Sie handelten mit Spaniern, Franzosen, *métis* oder *mestizos* und Engländern. Viele Völker der Prärien Nordamerikas, die seit dem 18. Jahrhundert Kontakt mit europäischen Kolonisten hatten, nannten ihre Sklaven *panis* – ein Wort, das dem ethnischen Begriff der *Pawnee* zugrunde liegt, die als ein im Innern des Kontinents (vor allem im heutigen Nebraska und Kansas) lebendes Volk oft von Apachen-, Comanchen-, Osage- oder Sioux-Kriegern versklavt wurden (und umgekehrt).[534] Viele der Völker der *first nati-*

---

531 Hofman, Corinne L.; Ulloa Hung, Jorge; Herrera Malesta, Eduardo; Jean, Joseph Sony, „Indigenous Caribbean Perspectives. Archaeologies and Legacies of the First Colonised Region in the New World", in: Antiquity 92, no. 361 (2018), S. 200–216; Valcárcel Rojas, Roberto; Ulloa Hung, Jorge, „Introducción. La desaparición del indígena y la permanencia del indio", in: Valcárcel Rojas; Ulloa Hung (eds.), De la desaparición a la permanencia. Indígenas e indios en la reinvención del Caribe, Santo Domingo, R.D.: Fundación García Arévalo, 2018 (Los indígenas más allá de Colón II), S. 5–39.
532 Bowne, Eric. E., The Westos. Slave Traders of the Early Colonial South, Tuscaloosa: University of Alabama Press, 2005.
533 Olexer, Barbara J., The Enslavement of the American Indian in Colonial Times, Columbia: Joyous Publishing, 2005; Snyder, Christina, Slavery in Indian Country. The Changing Face of Captivity in Early America, Cambridge; London: Harvard University Press, 2010; Reséndez, Andrés, „Powerful Nomads", in: Reséndez, The Other Slavery. The Uncovered Story of Indian Enslavement in America, Boston; New York: Houghton Mifflin Harcourt, 2016, S. 172–195; Hämäläinen, Pekka, Lakota America. A New History of Indigenous Power, New Haven; London: Yale University Press, 2019 (The Lamar Series in Western History).
534 Trudel, Marcel, L'esclavage au Canada français. Histoire et conditions de l'esclavage, Quebec: Presses Universitaires Laval, 1960; Perdue, Theda, Slavery and the Evolution of Cherokee Society, 1540–1866, Knoxville: University of Tennessee Press, 1979; Rushforth, Brett, „„A Little Flesh We

ons bildeten, wie in Spanisch-Amerika, neue, koloniale Gesellschaften, die sich auf weitreichende Verbindungen, Austausch (Handel), aber auch schlicht auf Raub, Plünderung, Menschenjagd und -handel spezialisiert hatten (predatorische Gesellschaften oder *militaristic slaving societies*):[535] Razzienkriegs-Männergesellschaften, die sowohl auf die Abwehr anderer Razzienkrieger, wie auch auf Raub und auf Menschenjagd spezialisiert waren – aber auch auf Diplomatie, Allianzen, Pferde, Technologiekontrolle und Handel. Die Comanchen des späten 18. und des 19. Jahrhundert bis um 1870 hatten sogar die *frontier* in ihre Elemente zerlegt und nutzten diese sehr aktiv.[536]

In einer Übergangszeit zwischen 1450 und 1550 in den iberischen, vor allem spanischen Gebieten sowie 1650 und 1750 in den britischen, französischen, niederländischen und schwedischen Gebieten Nordamerikas, stand unter Kolonialpolitikern, Siedlern/ Kolonisten allerdings noch die Frage offen, ob in Amerika nur die „Indios" oder auch „weiße" Menschen versklavt werden könnten (*indentured servants, engagées*).[537] Dann setzte sich auf breiter iberisch-afrikanisch-indigener Basis die exogene Grundform der Versklavung von Menschen aus Afrika und ihrer Nachkommen, d. h. *Atlantic slavery*, in Kombination mit lokalen Sklavereiformen und -regimes, Kin-Sklavereien, massivem atlantischem Sklavenhandel – zunächst noch unter legalen Experimenten – und europäischer Sklaverei in „römischer" Tradition, durch. An den Peripherien wurden die von Europäern, Eurokreolen und *castas* kontrollierten Sklaverei-Regimes, wie mehrfach erwähnt, begleitet von Razzien-Ökonomien des Sklavenfangs unter Indio-Völker (*bandeirantes, entradas, cabalgadas*) bzw. von Mapuche-Kriegern oder anderen Kriegern (*comanches, apaches, yaquis, chichimecas*, etc.), unter spanischen Siedlern und vice versa (*malón/ malocas* und viele andere lokale Bezeichnungen) und Frauensklaverei sowie indianischem Sklavenhandel (*panis, poitos* u. a.).[538] Im *frontier*-Territorium Chile wurde gar die seit 1550 eigentlich verbo-

---

Offer You'. The Origins of Indian Slavery in New France", in: William and Mary Quarterly 60:4 (2003), S. 777–808; Starna, William A.; Watkins, Ralph, „Northern Iroquois Slavery", in: Ethnohistory 38 (1991), S. 34–57; Weltfish, Gene, The Universe Lost. Pawnee Life and Culture, New York: Bison Books, 1977; Feest, Christian, „Im Schatten des Friedensbaumes. Aus der Welt der Irokesen", in: Kunst- und Ausstellungshalle der BRD GmbH (ed.), Auf den Spuren der Irokesen, Katalog, Berlin: Nicolai, 2013, S. 22–29.
535 Reséndez, Andrés, „Powerful Nomads", in: Reséndez, The Other Slavery. The Uncovered Story of Indian Enslavement in America, Boston; New York: Houghton Mifflin Harcourt, 2016, S. 172–195.
536 Hämäläinen, Pekka, The Comanche Empire, New Haven; London: Yale University Press, 2008 (The Lamar Series in Western History).
537 Drescher, Seymour, „White Atlantic? The Choice for African Slave Labor in the Plantation Americas", in: Eltis, David; Lewis, Frank; Sokoloff, Kenneth (eds.), Slavery in the development of the Americas, Cambridge: Cambridge University Press, 2004, S. 31–69; Swingen, Abigail Leslie, Competing Visions of Empire. Labor, Slavery, and the Origins of the British Atlantic Empire, New Haven: Yale University Press, 2015.
538 Deusen, Nancy E. van, „The Intimacies of Bondage. Female Indigenous Servants and Their Spanish Masters, 1492–1555", in: Journal of Women's History 24:1 (2012), S. 13–43; Urbina Carrasco,

tene Eigentumssklaverei von *yndios* zwischen 1608 und 1674 im Kampf gegen die heute als Mapuche bezeichneten Völker wieder formal erlaubt.[539] Seit 1619 setzte sich die in den großen iberischen Amerikas dominierende Form der atlantischen Sklaverei von *negros*[540] sehr langsam im Vergleich zu anderen iberischen Territorien (wie Brasilien), aber auch in den nordwest-europäischen peripheren Küstenkolonien Nordamerikas, durch. Allerdings geschah dies formal auf eigenen Rechtsgrundlagen (englische Gebiete: *common law*) und, vor allem im englischen und niederländischen Bereich, anderen religiösen Gebräuchen (Protestantismus). Die peripheren nordamerikanischen Sklavereien wurden trotzdem sehr stark von den allgemeinen iberischen Sklaverei-Regimes und speziell von Sklavereien und Sklavenhandel in karibischen Territorien beeinflusst[541] – es fand eine Amerikanisierung des Sklaverei-Rechts statt (am deutlichsten in zentralisierter Form in Spanisch-Amerika mit seinen großen Gesetzbüchern, aber auch in den nordwest-europäischen Gebieten, hier eher lokal, mit ihren *slave codes*).[542]

Bereits im 16. Jahrhundert war Spanisch-Amerika mit seinen vielfältigen Sklaverei-Formen, wie der Anbindung an den afrikanischen Atlantik[543], ersten Ansätzen der *engenho*-Wirtschaft, ruralen Sklavereien im Umfeld der Städte, *obrajes* (Manu-

---

María Ximena, „Traslados de indigenas de los archipiélagos patagónicos occidentales a Chiloé en los siglos XVI, XVII y XVIII", in: Valenzuela Márquez, Jaime (ed.), América en diásporas. Esclavitudes y migraciones forzadas en Chile y otras regiones americanas (siglos XVI–XIX), Santiago: Pontificia Universidad Católica de Chile, Instituto de Historia; Red Columnaria; RIL Editores, 2017, S. 381–411; Hämäläinen, Pekka, The Comanche Empire, New Haven; London: Yale University Press, 2008 (The Lamar Series in Western History).

539 Kaltmeier, Olaf, „Mapuche – Brüche und Einbrüche zwischen Widerstand und Eroberung", in: Imbusch, Peter, Messner, Dirk; Nolte, Detlev (eds.), Chile heute, Frankfurt am Main: Vervuert, 2004, S. 191–206.

540 Thornton, John K., „The African Experience of the ‚20 and Odd Negroes' Arriving in Virginia in 1619", in: William and Mary Quarterly 55:3 (1998), S. 421–434.

541 Marquese, Rafael de Bivar, Feitores do corpo, missionários da mente. Senhores, letrados e o controle dos escravos nas Américas, 1660–1860, São Paulo: Companhia Das Letras, 2004; Kelley, Sean M., „New World Slave Traders and the Problem of Trade Goods. Brazil, Barbados, Cuba, and North America in Comparative Perspective", in: English Historical Review 314, no. 567 (2019), S. 302–333.

542 Nelson, William E., The Americanization of the Common Law. The Impact of Legal Change on Massachusetts Society, 1760–1830, Cambridge: Cambridge University Press, 1975 (Studies in Legal History); siehe auch: Burnard, Trevor, „Plantations", in: Burnard, The Atlantic in World History, 1490–1830, London: Bloomsbury Academic, 2020, S. 237–247.

543 Castañeda García, Rafael; Hammack, María Esther, „El comercio de esclavos africanos desde el Atlántico ibérico a la Nueva España. Notas historiográficas", in: Fernández Chaves; Pérez García, Rafael (eds.), Tratas atlánticas y esclavitudes en América. Siglos XIX, Sevilla: Editorial Universidad de Sevilla, 2021 (Colección Historia 380), S. 185–207; Pérez García, „El mercado de esclavos de Puerto Rico y los comienzos del tráfico negrero transatlántico", in: Fernández Chaves; Pérez García (eds.), Tratas atlánticas y esclavitudes en América. Siglos XIX, Sevilla: Editorial Universidad de Sevilla, 2021 (Colección Historia 380), S. 143–183.

fakturen) und massiven Haus-/ Luxussklavereien sowie *hato-* und Infrastruktur-Sklavereien (im Festungs-, Hafen- und Schiffbau) zu einem „Imperium der Sklaverei"[544] geworden. Das Spanische Imperium und seit um 1570 auch Gebiete des heutigen Brasiliens konnten nur mit dem Sklaverei-Atlantik existieren, den die beiden Imperien Spanien und Portugal lange zu monopolisieren versuchten. Erst 1789 wurde der Sklavenhandel nach Spanisch-Amerika zu einem „Freihandel".[545]

Die so genannte *Atlantic slavery* breitete sich von etwa 1400 bis 1900 im sich ausdehnenden „Westen", d. h. in der westlichen Hemisphäre aus – einschließlich der Amerikas und Westafrikas sowie Teilen Ostafrikas und, zumindest seit dem 18. Jahrhundert, Inseln des Indischen Ozeans. Die wichtigste atlantische Sklaverei, verstanden als Salzwassersklaverei (atlantischer Sklavenhandel)[546] und Sklavereien an Land, war die des afrikanisch-iberischen Atlantiks, gefolgt von afrikanisch-nordwesteuropäischen „Atlantiken". Alle diese „Atlantike" waren jedoch gleichzeitig afrikanische „Atlantike", wie Paul Lovejoy und andere seit Langem argumentiert haben.[547]

Die Karibik war das erste große Ziel massiven Sklavenschmuggels (seit um 1500), formalen Sklavenhandels (seit um 1520) und massiver atlantischer Sklavereien (seit etwa 1550). Die Karibik wurde auch von Portugiesen beliefert, die mehr und mehr, vor allem aus Luanda/ Angola über das Inselchen São Tomé kommend, Küstenpunkte im heutigen Brasilien ansteuerten.[548] Auch im Süden, wo Buenos Aires 1580 zum zweiten Male gegründet wurde, fand massiver Sklavenschmuggel von Portugiesen statt (*peruleiros*).

---

544 Reséndez, Andrés, „An Empire of Slaves", in: Reséndez, The Other Slavery. The Uncovered Story of Indian Enslavement in America, Boston; New York: Houghton Mifflin Harcourt, 2016, S. 131–134; Valenzuela Márquez, Jaime (ed.), América en Diásporas. Esclavitudes y migraciones forzadas en Chile y otras regiones americanas (siglos XVI–XIX), Santiago de Chile: Instituto de Historia UC-RC- RIL, 2017.

545 Delgado Ribas, Josep, „The Slave Trade in the Spanish Empire (1501–1808). The Shift from Periphery to Center", in: Fradera, Josep Maria; Schmidt-Nowara, Christopher (eds.), Slavery and Antislavery in Spain's Atlantic Empire, New York; Oxford: Berghahn, 2013, S. 13–42.

546 Smallwood, Stephanie E., Saltwater Slavery. A Middle Passage from Africa to American Diaspora, Cambridge: Harvard University Press, 2007; Christopher, Emma, Slave Ship Sailors and Their Captive Cargoes, 1730–1807, Cambridge: Cambridge University Press, 2006, passim.

547 Lovejoy, Paul E.; Law, Robin, „The Changing Dimensions of African History. Reappropriating the Diaspora", in: McGrath, Simon; Jedrej, Charles; King, Kenneth; Thompson, Jack (eds.), Rethinking African History, Edinburgh: Centre of African Studies, 1997, S. 181–200.

548 Caldeira, Arlindo Manuel, „Luanda in the 17th Century. Diversity and Cultural Interaction in the Process of Forming an Afro-Atlantic City", in: Nordic Journal of African Studies 22:1–2 (2013), S. 72–104; Wolff, Jennifer, „Emaranhado. El Caribe hispano como espacio del Atlántico luso-africano. Una mirada a la trata esclavista desde los márgenes antillanos. Puerto Rico, 1560–1630", in: Naranjo Orovio, Consuelo (ed.), Sometidos a esclavitud. Los africanos y sus descendientes en el Caribe Hispano, Santa Marta: Editorial Unimagdalena, 2021 (Colección Humanidades y Artes. Historia), S. 117–169.

Die atlantische Sklaverei kann im Hinblick auf die Wechselbeziehung zwischen Sklavenhandel, Sklaverei und Rohstoffen in drei verschiedene Perioden zusammengefasst werden. Ich verweise hier auf *commodities* als Konzept, weil Versklavte in den Amerikas in diesem Sinne auch „sprechende Waren" waren. Der „erste Atlantik", oder afrikanisch-iberische Atlantik, verläuft von etwa 1400 bis 1650 – mit Verbindungen zum Indischen Ozean ab 1488 und ab etwa 1570 zum Pazifischen Ozean, mit Handelshäusern rund um den Globus (u. a. Luanda und Manila). Dies war die Grundlage der atlantischen Zwangsmigration zur Produktion tropischer Waren in den subtropischen und tropischen Kolonialgebieten der Amerikas (obwohl 1520–1570 mit Schwerpunkt auf der Karibik), deren Voraussetzung die gewaltsame Umwandlung afrikanischer Gefangener in „sprechende *commodities*" als Versklavte war. Kapital-Akkumulation fand hauptsächlich mit amerikanischem Silber (und geraubten Edelmetallen) statt sowie – das ist das Neue hier – mit menschlichen Körpern als Kapital[549] (zunächst mit der atlantischen Sklaverei von *yndios* und *negros*, dann mehr und mehr mit Versklavten aus Afrika, dem ersten „A"). Dieser „Zweite Atlantik" dauerte von etwa 1640 bis 1820. Dieser Atlantik hatte zwei Hauptdimensionen: einen protestantischen afrikanisch-nordwesteuropäischen Atlantik und einen katholischen afrikanisch-iberischen Südatlantik.[550] Zwischen beiden gab es viele Verbindungen (auch und gerade Schmuggel), vor allem in der Karibik und in Westafrika – teilweise aber auch in Ostafrika und im westlichen Indischen Ozean sowie zwischen Ostasien und Mexiko/ Spanisch-Amerika. Ungefähr acht Millionen versklavte Menschen wurden in dieser Zeit von Afrika nach Amerika verschleppt, verbunden mit immer globaler ausgerichteten Sklaverei-Produktionskomplexen (vor allem Silber, Textilien, Zucker, Tabak und amerikanische Lebensmittel und Gewürze). Dazu gehörte die Gewinnung von Mineralien, insbesondere amerikanischem Silber (aber auch Gold, das in Afrika wichtig war, Platin und Edelsteinen), Eisen und Kupfer sowie die Produktion europäischer und amerikanischer Industriegüter, einschließlich solcher im Zu-

---

549 Pires, Julio Manuel; Da Costa, Iraci del Nero, „Slave-Mercantile Capital and Slavery in The Americas", in: Canadian Journal of Latin American and Caribbean Studies/ Revue canadienne des études latino-américaines et caraïbes 37, no. 73 (2012), S. 155–171.

550 Cañizares-Esguerra, Jorge; Seemann, Erik R. (eds.), The Atlantic in Global History, 1500–2000, Upper Saddle River: Pearson Prentice Hall, 2006; Cañizares-Esguerra; Childs, Matt D.; Sidbury, James (eds.), The Black Urban Atlantic in the Age of the Slave Trade, Philadelphia: University of Pennsylvania Press, 2013 (The Early Modern Americas); Bassi, Ernesto, „Beyond Compartmentalized Atlantics. A Case for Embracing the Atlantic from Spanish American Shores", in: History Compass 12:9 (2014), S. 704–716 sowie: Zeuske, Michael, „Atlantic Slavery und Wirtschaftskultur in welt- und globalhistorischer Perspektive", in: Geschichte in Wissenschaft und Unterricht 5–6 (2015), S. 280–301; Zeuske, „Versklavte, Sklavereien und Menschenhandel auf dem afrikanisch-iberischen Atlantik", in: Zeuske, Sklavenhändler, Negreros und Atlantikkreolen. Eine Weltgeschichte des Sklavenhandels im atlantischen Raum, Berlin; Boston: De Gruyter, 2015, S. 296–364; Cañizares-Esguerra, „How the ‚Reformation' Invented Separate Catholic and Protestant Atlantics", in: Archiv für Reformationsgeschichte 108 (2017), S. 245–254.

sammenhang mit der Schifffahrt verwendeten (Segel, Metallteile, Instrumente, Fässer, Masten) sowie Alkohole, Werkzeuge, Waffen und Töpferwaren/ Steingut.[551] Asiatische Luxusgüter, Stoffe (Baumwolle, Seide) und Textilien spielten eine extrem wichtige Rolle – in Afrika und in den Amerikas. Alle diese Waren wurden durch den Handel und die Hafenwirtschaften, die direkt mit der Sklaverei und dem Handel mit menschlichen Körpern verbunden waren, in den Schatten gestellt. Dies beinhaltet den Wert der Sklaven als Kapital des menschlichen Körpers und als Ware (*commodity*). Ich würde für diesen Zeitraum den Wert des Kapitals menschlicher Körper im Bereich von zwei Milliarden Silberpesos schätzen (ich wiederhole – eine Schätzung!). Diese „Atlantike" umfassten aber auch die umfangreiche Palette der von Versklavten produzierten Waren (und Werte sowie Dienstleistungen): vor allem jene Pflanzenprodukte, die durch Sklavenarbeit angebaut und verarbeitet und dann von kolonialen und ehemals kolonialen Eliten zur *commodity* gemacht wurden – Zucker, Kakao, Tabak, Indigo, Baumwolle. Es gab viele *commodities*, die *für und von* Versklavten produziert wurden: Nahrungspflanzen (und *food*), Getränke, Arbeits- und Wachtiere (Rinder, Pferde, Maultiere, Hunde usw.), Nahrungstiere (Hühner, Ziegen, Rinder, Schafe), Kleidung, Werkzeuge und Schiffe. Dazu kommen unterschiedliche infrastrukturelle Anforderungen wie Häfen, Straßen, Transportwege und Kasernen. Nicht zu vergessen sind dabei Leder in *hato/ estancia*-Sklavereien sowie Holz für Kisten und Fässer, die man für den Transport der Waren brauchte sowie für den Bau von Schiffen, Booten, Häusern und Festungen/Kasernen, und Textilien und Stoffe – Wolle, Leinen, Baumwolle und die daraus hergestellten Tücher. Der „Dritte Afrikanisch-Iberische Atlantik" oder *hidden Atlantic* des 19. Jahrhunderts ermöglichte erst die Kapitalisierung einiger sehr großer, fast globaler, „zweiter" Sklavereien (siehe Kapitel 5 „*Second Slaveries* – eine neue, kapitalistische Sklaverei und ihre regionalen Varianten") und Sklaverei-Modernen[552], die auf Sklaverei basierende Kapitalismen[553] einschlossen. Diese

---

551 Carrara, Angelo Alves, „La producción de oro en Brasil, siglo XVIII", in: Hausberger, Bernd; Ibarra, Antonio (eds.), Oro y plata en los inicios de la economía global. De las minas a la moneda. México: Colegio de México, 2014, S. 251–271; Lopes, Gustavo A.; Marques, Leonardo, „O outro lado da moeda. Estimativas e impactos do ouro do Brasil no tráfico transatlâtico de escravos (Costa da Mina, c. 1700–1750)", in: CLIO. Revista de Pesquisa Histórica 37 (2019), S. 5–38.
552 Laviña, Javier; Zeuske, Michael (eds.), The Second Slavery. Mass Slaveries and Modernity in the Americas and in the Atlantic Basin, Berlin; Münster; New York: LIT Verlag, 2014 (Sklaverei und Postemanzipation/ Slavery and Postemancipation/ Esclavitud y postemancipación 6).
553 Fogel, Robert William, „American Slavery. A Flexible, Highly Developed Form of Capitalism", in Harris, J. William (ed.), Society and Culture in the Slave South, London: Routledge, 1992, S. 77–99; Martin, Bonnie, „Slavery's Invisible Engine. Mortgaging Human Property", in: Journal of Southern History 76 (2010), S. 817–866; Baptist, Edward E., The Half Has Never Been Told. Slavery and the Making of American Capitalism, New York: Basis Books, 2014; Beckert, Sven; Rockman, Seth (eds.), Slavery's Capitalism. A New History of American Economic Development, Philadelphia: University of Pennsylvania Press, 2016; Tomich, Dale W. (ed.), Slavery and Historical Capitalism during the Nineteenth Century, Lexington Books: Lanham, 2017; siehe auch: Marrero Cruz, Eduardo, „Traficante de esclavos y chinos", in: Marrero Cruz, Julián de Zulutea y Amondo. Promotor

basierten auf europäischer Expansion, Kolonialismus, Kreolisierung, neuartigen Massenmigrationen und westlichem „Kriegskapitalismus" neben dem gerade erwähnten kapitalvermehrenden Raum des „verborgenen Atlantiks" (*hidden Atlantic*). In dieser Zeit wurden mehr als zwei Millionen Vertriebene im illegalen Schmuggelhandel in die Amerikas verschleppt, d. h., es handelt sich um Zwangsmigration aus West- und Ostafrika, die begleitet wurde von globalen Migrationen auf Kontraktbasis.

Insgesamt dominierten afrikanische und iberische Sklavenhändler alle diese Sklaverei-„Atlantike". Der iberische Sklavenhandel machte mit etwas mehr als 7 Millionen der ca. elf Millionen Afrikaner, die lebend in den Amerikas anlangten, die größte Zwangsmigration der frühen Neuzeit aus (bis um 1840).

Meist werden für Ibero-Amerika die großen Häfen und Hauptstädte als Orte der Sklaverei genannt.[554] Das waren sie auch. Es gab, wie oben bereits mehrfach gesagt, einen „Black Urban Atlantic"[555] der Sklaverei, des Sklavenhandels und -schmuggels sowie der Transkulturation (mit Zentren wie Kingston, Bahia, Cartagena, Veracruz, Havanna, Cap Français, Rio de Janeiro, Buenos Aires/ Montevideo, Colonia do Sacramento[556] und Caracas). Aber es war weit mehr als der Atlantik. Der Princeton-

---

del capitalismo en Cuba, La Habana: Ediciones Unión, 2006, S. 46–79; für einen Blick auf alle Amerikas, siehe: Marquese, Rafael de Bivar; Salles, Richard (eds.), Escravidão e Capitalismo Histórico no Século XIX. Brasil, Cuba e Estados Unidos, Rio de Janeiro: Civilização Brasileira, 2015; Muaze, Mariana; Salles (eds.), O Vale do Paraíba e o Império do Brasil nos Quadros da Segunda Escravidão, Rio de Janeiro: 7 Letras, 2015; Piqueras, José Antonio (ed.), Esclavitud y capitalismo histórico en el siglo XIX. Brasil, Cuba y Estados Unidos, Santiago de Cuba: Casa del Caribe, 2016; Rood, Daniel, The Reinvention of Atlantic Slavery. Technology, Labor, Race, and Capitalism in the Greater Caribbean, New York; Oxford: Oxford University Press, 2017; Burnard, Trevor; Garrigus, John D., The Plantation Machine. Atlantic Capitalism in French Saint-Domingue and British Jamaica, Philadelphia: University of Pennsylvania Press, 2016; Muaze; Salles (eds.), A Segunda Escravidão e o Império do Brasil em Perspectiva Histórica, São Leopoldo: Casa Leiria, 2020; Conermann, Stephan; Zeuske, Michael (eds.), The Slavery/ Capitalism Debate Global. From ‚Capitalism and Slavery' to Slavery as Capitalism (= Comparativ. Zeitschrift für Globalgeschichte und Vergleichende Gesellschaftsforschung 30: 5–6 [2020]).

554 Bernand, Carmen, Negros esclavos y libres en las ciudades hispanoamericanas, Madrid: Fundación Histórica Tavera, 2001; Díaz Díaz, Rafael Antonio, Esclavitud, región y ciudad. El sistema esclavista urbano-regional en Santafé de Bogotá, 1700–1750, Bogotá: Centro Editorial Javeriano, 2001; Welch, Pedro L., Slave Society in the City. Bridgetown, Barbados, 1680–1834, Kingston: Ian Randle Publishers, 2003; Farias, Juliana Barreto; Santos Gomes, Flávio dos; Líbano Soares, Carlos Eugênio; Araújo Moreira, Carlos Eduardo de, Cidades Negras. Africanos, crioulos e espaços urbanos no Brasil escravista do século XIX, São Paulo: Alameda, 2006; Barcia Zequeira, María del Carmen, Los ilustres apellidos. Negros en la Habana Colonial, La Habana: Publicaciones de la Oficina del Historiador de la Ciudad de la Habana; Ediciones Boloña (Colección Raíces), 2009; Cañizares-Esguerra, Jorge; Childs, Matt D.; Sidbury, James (eds.), The Black Urban Atlantic in the Age of the Slave Trade, Philadelphia: University of Pennsylvania Press, 2013 (The Early Modern Americas).
555 Ebd.
556 Prado, Fabricio, Edge of Empire. Atlantic Networks and Revolution in Bourbon Río de la Plata, Berkeley: University of California Press, 2015, passim.

Historiker Jeremy Adelman hat die Historiker des kolonialen Spanisch-Amerika darauf verwiesen, dass das gesamte gigantische Kolonialreich, auch in den Hinterländern und nicht nur in den großen atlantischen oder karibischen Hafenstädten, auf massivem Sklavenhandel atlantischer Versklavter auf den Handelswegen in die Metropolen und Städte auch und gerade fern des Atlantiks und der Hafenstädte beruhte. Und es gab natürlich auch viele Häfen, die heute nicht mehr so wichtig sind, aber in Sklaverei-Zeiten sehr wichtige Export- und Import-Tore sowie Dienstleistungszentren der regionalen Sklaverei-Wirtschaften waren (im Falle Kubas neben Havanna etwa die Häfen der *Cuba grande* der Sklavereiwirtschaft Matanzas, Cárdenas, Cienfuegos und Sagua la Grande – Isabela de Sagua). Dabei wurde massive Geschäfte im Kauf und Wiederverkauf und in der Kapitalsicherung durch menschliche Körper gemacht.[557] Selbiges galt auch für den Kauf und Verkauf von Sklaven sowie den Kauf und Verkauf von Produkten sowie Dienstleistungen (z. B. Lagerung) von und für Sklaven und Sklaverei-Wirtschaft (Material, Technik, Werkzeuge, Baustoffe, *food*, etc.). Natürlich beruhte das, sagen wir, atlantische System in den Amerikas auch auf Sklavenschmuggel sowie illegalem Handel und, an den Grenzen/ Peripherien, auf den erwähnten „anderen" Razzien- sowie Schuldsklavereien/ Peonage, Raub und alltäglichem Handel mit Kindern, oft indigener Herkunft. Die lange formale Monopolisierung der *Atlantisierung* durch die spanische Krone, wie gesagt, bis 1789, zählte zu den Ursachen der *Independencia*.[558] Und der Sklavereihistoriker Spanisch-Amerikas, Alex Borucki, hat im Zuge der Revision der Zahlen und Wege des atlantischen Sklavenhandels in der Karibik am Beispiel Venezuelas zeigen können, dass die Minimalzahlen (TSTD2[559]) durch Einbeziehung des Schmuggels und der Verbindungen zu den „Portuguese, Dutch, British, and French Atlantics" etwa zehnmal höher sind.[560]

Versklavte hatten in dieser atlantischen Akkumulation von Kapital aus menschlichen Körpern mehrere strategische Funktionen. Man könnte die Akkumulation in ihrer global-räumlichen Dimension auch *Atlantisierung* nennen, erst der westafrikanischen und karibischen Inseln, dann der weiteren Küsten sowie der vordringenden Kolonialgebiete in den Amerikas und schließlich europäischer Regionen und Handelsstädte/ Finanzzentren. Die erste dieser Funktionen menschlicher Körper als Kapital wird im Begriff der „*pieza de Indias*" (*peça* im Portugiesischen) deutlich: „*Pieza*" wurde bis etwa 1820 in den gesamten iberischen Reichen als Abrechnungseinheit verwendet (Wertmaßstab). Wie Fernando Ortiz beschreibt, bezog sich eine

---

557 Adelman, Jeremy, „Capitalism and Slavery on Imperial Hinterlands", in: Adelman, Sovereignty and Revolution in the Iberian Atlantic, Princeton; Oxford: Princeton University Press, 2006, S. 56–100.

558 Ebd.

559 www.slavevoyages.org.

560 Borucki, Alex, „Trans-Imperial History in the Making of the Slave Trade to Venezuela, 1526–1811", in: Itinerario 36:2 (2012), S. 29–54, hier S. 29.

volle *pieza de Indias* auf einen gesunden Mann zwischen 15 und 30 Jahren mit mindestens einer gewissen Körpergröße (6 Fuß) oder auf eine gesunde (d. h. gebärfähige), große junge Frau. Ältere Frauen (über 25 Jahre alt) wurden zusammen mit Jugendlichen und Kindern mit der Hälfte oder zwei Dritteln einer vollen *pieza de Indias* bewertet.[561] Versklavte aus Afrika hatten neben der Kapitalfunktion sowie der bekannten Funktion als Arbeitskräfte und *talking commodities*, vor allem für das spanische Imperium die frühe strategische Funktion, Surrogat-Siedler und Siedlerinnen zu sein; letztere auch in der reproduktiven Funktion, d. h. Menschen für den Kolonialbereich zu gebären.[562] Die wichtigste und meist betonte Funktion von

---

[561] Ortiz, Fernando, Hampa afro-cubana. Los negros esclavos. Estudio sociológico y de derecho público, La Habana: Revista Bimestre Cubana, 1916; Ortiz, Los negros esclavos, La Habana: Ed. de Ciencias Sociales, 1976. Siehe auch: Lucena Salmoral, Manuel, „El período de los asientos con particulares (1595–1700)", in: Lucena Salmoral, La esclavitud en la América española, Warszawa: Universidad de Varsovia; Centro de Estudios Latinoamericanos, 2002 (Estudios y Materiales 22), S. 178–205.

[562] Vila Vilar, Enriqueta; Klooster, Wim, „Forced African Settlement. The Basis of Forced Settlement. Africa and its Trading Conditions", in: Emmer, Pieter C.; Carrera Damas, Germán (eds.), General History of the Caribbean, Bd. 2: New Societies. The Caribbean in the Long Sixteenth Century, London; Basingstoke: UNESCO Publishing, 1999, S. 159–179; Cortés López, José Luis, Esclavo y colono. Introducción y sociología de los negroafricanos en la América española del siglo XVI, Salamanca: Ediciones Universidad, 2004; Wheat, David, Atlantic Africa and the Spanish Caribbean, 1570–1640, Chapel Hill: University of North Carolina Press, 2016 (Omohundro Institute of Early American History and Culture). Siehe dort die genannten Kapitel über Frauen aus Afrika in der Karibik (vorwiegend in Städten): „Nharas and Morenas Horras", S. 142–180; schwarze Bauern (vorwiegend rural und im Umfeld der Städte): „Black Peasants", S. 181–215; sowie schwarze männliche Bevölkerung (vorwiegend der Hafenstädte): „Becoming ‚Latin'", S. 216–252 – alles verbunden auch mit der bereits mehrfach erwähnten Frage nach der grundsätzlichen Sicherung des Kolonialterritoriums der Produktion, Zirkulation und Konsumtion von Nahrungsmittel sowie der Transkulturation von Wissen und der Dynamisierung von *frontier*-Expansionen. Es war aber demographisch viel mehr: Geschätzte 6–8 Millionen von Menschen aus Afrika wurden bis um 1830 in die Amerikas verschleppt – im Vergleich zu 2–3 Millionen Europäern, die relativ „freiwillig" gekommen waren. Die Amerikas waren folglich von Beginn an und in fast jeder Hinsicht eine dezentrale und fundamentale Schöpfung von Menschen aus Afrika und ihren Nachkommen. Es gibt verschiedene Zahlenangaben, zum Beispiel auch, dass bis 1820 mehr als dreimal so viele Afrikaner (8,4 Millionen) gegen 2,4 Millionen Europäer zur demographischen *Africanization of the Americas* geführt hätten – vor allem kulturell, aber kaum diskursiv. Zugleich wird verständlich, warum viele Schwarze in den Amerikas das Präfix „Afro" empört zurückweisen: „Nein, wir sind die eigentlichen Amerikaner (Kubaner, Brasilianer, Kolumbianer, etc.)!". Die Zahlen der 8,4 vs. 2,4 Millionen stammen aus: Eltis, David, „Free and Coerced Transatlantic Migrations. Some Comparisons", in: American Historical Review 88 (1983), S. 251–280; siehe auch: Eltis (ed.), Coerced and Free Migration. Global Perspectives, Stanford: Stanford University Press, 2002; Postma, Johannes M., The Atlantic Slave Trade, Westport: Greenwood Press, 2003; Pomeranz, Kenneth; Topik, Steven, „People Patterns. Was the Real America Sichuan?", in: Pomeranz; Topik, The World That Trade Created. Society, Culture, and the World Economy, 1400 to the Present, Armonk: M.E. Sharpe, [2]2006, S. 55–58; McKeown, Adam, „Global Migration 1846–1940", in: Journal of World History 15:2 (2004), S. 155–190. „Africanization of the Americas" stammt aus: Bailey, Ronald, „The Other Side of Slavery. Black Labor, Cotton, and Textile Industrialization in Great Britain and the United States", in: Agricultural History 68:2

Sklaven war die von Arbeitskräften. Aber auch die Sozialbildungs-Funktion war wichtig: Die Nachkommen von Sklavinnen und Sklaven bildeten durch deren sexuelle Verbindungen zu *indios* sowie *indias* die *castas*: im Kolonialjargon *libertos*, *morenos*, *mulatos*, *mestizos* oder *zambos*, *cafusos*, *griffes* (mit extrem vielen Lokalvarianten). Durch Verbindungen innerhalb der *castas* bildeten sich immer neue Varianten von Bezeichnungen im kolonialen Jargon und in der Alltagssprache. Eine weitere, extrem wichtige Funktion der versklavten menschlichen Körper war die Funktion der Kapitalsicherung. Viele Erbschaften und Mitgiften bestanden neben Land und Häusern aus Sklaven, die ein „sicheres Kapital" darstellten. In der, sagen wir, Primärfunktion als Arbeits- und Produktivkräfte, schufen sie Mehrwert, ebenso wie sie in der Reproduktion „Mehrwert" schaffen konnten. Deshalb kam es oft zu schweren Auseinandersetzungen zwischen Erblassern und Erben um den Selbstfreikauf von Sklavinnen und Sklaven (*coartación*, *ahorro*), weil den Sklavenhaltern – oft auch Witwen mit nur 2–3 Sklaven, die sich damit Kapital und Rente sicherten – Arbeitskraft, Profitquelle, Kapital und Kapitalsicherung verloren gingen.[563] Die spanische Krone musste wegen dieser Konflikte das Amt des angestellten Armenanwalts (*síndico procurador*) einführen, u. a., um dem Kronschatz Steuern und Mehrwertsteuern (*alcabala*, *alcabalita*) aus Sklavenverkäufen und Selbstfreikäufen zu sichern. Die Krone versuchte damit auch, Sklaverei, Sklavenhalter, Sklaven und die Kommodifizierung der Freiheit auf Kuba zu kontrollieren.[564]

Die „anderen Sklavereien" (Versionen der „*other slavery*" von Andrés Reséndez), ich will gerne noch ein Mal darauf hinweisen, spielten als *frontier*-Sklavereien (Razzien-Sklavereien durch und bei Indigenen, Mission-Sklavereien, *comancheros*, und Viehhaltungs-Sklaverei – *livestock*, *hateros*/ *estancieros* mit erfahrenen schwarzen Versklavten als Aufsehern[565] – sowie punktuell/ regional Goldwäsche, Edelstein-Abbau und Holzeinschlag – vor allem auf Edelhölzer, wie Caoba) eine weiterhin extrem wichtige Rolle, auch als Grenzsicherungs-, Übergangs- und *casta*-Sklavereien.

(1994), S. 35–50, hier S. 38; siehe auch: Knight, Frederick C., Working the Diaspora – The Impact of African Labor on the Anglo-American World 1650–1850, New York; London: New York University Press, 2010.

563 Tardieu, Jean-Pierre, „El esclavo como valor en las Américas españolas", in: Iberoamericana. América Latina – España – Portugal. Ensayos sobre letras, historia y sociedad 7 (2001), S. 59–71.

564 Varella, Claudia; Barcia, Manuel, „Freeing Oneself. The Meaning and Practice of Coartación", in: Varella; Barcia, Wage-Earning Slaves. Coartación in Nineteenth-Century Cuba, Gainesville: University of Florida Press, 2020, S. 15–30.

565 Shepherd, Verene A., Livestock, Sugar and Slavery. Contested Terrain in Colonial Jamaica, Kingston, Ian Randle Publishers, 2009; Sluyter, Andrew, Black Ranching Frontiers. African Cattle Herders of the Atlantic World, 1500–1900, New Haven: Yale University Press, 2012, passim; Sluyter, „How Africans and Their Descendants Participated in Establishing Open-Range Cattle Ranching in the Americas", in: Environment and History 21 (2015), S. 77–101.

Gleiches gilt für indigene Sklavereien ohne und mit Beeinflussung durch Europäer, Afrikaner und euro-kreolische oder *casta*-Siedler.[566]

In den Amerikas waren unterschiedliche Sklavereien mit privater Landkontrolle (Eigentum) sowie landwirtschaftlicher Großraumwirtschaft unter Kontrolle euro-kreolischer Siedler verbunden (Latifundien); in den spanischen Amerikas zunächst meist *haciendas* und *hatos* oder *estancias* für Großvieh sowie *potreros* und *corrales* (eher für Schweine, Schafe und Ziegen) genannt. *Haciendas/ estancias* wurden im Rahmen der „ersten Sklaverei" in den Amerikas von vielen *yndios* und *castas* (*mestizos, zambos, mulatos, gauchos, vaqueros, llaneros, huasos, rancheros, monteros*) sowie wenigen und teuren *negros* als Sklaven und abhängige Bauern bearbeitet. *Hatos* und *estancias* waren sehr große, offene Vieh-Ranches. Das Vieh wurde gejagt (auch ohne *hatos* oder *estancias*). *Hatos* waren meist ohne Begrenzungen und im Besitz einer durch Heirat verbundenen *hatero*-Gruppierung; viele waren auf Großvieh spezialisiert (Rinder, Pferde, Maultiere, Esel), aber sie verfügten auch über diversifizierte Agrikultur (in den Tropen oder Subtropen Tabak, Zucker, Nahrungsmittel, seit dem 18. Jahrhundert auch Kaffee) und starke Schmuggelverbindungen zu Zuckergebieten und Städten.[567] *Montería* bezeichnet die Jagd auf verwildertes Vieh, sozusagen

---

566 Mendoza, Irma Marina, „El cabildo de los pardos en Nirgua. Siglos XVII y XVIII", in: Bolivarium. Anuario de Estudios Bolivarianos 4 (1995), S. 95–120; Humboldt, Alexander von, Reise durch Venezuela. Auswahl aus den amerikanischen Reisetagebüchern, Faak, Margot (ed.), Berlin: Akademie Verlag, 2000 (Beiträge zur Alexander-von-Humboldt-Forschung 12), S. 197, 210; siehe auch: Rojas, Reinaldo, „Mestizaje y poder en Nirgua, una ciudad de mulatos libres en la provincia de Venezuela 1628–1810", in: Rojas, La rebelión del negro Miguel y otros temas de africanía, Barquisimeto: Tipografía y Litografía Horizonte, C.A., 2004, S. 119–138.

567 Garavaglia, Juan Carlos, „Un siglo de estancias en la campaña de Buenos Aires. 1751 a 1853", in: Hispanic American Historical Review 79:4 (1999), S. 703–734; Garavaglia; Gelman, Jorge D., El mundo rural rioplatense a fines de la época colonial. Estudios sobre producción y mano de obra, Buenos Aires: Biblos, 1989; Garavaglia; Gelman, „Rural History of the Río de la Plata, 1600–1850", in: Latin American Research Review 30:3 (1995), S. 75–105; Mayo, Carlos, „Gauchos negros. Los esclavos de la estancia colonial", in: Mayo, Estancia y sociedad en la pampa, 1740–1820, Buenos Aires: Editorial Biblos, 2004, S. 135–150; Zeuske, Michael, „Caudillos, Llaneros, Campesinos und die Guerra Federal (1859–1870)", in: Zeuske, Von Bolívar zu Chávez. Die Geschichte Venezuelas, Zürich: Rotpunktverlag, 2008, S. 259–282; Garavaglia, „The Economic Role of Slavery in a Non-Slave Society. The River Plate, 1750–1814", in: Fradera, Josep Maria; Schmidt-Nowara, Christopher (eds.), Slavery and Antislavery in Spain's Atlantic Empire, New York; Oxford: Berghahn, 2013, S. 74–100; Giusti-Cordero, Juan, „Sugar and Livestock. Contraband Networks in Hispaniola and the Continental Caribbean in the Eighteenth Century", in: Revista Brasileira do Caribe 15, no. 29 (2014), S. 13–41; Stark, David M., Slave Families and the Hato Economy in Puerto Rico, Gainesville: University Press of Florida, 2015; siehe auch die Kurzdefinitionen, die Humboldt im Essay über Kuba zu *hatos* und *potreros* gibt: „Table of Agricultural Wealth in the Province of Havana, 1817", in: Humboldt, Alexander von, Political Essay on the Island of Cuba. A Critical Edition, Kutzinski, Vera M.; Ette, Ottmar (eds.), Chicago; London: The University of Chicago Press, 2011, S. 112. Zur Entwicklung von *hacienda* und *ingenios* aus einem konkreten *hato* (*hato* Las Cruces) auf Kuba, siehe: Pina Yanes, Mayra Teresa; González Terry, Ana Belén, Cruces, el pueblo de los molinos, Cienfuegos: Ediciones Mecenas, 2001.

ohne *hato* oder *estancia*. Die sehr mobilen und fast freien Sklaven sowie ehemalige Sklaven waren *monteros*.[568] Zugleich begründete Vieh-Jagd, Pferderaub und Reiterei transkulturelle Widerstands-Kulturen (wie der *llanos* und *pampas* – um nicht nur immer die nordamerikanischen Prärien zu erwähnen).[569]

Sklavenhalter und Sklavenhändler gehörten meist der Elite der jeweiligen Gesellschaft bzw. Gemeinschaft an – am deutlichsten in den eurokreolischen Kolonialgesellschaften, wo Land- und Sklavenbesitz und/ oder hohe Profite aus dem Sklavenhandel hohen sozialen Status begründeten. In fast in allen Kolonialgebieten existierte eine „weiße" aristokratische oder quasi-aristokratische Oligarchie. Aber es entwickelten sich auch farbige Oberschichten (*pardos, castas*). Vor allem in den iberisch-katholischen Gebieten, aber auch auf Jamaika gab es schwarze oder farbige Sklavenbesitzerinnen und -besitzer; auch ehemalige Sklavinnen und Sklaven.[570] Im spanischen Amerika und vor allem auf Kuba im 19. Jahrhundert bekamen Sklavenhalter, aber vor allem große Sklavenhändler (*negreros*) sogar Dutzende von Hoch-Adelstiteln.[571]

---

568 Zu *montería* und *monteros* siehe: González, Raymundo, „Campesinos monteros en Santo Domingo colonial. Dispersión rural en la sociedad esclavista", in: Naranjo Orovio, Consuelo (ed.), Sometidos a esclavitud. Los africanos y sus descendientes en el Caribe Hispano, Santa Marta: Editorial Unimagdalena, 2021 (Colección Humanidades y Artes. Historia), S. 225–269.

569 Izard, Miguel, Orejanos, cimarrones y arrocheladas, Barcelona: Sendai Ediciones, 1988; Izard, „Élites criollas y movilización popular", in: Guerra, François-Xavier (ed.), Las revoluciones hispánicas. Independencias americanas y liberalismo español, Madrid: Editorial Complutense, 1995, S. 89–106; Izard, Ni cuatreros ni montoneros, Llaneros. Compilación prólogo y bibliografía González Segovia, Armando, Caracas: Centro Nacional de Historia, 2011.

570 Rosal, Miguel A., „Negros y pardos propietarios de bienes raíces y de esclavos en el Buenos Aires de fines del período hispánico", in: Anuario de Estudios Americanos 58 (2001), S. 495–512; Hevia Lanier, Oilda, „Reconstruyendo la historia de la exesclava Belén Álvarez", in: Rubiera Castillo, Daisy; Martiatu Terry, Inés María (eds.), Afrocubanas. Historia, pensamiento y prácticas culturales, La Habana: Editorial Ciencias Sociales, 2011, S. 30–53; Hevia Lanier, „Historias ocultas. Mujeres dueñas de esclavos en La Habana colonial (1800–1860)", in: Hevia Lanier; Rubiera Castillo (eds.), Emergiendo del silencio. Mujeres negras en la historia de Cuba, La Habana: Editorial de Ciencias Sociales, 2016, S. 3–55; Walker, Christine, Jamaica Ladies. Female Slaveholders and the Creation of Britain's Atlantic Empire, Chapel Hill: University of North Carolina Press, 2020; Chaviano, Lizbeth J., „,Pardas y morenas', libres y libertas. Propietarias y emprendedoras a finales del siglo XVIII en Trinidad, Cuba", in: Anuario de Estudios Americanos 78 (2021), S. 599–628.

571 Tadman, Michael, Speculators and Slaves. Masters, Traders, and Slaves in the Old South, Madison: University of Madison Press, 1989; Tadman, „The Reputation of the Slave Trader in Southern History and the Social Memory of the South", in: American Nineteenth Century History 8:3 (2007), S. 247–271; Burnard, Trevor, „Et in Arcadia ego. West Indian Planters in Glory, 1674–1784", in: Atlantic Studies 9:1 (2012), S. 19–40 (= Rethinking the Fall of the Planter Class); Follett, Richard, The Sugar Masters. Planters and Slaves in Louisiana's Cane World 1820–1860, Baton Rouge: Louisiana State University Press, 2005; Burnard, „The Planter Class", in: Heuman, Gad; Burnard (eds.), The Routledge History of Slavery, London: Routledge, 2011, S. 187–203; Gliech, Oliver, Saint-Domingue und die Französische Revolution. Das Ende der weißen Herrschaft in einer karibischen Plantagenwirtschaft, Köln; Weimar; Wien: Böhlau, 2011; Gliech, „L'autodestruction de l'élite blanche de Saint-

Die Leitressource der Sklaverei-Moderne seit 1500 war Zucker (flankiert von Kaffee und Tabak; später auch Baumwolle, sowie Viehhaltung und -jagd). Die ersten Zucker-„Plantagen" entstanden auf São Tomé, Madeira und auf den Kanaren im iberischen „Imperium der Inseln". Sie wurden *roças* genannt, wegen der Mühlen- und Siedehaus-Technologie aber auch *engenhos/ ingenios*. Die ersten *engenhos* nur mit schwarzen *cativos* entstanden auf São Tomé. Vor allem von den Kanaren, aber auch von São Tomé wurden *ingenios* (meist auf Zucker) nach La Española, Puerto Rico sowie in den Osten Kubas transferiert,[572] seit ca. 1560 von São Tomé und Madeira auch massiv an die Küsten des heutigen Brasiliens. In beiden Imperien entwickelten sich im Modus der „ersten Sklaverei" Luxus- und Haussklavereien sowie Infrastruktur- und Handwerkssklavereien in Städten und Häfen, rurale Sklavereien auf Haciendas nach dem Muster „billige" Indios oder *casta*-Sklaven – teure *negros* (innerhalb eines Großfeldes anderer asymmetrischer, meist kollektiver Abhängigkeiten vor allem der Indigenen Perus und Mexikos) sowie *frontier*-Sklavereien nach dem Muster der *other slavery*, der Missionssklavereien und der indigenen Razzien-Sklavereien. Im portugiesischen Kolonialgebiet (vor allem Salvador da Bahia und Olinda) geschah dies mit stärkeren Anteilen von Versklavten aus Afrika.[573] Im 17. Jahrhundert, vor allem nach dem Scheitern der Niederländer in Nordost-Brasilien 1654 (Recife/ Olinda/ Ceará), entstanden in der nichtspanischen Karibik seit etwa 1630 Plantagen im Wort-Sinne[574], zunächst auf Barbados mit Ausstrahlungen nach Jamaika sowie in die englische

Domingue. Histoire d'un paradoxe 1789–1794", in: Revue de la Société Haïtienne d'Histoire, de Géographie et de Géologie (2012), S. 77–92; Karp, Matthew, „The World the Slaveholders Craved. Proslavery Internationalism in the 1850s", in: Shankman, Andrew (ed.), The World of the Revolutionary American Republic. Land, Labor, and the Conflict for a Continent, London: Routledge, 2014, S. 414–432; Ferraro, Marcelo Rosanova, „Capitalism, Slavery and the Making of Brazilian Slaveholding Class. A Theoretical Debate on World-System Perspective", in: Almanack 23 (2019), S. 151–175; Piqueras [Arenas], La esclavitud en las Españas. Un lazo transatlántico, Madrid: Catarata, 2011; Piqueras, José Antonio, Negreros. Españoles en el tráfico y en los capitales esclavistas, Madrid: Catarata, 2021 (Procesos y movimientos sociales).
572 Fuente, Alejandro de la, „Sugar and Slavery in Early Colonial Cuba", in: Schwartz, Stuart B. (ed.), Tropical Babylons. Sugar and the Making of the Atlantic World, 1450–1680, Chapel Hill: University of North Carolina Press, 2004, S. 115–157; Moscoso, Francisco, „Canarias. El oro de las islas", in: Moscoso, Orígenes y cultura de la caña de azúcar. De Nueva Guinea a las islas del Atlántico, Puerto Rico: Publicaciones Gaviota, 2017, S. 261–299; Caldeira, Arlindo Manuel, „Aprender os Trópicos. Plantações e trabalho escravo na ilha de São Tomé", in: Vaz do Rego Machado, Margarida; Gregorio, Rute Dias; Silva, Susana Serpa (eds.), Para a história da escravatura insular nos séculos XV a XIX, Lisboa: CHAM, 2013, S. 25–54.
573 Schwartz, Stuart B., Sugar Plantations in the Formation of Brazilian Society: Bahia, 1550–1835, Cambridge: Cambridge University Press, 1985; Ebert, Christopher, Between Empires. Brazilian Sugar in the Early Atlantic Economy, 1550–1630, Leiden: Brill, 2008.
574 Wolf, Eric R.; Mintz, Sidney W., „Haciendas y plantaciones en Mesoamérica y Las Antillas", in: Florescano, Enrique (ed.), Haciendas, latifundio y plantaciones en América Latina, México. Siglo XXI, 1975, S. 532–572; Burnard, Trevor, „Plantations", in: Burnard, The Atlantic in World History, 1490–1830, London: Bloomsbury Academic, 2020, S. 237–247; Scanlan, Padraic X.,

Karibik, die Guayanas, auf den französischen Karibik-Kolonien und in englischen Nordamerika-Kolonien. Auf Barbados bildeten sich auch das Konzept und die Realität der modernen Plantage (*plantation*, *estate*) heraus – immer in Verbindung zu Häfen. Die Haupt-Charakteristika der Plantagen waren Sklaven-*gangs* oft unterschiedlicher afrikanischer „Nationen" (wie Coromantee, Congos oder Minas, die in sich verschiedene Gruppen vereinigten, oft auch Frauen[575]), die *tasks* in Konkurrenz abarbeiteten und sich gegenseitig kontrollierten, moderne Mühlen sowie Siedehaus- und Trocknungstechnologien. Die englische Innovation, schreibt Pedraic Scanlan: „*in Barbados was to concentrate cultivation and production on the same plantation.*"[576] Höhepunkte dieser Entwicklung moderner Plantagen im Umfeld der „ersten Sklaverei", aber bereits massiv mit Versklavten aus Afrika und Anfängen von *Second Slavery*, entwickelten sich neben Barbados in Jamaika und in Saint-Domingue sowie in weiteren nichtiberischen Karibik-Kolonien (wie den niederländischen Guayana-Kolonien an Flüssen und Flussmündungen).[577] Jeweils mit Bezug zu Häfen und ihren Molen, Docks und Lagermöglichkeiten. Der Übergang zur *Second Slavery* liegt im Zeitraum von 1760 und 1815, vor allem durch die Ausweitung der Plantagen-Produktion auf Kaffee, Tabak und Baumwolle. Die Produktion dieser globalen *commodities* durch Versklavte auf Plantagen folgte der erweiterten Konsumtion, zunächst vor allem in Asien sowie in den Sklavenhandelssystemen des afrikanischen Atlantiks, dann auch im Biedermeier-Kapitalismus in Europa und Nordamerika. Trotz der Intensivierungen der Sklaverei in den karibischen Kolonialreichen war Spanisch-Amerika bis um 1810, wie erwähnt, „*the largest, richest, most heavily populated, as well as the most urbanized European imperial domain in the New World*".[578] Zusammen mit dem

---

„Money, Death and Secrecy. The Plantation", in: Scanlan, Slave Empire. How Slavery Built Modern Britain, London: Robinson, 2020, S. 67–105.

575 Meir, Lucille Mathurin, „Women Field Workers in Jamaica during Slavery", in: Moore, Brian L.; Higman, Barry W.; Campbell, Carl; Bryan, Patrick (eds.), The Dynamics of Caribbean Society: Slavery Freedom and Gender, Barbados: University of West Indies Press, 2003, S. 182–196; Zeuske, Michael, „Sklaverei, Postemanzipation und Gender auf Kuba. Ein Überblick", in: Schmieder, Ulrike (ed.), Postemanzipation und Gender, Leipzig: Leipziger Universitätsverlag, 2007 (= Comparativ. Zeitschrift für Globalgeschichte und Vergleichende Gesellschaftsforschung 17:1), S. 18–37.

576 Scanlan, Padraic X., „Blood and Sugar. Britain's Wars for Slavery", in: Scanlan, Slave Empire. How Slavery Built Modern Britain, London: Robinson, 2020, S. 27–66, S. 35.

577 Diptee, Audra A., From Africa to Jamaica. The Making of an Atlantic Slave Society, 1776–1807, Gainesville: University Press of Florida, 2010; zum „Frieden", den der Gouverneur von Suriname 1684 mit Kariben, Aruaken und Warao geschlossen hatte, der es diesen Stämmen ermöglichte, neben ihren indigen-kolonialen Sklavereien, Sklavenhandel mit den europäischen Kolonisten zu betreiben, siehe: Goslinga, Cornelis C., The Dutch in the Caribbean and in the Guianas 1680–1791, Assen: Van Gorcum, 1985, S. 272; Davis, Natalie Zemon, „Physicians, Healers, and their Remedies in Colonial Suriname", in: Canadian Bulletin of Medical History 33:1 (2016), S. 3–34.

578 Eltis, David, „Iberian Dominance and the Intrusion of Northern Europeans into the Atlantic World: Slave Trading as a Result of Economic Growing?", in: Almanack 22 (2019), S. 495–549 (https://www.scielo.br/scielo.php?script=sci_arttext&pid=S2236-46332019000200496 [10. März 2022]).

portugiesischen Amerika bildeten die Spanisch-Amerikas *das* „Imperium der Sklave-rei" außerhalb Afrikas. Alle Amerikas waren bis in das 20. Jahrhundert ein transkultu-reller und interdependenter Raum unterschiedlichster Sklavereien, Sklaverei-Regimes sowie Sklavenhandelsformen. Siedler-Kolonialismus mit Versklavungspotential gab es auch überall. Er war nur in den spanischen Bereichen stärker staatlich oder korporativ (Missionen) kontrolliert.[579] In ihnen entwickelte sich Sklaverei von Menschen aus Af-rika auf der Basis der immer vorhandenen „anderen" Sklavereien sowie der Übergänge zwischen ihnen. Ehemalige Sklaven wurden, vor allem im iberischen Bereich, auch zu Siedlern mit Sklaven.

Die intensivsten Sklavereien entstanden im Zucker und zwar, wie oben gesagt, im atlantischen „Imperium der Inseln" (auf São Tomé, den Kanaren sowie auf den frühen Antillen). Sie existierten ab ca. 1550 in Brasilien und ab der zweiten Hälfte des 17. Jahr-hunderts vor allem auf englischen und französischen Karibik-Inseln sowie Saint Thomas (dänisch). Auf der kleinen Insel Barbados entstand das (aus Irland übernommene) *plan-tation*-System, d. h. die Massenproduktion von Zucker mit Versklavten aus unterschied-lichen Regionen Afrikas, einem spezifischen Zeit- und Arbeitsmanagements und der Anwendung von Maschinen sowie moderner Zuckertechnologie. Das *plantation*-System wurde unter unterschiedlichen Namen (*engenhos, habitations, haciendas, fincas, inge-nios*) von den Franzosen und Spaniern übernommen, vor allem im Norden von Saint-Domingue sowie seit 1790 an der *tierra firme* (vor allem in den Küstentälern Venezuelas), in den Guayana-Kolonien, auf Kuba und seit 1815 auch auf Puerto Rico[580] (siehe Kapitel 5 „*Second Slaveries* – eine neue, kapitalistische Sklaverei und ihre regionalen Varianten").

Wie bereits gesagt, war nicht alles Zucker. Oft gab es zeitlich vor, aber auch neben dem Zucker „erste" Sklavereien im Goldwaschen, in der Perlenfischerei[581], es

---

579 Smallwood, Stephanie E., „Reflections on Settler Colonialism, the Hemispheric Americas, and Slavery", in: Williams and Mary Quarterly 76:3 (2019), S. 407–416.
580 Ramos-Mattei, Andrés, La hacienda azucarera. Su surgimiento y crisis en Puerto Rico (siglo XIX), San Juan: CERP, 1981; Ramos-Mattei (ed.), Azúcar y esclavitud, Río Piedras: UPR, 1982; Ramos-Mattei, La sociedad del azúcar en Puerto Rico, San Juan: UPR, 1988; Scarano, Francisco A., Haciendas y barracones. Azúcar y esclavitud en Ponce, Puerto Rico, 1800–1850, Río Piedras: Edicio-nes Huracán, 1992; Negrón-Portillo, Mario; Mayo-Santana, Raúl, La esclavitud urbana en San Juan de Puerto Rico: Estudio del Registro de esclavos de 1872, 2 Bde., Río Piedras: Huracán, 1992; Fi-gueroa, Luis A., Sugar, Slavery, and Freedom in Nineteenth-Century Puerto Rico, Chapel Hill: Uni-versity of North Carolina Press, 2005; Baralt, Guillermo, Slave Revolts in Puerto Rico. Translated by Christine Ayorinde, Princeton: Markus Wiener Publishers, 2007; Picó, Fernando, Ponce y los rostros rayados. Sociedad y esclavitud 1800–1830, San Juan, Puerto Rico: Ediciones Huracán, 2012; Naranjo Orovio, Consuelo, „Archipiélago de esclavos. Trabajo forzado y seguridad pública en Pu-erto Rico, 1800–1850", in: Naranjo Orovio (ed.), Los márgenes de la esclavitud. Resistencia, control y abolición en el Caribe y América Latina, Madrid: Dykinson, 2021, S. 179–208.
581 Otte, Enrique, Las perlas del Caribe. Nueva Cádiz de Cubagua, Caracas: Fundación John Boul-ton, 1977; Otte, Von Bankiers und Kaufleuten, Räten, Reedern und Piraten, Hintermännern und Strohmännern. Aufsätze zur atlantischen Expansion Spaniens, Stuttgart: Steiner, 2004 (Studien zur modernen Geschichte 58).

gab *obrajes* (Sklavenmanufakturen[582]) und, wie oben dargelegt, Sklaverei im Bergbau (auch im eher nicht exportorientierten, wie Minas Gerais[583]) sowie frühe „zweite" Sklavereien vor allem mit Sklaven aus Afrika im Anbau von Tabak, Indigo und Baumwolle auf den eben erwähnten karibischen Inseln.[584] Und es war nicht alles Plantage – es gab auch eine Sklaverei-Karibik *„sin plantación"* (ohne Plantage).[585]

Blickt man von von Norden nach Süden über die Amerikas, existierten – indigene und *frontier*-Sklavereien immer mitdenkend – Razzien-, Handels-, Haus- und Siedlungs-Sklavereien im Norden (heutiges Kanada sowie Mississippi-Lauf bis nach Louisiana) und in den New England-Kolonien. In den mittleren Kolonien vom Virginia-Typus (Chesapeake) gab es Plantagen-Sklaverei auf Tabak, Getreide, vor allem Weizen und Mehl sowie Holz, Handwerksklaverei, Sklaven als Teile von Schiffsbesatzungen sowie ebenfalls massiven Sklavenhandel und Razzien-Sklaverei von indigener und von Kolonisten-Seite, oft mit dem Verkauf von *captives* aus anderen indigenen *nations* durch Indigene an die Kolonisten sowie durch die Flucht afrikanischer Versklavter zu Indigenen. In den Carolina-Kolonien gab es massive Sklavereien mit Reisplantagen, urbane Sklavereien, Piraterie mit Sklavenhandel und -schmuggel sowie Holzhandel.[586] In den südlicheren englischen Kolonien vom Typ Georgia und (zeitweilig) Florida waren Plantagen zunächst wenig erfolgreich bzw. scheiterten wegen des Widerstandes der *cimarrón*-Widerstandkulturen (mit eigenen Sklaverei-Formen). Auch im frühen französischen Louisiana (1764–1803 spanisch als Luisiana) bildeten sich zwar wichtige Sklavenhandelsstädte (mit Häfen), wie Nouvelle Orléans und Baton Rouge. Aber auch hier war Plantagensklaverei zunächst wenig erfolgreich.[587] Erfolgreich wurden Plantagenwirtschaften hier erst mit der *second slavery* ab

---

582 Miño Grijalva, Manuel, El obraje. Fábricas primitivas en el mundo hispano americano en los albores del capitalismo, 1530–1850, Ciudad de México: El Colegio de México, Centro de Estudios Históricos, 2016.

583 Martins, Amilcar; Martins, Robert B., „Slavery in a Nonexport Economy. Nineteenth Century Minas Gerais Revisted", in: Hispanic American Historical Review 63:3 (1983), S. 566–582.

584 Menard, Russell L., Sweet Negotiations. Sugar, Slavery and Plantation Agriculture in Early Barbados, Charlottesville: University of Virginia Press, 2006.

585 Shepherd, Verene A. (ed.), Slavery Without Sugar. Diversity in Caribbean Economy and Society Since the 17th Century, Gainesville: University of Florida Press, 2002; Abello Vives, Alberto; Bassi Arévalo, Ernesto, „Un Caribe por fuera de la ruta de la Plantación", in: Abello Vives (ed.), Un Caribe sin plantación. Memorias de la cátedra del Caribe colombiano. Primera versión virtual, San Andrés: Universidad Nacional de Colombia; Observatorio del Caribe Colombiano, 2006, S. 11–43; Chira, Adriana, Patchwork Freedoms. Law, Slavery, and Race beyond Cuba's Plantations, Cambridge; New York: Cambridge University Press, 2022.

586 Friedman, Saul S., „The Carolinas", in: Friedman, Jews and the American Slave Trade, New Brunswick: Transaction Publishers, 1998, S. 145–173.

587 Vila Vilar, Enriqueta, „La esclavitud en el Caribe, La Florida y Luisiana. Algunos datos para su estudio", in: Marchena Fernández, Juan (ed.), La influencia de España en el Caribe, la Florida y la Luisiana (1500–1800), Madrid: Instituto de Cooperación Iberoamericana, 1983, S. 109–128; Parker, Susan R., „Men without God or King. Rural Planters of East Florida, 1784–1790", in: Florida Histori-

1820 (siehe unten). Der gesamte Norden und Nordosten Neu-Spaniens bestand aus einem Mosaik von *frontier-*, Missions- und Razzien-Sklaverei-Zonen sowie -Regimes, inklusive *other slaveries*. In Yucatán und an den zentralamerikanischen Karibik-Küsten, wo zugleich fast autarke Holzfäller- und Goldsucher-Sklavereien (vor allem an den Pazifikküsten/ Chocó) sowie indigen-transkulturelle Sklavereien (Miskito, Wayúu) existierten, gab es keine Plantagen-Sklavereien. In den pazifischen Gebieten Mittelamerikas, vor allem im heutigen Nikaragua existierten vielfältige Hausskla-verei- und Landwirtschaftssklavereien (*haciendas, hatos*) im Modus der „anderen" Sklaverei sowie kollektiver Quasi-Sklaverei-Formen von Indigenen und *castas*.[588] Cartagena als Haupthafen der atlantischen Sklaverei befand sich in einem Gebiet ohne Plantagen, aber mit großen *hatos*, die, wie oben dargelegt, *haciendas* genannt wurden – ebenso wie die riesigen *hatos* im Hinterland des heutigen Venezuelas und Kolumbiens (*llanos*) mit einzelnen schwarzen verklavten Männern, die als Vorarbei-ter (*mayorales*) meist *casta*-Sklaven, wieder eingefangenen *cimarrones* sowie indi-genen Quasi-Sklaven vorstanden. Anders war es in Cartagenas karibisch-atlantischer Schwesterstadt La Habana, die schon sehr zeitig von Plantagen umgeben war.[589]

Cartagena war die Haupteingangstür[590] zu einem gigantischen Sklavenhandels-routen-Netz mit urbanen Knoten im Sinne des bereits genannten Jeremy Adelman: Erstens der Landweg, zugleich partiell ein Flussweg den Kanal sowie den Río Magda-lena aufwärts.[591] Humboldt hat diese Route bis Lima auf dem Fluss-/ Landweg und von Lima über Guayaquil bis Acapulco auf dem Seeweg exzellent beschrieben. Zwei-tens der teils maritime, teils Landweg über die Westkaribik, den Isthmus von Panamá und von Panamá-Stadt auf Küstenrouten nach Acapulco (nach Norden) und über Guayaquil und El Callao nach Lima. Von Lima führte das Routen-Netzwerk weiter nach Süden (Küstenroute) über Andentäler und -pässe in die Silbergebiete des heuti-gen Boliviens (Ober-Peru, Chuquisaca, Charcas). Dort bildeten atlantische schwarze Sklaven im Wesentlichen Status-Hauspersonal und Kapital menschlicher Körper in-nerhalb einer Vielzahl anderen Sklavereien und Abhängigkeitsformen.

---

cal Quarterly 69 (1990), S. 135–155; Landers, Jane G. (ed.), Colonial Plantations and the Economy in Florida, Gainesville: University of Florida Press, 2000.

588 Sherman, William L., Forced Native Labor in Sixteenth-Central America, Lincoln; London: University of Nebraska Press, 1979, S. 16; siehe auch: Ahlert, Regine, La Pestilencia más horrible ... Die Geschichte der indigenen und schwarzen Sklaverei in Nikaragua, Berlin: LIT Verlag, 2015.

589 García Rodríguez, Mercedes, Entre Haciendas y Plantaciones. Orígenes de la manufactura azu-carera en La Habana, La Habana: Editorial de Ciencias Sociales, 2007.

590 Múnera, Alfonso, „Cartagena afro. La gran ciudad del Caribe, 1580–1640", in: Múnera, La in-dependencia de Colombia. Olvidos y ficciones. Cartagena de Indias (1580–1821), Bogotá: Editorial Planeta Colombia, 2021, S. 21–61.

591 Zur Sklaverei in Nueva Granada: Maya Restrepo, Luz Adriana, Brujería y reconstrucción de identidades entre los africanos y sus descendientes en la Nueva Granada, siglo XVII, Bogotá: Minis-terio de Cultura, 2005.

Strukturell gilt das auch für Veracruz als Hauptsklavenhafen für Neu-Spanien.[592] Auch hier begann nach der Anlandung von Sklavenschiffen ein interner urbaner Transport- und Verkaufsweg für afrikanische Sklaven. Ein Teil blieb als urbane Sklaven (auch Infrastruktur- und Hafenbau sowie Seefahrt) in Veracruz. Zwischen Veracruz und Mexiko-Stadt liegt die Stadt Córdoba, Zentrum einer Region von Zucker-*haciendas*.[593] Wie in der Nähe von Cartagena existierten im Süden von Veracruz eher Vieh-*haciendas* mit wenigen Sklaven und afro-mestizischer, formal „freier" Bevölkerung und nur sehr wenige Zucker-*ingenios* im Marquesado en Los Tuxtlas. Acapulco war der pazifische Haupthafen Neu-Spaniens mit globaler Anbindung an die Philippinen und China (Manila-Galeone). Dort kamen, wie oben gesagt, Versklavte aus Panamá an, aber vor allem bis zur Mitte des 17. Jahrhunderts *chinos/ asiáticos* aus Ostasien, Japan und den Philippinen.[594] Im Süden waren Buenos Aires und Montevideo/ *Banda Oriental* die viel genutzten Hintertüren zum Silberreich Perú/ Ober-Perú (oft auch entlang einer komplizierten Fluss-, Pampa- und Anden-Route über Santiago de Chile/ Valdivia). Beide Hafenstädte waren auch Schmuggel-Hochburgen für afrikanische Sklaven, zunächst meist über Brasilien, ab 1780 auch direkt aus Afrika. Getauscht wurden die Sklaven gegen Häute, Trockenfleisch, Vieh sowie Silber und Gold.

Nach innen, in den Kontinent hinein, existierten Missionsgrenzen und Kriegs-*frontiers* mit eigenen Sklaverei-Regimes sowie riesige Missionsterritorien mit kolonialen Mönchs-Sklavereien[595] und *entradas/* religiöse Razzien-Sklaverei (wie

---

592 Castañeda García, Rafael; Hammack, María Esther, „El comercio de esclavos africanos desde el Atlántico ibérico a la Nueva España. Notas historiográficas", in: Fernández Chaves, Manuel; Pérez García, Rafael (eds.), Tratas atlánticas y esclavitudes en América. Siglos XIX, Sevilla: Editorial Universidad de Sevilla, 2021 (Colección Historia 380), S. 185–207.

593 Naveda Chávez-Hita, Adriana, Esclavos negros en las haciendas azucareras de Córdoba, Veracruz, 1690–1830, Xalapa: Universidad Veracruzana; Centro de Investigaciones Históricas, 1987; Naveda Chávez-Hita, „La esclavitud negra en Veracruz", in: Grafenstein Gareis, Johanna von; Muñoz Mata, Laura (eds.), El Caribe. Región, frontera y relaciones internacionales, México: Editorial Mora, 2000, S. 11–96.

594 Guzmán Navarro, Arturo, La trata esclavista en el Istmo de Panamá durante el siglo XVIII, Panamá: Editorial Universitaria, 1982; Seijas, Tatiana, „The Portuguese Slave Trade to Spanish Manila. 1580–1640", in: Itinerario. International Journal on the History of European Expansion and Global Interaction 32 (2008), S. 19–38; Seijas, Asian Slaves in Colonial Mexico. From Chinos to Indians, New York: Cambridge University Press, 2014.

595 Jesuiten waren ein Lehr- und Modernisierungsorden, vor allem der Agrikultur und des Wissens. Auf den Jesuiten-Plantagen in Brasilien, Peru (Küste, Nasca), Neu-Granada (Kolumbien), Venezuela und Kuba (bis 1767) gab es Massen von Sklaven aus Afrika; siehe: Zeron, Carlos Alberto, „Les Jésuites et le commerce d'esclaves entre le Brésil et l'Angola à la fin du XVIe siècle", in: Traverse. Zeitschrift für Geschichte = Revue d'historie 1 (1996), S. 34–50; Samudio A., Edda O., „La cotidianidad esclava en las haciendas del Colegio San Francisco Javier de Mérida", in: Procesos Históricos 1:1 (2002) (http://www.saber.ula.ve/bitstream/123456789/23078/1/articulo1-1.pdf [10. März 2022]); Tardieu, Jean-Pierre, Los negros y la Iglesia en el Perú. Siglos XVI–XVII, Quito: Ediciones Afroamérica; Centro Cultural Afroecuatoriano, 1997; García Rodríguez, Mercedes, Misticismo y capitales. La Compañía de Jesús

Paraguay und im Süden/ Osten des heutigen Venezuelas und im Osten Ekuadors). Ähnliches lässt sich über die Küsten des heutigen Brasiliens sagen, wo neben den seit 1560 entstandenen Plantagenzonen im Süden (São Vicente) und um Rio und Bahia sowie Olinda und Recife (1630 bis 1654 niederländisch) vor allem die kolonialen Razzien- und *frontier*-Sklavereien der *bandeirantes-entradas* (eher *casta*-Sklavereien und weniger religiös als *entradas* in Spanisch-Amerika) mit der Suche nach Reichtümern (vor allem Gold und Edelsteine) und indigenen Sklaven verbunden war. Diese Razzien-Expansion führte um 1700 zur Gründung der Gold-Bergbaugebiete von Minas Gerais und Ouro Preto mit massiver Versklavung von Afrikanern in Waschgold-Gewinnung und im Edelstein-Bergbau. *Bandeirantes* gründeten auch Städte (wie São Paulo). Im Norden, im Maranhão-Gebiet, kam es zur Gründung von Reis-, Zucker- und Baumwoll-Plantagen innerhalb vielfältiger Razzien-, Transport- und Expansions-Sklavereien in das Amazonas-Becken hinein und noch weiter nördlich, in Richtung des Orinokos und der Guayanas. In den Guayanas existierte ein sub-koloniales Kariben-Reich (Caribana) mit eigenständigen Sklavereien und massiven Razzien- und Handelssklavereien sowie einer Grenzspezialisierung in Bezug auf Razzienjagd und Wiedereinfang von versklavten Afrikanern im Wasserwald der Guayanas (*omagua*) sowie des südlichen Orinoko-Gebietes und seiner Zuflüsse. An den Küsten der Guayanas bildeten sich seit der Mitte des 17. Jahrhunderts (nach der Niederlage der Niederländer in Brasilien) Ästuar-, Flussufer- und Sumpfgebiets-Sklavereien am Essequibo, am Demerara/ Pomeroon und am Suriname (mit erheblicher jüdischer Autonomie, vor allem als Sklavenhalter und Plantagenbesitzer (Jodensavanne), aber auch von jüdischen *lançados* aus Afrika in Suriname[596]), ebenso wie unter französischer Kont-

---

en la economía habanera del siglo XVIII, La Habana: Ed. de Ciencias Sociales, 2000; Gareis, Iris, „La evangelización de la población indígena y afro, y las haciendas jesuitas de la América española. Logros y desencuentros", in: Negro, Sandra; Marzal, Manuel M. (eds.), Esclavitud, economía y evangelización. Las haciendas jesuitas en la América Virreinal, Lima: Fondo Editorial de la Pontificia Universidad Católica del Perú, 2005, S. 43–66; Tardieu, „La esclavitud de los negros y el plan de Dios. La dialectica de los jesuitas del virreinato del Perú", in: Marzal, Manuel M.; Negro (eds.), Esclavitud, economía y evangelización. Las haciendas jesuitas en la América virreinal, Lima: Fondo Editorial Pontificia Universidad Católica del Perú, 2005, S. 67–81; Weaver, Brendan J.M., ‚Fruit of the Vine, Work of Human Hands'. An Archaeology and Ethnohistory of Slavery on the on the Jesuit Wine Haciendas of Nasca, Peru., Dissertation, Department of Anthropology, Vanderbilt University, 2015.
596 Cwik, Christian, „Neuchristen und Sepharden als cultural broker im karibischen Raum (1500–1700)", in: Zeitschrift für Weltgeschichte. Interdisziplinäre Perspektiven 8:2 (2007), S. 153–175; Cwik, „Atlantische Netzwerke. Neuchristen und Juden als Lançados und Tangomaos", in: Schmieder, Ulrike; Nolte, Hans-Heinrich (eds.), Atlantik. Sozial- und Kulturgeschichte in der Neuzeit, Wien: Promedia, 2010 (Edition Weltregionen), S. 66–85; Ben-Ur, Aviva, Jewish Autonomy in a Slave Society. Suriname in the Atlantic World, 1651–1825, Philadelphia: University of Pennsylvania Press, 2020; Weiske, Constanze, „Dutch Posts on the ‚Wild Coast' and the Limits of Alliance (1678–1814)", in: Weiske, Lawful Conquest? European Colonial Law and the Appropriation Practices in Northeastern South America, Trinidad, and Tobago, Berlin; Boston: De Gruyter, 2021 (Dialectics of the Global 12), S. 270–293.

rolle zwischen Cayenne und Mahury. Diese neuen, sich atlantisierenden „ersten"
Sklavereien wiederum förderten eine neue Schmuggel-, Sklaverei- und Sklaven-
handelsrunde in der Karibik: Es kam zu Piraten- und Korsaren-Ansiedlungen sowie
staatlichen Expansionen und Förderungen. Jamaika (seit 1655) und Saint-Domingue
(seit der Mitte des 17. Jahrhunderts) wurden im Laufe des 18. Jahrhunderts zu Plantagen-Kolonien mit wichtigen atlantisch-karibischen Sklavenhandelszentren. Kingston
bietet, wie andere Sklavenhandels-Hafenstädte (Havanna, Veracruz, Cartagena, Caracas, etc.) auch, einen guten Einblick, wie Sklaverei und Sklavenhandel im „Black
Urban Atlantic" funktionierte. Hafenstädte konnten auch ohne Plantagen existieren,
Plantagen-Sklavereien aber nicht ohne Häfen und ohne Hafensklavereien. Die Bedeutung Kingstons beruhte, neben seiner internen Funktion, weitgehend auf dem Verkauf von Sklaven nach Spanisch-Amerika und dem Schmuggel in die spanische
Karibik. Im Jahr 1745 betrug der Gesamthandelsumfang von Kingston 1,5 Millionen
Pfund, verglichen mit einer Million Pfund für ganz Neuengland. Trevor Burnard
kommt bei der Analyse von Besitzverhältnissen in Kingston zu dem nur auf den ersten Blick überraschenden Schluss, dass freie Farbige relativ die meisten Sklaven in
der Stadt besaßen, gefolgt von Frauen und Juden. Dieser Befund, um Burnard zu zi-
tieren, „erschüttert unsere etablierte Vorstellung davon, wie Sklaverei funktionieren
soll"[597] – ebenso wie seine Diskussion des Wiederverkaufs einzelner Sklaven und
Sklavinnen (Retail-Handel).[598] Frauen waren, wie Männer, in den amerikanischen
Sklaverei-Kolonien auch Sklavenhalterinnen und Sklavenhändlerinnen.[599]

Zu den großen Sklaveninseln mit Hafenstädten und Plantagen kam jenseits der
großen kontinentalen Territorien eine Reihe unsinkbarer Sklaven- und Piraterie-

---

597 Burnard, Trevor, „Kingston, Jamaica. Crucible of Modernity", in: Cañizares-Esguerra, Jorge; Childs,
Matt D.; Sidbury, James (eds.), The Black Urban Atlantic in the Age of the Slave Trade, Philadelphia: University of Pennsylvania Press, 2013 (The Early Modern Americas), S. 123–144; siehe auch: Greene, Jack P.,
Settler Jamaica in the 1750s. A Social Portrait, Charlottesville: University of Virginia Press, 2016.
598 Der Retail-Handel mit Versklavten verlief grob so, dass die großen Sklavenhandelskaufleute
ganze Schiffsladungen (Spanisch: *armazones*) oder eine größere Anzahl von Versklavten aufkauf-
ten, diese in Barracones (barracoons) unterbrachten und von dort aus weiterverkauften. Die Retail-
Händler waren oft freie Farbige oder Schwarze (manchmal auch Frauen), die mit dem Retail-
Handel pro Versklavten, etwa in Havanna, 10–15 Pesos Profit machten; siehe: Zeuske, Michael;
Sanz Rozalén, Vicent, „El Negrito y la microeconomía política de la trata negrera en el Atlántico. La
arribada a puerto con un cargamento de esclavizados", in: Martín Casares, Aurelia; Benítez Sánchez-Blanco, Rafael; Schiavon, Andrea (eds.), Reflejos de la esclavitud en el arte. Imágenes de Europa y América, Valencia: tirant humanidades, 2021, S. 139–160.
599 Franklin, Sarah. L., Women and Slavery in Nineteenth-Century Colonial Cuba, Rochester: University of Rochester Press, 2012; Graubart, Karen, „Los lazos que unen. Dueñas de esclavos negros, Lima,
ss. XVI–XVII", in: Nueva corónica 2 (2013), S. 625–640; Hevia Lanier, „Historias ocultas. Mujeres dueñas de esclavos en La Habana colonial (1800–1860)", in: Hevia Lanier, Oilda; Rubiera Castillo, Daisy
(eds.), Emergiendo del silencio. Mujeres negras en la historia de Cuba, La Habana: Editorial de Ciencias
Sociales, 2016, S. 3–55; Walker, Christine, Jamaica Ladies. Female Slaveholders and the Creation of Britain's Atlantic Empire, Chapel Hill: University of North Carolina Press, 2020, passim.

Plattformen unter anderem in der Karibik (wie Curaçao und Saint Thomas – Dänemark, Saint Barthélemy – Schweden). Sie bildeten einerseits neue Schmuggelzentren
mit den bereits erwähnten Plantagen-Kolonien (Jamaika, Saint-Domingue, Martinique,
Guadeloupe) sowie andererseits für die Karibik wichtige Sklavenschmuggels-Zentren
ohne Plantagen. Es gab auch beides – dies zeigen paradigmatisch das dänische Saint
Thomas und einige kleinere nordwest-europäische Inselkolonien. Allein in Kingston
auf Jamaika wurde rund eine Million Versklavter aus Afrika angelandet; auf der kleinen Insel Barbados ca. 500000.

Curaçao, wo es kaum Plantagen gab, war am besten gelegen – weil es den
Schmuggel von und nach West- und Mittelvenezuela mit seinen Plantagen (vor allem
Kakao, aber auch Zucker und Tabak sowie Vieh) dominierte. Jamaika dominierte die
Mosquitia (die Karibik-Küsten des heutigen Nikaraguas und Honduras') sowie die
südlicheren zentralamerikanischen Küsten und die Küsten Neu-Granadas. Die südli-
cheren kleinen Antillen dominierten zusammen mit der Insel Trinidad den Vieh-
schmuggel und den Trockenfleisch- (*tasajo*) sowie Sklavenschmuggel von und nach
Ost-Venezuela (Cumaná, Barcelona de Venezuela und Orinoko-Ästuar).

Die wichtigsten Sklavenhäfen des bis 1815 peripheren Nordamerikas[600] (im
Falle der USA bis zum formalen Verbot des atlantischen Sklavenhandels 1808, mit
der späteren Übernahme Floridas 1819) waren zunächst San Agustín in Florida und
andere Siedlungen unter spanischer Kontrolle,[601] dann Jamestown (wo es viele *indentured servants* sowie *redemptioners* gab), dann vor allem Baltimore, Charlestown
(Savannah)[602] sowie New York und New Orleans.[603] Sklaven wurden, wie oben angedeutet, in allen Bereichen der Gesellschaft eingesetzt: in der urbanen Haus-,
Handwerks- und Infrastruktur-Sklaverei (viele Haussklavinnen), der maritimen und
Hafen-Sklaverei – sowohl an den Molen wie auch in den Lagerhallen –, auf Plantagen vor allem im Tabak- und im Reisanbau. Neben der Sklaverei schwarzer Sklaven
und Sklavinnen existierten, wie bereits mehrfach gesagt, auch viele andere Sklavereien, darunter indigene Sklavereien und indigener Sklavenhandel, *frontier-* und
Razzien-Sklavereien. Hinzu kam die Sklavenarbeit von *indians* bei Siedlern in den

---

600 Gould, Eliga H., „Lines of Plunder or Crucible of Modernity. The Legal Geography of the Eng-
lish-Speaking Atlantic, 1660–1825", in: Bentley, Jerry H.; Bridenthal, Renate; Wigen, Karen (eds.),
Seascapes. Maritime Histories, Littoral Cultures, and Transoceanic Exchanges, Honolulu: University
of Hawai Press, 2007, S. 105–120; Gould, „Entangled Histories, Entangled Worlds. The English-
Speaking Atlantic as a Spanish Periphery", in: American Historical Review 112:3 (2007), S. 764–786;
Johnson, Jessica Marie, Wicked Flesh. Black Women, Intimacy, and Freedom in the Atlantic World,
Philadelphia: University of Pennsylvania Press, 2020 (Early American Studies).
601 Landers, Jane, „Slavery in the Lower South", in: OAH Magazine of History (2003), S. 23–27.
602 O'Malley, Gregory E., „Slavery's Converging Ground. Charleston's Slave Trade as the Black
Heart of the Lowcountry", in: William and Mary Quarterly 74:2 (2017), S. 271–302.
603 Berlin, Ira, Many Thousands Gone. The First Two Centuries of Slavery in North America, Cambridge, MA; London: Harvard University Press, 1998; Berlin, Generations of Captivity. A History of
African-American Slaves, Cambridge, MA; London: Harvard University Press, 2003.

Grenzgebieten und vor allem von Frauen- und Kindern von Kolonisten/ Siedlern bei Indigenen. Indigene wurden als *panis, chichimecas, mayas* oder *apaches* verkauft, vor allem in den von Comanchen kontrollierten Gebieten, aber auch von den Nordgrenzen Neu-Spaniens oder aus Yucatán in die Karibik.[604]

Um 1700 hatten sich vor allem in den iberischen Reichen und in der Karibik Sklaverei-Regimes unter Vorherrschaft der atlantischen Sklaverei in den Häfen und großen Städten sowie einigen Plantagengebieten formiert – im Innern gab es trotz der spanischen Abolition der *indio*-Sklaverei bis um 1680 sehr starke Misch- und Übergangsformen zu *other slaveries*, die wir hier als „erste Sklaverei" bezeichnen wollen, und zur Kategorie der *indentured servants* oder *white servants* (vor allem von Iren[605] und *canarios*[606] sowie *portugueses*). Das eigentliche Jahrhundert der Vorherrschaft der atlantischen Sklaverei von Menschen aus Afrika in den Amerikas wurde das 18. Jahrhundert mit rund 6 Millionen in die Amerikas Verschleppten aus Afrika. Seit dem Siebenjährigen Krieg 1755–1763 (*French and Indian War*) wurde die Entwicklung nochmals extrem dynamisiert durch Kaffee-Produktion und massive Konsumtion in Europa und Nordamerika. Die Kaffee-Sklaverei dynamisierte auch die Produktion und den Handel von Tabak und Baumwolle vor dem Hintergrund einer stets steigenden Zuckerproduktion sowie allgemein der Produktion für und von Versklavten: Fleisch, Reis, *bacalao* (getrockneter Kabeljau), Holz, Häute, Vieh, Schiffe, Waffen, Werkzeuge, Textilien, Stoffe, Farbstoffe (wie Indigo) und Sklavenbekleidung.

Was bedeuteten diese Sklaverei-Regimes für Versklavte? Von allen Sklaverei-Regimes dürfte der sozusagen absolute „Nicht-Status" eines gerade besiegten *captive* die schlimmste Existenzform für Individuen in *small-scale societies* und in lokalen *frontier*-Territorien in den Amerikas gewesen sein – worauf Catherine Cameron hingewiesen hat.[607] Im Grunde handelte es sich bei den vielen *small-scale* Sklaverei-

---

604 Santamaría García, Antonio; Vázquez Cienfuegos, Sigfrido, „Indios foráneos en Cuba a principios del siglo XIX. Historia de un suceso en el contexto de la movilidad poblacional y la geoestrategia del imperio español", in: Colonial Latin American Historical Review 1:1 (2013), S. 1–25; Venegas Delgado, Hernán; Valdés Dávila, Carlos, La ruta del horror. Prisioneros Indios del Noreste Novohispano llevados como esclavos a La Habana, Cuba (finales del siglo XVIII a principios del siglo XIX), México DF: Plaza y Valdés, 2013.

605 Im Hinblick auf die Flucht weißer, insbesondere irischer „weißer Diener" und anderer Unterschichten und ihre Rolle in der karibischen Schmuggelökonomie als Quasi-Sklaven, aber auch im Boom der Sklaverei und der Plantagenwirtschaft seit dem Ende der 18. Jahrhundert, siehe: Chinea, Jorge L., „Spain is the Merciful Heavenly Body Whose Influence Favors the Irish. Jaime O'Daly y Blake. Enlightened Foreign Immigrant, Administrator and Planter in Late Bourbon-Era Puerto Rico, 1776–1806", in: Tiempos Modernos. Revista Electronica de Historia Moderna 7, no. 25 (2012) (http://www.tiemposmodernos.org/tm3/index.php/tm/issue/view/32 [10. März 2022]).

606 Paz Sánchez, Manuel de; Hernández González, Manuel, La esclavitud blanca. Contribución a la historia del inmigrante canario en América, Tenerife: Siglo XIX, 1992.

607 Cameron, Catherine M., „Captive Taking in Global Perspective", in: Cameron, Captives. How Stolen People Changed the World, Lincoln; London: University of Nebraska Press, 2016, S. 19–42; Cameron, „The Nature of Slavery in Small-Scale Societies", in: Lenski, Noel; Cameron (eds.), What

Regimes um Mosaike einer fast absoluten Dominanzform, die für gefangene Krieger auch im Opfer- oder Martertod enden konnte (oder als Schwiegersohn).[608] Ähnliches gilt für den *captive*-Status in *slaving zones*[609] sowie in *slaving regimes* in Afrika (siehe Kapitel 3 „Afrika, der afrikanische Atlantik und die Iberer") und vor allem für *captives* und Versklavte, die nicht in den Haushalt der afrikanischen oder indigenen Versklaver aufgenommen, sondern in die atlantische Sklaverei transportiert und verkauft wurden. Die Sklaverei, die sich auch in den Amerikas nach der Anlandung und dem Verkauf in den Hafenstädten auf dem Weg zu den jeweiligen Einsatzorten ergab, ist Teil eines wahren Schreckensregimes des so genannten „Handels" oder „Transports" sowie des internen Sklavenhandels. Deshalb hatten die Rechtstheoretiker der euroatlantischen Sklaverei die legale Nicht-genauer-Hinsehen-Perspektive entwickelt: Die Käufer von Versklavten an den Küsten Afrikas oder an den Grenzen zu indigenen Gebieten mussten beim Weiterverkauf nicht nachweisen, ob diese in gerechten Kriegen versklavt worden waren.[610]

Für Versklavte aus Afrika, die sich an die Schrecken der atlantischen Sklaverei in AAA (Afrika-Atlantik-Amerikas) erinnerten, wird immer die *barracoon*-Gefangenschaft vor der Verladung auf die Schiffe, die Verladung selbst und der Schrecken in den Unterdecks der Sklavenhandels-Schiffe hervorgehoben. Ähnliches gilt, ich wiederhole das, für die Transporte und den Sklavenhandel in den Amerikas („*final passages*" – vor allem für Britisch-Amerika erforscht[611]).

Keine Sklaverei-Form und kein Sklaverei-Regime waren in irgendeiner Weise „gut" für Versklavte. Es gab aber Unterschiede. So wird für Sklaven der *hato*-Wirtschaften, die in Spanisch-Amerika meist zwischen 1550 und 1800 angesetzt wer-

---

is a Slave Society? The Practice of Slavery in Global Perspective, Cambridge; New York: Cambridge University Press, 2018, S. 151–168.

608 Rushforth, Brett, „„A Little Flesh We Offer You'. The Origins of Indian Slavery in New France", in: William and Mary Quarterly 60:4 (2003), S. 777–808; .

609 Caldeira, Arlindo Manuel, „Principais áreas de resgate", in: Caldeira, Escravos e Traficantes no Império Português. O Comércio Negreiro Português no Atlântico Durante Os Séculos XV a XX, Lisboa: Esfera dos Livros, 2013, S. 51–98; Fynn-Paul, Jeff; Pargas, Damian Alan (eds.), Slaving Zones. Cultural Identities, Ideologies, and Institutions in the Evolution of Global Slavery, Leiden: Brill, 2018 (Studies in Global Slavery 4).

610 Czeguhn, Ignacio, „Sklavereigesetzgebung im Spanien der frühen Neuzeit sowie in den ersten Jahrzehnten der Kolonisierung Amerikas", in: Müßig, Ulrike (ed.), Ungerechtes Recht. Symposium zum 75-jährigen Geburtstag von Dietmar Willoweit, Tübingen: Mohr Siebeck, 2013, S. 101–114; Zeuske, Michael, „Sklaverei in der Neuen Welt – auch eine transrechtliche Sklaverei auf der Linie Afrika-Atlantik-Amerika?", in: Fargnoli, Iole; Späth, Thomas (eds.), Sklaverei und Recht. Zwischen römischer Antike und moderner Welt, Bern: Haupt, 2018 (Berner Universitätsschriften 61), S. 101–144.

611 Johnson, Walter (ed.), The Chattel Principle. Internal Slave Trades in the Americas, New Haven; London: Yale University Press, 2004; O'Malley, Gregory E., Final Passages. The Intercontinental Slave Trade of British America, 1619–1807, Chapel Hill: University of North Carolina Press, 2014; Borucki, Alex; Eltis, David; Wheat, David (eds.), From the Galleons to the Highlands. Slave Trade Routes in the Spanish Americas, Albuquerque: University of New Mexico Press, 2020.

den, oft hervorgehoben, dass es eine sehr spezielle „erste Sklaverei" war. In ihr spielten Indigene, *castas* und spezialisierte Versklavte aus Afrika eine Rolle, die auch noch, wie bereits gesagt, als kreolisierte Surrogat-Siedler extrem wichtig waren. Sklaven und Sklavinnen (oft auch *indias* oder *casta*-Frauen) konnten in der *hato*-Wirtschaft heirateten. Sie führten Eigenwirtschaften auf den *hatos* (Tabak, Zucker, Holz, Leder, Farb- und Medizinalpflanzen sowie Nahrungsmittel). Sie aßen viel Rindfleisch (frisch und getrocknet/ *tasajo*) und oft frischen Fisch, d. h. gutes Eiweiß. Sie schmuggelten, jagten selbst, produzierten Waren aus Leder und kontrollierten andere Sklaven. Sie verteidigten die *hatos* sogar gegen kolonial-indigene Widerstandkulturen, die auf „freiem" Vieh beruhten (wie in den Llanos und Pampas sowie Prärien).[612]

Zucker-Sklaverei, d. h. die Sklaverei zur Herstellung der Leitressource der Moderne, war ein hartes Wirtschafts-Sklaverei-Regime – zugleich wiesen die maschinellen Mühlenkomplexe eine hohe technologische Dynamik auf.[613]

Zucker-Sklaverei-Regimes hatten auch ihre kulturellen Widerstandsdimensionen: So konnten Versklavte in den Plantagen-Hütten oder *barracones* vor allem nachts ein quasi-autonomes Leben führen – je größer die Plantage, desto eher überlebten Kulturelemente aus Afrika (wie Musik, Trommeln/ Tänze und Widerstandreligionen[614]). Tabak- und Kaffee-Sklavereien haben oft den Ruf, weniger „hart" als Sklaverei im Zuckeranbau gewesen zu sein. Das stimmt nur bedingt, denn mit dem Beginn der *Second Slavery* auch in diesen Produktionsbereichen, mit der zunehmenden *commodity*-Produktion und der extremen Konkurrenz vor allem im Kaffeesektor wurden sie echte Ausbeutungs-Sklavereien. Der Haussklaverei und der Sklaverei im Handwerk – meist handelte es sich um Formen der Haussklaverei, aber auch etwa die Kapitäns-Sklaverei auf Schiffen – wie auch dem Einsatz von Versklavten durch kleinere Einzeleigentümer und -Eigentümerinnen wird oft nachgesagt, dass sie weniger hart gewesen seien und dass Sklaven dort schneller freigelassen wurden.

---

612 Izard, Miguel, Orejanos, cimarrones y arrochelados, Barcelona: Sendai Ediciones, 1988; Izard, „Élites criollas y movilización popular", in: Guerra, François-Xavier (ed.), Las revoluciones hispánicas. Independencias americanas y liberalismo español, Madrid: Editorial Complutense, 1995, S. 89–106; Mayo, Carlos, „Gauchos negros. Los esclavos de la estancia colonial", in: Mayo, Estancia y sociedad en la pampa, 1740–1820, Buenos Aires: Editorial Biblos, 2004, S. 135–150; Zeuske, Michael, „Caudillos, Llaneros, Campesinos und die Guerra Federal (1859–1870)", in: Zeuske, Von Bolívar zu Chávez. Die Geschichte Venezuelas, Zürich: Rotpunktverlag, 2008, S. 259–282; Stark, David M., Slave Families and the Hato Economy in Puerto Rico, Gainesville: University Press of Florida, 2015.

613 Tadman, Michael, „The Demographic Cost of Sugar. Debates on Slave Societies and Natural Increase in the Americas", in: American Historical Review 105:5 (2000), S. 1534–1575.

614 Fernández Olmos, Margerite; Paravisini-Olmos, Lizabeth, Creole Religions of the Caribbean. An Introduction from Vodou and Santería to Obeah and Espiritismo, New York; London: New York University Press, 2003; Zeuske, Michael, „*Afrokuba* und die schwarze Karibik", in: Zeuske, Schwarze Karibik. Sklaven, Sklavereikulturen und Emanzipation, Zürich: Rotpunktverlag, 2004, S. 321–331; Brown, Vincent, The Reaper's Garden. Death and Power in the World of Atlantic Slavery, Cambridge: Harvard University Press, 2008.

Abb. 3a: Ein großes *ingenio* in Brasilien mit Sklaven bei der Zuckerernte (im Vordergrund rechts).

Auch das stimmt auch nur sehr bedingt.[615] Sklaverei-Formen mit dem direkten Kontakt zu den Eigentümern konnte die Hölle sein.

Elite-Sklaverei existierte vor allem als Staats-, Militär und Infrastruktur-Sklaverei. Im Prozess erhöhter Verteidigungsanstrengungen sowie des Ausbaus von Havanna zur Festungs- und Marinebasis zwischen 1763 und 1790 wurde der Staat zum größten Sklavenhalter Kubas (Jennings verweist auf knapp 2000 Sklaven).[616] Eine besondere, geschlossene und interessante soziale Gruppe stellten die Königssklaven der Kupfer-

---

615 Siehe zu New Orleans, wo „schneller freilassen" ein Topos ist: Zeuske, Michael, „La Habana and Nueva Orleans/ New Orleans – Two Metropolis of Slave Trade", in: Ette, Ottmar; Müller, Gesine (eds.), New Orleans and the Global South. Caribbean, Creolization, Carnival, Hildesheim; Zürich; New York: Olms, 2017, S. 337–375; Vidal, Cécile, Caribbean New Orleans. Empire, Race, and the Making of a Slave Society, Chapel Hill: University of North Carolina Press, 2019.

616 Pérez Guzmán, Francisco, „Modos de vida de esclavos y forzados en las fortificaciones de Cuba. Siglo XVIII", in: Anuario de Estudios Americanos 47 (1990), S. 241–257; Pérez Guzmán, La Habana, clave de un imperio, La Habana: Editorial de Ciencias Sociales, 1997; Jennings, Evelyn P., „War as the ‚Forcing House of Change'. State Slavery in Late-Eighteenth-Century Cuba", in: William and Mary Quarterly 62:3 (2005), S. 411–440, hier S. 414; Donoghue, John; Jennings (eds.), Building the Atlantic Empires. Unfree Labor and Imperial States in the Political Economy of Capitalism, ca. 1500–1914, Leiden: Brill, 2016 (Studies in Global Social History 20).

INGENIO S^{TA} TERESA (a) AGÜICA.
Propiedad del Exmo. Sor CONDE DE FERNANDINA

Abb. 3b: Ein großer *barracón* (in der Bildmitte ganz links) und Sklaven, die Zuckerrohr schlagen.

minen von Santiago del Prado dar. Sie sind besser erforscht als andere Gruppen von Königssklaven, wie etwa die *Congos Reales* von La Habana, die im Schiffbau, auf der Werft von Havanna (*astilleros*) und im Hafen sowie beim Festungsbau und als Artillerie-Sklaven eingesetzt wurden. Normalerweise waren Sklaven keine königlichen „Untertanen", sondern privates Eigentum. Staatssklaven wurden auch zur Wirtschaftsförderung eingesetzt – etwa im Tabakanbau und, wie gesagt, in Festungen (vor allem bei der Artillerie) und in Hafen- sowie Infrastrukturwirtschaften.[617]

Es gab auch Sklaverei in Bestrafungs-Werkhöfen (*depósitos*), wo auch wieder eingefangene *cimarrones* für harte Sträflingsarbeiten eingesetzt wurden.[618] Besonders gewaltsam waren alle Formen von Sklavenjagd, Sklavenhandel und Sklavenschmuggel.

Für keines der genannten Sklaverei-Regimes in den Amerikas, mit relativer Ausnahme der *hato*-Sklaverei, kann die Aussage getroffen werden, ob es „besser" oder

---

617 Sanz Rozalén, Vicent, „Los negros del Rey. Tabaco y esclavitud en Cuba a comienzos del siglo XIX", in: Piqueras, José Antonio (ed.), Trabajo libre y coactivo en sociedades de plantación, Madrid: Siglo XXI eds., 2009, S. 151–176.
618 Díaz Martínez, Yolanda, „Trabajo y negocio. Los cimarrones dentro y fuera del depósito", in: Piqueras, José Antonio (ed.), Orden político y gobierno de esclavos. Cuba en la época de la segunda esclavitud y de su legado, Valencia: Centro Francisco Tomás y Valiente UNED Alzira; Fundación Instituto de Historia Social, 2016, S. 229–252.

„schlechter" für die jeweiligen Versklavten war. Qualitative Aussagen dazu sind kaum möglich. So müssen die Zahlen entscheiden, von welchem Sklaverei-Regime (unter Einschluss des *slaving* und der *slave trade regimes*) mehr Menschen dauerhaft und in welcher Intensität und Gewalt erfasst wurden. Dabei muss beachtet werden, dass wir weder für indigene Sklavereien, noch für den indigenen Sklavenhandel oder für die Razzien-Sklavereien wirklich über Zahlen verfügen (übrigens auch kaum über Auto-Repräsentationen von Versklavten). Zahlen, meist auch Schätzungen (aber z. T. recht gut begründete) liegen für die atlantische Sklaverei von Menschen aus Afrika in den Amerikas vor: Für den Zeitraum von 1500 bis 1870 geht man von rund elf Millionen lebend in die Amerikas Verschleppten aus; wie erwähnt, rund sechs Millionen allein im 18. Jahrhundert. Die atlantische Sklaverei war für die gesamte Zeit zwischen 1492 und 1888 die dominante Form der Sklaverei in den Amerikas; das übergreifende und dominierende Sklaverei-Regime. Für eine der großen *other slaveries* von Indigenen und informellen *frontier*-Sklavereien gibt es die Schätzungen von Reséndez (2,5 und 5 Millionen zwischen 1500 und 1900).[619]

Zunächst bezog sich die Versklavung vor allem in der Karibik und den Küsten der Kontinente auf Indigene, die, wie oben gesagt, bereits 1500 durch Königin Isabella von Kastilien in einer neuen globalen Verwaltungskategorie der *yndios* zusammengefasst worden waren.[620] Ihre Versklavung war formal verboten (mit Ausnahmen für Rebellen und Apostaten); bereits versklavte Indios sollten frei gelassen werden, wobei Aufstände und Rebellionen von Indigenen eine wichtige Rolle spielten.[621] Das galt auch noch für die 1565–1574 besetzten Gebiete der Philippinen und dort umso mehr, als König Philipp II. sowohl der massiv einsetzenden Kritik an der Vernichtung der indianischen Völker in „Westindien" begegnen wie auch den Humanitäts-Universalitätsanspruch der spanischen katholischen Monarchie durchsetzen wollte.[622] Mit einer massiven Kampagne des Imperiums unter Philipp IV. und Carlos II 1655–1680 setze sich die Rechtsposition einer Nicht-Versklavung der *yndios* weltweit im spanischen Einflussbereich durch. Konzentriert findet sich die Rechtsposition in der *Real Cédula „of continental scope"* vom 12. Juni 1679 (Madrid), kodifiziert

---

619 „Appendix 1: Indian Slaves in the Americas, 1492–1900 (in Thousands)", in: Reséndez, Andrés, The Other Slavery. The Uncovered Story of Indian Enslavement in America, Boston; New York: Houghton Mifflin Harcourt, 2016, S. 324.

620 AGI, Indiferente, 418, leg. 1, f. 39r-42r; siehe auch: Mira Caballos, Esteban, El indio antillano. Repartimiento, encomienda y esclavitud (1492–1542), Sevilla: Muñoz Moya editor, 1997.

621 Ibarra [Cuesta], Jorge, „Las grandes sublevaciones indias desde 1520 hasta 1540 y la abolición de las encomiendas", in: Ibarra (ed.), Aproximaciones a Clío, La Habana: Editorial de Ciencias Sociales, 1979, S. 3–39.

622 Hidalgo Nuchera, Patricio, „¿Esclavitud o liberación? El fracaso de las actitudes esclavistas de los conquistadores de Filipinas", in: Revista Complutense de Historia de América 20 (1994), S. 61–74; Sánchez, Jean-Noël, „Autour d'une source. De l'esclavage aux Philippines, XVIe–XVIIe siècles", in: Source(s). Arts, Civilisation et Histoire de l'Europe 7 (2015), S. 95–172.

in Buch 6, Titel 2 der *Recopilación de las Leyes de Indias* (1680).[623] Damit war die erste große reformerische Abolitionsbewegung gegen die Versklavung einer ganzen riesigen sozialen Gruppe von *yndios* formal „erfolgreich" abgeschlossen. Im Bereich der Haussklavereien in Missions- und *frontier*-Gebieten konnte die Abolition faktisch nie ganz durchgesetzt werden – vor allem wegen der sozialen Invisibilität von Abhängigen/ Versklavten in Haus und Hof sowie der Nichtdurchsetzbarkeit in *frontier*- und Missionsregionen.[624]

Gab es ein „Ende der Sklaverei"?

In indigenen Sklavereien gab es keine formale Abolition oder Emanzipation im Sinne europäischer Gesetze. Es gab auf Individuen bezogene Rituale, gefangene Männer entweder zu töten oder sie als Ersatz für die gefallenen eigenen Krieger in Familien und Clans aufzunehmen. Auch Frauen und Kinder wurden in die Sozial- und Verwandtschaftsstrukturen aufgenommen – die meisten sicherlich erst in der nächsten Generation als vollwertige Mitglieder, vor allem wenn sie als Mütter neue Menschen in die Gemeinschaft gebracht hatten. *Cimarrones* waren von Anfang an Grenzgänger – nicht nur im Exit aus einer Sklaverei, sondern auch oft in Übergangssklavereien bei Indigenen und in kolonialen Widerstandkulturen – bis sie sich, wie bei Seminolen oder Wajúu auf der Guajira-Halbinsel im heutigen Kolumbien/ Venezuela, als Krieger und Chefs durchgesetzt hatten.

Das amerikanische Konzept für die Flucht aus verschiedenen Formen der Sklaverei ist *cimarrón* (*maroon*). Es handelt sich wie beim Begriff *naboría* (Sklave/ Sklavin) wahrscheinlich um ein Wort aus der Sprache der indigenen *taínos* auf den großen Antillen. Die Wort-Bedeutung war zunächst möglicherweise „verlorener Pfeil".[625] Als die Europäer in die Karibik kamen, wurde es in Bezug auf geflohene Versklavte im

---

[623] Reséndez, Andrés, The Other Slavery. The Uncovered Story of Indian Enslavement in America, Boston; New York: Houghton Mifflin Harcourt, 2016, S. 137 sowie S. 369, FN 21.

[624] Deusen, Nancy E. van, Global Indios. The Indigenous Struggle for Justice in Sixteenth-Century Spain, Durham: Duke University Press, 2015; zu Frauen/ Mädchen und vor allem indigene Waisenjungen als quasi Haussklaven in den Peripherien des Spanischen Imperiums bis ins 18. Jahrhundert, siehe: Laserna Gaitán, Antonio Ignacio, „Los guarichos. Indígenas utilizados como sirvientes domésticos en Nueva Andalucia (S. XVIII)", in: Mena García, María Carmen; Eugenio Martínez, María Ángeles; Sarabia Viejo, María Justina (eds.), Venezuela en el siglo de la Luces, Sevilla-Bogotá: Muñoz Moya y Montraveta eds., 1995, S. S. 137–172 (siehe S. 137 „invisibilidad social de los trabajadores del hogar"). Im 19. Jahrhundert dürfte sich diese Form der Haussklaverei noch ausgeweitet haben, sicher bis in das 20. Jahrhundert.

[625] „Cimarrón" soll abgeleitet sein vom Wort *simaran*, was in der Sprache der Taíno bedeutet: „Pfeil, der von einem Bogen abgeschossen wurde und nicht mehr wieder zu finden ist"; siehe: Arrom, Juan José, „Cimarrón. Aapuntes sobres sus primeras documentaciones y su probable origen", in: Revista Española de Antropología Americana 13 (1983), S. 47–57; Arrom; García Arévalo, Manuel A., Cimarrón, Santo Domingo, República Dominicana: Ediciones Fundación García-Arévalo 1986;

allgemeinen Sinn für alle Formen von Sklavereien verwandt. Die Spanier nutzen es auch, um geflohenes oder verstecktes Großvieh zu benennen (*ganado cimarrón*). Aus *cimarrón* entwickelten sich die Begriffe *maroon* (englisch; in den USA meist *runaways* oder *castaways*[626]), *marron* (französisch), *marron/ maroni* (niederländisch).

Aktiver Widerstand und Flucht von Versklavten sind in der atlantischen Sklaverei von Schwarzen in den Amerikas sowie allen *other slaveries* eigentlich ein eigenständiges Thema (wie Rebellionen auch). Grundsätzlich werden folgende Formen unterschieden: Die Masse der historischen Literatur zum Thema

> center around three main ‚types' of flight: short-term absenteeism, marronage, and slave flight across colonial borders, [into the woods/ jungles, – MZ] coast of islands (maritime marronage). The three strategies of flight were quite different in their goals and outcomes. Short-term absenteeism was not employed to permanently exit slavery.[627]

Aus Lebensgeschichten wieder eingefangener *cimarrones* geht erstens hervor, dass *cimarronaje* (*marronage*) eine karibische Lebensweise bzw. eine Lebensweise in den lokalen Sklaverei-Regimes war und zweitens, dass Versklavte – vor allem junge Männer und junge Frauen – durchaus periodisch zwischen formaler Sklaverei und *cimarronaje* wechselten.[628] Vor allem junge Männer taten das als neue Sklaven auf Plantagen und/ oder dann, wenn die karibikweiten Gewohnheitsrechte für Sklaven auf Plantagen verletzt wurden. Dazu gehörte die Nutzung der Freizeit durch den Sklaven: am Sonntag für sich selbst zu arbeiten, Vorräte und Gärten für seinen eigenen Gebrauch und seine Ernährung anzulegen und die Früchte seiner eigenen Arbeit dort zu behalten bzw. auf lokalen Märkten zu verkaufen.[629]

Die kurzfristige Entfernung vom Arbeitsort

---

see also: Tardieu, Jean-Pierre, „Cimarrón-Maroon-Marron. An Epistomological Note", in: Outre-Mers. Revue d'Histoire 94, no. 350–351 (2006), S. 237–247.

626 Bodek, Richard; Kelly, Joseph (eds.), Maroons and The Marooned. Runaways and Castaways in the Americas, Jackson: University Press of Mississippi, 2020.

627 Müller, Viola Franziska, „Runaway Slaves in Antebellum Baltimore. An Urban Form of Marronage?", in: International Review of Social History 65 (2020), S. 169–195.

628 Archivo Histórico Provincial de Camagüey (AHPCam), Fondo Comisión Militar del Partido Judicial del Puerto Príncipe (1855–1869), leg. 1, no. 4: Autos, diligencias, etc, del expediente promovido contra los negros cimarrones Antonio, Juan, Ramón y José por tratar de asaltar y robar en la finca „Malafama" propiedad de Pedro Nolasco Agüero, Puerto Principe (Original), 16 de Enero al 3 de Febrero de 1868; allgemein siehe: Belmonte Postigo, José Luis, „‚No siendo lo mismo echarse al mar, que es lugar de libertad plena'. Cimarronaje marítimo y política transimperial en el caribe español, 1687–1804", in: Naranjo Orovio, Consuelo (ed.), Esclavitud y diferencia racial en el Caribe hispano, Aranjuez (Madrid): Editorial Doce Calles, 2017, S. 43–70.

629 Aus rechtshistorischer Sicht: Vernon, Valentine Palmer, „The Customs of Slavery. The War without Arms", in: American Journal of Legal History 48:2 (2006), S. 177–218.

was a relief from plantation work, an outlet for swelled emotions, a tool for negotiations, and a way to visit family and friends. Maroons sought to escape bondage permanently and created communities that were largely independent from slaveholding society.[630]

Marronage kam in mehreren Hauptformen vor, die jeweils eigene Räume und eigenständige materielle und geistige sowie historische Kulturen aufwiesen.[631] Das gilt besonders für *maroon-societies*, aber auch für „*petite*", wie auch „*grand*" *marronage*.[632] Die Grundlage von Widerstand war in den Plantagenzonen die verbreitete rurale *cimarronaje* verbunden mit *transculturación* sowie die Ansiedlung in Form von *palenques, quilombos, mocambos, cumbes, maroon settlements, rochelas* – all dies waren Bezeichnungen für Siedlungen mit eigenständigen Aneignungsformen des Bodens, Abhängigkeiten, Souveränitäts-Ansprüchen und politischen Strukturen in oder zwischen unterschiedlichen Kolonialsystemen.[633] Es gab autonome Gebiete geflohener Sklaven, die eine Art koloniales Staatsgebilde darstellten: der Quilombo de Palmares sowie viele weitere in Brasilien, Siedlungen der Suriname-Maroons/ *marrons* (*saramaka, ndyuka, matawei, paramaka, aluku, kwinti*), das Territorium des *negro* Miguel (als König) im heutigen Venezuela (Buria)[634], in Neu-Granada, in Neu-Spanien oder im extremen Osten Kubas.[635]

---

630 Müller, Viola Franziska, „Runaway Slaves in Antebellum Baltimore. An Urban Form of Marronage?", in: International Review of Social History 65 (2020), S. 169–195.

631 Price, Richard, Alabi's World, Baltimore: Johns Hopkins University Press, 1990 (Johns Hopkins Studies in Atlantic History and Culture); Price; Price, Sally, „Introduction", in: Stedman, John Gabriel, Narrative of a Five Years Expedition against the Revolted Negroes of Surinam. Transcribed for the First Time from the Original 1790 Manuscript, ed. Price; Price, Baltimore; London: Johns Hopkins University Press, 1988, S. XIII–XCVII; Price; Price, Stedman's Surinam. Life in an Eighteen-Century Slave Society, Boston: Johns Hopkins University Press, 1992.

632 Florentino, Manolo; Amantino, Márcia, „Runaways and *Quilombolas* in the Americas", in: Eltis, David; Engerman, Stanley L., (eds.), The Cambridge World History of Slavery, Bd. 3: AD 1420–AD 1804, Cambridge: Cambridge University Press, 2011, S. 708–740.

633 Portuondo Zúñiga, Olga, „Cimarronaje y conciencia política", in: Estévez Rivero, Sandra; Castro Monterrey, Pedro; Portuondo Zúñiga (eds.), Por la identidad del negro cubano, Santiago de Cuba: Ediciones Caserón, 2011, S. 13–40; Acosta Saignes, Miguel, „Life in a Venezuelan *Cumbe*", in: Price, Richard (ed.), Maroon Societies. Rebel Slave Communities in the Americas, Boston: The Johns Hopkins University Press, 1996, S. 64–73.

634 Agudo Freites, Raúl, Miguel de Buría, Caracas: Alfadil Ediciones, 1991; Pollak-Eltz, Angelina, „El cimarronaje", in: Pollak-Eltz, La esclavitud en Venezuela. un estudio histórico-cultural, Caracas: Universidad Católica Andrés Bello, 2002, S. 61–68; Acosta, Vladimir, „El Rey Miguel y el Rey Banano. Rebeliones Negras en la América Hispánica del Siglo XVI", in: Revista Venezolana de Economía y Ciencias Sociales 2-3 (1999), S. 137–176; Carroll, Patrick J., Blacks in Colonial Veracruz. Race, Ethnicity, and Regional Development, Austin: University of Texas Press, 2001.

635 Price, Richard (ed.), Maroon Societies. Rebel Slave Communities in the Americas, Boston: The Johns Hopkins University Press, 1996; Navarrete, María Cristina, „Cimarrones y palenques en las provincias al norte del Nuevo Reino de Granada siglo XVII", in: Fronteras de la Historia 6 (2001), S. 97–127; Price, „Maroons in Suriname and Guyane. How Many and Where", in: New West Indian Guide/ Nieuwe West Indische Gids 76:1–2 (2002), S. 81–88; Tardieu, Jean-Pierre, Resistencia de los negros en el virreinato de México (siglos VVI–XVII), Madrid: Iberoamericana-Vervuert, 2017;

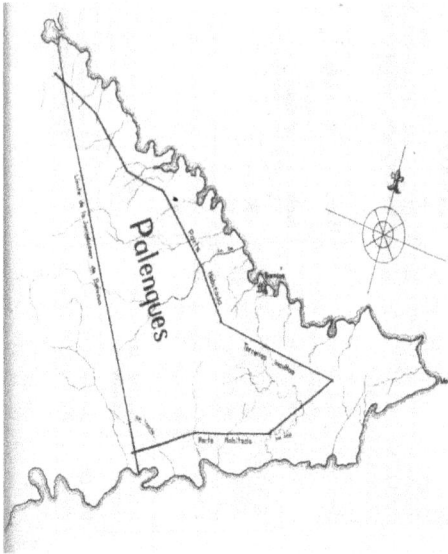

Karte 4a: Gedruckte Karte des mit „Palenques" bezeichneten *cimarrón*-Gebietes im Oriente Kubas; hier als quasi-autonom dargestellt.

Es existierten auch indigene Staatsgebilde mit *maroons* sowie Sklavereien und Sklavenhandel.[636] Und es gab *maroon*-Übergangs-*frontiers*, wie im nördlichen Neu-Spanien, in den Guayanas (Suriname, Essequibo, Pomeroon, Demerara, Cayenne und ihre Hinterländer) sowie in Trinidad, Nordflorida und zwischen Saint-Domingue und Santo Domingo.[637]

Thompson, Alvin O., Flight to Freedom. African Runaways and Maroons in the Americas, Kingston: University of the West Indian Press, 2006; Landers, Jane G.; Robinson, Barry (eds.), Slaves, Subjects, and Subversives. Blacks in Colonial Latin America, Albuquerque: University of New Mexico Press, 2006; Thornton, John K., „Les États de l'Angola et la formation de Palmares (Brésil)", in: Annales. Histoire, Sciences sociales 63:4 (2008), S. 769–797.

636 „Mosquito Indians carved out an independent kingdom for themselves between 1629 and 1779", in: Offen, Karl H., „El mapeo de la Mosquitia colonial y las prácticas espaciales de los pueblos mosquitos", in: Mesoamérica 50 (2008), S. 1–36, S. 1. Eine wichtige Quelle erwähnt mosquito-Indigene (heute: *miskitos*, auch *moskitos*) als „die zambos genannt mosquitos", in: Ebd., S. 2. Während ihres Angriffs auf koloniale spanische Gebiete „entweihten die Moskitos Altäre, verletzten die Ehre adliger Frauen, versklavten christianisierte Indigene, um sie an die Briten in Jamaika zu verkaufen, und vergewaltigten ihre Frauen", in: Ebd.

637 Landers, Jane G., „Slave Resistance on the Southeastern Frontier. Fugitives, Maroons, and Banditti in the Age of Revolution", in: Smith, Jon; Cohn, Deborah (eds.), Look Away! The U.S. South in New World Studies, Durham; London: Duke University Press, 2004, S. 80–93.

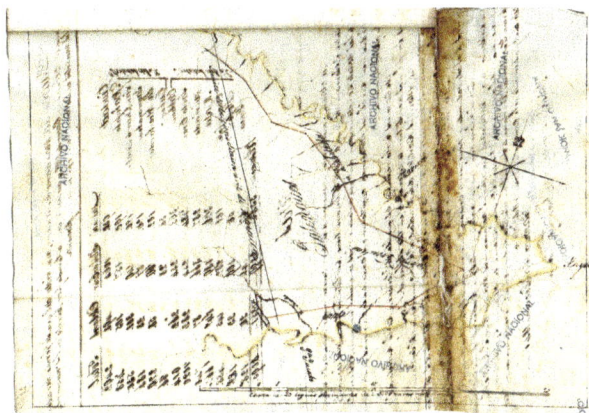

Karte 4b: Das Original der Karte 4a im Archivo Nacional de Cuba.

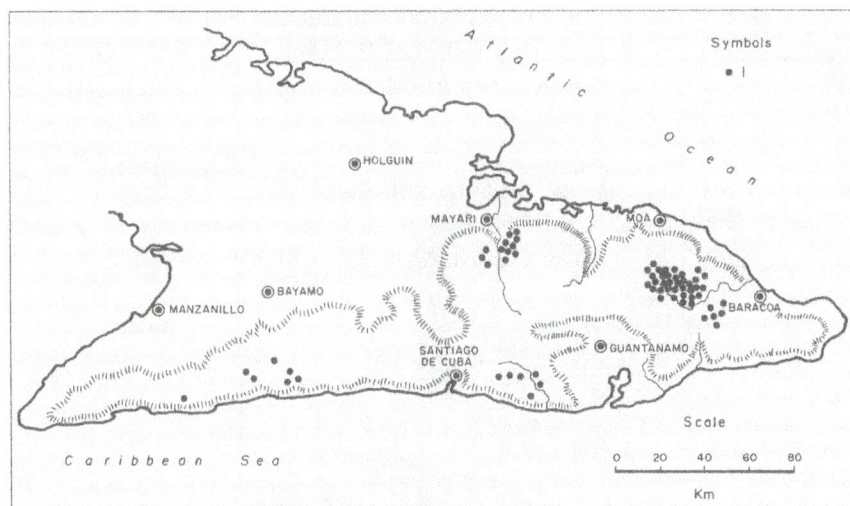

Figure 29. *Inferred locations of the runaway slave settlements mentioned in this study are noted. Their concentration shows that four large subregions contained most of the settlements. Legend: (1) runaway slave settlement.*

Karte 4c: Gesamtkarte der *palenques* im Oriente von Kuba.

Maritime *cimarronaje* ist eher wenig untersucht, es gibt aber gute Beispiele vor allem aus der britischen Karibik.[638] Diese Form der *cimarronaje* machte wohl meist ein Teil der ruralen und urbanen *cimarronaje* an den Küsten aus. Es gab aber auch

---

638 Handler, Jerome S., „Escaping Slavery in a Caribbean Plantation Society. Marronage in Barbados, 1650s-1830s", in: Nieuwe West-Indische Gids/ New West Indian Guide 71 (1997), S. 183–225; Rupert, Linda M., „Marronage, Manumission and Maritime trade in the Early Modern Caribbean", in: Slavery & Abolition 30:3 (2009), S. 361–382; Chinea, Jorge L., „Diasporic Marronage. Some Colonial

weite Fluchtwege über das Meer: Puerto Rico war lange Zeit ein wichtiges Ziel maritimer *marronage* in der Karibik (und allgemein ein Ziel von Flüchtigen, etwa Matrosen).[639] Rurale *cimarronaje*, die wichtigste Form des Widerstands durch Abwesenheit, wies drei vom Recht her unterschiedene Typen auf. Wie gesagt, hatte jeder Typ eigene Formen und Räume: *cimarronaje simple* (die individuelle Flucht, oft auch nur zeitweiliger *absentism*), *cimarronaje en cuadrillas* (die Flucht in mobilen und meist bewaffneten Gruppen) sowie den *apalencamiento* (die bereits erwähnte Ansiedlung in Palenques, *maroon settlements* oder *quilombos* in unzugänglichen Gegenden mit Subsistenzwirtschaft). Einfache *cimarronaje* und Banden von *cimarrones* sind in der gesamten Karibik nachgewiesen (auch weibliche *maroons*[640]). Sklaven flüchteten einzeln oder in so genannten *cuadrillas de cimarrones*, bewaffneten und beweglichen Banden geflohener Sklaven. Ansiedlungen von Geflohenen in geographisch möglichst unzugänglichen Ansiedlungen, die ein ganzes Widerstandssystem mit Subsistenzwirtschaften bildeten, sind vor allem für bergige Gebiete nachgewiesen – zum Beispiel auf Kuba im Gebiet nördlich und westlich von Santiago de Cuba, in den Berglandschaften nördlich von Guantánamo sowie zwischen Mayarí und Baracoa, aber auch für die Sierra del Rosario, die Sierra del Escambray im südlichen Mittelkuba[641] sowie die Sierra de los Órganos im Westen.[642] Auch in dem bergigen Küstengebiet von Havanna-Matanzas existierten bis um 1845 viele Palenques.[643] Im Tuy-Tal, einer wichtigen Plantagenzone Venezuelas in den Hügeln nördlich der Tuy-Mündung gab es Ansiedlungen von geflohenen Sklaven (*rochelas; cumbes*). Cimarrones streiften umher. Sie wurden durch die Expansion der Plantagenwirtschaft in die Marginalität verdrängt– allerdings meist in der Nähe von deren Grenzen (oft sogar den Grenzen einer individuellen Plantage).[644]

---

and Intercolonial Repercussions of Overland and Waterborne Slave Flight, with Special Reference to the Caribbean Archipelago", in: Revista Brasileira do Caribe 10, no. 19 (2009), S. 259–284.

639 Nistral-Moret, Benjamín, Esclavos, prófugos y cimarrones. Puerto Rico, 1770–1870, San Juan: Ed. Universidad de Puerto Rico, 1984.

640 Landers, Jane G., „Maroon Women in Spanish America", in: Gaspar, David Barry; Hine, Darlene C. (eds.), Beyond Bondage. Free Women of Color in the Slave Societies of the Americas, Bloomington: Indiana University Press, 2004, S. 3–18.

641 Chaviano Pérez, Lizbeth J., „Esclavitud y rebeldía en el Valle de los Ingenios", in: Laviña, Javier; Piqueras, Ricardo; Mondéjar, Christina (eds.), Afroamérica. Espacio e identidades, Barcelona: Icaria, 2013, S. 120–145.

642 Danger Roll, Zoila, Los cimarrones de El Frijol, Santiago de Cuba: Editorial Oriente, 1977; La Rosa Corzo, Gabino, Runaway Slave Settlements in Cuba. Resistance and Repression. Translated by Mary Todd, Chapel Hill; London: The University of North Carolina Press, 2003; La Rosa Corzo; González, Mirtha T., Cazadores de esclavos, La Habana: Fundación Fernando Ortiz, 2004; La Rosa Corzo, Tatuados. Deformaciones étnicas de los cimarrones en Cuba, La Habana: Fundación Fernando Ortiz, 2011.

643 ANC, La Habana, Gobierno General, Negros, leg. 512, no. 26454 (1815): „Documento relativo a la nueva partida que se levanta en persecucion de los palenques de negros cimarrones".

644 Bergad, Laird W., Cuban Rural Society in the Nineteenth Century. The Social and Economic History of Monoculture in Matanzas, Princeton: Princeton University Press, 1990; zum Tuy-

Palenques, *rochelas* und Quilombos sowie Maroon-Siedlungen auf Jamaika (Nanny Town, Trelawny Town, Accompong, Windward und Leeward *maroons*, Cockpit-County) wurden zu geduldeten bäuerlichen Subsistenzgesellschaften im Gebirge oder an komplizierten Kolonialgrenzen und -hinterländern (wie in den Guayanas/Suriname[645]) – oft stillschweigend, aber auch formal institutionalisiert: vor allem durch das Spanische Imperium[646] (unter härtestem Widerstand auch auf Jamaika sowie Suriname[647]). Die Hauptform der ruralen *cimarronaje* bestand in der Flucht einzelner Sklaven, die hochmobil im *monte* (in den Bergwäldern) lebten und Yuca oder Bananen stahlen. Sie töteten auch mal ein Schwein und versuchten, wilden Honig zu finden. Oft geisterten sie nachts durch die Ingenios oder Fincas, von denen sie geflohen waren.

Eine der Hauptformen des legalen Exits aus der Sklaverei war die Flucht über politische Kolonialgrenzen bzw. zwischen Koloniallandschaften, etwa aus dem britischen oder niederländischen Kolonialbereich in spanische Kolonien. Das gilt insbesondere für die häufigen Kriegszeiten. Diese Form des Widerstandes von Versklavten wurde vor allem durch das Spanische Imperium genutzt.[648] Sie richtete sich gegen

---

Territorium, siehe: Ramos Guédez, José Marcial, „Mano de obra esclavizada en el eje Barlovento-Valles del Tuy durante el siglo XVIII", in: Equipos Locales de Investigación; ELI (eds.), Reconociéndonos en nuestros saberes y haceres (Tomo VI Estado Miranda), Caracas: Ministerio de Culture; Consejo Nacional de la Cultura; Dirección General de Apoyo Docente, 2006, S. 1–24; siehe auch: Ramos Guédez, „Centros poblados de Venezuela colonial fundados por negros cimarrones", in: Ramos Guédez, Contribución a la historia de las culturas negras en Venezuela colonial, Caracas: Instituto Municipal de Publicaciones; Alcaldía de Caracas, 2001, S. 39 (mapa no. 2).

645 Price, Richard, „Maroons in Suriname and Guyane. How Many and Where", in: New West Indian Guide/ Nieuwe West Indische Gids 76:1–2 (2002), S. 81–88.

646 „R.C. Ratificando la libertad de los esclavos fugitivos procedentes de otros dominios extranjeros", in: Lucena Salmoral, Manuel, Regulación de la esclavitud negra en las colonias de América Española (1503–1886), Alcalá de Henares: Universidad de Alcalá, 2005, S. 248–251 (Dok. 304); Landers, Jane G., „Gracia Real de Santa Teresa de Mose. A Free Black Town in Spanish Colonial Florida", in: American Historical Review 95 (1990), S. 9–30.

647 La Rosa Corzo, Gabino, Runaway Slave Settlements in Cuba. Resistance and Repression. Translated by Mary Todd, Chapel Hill; London: The University of North Carolina Press, 2003, passim.

648 „R.C. Ratificando la libertad de los esclavos fugitivos procedentes de otros dominios extranjeros", in: Lucena Salmoral, Manuel, Regulación de la esclavitud negra en las colonias de América Española (1503–1886), S. 248–251 (Dok. 304); Landers, „Cimarrón Ethnicity and Cultural Adaptation in the Spanish Domains of the Circum-Caribbean, 1503–1763", in: Lovejoy, Paul E. (ed.), Identity in the Shadow of Slavery, London; New York: Continuum, 2000, S. 30–54; Thompson, Alvin O., „Establisment of Maroon Communities", in: Thompson, Flight to Freedom. African Runaways and Maroons in the Americas, Kingston: University of the West Indian Press, 2006, S. 109–143; aus den niederländischen Guayanas (Essequibo, Demerara [beide seit 1796 von Briten übernommen, später British Guiana] und Suriname) entflohen viele Versklavte entweder in die Hinterland-Wälder (wo sie von Kariben oft eingefangen wurden) oder in die spanischen Territorien Guayanas, wo sie angesiedelt wurden, sobald sie den katholischen Glauben (meist formal) angenommen hatten; siehe:

die oben beschriebenen dynamischeren Formen der – vor allem – Plantagensklaverei im niederländischen, französischen und britischen Kolonialbereich (etwa Florida oder Suriname bzw. Jamaika und Saint-Domingue). In den letzten Jahren wird mehr und mehr ein anderer „Typ" der Sklavenflucht analysiert: *„permanent freedom seekers who sought refuge in towns and cities"* im Sklaverei-Süden der USA, aber auch in vielen anderen Städten, vor allem Hafenstädten. Es handelte sich um urbane *cimarronaje, huida* sowie um die Bildung von Straßenkulturen.[649] Mit urbaner Flucht ist speziell das Untertauchen in den großen Vierteln mit farbiger Bevölkerung und unter den marginalisierten Straßenkulturen gemeint, zum Beispiel der recht gut erforschten *negros curros* in (möglichst großen) Städten wie Havanna, Matanzas, Santiago oder seit 1850 auch Cienfuegos. Eine Liste von Januar 1842 weist für die ganze Provinz Oriente 177 geflohene Sklaven aus.[650] Aber auch in kleineren Städten des Interior von Kuba, etwa in Santa Clara, waren *negros fugitivos* (*„geflohene Neger"*) schon zeitig Gegenstand dauernder Beunruhigung der lokalen Autoritäten.[651]

In den großen Agglomerationen versklavter sowie freier farbiger und schwarzer Bevölkerung, die sich in bestimmten Vierteln, in Havanna meist in den Vorstädten in der Nähe des Hafens ansiedelten, fanden sich auch Schmuggler, Diebe, Messerstecher, Arbeitslose, Lumpengesindel, geflohene Haussklaven und in die Städte geflüchteten Sklaven – ein ganzes Universum von Marginalisierten, Geflohenen und Deklassierten. Für die wenigsten gab es geregelte Arbeit. Sie lebten aber in einer sehr dynamischen

---

Hoonhout, Bram, Borderless Empire. Dutch Guiana in the Atlantic World, 1750–1800, Athens: University of Georgia Press, 2020 (Early American Places Series 21).

649 Müller, Viola Franziska, „Runaway Slaves in Antebellum Baltimore. An Urban Form of Marronage?", in: International Review of Social History 65 (2020), S. 169–195; siehe auch: Deschamps Chapeaux, Pedro, El negro en la economía habanera del siglo XIX, La Habana: UNEAC, 1971; Deschamps Chapeaux, Los cimarrones urbanos, La Habana: Ed. de Ciencias Sociales, 1986; Leaming, Hugo Prosper, Hidden Americans. Maroons of Virginia and the Carolinas, New York: Garland Pub., 1995 (Studies in African American History and Culture); Bell, Karen Cook, Running from Bondage. Enslaved Women and Their Remarkable Fight for Freedom in Revolutionary America, Cambridge: Cambridge University Press, 2021; Pargas, Damian Alan, Freedom Seekers. Fugitive Slaves in North America, 1800–1860, Cambridge: Cambridge University Press, 2022 (Cambridge Studies on the American South).

650 „Estado que manifiesta los negros que existen huidos en esta Provincia, segun los partes que se han recibido de los Tenientes Gobernadores y Capitanes de Partido de la misma", unterzeichnet von Juan Tello, in Santiago de Cuba, 29. Januar 1842, in: ANC, Asuntos Políticos [Secretaría del Gobierno], leg. 131, sign. 11 (12 mayo de 1831): „Sobre negros apalencados en la provincia de Santiago de Cuba y arreglo de partidas para su aprehensión y exterminio. Se refiere a un cuaderno formado para encausar a los negros apalencados" (antiguo título: „Palenque en la provincia de Santiago de Cuba; siehe auch: Belmonte Postigo, José Luis, Ser esclavo en Santiago de Cuba. Espacios de poder y negociación en un contexto de expansion y crisis 1780–1803, Aranjuez (Madrid): Ediciones Doce Calles, 2011.

651 Deschamps Chapeaux, Pedro, Los cimarrones urbanos, La Habana: Ed. de Ciencias Sociales, 1986; AHPVC, Fondo Actas Capitulares, Ayuntamiento de Santa Clara, Copia integra …, Tomo II. Contiene desde el año de 1721 hasta el 1740, f. 954r. (Cabildo de 2 de Septiembre de 1740).

Sklavereigesellschaft, in der sich auch freie Farbige und Schwarze am Kapital- und Wirtschaftssystem der Sklaverei beteiligten. Einige wurden reich und hatten viele Sklaven, die meisten farbigen Sklavenbesitzerinnen und Sklavenbesitzer dieser *other slavery* hatten aber jeweils nur wenige Sklaven (aber es waren relativ viele Besitzer).[652] In den Hafenstädten bildeten sich Sub- und Konterkulturen, deren Mitglieder auch von illegalen Tätigkeiten wie Glücksspiel, Diebstahl und Hehlerei, illegaler Vermietung, Prostitution, Diebstahl, Mord und Verbrechen lebten.

Seit dem Ende des 18. Jahrhunderts hatte sich, zuerst in Hafenvierteln Havannas (Manglar/ Jesús María und Horcón), dann auch in Matanzas, eine pikareske Gruppe von Zuhältern (*chulos*), Messerstechern, Mördern und Raufbolden formiert, die *Curros del Manglar* genannt wurden. *Curro* bedeutet im andalusischen Slang „Hübscher" – eine Art deklassierter Straßen-Dandy. Das Wort wurde in Havanna auch auf junge Männer aus Andalusien angewandt. Es hebt wohl auch auf das besondere Outfit der Kleidung der *negros curros* ab. *Manglares* sind Küstenmangrovendickichte wie es sie in Havannas *el Manglar* bis Mitte des 18. Jahrhunderts gab, als eine Eremitei des Namens Jesús, María y José gegründet wurde. Heute heißt dieser *barrio* (Stadtteil) daher Jesús María. Die ersten *Curros* kamen entweder aus Sevilla oder waren wohl *cimarrones* bzw. geflohene Matrosen. Die Flucht von Sklaven, auch in die Städte und vor allem nach Havanna, war ein endemisches Problem der Sklavereigesellschaft. Der Name *Curro* („Hübscher") mag aber auch darauf hindeuten, dass Mord, Sex und Prostitution zum Geschäft gehörten. Die einzelnen Gruppen bildeten nach *barrios* organisierte *juegos* (Banden/ Gangs): *Juego Amalia* (*Barrio Chávez*), *Juego Mayorquines de Italia* (*Barrio Peñalver y Guadelupe*), *Juego Polvorines* (*Barrio del Angel*), *Juego Unión* (*Barrio Monserrate*) – der sogar von einer „*parda Warmada Franc*[isc].*a*", d. h., einer Frau angeführt worden sein soll–, *Juego La Bella Benecia* (*Barrio Colon y San Lazaro*), *Juego Basuroro* – oder: *Basurero* – (*Jesus María*), *Juego Diamantinos* (*Barrio Chavez*) sowie *Juego de las Doce Fuentes* (ebenfalls *Barrio Chavez*). Einen unbekannten *barrio*-Bezug haben die *Juegos Los Doce Fundamentos*, *La Plancha* und *Bola de oro*. Der Berichterstatter weist auf die besondere Führungs-Rolle von Frauen (*mayoras*) sowie auf Rituale mit *sangre de Guanajo ó Gallo* [Blut von Truthähnen oder Hühner-Hähnen] in Gefäßen hin, die

---

652 Deschamps Chapeaux, Pedro, El negro en la economía habanera del siglo XIX, La Habana: UNEAC, 1971; Deschamps Chapeaux; Pérez de la Riva, Juan, Contribución a la historia de gentes sin historia, La Habana: Ed. de Ciencias Sociales, 1974; Barcia Zequeira, María del Carmen, Los ilustres apellidos. Negros en la Habana Colonial, La Habana: Publicaciones de la Oficina del Historiador de la Ciudad de la Habana; Ediciones Boloña, 2009. Seit Mitte des 19. Jahrhunderts versuchten die Kolonialbehörden, Migration von freien Farbigen und Schwarzen nach Kuba zu verhindern bzw. diese auszuweisen: ANC, GSC, Esclavitud, leg. 942, no. 33250 (1844): „Sobre que salgan de la Isla todos los negros y mulatos libres extranjeros que hubieran entrado en ella en edad adulta"; ANC, GSC, Esclavitud, leg. 943, no. 33260 (1844): „Solicitud del negro libre Francisco José de Cordoba, natural de Costa Firme pidiendo no se le eche de la Isla".

sie *ollalitas de Jura* [etwa: Beschwörungs-Kessel] nennen – wahrscheinlich handelte es sich um frühe Elemente der Palo-Monte-Religion.[653]

Die Quelle von 1854 beschreibt Kämpfe der *curro-juegos* (Territorialgangs) untereinander und macht deutlich, dass auch Sklaven zu den Gangs gehörten:

> que de pocos dias [...] ha podido averiguar q.e los negros criollos de la clase de curros divididos en dos gremios titulados el uno los catalanes y el otro los vizcainos, estan en pugnas y hacechandose de donde provienen heridas y muertes dificiles de evitar en impugnidad por q.e saliendo en cuadrillas se encuentran, se envisten y resultando heridos nada confiesan con la esperanza de vengarse á ser vengados por sus compañeros: con este motivo y sabedor [...] que se introducen en este barrio los titulados catalanes que casi todos se reunen en el barrio del Angel ó los vizcainos q.e lo son en el barrio de Chavez en el manglar

> dass er [der Untersuchungsbeamte] in ein paar Tagen [...] herausfinden konnte, dass die kreolischen Schwarzen der curro-Klasse, aufgeteilt in zwei Gilden, mit den Titeln die Katalanen und die Biscayer, in Konflikt geraten und sich Verletzungen zufügen und Todesfälle, die schwer zu vermeiden sind, weil sie sich in Banden treffen und sich verkleiden und wenn sie verletzt werden, gestehen sie nichts in der Hoffnung, sich zu rächen oder von ihren Gefährten gerächt zu werden: aus diesem Grund und in dem Wissen, dass die, die sich hier in diesem Viertel [dem Zentrum Havannas] einschleichen, diejenigen sind, die Katalanen tituliert werden, sie treffen sich fast alle im Barrio del Angel [ein anderer Stadtteil Havannas] oder die Biskayer, sie sind aus dem Barrio von Chavez in den Mangroven [des Werftgebietes am Hafen von Havanna].[654]

Einer der *curros* wurde festgenommen und als auf der *Capitanía* seine Personalien überprüft wurden: „resultando [...] ser el moreno Fran.co que segun la adjunta licencia es esclavo de D. V.E. Macías (kam heraus [...], dass der moreno Fran.[cis]co, laut beigefügter Lizenz Sklave des D[on] V.E. Macias ist)".

Curros zeichneten sich durch einen eigenen Stil, bizarre Kleidung, Sprechweisen und ihren Ehrenkodex aus. Ihre Sprache fiel weniger durch ein spezielles Argot (Spanisch: *jerga*) auf, sondern eher durch bestimmte Worte aus afrikanischen Sprachen und Sprechweisen. Sie selbst nannten sich *guapo, curro, majo* oder *cheche, chama* und *asere* – zum Teil Worte aus Kongo- oder Kalabar-Sprachen, die ihren Platz in der kubanischen Alltagssprache gefunden haben (und noch heute oft als eine Art Gauner-Kubanisch gelten, aber auch immer mehr in die Alltags- und Jugendsprache eindringen). Auch bildeten sie Hierarchien sowie Habitus aus und trugen eine für

---

653 „Relacion de los Gremios, Juegos, Güangüancó ó Chirigotas [?] que tienen los negros Criollos ó Curros cuya existencia ha podido averiguarse", in: ANC, Comisión Militar (CM), leg. 116, no. 3 (1854), f. 47r-v: „Instancias, certificados, oficios, declaraciones, contenidos en un proceso sguido por la comisión militar del gobierno colonial de la Isla a los miembros de un cabildo de negros curros por irregularidades ocurridas en el mismo durante los meses de febrero y marzo de 1854. Aparece como dato curioso que estos cabildos estaban dirigidos por mujeres y las que denominaban mayoras"; siehe auch: f. 53v-54v. („Declar.[aci]on del negro libre Wenceslao Andrade").
654 Schreiben eines Miguel Barreto, Capitán der Capitanía Pedanea del Barrio de Colon, La Habana, 4. Februar 1854, in: ANC, Comisión Militar (CM), leg. 116, no. 3 (1854), f. 36r.

Zeitgenossen „unangepasste" bunt-luxuriöse Kleidung. Die Oberfläche ihrer Körper und ihre Körperlichkeit waren anders als die der „Weißen", vor allem der Oberschichten. Eben wegen ihres pittoresken Habitus fielen sie den Kostumbristen unter den Literaten und Künstlern der herrschenden Gesellschaft auf. Sie bildeten eine der ersten, wegen des kostumbristischen Interesses recht gut dokumentierten „amerikanischen Straßenkulturen". Besonders in Havanna bildeten sie in den Hafenvierteln eine Mischung aus „Puff-Kultur", quasi-religiöser Schwurgemeinschaft, Territorial-*gangs* und zeitgenössischen Hooligans.[655] Aber es gab sie auch in anderen Hafenstädten des *Gran Caribe* sowie des gesamten Sklavenhandels-Atlantiks. Die Hafenviertel waren insofern wirklich große *cimarrón*-Lager.

Die Ursprünge der Gruppe der *curros* sind in den spanischen Hafenstädten Andalusiens und vor allem in Sevilla sowie Cádiz zu finden, aber auch bei den westafrikanischen und atlantischen *tangomãos* (*lançados*), kreolisierten afrikanischen Lotsen/ Seeleuten sowie Atlantikkreolen der westafrikanischen Sklavenhäfen und in den afrikanischen Männerbünden. Von Andalusien, Westafrika und Südamerika kamen Schwarze mit der *chusma*, dem „Lumpengesindel", der Flotten nach Havanna. Theodore Canots Beschreibungen des „Lumpengesindels", das die Mannschaften der Sklavenschiffe bildete, lässt an Deutlichkeit nichts zu wünschen übrig.[656] Die Beschreibung ist aber insofern eine Verleumdung, als Kapitän Canot eben diese Matrosen ausbeutete und terrorisierte. Quellen, in denen Mitglieder der Mannschaften eigene Worte über ihr Schicksal finden, fehlen dagegen.

Der legale Exit aus der Sklaverei geschah durch Manumission (wörtlich: aus der Hand – des Eigentümers – lassen).[657] Die Manumission konnte in verschiedenen Weisen erfolgen: als *graciosa* (vor allem von Frauen in Testamenten der Eigentümer), als *condicional* (meist mit einer schriftlich fixierten Abmachung, dass die ehemaligen Sklavinnen oder Sklaven als „Freie" – *libertas* oder *libertos* – weiter zu dienen hatten) oder als *libertad remunerativa* (gekaufte Freiheit). Letztere Variante

---

655 „Diligencias practicadas para averiguar la existencia y objetos de los gremios ó banderias entre los negros criollos", in: ANC, Comisión Militar (CM), leg. 116, no. 3 (1854), f. 7r-135.

656 Conneau, Theophilus, A Slaver's Log Book, or 20 Years Residence in Africa. The Original 1853 Manuscript by Captain Theophilus Conneau, Englewood Cliffs: Prentice Hall, 1976, passim. Analytische Darstellungen der Matrosen und Besatzungen von Sklavenschiffen finden sich bei Christopher, Emma, Slave Ship Sailors and Their Captive Cargoes, 1730–1807, Cambridge: Cambridge University Press, 2006, passim; Rediker, Marcus, The Slave Ship. A Human History, New York: Viking, 2007, passim.

657 Dias Paes, Mariana Armond, „O procedimento de manutenção de liberdade no Brasil oitocentista", in: Estudos Históricos 29, no. 58 (2016), S. 339–360; Silva Júnior, Waldomiro Lourenço da, História, direito e escravidão. A legislação escravista no Antigo Regime ibero-americano, São Paulo: Annablume, 2013; Candioti, Magdalena, "Regulando el fin de la esclavitud. Diálogos, innovaciones y disputas jurídicas en las nuevas repúblicas sudamericanas 1810–1830", in: Jahrbuch für Geschichte Lateinamerikas 52 (2015), S. 149–172; Candioti, Una historia de la emancipación negra. Esclavitud y abolición en la Argentina, Buenos Aires: Siglo XXI Editores, 2021.

existierte zunächst lange Zeit informell, auf Kuba seit 1842 aber auch formell, d. h. als *coartación* durch Sklavinnen und Sklaven (Selbstfreikauf auf Raten[658]) sowie im gesamten spanischen Kolonialbereich als Freikauf durch *cabildos de nación*.[659] Hinzu kamen Abolitionen von Sklavereien und Sklavenhandelssystemen sowie die formale Abolition der Sklaverei durch den Staat oder aufgrund von Revolution und Krieg.[660] Manumission oder Abolition sind nicht mit Emanzipation gleichzusetzen.

In einer sehr langen Perspektive von Welt- und Globalgeschichte betrachtet sind die Emanzipations-Prozesse noch heute nicht wirklich beendet, vor allem, was den Status ehemals Versklavter betrifft. Aber es gibt nirgends mehr *legal ownership* von Menschen. Ich will auch deutlich sagen, dass die formalen Abolitionen in der Geschichte wichtige juristische und politische Errungenschaften für die ehemals Versklavten darstellten. Aber salopp gesagt: Es gibt kein wirkliches Ende nach dem immer wieder beschworenen „Ende" der großen Sklavereien und des atlantischen *slaving* im 19. Jahrhundert – auch weil viele der *other slaveries* und Übergangssituationen sowie „kleinen", nicht visiblen Sklavereien weiter existierten. Das Verschwinden der „großen" Sklavereien durch die formalen Abolitionen ist in globalhistorischer Perspektive keine Illusion, aber extrem diskursiv. Dies gilt selbst im Falle der formalen Abolitionen in den Kolonial-Imperialismen in der Zeit von 1880–1960, in der Großbritannien als liberale Supermacht die Strategie eines legalen Wandels verfolgte.[661] Zunächst es hat es formale Emanzipationen und Abolitionsakte gegeben (die Dokumente liegen vor). Grob gesehen wurde von 1803–1840 in allen westeuropäischen Sklavenmächten und in den USA der atlantische Sklavenhandel für aufgehoben proklamiert, 1850 auch in Brasilien, wobei es Vorläufer in allen Metropolen Europas (*free soil*, zum Teil schon im 18. Jahrhundert oder früher) und in einigen Staaten der USA gab. Die einzelnen national-imperialen Sklavereien im „Westen" (Europa und Amerikas) selbst wurden zwischen 1838 und 1888 für aufgehoben erklärt (Abolition). Dabei wird oft übersehen,

---

658 Varella, Claudia; Barcia, Manuel, Wage-Earning Slaves. Coartación in Nineteenth-Century Cuba, Gainesville: University of Florida Press, 2020.

659 *Cabildos de nación* waren eine Besonderheit der kastilischen politischen Kultur. Jede größere Gruppe gleicher Herkunft („nación") hatte das Recht, eine gesonderte städtische Ratsversammlung mit eigenem Versammlungshaus zu bilden; siehe: García, Gloria, „Los cabildos de nación. Organización, vicisitudes y tensiones internas (1780–1868)", in: Del Caribe 43 (2004), S. 65–73; Chira, Adriana, „Affective Debts. Manumission by Grace and the Making of Gradual Emancipation Laws in Cuba, 1817–68", in: Law and History Review 36:1 (2018), S. 1–33.

660 Klein, Herbert S., „The Transition from Plantation Slave Labour to Free Labour in the Americas", in: Aje, Lawrence; Armstrong, Catherine (eds.), The Many Faces of Slavery. New Perspectives on Slave Ownership and Experiences in the Americas, London: Bloomsbury Publishing, 2020, S. 211–228.

661 Kern, Holger Lutz, „Strategies of Legal Change. Great Britain, International Law, and the Abolition of the Transatlantic Slave Trade", in: Journal of the History of International Law 6 (2004), S. 233–258; Mulligan, William; Bric, Maurice (eds.), A Global History of Anti-Slavery Politics in the Nineteenth Century, New York: Palgrave Macmillan, 2013.

dass der Prozess in den Amerikas noch eher begann: 1780 Pennsylvania; 1812 in Mexiko; 1816 in Venezuela (Verbot des Sklavenhandels: 1810); 1819 Großkolumbien („*manumisión*", allerdings ohne wirkliche Abolition der Sklaverei[662]); 1824 in den Vereinigten Provinzen Zentralamerikas.[663] (auch wenn die endgültige Abolition meist erst Mitte des 19. Jahrhunderts proklamiert wurde; in Paraguay erst in den 1870er Jahren). Der Grund für den Prozess war der revolutionäre Impuls des amerikanischen Unabhängigkeitskrieges 1776-1783 und der *Independencia* (oder der Kampf dagegen[664]). Erst nach dem Sieg der kreolischen Eliten kam es in Plantagengebieten, Städten und Hafenportalen des zukünftigen Lateinamerikas zur verschleierten Rekonstruktion von Sklavereien in der Form von *manumisión* à la (Gran) Colombia, *aprendizaje/ apprenticeship*[665] und sogar zeitweiligen Wiederaufnahmen des Sklavenhandels

---

662 Vergara, Ana J., „La libertad durante el ocaso de la esclavitud. Peticiones de libertad de esclavos y las leyes de manumisión republicanas (1821–1854)", in: Anuario de Estudios Bolivarianos 14, no. 15 (2008), S. 151–183; Pita Pico, Roger, La manumisión de esclavos en el proceso de independencia de Colombia. Realidades, promesas y desilusiones, Bogotá: Editorial Kimpres, 2014; Pita Pico, „El debate sobre la abolición del comercio internacional de esclavos durante la independencia y la temprana República en Colombia", in: Diálogos. Revista Electrónica de Historia 16:1 (2015), S. 241–267; Gómez, Alejandro E., „Socio-Racial Sensibilities towards coloured subaltern sectors in the Spanish Atlantic", in: Culture & History Digital Journal 4:2 (2015) (https://www.academia.edu/19605871 [23. März 2022]); Echeverri, Marcela, Indian and Slave Royalists in the Age of Revolution. Reform, Revolution and Royalism in the Northern Andes, 1780–1825, New York: Cambridge University Press, 2016; Echeverri, „Esclavitud y tráfico de esclavos en el Pacífico Suramericano durante el era de la abolición", in: Historia Mexicana 69:2 (2019), S. 627–691; Echeverri, „Slavery in Mainland Spanish America in the Age of the Second Slavery", in: Tomich, Dale W. (ed.), Atlantic Transformations. Empire, Politics, and Slavery During the Nineteenth Century, New York: State University of New York Press, 2020, S. 19–44.
663 King, James Ferguson, „The Latin-American Republics and the Suppression of the Slave Trade", in: Hispanic-American Historical Review 24:3 (1944), S. 387–411; Zeuske, Michael, „Kontinentale Emanzipationswege", in: Zeuske, Sklavereien, Emanzipationen und atlantische Weltgeschichte. Essays über Mikrogeschichten, Sklaven, Globalisierungen und Rassismus, Leipzig: Leipziger Universitätsverlag, 2002 (Arbeitsberichte des Instituts für Kultur und Universalgeschichte Leipzig e.V. 6), S. 202–213; siehe auch: De Vinatea, María Julia, „Las aboliciones de la esclavitud en Iberoamérica. El caso peruano (1812–1854)", in: Revista Historia de la Educación Latinoamericana 16, no. 23 (2014), S. 187–204.
664 Mallo, Silvia C.; Telesca, Ignacio (eds.), ‚Negros de la patria'. Los afrodescendientes en las luchas por la independencia en el antiguo Virreinato del Río de la Plata, Buenos Aires: Editorial SB Paradigma 2010 (Serie Historia Americana); Pita Pico, Roger, El reclutamiento de negros esclavos durante las guerras de Independencia de Colombia 1810–1825, Bogotá: Academia Colombiana de Historia, 2012; Echeverri, Marcela, Indian and Slave Royalists in the Age of Revolution. Reform, Revolution and Royalism in the Northern Andes, 1780–1825, New York: Cambridge University Press, 2016; Cuño, Justo, „Los nuevos estados nacionales y los debates en torno a la abolición de la esclavitud en América Latina. 1815–1860", in: Naranjo Orovio, Consuelo (ed.) Esclavitud y diferencia racial en el Caribe hispano, Aranjuez (Madrid): Doce Calles, 2017, S. 147–163.
665 Eliot, Lewis B. H., „We Don't Recognize Your Freedom. Slavery, Imperialism, and Statelessness in the Mid-Nineteenth Century Atlantic World", in: Atlantic Studies 16:4 (2019), S. 482–501, hier S. 488: „These apprenticeships effectively amounted to state-owned indentured labor. A newly freed apprentice was assigned to a planter or business and put to work until they were twenty-five and therefore

(etwa von Buenaventura nach Panamá 1843–1847[666]). Die meisten Sklavereien und ihre verschleierten Formen wurden noch bis in die 1850er oder gar in die 1870er Jahre fortgeführt. Sklavereien von Indigenen – oft von Kindern – gab es sogar noch im 20. Jahrhundert, vor allem in marginalen Zonen und *frontier*-Gebieten.[667]

Im Grunde begannen die Übergangssituationen aus der formalen Sklaverei „nach römischem Recht" in andere Formen asymmetrischer Abhängigkeit, das migrantische Pendeln zwischen zeitweiligen Sklavereien und etwas mehr „Freiheiten" sowie das Drama der Diskursivität (für die Versklavten und Verschleppten) schon mit mit den Abolitionen in den Einzelstaaten der USA sowie vor allem mit der revolutionären Abolition von 1794 (Nationalversammlung Frankreichs): Im Fanfarengetöse dieser Abolition im Gesetz vom 16. Pluviôse An II wurden der atlantische und der karibische Sklavenhandel nicht einmal erwähnt. Die Gesetzgeber erachteten mit der Abolition auch den Sklavenhandel als verboten (der aber selbst im revolutionären Saint-Domingue bis 1793 anhielt). Die Gesetzgeber in Paris hielten es deshalb nicht für nötig, den Sklavenhandel zu erwähnen. Durch diese Gesetzeslücke ergab sich ein großer Handlungsspielraum. So gingen beispielsweise die Sklavenhändler von Saint-Louis de Sénégal auch nach 1794 ihrem Geschäft nach – einfach nicht mehr unter französischer Flagge. Auch der Sklavenhandel auf La Réunion und Mauritius im Indischen Ozean ging weiter, weil dort – wie auch in Saint-Louis – die Sklaverei nie wirklich abgeschafft wurde. Gleiches dürfte für die Karibik zutreffen.[668]

Selbst ein Revolutionär wie Toussaint Louverture auf dem Höhepunkt seiner Macht ermutigte britische Sklavenhändler dazu, ihre „Ware" in Saint-Domingue zu verkaufen. Dort wurden sie zwar rechtlich für frei erklärt, im gleichen Atemzug aber, wie

---

deemed old and mature enough for unhindered independence. What freedoms an apprentice had that a slave had not was unclear to both Wilson [britischer Konsul in Caracas – MZ] and Palmerston. Wilson did, however, apparently understand the system clearly enough to remain convinced that the difference was in name only".

666 Echeverri, Marcela, „Esclavitud y tráfico de esclavos en el Pacífico Suramericano durante el era de la abolición", in: Historia Mexicana 69:2 (2019), S. 627–691. S. 628 „En la década de 1840, cuando ya el país se había fragmentado y Popayán estaba dentro de la Nueva Granada, las élites payanesas lograron que el gobierno volviera a instaurar el tráfico de esclavos y trasladaron grandes números de esclavizados hacia Panamá, desde donde los vendieron a agentes peruanos y estadounidenses [...] tráfico de exportación de esclavos en la Nueva Granada entre 1843 y 1847".

667 Blanchard, Peter, „Abolition and Anti-Slavery. Latin America", in: Drescher, Seymour; Engerman, Stanley L. (eds.), A Historical Guide to World Slavery, Oxford; New York: Oxford University Press, 1998, S. 17–21, siehe auch: Klein, Martin A., „Slavery, the International Slave Market and the Emancipation of Slaves in the Nineteenth Century", in: Lovejoy, Paul E.; Rogers, Nicholas (eds.), Unfree Labour in the Development of the Atlantic World, London: Frank Cass, 1994, S. 197–220.

668 Zeuske, Michael, „Humboldt in Venezuela and Cuba. The ‚Second Slavery'", in: German Life and Letters 74:3 (2021), S. 311–325.

bereits erwähnt, einem harschen Zwangsarbeitsregime unterworfen wurden, d. h., de facto Sklavenarbeit „ohne formale Sklaverei".[669]

Ähnlich verfuhren die Korsaren Guadeloupes während der Revolutionskriege, wenn sie britische oder niederländische Sklavenschiffe kaperten. Die Sklaven wurden in Guadeloupe als Prise verkauft, dann für „frei" erklärt und schließlich auf die Plantagen geschickt, wo ihnen ein Schicksal drohte, das sich kaum von der Sklaverei unterschied. Im Zuge der Wiedereinführung der Sklaverei 1802 vollzogen die Kolonialbehörden mit dem Verkauf dieser Menschen auch rechtlich ihre Versklavung und verdienten sich nebenbei eine goldene Nase.[670] Hier haben wir das Muster, nach dem nach 1808/ 1820 vor allem Großbritannien und Spanien, aber auch die USA, Portugal und Brasilien mit der *emancipated/ emancipado*-Politik verfuhren.[671] Es gab keine wirkliche „Freiheit" in der atlantischen Welt und in den Amerikas. Was es gab, waren Verhandlungen und Konflikte um etwas mehr Freiheit.[672]

Die in ihrer Zeit als „Realisten" geltenden Abolitionisten kannten natürlich das Arbeits-Problem des 19. Jahrhunderts, der Epoche mit der massivsten Nachfrage nach menschlichen Arbeitskräften. Oft schlugen sie vor, im Bereich der rural-industriellen Sklaverei auf Plantagen Menschen durch Tiere zu ersetzen – vor allem durch Esel, Maultiere und Ochsen (auch mit Kamelen wurde experimentiert). Das ab ca. 1820 vorgebrachte „Maschinen-Argument" – Dampfmaschinen statt menschlicher Arbeitskräfte – verschliss bald, da allen klar wurde, dass mit den Dampfmaschinen und weiterer Technologie in Verarbeitung, Konstruktion und Transport auch mehr billige

---

669 Girard, Philippe R., „Black Talleyrand. Toussaint Louverture's Diplomacy, 1798–1802", in: William and Mary Quarterly 66 (2009), S. 87–124.

670 Eichmann, Flavio, „Weder Freiheit noch Gleichheit. Terror und Abolition auf Guadeloupe 1794–1801", in: Mittelweg 36:4 (2015), S. 64–85; Eichmann, „Die letzte Schlacht – Guadeloupe 1815. Koloniale Konflikte im Lichte von Napoleons Sklavenhandelsverbot", in: Zeitschrift für Weltgeschichte. Interdisziplinäre Perspektiven 16:2 (2015), S. 93–112 (= Themenheft: Der Wiener Kongress und seine globale Dimension). Zu Korsaren und Sklavenhandel während der französischen Revolution in Spanisch-Amerikas, siehe; Secreto, María Verónica, „Territorialidades fluidas. Corsários franceses e tráfico negreiro no Rio da Prata (1796–1799). Tensões locais-tensões globais", in: Topoi 17, no. 33 (2016), S. 419–443.

671 Roldán de Montaud, Inés, „Origen, evolución y supresión del grupo de negros ‚emancipados' en Cuba 1817–1870", in: Revista de Indias 42, nos. 169–170 (1982), S. 559–641; Adderly, Rosanne Marion, ‚New Negroes from Africa'. Slave Trade Abolition and Free African Settlement in the Nineteenth-Century Caribbean, Bloomington: Indiana University Press, 2006; Roldán de Montaúd, „On the Blurred Boundaries of Freedom. Liberated Africans in Cuba, 1817–1870", in: Tomich, Dale W. (ed.), New Frontiers of Slavery, New York: State University of New York Press, 2015, S. 127–155; Fett, Sharla M., Recaptured Africans. Surviving Slave Ships, Detention, and Dislocation in the Final Years of the Slave Trade, Chapel Hill: University of North Carolina Press, 2017; Mamigonian, Beatriz G., Africanos livres. A abolição do tráfico de escravos no Brasil, São Paulo: Companhia das Letras, 2017; Anderson, Richard; Lovejoy, Henry B. (eds.), Liberated Africans and the Abolition of the Slave Trade, 1807–1896, Rochester: University of Rochester Press, 2019.

672 Johnson, Jessica Marie, Wicked Flesh. Black Women, Intimacy, and Freedom in the Atlantic World, Philadelphia: University of Pennsylvania Press, 2020 (Early American Studies).

menschliche Arbeitskraft (d. h. *brazos/ hands* – Arme bzw. Hände) in Form von versklavten menschlichen Körpern notwendig wurde. Dies war die Grundlage der *Second Slavery* von 1800–1888. Der direkte Sklavenhandel wurde bis um 1880 zu illegalem Menschenschmuggel auf dem *hidden Atlantic* – meist mit immer mehr verschleppten Kindern.[673] Die globale Expansion Großbritanniens nach 1815 und die Ausschaltung der indischen Konkurrenz der Textilherstellung erodierten die alten Sklaverei-Zonen in den *West Indies* (auf denen sich zudem der Boden erschöpfte).[674] Parallel zur formalen Abolition der atlantischen Sklaverei (bei Weiterexistenz des *hidden Atlantic* 1820–1880) kam es seit ca. 1840 zu den großen Coolie-Zwangsmigrationen.[675] Sie verbanden beide großen ozeanischen Räume (Atlantik und Indik sowie Randräume des Pazifiks) und wurden von ebenfalls massiv einsetzender Armuts- und Arbeitsmigration – vor allem von Europäern in die Amerikas – sowie den daraus resultierenden Diasporas begleitet. Zu den globalen Übergangsformen gehörte die zwangsweise Verschickung von *emancipated slaves* (*emancipados/ recaptives*) im Namen der Freiheit: Die *captives* galten nach Aufbringung der Sklavenschiffe als formal „frei" – was in Listen dokumentiert wurde –, wurden aber unter den Transport-, Struktur- und Ernährungsbedingungen der Mittelpassage in Migrations-Territorien gebracht, wo sie der jeweilige Gesetzgeber/ Staat haben wollte (z. B. in die britischen Kolonien in der Karibik, vor allem Trinidad and Tobago, sowie nach Freetown/ Sierra Leone oder Liberia[676]). Sklaven, die sich frei zu kaufen begannen (*coartación*), wurden zudem ausgebeutet, betrogen und hingen für Jahre, manchmal jahrzehntelang in diesem Status fest.[677] Auch die oben erwähnte Tatsache, dass im atlantischen Menschenschmuggel des 19. Jahrhunderts immer mehr Kinder verschleppt wurden[678], stellt ein Übergangsmoment zu neuen Formen von „kleinen" Sklavereien und Zwangsarbei-

---

673 Lawrance, Benjamin N., „„Most Favourite Cargoes'. African Child Enslavement in the Nineteenth Century", in: Lawrance, Amistad's Orphans. An Atlantic Story of Children, Slavery, and Smuggling, New Haven; London: Yale University Press, 2014, S. 27–46.
674 Tomich, Dale W., „Econocide? From Abolition to Emancipation in the British and French Caribbean", in: Palmié, Stephan; Scarano, Francisco A. (eds.), The Caribbean. A History of the Region and Its Peoples, Chicago; London: The University of Chicago Press, 2011, S. 303–316.
675 Bahadur, Gaiutra, Coolie Woman. The Odyssey of Indenture, London: Hurst & Co., 2013.
676 Fett, Sharla M., „Middle Passages and Forced Migrations. Liberated Africans in Nineteenth-Century US Camps and Ships", in: Slavery & Abolition 31:1 (2010), S. 75–98.
677 Varella, Claudia; Barcia, Manuel, „The Path to Abolition. Síndicos, Coartados and the Presence of the State", in: Varella; Barcia, Wage-Earning Slaves. Coartación in Nineteenth-Century Cuba, Gainesville: University of Florida Press, 2020, S. 66–82.
678 Diptee, Audra A.; Trotman. „Atlantic Childhood and Youth in Global Context. Reflections on the Global South", in: Atlantic Studies 11:4 (2014), S. 183–196; Diptee, „African Children in the British Slave Trade Youth in Africa during the Late Eighteenth Century", in: Slavery & Abolition 27:2 (2006), S. 183–196; Diptee, „Notions of African Childhood in Abolitionist Discourses. Colonial and Post-colonial Humanitarianism in the Fight Against Child Slavery", in: Duane, Anna Mae (ed.), Child Slavery before and after Emancipation. An Argument for Child-Centered Slavery Studies, Cambridge: Cambridge University Press, 2017, S. 208–230.

ten und Diasporas dar. Das Ganze war auch eine Strategie von Sklavenhändlern/ *negreros*, Abolitionsdiskurse und -rituale zur Verschleierung des eigentlich weiterlaufenden Menschenhandels zu nutzen. Wenn ehemalige Sklavenhändler früher Menschen gekauft hatten, bezahlten sie unter dem Druck des Diskurs-Abolitionismus jetzt für die „Freilassung" von Menschen aus einem *cativo*-Status und setzen diese *„emancipados"* dann als Quasi-Sklaven in der Plantagen-Produktion ein. Aus den konkreten Ansiedlungen von emanzipierten Versklavten (in Faktorei-Barracken – *barracoons/ barracones* und *compounds/ camps*) ergeben sich auch Traditionslinien zum heutigen Management von Flüchtlingen und Migranten.[679]

Abolitionen von Sklavereien und Sklavenhandelssystemen waren im „Westen" (inklusive der Amerikas) Aufhebungen der Versklavungs-Rechtsformen mit tiefen Auswirkungen auf Politik, Diskurse, Kultur und Recht und weniger tiefen auf Arbeit, Transport (Zwangsmigration), aber auch Transportsysteme, Wirtschaften und Mentalitäten. Sklaverei-Wirtschaftsstrukturen blieben intakt (etwa im Norden Haitis). Die ehemaligen Sklaven und Sklavinnen sowie *emancipados* blieben im Wesentlichen in „Sklaverei-Arbeitsbereichen" oder kamen in neue Arbeitsbereiche ähnlichen Charakters (Dienstleistungsgewerbe, Sklavereien zur Abarbeitung von Schulden, Prostitution). Dazu entstanden aus der Sklaverei-typischen Unterdrückung (etwa sexueller), der extremen Statusminderung und den sich rasant ausbreitenden „wissenschaftlichen" Rassenideologien Mechanismen, die die ehemaligen Sklaven in Situationen sozialer Ausgrenzung und Marginalisierung hielten – die Bandbreite reichte von „Rassendemokratien" (lateinamerikanische Länder, Brasilien[680]) bis hin zu offener staatlicher Segregation (USA, Südafrika, Australien). Die formalen Abolitionsproklamationen und die sie begleitende Politik führten wenigsten in den Amerikas und in West- und Mitteleuropa zur Auflösung der „großen", gut erkennbaren Blöcke der Wirtschafts-Sklavereien (*chattel slavery*). Über den erwähnten Kindersklavenhandel und die Statusbedingungen ehemaliger Sklavinnen kam es aber mehr und mehr zu informellen und punktuellen „kleinen" Sklavereien *„next door"*. Auch interner Sklaven- und Menschenhandel lief oft weiter, etwa in Brasilien, den USA, Kuba, Uruguay, den Guayanas und Trinidad.[681]

So nimmt es auch nicht Wunder, dass Sidney Chalhoub, der führende Sklaverei-Sozialhistoriker Brasiliens, schreibt:

The first half of nineteenth century did not see the weakening of slavery in the Americas at all, but just the partial relocation of it. The institution of slavery gradually disappeared in the Bri-

---

679 Ilcan, Suzan; Rygiel, Kim, „„Resiliency Humanitarianism'. Responsibilizing Refugees through Humanitarian Emergency Governance in the Camp", in: International Political Sociology 9 (2015), S. 333–351.

680 Aidoo, Lamonte, Slavery Unseen. Sex, Power, and Violence in Brazilian History, Durham: Duke University Press, 2018 (Latin America Otherwise Series).

681 Butler, Kim D., „Slavery in the Age of Emancipation. Victims and Rebels in Brazil's Late 19th-Century Domestic Trade", in: Journal of Black Studies 42:6 (2011), S. 968–992; Pargas, Damian Alan, Slavery and Forced Migration in the Antebellum South, New York: Cambridge University Press, 2015.

tish and French Caribbean while it became stronger in Brazil, Cuba, and the US South. In the second half of nineteenth century, as the nightmare of an international order based on slavery was finally defeated in the American Civil War, there emerged extremely aggressive racist ideologies that justified Western imperial expansion and the persistence of forced labor in Africa and elsewhere. Actually, it boggles the mind to think that for so long it seemed possible to conceive of nineteenth century as a time of transition from slavery to freedom, from bondage to contractual and/ or free labor. In fact, contract labor, however diverse in its forms, was often thought of as a form of coerced labor, with workers having to submit the debt bondage and various forms of criminal sanction for breach of contract.[682]

All das führte – und das zeigt Chalhoub auch – bestenfalls zu sehr unklaren Verhältnissen zu Ungunsten ehemals Versklavter, auch wenn diese nun oft etwas mehr Verhandlungsspielraum oder gar Mobilität hatten. Begleitet wurde der Wandel von den gleichen Gewaltformen sowie fortgeschriebenen Rechtformen (und Bezeichnungen) wie in der Sklaverei und basierend auf den gleichen Arbeiten wie in der Sklaverei.[683]

Um keinen Zweifel an den quantitativen Verhältnissen aufkommen zu lassen, gilt es festzuhalten: Sklavereien in der gesamten Welt- und Globalgeschichte endeten für Versklavte in den meisten Fällen mit dem Tod im Sklavenhandel, auf Transporten, im Umfeld des *slaving* oder in der jeweiligen Sklaverei vor Ort. Deshalb spielten (und spielen) auch der Tod und der Kontakt mit Toten in Kulten und Religionen, an denen Sklaven partizipierten, sowie in den Religionen des *Slaving*-Atlantiks eine so wichtige Rolle.[684] Versklavte entkamen den Sklavereien durch Selbsttötung (Suizid), als Opfer bei Tötungen, durch Lösegeldzahlung, Flucht (*cimarronaje, marronage*), Rebellionen[685], Kriege (*bella servilia*) oder Revolution (vor allem in Haiti/ Santo Domingo 1791–1803). Auch Selbstfreikauf mit schriftlichem Dokument (*ahorramiento, coartación, autocompra, auto-alforria/ carta de alforria*)[686] und Manumission durch

---

682 Chalhoub, Sidney, „The Politics of Ambiguity. Conditional Manumission, Labor Contracts, and Slave Emancipation in Brazil (1850s-1888)", in: International Review of Social History 60:2 (2015), S. 161–191.

683 Chalhoub, Sidney, A força da escravidão. Ilegalidade e costume no Brasil oitocentista, São Paulo: Companhia das Letras, 2015; siehe etwa für Buenos Aires: Alberto, Paulina L., „Liberta by Trade. Negotiating the Terms of Unfree Labor in Gradual Abolition Buenos Aires (1820s-30s)", in: Journal of Social History 52:3 (2019), S. 619–651.

684 Reis, João José, Death Is a Festival. Funeral Rites and Rebellion in Nineteenth-Century Brazil. Translated by H. Sabrina Gledhill, Chapel Hill: University of North Carolina Press, 2003; Brown, Vincent, The Reaper's Garden. Death and Power in the World of Atlantic Slavery, Cambridge: Harvard University Press, 2008.

685 Finch, Aisha K., Rethinking Slave Rebellion in Cuba. La Escalera and the Insurgencies of 1841–1844, Chapel Hill: University of North Carolina Press, 2015.

686 Aimes, Hubert. „Coartación. A Spanish Institution for the Advancement of Slaves into Freedom", in: Yale Review 17 (1909), S. 412–431; Fuente, Alejandro de la, „Slaves and the Creation of Legal Rights in Cuba. Coartación and Papel", in: Hispanic American Historical Review 87:4 (2007), S. 659–692 (Nachdruck in: Fradera, Josep Maria; Schmidt-Nowara, Christopher (eds.), Slavery and Antislavery in Spain's Atlantic Empire, New York; Oxford: Berghahn, 2013, S. 101–134); Varella, Claudia, „El canal administrativo de los conflictos entre esclavos y amos. Causas de manumisión

den individuellen (Privateigentümer) oder institutionellen Sklavenhalter (Herrscher, Staat, Korporationen) waren möglich und konnten, wie gesagt, als individuelle Freilassung, aber auch testamentarisch oder als Freikauf durch unterschiedliche Akteure erfolgen.[687] Es gab auch eine zeitweilige Manumission mit schriftlicher Bestätigung (*carta de libertad*), etwa im Falle von versklavten Matrosen und Köchen auf niederländischen Schiffen Curaçaos, die während der Schiffreisen temporär frei gelassen wurden, damit sie im Fall von Korsaren-/ Piratenüberfällen nicht als Sklaven Teil der „Prise" wurden.[688] Im Falle der staatlichen Freilassung bzw. des staatlichen Prozesses der Aufhebung des Sklavenhandels vor allem im 19. Jahrhundert wird für den Prozess der individuellen Freilassung (Manumission – legale Freilassung) meist der Begriff der Emanzipation gebraucht. Für den gesetzlichen Akt der endgültigen Aufhebung des formalen „Rechts auf Eigentum" am menschlichen Körper wird der oben ausführlich dargelegte Begriff Abolition gebraucht.[689] Tod (des Sklaven als Opfer oder des individuellen Halters) und Widerstand spielten als individuelle oder kollektive Ausgänge aus der Sklaverei für alle welthistorischen Entwicklungsstufen von Sklavereien eine extrem wichtige Rolle.[690]

decididas ante síndicos en Cuba", in: Revista de Indias 251 (2011), S. 109–136; Varella, „The Price of ‚Coartación' in the Hispanic Caribbean. How Much Freedom Does the Master Owe to the Slave", in: International Journal of Cuban Studies 4:2 (2012), S. 200–210; Paiva, Eduardo França, „Coartações e alforrias nas Minas Gerais do século XVIII. As possibilidades de libertação escrava no principal centro colonial", in: Revista de História 133 (1995), S. 49–57 (www.revistas.usp.br/revhistoria/arti cle/view/18768 (23. März 2022). Silva Júnior, Waldomiro Lourenço da, „Esclavitud y manumisiones. Brasil, Cuba y las transformaciones jurídicas en la Ilustración", in: Piqueras, José Antonio (ed.). Plantación, espacios agrarios y esclavitud en la Cuba colonial, Castellón de la Plana: Universitat Jaume I; Casa de las Américas, 2017, S. 413–437.

687 Meriño Fuentes, María de los Ángeles; Perera Díaz, Aisnara, „El cabildo carabalí viví. Alianzas y conflictos por el derecho a la libertad. Santiago de Cuba (1824–1864)", in: Millars. Espai i Història 33 (2010), S. 157–171.

688 Aizpurúa, Ramón, „Esclavitud, navegación y fugas de esclavos en el Curazao del siglo XVIII", in: Dalla-Corte, Gabriela; García Jordan, Pilar; Laviña, Javier; Luna, Lola; Ricardo Piqueras, Ricardo; Ruiz-Peinado, José Luis, Tous, Meritxell (eds.), Poder local, poder global en América Latina, Barcelona: Publicacions i edicions de la Universidat de Barcelona, 2008, S. 81–94; Rupert, Linda M., „Marronage, Manumission and Maritime Trade in the Early Modern Caribbean", in: Slavery & Abolition 30:3 (2009), S. 361–382; vor allem S. 372–373.

689 Kleijwegt, Marc (ed.), The Faces of Freedom. The Manumission and Emancipation of Slaves in Old World and New World Slavery, Leiden: Brill Academic Publishers, 2006 (The Atlantic World 7); Brana-Shute, Rosemary; Sparks, Randy (eds.), Paths to Freedom. Manumission in the Atlantic World, Columbia: University of South Carolina, 2009; Drescher, Seymour, „From Colonial Emancipation to Global Abolition", in: Drescher, Abolition. A History of Slavery and Antislavery, Cambridge: Cambridge University Press, 2009, S. 267–293.

690 Laviña, Javier; Ruiz-Peinado, José Luis, Resistencias esclavas en las Américas, Aranjuez (Madrid): Doce Calles, 2006; Laviña, De Saint-Domingue a Haití. Conflicto y revolución, San Juan: Ediciones Universidad de Puerto Rico, 2020.

5 *Second Slaveries* – eine neue, kapitalistische Sklaverei und ihre regionalen Varianten

Sie sterben alle.[691]

Volvemos a repetirlo con el dolor más profundo: se está haciendo todavía ese detestable comercio [Wir wiederholen es noch einmal mit tiefstem Schmerz: Dieser abscheuliche Handel wird immer noch betrieben].[692]

Mis negros están cantando alegres; hoy se les han repartido las esquifaciones, las frazadas y las camisas de lana; y mañana domingo bailarán tambor todo el día
[Meine Negros singen fröhlich; heute haben sie Kleidung, Decken und Wollhemden bekommen; und morgen Sonntag tanzen sie den ganzen Tag [zur] Trommel [Übersetzung MZ]].[693]

Second Slavery war eine neue, wenn man so will, modern-kapitalistische Form der atlantischen Sklaverei. Sie fand vor allem in den Amerikas statt. In globaler Perspektive war diese neue Sklaverei eng verbunden mit Migrationssystemen zwischen den beiden Hemisphären (vor allem *coolies* aus Kanton, Indien und Java). In ihren entwickelten Formen im späten 18. und im 19./20. Jahrhundert waren *Second Slaveries* andererseits engstens mit unterschiedlichen Monokulturen verbunden, die immer auch wichtige Umfeld-Wirtschaften aufwiesen (wie *food*-Produktion, Hafen-Wirtschaften und Großvieh-*frontier*-Wirtschaften). Es gab aber auch Entwicklungslinien aus der „ersten Sklaverei" (siehe oben) und aus *other slaveries*. Einzelne Elemente der *Second Slavery* waren schon vor der niederländischen Besetzung des Nordostens der heutigen brasilianischen Küste (1630–1652) entstanden – vor allem bezogen auf Mühlen-Technologie auf der Plantage, das Wasser- und Ressourcenmanagement sowie den direkten atlantischen Sklavenhandel. Sie war der Grund für die gewaltsamen Versuche der Niederländer, Inseln und Häfen in Afrika zu erobern.[694] Niederländi-

---

691 Kommentar Arangos zum Schicksal der kriegsgefangenen ehemaligen Sklaven in Saint-Domingue; siehe: Arango y Parreño, Francisco, „Comisión de Arango en Santo Domingo", in: Arango y Parreño, Obras de D. Francisco de Arango y Parreño, Bd. 1, La Habana: Publicaciones de la Dirección de Cultura del Ministerio de Educación, 1952, S. 344–383, hier S. 363; siehe auch: Zeuske, Michael, „Francisco de Arango y Parreño. Representación (1811). Oder: Der ‚Adam Smith der Plantagensklaverei in den Amerikas' und das Verhältnis von ‚Rasse' und Klasse", in: Stieglitz, Olaf; Martschukat, Jürgen (eds.): Race & sex. Eine Geschichte der Neuzeit. 49 Schlüsseltexte aus vier Jahrhunderten neu gelesen, Berlin: Neofelis Verlag 2016, S. 353–357.
692 Arango y Parreño, Francisco, „Acabar de hecho en el tráfico de negros", in: Arango y Parreño, Obras de D. Francisco de Arango y Parreño, Bd. 2, La Habana: Publicaciones de la Dirección de Cultura del Ministerio de Educación, 1952, S. 579–582, S. 579.
693 Suárez y Romero, Anselmo, „Los bohíos al obscurecer", in: Suárez y Romero, Colección de artículos, Habana: Establecimiento tipográfico La Antillana, 1859, S. 233–242, hier S. 233.
694 Del Río Moreno, Justo, Los inicios de la agricultura europea en el Nuevo Mundo, 1492–1542, Sevilla; Huelva: Asociación Agraria Jóvenes Agricultores; Caja Rural de Huelva; Caja Rural de Sevilla, 1991;

sche Plantagenbesitzer, aber auch deutsche und sephardische, übernahmen an den Küsten des heutigen Brasiliens die urbane Organisation von *engenhos* (Sklaven-„Plantagen"), vor allem um Olinda und Recife. Zu deren technologischer Ausstattung fügten die neuen Kolonisten/ Siedler niederländische Formen der Urbanität, des Küsten- und Wassermanagements und der Energiegewinnung hinzu: Windmühlen (wenn möglich), andere experimentelle Mühlen und Zuckerverarbeitungsmaschinen sowie Verarbeitungsanlagen (Siedehaus – *casa de calderas*), Trockenhäuser, Lager und neue Formen des Antriebs und der Energie auf den Plantagen selbst. Die Niederländer lernten von den Iberern/ Portugiesen den atlantischen Handel des AAA. Sie transferierten diese Formen von Wissen, Technologie und Organisation nach dem Zusammenbruch der niederländischen Herrschaft an den Küsten Brasiliens in die Karibik, vor allem in das spätere Suriname oder Niederländisch-Guayana (Paramaribo/ Suriname, Pomeroon, Essequibo, Berbice, Demerara), nach Martinique, Guadeloupe und Barbados.[695] Der Kern war die Entwicklung der Doppelstruktur industrialisierte Sklaven-Plantagen und Häfen.

Unter breiterer iberischer Kontrolle in der Karibik und an den Küsten des heutigen Brasiliens arbeiteten *ingenios/ engenhos* zunächst mehr oder weniger nach den Regeln der „ersten Sklaverei". Die ersten Sklavereien bestanden, kurz gesagt, aus vielen „billigen" *indios* sowie *casta*-Sklaven und nur relativ wenigen „teuren" versklavten Schwarzen direkt aus *slaving zones* und Verladehäfen Afrikas. Diese Form der ersten Sklaverei war in Spanisch-Amerika weiter verbreitet als an den Küstenpunkten des heutigen Brasiliens (Portugiesisch-Amerika). In den Küstenterritorien des heutigen Brasilien gab es bereits ein wichtiges soziales Gründungssubstrat der *Second Slavery*, das die spanischen Gebiete so nicht hatten: mehr Versklavte direkt aus Afrika (*boçais/ bozales*). Der Grund war, dass „Portugiesen", Luso-Kreolen und Menschen aus Brasilien den Sklavenhandel des afrikanisch-iberischen Atlantiks dominierten.

Hier kommt das wirkmächtige Insel-Paradigma[696] ins Spiel: Neue und dynamische Entwicklungsprozesse, Verdichtungen und Transkulturationen fanden oft auf

Cabrera Salcedo, Lizette, „Los origines del molino de cilindros", in: Cabrera Salcedo, De los bueyes al vapor. Caminos de la tecnología del azúcar en Puerto Rico y el Caribe, San Juan: La Editorial; Universidad de Puerto Rico, 2010, S. 33–54.

695 Cabrera Salcedo, Lizette, „Sobre la ‚revolución tecnológica azucarera' del siglo XVII", in: Cabrera Salcedo, De los bueyes al vapor. Caminos de la tecnología del azúcar en Puerto Rico y el Caribe, San Juan: La Editorial; Universidad de Puerto Rico, 2010, S. 55–79; Oostindie, Gert, „The Economics of Suriname Slavery", in: Economic and Social History in the Netherlands 5 (1993), S. 1–24; Klooster, Wim; Oostindie, „El Caribe holandés en la época de la esclavitud", in: Anuario de Estudios Americanos 51 (1994), S. 233–259; Oostindie (ed.), Fifty Years Later. Antislavery, Capitalism and Modernity in the Dutch Orbit, Leiden; Pittsburgh: KITLV Press; University of Pittsburgh Press, 1995; Oostindie; Stipriaan, Alex van, „Slavery and Slave Cultures in a Hydraulic Society. Suriname", in: Palmié, Stephan (ed.), Slave Cultures and the Cultures of Slavery, Knoxville: University of Tennessee Press, 1997, S. 78–99.

696 Singleton, Theresa A., „Islands of Slavery. Archaeology and Caribbean Landscapes of Intensification", in: Lenski, Noel; Cameron, Catherine M. (eds.), What is a Slave Society? The Practice of Slavery in

Inseln statt. Fast alle wichtigen Sklavenhandelsorte und Verladehäfen fanden sich auf *offshore*-Territorien (Inseln) und/ oder Halbinseln, so auch in Bezug auf die Anfänge der *Second Slavery*. Auf der englischen Experimental-Insel Barbados wurden die wesentlichen Gründungs-Elemente der *Second Slavery* zusammengefügt und mit Erfahrungen aus dem kolonialen Sträflingssystem der Engländer in Irland ergänzt. Damit entstand die moderne Sklaven-Plantage im eigentlichen Sinne: Sie wurde charakterisiert durch die Akkumulation von Kapital des AAA-Systems aus rassialer Commodifizierung menschlicher Körper aus Afrika und der Karibik in Piraterie/ Korsarentum[697], Schmuggel, massiver Entwaldung und atlantischem Sklavenhandel sowie keine oder kaum *yndio*-Sklaverei. Massen von Versklavten aus unterschiedlichen Regionen Afrikas („*nations*") wurden in kompetitiven Arbeits-*gangs* unter versklavten *overseers* (*capataces*, *commandeurs*) zusammengefasst. Dazu kam die Dynamisierung der Technologien, infolge derer immer mehr Holz-Maschinen und Fabrikationsprozesse mit modernem Metall und Maschinen teilen ausgestattet wurden[698] – zunächst vor allem in der Produktion von Zucker, der Leitressource der kapitalistischen Sklaverei-Moderne[699], aber auch im Kaffee, Tabak, Indigo und anderen *commodity*-Produkten. Ab 1760 kam als neue wichtige Ressource und *commodity* Kaffee ins Spiel und seit Ende des 18. Jahrhunderts die neue Leitressource Baumwolle auch in den Amerikas. Die Leitressourcen wurden begleitet von *frontier*-Sklavereien (*hato/ estancia/ ranch*), Sklavereien im Bergbau[700] und im Transport sowie in Häfen. Am wenigsten dynamisch war die Entwicklung in der Haussklaverei. Selbst in der Viehhaltung, in staatlichen Infrastruktursklavereien und im Bausektor – wo auch spezialisierte Mietsklaven sowie *gangs* ehemaliger Sklaven und ihrer Vorarbeiter eine wichtige Rolle spielten – war die Entwicklung trotz des Fehlens von Maschinen ziemlich dynamisch. Auch andere Plantagen-Produktionen, *commodity-frontiers* und spezielle Ressourcen wie Bananen, Kakao, Reis, *henequén/* Sisal und Kautschuk (*caucho/ rubber*) wurden während der formalen Sklavereien – mit den endgültigen Abolitionen in den Amerikas

Global Perspective, Cambridge; New York: Cambridge University Press, 2018, S. 290–309. Das Paradigma geht weit über die Karibik hinaus; war aber dort besonders wirkmächtig.

697 Latimer, Jon, Buccaneers of the Caribbean. How Piracy Forged an Empire, Cambridge: Harvard University Press, 2009.

698 Ortega, José, „Machines, Modernity, and Sugar. The Greater Caribbean in a Global Context, 1812–1850", in: Journal of Global History 9:1 (2014), S. 1–25; Rood, Daniel, „Plantation Laboratories. Industrial Experiments in the Cuban Sugar Mill, 1830–1860", in: Tomich, Dale W. (ed.), New Frontiers of Slavery, New York: State University of New York Press, 2016, S. 157–184.

699 Curry-Machado, Jonathan, „Global Commodity", in: Curry-Machado, Cuban Sugar Industry. Transnational Networks and Engineering Migrants in Mid-Nineteenth Century Cuba, New York: Palgrave Macmillan, 2011, S. 2–5; Wendt, Reinhard, „Zucker – zentrales Leitprodukt der Europäischen Expansion", in: Zeitschrift für Agrargeschichte und Agrarsoziologie 61 (2013), S. 43–58.

700 Evans, Chris, „Brazilian Gold, Cuban Copper and the Final Frontier of British Anti-Slavery", in: Slavery & Abolition 34:1 (2013), S. 118–134.

1865–1888 – nicht entscheidend industrialisiert sondern erst danach.[701] Verschiedene Sorten von Bananen waren zunächst Anbaufrüchte zur Ernährung der Sklaven auf Plantagen, deren Hauptprodukt andere *commodities* waren.[702]

Die Entwicklung der Sklaven-Plantage führte zu einer immer engeren Bindung an die Industrialisierung des Zucker-Sektors sowie an die technischen Fähigkeiten von Versklavten. Das hatte sicherlich mit internationaler Arbeitsteilung zu tun – aber viel mehr noch mit lokalen Dynamisierungs-Prozessen eines entstehenden kolonialen Sklaverei-Kapitalismus vor Ort. Das Zentrum dieses Sklaverei-Kapitalismus war im 18. und 19. Jahrhundert die koloniale Karibik (mit Ablegern in den kontinentalen Amerikas). Die „Zucker-Revolution" war die Grundlage aller kolonialen industriellen Revolutionen.[703]

William Clarence-Smith gibt eine denkbar klare Erklärung der globalen Industrialisierung: „Modern manufacturing is defined as the application of inanimate energy, machinery, and scientific knowledge to produce both goods and services."[704]

In diesem Sinne entwickelten sich Sklaverei-Kapitalismus und *Second Slavery* auf eigenständiger industrieller, d. h. vor allem maschineller und technologischer, Basis, induziert und begleitet von europäischen, afrikanischen sowie indigenen/ lokalen Wissens- und Sozialisierungssystemen sowie Infrastrukturen und Dienstleistungswirtschaften (auch vom Staat gestellt). Von Nordost-Brasilien und Barbados aus verbreiteten sich die neuen *Second Slavery*-Plantagen im niederländischen, englischen, französischen und dänischen Kolonialbereich, d. h. vor allem auf Jamaica[705] und Saint-Domingue[706], Martinique und Guadeloupe sowie, wie erwähnt, Niederländisch-

---

701 Ross, Corey, „The Plantation Paradigm. Colonial Agronomy, African Farmers, and the Global Cocoa Boom, 1870s-1940s", in: Journal of Global History 9:1 (2014), S. 49–71; Piqueras, José Antonio, „La plantación esclavista en Cuba. Ensayo de conceptualización y Segunda Esclavitud", in: Piqueras (ed.), Plantación, espacios agrarios y esclavitud en la Cuba colonial, Castellón de la Plana: Publicacions de la Universitat Jaume I; Casa de las Américas, 2017 (Collecció Amèrica 36), S. 23–55; Higgs, Catherine, Chocolate Islands. Cocoa, Slavery and Colonial Africa, Athens: Ohio University Press, 2012.
702 García Álvarez, Alejandro, La costa cubana del guineo. Una historia bananera, La Habana: Editorial de Ciencias Sociales, 2008; Carney, Judith A., Black Rice. The African Origins of Rice Cultivation in the Americas, Cambridge: Harvard University Press, 2001; Carney, Judith A.; Rosomoff, Richard N., In the Shadow of Slavery. Africa's Botanical Legacy in the Atlantic World, Berkeley: University of California Press, 2009; Miño Grijalva, Manuel, El cacao Guayaquil en Nueva Espana, 1771–1812, México: El Colegio de México, 2013 (Política imperial, mercado y consumo).
703 Higman, Barry W., „The Making of the Sugar Revolution", in: Thompson, Alvin O. (ed.), In the Shadow of the Plantation. Caribbean History and Legacy, Kingston: Ian Randle Publishers, 2002, S. 40–71.
704 Clarence-Smith, William G., „The Industrialization of the Developing World and Its Impact on Labour Relations, 1840s to 1940s", in: Hofmeester, Karin; Zwart, Pim de (eds.), Colonialism, Institutional Change, and Shifts in Global Labour Relations, Amsterdam: Amsterdam University Press, 2018, S. 29–65, hier S. 31.
705 Higman, Barry W., Plantation Jamaica, 1750–1850: Capital and Control in a Colonial Economy, Kingston, Jamaica; Barbados; Trinidad and Tobago: UWI Press, 2005.
706 Burnard, Trevor; Garrigus, John D., The Plantation Machine. Atlantic Capitalism in French Saint-Domingue and British Jamaica, Philadelphia: University of Pennsylvania Press, 2016, passim.

Guayana und Saint Thomas. Im Wesentlichen wurde Zucker angebaut, aber auch Baumwolle, Tabak, Kaffee, Kakao und Indigo. Partiell galt das auch für Nordamerika (Virginia sowie die Carolinas: Tabak, Reis und Holz), Spanisch-Amerika (vor allem *tierra firme/* Venezuela: Kakao und Zucker[707], Indigo und Baumwolle) und Portugiesisch-Amerika (Bahia: Zucker und Tabak). Besonders in den nordwesteuropäischen Karibik-Kolonien und an den brasilianischen Küsten entwickelten sich die Plantagen entweder ohne „ersten Sklavereien" sowie *other slaveries* (vor allem auch der *hato*-Wirtschaften), in der restlichen Karibik eben mit den eher wenigen Versklavten der „ersten Sklaverei". Im spanischen Bereich, wurden mehr und mehr *other slaveries* und *hato*-Wirtschaften in Peripherie- und *frontier*-Bereiche abgedrängt oder, so etwa Missions-Sklavereien, gezielt angesiedelt. Auch auf einigen der unsinkbaren Sklavenhandels-Plattformen in der Karibik wie den dänischen Inseln (Saint Tomas und Saint Croix) entwickelten sich Ansätze der *Second Slavery*.

Diese erste Periode der *Second Slavery* in der Insel-Karibik reichte bis um 1760, d. h. bis zum Siebenjährigen Krieg (der in der Karibik weit länger dauerte). Sie wurde begleitet von den Anfängen der *Second Slavery* an der *tierra firme* (vor allem im heutigen Venezuela), die, wie gesagt, auf Kakao basierte, flankiert von Zucker, Indigo, Kaffee und Baumwolle sowie *hato/ estancia*-Wirtschaften (auch *potreros*, etwa für Schweine, Ziegen, Schafe und Hühner, auch Hunde), *casta*-Sklavereien und der oben genannten *montería* auf halbwildes Vieh. Dazu kam massiver Schmuggel von *bozales* aus Afrika über die Sklavenhandels-Plattform Curaçao sowie die Inseln der kleinen Antillen. Die „erste Sklaverei" mit ihren wenigen, teuren Sklaven aus Afrika und relativ vielen Indio- und *casta*-Sklaven[708] geriet im 18. Jahrhundert fast überall in eine

---

707 Miño Grijalva, Manuel, El cacao Guayaquil en Nueva Espana, 1771–1812, México: El Colegio de México, 2013 (Política imperial, mercado y consumo); Harwich, Nikita, Histoire du Chocolat, Paris: Éditions Desjonquères, 1992; Ferry, Robert J., „Cacao in the Seventeenth Century. The First Boom", in: Ferry, The Colonial Elite of Early Caracas. Formation and Crisis, 1567–1767, Berkeley; London: University of California Press, 1989; S. 45–71; Ferry, „Trading Cacao. A View from Veracruz, 1629–1645", in: Nuevo Mundo Mundos Nuevos 6 (2006) (http://nuevomundo.revues.org/document1430.html [23. März 2022]); Rojas-López, José, „La producción de cacao en la Venezuela de la segunda mitad del siglo XVIII. ¿Grandes o modestas plantaciones?", in: Revista Derecho y Reforma Agraria, Ambiente y Sociedad 38 (2012), S. 89–109.

708 Ramírez Méndez, Luis Alberto, „Las haciendas en el sur del Lago de Maracaibo (siglos XVI–XVII)", in: Boletín de la Academia Nacional de la Historia 92, no. 366 (2009), S. 121–164; Ramírez Méndez, „Los esclavos negros en el sur del Lago de Maracaibo (siglos XVI–XVII)", in: Boletín de la Academia Nacional de la Historia 94, no. 373 (2011), S. 83–106; Ramírez Méndez, La tierra prometida del sur del Lago de Maracaibo y la villa y puerto de San Antonio de Gibraltar (siglos XVI–XVII), 2 Bde., Caracas, Editorial el perro y la rana, 2011; Ramírez Méndez, „Las haciendas cañeras en el sur del Lago de Maracaibo – Venezuela. (Siglos XVI–XVII)", in: Revista de Indias 74, no. 260 (2014), S. 9–34; Ramírez Méndez, „El cultivo del cacao venezolano a partir de Maruma", in: Historia Caribe 10, no. 27 (2015), S. 69–101; Ramírez Méndez, „El comercio trasatlántico de San Antonio de Gibraltar (Venezuela). Siglo XVII", in: Boletín Nacional de la Academia de Historia 98, no. 389 (2015), S. 35–62; für Brasilien: Monteiro, John M., Blacks of the Land. Indian Slavery, Settler Soci-

Krise.[709] Ähnliches passierte in den im Wesentlichen auf Zucker basierenden niederländischen Guayana-Kolonien mit kosmopolitischer Sklavenhalterschaft. Es handelte sich um Demerara, Pomeroon, Berbice, Essequibo und Suriname – im Grunde alle an Küsten auf Meeresniveau und an Flussufern gelegen (aus Gründen der Entwässerung ; Kanal- und Deichbau) sowie an *frontiers* zum Innern des Kontinents. Dadurch ergaben sich entsprechend extreme Arbeitsbedingungen, aber auch Fluchtmöglichkeiten für Sklaven.[710]

Dann kamen Kaffee, Zigarren, Baumwolle, Revolutionen und „Kriegskapitalismus"[711] sowie ein noch massiverer atlantischer Sklavenhandel aus Afrika – zunächst vor allem durch Franzosen und Briten – oft auf Schiffen mit Kapitänen aus den nordamerikanischen Kolonien. Kaffee-, aber auch Indigo-, Baumwoll- und Tabak-Plantagen dynamisierten die Entwicklung der bereits existierenden auf Zucker und Kakao basierenden *Second Slavery* ganz außerordentlich. Der Grund lag unter anderem darin, dass die Basis der *commodity*-Produktion von Kaffee ebenfalls höchst komplizierte Organisations-Prozesse voraussetzte, die – ähnlich wie bei der Zuckerproduktion – auch auf Mühlen-Technologie beruhten. Dazu kamen komplizierte Technologien des Wasser-Managements sowie der Trocknungs- und Selektionsverfahren. Kaffee benötigte partiell höhere Anfangsinvestitionen als Zucker. Kaffee-Bäumchen bringen erst nach 4–5 Jahren wirklich Erträge. Kapital kam meist aus dem atlantischen Sklavenhandel und dem karibischen Sklavenschmuggel sowie aus Piraterie, Holz-/ Schiffshandel sowie Reis- und Mehlhandel. Im Laufe dieses „Kaffee-mit-Zucker"-Booms und flankiert von einem aristokrati-

──────────

ety, and the Portuguese Colonial Enterprise, edited and translated by Woodard, James and Weinstein, Barbara, Cambridge: Cambridge University Press, 2018 (Cambridge Latin America Studies).

709 Laviña, Javier; Zeuske, Michael, „Failures of Atlantization. First Slaveries in Venezuela and Nueva Granada", in: Review. A Journal of the Fernand Braudel Center 31:3 (2008), S. 297–343.

710 Siehe zum Beispiel: Weiske, Constanze, „Essequibo and the Limits of Plantations (1670/75–1803)", in: Weiske, Lawful Conquest? European Colonial Law and the Appropriation Practices in Northeastern South America, Trinidad and Tobago, Berlin; Boston: De Gruyter, 2021 (Dialectics of the Global 12), S. 210–236.

711 Zum „Kriegskapitalismus" siehe: Beckert, Sven, „Einleitung", in: Beckert, Sven, King Cotton. Eine Geschichte des globalen Kapitalismus, München: C.H. Beck, 2014, S. 7–18 sowie: Beckert, „Sklavenwirtschaft in der Karibik und in Südamerika", in: Beckert, King Cotton. Eine Geschichte des globalen Kapitalismus, München: C.H. Beck, 2014, S. 97–108. Zum „Biedermeier-Kapitalismus", siehe: Zeuske, Michael, „Karl Marx, Sklaverei, Formationstheorie, ursprüngliche Akkumulation und Global South", in: Wemheuer, Felix (ed.), Marx und der globale Süden, Köln: PapyRossa Verlag, 2016, S. 96–144; Combrink, Tamira, „From French Harbours to German Rivers. European Distribution of Sugar by the Dutch in the Eighteenth Century", in: Villeret, Maud (ed.), Le diffusion des produits ultramarins en l'Europe dans le XVIIIe siècle, Rennes: Presses Universitaires de Rennes, 2018, S. 39–56; Combrink, „Slave-Based Coffee in the Eighteenth Century and the Role of the Dutch in Global Commodity Chains", in: Slavery & Abolition 42:1 (2021), S. 15–42.

schen „Kakao-mit-Zucker"-Boom im südlicheren Europa[712] wurden die französischen Karibik-Kolonien – erst die kleineren, dann Saint-Domingue – zu den produktivsten Sklaverei-Wirtschaften. Barbados wurde von einer Zuckerinsel zu einer Baumwollinsel; Tobago und die Bahamas im Grunde auch.[713] Die französischen Kolonien brachten – zusammen mit der Zuckerinsel Jamaika – wichtige technologische Verbesserungen der Zuckerproduktion (wie *tren jamaiquino*[714]) hervor. Diese wurden auf Puerto Rico (*tren Ramos*) und Kuba weiterentwickelt[715], d. h., in der spanischen Karibik. Allerdings wurde auf Jamaika nur *mascabado* (*muscovado*), d. h. brauner Zucker, produziert, der in England raffiniert wurde.[716] Vor der Revolution war Saint-Domingue auch im Vergleich zu Jamaika die produktivste Kolonie der Welt: auf Basis extremen Sklavenhandels sowie extremer Ausbeutung von Massen von Sklaven auf Zucker-, Kaffee- und Indigo-Plantagen sowie einigen Baumwoll- und Kakao-Plantagen.[717]

Insgesamt aber blieb Spanisch-Amerika der wichtigste Kolonialproduzent (Edelmetalle, Kolonialwaren und Sklaverei- sowie *hato*-Produkte) – allerdings (noch) nicht in der Zuckerproduktion, auch wenn für Venezuela nur wenige Zahlen vorliegen und für Kuba (noch) keine.[718] Referenzpunkte für technologische Verbesserungen – wich-

---

712 Combrink, Tamira, „Slave-Based Coffee in the Eighteenth Century and the Role of the Dutch in Global Commodity Chains", S. 15–42; Brandon, Pepijn; Bosma, Ulbe, „Slavery and the Dutch Economy, 1750–1800", in: Slavery & Abolition 42:1 (2021), S. 43–76; Villeret, Maud, Le goût de l'or blanc. Le sucre en France au XVIIIe siècle, Rennes: Presses universitaires de Rennes; Tours: Presses universitaires François-Rabelais, 2017 (collection „Tables des Hommes"); Arcila Farías, Eduardo, Economía Colonial Venezolana, 2 Bde., Caracas: Italgráfica, 1973 (vor allem: Arcila Farias, „Los holandeses y el cultivo del cacao", in: Arcila Farias, Economía Colonial Venezolana, Bd. 1, Caracas: Italgráfica, 1973, S. 142–144); Harwich, „Le cacao vénézuélien. Une plantation à front pionnier", in: Caravelle 85 (2005), S. 17–30.

713 Beckert, Sven, „Sklavenwirtschaft in der Karibik und in Südamerika", in: Beckert, King Cotton. Eine Geschichte des globalen Kapitalismus, München: C.H. Beck, 2014, S. 97–108, 99.

714 Cabrera Salcedo, Lizette, „El tren jamaiquino", in: Cabrera Salcedo, De los bueyes al vapor. Caminos de la tecnología del azúcar en Puerto Rico y el Caribe, San Juan: La Editorial; Universidad de Puerto Rico, 2010, S. 130–132.

715 Siehe: „Ingenio Victoria", in: Moreno Fraginals, Manuel (eds.), El Ingenio. Complejo económico social cubano del azúcar, 3 Bde., La Habana: Ed. de Ciencias Sociales, 1978, Bd. 1, S. 273–274; siehe auch: Moreno Fraginals, „La casa de calderas", in: Moreno Fraginals, El Ingenio. Complejo económico social cubano del azúcar, Bd. 1, La Habana: Ed. de Ciencias Sociales, 1978, S. 214–229.

716 Cabrera Salcedo, Lizette, „El tren jamaiquino", in: Cabrera Salcedo, De los bueyes al vapor. Caminos de la tecnología del azúcar en Puerto Rico y el Caribe, San Juan: La Editorial; Universidad de Puerto Rico, 2010, S. 130–132.

717 Yazdani, Kaveh, „18th-Century Plantation Slavery, Capitalism and the Most Precious Colony in the World", in: Vierteljahresschrift für Sozial- und Wirtschaftsgeschichte 108:4 (2021), S. 457–503.

718 Eltis, David, „Iberian Dominance and the Intrusion of Northern Europeans into the Atlantic World. Slave Trading as a Result of Economic Growing?", in: Almanack 22 (2019), S. 495–549 (https://www.scielo.br/scielo.php?script=sci_arttext&pid=S2236-46332019000200496 [23. März 2022]); zu Ingenios und Zuckerproduktion mit Sklaven auf Kuba vor 1790 siehe: García Rodrí-

tige Dimensionen der *Second Slavery* – blieben für Plantagenbesitzer und Unternehmer in den spanischen Kolonien die englischen, französischen und dänischen Karibik-Kolonien.[719] „Spanier" – so bezeichneten sich alle Eliten der spanischen Kolonien – schmuggelten und kauften gerne Sklaven aus anderen Kolonien, gerade auch wegen deren Kenntnissen in Technik, Maschinen und Technologie. In den französischen Kolonien wiederum spielten ab 1789 die Versklavten, also Menschen und Akteure, politisch plötzlich eine wichtigere Rolle als Technologien. Es ist nicht bekannt, ob der französische Sklavenhandel von Afrika in die Karibik direkt in die Revolution führte. Relativ bekannt ist, dass die späte formale Zulassung von „Spaniern" zum „Freihandel" mit dem Kapital menschlicher Körper zu den Ursachen der *Independencia*-Kriege gehörte[720] und dass der massive französische Sklavenhandel und der Sklavenschmuggel nach Saint-Domingue zu einer, wie soll ich sagen, potentiell revolutionären Sozialstruktur führte. Diese bestand aus einem Verhältnis von rund 10 zu 1 von Versklavten zu Freien, mit nochmals einem erheblichen Teil an Nachkommen von weißen Vätern und schwarzen/ mulattischen Frauen, im Grunde *casta*-Sklavenhaltern. In Bezug auf die entstehenden *Second-Slavery*-Plantagen auf Saint-Domingue hatte die quantitative Struktur in ihrer Territorialisierung folgende revolutionäre Wirkung: In der Plaine du Nord, dem Haupt-Zuckerproduktionsgebiet um Cap-Français (heute Cap Haïtien), lagen Plantagen so eng beieinander, dass der Aufstand in den am dichtesten mit Plantagen überzogenen Gemeinden Acul und Limbé am Beginn der Revolution (Ende August 1791) dazu führte, dass nach einer Woche ca. 140 Plantagen nicht mehr unter die Herrschaft von Verwaltern und Aufsehern sowie Milizen oder Soldaten zu bringen waren.

Das war das Signal zum Aufstand auch auf Plantagen in anderen Regionen. Die Rebellionen und Aufstände waren nun wirklich nicht mehr unter Kontrolle zu bekommen. Das Plantagengebiet im Norden (wo vor allem Zucker angebaut wurde) sowie nach einiger Zeit alle anderen auch wurden zum Schauplatz von Revolution, Bürgerkrieg, imperialen Kriegen und Invasionen (in der *morne* Kaffee-Plantagen, in der Mitte und im Süden auch; im Süden auch viel Indigo und Kakao). Die Aufständischen bildeten, geführt meist von *commadeurs*, Kriegs-Gangs und kleinere Armeen.[721] Die langfris-

---

guez, Mercedes, La aventura de fundar ingenios. La refacción azucarera en La Habana del siglo XVIII, La Habana: Editorial de Ciencias Sociales, 2004; García Rodríguez, Entre Haciendas y Plantaciones. Orígenes de la manufactura azucarera en La Habana, La Habana: Editorial de Ciencias Sociales, 2007.

719 Cabrera Salcedo, Lizette, „Ingenios, esclavos y tecnología", in: Cabrera Salcedo, De los bueyes al vapor. Caminos de la tecnología del azúcar en Puerto Rico y el Caribe, San Juan: La Editorial; Universidad de Puerto Rico, 2010, S. 118–121.

720 Adelman, Jeremy, „Capitalism and Slavery on Imperial Hinterlands", in: Adelman, Sovereignty and Revolution in the Iberian Atlantic, Princeton; Oxford: Princeton University Press, 2006, S. 56–100.

721 Fick, Carolyn E., „The Saint Domingue Slave Insurrection of 1791. A Socio-Political and Cultural Analysis", in: Shepherd, Verene A.; Beckles, Hilary McD. (eds.), Caribbean Slavery in the Atlantic World. A Student Reader, Kingston; Oxford; Princeton: Ian Randle Publishers; James Currey Publishers; Marcus

968   Caribbean Slavery in the Atlantic World

Saint Domingue, North Province: Geographic and chronological representation of insurrectionary slave movement, 22-26 August 1791 (Map by Lucien J. Goupil)

Karte 5: Beginn des Sklavenaufstandes in Saint-Domingue im August 1791.

tige Folge dieses Aufstandes war die Zerstörung der Territorien eines der frühen *Second Slavery*-Kapitalismen. Trotz massiver Versuche, die Sklaverei-Arbeit auf den Plantagen im „freien" Haiti (vor allem im Nordstaat) wieder zu etablieren, endete damit die zweite Phase der Entwicklung der *Second Slavery*.

Ein Einschub zum Konzept: Das Konzept der *Second Slavery* wurde in den 1980er Jahren von Dale Tomich, einem historisch arbeitenden Soziologen, entwickelt – zunächst auf Grundlage der Entwicklung auf Martinique und der Stellung der französischen Karibik in der internationalen Arbeitsteilung im Rahmen der Kapitalismus-Analyse von Immanuel Wallerstein. Mit Vorläufern in Brasilien wurde das Konzept seit Beginn der Krise des globalisierten Finanzsystems (2007/08) wieder aufgenommen und seitdem im Wesentlichen auf die Modernität der Sklavereien im Süden der USA, im Süden Brasiliens sowie auf den spanischen Karibikkolonien (Kuba und Puerto Rico) angewandt.[722] Im 19. Jahrhundert spielte *Second Slavery* auch auf Martinique und Guadeloupe sowie Suriname, British-Guiana und Trinidad/ Tobago eine Rolle – letztere Territorien waren dabei seit 1838 ohne formale Sklaverei. Seitdem ist das Konzept der *Second Slavery* um zwei Dimensionen erweitert worden:

Wiener Publishers, 2000, S. 961–982; siehe auch: Geggus, David P., „The Bois Caïman Ceremony", in: Geggus, Haitian Revolutionary Studies, Bloomington; Indianapolis: Indiana University Press, 2002, S. 81–97.

722 Berbel, Márcia; Marquese, Rafael de Bivar; Parron, Tâmis, Escravidão e política. Brasil e Cuba, 1790–1850, São Paulo: Editora Hucitec, 2010 (englische Version: Slavery and Politics. Brazil and Cuba,

Eines stellte, wie oben gesagt, der „war capitalism" auf Basis der neuen Baumwoll-Sklaverei des 19. Jahrhunderts dar. „Kriegs-Kapitalismus" war nicht verbal, aber in der Sache verbunden mit der eigenständigen Industrialisierung im Kolonialbereich (vor allem auf Kuba und im Süden der USA, seit um 1860 auch in Brasilien).[723] Baumwolle bedeutete, wie Eric Hobsbawn richtig gesagt hat, industrielle Revolution. Zucker bedeutete ebenfalls industrielle Revolution – schon lange vor der Baumwolle, aber natürlich zusammen mit anderen *commodities* und (auch) deren *commodity-chains*. Es gab bereits eine sehr breite kolonial-atlantische Phase technologischer Entwicklung sowie industrieller Revolution vor und unabhängig von der „englischen" industriellen Revolution: Es waren industrielle Revolutionen auf der Basis von atlantischer Sklaverei (Sklavenhandels-Transport/ Häfen/ Sklavereien an Land), die der Produktion von Zucker, Kakao, Kaffee und Baumwolle sowie Tabak, Indigo, Vieh/ Fleisch/ Häuten sowie Holz, Reis und Weizen sowie Metallen und Edelmetallen diente.

Im 19. Jahrhundert eröffneten sich dieser neuen Phase mehrere Massenmigrationen, die sie zu einer globalen *Second Slavery* machten: einmal den *hidden Atlantic*, d. h., trotz oder gerade wegen der formalen Abolitionen und ihrer Diskurse massivster Menschenschmuggel nicht mehr nur aus Westafrika in zentrale Regionen der *Second Slavery* (vor allem Süd-Brasilien, Kuba sowie Puerto Rico), sondern auch aus Ostafrika und Madagascar. Zweitens die erwähnten globalen Zwangsmigrationen von Menschen aus Süd-, Ost- und Südostasien. Dazu kamen drittens karibisch-atlantische Zwangsmigrationen aus Nord- und Mittelamerika, von atlantischen Inseln (wie Azoren, Madeira, Kanaren und Kapverden) sowie von armen Europäern.[724] Eine weitere Massenmigration bildete sich mit dem internen Sklavenhandel in Brasilien und in den USA heraus, seit um 1830 begleitet von „freier" Migration vor allem von Europäern nach Nordamerika, später auch nach Argentinien sowie weitere Gebiete der Amerikas.

1790–1850. Trans. Marques, Leonardo, Albuquerque: University of New Mexico Press, 2016); Marquese; Salles, Ricardo (eds.), Escravidão e Capitalismo Histórico no Século XIX. Brasil, Cuba e Estados Unidos, Rio de Janeiro: Civilização Brasileira, 2015; Blackburn, Robin, „¿Por qué „Segunda Esclavitud?", in: Piqueras, José Antonio (ed.), Esclavitud y capitalismo histórico en el siglo XIX. Brasil, Cuba y Estados Unidos, Santiago de Cuba: Casa del Caribe, 2016, S. 25–64; Marquese; Salles, „La esclavitud en el Brasil ochocentista. Historia e Historiografía", in: Piqueras, José Antonio (ed.), Esclavitud y capitalismo histórico en el siglo XIX. Brasil, Cuba y Estados Unidos, Santiago de Cuba: Editorial del Caribe, 2016, S. 153–206.

723 Zeuske, Michael; Conermann, Stephan, „The Slavery/ Capitalism Debate Global. From ‚Capitalism and Slavery' to Slavery as Capitalism. Introduction", in: Comparativ. Zeitschrift für Globalgeschichte und vergleichende Gesellschaftsforschung 30:5–6 (2020), S. 448–463.

724 Zeuske, Michael, „Coolies – Asiáticos and Chinos. Global Dimensions of Second Slavery", in: Damir-Geilsdorf, Sabine; Lindner, Ulrike; Müller, Gesine; Tappe, Oliver; Zeuske (eds.), Bonded Labour: Global and Comparative Perspectives (18th-21st Century), Bielefeld: transcript Verlag, 2016, S. 35–57; Naranjo Orovio, Consuelo; González Ripoll, Loles; Ruiz del Árbol Moro, María (eds.), The Caribbean. Origin of the Modern World, Aranjuez (Madrid): Doce Calles, 2020.

Die Migrationen, wie soll ich sagen, umschifften faktisch die ebenfalls existierenden Krisengebiete, in denen Krisen der Sklavereigesellschaften stattfanden. Mit den Land- und Bodenerschöpfungen sowie dem Holzmangel – vor allem auf Barbados und Jamaika – den *maroon*-Kriegen, der Sklavenrevolution in Saint-Domingue/ Santo Domingo und im französischen Kolonialbereich sowie den *Independencia*-Kriegen an der *tierra firme* (vor allem Venezuela und Neu-Granada) gerieten die ersten *Second Slavery*-Territorien und die sie stabilisierenden Kolonial-Regimes in schwerste Krisen: Auf Saint-Domingue/ Haiti sowie Santo Domingo und in Venezuela, d. h. im Kern der Karibik, mit Basislinie Venezuela, brachen die Anfänge der *Second Slavery* zusammen. Die überlebenden ehemaligen Versklavten dieser Territorien widerstanden fast allen Versuchen, sie wieder in intensive Sklaverei-Regimes einzubinden. Vor allem durch den Widerstand der Versklavten sowie durch Bürgerkriege unter neuen politischen Führern (wie *llaneros*/ Caudillos aus *hato*-Wirtschaften) widerstanden sie auch allen Versuchen, Sklaverei-Regimes in den dynamischen Formen der kapitalistischen *Second Slavery* zu restaurieren. Auf Jamaika und im britischen Karibik-Bereich, vor allem in Guyana und Trinidad, rettete der Abolitionismus (1808–1838) eine Quasi-*Second Slavery* „ohne formelle Sklaverei".

Die eigentliche Kern-Epoche der *Second Slavery* begann um 1800, vorbereitet durch eine Phase massiven Sklaven-„Freihandels" im Spanischen Imperium (mit Startschuss am Río de la Plata/ Montevideo[725]) sowie, parallel dazu, wie bereits gesagt, massivsten Sklavenschmuggel von Versklavten direkt aus Afrika über den *hidden Atlantic*.[726] Nach den jeweiligen formalen Abolitionen des atlantischen Sklavenhandels. Die illegal verschleppten Sklaven des *hidden Atlantic* wurden über andere Kolonien zunächst vor allem nach Buenos Aires/ Montevideo sowie nach Venezuela und dann nach Havanna verschleppt.[727] Am Río de la Plata, in Venezuela, an der *tierra firme* und auf Saint-Domingue/ Santo Domingo brachen, wie gesagt, die Anfänge der *Second Slaveries* wegen der Revolutionen und Unabhängigkeitskriege zusammen. In Uruguay/ Montevideo funktionierte der Sklaven-

725 Mellafe, Rolando, La introducción de la esclavitud negra en Chile. Tráfico y rutas, Santiago: Estudios de Historia Económica Americana de la Universidad de Chile, 1959, S. 240–246; Borucki, Alex, „The Slave Trade to the Río de la Plata. Trans-Imperial Networks and Atlantic Warfare, 1777–1812", in: Colonial Latin American Review 20:1 (2011), S. 81–107; Piqueras, José Antonio, „La fortuna del Río de la Plata y la destructora *Sirigonza*", in: Piqueras, Negreros. Españoles en el tráfico y en los capitales esclavistas, Madrid: Catarata, 2021 (Procesos y movimientos sociales), S. 45–55.
726 Zeuske, Michael, Amistad. A Hidden Network of Slavers and Merchants. Translated by Rendall, Steven, Princeton: Markus Wiener Publishers, 2014, passim; Zeuske, „Out of the Americas. Slave Traders and the Hidden Atlantic in the Nineteenth Century", in: Atlantic Studies 15:1 (2018), S. 103–135.
727 Borucki, Alex, „Trans-Imperial History in the Making of the Slave Trade to Venezuela, 1526–1811", in: Itinerario 36:2 (2012), S. 29–54; Borucki; Eltis, David; Wheat, David, „Atlantic History and the Slave Trade to Spanish America", in: The American Historical Review 120:2 (2015), S. 433–461.

schmuggel des *hidden Atlantic* weiter wegen der Nähe zu Süd-Brasilien.[728] Auf Kuba und Puerto Rico, auf Martinique und Guadeloupe sowie in den Guayana-Kolonien und in bestimmten Regionen Brasiliens (Rio de Janeiro, Minas Gerais und São Paulo) war es das exakte Gegenteil: Die *Second Slavery* wurde zum Sklaverei-Kapitalismus in modernen Sklaverei-Gesellschaften. Spanier auf Kuba und kubanische Kreolen (die sich, wie wir wissen, „Spanier" nannten oder nennen ließen) sowie naturalisierte Kapitäne, Kaufleute und Mediziner – wie der Ire David Nagle, der Hannoveraner Daniel Botefeur oder der navarresisch-französische Juan Luis de la Cuesta u.v. a.m. – waren die ersten und erfolgreichen Akteure in der erfolgreichsten Version einer *Second Slavery*. Sie gründeten die *Cuba grande* mit modernen Städten sowie Hafenwirtschaften, d. h. ein wild wucherndes und sehr expansives Sklaverei-Wirtschaftsgebiet der *ingenios* (Zucker),[729] *cafetales* (Kaffee)[730] und *vegas* (Tabak)[731], das sich wegen des notwendigen Holzes für Bau und Befeuerung sowie aufgrund der Bewässerungssituation mehr und mehr in die *frontier*-Waldregionen vorschob. Vor allem von den Häfen aus verlagerten sich die äußerst dynamischen Plantagen- und Technologiegrenzen immer tiefer in die flachen *frontier*-Waldregionen des Insel-Inneren hinein, flankiert von Viehhaltung auf *haciendas* und *potreros*.[732] Kaffee gab es auch in gebirgigen Ge-

---

728 Borucki, Alex, Abolicionismo y tráfico de esclavos en Montevideo tras la fundación republicana, 1829–1853, Montevideo: Biblioteca Nacional, 2009; Borucki; Chagas, Karla; Stalla, Natalia, Esclavitud y trabajo. Un estudio sobre los afrodescendientes en la frontera uruguaya, 1835–1855, Montevideo: Pulmón, 2009; Borucki, „The ‚African Colonists' of Montevideo. New Light on the Illegal Slave Trade to Rio de Janeiro and the Rio de la Plata (1830–42)", in: Slavery & Abolition 30:3 (2009), S. 427–444; Borucki, „Apuntes sobre el tráfico illegal de esclavos hacia Brazil y Uruguay. Los ‚colonos' of Montevideo (1832–1842)", in: Historia. Questões & Debates 52 (2010), S. 119–148; Thul Charbonnier, Florencia, „Traficantes y saladeristas. Los brasileños y sus prácticas continuadoras del tráfico de esclavos en Montevideo en el marco de la abolición, 1830–1852", in: Guzmán, Florencia; Ghidoli, María de Lourdes (eds.), El asedio a la libertad. Abolición y posabolición de la esclavitud en el Cono Sur, Buenos Aires: Biblos, 2020, S. 211–235.
729 Tomich, Dale W.; Funes Monzote, Reinaldo; Marquese, Rafael de Bivar; Venegas Fornias, Carlos, „The Cuban *Ingenio*", in: Tomich; Marquese; Funes Monzote; Venegas Fornias, The Cuban *Ingenio*, Reconstructing the Landscapes of Slavery. A Visual History of the Plantation in the Nineteenth-Century Atlantic World, Chapel Hill: University of North Carolina Press, 2021, S. 87–122.
730 Ramírez Pérez, Jorge Freddy; Hernández Pérez, Pedro Luis, „La plantación cafetalera", in: Ramírez Pérez; Hernández Pérez, Candelaria. Fundación y fomento, Pinar del Río: Edición Loynaz, 2008, S. 13–19.
731 López Mesa, Enrique, „¿Vega grande o plantación?", in: Piqueras, José Antonio (ed.), Plantación, espacios agrarios y esclavitud en la Cuba colonial, Castellón de la Plana: Publicacions de la Universitat Jaume I; Casa de las Américas, 2017 (Colleció Amèrica 36), S. 249–266.
732 Zur Entwicklung der Zucker- und der Vieh-Regionen, basierend auf Waldgebieten, siehe: Funes Monzote, Reinaldo, „La lucha por la propiedad particular de los bosques. 1792–1814", in: Funes Monzote, De los bosques a los cañaverales. Una historia ambiental de Cuba 1492–1926, La Habana: Editorial Ciencias Sociales, 2008; Funes Monzote, From Rainforest to Cane Field. A Cuban Environmental History since 1492, Chapel Hill: University of North Carolina Press, 2008, S. 143–203; Funes Monzote, „El azúcar y la absoluta libertad para talar los boques. 1815–1876", in: Funes Monzote, From Rainfo-

bieten. Der Wald stellte das notwendige Holz für Bau und Befeuerung sowie das Wasser. Die expansive Dynamik wiederum revolutionierte selbst in den Plantagenstädten des flachen Hinterlandes die Mobilitäts- und Kommunikationsstrukturen – vor allem Eisenbahnen aller Art, Schiffs- und Dampferlinien sowie Zeitungen, Fotographen und Telegraphen.

In den etwas schwierigeren Landschaften, wie auf Kuba etwa in gebirgigen Teilen von Pinar del Río im Westen von Havanna, im Escambray-Gebirge in der südlichen Mitte der Insel, aber vor allem im *Oriente* kam es zur Dynamik des so genannten „peasant breach" außerhalb der elitedominierten Großplantagen (als *colonos* ab ca. 1870 auch zwischen den Großplantagen/ *centrales* in den Zuckergebieten). Kleinere *vegas*, *cafetales* und *haciendas* sowie Maultier-Transportsysteme bildeten die Grundlage für die Entstehung einer meist farbigen Bauernschaft, die politisch sowohl innerhalb des Kolonialsystems (Milizen, Sklavenbesitz), wie auch – bei zunehmender Behinderung des sozialen Aufstiegs – gegen das Kolonialsystem operierte. Die Bauern verbanden meist Herkunft aus dem Sklavenstatus, relative formale Freiheit (oft als *liberto* oder *moreno libre*, aber auch *pardos* und *mulatos* mit größerem Abstand zur Sklaverei) mit technologischen Fähigkeiten und sehr ambivalenten Landtiteln sowie realer Produktion außerhalb oder zwischen den großen, von Eliten dominierten Plantagenzonen (meist Kaffee und Tabak oder Transport).[733]

Auf der Flucht- und Widerstands-Insel Puerto Rico geschah Ähnliches, allerdings im Wesentlichen an den Küsten. Zuckerplantagen der *Second Slavery*, meist unter ausländischen „naturalisierten" Eliten sowie Arbeitskräften, die von anderen karibischen Inseln nach Puerto Rico kamen[734], breiteten sich vor allem um San Juan und

---

rest to Cane Field. A Cuban Environmental History since 1492, Chapel Hill: University of North Carolina Press, 2008, S. 205–282; Funes Monzote, „La centralización azucarera y los bosques. 1876–1898", in: Ebd., S. 283–339; siehe auch zu Tabak-Plantagen mit vielen Sklaven: Funes Monzote, „„Un arcoíris en medio de la tempestad'. Visiones del potrero cubano en el siglo XIX", in: Mundo Agrario 21, no. 46 (2020), e133 (https://doi.org/10.24215/15155994e133).

733 Kemner, Jochen, Dunkle Gestalten? Freie Farbige in Santiago de Cuba (1850–1886), Berlin: LIT-Verlag, 2010 (= Sklaverei und Postemanzipation 5); Morgan, William, „Opportunities and Boundaries for Slave Family Formation. Tobacco Labor and Demography in Pinar del Río, Cuba, 1817–1886", in: Colonial Latin American Review 29:1 (2020), S. 139–160; Chira, Adriana, „Keeping People Put. Enslaved Families, Policing, and the Reemergence of Coffee Planting, 1810s–1830s", in: Chira, Patchwork Freedoms. Law, Slavery, and Race beyond Cuba's Plantations, Cambridge; New York: Cambridge University Press, 2022, S. 105–141.

734 Zu deutschen Plantagenbesitzern aus der Overmann-Familie (Hamburg), siehe: Overman, Charles Theodore, A Family Plantation. The History of the Puerto Rican Hacienda ‚La Enriqueta', San Juan: Academia Puertorriqueña de la Historia, 2000; Chinea, Jorge L., Raza y trabajo en el Caribe hispánico. Los inmigrantes de las Indias Occidentales en Puerto Rico durante el ciclo agro-exportador 1800–1850, Sevilla: Escuela de Estudios Hispano-Americanos; Wayne State University; Oficina del Historiador oficial de Puerto Rico; Asociación Cultural La otra América, 2014.

punktuell im Norden sowie im Westen und Süden der Insel aus. Das gebirgige Zentrum blieb Fluchtgebiet und Kaffeeanbaugebiet für kleine Bauern (*jíbaros*).[735]

Auch Kuba war zunächst Tabakinsel[736], dann eine Kaffee- und Zuckerinsel. Zwischen 1800 und 1825 schien sich Kuba eher zu einer Kaffee-Insel zu entwickeln. Allerdings geriet die kubanische Kaffeeproduktion vor allem in den Regionen Havanna-Matanzas und Guanajay-Artemisa-Güines wegen der massiven Sklaverei-Produktion in der *Second Slavery* Brasiliens (und Venezuelas sowie anderer Gebiete) um 1825 in die Krise. Seit dem Bau der ersten Eisenbahnen (ab 1837) machte der Kaffee in großen flachen Ebenen der Insel vollends dem Zucker Platz – und dem Großvieh sowie punktuell dem Tabak. Im Westen und im Zentrum existierten auch Sklaven-Plantagen im Tabakanbau; im Osten (*Oriente*) gab es weiterhin Sklaverei und Sklavenschmuggel im Kaffee (oft auch von ehemaligen Sklaven betrieben).[737] Ähnlich wie Brasilien war Kuba allerdings nie eine reine Plantagen-Kolonie.[738]

Kuba wurde zum weltweiten Technologieführer und Hauptproduzenten von raffiniertem Weißzucker – konzentriert um die riesige Ebene fruchtbarster roter Erde der *llanura de Colón* im westlichen Zentrum der Insel[739] und ab 1850 auch um Sagua la Grande, Cienfuegos und Remedios (siehe Karte 14b). Erst unter dem Druck der Rübenzucker-Konkurrenz und dem Druck des Haupt-Absatzmarktes in den USA wurde seit den 1870ern vor allem Rohzucker (*azúcar crudo* 96°) in riesigen Zuckerfabriken (*centrales*) von *colonos* – freien, aber abhängigen Bauern – für die Raffinie-

---

735 Alemán Iglesias, Javier, „Azúcar y esclavitud. Una relación tardía en la región centro-oriental de Puerto Rico“, in: Naranjo Orovio, Consuelo (ed.), Sometidos a esclavitud. Los africanos y sus descendientes en el Caribe Hispano, Santa Marta: Editorial Unimagdalena, 2021 (Colección Humanidades y Artes. Historia), S. 191–223.

736 Nater, Laura, „Colonial Tobacco. Key Commodity of the Spanish Empire“, in: Topik, Steven; Marichal, Carlos; Frank, Zephyr (eds.), From Silver to Cocaine. Latin American Commodity Chains and the Building of the World Economy, 1500–2000, Durham: Duke University Press, 2006, S. 93–117; Zeuske, Michael, „Sklaven und Tabak in der atlantischen Weltgeschichte“, in: Historische Zeitschrift 303:2 (2016), S. 315–348 (https://www.degruyter.com/downloadpdf/j/hzhz.2016.303.issue-2/hzhz-2016-0379/hzhz-2016-0379.xml [26. Oktober 2016]).

737 Chira, Adriana, „Keeping People Put. Enslaved Families, Policing, and the Reemergence of Coffee Planting, 1810s–1830s“, in: Chira, Patchwork Freedoms. Law, Slavery, and Race beyond Cuba's Plantations, Cambridge; New York: Cambridge University Press, 2022, S. 105–141.

738 Santos, Martha S., „Mothering Slaves, Labor, and the Persistence of Slavery in Northeast Brazil. A Non-Plantation View from the Hinterlands of Ceará, 1813–1884“, in: Women's History Review 27:6 (2018), S. 954–971.

739 Marrero Cruz, Eduardo, „La llanura de Colón, emporio azucarero del mundo en el siglo XIX“, in: Boletín. Archivo Nacional de la República de Cuba 15 (2007), S. 21–33; Funes Monzote, Reinaldo, „Paisajes de la nueva plantación esclavista azucarera en Cuba. La llanura de Colón“, in: Piqueras, José Antonio (ed.), Plantación, espacios agrarios y esclavitud en la Cuba colonial, Castellón de la Plana: Publicacions de la Universitat Jaume I; Casa de las Américas, 2017 (Colleció Amèrica 36), S. 91–114.

rung in den USA und anderswo produziert, wofür die Einführung und Standardisierung neuer Zentrifugen nötig war.[740]

Im Süden Brasiliens wurde, für die Welt und im Speziellen für die USA produziert – Kaffee vor allem im Vale do Paraíba und in den Provinzen Rio de Janeiro, Minas Gerais und São Paulo; in Maranhão und Pernambuco auch Baumwolle.[741] Brasilien hatte immer noch einen privilegierten Zugang zu Versklavten aus Afrika (vor allem aus dem heutigen Angola), so dass bei den relativ preisgünstigen Sklaven und dem bergigen Territorium zunächst vor allem im Transport (traditionell: Maultierkarawanen und Ochsengespanne) weniger schnell industrialisiert wurde. Die massive Industrialisierung setze erst um 1860 ein.

Die Kapitalgrundlage der *Second Slavery* und zugleich der Ansiedlung von Sklaven aus Afrika und ihrer Nachkommen waren Sklavenschmuggel und -handel mit Versklavten aus Afrika sowie kreolisierten schwarzen und farbigen Sklaven. Auf Kuba und in Brasilien geschah dies vor allem mittels des atlantischen Sklavenschmuggels (Brasilien bis 1851, Kuba bis mindestens 1874) *und* internem Sklavenhandel. Nach Kuba wurden zudem chinesische *coolies* sowie Sklaven aus *other slaveries*, wie Mayas und Sklaven aus dem Norden Mexikos, zwangsmigriert. In den USA dominierte im Wesentlichen der interne Sklavenhandel.[742] Das bedeutet, dass die *Second Slavery* – wie die atlantische Sklaverei während der gesamten Zeit ihrer formalen Existenz (1350–1900) – weiterhin und besonders für die engeren Produktions-Gebiete in

---

740 Santamaría García, Antonio; Mora, Luis M., „Colonos. Agricultores cañeros, ¿clase media rural en Cuba?" 1880–1898", in: Revista de Indias 8, no. 212 (1998), S. 131–161; Funes Monzote, Reinaldo, „La centralización azucarera y los bosques. 1876–1898", in: Funes Monzote, De los bosques a los cañaverales. Una historia ambiental de Cuba 1491–1926, La Habana: Editorial de Ciencias Sociales, 2008, S. 283–339; García Rodríguez, Mercedes, „Tecnología y abolición", in: Piqueras, José Antonio (ed.), Azúcar y esclavitud en el final del trabajo forzado. Homenaje a M. Moreno Fraginals, México: Fondo de Cultura Económica, 2002, S. 76–92; Lapique Becali, Zoila; Segundo Arias, Orlando, Cienfuegos, Trapiches, ingenios y centrales. Prólogo de María del Carmen Barcia, La Habana: Editorial de Ciencias Sociales, 2011.

741 Marquese, Rafael de Bivar, „African Diaspora, Slavery, and the Paraiba Valley Coffee Plantation Landscape. Nineteenth Century Brazil", in: Review. A Journal of the Fernand Braudel Center 31:2 (2008) (= Special Issue: The Second Slavery. Mass Slavery, World-Economy, and Comparative Microhistories, Bd. 1), S. 195–216; Marquese, „Espacio y poder en la caficultura esclavista de las Américas. El Vale do Paraíba en perspectiva comparada", in: Piqueras, José Antonio (ed.), Trabajo libre y coactivo en sociedades de plantación, Madrid: Siglo XXI de España Editores, S. A., 2009, S. 215–251; Marquese, „Estados Unidos, Segunda Escravidão e a Economia Cafeeira do Império do Brasil", in: Almanack 5 (2013), S. 51–60.

742 Johnson, Walter (ed.), The Chattel Principle. Internal Slave Trades in the Americas, New Haven; London: Yale University Press, 2004; Rothman, Adam, „The Domestication of the Slave Trade in the United States", in: Johnson (ed.), The Chattel Principle. Internal Slave Trades in the Americas, 1808–1888, New Haven: Yale University Press, 2004, S. 32–54; Gudmestad, Robert H., A Troublesome Commerce. The Transformation of the Interstate Slave Trade, Baton Rouge: Louisiana State University Press, 2004; Rothman, Slave Country. American Expansion and the Origins of the Deep South, Cambridge: Harvard University Press, 2005.

den Amerikas von Afrika und afrikanischen Eliten sowie der durch sie versklavten Menschen abhängig war (für den *South* der USA gilt das nur bedingt). Auf Puerto Rico erfasste die *Second Slavery* vor allem kleinere Küstenebenen (um San Juan: Toa Baja, Rio Piedras, Loíza; Ponce; Mayagüez; Manatí; Guayama).[743]

5.1 Plantagen, Industrialisierung, Technologie und *Second Slavery*

Der Kern der Industrialisierung waren *ingenio/ central* (*engenho*; *habitation, estate, plantation*) zum Anbau von Zucker, Baumwolle, Kaffee und Tabak.[744] Kurz – die Plantage.[745] Technologieentwicklung und Industrialisierung in der *on site*-Produktion auf

---

743 Scarano, Francisco A., Sugar and Slavery in Puerto Rico: The Plantation Economy of Ponce 1800–1850, Madison: University of Wisconsin Press, 1984; Scarano, „Población esclava y fuerza de trabajo. Problemas del análisis demográfico de la esclavitud en Puerto Rico, 1820–1873", in: Anuario de Estudios Americanos 43 (1986), S. 1–24; San Miguel, Pedro, El mundo que creó el azúcar. Las haciendas en Vega Beja, 1800–1873, Río Piedras: Ediciones Huracán, 1989; Scarano, Haciendas y barracones. Azúcar y esclavitud en Ponce, Puerto Rico, 1800–1850, Río Piedras: Ediciones Huracán, 1992; Cabrera Salcedo, Lizette, De los bueyes al vapor. Caminos de la tecnología del azúcar en Puerto Rico y el Caribe, San Juan: La Editorial; Universidad de Puerto Rico, 2010, passim; Overman, Charles Theodore, A Family Plantation. The History of the Puerto Rican Hacienda ‚La Enriqueta', San Juan: Academia Puertorriqueña de la Historia, 2000; Scarano, „Revisiting Puerto Rico's Nineteenth Century Sugar and Slavery History", in: Centro Journal 31:1 (2020), S. 4–32. Ich danke Juan Angel Giusti Cordero, San Juan/ Puerto Rico für Informationen zur territorialen Struktur der Zuckerproduktion und zur technologischen Entwicklung auf Puerto Rico.
744 Follett, Richard, „Slavery and Plantation Capitalism in Louisiana's Sugar Country", in: American Nineteenth Century History 1:3 (2000), S. 1–27; Follett; Beckert, Sven; Coclanis, Peter; Hahn, Barbara, Plantation Kingdom. The American South and Its Global Commodities, Baltimore: Johns Hopkins University Press, 2016 (The Marcus Cunliffe Lecture Series); Tomich; Marquese, Rafael de Bivar; Funes Monzote, Reinaldo; Venegas Fornias, Carlos, Reconstructing the Landscapes of Slavery. A Visual History of the Plantation in the Nineteenth-Century Atlantic World, Chapel Hill: University of North Carolina Press, 2021; Hahn, Technology in the Industrial Revolution, Cambridge: Cambridge University Press, 2020.
745 Zu Frühformen, siehe: Rodríguez Morel, „The Sugar Economy of Española in the Sixteenth Century", in: Schwartz, Stuart B. (ed.), Tropical Babylons. Sugar and the Making of the Atlantic World, Chapel Hill: The University of North Carolina Press, 2004, S. 85–114; García Mora, Luis Miguel; Santamaría García, Antonio, „Donde cristaliza la esperanza. Lectura de *Los Ingenios*", in: García Mora; Santamaría García (eds.), Los Ingenios. Colección de vistas de los principales ingenios de azúcar de la Isla de Cuba. El texto redactado por Cantero, Justo G. Con las láminas dibujadas del natural y litografiadas por Eduardo Laplante, Madrid: CEDEX-CEHOPU; CSIC, Fundación MAPFRE Tavera y EDICIONES Doce Calles, S.L., 2005, S. 15–81; Post, Charles, „Plantation Slavery and Economic Development in the Antebellum Southern United States", in: Journal of Agrarian Change 3:3 (2003), S. 289–332; García-Muñiz, Humberto, „La plantación que no se repite. Historias azucareras de la República Dominicana y Puerto Rico, 1870–1930", in: CLÍO 74, no. 169 (2005), S. 141–174; Kaye, Anthony, „The Second Slavery. Modernity in the Nineteenth-Century South and the Atlantic World", in: Laviña, Javier; Zeuske, Michael (eds.),

den Plantagen wirkten sich auf die Lagerung (*almacenes*) auf den Plantagen und entlang der *commodity-chains*, vor allem in Hafenkomplexen, im Transport und in der Kommunikation aus. Neue Transport-, Lagerungs- und Organisations-Technologien sowie Innovationen im Management[746] wirkten sich auf die Plantagen-Sklaverei aus. Eigentlich handelte es sich um Plantagen und Häfen sowie den Kommunikationen zwischen ihnen. Bei Dampfern, Eisenbahnen, großen Hafen-Lagern und Molen sowie Zeitungen und Telegraphen in allen größeren Städten, aber auch in fast jedem Plantagen-Nest, liegt das auf der Hand.[747]

Ich stelle im Folgenden idealisiert (und für den Vergleich möglichst kurz und eher systematisch) die Verarbeitung der *commodities* Zucker, Kaffee und Baumwolle sowie Tabak dar und bewerte im Vergleich der großen Territorien der *Second Slavery* (*South*/ USA; Süden/ Brasilien; *Cuba grande*/ Kuba) ihre Bedeutung für Technologie-Entwicklung, Industrialisierung und Gesellschafts-Bildung. Die Agrikultur der Sklaven-Pflanzen Zuckerrohr, Baumwolle, Kaffee, Reis, Indigo und Tabak mit ihren Nahrungsmittel-Pflanzen (Mais, Weizen, Bananen, Reis, Yuca, Malanga, Boniato) sowie die kapitalistischen Dynamiken der Viehwirtschaften (*hatos, estancias, potreros*) mit Sklaven und abhängigen Viehknechten (*cowboys, llaneros, vaqueros/ vaqueiros, gauchos, huasos, monteros*) und Versklavten sind eigenständige Themata.[748] Ich kann diese hier nur mit einigen Hinweisen nennen, etwa erstens, dass sie zu Sklaverei-Zeiten extrem arbeitskraftintensive „Hack- und Hau"-Kulturen

---

The Second Slavery. Mass Slaveries and Modernity in the Americas and in the Atlantic Basin, Berlin; Münster; New York: LIT Verlag, 2014 (Sklaverei und Postemanzipation/ Slavery and Postemancipation/ Esclavitud y postemancipación 6), S. 174–202; Zeuske, „Legacies of Slavery and People of African Descent in Cuba, Puerto Rico, and the Caribbean", in: Burchardt, Hans-Jürgen; Leinius, Johanna (eds.), (Post-)Colonial Archipelagos. Comparing the Legacies of Spanish Colonialism in Cuba, Puerto Rico, and the Philippines, Ann Arbor: University of Michigan Press, 2022, S. 285–304.

746 Cooke, Bill, „The Denial of Slavery in Management Studies", in: Journal of Management Studies 40:8 (2003), S. 1895–1918; Schwartz, Stuart B., „Brazilian Sugar Planters as Aristocratic Managers. 1550–1825", in: Janssens, Paul; Yun, Bartolomé (eds.), European Aristocracies and Colonial Elites. Patrimonial Management Strategies and Economic Development, 15th-18th Centuries, Aldershot: Ashgate, 2005, S. 233–246; Rosenthal, Caitlin, Accounting for Slavery. Masters and Management, Cambridge: Harvard University Press, 2018.

747 Dembicz, Andrzej, Plantaciones cañeras y poblamiento en Cuba, La Habana: Editorial de Ciencias Sociales, 1989.

748 Slatta, Richard W., Cowboys of the Americas, New Haven: Yale University Press, 1990; Amaral, Samuel, The Rise of Capitalism on the Pampas. The Estancias of Buenos Aires, 1785–1870, Cambridge: Cambridge University Press, 1998; Mayo, Carlos, „Gauchos negros. Los esclavos de la estancia colonial", in: Mayo, Estancia y sociedad en la pampa, 1740–1820, Buenos Aires: Editorial Biblos, 2004, S. 135–150; Massey, Sara R. (ed.), Black Cowboys of Texas, College Station: Texas A&M University Press, 2000; Telesca, Ignacio, „Esclavitud en Paraguay. Las estancias jesuíticas", in: Pineau, Marisa (ed.), La ruta del esclavo en el Río de la Plata. Aportes para el diálogo intercultural, Buenos Aires: EDUNTREF, 2011, S. 153–172; Monsma, Karl, „Esclavos y trabajadores libres en las estancias del siglo XIX. Un estudio comparativo de Rio Grande do Sul y Buenos Aires", in: Reguera, Andrea; Mar-

waren. „Hack" bezieht sich vor allem auf die Bodenbearbeitung und die Unkraut-Bekämpfung, „Hau" vor allem auf das Zuckerrohrschlagen (*zafra* – Ernte) mit Macheten. Und es waren, wie gesagt, meist Monokulturen mit Nahrungsmittel-, Vieh- und Holz-Ergänzungs-Produktion, vor allem von Zucker, Tabak und Baumwolle.

Zweitens der Hinweis, dass ohne das Können und Wissen der Sklaven sowie quasi-versklavten *asiáticos* die Technologie-Revolution ganz speziell im Zucker (aber auch im Tabak und im Kaffee) nicht möglich gewesen wäre.[749]

Drittens spielten Tiere eine extrem wichtige Rolle. Ohne Rinder und speziell Ochsen wären die Industrialisierung der Zuckerindustrie und überhaupt Transporte in der *Second Slavery* nicht möglich gewesen. Diese wäre auch ohne Schweine – vor allem als Proteinquelle – und Hühner nicht möglich gewesen. Auch ohne Hunde und Pferde (als Kontroll-, Macht- und Statustiere) nicht.[750] Ähnliches gilt für Häfen: Ohne technologische Revolutionen in der Organisation und der Architektur der Sklaverei-Häfen hätte es keine *Second Slaveries* gegeben. Bei den Häfen handelte sich vor allem im Zusammenhang mit der *warehouse revolution* wegen der massiven Sklavenarbeit von *negros* und *asiáticos* sowie extrem abhängigen Migranten wirklich um *planta-*

---

ques Harres, Marluza (eds.), De la región a la nación. Relaciones de Escala para una Historia Comparada Brasil-Argentina (s. xix y xx), Tandil: Universidad Nacional del Centro de la Provincia de Buenos Aires; Cesal, 2012, S. 83–119; Nichols, James David, „The Line of Liberty. Runaway Slaves and Fugitive Peons in the Texas-Mexico Borderlands", in: Western Historical Quarterly 44:4 (2013), S. 413–433; Prado, Fabricio, „The Fringes of Empires. Borderlands and Frontiers in Colonial Latin America", in: History Compass 10:4 (2012), S. 318–333; siehe auch eine Vielzahl von Lokalstudien, wie z. B. für das Hinterland von Charcas: Gutiérrez Brockington, Lolita, „El mundo de los vaqueros", in: Gutiérrez Brockington, Negros, indios y españoles en los Andes orientales. Reivindicando el olvido de Mizque colonial 1550–1782, La Paz: Plural editors, 2009, S. 271–274.

749 Scott, Rebecca J., „Sugar and Slavery", in: Scott, Slave Emancipation in Cuba. The Transition to Free Labor, 1860–1899, Pittsburgh: The University of Pittsburgh Press, 2000, S. 3–41; Rood, Daniel, „The Multiple Creolizations of Capitalism and Modernity", in: Rood, The Reinvention of Atlantic Slavery. Technology, Labor, Race, and Capitalism in the Greater Caribbean, New York; Oxford: Oxford University Press, 2017, S. 8–13.

750 Funes Monzote, Reinaldo, „Cultura ganadera en la historia de Cuba. Una aproximación", in: Catauro. Revista Cubana de Antropología 13, no. 25 (2012), S. 6–28; Funes Monzote, „Animal Labor and Protection in Cuba. Changes in Relationships with Animals in the Nineteenth Century", in: Few, Martha; Tortorici, Zeb (eds.), Centering Animals in Latin American History. Writing Animals into Latin American History, Durham: Duke University Press, 2013, S. 209–242; Funes Monzote, „Historia y cultura porcina en Cuba", in: Catauro. Revista Cubana de Antropología 15, no. 28 (2013), S. 6–29; zu Sklavenhunden siehe: Philalethes, Demoticus, „Hunting the Maroons with Dogs in Cuba", in: Philalethes, Yankee Travels Through the Island of Cuba, New York: D. Appleton and Co., 1856, S. 38–42 (Nachdruck: Price, Richard [ed.], Maroon Societies. Rebel Slave Communities in the Americas, Boston: Johns Hopkins University Press, ²1996, S. 60–63); Parry, Tyler D.; Yingling, Charlton W., „Slave Hounds and Abolition in the Americas", in: Past & Present 246:1 (2020), S. 69–108 (S. 72: „Dogs embodied a crude form of ‚biopower' for slave societies across the Americas").

ciones portuarias („Hafen-Plantagen").[751] Natürlich gab es weitere Formen der „Arbeit wie in der Sklaverei" und der extremen Abhängigkeit: Z.B. Lehrlinge, ehemalige Sklaven als Hafenarbeiter (unter ihren *capataces de muelles*[752]) und zeitweilig auch *tabaqueros*.[753]

5.2 Zucker

Among the technological histories of tropical commodities, sugarcane stands out as the most salient.[754]

Der Zucker basierte auf einer brutal-dynamischen Industrialisierung und kolonialen Technologie- sowie Technik-Entwicklungen. Eine Sklaven-Industrialisierung. Zuckerrohr war neben dem bereits von Indigenen angebauten Tabak die erste Sklaven-Pflanze, die in die Amerikas kam: Die Auswahl und der Anbau des Zuckerrohrs erfolgte in einer Erfahrungs-, „Hack"- und „Hau"-Kultur und der Erfolg hing vom Zuckerrohr-Typ, dem Boden, dem Klima (Wärme, regelmäßiger Regen) und dem Wachstums- und Anpflanzungs-Rhythmus ab. Wissenschaften dazu entstanden im 19. Jahrhundert.[755]

---

751 Domínguez Cabrera, David, „Los regímenes laborales de las ‚plantaciones portuarias'", in: Domínguez Cabrera, ‚Segunda esclavitud' y trabajo portuario en Cuba (1763–1886), Memoria presentada por David Domínguez Cabrera para optar al grado de doctor por la Universitat Jaume I, director José Antonio Piqueras Arenas, Castelló de la Plana, 2021, S. 223–239; Domínguez Cabrera, „Segunda esclavitud y dinámicas laborales en el puerto de La Habana (1790–1860)", in: Naranjo Orovio, Consuelo (ed.), Sometidos a esclavitud. Los africanos y sus descendientes en el Caribe Hispano, Santa Marta: Editorial Unimagdalena, 2021 (Colección Humanidades y Artes. Historia), S. 503–532.

752 Molen-Aufseher (*capataces*) waren oft schon in der Sklaverei Vorarbeiter von Sklaven-Gangs gewesen, die aus der gleichen Gegend in Afrika stammten (*de nación*). Zur Lebensgeschichte eines Molen-Aufsehers, siehe: Deschamps Chapeaux, Pedro, „Agustín Ceballos, capataz de muelle", in: Chapeaux Deschamps; Pérez de la Riva, Juan, Contribución a la historia de gentes sin historia, La Habana: Ed. de Ciencias Sociales, 1974, S. 17–27.

753 Casanova Codina, Joan, ¡O pan, o plomo! Los trabajadores urbanos y el colonialismo español en Cuba, 1850–1898, Madrid: Siglo XXI, 2000.

754 Pretel, Daniel, „Towards a Technological History of Global Commodities", in: Stubbs, Jean; Clarence-Smith, William G.; Curry-Machado, Jonathan; Vos, Jelmer (eds.), Handbook of Commodity History, Oxford: Oxford University Press, 2022 (im Erscheinen).

755 Rodríguez, José Ángel, „La planta viajera", in: Rodríguez, La Historia de la Caña. Azúcares, aguardientes y rones en Venezuela, Caracas: Alfadil, 2005, S. 14–17; Fernández Prieto, Leida, „Modernización y cambio tecnológico en la agricultura de Cuba, 1878–1920", in: Santamaría García, Antonio; Naranjo Orovio, Consuelo (eds.), Más allá del azúcar. Política, diversificación y prácticas económicas en Cuba, 1878–1930, Aranjuez (Madrid): Ediciones Doce Calles, 2009, S. 175–218; Fernández Prieto, „Islands of Knowledge. Science and Agriculture in the History of Latin America and the Caribbean", in: Isis 104:4 (2013), S. 788–797; Moscoso, Francisco, Orígenes y cultura de la caña de azúcar. De Nueva Guinea a las islas del Atlántico, Puerto Rico: Publicaciones Gaviota, 2017.

Transport spielte immer eine wichtige Rolle: Nach der Ernte durch Versklavte im *gang*-System musste das Zuckerrohr in bestimmter Länge so schnell wie möglich auf Ochsenkarren zur Mühle transportiert werden. Die Zuckermühlen selbst und vor allem die Zylinder, zwischen denen der Saft aus dem Rohr gepresst wurde, erfuhren rasante Verbesserungen (Eisen statt Holz, horizontale statt vertikaler Pressen).[756] Die horizontalen Mühlen ermöglichten seit um 1850 auch die Nutzung eines breiten Zubringerlaufbandes aus Metallstäben zwischen zwei parallellaufenden Ketten für das in Stücke geschnittene Zuckerrohr (*esteras* oder *conductores de caña*). Die gefährlichsten Verletzungen ergaben sich genau an dieser Stelle, denn übermüdete Sklaven (*negros metedores*) gerieten bei Handzufuhr oft zwischen die rotierenden Teile der Zuckerrohrpressen. Zum Zentralteil einer Zucker-Plantage, dem *batey*, gehörte neben der *casa del trapiche* (Mühlenhaus) auch die *casa de caldera* (Siedehaus[757]), die *casa de purga* (Trenn- und Raffinierhaus[758]) zur Trennung von Melasse (*melaza/ mélasse/ molasses* – oft Grundlage der Alkoholherstellung) und Zuckersorten. In der *casa de purga* wurde kristallisierter Zucker in Tonformen (*hormas*) gefüllt.

Dazu kamen zur Herstellung des Markenproduktes Weißzucker der *calidad blanco Habana* oft auch ein Trockenhaus (*secadero*[759]), ein Gebäude zur Herstellung von Rum mit einer Destillations- und Brennvorrichtung für Schnaps (*alambique*)[760] sowie ein Lagerhaus für Bagasse und Brennstoffe. Daneben gab es Handwerkseinrichtungen wie Schmieden (*herrería*), Ziegeleien (*tejar*) und Stellmachereien, die auch Fässer und Kisten herstellten, sowie Ställe (oft auch Taubenschläge), das Herrenhaus, Sklavenhütten und – in der Region Havanna/ Matanzas/ Cienfuegos seit dem

---

756 Fernández de Pinedo Echevarría, Nadia, „Mejoras en la producción de azúcar", in: Fernández de Pinedo Echevarría, Comercio exterior y fiscalidad. Cuba 1794–1860, Bilbao: Servicio Editorial, Universidad del País Vasco; Euskal Herriko Unibertstatea, 2002, S. 249–261. Das, sagen wir, „atlantisch-iberische" Ausgangsniveau der Mühlentechnik und der Technologie der Zuckerproduktion analysieren folgende Arbeiten: Viña Brito, Ana; Gambín García, Mariano; Chinea Brito, Carmen Dolores, Azúcar. Los ingenios en la colonización canaria (1487–1525), Tenerife: Museo de Historia y Antropología de Tenerife, 2008; Moscoso, Francisco, „Madeira. La revolución del molino azucarero", in: Moscoso, Orígenes y cultura de la caña de azúcar. De Nueva Guinea a las islas del Atlántico, Puerto Rico: Publicaciones Gaviota, 2017, S. 239–259.
757 Moreno Fraginals, Manuel, „La casa de calderas", in: Moreno Fraginals, El Ingenio. Complejo económico social cubano del azúcar, Bd. 1, La Habana: Ed. de Ciencias Sociales, 1978, S. 214–229.
758 Moreno Fraginals, Manuel, „La casa de purga", in: Ebd., S. 230–234.
759 Moreno Fraginals, Manuel, „Secado y selección", in: Ebd., S. 234–243.
760 Zu Rumproduktion und -verbrauch: Campoamor, Fernando G., El hijo alegre de la caña de azúcar. Biografía del ron, La Habana: Editorial Científico-Técnica, 1993; Sarmiento Ramírez, Ismael, „Las bebidas alcohólicas en la Cuba del siglo XIX. Uso y abuso", in: Del Caribe 38 (2002), S. 75–89; Smith, Frederick H., Caribbean Rum. A Social and Economic History, Gainesville: University Press of Florida, 2005; Huetz de Lemps, Alain, Histoire du rhum, Paris: Editions Desjonquères, 1997; Rodríguez, José Ángel, Al son del ron. Azúcares y rones de Venezuela y la cuenca del Caribe, Caracas: Ediciones B, 2009; Alibert, Pierre-Barthélémy, La fabuleuse aventure du Rhum, Saint-Denis, La Réunion: Orphie, 2012.

Abb. 6a: *Casa de calderas* des *ingenio* Armonía.

Abb. 6b: *Casa de purga* des *ingenio* Ponina.

EXTERIOR DE UNA CASA DE PURGA

Típica casa de purga de mediados del siglo XIX. La nave lateral era ocupada por el envasadero. [*Samuel Hazard, Cuba with pen and pencil, 1865.*]

INTERIOR DE UNA CASA DE PURGA

Vista interior de una casa de purga. [*Grabado de Samuel Hazard, Cuba with pen and pencil. 1865, inspirado en la litografía del ingenio «La Ponina», del grabador francés Eduardo Laplante, publicada en el libro de Justo G. Cantero, Los ingenios, 1856.*]

Abb. 6c: *Casa de purga* und *secadero* von außen (schematisch).

19. Jahrhundert – auch die berüchtigten *barracones* (große gefängnisartige Sklaven-baracken), *criolleros* (Kinderbetreuung) sowie Krankenstationen (*enfermerías*). Im *batey* fand der eigentliche industrielle Prozess mit sehr vielen Maschinen sowie vielen Möglichkeiten technologischer und technischer Verbesserungen statt, die sich bis heute immer weiter entwickelt haben: Mahlen und Auspressen des Zu-ckerrohrsaftes, Weiterleitung in die Siedekessel der *casa de calderas*, langsames und kompliziertes Kochen, Abschöpfen von Verunreinigungen und Kristallisieren der Zuckerkristalle (mit extremer Bedeutung des Erkennens des richtigen Zeit-punktes), Raffinieren, Schleudern (um flüssige Bestandteile abzuscheiden) und Trocknen (in unterschiedlichen Auffangformen oder Ton-Gefäßen), Separierung der Zuckersorten (dickerer Zucker-Rest-Sirup, d. h. Melasse, brauner Zucker, d. h., *mascabado/ cucurucho, quebrado* und *blanco*-Zucker zur Herstellung des Endpro-duktes Weißzucker), Weißen der besten Kristalle sowie Lagerung und Transport. Dies ist eine sehr kurze Darstellung höchst komplizierter sowie kostenaufwändi-ger technischer Prozesse.

In der Zuckerproduktion kam es auf Basis massiver Ausbeutung in Anbau und Ernte des Zuckerrohrs sowie in der Holz-, Vieh- und *food*-Wirtschaft (*yuca/ mandioca*, Reis, verschiedene Arten von Bananen (*plátanos*) und andere Früchte, Mais, Malanga, auf Jamaika auch Brotfrucht sowie Weizen in Virginia) auf den *ingenios* selbst und um die *ingenios* herum, wo viele Versklavte zum Einsatz kamen, zu einer extrem dy-namischen Organisations-, Technik- und Technologieentwicklung. Mühlen, Pressen – und der unmittelbare Zugang zu ihnen durch Mulden und Transportbänder – und Mühlenantriebe wurden mechanisiert und industrialisiert – oft auf Basis langer De-batten, ob Dampfmaschinen angesichts ihres Holzverbrauchs und fehlender Kohle wirklich eingesetzt werden sollten. Ab ca. 1840 setzte sich die Dampfmaschine als An-triebssystem auf den modernsten *ingenios* der *Cuba grande*, also rund um die *llanura de Colón* durch (mit Korridoren Richtung Sagua la Grande und Cienfuegos).[761] 1860 gab es 1365 *ingenios azucareros* (Zucker-Plantagen) auf Kuba: industrialisierte vor allem im Westen und in Mittelkuba, wenig mechanisierte *trapiches* vor allem im Osten.[762] In der *Cuba grande* der *Second Slavery* mit den Jurisdiktionen Cárdenas, Ci-enfuegos, Colón, Guanajay, Güines, Matanzas und Sagua la Grande (zwei von ihnen –

---

761 Fernández Prieto, Leida, „Modernización y cambio tecnológico en la agricultura de Cuba, 1878–1920", in: Santamaría García, Antonio; Naranjo Orovio, Consuelo (eds.), Más allá del azúcar. Polí-tica, diversificación y prácticas económicas en Cuba, 1878–1930, Aranjuez (Madrid): Doce Calles, 2009, S. 175–218.

762 García Mora, Luis Miguel; Santamaría García, Antonio, „Apéndice I. Carlos Rebello. Estados rela-tivos a la producción azucarera de la isla de Cuba, La Habana: Intendencia del Ejército y Hacienda 1860", in: García Mora; Santamaría García (eds.), Los Ingenios. Colección de vistas de los principales ingenios de azúcar de la Isla de Cuba. El texto redactado por Cantero, Justo G. Con las láminas dibujadas del natural y litografiadas por Eduardo Laplante, Madrid: CEDEX-CEHOPU; CSIC, Fundación MAPFRE Tavera y Ediciones Doce Calles, S.L., 2005, S. 289–365, die Zahl S. 293.

Cárdenas, Colón – Zentrum und Hafen der oben erwähnten *llanura roja* des Zuckers) waren es exakt 764 *ingenios*, davon 642 halb oder ganz mechanisiert.[763] 1877, bereits unter Zentralisierungsdruck, gab es insgesamt auf Kuba 1190 *ingenios*. Die modernsten Zucker-*ingenios* befanden sich schon in Mittelkuba, vor allem um Cienfuegos, Sagua und Remedios.[764] Enrique Pichardo, ein empirischer Geograf und Sprachforscher, hat sogar eine Karte ganz Kubas mit allen Sklaven-Plantagen erstellt (1875).[765] Von Pichardo stammt auch die zeitgenössische Definition von „*ingenio*":

> Hacienda de campo de más terreno que el *Cafetal* y otras menores, destinada al cultivo de la *Caña* y elaboración de la azúcar. Es la clase de finca de más consideración por sus costos, productos, fábricas, número de brazos etc., por los ramos que abraza con establecimientos diversos, alambique, tejar, potrero, hospital o enfermería, capilla u oratorio en algunos, carpintería etc., un pequeño pueblo, de donde salen el azúcar, miel, aguardiente, obras de alfarería etc. Los *Ingenios* de órden inferior carecen de algunas de estas cosas y los mui reducidos que solo producen *Melado* y *Raspadura*, se nombran Trapiches; aunque este vocablo tambien se aplica a la máquina con que se muele la *Caña*.

> Ein Landgut (*hacienda*) mit mehr Land als die Kaffeeplantage und andere kleinere [Plantagen], das für den Anbau von Zuckerrohr und die Herstellung von Zucker bestimmt ist. Es ist die Klasse der landwirtschaftlichen Betriebe mit der höchsten Wertschätzung in Bezug auf ihre Kosten, Produkte, Fabriken, Anzahl der Arme [d. h. Sklaven] usw. sowie für die Bereiche, die es mit verschiedenen Einrichtungen umfasst: Fabriken, Destille, Ziegelofen, Koppel, Krankenhaus oder Krankenstation, Kapelle oder Oratorium auf einigen [großen Plantagen], Zimmerei usw. – eine kleine Stadt, wo Zucker, Honig, Schnaps, Töpferarbeiten usw. herkommen. Den *ingenios* niedrigerer Ordnung fehlen einige dieser Dinge, und die sehr kleinen [*ingenios*], die

---

763 Domínguez Cabrera, David, „Azúcar, plantación y enlaces portuarios'", in: Domínguez Cabrera, ‚Segunda esclavitud' y trabajo portuario en Cuba (1763–1886), Memoria presentada por David Domínguez Cabrera para optar al grado de doctor por la Universitat Jaume I, director José Antonio Piqueras Arenas, Castelló de la Plana, 2021, S. 63–124, 93.

764 García Mora, Luis Miguel; Santamaría García, Antonio, „Apéndice II. „Dirección General de Hacienda de la isla de Cuba. Noticia de los ingenios o fincas en estado de producción que existen actualmente en toda la isla, La Habana: Imprenta del Gobierno y Capitanía General, 1877", in: García Mora; Santamaría García (eds.), Los Ingenios. Colección de vistas de los principales ingenios de azúcar de la Isla de Cuba. El texto redactado por Cantero, Justo G. Con las láminas dibujadas del natural y litografiadas por Eduardo Laplante, Madrid: CEDEX-CEHOPU; CSIC, Fundación MAPFRE Tavera y EDICIONES Doce Calles, S.L., 2005, S. 367–413, die Zahl S. 293; siehe auch: González Sedeño, Modesto, Último escalón alcanzado por la plantación comercial azucarera esclavista (1827–1886), La Habana: Editorial de Ciencias Sociales, 2003; zu Cienfuegos siehe: García Martínez, Orlando, „Estudio de la economía cienfueguera desde la fundación de la colonia Fernandina de Jagua hasta mediados del siglo XIX", in: Islas 55–56 (1976–1977), S. 117–169; Martínez Heredia, Fernando; Scott, Rebecca J.; García Martínez (eds.), Espacios, silencios y los sentidos de la libertad. Cuba 1898–1912, La Habana: Ediciones Unión, ²2003; García Martínez, Esclavitud y colonización en Cienfuegos 1819–1879, Cienfuegos: Ediciones Mecenas, 2008.

765 Pichardo, Esteban, „Isla de Cuba. Carta geotopográfica" (1874), in: ANC, Mapoteca, M 829; Rios, Ernesto de los, Nomenclator geográfico y toponímico de Cuba 1860–1872, La Habana: Mapoteca, BNCJM, 1970.

nur *melado* [Zuckersirup] und *raspadura* [größere Zuckerstücke – ähnlich Kandis] produzieren, werden *trapiches* genannt; obwohl dieses Wort auch auf die Maschine angewendet wird, mit der das Zuckerrohr gemahlen wird [Übersetzung MZ].[766]

Ganz besonders dynamisch entwickelten sich Techniken und Technologien der Verarbeitung des *guarapo* (Zuckerrohrsaft) und der eigentlichen Zuckerproduktion in den Siedehäusern: Leitungen (mit rasanter Entwicklung), Siedekessel und -öfen, Zentrifugen- und Trocknungs-Techniken – mit einer ganzen Maschinen-Familie: *centrifugadoras, clarificadoras, calderas de vapor*[767] –, Raffinierung (mit Weißzucker als Marken-Endprodukt) sowie Lagerung, Verpackung (*henequén*[768]/ Sisalsäcke statt Manilahanf und traditioneller Ton-*hormas* – „Zuckerhüte") sowie traditioneller Kisten/ Fässer) und Transport auf den Plantagen selbst, von den jeweiligen Organisationen und dem Zeit-Management der Arbeiten ganz zu schweigen (Glocken- und Uhrentürme auf den *ingenios*).

Dazu kam die bereits erwähnte rasante, breite und selbst rurale Gegenden erfassende technische Modernisierung der Antriebe (in einigen Gebieten der Amerikas mittels Windmühlen oder Wasserkraft), der Wasser- und Brennstoff-Regimes sowie des Transports/ der Mobilität (Eisenbahnen[769] in Brasilien erst ab ca. 1860) und die Erschließung gigantischer Küstenregionen sowie Fluss-Welten (Schiffe/ Dampfer; Flussdampfer).

---

766 Pichardo, Esteban, Diccionario provincial casi razonado de vozes y frases cubanas, Habana: Imprenta La Antilla, 1862, S. 142–143; siehe auch: Corveddu, Mario Salvatore, „Aproximación al léxico cubano de la esclavitud desde el Diccionario Provincial de Esteban Pichardo (1836, 1849, 1862 y 1875). La perspectiva de la cubanidad en la lexicografía general", in: Anuario de Letras. Lingüística y Filología 10:1 (2021), S. 151–184.

767 Oft von ausländischen Maschinisten bedient, aber auch von Sklaven: Curry-Machado, Jonathan, Cuban Sugar Industry. Transnational Networks and Engineering Migrants in Mid-Nineteenth Century Cuba, New York: Palgrave Macmillan, 2011; siehe eine Grundaussage zu „disciplina y orden" auf *ingenios* von 1869 (Anfangsjahre des antikolonialen zehnjährigen Krieges): „Los operarios [Maschinisten – MZ] son de distintas partes de la Peninsula, Estados Unidos y de esta Ysla, la mayor parte muchos años en las mencionadas fincas, observando siempre buena conducta [...]", Schreiben von Miguel Casaleiz aus Matanzas, 31. August 1869, an Coronel Gobernador Politico de Matanzas, in: Archivo Histórico Provincial de Matanzas, Ingenios, leg. 6, no. 86 (1846–1900). Comunicaciones referentes a estadística, producción y exportación azucarera Fechas: 20 de Noviembre de 1846 a 25 de Mayo. Consta de 24 folios, f. 6r–7r, f. 6r.

768 Die Produktion von *henequén* und Sisal brachte andere Formen starker asymmetrischer Abhängigkeit und Plantagenarbeit zum Durchbruch (*plantaciones de henequén* – vor allem in Yucatán); siehe die frühe Arbeit von Friedrich Katz: Katz, „Plantagenwirtschaft und Sklaverei. Der Sisalanbau auf der Halbinsel Yucatán bis 1910", in: Zeitschrift für Geschichtswissenschaft 7:5 (1959), S. 1002–1027; Evans, Sterling, Bound in Twine. The History and Ecology of the Henequen-Wheat Complex for Mexico and the American and Canadian Plains, 1880–1950, College Station: Texas A&M University Press, 2007.

769 Zanetti Lecuona, Oscar; García Álvarez, Alejandro, Caminos para el azúcar, La Habana: Ed. de Ciencias Sociales, 1987 (Englisch: Zanetti Lecuona; García Álvarez, Sugar and Railroads. A Cuban History; 1837–1959, Chapel Hill; London: University of North Carolina Press, 1998).

INGENIO MANACA

Propiedad de la Sᵃ Dᵃ Jᵃ HERNANDEZ DE IZNAGA

Abb. 7a: Ingenio Manaca mit dem berühmten Glockenturm im Valle de los Ingenios (bei Trinidad/Kuba).

Selbiges galt für die Kommunikationswege (Zeitungen, Druck und Telegraphen sowie Fotografen-Netzwerke), die Wissenschaft – vor allem die Medizin (Bekämpfung von Tropenkrankheiten und Epidemien), Agrarwissenschaften und Pharmazie –, die Organisation, Lagerung, den Schiffbau in den Häfen sowie den Kauf und Verkauf von Schiffen.[770] Entwicklungen gab es auch in der Kapitalisierung, Finanzierung, Medizin

---

770 Die sehr wichtige strukturhistorische Arbeit (zu Recht auf Maschinen fixiert) ist noch immer: Moreno Fraginals, Manuel, El Ingenio. Complejo económico social cubano del azúcar, 3 Bde., La Habana: Ed. de Ciencias Sociales, 1978; Moore, Jason W, „Sugar and the Expansion of the Early-Modern World Economy. Commodity Frontiers, Ecological Transformation, and Industrialization", in: Review 23:3 (2000), S. 409–443; Cabrera Salcedo, Lizette, De los bueyes al vapor. Caminos de la tecnología del azúcar en Puerto Rico y el Caribe, San Juan: La Editorial; Universidad de Puerto Rico, 2010; Tomich, Dale W.; Funes Monzote, Reinaldo, „Naturaleza, tecnología y esclavitud en Cuba: Frontera azucarera y Revolución industrial, 1815–1870", in: Piqueras, José Antonio (ed.), Trabajo libre y trabajo coactivo en sociedades de plantación, Madrid: Siglo XXI de España, 2009, S. 75–117; Tomich; Funes Monzote, „Fronteira Açucareira e Revolução Industrial em Cuba, 1815–1870", in: Cunha, Olivia Maria Gomes da (ed.), Outras Ilhas. Espaços, temporalidades e transformações em Cuba, Rio de Janeiro: Aeroplano; FAPERJ, 2010, S. 65–117; Tomich, „Commodity Frontiers, Spatial Economy and Technological Innovation in the Caribbean Sugar Industry, 1783–1878", in: Leonard, Adrian; Pretel, David (eds.), The Caribbean and the Atlantic World Economy. Circuits of Trade, Money and Knowledge, 1650–1914, London: Palgrave Macmillan, 2015 (Cambridge Imperial and Post-Colonial Studies Series), S. 184–216; Tomich (ed.), New

Abb. 7b: Ruinen des Ingenio Dolores bei Caibarién mit Glockenturm im mittleren Nordkuba (heute).

sowie Epidemiebekämpfung und im Versicherungswesen[771], in der Sicherung und Ideologisierung (Erkennungssysteme/ Fotografie/ Biometrie, Rassismus; Konstruktion von „Afro"). Nicht zu unterschätzen – auch als Kostenfaktor – war die „kleine" Modernisierung der Leitungen, Arbeitsgeräte (wie Pressen, Zuckerkes-

Frontiers of Slavery, New York: State University of New York Press, 2016; Rood, Daniel, „Plantation Laboratories. Industrial Experiments in the Cuban Sugar Mill, 1830–1860", in: Tomich (ed.), New Frontiers of Slavery, New York: State University of New York Press, 2016, S. 157–184; Rood, The Reinvention of Atlantic Slavery. Technology, Labor, Race, and Capitalism in the Greater Caribbean, Oxford: Oxford University Press, 2017; Zeuske, Michael; Conermann, Stephan, „The Slavery/ Capitalism Debate Global. From ‚Capitalism and Slavery' to Slavery as Capitalism. Introduction", in: Conermann; Zeuske (eds.), The Slavery/ Capitalism Debate Global. From „Capitalism and Slavery" to Slavery as Capitalism (= Comparativ. Zeitschrift für Globalgeschichte und Vergleichende Gesellschaftsforschung 30:5–6 [2020]), S. 448–463.

771 Tablada [Pérez], Carlos; Castelló, Galia, La Historia de la Banca en Cuba del siglo XIX al XXI, Bd. 1: La Colonia, La Habana: Editorial de Ciencias Sociales, 2007.

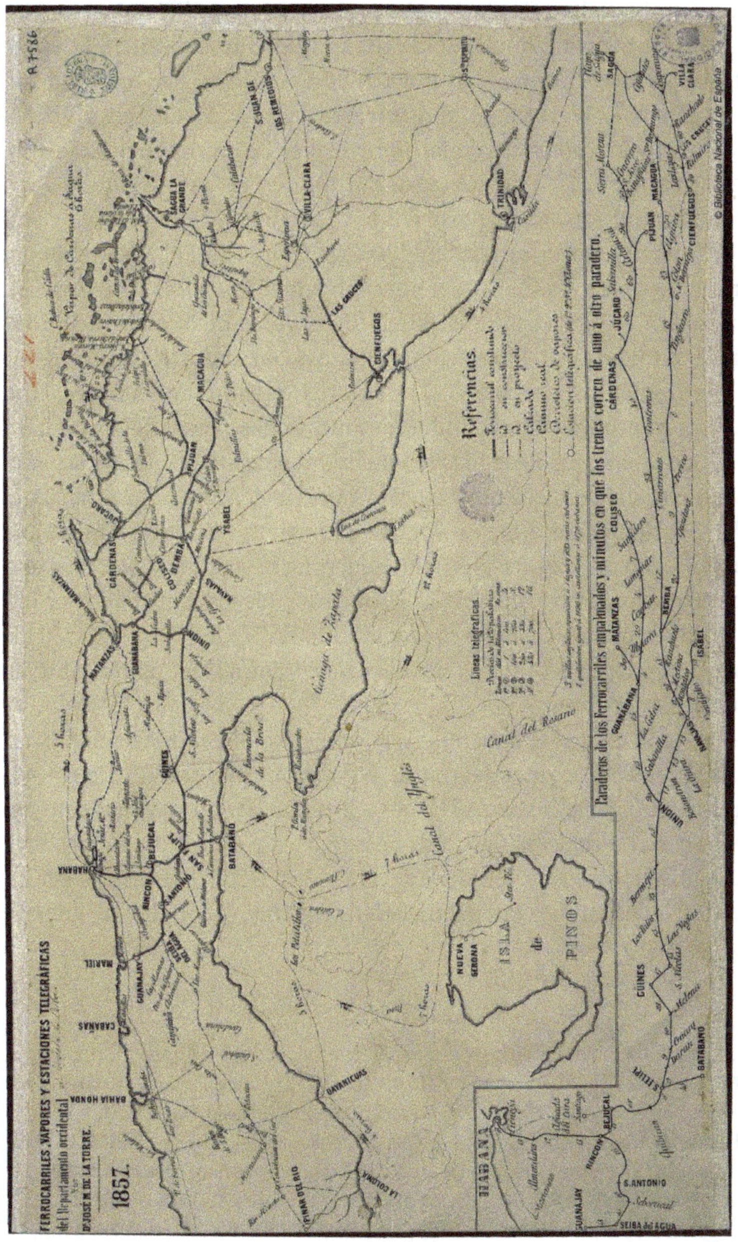

Karte 8: „Ferrocarriles, Vapores y Estaciones Telegráficas del Departamento occidental" (Eisenbahn-Karte Westkubas mit Dampferlinien und Telegraphen-Stationen).

sel, *bombas*, d. h., große Kellen für Zuckersirup, Öfen sowie weitere Maschinen), Ochsenkarren und Transportgeräte (Zuckerkisten und -fässer, seit 1835 Säcke aus Manilahanf, also Kokosfasern, seit etwa 1860 Sisal- und *henequén*-säcke) und -einrichtungen sowie Werkzeuge und Infrastrukturen: Macheten, Hacken, Ochsenpflüge, Grabstöcke (*janes*, Singular *jan*); Wege, Brücken, Molen, Karren, Prahme, Boote, Küstenschiffe, Flöße, seit der Mitte des 19. Jahrhunderts auch die Feldeisenbahnen und Anschlussgleise zu den „großen" Eisenbahnen.[772] Anfang des 20. Jahrhunderts gab es auf Kuba 12000 km Gleise für Feldeisenbahnen. Im Grunde handelte es sich bei den Gebieten mit hoher *ingenio*-Dichte und Eisenbahnnetz zwischen 1820 und 1886 wirklich um *el reino de la tecnología* (das Königreich der Technologie).[773] Der gesamte Prozess der Industrialisierung erfasste Produktion (*ingenios/ centrales*), Transport (Eisenbahn, Dampfer) und Häfen. Letztere waren grob unterteilt in Molen und Docks sowie Beladung und Entladung, die meist von ehemaligen Sklaven unter ihren *capataces de muelles*, weniger von Sklaven und anderen freien Arbeitern sowie – seit Mitte des 18. Jahrhunderts – von vielen Migranten aus ärmeren Regionen Spaniens betrieben wurden. Die wichtigste technologische und organisatorische Neuerung bestand in *almacenes* und *barracones* (Lagerhäusern und festen Baracken), in denen bis fast zum Ende der formalen Sklaverei Sklaven und chinesische *coolies* schufteten

Die Modernisierung der Lager- und Warenhäuser seit den 1850er Jahren wird als *warehouse revolution* beschrieben.[774]

Ich fasse gerne noch einmal Grundstrukturen und Grundlinien zusammen: Mercedes García Rodríguez betont, dass der *molde estructural* (die strukturelle Grundform) des kubanischen *ingenio* bis um 1840 etwa gleichblieb: drei Grundeinheiten (*casa de molienda*, *casa de calderas* und *casa de purga*), die durch das gleiche Produktions- und Organisationssystem verbunden waren. Seit 1790 ist allerdings ein inneres Wachstum der Kapazität der Grundeinheiten feststellbar: mehr Kapital, größere

---

772 Cok, Patricia, „La introducción de los ferrocarriles portátiles en la industria azucarera", in: Santiago 41 (1981), S. 218–239; Dye, Alan D., Cuban Sugar Production in the Age of Mass Production. Technology and the Economics of the Sugar Central, 1899–1929, Stanford: Stanford University Press, 1998.

773 García Mora, Luis Miguel; Santamaría García, Antonio, „El reino de la tecnología", in: García Mora; Santamaría García (eds.), Los Ingenios. Colección de vistas de los principales ingenios de azúcar de la Isla de Cuba, Madrid: CEDEX-CEHOPU; CSIC, Fundación MAPFRE Tavera y EDICIONES Doce Calles, S.L., 2005, S. 39–48.

774 Rood, Daniel, „From an Infrastructure of Fees to an Infrastructure of Flows. The Warehouse Revolution in Havana Harbor", in: Rood, The Reinvention of Atlantic Slavery. Technology, Labor, Race, and Capitalism in the Greater Caribbean, New York; Oxford: Oxford University Press, 2017, S. 64–93; Domínguez Cabrera, David, „Los regímenes laborales de las ‚plantaciones portuarias'", in: Domínguez Cabrera, ‚Segunda esclavitud' y trabajo portuario en Cuba (1763–1886), Memoria presentada por David Domínguez Cabrera para optar al grado de doctor por la Universitat Jaume I, director José Antonio Piqueras Arenas, Castelló de la Plana, 2021, S. 223–239.

VISTA GENERAL DE LOS ALMACENES DE REGLA
y parte de la bahía de la Habana

Abb. 9: Die Warenhäuser (*almacenes*) von Regla bei Havanna (untere Bildmitte, im Hintergrund).

Bodenstücke und mehr Equipment sowie größere Anzahl von Sklaven (oft direkt aus Afrika: *bozales*). Zunächst wurden nur in einigen wenigen *ingenios* technologische Neuerungen eingesetzt (*volvedoras* (Zentrifugen), der so genannte *tren francés* Typ Derosne (vorher: *tren jamaiquino*), um die Beheizung der Kessel in der *Casa de Calderas* zu optimieren.[775] In den Kesselräumen wurde es extrem heiß. Die Zuckersiedekessel befanden sich jetzt in Räumen mit einer offenen Wand. 1794 markiert den Beginn von Experimenten mit Dampfmaschinen; die erste wurde 1820 fest installiert (und funktionierte auch). Erst Mitte der 1830er kam es, zusammen mit der Transportrevolution der Eisenbahn, zu einer in den Regionen der *Cuba grande* relativ verbreiteten Nutzung der Dampfmaschine, neuer Öfen, der Vakuumerhitzung und -verdampfung, der Einführung neuer Zuckerrohrsorten sowie der Kontrolle der Epidemien (vor allem Cholera seit 1833). Das war, globalhistorisch gesehen, eine eigenständige industrielle Revolution mit Übernahme von Elementen anderer industrieller Revolutionen.[776]

---

775 Rood, Daniel, „Plantation Laboratories. Industrial Experiments in the Cuban Sugar Mill, 1830–1860", in: Tomich, Dale W. (ed.), New Frontiers of Slavery, Albany: State University of New York Press, 2015, S. 157–184; Zogbaum, Heidi, „The Steam Engines in Cuba's Sugar Industry, 1794–1860", in: Journal of Iberian and Latin American Studies 8:2 (2002), S. 37–60.

776 García Rodríguez, Mercedes, „¿Fueron los ingenios cubanos del siglo XVIII explotaciones autosuficientes?", in: Torre, Mildred de la (ed.), Voces de la sociedad cubana. Economía, política e ideología 1790–1862, La Habana: Editora de Ciencias Sociales, 2007, S. 9–35; Dye, Alan, „Holdup and Regional Diversity", in: Dye, Cuban Sugar Production in the Age of Mass Production. Technology and

Zucker war eindeutig der erste Motor der industriellen Revolution in den tropischen und subtropischen Amerikas – wahrscheinlich sogar in allen Amerikas: „It was in sugar production, though, that technology had the biggest impact."[777] Dies hatte auch den Hintergrund, dass der Zuckersaft im frisch geschlagenen Rohr und nach der ersten Pressung schnell verdarb. Er schrie regelrecht nach industrieller Bearbeitung, Maschinen und spezifischen Technologien. Tabak, Kaffee, Baumwolle und Reis mussten bzw. konnten dagegen relativ lange vor Ort (*on site*) bearbeitet werden. Nur Sisal/ *henequén*, Indigo und Kautschuk verdarben ähnlich schnell wie Zuckerrohrsaft; Bananen auf Plantagen waren eher ein mittelfristiges Produkt. Insgesamt forderte die Zuckerherstellung auch die meisten Toten unter den Versklavten in den Amerikas.[778]

Dort, wo die Sklavenhalter, Pflanzer und Plantagenbesitzer mit der industriellen Dynamik und der Finanzierung dieser Zuckerwirtschaft nicht mehr mitkamen, blieben als Auswege nur Revolution (wie auf Kuba 1868–1878), Ruin der Plantagen und *trapiches* (alte, nicht mechanisierte oder industrialisierte Mühlenkomplexe). Aus Sicht des kubanischen Technologie-Jahrhunderts ab 1820 war eine Zuckermühle vom Typ *„Moulin à Sucre"* von Rugendas (siehe Abb. 3a, oben) ein altes *trapiche*. Konnten die Plantagenbesitzer mit der Modernisierung nicht mehr mithalten, kam es zu Verkauf des Landes oder der Umstellung auf Wachs-, Honig- und Rumproduktion. Zu diesen Nebenproduktionen oder zur (Wieder-)Ausbreitung intensiverer Viehhaltung kam es fast überall, wo die *Second Slavery* nicht funktionierte oder abgebrochen worden war (besonders in Martinique, dem Oriente Kubas und Venezuela). Die Zucker-Produktion mit Sklaven und ehemaligen Sklaven unterlag seit den 1870er Jahren wegen des Drucks der Rübenzuckerkonkurrenz und des Drucks der Raffinerien in den USA einer massiven Konzentration zu gigantischen Zuckerfabriken (*centrales*)[779], die

---

the Economics of the Sugar Central, 1899–1929, Stanford: Stanford University Press, 1998, S. 174–210; Zeuske, Michael; Conermann, Stephan „The Slavery/ Capitalism Debate Global. From ‚Capitalism and Slavery' to Slavery as Capitalism. Introduction", in: Conermann; Zeuske (eds.), The Slavery/ Capitalism Debate Global. From ‚Capitalism and Slavery' to Slavery as Capitalism (= Comparativ. Zeitschrift für Globalgeschichte und Vergleichende Gesellschaftsforschung 30:5–6 [2020]), S. 448–463.

777 Gudmestad, Robert H., „Technology and the World the Slaves Made", in: History Compass 4:2 (2006), S. 373–383, hier S. 378.

778 Tadman, Michael, „The Demographic Cost of Sugar. Debates on Slave Societies and Natural Increase in the Americas", in: American Historical Review 105:5 (2000), S. 1534–1575.

779 Santamaría García, Antonio; García Mora, Luis Miguel, „La industria azucarera en Cuba. Mano de obra y tecnología (1860–1877)", in: Cayuela Fernández, José G. (ed.), Un siglo de España. Centenario 1898–1998, Cuenca: Cortes de Castilla-La Mancha; Ediciones de la Universidad Castilla-La Mancha, 1998, S. 283–298; Iglesias García, Fe, Del Ingenio al Central, La Habana, Editorial de Ciencias Sociales, 1999; Funes Monzote, Reinaldo, „La centralización azucarera y los bosques. 1876–1898", in: Funes Monzote, De los bosques a los cañaverales. Una historia ambiental de Cuba 1492–1926, La Habana: Editorial Ciencias Sociales, 2008, S. 283–339; Ayala, César J., American Sugar Kingdom. The Plantation Economy of the Spanish Caribbean, Chapel Hill; London: University of North Carolina Press, 1999; Lapique Becali, Zoila; Segundo Arias, Orlando, Cienfuegos, Trapiches, ingenios y centrales. Prólogo de María del Carmen Barcia, La Habana: Editorial de Ciencias Sociales, 2011, passim.

zwar weiterhin technologisch und technisch modernisiert wurden, aber keine fertigen Markenprodukte (Weißzucker) mehr herstellten, sondern preiswerteren Rohzucker als Rohstoff für die Raffinierung und Weißung vor allem in den USA. Die Strukturen und die Arbeit blieben etwa die gleichen, nur die formale Sklaverei wurde aufgehoben und Migranten – vor allem aus Spanien und Portugal – verstärkt als Zuckerarbeiter und Hafenarbeiter eingesetzt.[780]

5.3 Tabak

Tabak war – zusammen mit der *commodity* Zucker – der Frühstarter der kolonialen Exportwirtschafts-, Technologie- und Kapitalismus-Entwicklung. Tabakanbau war eine Feldkultur des Hackens und Häufelns sowie der kleinen Wassergräben, mit komplizierter Anzucht der Tabak-Pflänzchen – im Grunde eine hoch entwickelte Garten-Kultur, die als *commodity*-Produktion immer größer wurde. Bis heute findet Tabak-Anbau mit wenig Technik und Maschinen statt, aber einer notwendigen, fast extremen Erfahrungsbasis. Tabak spielte im atlantischen Sklavenhandel, nicht zuletzt als *commodity* in Afrika selbst, eine globale Rolle (vor allem im Schmuggel). Die ganz frühen kolonialen Tabak-Anbaugebiete lagen in Barinas an der *llano*-frontier des heutigen Venezuelas. Dieser Tabak war als *canasta*/ Knaster bekannt, weil die Tabakblätter zu dicken, wie soll ich sagen, „Tauen" zusammengewickelt und in Ringen in Körben (*canastas*) exportiert wurden. Auch auf Barbados war Tabak der „*first starter*" einer Export-Produktion mit Sklaven – vor und z. T. parallel zu Zucker und Baumwolle.[781] Selbiges galt natürlich für das historische Virginia sowie rund um Salvador da Bahia und auf Kuba (dort neben Zucker).[782] Im Grunde erfolgte am Beginn eine Übernahme indigenen Wissens über die Anzucht, Haltung, Pflege (Krankheiten, Ungeziefer) und Bewässerung – all dies erforderte extreme erfahrungs-

---

780 Zeuske, Michael, „Postemancipación y trabajo en Cuba", in: Boletín Americanista 64, no. 68 (2014) (= La Postemancipación en las Américas. Síntesis y Nuevas Perspectivas de Análisis), S. 77–99; Zeuske, „Legados de la esclavitud y afrodescendientes en Cuba, Puerto Rico y el Caribe", in: Burchardt, Hans-Jügen (ed.), (Post)colonialismo a prueba. Cuba, Puerto Rico y las Filipinas desde una perspectiva comparada, México: Editorial Gedisa, 2021, S. 391–415.

781 Menard, Russell L., Sweet Negotiations. Sugar, Slavery and Plantation Agriculture in Early Barbados, Charlottesville: University of Virginia Press, 2006.

782 Kulikoff, Allan, Tobacco and Slaves. The Development of Southern Cultures in the Chesapeake, 1680–1800, Chapel Hill: University of North Carolina Press, 1986; Figuerôa-Rêgo, João de, „Os Homens da Nação e o Trato Tabaqueiro. Notas sobre Redes e Mobilidade Geográfica no Contexto Europeo e Colonial Moderno", in: Anais de História de Além-Mar 14 (2013), S. 177–199; Cosner, Charlotte A., The Golden Leaf: How Tobacco Shaped Cuba and the Atlantic World, Nashville: Vanderbilt University Press, 2015; Baud, Michiel; Kooning, Kees, „Germans and Tobacco in Bahia (Brazil), 1870–1940", in: Jahrbuch für Geschichte Lateinamerikas 37 (2000), S. 149–175.

basierte Hand-Technologien, genauso wie die Hackkultur des Tabaks. Tabak kann nur in der Nähe von Wasser angebaut werden – sehr schnell auch auf Plantagen.[783]

Abb. 10a: Tabakwerbung am Hostal Valencia, La Habana, Calle Oficios, zwischen Calle Obrapía und Calle Lamparilla. Das Bild repräsentiert die Exportfunktion der großen Tabakwirtschaft – alle Arbeiten werden von Sklaven ausgeführt und der Aufseher (*mayoral*) hat alle Insignien der Herrschaft (Haltung, Kleidung, Gesten, Peitsche, Sklavenhund).

Auch die Ernte basiert auf Erfahrungen und dauerte – je nach Qualität der Blätter – längere Zeit. Der Tabak wurde in speziellen Tabak-Darren (meist mit Material aus Palmen konstruiert) in komplizierten Vorgängen getrocknet, fermentiert und in Trockenhäusern aufbewahrt. Mühlen spielten in der Verarbeitung in situ, d. h. in den Kolonien selbst, fast nur während der großen Zeit des Schnupf-Tabaks (vor allem im 17. und 18. Jahrhundert) eine Rolle. Die Erfahrungswirtschaft des kolonialen Tabak-Anbaus bedurfte hochspezialisierter Sklaven. Tabak-Plantagen konnten kaum mechanisiert werden. Sie waren abhängig von der Verarbeitungs-Industrie (und vice versa) für Pfeifen-Tabak, Schnupf-Tabak, Zigarren-Tabak und Zigaretten-Tabak (wie eine der ersten deutschen Zigaretten-Fabriken 1862 in Dresden). Die Tabak-Produktion und -export waren Gegenstand eines der großen Staatsmonopole im Spanischen Imperium. Das Monopol wurde aber 1817 aufgehoben. In den Kolonien, vor allem auf Kuba und in Spanien (z. B. Sevilla), entwickelte sich eine eigenständige Zigarren-Industrie, die den Weltruhm des Markenprodukts *tabaco cubano* begründete.[784]

---

783 López Mesa, Enrique, „¿Vega grande o plantación?", in: Piqueras, José Antonio (ed.), Plantación, espacios agrarios y esclavitud en la Cuba colonial, Castellón de la Plana: Publicacions de la Universitat Jaume I; Casa de las Américas, 2017 (Colleció Amèrica 36), S. 249–266.
784 Zeuske, Michael, „Sklaven und Tabak in der atlantischen Weltgeschichte", in: Historische Zeitschrift 303:2 (2016), S. 315–348 (https://www.degruyter.com/downloadpdf/j/hzhz.2016.303.issue-2/hzhz-

Abb. 10b: Die Vega ist klar als Wirtschaft mit Sklaven erkennbar: Drei Gruppen von Sklaven arbeiten unter Aufsicht eines Aufsehers (*mayoral*) beim Setzen und Pflegen der Tabakpflanzen. Im Vordergrund berittene Bauern (*vegueros*, *guajiros*): „Vista de una Vega de Tabaco" [Ansicht einer Tabak-Vega] (um 1850).

Abb. 10c: Tabakdarre auf der Vega Robaina (heute).

2016-0379/hzhz-2016-0379.xml [26. Oktober 2016]); Sanz Rozalén, Vicent, „Los negros del Rey. Tabaco y esclavitud en Cuba a comienzos del siglo XIX", in: Piqueras, José A. (ed.), Trabajo libre y coactivo en sociedades de plantación, Madrid: Siglo XXI, 2009, S. 151–176.

5.4 Kaffee

Ohne Drogen ging gar nichts. Ohne Kaffee (und Tee) keine atlantischen Revolutionen und kein moderner Kapitalismus. Ohne Kaffee, Tee sowie andere Drogen und Stimulantien (wie Tabak, Kakao (Schokolade) und Kola, die oft auch auf Plantagen wuchsen) keine beschleunigte Globalisierung zur „Weltwirtschaft" des 19. Jahrhunderts. Ohne Kaffee und Tee mit Zucker kein Frühstück.[785]

Kaffee-Sträucher gedeihen am besten auf einer Höhe von 500–1500 Metern in den Tropen und Subtropen – mit viel Wärme am Tage, aber möglichst im Schatten. Die Kaffee-Bäumchen tragen nach 4–5 Jahren erste Früchte. Kaffee-Felder mussten ebenfalls mit der Hacke gelockert und von Unkraut befreit werden. Geerntet, d. h. mit der Hand gepflückt, wurden die Kaffee-Kirschen von Versklavten. Die frischen Kaffee-Kirschen kamen auf große, mit flachen weißen Steinen belegte Trocknungs-Terrassen der *cafetales*.[786] Dort wurden sie gereinigt und gewaschen und anschließend längere Zeit in Tagesintervallen getrocknet, bis die Schalen leichter gelöst werden konnten. Die Trocknung erfolgte, ich wiederhole das, nur tagsüber. Bei Nacht wurde der Kaffee auf Haufen zusammengeschoben und zum Schutz gegen den Nacht-Tau bedeckt. Das bedeutete vor allem eines: sehr viel Handarbeit der Versklavten (siehe Abb. 11c).

In der Kaffee-Produktion gab es ebenfalls Mühlentechnologien – vor allem in der Trennung der getrockneten Schalen von den rohen Bohnen (*tahona/ taona/ molino de pilar*) (siehe Abb. 12).

Dazu kamen, wie bereits erwähnt, komplizierte Wasch- und Trocknungs-Verfahren (auf den oben genannten großen, leicht geneigten, glatten Terrassen, genannt *secaderos* oder *tendales* – siehe Abb. 11c und d), Wasser-Regimes mit aufwändigen Wasser-Tanks, Stau- und Pumptechnik sowie maschinelle Reinigungs-, Selektions- und Verpackungsprozesse (mit Lagerhallen – *almacenes*). Die Wasserregimes und die jeweiligen Technologien hingen auch von der Topographie ab. Kaffee-Plantagen in höheren Gebieten mit Flüssen, die Gefälle aufwiesen, nutzen eher die nasse Methode (*método humedo* mit *despulpadoras* (Fruchtfleisch- Entferner) und Fermentation in großen Tanks); *cafetales* in flacheren Gebieten eher den zeit- und arbeitsaufwändigeren *método seco* (trockene Methode) auf Trocknungsterrassen.[787] In der Transportorganisation konnten Kaffee-Pflanzer in einigen Gebieten nicht mit den kapitalstärkeren Zucker-

---

785 Blackburn, Robin, „De la invención del desayuno a la importancia de la ropa interior", in: Piqueras, José Antonio (ed.), Esclavitud y capitalismo histórico en el siglo XIX Esclavitud y capitalismo histórico en el siglo XIX. Brasil, Cuba y Estados Unidos, Santiago de Cuba: Casa del Caribe, 2016, S. 48–54.
786 Ramírez Pérez, Jorge Freddy; Paredes Pupo, Fernando Antonio, „La esclavitud en los cafetales", in: Ramírez Pérez; Paredes Pupo, Francia en Cuba. Los cafetales de la Sierra del Rosario (1790–1850), La Habana: Ediciones Unión, 2004, S. 81–88.
787 Dies., „La hacienda cafetalera francesa", in: Ebd., S. 57–79; Dies., „Organización y particularidades arquitectónicas", in: Ebd., S. 65–79 (siehe: Abb. 11b, c und d).

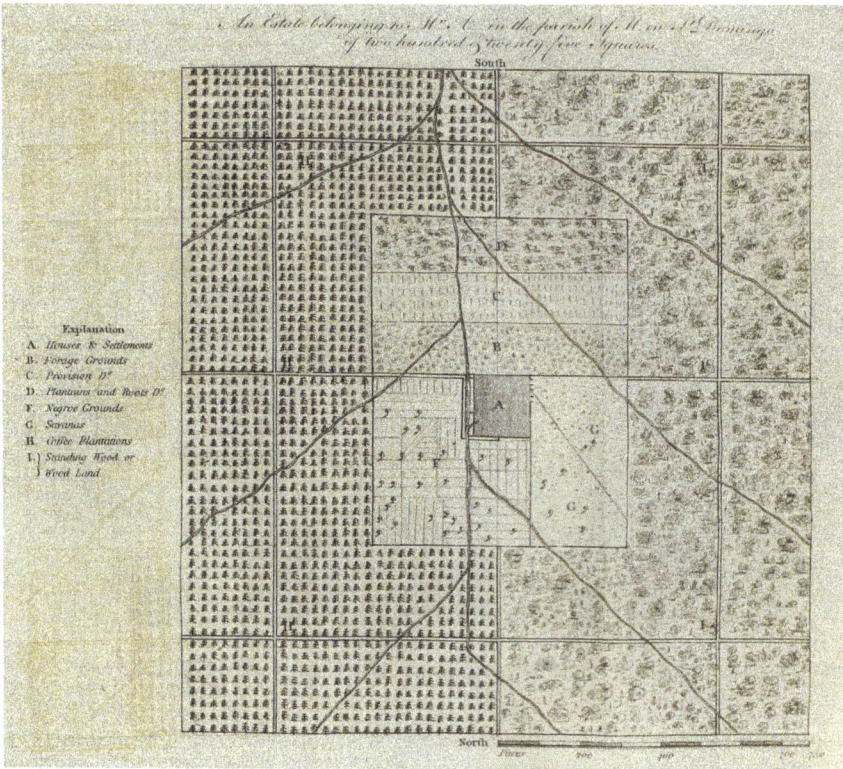

Abb. 11a: Modell einer Kaffee-Plantage auf Saint-Domingue (heute Haiti).

Plantagenbesitzern konkurrieren. In einigen *Second-Slavery*-Gebieten, etwa in Brasilien, kam es erst nach Mitte des 19. Jahrhunderts zur industriellen Transport-
Modernisierung.[788]

5.5 Baumwolle

Der ärmere Verwandte dieser tropischen Luxus-*commodities* war zunächst die
Baumwolle. Ohne Baumwolle keine Geschäfte in Afrika und kein Biedermeier-
Kapitalismus in Europa. Und keine West-Expansions- sowie Civil War-Ära in den
USA. Zucker, Tabak und Kaffee gehörten natürlich dazu. Das war die Zeit, als Eu-
ropa und Nordamerika noch vom Import tropischer Luxuswaren lebten, die von
Sklaven produziert worden waren, und ihrerseits nur wenige Produkte hatten, die

---

[788] Zeuske, Michael, „Kaffee statt Zucker. Die globale *commodity* Kaffee und die Sklaverei auf Kuba
(ca. 1790–1870)", in: Saeculum. Jahrbuch für Universalgeschichte 67:2 (2017), S. 275–303.

Abb. 11b: Cafetal La Ermita in den Cusco-Bergen (Westkuba) mit Sklaven, die Kaffeefrüchte verteilen.[789]

die Sklavenhalter-Eliten des karibischen Südens haben wollten. Aus den USA wollten sie vor allem Mehl, Reis, Holz und Weizen. Zugleich träumten die nördlichen Eliten entweder vom Mittelalter (*gothic*) oder sie theoretisierten über Kommunismus (*romantic capitalism/ capitalismo romántico*); zumindest in Europa. Ohne Baumwolle keine moderne Textil- und Mode-Industrie, keine Unterwäsche und kein globales 19. Jahrhundert.[790] Baumwolle war zugleich eine traditionelle *commodity* (auch im atlantischen Sklavenhandel) und ein Spätstarter der kolonialen und postkolonialen Industrialisierung. Baumwoll-Plantagen im *South* der USA basierten nur bedingt auf Mühlen-Technologie – etwa zum Antrieb von größeren *cotton-gins* und zum Bewegen der Pressen.[791] Ganz im Süden der USA gab es auch Zuckeranbau, aber generell waren die Ländereien der Plantagen kleiner als auf Kuba oder in Brasilien und

---

789 Siehe auch: Miahle, Federico, „Cafetal La Ermita en las lomas del Cusco", in: Miahle, Álbum Isla de Cuba Pintoresca, La Habana: Real Sociedad Patriótica, 1839; Grabados Coloniales de Cuba [Ausstellungskatalog], La Habana; Santander: Museo Nacional de Cuba; Museo de Bellas Artes, Ayuntamiento de Santander, 1998, S. 111, „Picture 3" (koloriert).

790 Osterhammel, Jürgen, Sklaverei und die Zivilisation des Westens, München: Carl Friedrich von Siemens Stiftung, 2000; Osterhammel, Die Verwandlung der Welt. Eine Geschichte des 19. Jahrhunderts, München: C.H. Beck, 2009; Beckert, Sven, King Cotton. Eine Geschichte des globalen Kapitalismus, München: C.H. Beck, 2014.

791 Post, Charles, „Plantation Slavery and Economic Development in the Antebellum Southern United States", in: Journal of Agrarian Change 3:3 (2003), S. 289–332.

Abb 11c: Kaffee-Plantage „Fazenda Retiro", 1881 Brasilien.

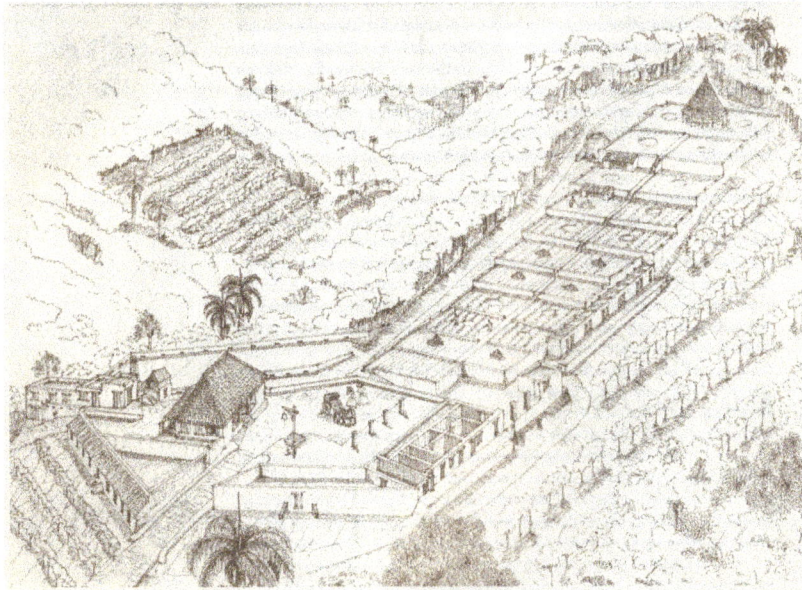

Reconstrucción pictórica aérea del cafetal Buenavista, tal y como debió ser en el siglo XIX. (Plumilla de Fernando A. Paredes, 2003.)

Abb. 11d: Cafetal Buenavista in Westkuba. Die schematische Zeichnung zeigt sehr schön die Trocknungsterrassen für die Kaffee-Früchte.

MOLINO DE PILAR

Abb. 12: Schematische Darstellung einer Mühle (*molino de pilar*) auf einer Kaffeeplantage (*cafetal*).

die Pflanzer/ Plantagen- und Sklavenbesitzer nicht so kapitalkräftig wie die auf Kuba, Venezuela oder Brasilien.[792] Die Baumwoll-Produktion mit Versklavten auf Plantagen unterlag in den USA im Vergleich zum Zucker (vor den 1870er Jahren) zunächst nur einer „Drittel-Industrialisierung", da sie direkt mit der Verarbeitungs-Industrialisierung der Textilproduktion in England und mit dem globalen Kriegs-Kapitalismus zusammenhing (besser gesagt: abhing).[793] Aber es war eine „demokratischere" Industrialisierung als in den anderen Gebieten der *Second Slavery*. Auch ärmere weiße Siedler konnten Plantagen erwerben. In der Fläche und quantitativ war diese – wenn man so will – Holz-Industrialisierung, die größte Revolution im Zeitalter der globalen industriellen Revolutionen des 19. Jahrhunderts. Eine wahrhaft kontinentale industrielle Revolution also. Die Voraussetzung für den massiven Aufschwung des Textil-Rohstoffs der entkörnten und zu Transportballen gepressten Baumwolle war die Erfindung der *cotton gin*.[794] Die *gin* (von *engine*) den maschinellen Kern des Baumwoll-Sektors der *Second Slavery* in den USA (neben Tabak, Zucker, Reis und Holz sowie Holzprodukten aus Sägewerken) und eine der wichtigen Motoren der industriellen Revolution überhaupt: „Separation of the seed from the fiber was essential for large-scale commercial production of cotton."[795] Es war im Vergleich etwa zur Zucker-Technologie

---

792 Follett, Richard, The Sugar Masters. Planters and Slaves in Louisiana's Cane World 1820–1860, Baton Rouge: Louisiana State University Press, 2005.

793 Beckert, Sven, King Cotton. Eine Geschichte des globalen Kapitalismus, München: C.H. Beck, 2014.

794 Lakwete, Angela, Inventing the Cotton Gin. Machine and Myth in Antebellum America, Baltimore: Johns Hopkins Press, 2003.

795 Tomich, Dale W.; Funes Monzote, Reinaldo; Venegas Fornias, Carlos; Marquese, Rafael de Bivar, „The Lower Mississippi Valley Cotton Plantation", in: Tomich; Marquese; Funes Monzote; Venegas Fornias, Reconstructing the Landscapes of Slavery. A Visual History of the Plantation in the Nineteenth-Century Atlantic World, Chapel Hill: University of North Carolina Press, 2021, S. 65–86, hier S. 74.

und der dadurch ausgelösten industriellen Revolution der Maschinen ein eher simpler Prozess (von den Besonderheiten der unterschiedlichen Baumwoll-Arten hier einmal abgesehen) – relativ primitiv, aber groß im territorialen Ausmaß sowie in der Anzahl der Plantagen und dynamisch in der Expansion.

Die Produktion von Baumwolle als Rohstoff für Fabriken in England war ein *on site*-Prozess. Die neuen, zunächst fast nur als Holz gearbeiteten Maschinen und ihre Installationen veränderten die industrielle Architektur der Plantagen sowie, bei erfolgreichen *masters*, auch die Größe der Plantagen und die Anzahl der Versklavten. Zwischen 1820 und 1859 wurden über 300.000 Versklavte vor allem aus Virginia, Maryland und den Carolinas in einer Art „*second middle passage*" meist über die wichtigsten Sklavenmärkte Natchez und New Orleans nach Mississippi und Louisiana – die *Second Slaveryfrontier* der Baumwolle – verschleppt.[796] Seit den 1830er Jahren wurden die Installationen (Gebäude) mit der massenhaften Einführung von tierischen Antrieben (Ochsen und Maultiere) und Dampfmaschinen-Antrieb größer und zweistöckig; sie waren aber meist immer noch aus Holz.

Fig. 2. Old Plantation Gin House and Screw.

Abb. 13a: Ein großer Holzschuppen für eine Baumwoll-Entkörnungsmaschine (*gin house*) und eine Baumwollpresse (*cotton press*) 1899.

Eine ganze industrielle Revolution mit viel Metall und Maschinen als Voraussetzung und als Rückgrat der expansiven Kontinentalisierung der USA war die Mobilitäts-*steamboat*-Revolution auf den Flüssen des *South*, besonders auf dem Mississippi: „The steamboat and the slave plantation system mutually reinforced one another to develop

---

796 Ebd., S. 77.

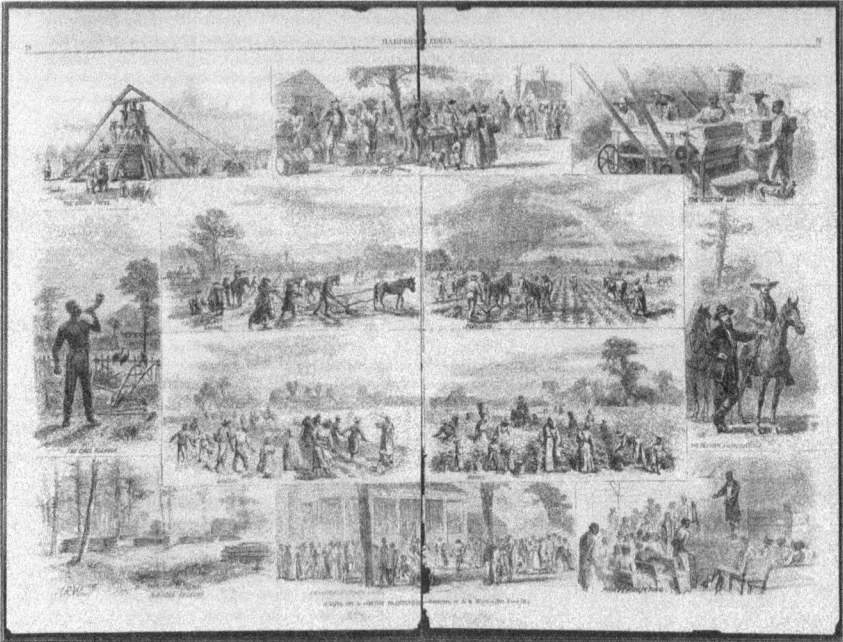

Abb. 13b: Szenen auf einer Baumwoll-Plantage (*cotton plantation*) 1867.

cotton monoculture and transform the riverine ecology [...]".[797] Die *steamboat*-Revolution stand natürlich im Zusammenhang mit Baumwoll-Industrialisierung sowohl im Sklaverei-Plantagenbereich (inklusive der Rohstoffproduktion *on site*) und im *factory*-Bereich in England (Verarbeitung). Sie war auch abhängig von Reis-, Weizen- und Holzexporten. Neben den Versklavten in den eher traditionellen Sklavereien, wie *hato-/ estancia*-Sklaven, Goldsucher- und Edelholzsucher-Sklaven sowie Sklaven auf Schiffen der industriell sehr dynamischen maritimen Sklaverei[798] hatten

---

[797] Tomich, Dale W.; Funes Monzote, Reinaldo; Venegas Fornias, Carlos; Marquese, Rafael de Bivar, „The Lower Mississippi Valley Cotton Frontier", in: Tomich; Marquese; Funes Monzote; Venegas Fornias, Reconstructing the Landscapes of Slavery. A Visual History of the Plantation in the Nineteenth-Century Atlantic World, Chapel Hill: University of North Carolina Press, 2021, S. 19–38, hier S. 35; siehe auch: Johnson, Walter, River of Dark Dreams. Slavery and Empire in the Cotton Kingdom, Cambridge: Harvard University Press, 2013, passim.

[798] Morgan, Philipp D., „Introduction. Maritime Slavery", in: Slavery & Abolition 31:3 (2010), S. 311–326; Rodrigues, Jaime, De costa a costa. Escravos, marinheiros e intermediarios do tráfico negreiro de Angola ao Rio de Janeiro, São Paulo: Companhia das Letras, 2005; Reis, João José; Gomes, Flávio dos Santos; Carvalho, Marcus J.M. de, O alufá Rufino. Tráfico, escravidão e liberdade no Atlântico negro (c. 1822 – c. 1853), São Paulo: Companhia Das Letras, 2010; Teubner, Melina, Die ‚zweite Sklaverei' ernähren. Sklavenschiffsköche und Straßenverkäuferinnen im Südatlantik (1800–1870), Frankfurt am Main: Campus, 2021.

Sklaven auf Steamern (etwa 20.000 in den USA bis um 1860) die größte Autonomie.[799] Häfen, Schiffe und Dampfer dienten auch dem Sklavenhandel – nicht nur auf
dem *hidden Atlantic*, sondern auch im karibischen und interamerikanischen Handel
und Schmuggel, der auch entlang der Küsten und auf Flüssen erfolgte.

5.6 Zusammenfassung

Die *Second Slavery* des Zuckers war – vor allem in der *Cuba grande* – die wichtigste
und extrem dynamische koloniale Industrie mit eigenständigen technischen, orga-
nisatorischen und technologischen Revolutionen sowie einer Anbindung an die
massive und extrem gewaltsame Kapital-Erzeugung mittels menschlicher Körper
aus Afrika auf dem *hidden Atlantic*. Ohne Zucker keine Modernität. Die Zucker-
Sklaverei dürfte in allen Perioden auch die meisten Versklavten aus Afrika als Kapital
menschlicher Körper, Siedler und Siedlerinnen sowie Arbeitskräfte der atlantischen
Sklaverei auf sich konzentriert haben. Auf dieser Basis entwickelte sich im 19. Jahrhundert eine zwar formal koloniale, aber zugleich höchst moderne kapitalistische Gesellschaft. Sie bestand aus wenigen hochadligen Unternehmern, Sklavenhändlern
und aus sehr vielen, wie soll ich sagen, Mittel- und Unterklasse- Sklavenhaltern und
-Sklavenhändlern sowie -händlerinnen, darunter auch ehemalige Sklavinnen und Sklaven. Auf der anderen Seite fanden sich versklavte Arbeitskräfte, die verstärkt wurden
durch höchst dynamische Gruppen ehemaliger Sklavinnen und Sklaven sowie Migranten aus der ganzen Welt als Opfer und Akteure des jeweiligen Sklaverei-Regimes,
auch als Beteiligte an den Sklavereien und am Sklavenhandel. Massensklaverei
im Zuckeranbau und seinem dynamischen infrastrukturellen Umfeld (Transport
und Häfen/ Lagerung) war technologisch und industriell die *Second Slavery* par
excellence.[800] Andere Formen von Sklavereien und extrem asymmetrischen Abhängigkeiten (etwa bei *coolies* und Migranten) gehörten dazu und modernisierten
sich ebenfalls. Obwohl von Fernando Ortiz der *contrapunteo* zu Tabak[801] – der anderen wichtigen Sklaverei-*commodity* – behauptet worden ist, bildeten zunächst
Kaffee und Tabak (sowie Großvieh) und ab 1820 Zucker und ihre fortwährende industrielle Modernisierung die Basis der Kultur-, Sozial- und Staatsentwicklung

799 Gudmestad, Robert H., „Technology and the World the Slaves Made", in: History Compass 4:2
(2006), S. 373–383, hier S. 376–377.
800 Rood, Daniel, The Reinvention of Atlantic Slavery. Technology, Labor, Race, and Capitalism in the
Greater Caribbean, New York; Oxford: Oxford University Press, 2017.
801 Santí, Enrico Marío, „Fernando Ortiz. Contrapunteo y transculturación", in: Ortiz, Fernando, Contrapunteo cubano del tabaco y el azúcar (Advertencia de sus contrastes agrarios, económicos y sociales,
su etnografía y sus transculturación), Madrid: Catedra. Letras Hispánicas, 2002, S. 25–119.

sowie der Narrative, Visualisierungen und Wahrnehmungen über und von Sklaverei-Kuba.[802] Ich wiederhole: Die *Second Slavery* des Zuckers auf Kuba war die spatial und quantitativ „kleinste", aber am meisten konzentrierte und technisch sowie technologisch modernste *Second Slavery* (auf einer relativ großen Insel). Die Plantagen-Maschinerie Kubas war – wahrscheinlich bis um 1920 – die metallischste und am stärksten durch moderne Technologien geprägte Industrialisierung der Amerikas.

Die *Second Slavery* der Baumwolle war auf den Plantagen selbst zweifellos nicht halb so modern und industrialisiert wie die des Zuckers auf Kuba. Aber es war in der Zeit der formalen Sklaverei-Regimes (bis 1865–1888) die „größte" *Second Slavery* (spatial und quantitativ). Zusammen mit der Transport- und Dampfer-Industrialisierung und all ihren Dimensionen war sie die einflussreichste und, wenn man so will, zusammen mit Brasilien die „mächtigste" und „größte" *Second Slavery*. Wie aus den Arbeiten von Walter Johnson und Sven Beckert hervorgeht, war die Baumwoll-*Second Slavery* nicht so global wie die kubanische *Second Slavery*, bildete aber eigene Zentren (was für die USA auf der Hand liegt[803]) und war stärker auf das globale Britische Empire fixiert (um nicht zu sagen: von diesem abhängig). Diese Sklaverei war kulturell, sozial und politisch die Basis einer (fast) eigenständigen postkolonialen Gesellschaft und für kurze Zeit zudem die Basis eines souveränen Staatenbundes (Südstaaten/ Konföderierte Staaten von Amerika). Beim Kapital menschlicher Körper, den *commodities* sowie Arbeitskräften setzte diese Sklaverei fast nur auf US-amerikanische Kreol-Sklaven.

Die *Second Slavery* des Kaffees war zusammen mit der Baumwoll-Sklaverei im Norden die spatial und quantitativ „zweitgrößte", auch wenn sie keine kontinentalen Ausmaße erreichte, wie die *Second Slavery* im *South* der USA. Die großen Sklaverei-Systeme in Brasilien blieben meist in Küstennähe (außer die Gold- und Diamantenminen in Minas Gerais). Aber die Kaffee-Sklaverei-Regimes und andere Sklaverei-Regimes (Gold und Diamanten) schufen formale Territorien: die Provinzen (heute *estados*) des brasilianischen Kaiserreichs Rio de Janeiro, Minas Gerais sowie São Paulo.[804] Die Zucker- und Kaffee-Modernisierungen waren sich von 1760 bis um 1830 ähnlich. Sie basierten auf Mühlen und kompliziertem Management/ Organisation unterschiedlicher Arbeitsprozesse von Versklavten sowie einzelnen Fachleuten (Aufsehern, Zuckermeis-

---

802 Santamaría, Antonio, Sin azúcar no hay país. La industria azucarera y la economía cubana (1919––1939), Sevilla: Editorial Universidad de Sevilla, 2002.

803 Beckert, Sven; Rockman, Seth (eds.), Slavery's Capitalism. A New History of American Economic Development, Philadelphia: University of Pennsylvania Press, 2016.

804 Marquese, Rafael de Bivar, „Espacio y poder en la caficultura esclavista de las Américas. el Vale do Paraíba en perspectiva comparada", in: Piqueras, José Antonio (ed.), Trabajo libre y coactivo en sociedades de plantación, Madrid: Siglo XXI de España Editores, S. A., 2009, S. 215–251; im Grunde hatte schon die Zucker-Tabak-Sklaverei-Wirtschaft die Provinz Salvador da Bahia geschaffen.

tern und Maschinisten – auch Versklavte). Die *Second Slavery* des Kaffees blieb aber aus zwei zusammenhängenden Gründen ab 1820/1830 traditioneller. Die Besitzer und Administratoren der „größten" Kaffee-Sklaverei in Südbrasilien und Rio hatten ungleich mehr und direkteren Zugriff auf Versklavte aus Afrika. Sie konnten vieles länger mit lebendiger Arbeit statt mit neuen Technologien, Technik und Maschinen erledigen lassen; vor allem den Transport in bergigen Gebieten durch Maul- und Ochsentransporte. Eine intensive Modernisierung im Kaffee war nie die Grundlage einer ganzen Gesellschaft oder gar eines Gesamt-Staates. Bis um 1850 blieb diese Sklaverei vom Kapital menschlicher Körper aus Afrika abhängig; ab um 1850 überwog interner Sklavenhandel.

Die *Second Slavery* des Tabaks war keine industrielle Modernisierungs-Wirtschaft im Sinne des 19. Jahrhunderts, d. h. keine Maschinen-Industrialisierung. Allerdings war die Tabak-Wirtschaft in den frühen Jahren der amerikanischen Kolonien insgesamt (siehe den *„first starter"* Barbados und natürlich Barinas, oben) sowie auf Kuba seit 1600 die chronologisch „erste" intensive Kolonial-Sklaverei und *commodity*-Produktion. Tabak war allerdings nie eine *commodity*, die kontinentale Territorien formal prägte. Aber immerhin prägte der Tabak die Geschichte der Provinzen (heute oft „Staaten" genannt) von Barinas (Venezuela), das historische Virginia (USA) und ganz sicher einige *frontier*-Sklavereien im 17. und 18. Jahrhundert sowie die Provinz Pinar del Río im 19. Jahrhundert auf Kuba; diese wurde im Volksmund auch *Vueltabajo* genannt. Tabak machte in den Zeiten der atlantischen Sklaverei geschätzt über 50 % illegalen bzw. antimonopolistischen Handels im atlantischen Schmuggel aus.[805]

Von allen *Second Slavery*-Sklavereien zog die des Tabaks die wenigsten Versklavten aus Afrika als Kapital menschlicher Körper und Arbeitskräfte auf sich – Sklaven im Tabak waren meist Kreol-Sklaven und -Sklavinnen. Tabak war in der entwickelten *Second Slavery* in gewisser Weise ein *renglón* – ein hochwichtiges Luxus-Nischen-Produkt der jeweiligen Kolonie/ Postkolonie (auch den USA); in der *Second Slavery* ab 1815 durchaus auch mit vielen Sklaven.[806] Diese nutzten das Schmuggelpotenzial des Tabaks.[807] Sie hatten deshalb sicherlich mehr Autonomie als im Zucker oder in der

---

805 Bergasa Perdomo, Oscar, „Monopolio de tabaco y contrabando en el siglo XVIII en los imperios atlánticos", in: Luxán, Santiago de; Figuerôa-Rêgo, João de; Sanz Rozalén, Vicent (eds.), Tabaco y Esclavos en los Imperios Ibéricos, Lisboa: CHAM; Universidade Nova de Lisboa, 2015, S. 109–120.

806 López Mesa, Enrique, „¿Vega grande o plantación?", in: Piqueras, José Antonio (ed.), Plantación, espacios agrarios y esclavitud en la Cuba colonial, Castellón de la Plana: Publicacions de la Universitat Jaume I; Casa de las Américas, 2017 (Colleció Amèrica 36), S. 249–266.

807 Morgan, William A. „Cuban Tobacco Slavery in the Nineteenth Century", in: Luxán, Santiago de; Figuerôa-Rêgo, João de; Sanz Rozalén, Vicent (eds.), Tabaco y Esclavos en los Imperios Ibéricos, Lisboa: CHAM; Universidade Nova de Lisboa, 2015, S. 243–260.

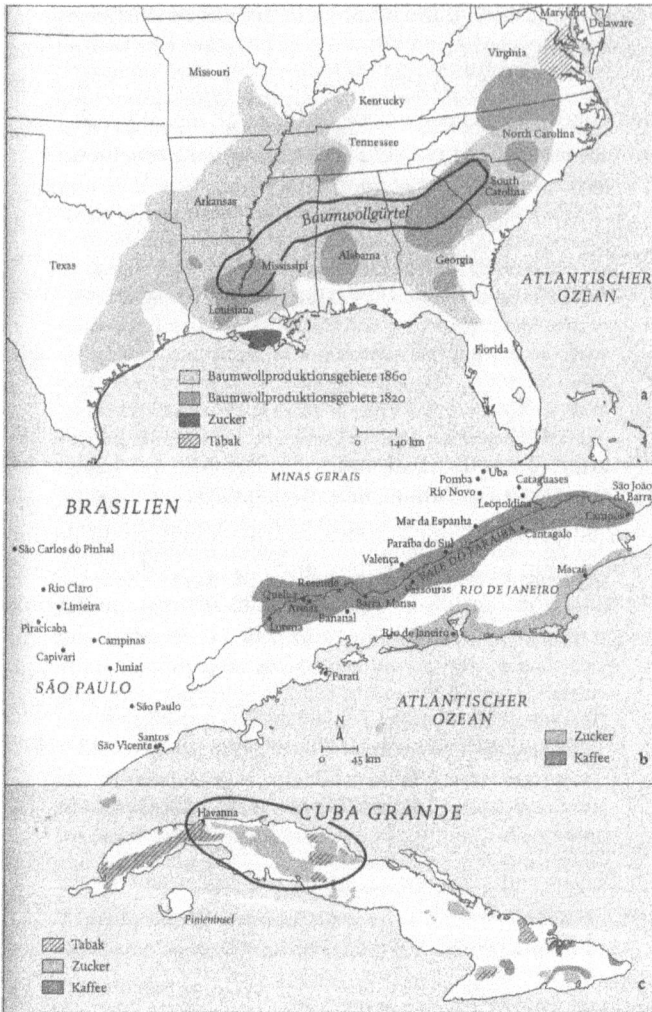

Karte 14a: Die wichtigsten *Second Slaveries* in den Amerikas im 19. Jahrhundert: (a) South/ USA; (b) Süden/ Brasilien; (c) Cuba grande (Kuba).

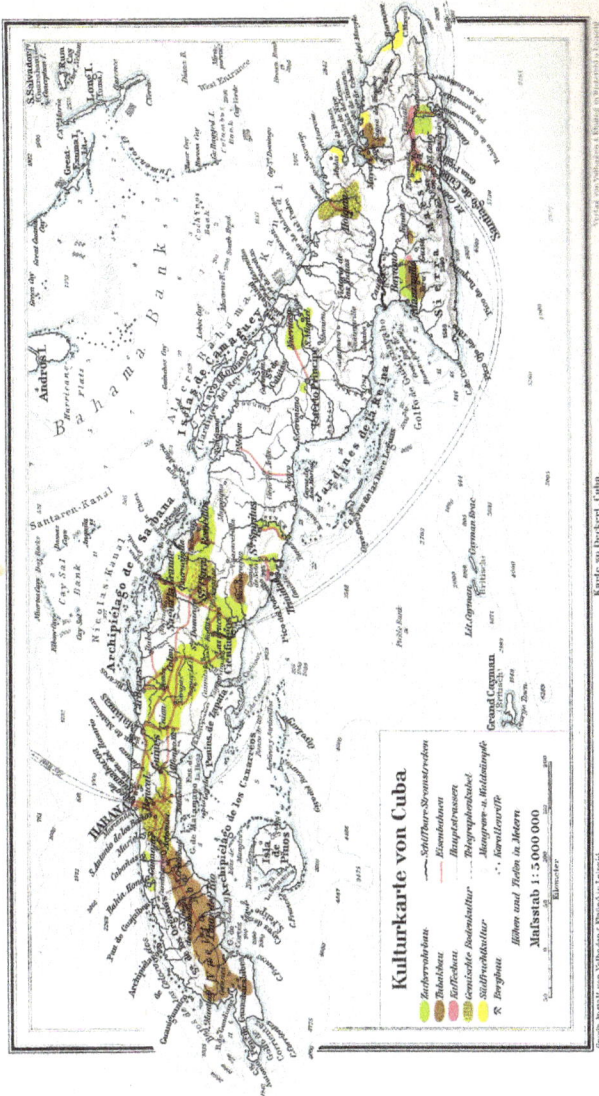

Karte 14b: Deutsche Kuba-Karte von 1899 mit den unterschiedlich gefärbten Regionen der große Plantagen-Produktionen (Zucker, Tabak, Kaffee, Südfrüchtekultur [= vor allem Bananen, aber auch Ananas und Mango], gemischte Bodenkultur [vor allem Yuca, Boniato, Malanga, Bohnen, Erdnüsse, aber auch Mais, Reis sowie partiell Kakao]).[808]

---

808 Diese sehr gute Karte ist eine der ganz wenigen Darstellungen von Regionen der Plantagenproduktion von Sklaverei-*commodities*; die Zonen kleinbäuerlicher Produktion von Kaffee und Tabak sind nicht

Baumwolle, aber weniger als in den *hato/ estancia*-Sklavereien. Tabak prägte aber – wie im Falle des *habano* aus Kuba – durchaus den Ruf eines Landes.[809]

La Habana, Madrid, Leipzig, Bonn, Barcelona, Castellón de la Plana, Santo Domingo, Paramaribo, Cayenne, Saint-Laurent-du-Maroni, Cienfuegos, September 2021 – Oktober 2022

---

getrennt ausgewiesen. Die Karte zeigt auch Eisenbahn- und Dampfer-Verbindungen, Straßen und Telegraphen-Kabel (letztere schwer erkennbar – siehe aber Karte 8). Die Karte entstand vor der Übernahme Kubas durch den Neo-Kolonialismus der USA, d. h., sie enthält nicht die großen Zuckerfabriken (*centrales*), die durch US-Investitionen und -unternehmen vor allem im Osten Kubas seit um 1900 angelegt worden sind.

809 Zeuske, Michael, „Sklaven und Tabak in der atlantischen Weltgeschichte", in: Historische Zeitschrift 303:2 (2016), S. 315–348 (https://www.degruyter.com/downloadpdf/j/hzhz.2016.303.issue-2/hzhz-2016-0379/hzhz-2016-0379.xml [26. Oktober 2016]).

Quellen- und Literaturverzeichnis

Archivquellen

Archivo Histórico Provincial de Villa Clara (AHPVC), Fondo Actas Capitulares, Ayuntamiento de Santa Clara, Copia integra ..., Tomo II. Contiene desde el año de 1721 hasta el 1740, f. 954r. (Cabildo de 2 de Septiembre de 1740).

Archivo Histórico Provincial de Camagüey (AHPCam), Fondo Comisión Militar del Partido Judicial del Puerto Príncipe (1855–1869), leg. 1, no. 4: Autos, diligencias, etc, del expediente promovido contra los negros cimarrones Antonio, Juan, Ramón y José por tratar de asaltar y robar en la finca „Malafama" propiedad de Pedro Nolasco Agüero, Puerto Principe (Original), 16 de Enero al 3 de Febrero de 1868.

Archivo Nacional de Cuba (ANC), Donativos y Remisiones, leg. 444, no. 90. Negros (1792): „Copia de Bando promulgado por Juan Bautista Vallaint Gobernador de Stgo. de Cuba, en virtud de conocer por expedientes judiciales que los negros cimarrones se nutren de la cera que sacan de los campos de la jurisdicción, ordenando que ningún tabernero, mercader o vecino pueda comprar cera sin su expresa licencia. Fechado: Santiago de Cuba, Septiembre 6, 1792".

ANC, La Habana, Gobierno General, Negros, leg. 512, no. 26454 (1815): „Documento relativo a la nueva partida que se levanta en persecucion de los palenques de negros cimarrones".

ANC, Academia de la Historia, caja 89, signatura 549 (30 septiembre de 1673). ESCLAVOS. Carta del Gobernador Francisco Rodríguez de Ledesma a S.M., acerca del contrabando, esclavos y otros particulares (Procedencia: Archivo General de Indias. 54-1-20.- [Indiferente General de Registros]. Donativo del Dr. Néstor Carbonell).

ANC, Academia de la Historia, caja 91, signatura 689 (3 septiembre de 1694). ESCLAVOS. Carta del Gobernador Severino de Manzaneda a S.M., acerca del contrabando, esclavos y efectos del navío „Santa Rosa", del convoy de Jamaica, por la costa de Matanzas a La Habana, con dictamen fiscal (Procedencia: Archivo General de Indias. 54-1-28.- (Indiferente General de Registros). Donativo del Dr. Néstor Carbonell).

ANC, Asuntos Políticos [Secretaría del Gobierno], leg. 131, sign. 11 (12 mayo de 1831): „Estado que manifiesta los negros que existen huidos en esta Provincia, segun los partes que se han recibido de los Tenientes Gobernadores y Capitanes de Partido de la misma", unterzeichnet von Juan Tello, in Santiago de Cuba, 29. Januar 1842; „Sobre negros apalencados en la provincia de Santiago de Cuba y arreglo de partidas para su aprehensión y exterminio. Se refiere a un cuaderno formado para encausar a los negros apalencados" (antiguo título: „Palenque en la provincia de Santiago de Cuba") [ohne Folienzählung].

ANC, Gobierno Superior Civil (GSC), leg. 348, no. 12613 (1839): Espediente en que D. Julian Ramon Serulia solicita se le aumente en la ciudad de Baracoa una Notaria de Indias y Escrib.a R.l y que se le espida el Titulo correspondiente á la misma (Año de 1839 – Junio) (mit *padrón del vecindario* de Baracoa und Karte).

ANC, Comisión Militar (CM), leg. 116, no. 3 (1854): „Instancias, certificados, oficios, declaraciones, contenidos en un proceso sguido por la comisión militar del gobierno colonial de la Isla a los miembros de un cabildo de negros curros por irregularidades ocurridas en el mismo durante los meses de febrero y marzo de 1854. Aparece como dato curioso que estos cabildos estaban dirigidos por mujeres y las que denominaban mayoras", „Relacion de los Gremios, Juegos, Güangüancó ó Chirigotas [?] que tienen los negros Criollos ó Curros cuya existencia ha podido averiguarse", f. 47r-v.

ANC, Comisión Militar (CM), leg. 116, no. 3 (1854): „Instancias, certificados, oficios, declaraciones, contenidos en un proceso sguido por la comisión militar del gobierno colonial de la Isla a los

miembros de un cabildo de negros curros por irregularidades ocurridas en el mismo durante los meses de febrero y marzo de 1854. Aparece como dato curioso que estos cabildos estaban dirigidos por mujeres y las que denominaban mayoras", „Declar.on del negro libre Wenceslao Andrade", f. 53v-54v.

ANC, Comisión Militar (CM), leg. 116, no. 3 (1854): „Instancias, certificados, oficios, declaraciones, contenidos en un proceso sguido por la comisión militar del gobierno colonial de la Isla a los miembros de un cabildo de negros curros por irregularidades ocurridas en el mismo durante los meses de febrero y marzo de 1854. Aparece como dato curioso que estos cabildos estaban dirigidos por mujeres y las que denominaban mayoras": Schreiben eines Miguel Barreto, Capitán der Capitanía Pedanea del Barrio de Colon, La Habana, 4. Februar 1854, f. 36r.

ANC, Comisión Militar (CM), leg. 116, no. 3 (1854): „Instancias, certificados, oficios, declaraciones, contenidos en un proceso sguido por la comisión militar del gobierno colonial de la Isla a los miembros de un cabildo de negros curros por irregularidades ocurridas en el mismo durante los meses de febrero y marzo de 1854. Aparece como dato curioso que estos cabildos estaban dirigidos por mujeres y las que denominaban mayoras": „Diligencias practicadas para averiguar la existencia y objetos de los gremios ó banderias entre los negros criollos", f. 7r-135.

ANC, GSC, Esclavitud, leg. 942, no. 33250 (1844): „Sobre que salgan de la Isla todos los negros y mulatos libres extranjeros que hubieran entrado en ella en edad adulta".

ANC, GSC, Esclavitud, leg. 943, no. 33260 (1844): „Solicitud del negro libre Francisco José de Cordoba, natural de Costa Firme pidiendo no se le eche de la Isla".

ANC, Notaría Marina, „Contrata", La Habana, 21 de Febrero de 1833, f. 74r-v.

ANC, TC, leg. 240, no. 14 (1820). Hernandez (Gaspar). „Varios de la Tripulacion del Bergantin Negrero „Solicito" contra D.n Gaspar Hernandez su armador sobre soldadas", f. 15r-18v.

Convention Between her Majesty and the Republick of Hayti for the More Effectual Suppression of the Slave Trade, signed at Port-au-Price, December 23, 1839, Printed in London, 1841 by T.B. Harrison (www.haiti.uhhp.com/historical_docs/slave_trade_document.html [20. Februar 2007]).

Pichardo, Esteban, „Isla de Cuba. Carta geotopográfica" (1874), in: ANC, Mapoteca, M 829.

Real Consulado; Junta de Fomento (eds.), Nuevo reglamento y arancel que debe gobernar en la captura de los esclavos cimarrones, La Habana: Imprenta de la Capitanía General, 1796.

„Propuestas de José Miguel Guridi y Alcocer para la abolición del tráfico de esclavos", in: Chust Calero, Manuel (ed.), América en las Cortes de Cádiz, Aranjuez (Madrid): Fundación MAPFRE; Doce Calles, 2010, S. 105–106 [Doc. XI].

„Propuestas de Agustín Argüelles y José Mejía Lequerica para la abolición de la tortura y del tráfico de esclavos", in: Chust Calero, Manuel (ed.), América en las Cortes de Cádiz, S. 107–113 [Doc. XII].

Schreiben von Miguel Casaleiz aus Matanzas, 31. August 1869, an Coronel Gobernador Politico de Matanzas, in: Archivo Histórico Provincial de Matanzas, Ingenios, leg. 6, no. 86 (1846–1900). Comunicaciones referentes a estadística, producción y exportación azucarera Fechas: 20 de Noviembre de 1846 a 25 de Mayo. Consta de 24 folios, f. 6r-7r, f. 6r.

Webseiten

www.abolition.nypl.org
www.docsouth.unc.edu
www.enslaved.org (Enslaved: Peoples of the Historical Slave Trade)
www.equianosworld.org

www.freedomnarratives.org
www.globalslaveryindex.org
www.liberatedafricans.org
www.slavebiographies.org
www.slaveryimages.org
www.slavevoyages.org
www.vanderbilt.edu/esss/ (Ecclesiastical and Secular Sources for Slave Societies database).
www.esclavage-indemnites.fr
www.africanregisters.org

Literatur

Ein ausführliches Verzeichnis der Quellen und Literatur zur Globalgeschichte der Sklaverei findet sich unter: Zeuske, „Quellen- und Literaturverzeichnis", in: Zeuske, Michael, Handbuch Geschichte der Sklaverei. Eine Globalgeschichte von den Anfängen bis heute, Bd. 2, Berlin; Boston: De Gruyter, [2]2019, S. 1059–1322. Eine Kurzversion ist publiziert in: Zeuske, Sklaverei. Eine Menschheitsgeschichte. Von der Steinzeit bis heute, Stuttgart: Reclam, 2018 ([2]2021), S. 321–340; vorliegende Version ist eine nochmals überarbeitete und erweiterte Version. Eine Datei von Hintergrund-Archivquellen findet sich in: Zeuske „2018 Hidden Atlantic Atlántico oculto Zeuske" (https://www.academia.edu/37990172 [28. März 2022]).

Abello Vives, Alberto; Bassi Arévalo, Ernesto, „Un Caribe por fuera de la ruta de la Plantación", in: Abello Vives (ed.), Un Caribe sin plantación. Memorias de la cátedra del Caribe colombiano. Primera versión virtual, San Andrés: Universidad Nacional de Colombia; Observatorio del Caribe Colombiano, 2006, S. 11–43.

Achim, Viorel, The Roma in Romanian History, Budapest: Central European University Press, 2004.

Achim, „The Gypsies in the Romanian Principalities. The Emancipation Laws, 1831–1856", in: Historical Yearbook 1 (2004), S. 109–120.

Acosta, Vladimir, „El Rey Miguel y el Rey Banano. Rebeliones Negras en la América Hispánica del Siglo XVI", in: Revista Venezolana de Economía y Ciencias Sociales 2–3 (1999), S. 137–176.

Acosta Rodríguez, Antonio; González Rodríguez, Adolfo; Vila Vilar, Enriqueta, La Casa de la Contratación y la navegación entre España y las Indias, Sevilla: Secretariado de Publicaciones de la Universidad de Sevilla; Centro de Estudios Hispanoamericanos del CSIC; Fundación El Monte, 2004.

Acosta Saignes, Miguel, „Macos e Itotos", in: Acosta Saignes, Estudios de etnología antigua de Venezuela, La Habana: Casa de las Américas, [2]1983, S. 89–114.

Acosta Saignes, „Life in a Venezuelan Cumbe", in: Price, Richard (ed.), Maroon Societies. Rebel Slave Communities in the Americas, Boston: The Johns Hopkins University Press, 1996, S. 64–73.

Adderly, Rosanne Marion, ‚New Negroes from Africa'. Slave Trade Abolition and Free African Settlement in the Nineteenth-Century Caribbean, Bloomington: Indiana University Press, 2006.

Adelman, Jeremy, Sovereignty and Revolution in the Iberian Atlantic, Princeton; Oxford: Princeton University Press, 2006.

Adiele, Pius O., The Popes, the Catholic Church and the Transatlantic Enslavement of Black Africans 1418–1839, Hildesheim: Georg Olms Verlag, 2017 (Sklaverei. Knechtschaft. Zwangsarbeit 16).

Adu-Boahen, Kwabena, „Abolition, Economic Transition, Gender, and Slavery. The Expansion of Women's Slaveholding in Ghana, 1807–1874", in: Slavery & Abolition 32:1 (2010), S. 117–136.

Adumbrate, Kwabena, „Abolition, Economics, Gender and Slavery. The Expansion of Women's Slaveholding in Ghana, 1807–1874", in: Slavery & Abolition 31:1 (2010), S. 117–136.

Agudo Freites, Raúl, Miguel de Buría, Caracas: Alfadil Ediciones, 1991.

Ahlert, Regine, La Pestilencia más horrible … Die Geschichte der indigenen und schwarzen Sklaverei in Nikaragua, Berlin: LIT Verlag, 2015.

Aidoo, Lamonte, Slavery Unseen. Sex, Power, and Violence in Brazilian History, Durham: Duke University Press, 2018 (Latin America Otherwise Series).

Aimes, Hubert. „Coartación. A Spanish Institution for the Advancement of Slaves into Freedom", in: Yale Review 17 (1909), S. 412–431.

Aizpurúa, Ramón, „Esclavitud, navegación y fugas de esclavos en el Curazao del siglo XVIII", in: Dalla-Corte, Gabriela; García Jordan, Pilar; Laviña, Javier; Luna, Lola; Ricardo Piqueras, Ricardo; Ruiz-Peinado, José Luis, Tous, Meritxell (eds.), Poder local, poder global en América Latina, Barcelona: Publicacions i edicions de la Universidat de Barcelona, 2008, S. 81–94.

Aje, Lawrence; Armstrong, Catherine (eds.), The Many Faces of Slavery. New Perspectives on Slave Ownership and Experiences in the Americas, London: Bloomsbury Publishing, 2020.

Alberto, Paulina L., „Liberta by Trade. Negotiating the Terms of Unfree Labor in Gradual Abolition Buenos Aires (1820s-30s)", in: Journal of Social History 52:3 (2019), S. 619–651.

Aladrén, Gabriel, „Uma bicoca na costa da África. A política espanhola para o tráfico de escravos, o Reglamento de Comercio Libre e as fronteiras ibéricas na América do Sul (1776–1778)", in: Revista de Indias 77, no. 270 (2017), S. 585–615.

Alemán Iglesias, Javier, „Azúcar y esclavitud. Una relación tardía en la región centro-oriental de Puerto Rico", in: Naranjo Orovio, Consuelo (ed.), Sometidos a esclavitud. Los africanos y sus descendientes en el Caribe Hispano, Santa Marta: Editorial Unimagdalena, 2021 (Colección Humanidades y Artes. Historia), S. 191–223.

Alencastro, Luiz Felipe de, O Trato dos Viventes. Formacão do Brasil no Atlântico Sul, seculos 16. e 17., São Paulo: Companhia das Letras, 2000.

Alencastro, „Le versant brésilien de l'Atlantique-Sud. 1550–1850", in: Annales. Histoire, Sciences Sociales 61:2 (2006), S. 339–382.

Alencastro, „The Economic Network of Portugal's Atlantic World", in: Bethencourt, Francisco; Curto, Diego Ramada (eds.), Portuguese Oceanic Expansion 1400–1800, Cambridge: Cambridge University Press, 2007, S. 109–137.

Alencastro, „Brazil in the South Atlantic. 1550–1850", in: Mediations 23:1 (2007), S. 125–174.

Alencastro, „Johann Moritz und der Sklavenhandel", in: Brunn, Gerhard; Neutsch, Cornelius (eds.), Sein Feld war die Welt. Johann Moritz von Nassau-Siegen (1604–1679). Von Siegen über die Niederlande nach Brasilien und Brandenburg, Münster: Waxmann, 2008 (Studien zur Geschichte und Kultur Nordeuropas 14), S. 123–144.

Alessandrini, Nunziatella, „Vida, história e negócios dos Italianos no Portugal dos Filipes", in: Cardim, Pedro; Freire Costa, Leonor; Soares da Cunha, Mafalda (eds.), Portugal na Monarquia Hispânica. Dinâmicas de integração e conflito, Lisboa: Cham, 2013, S. 105–132.

Alexandre, Valemtin, „Portugal e a abolição do tráfico de escravos (1834–1851)", in: Análise Social 25:3 (1991), S. 293–333 (http://analisesocial.ics.ul.pt/documentos/ 1223038698G8jRF9au8Nl18MP8.pdf [08. März 2022]).

Alfonso Mola, Marina, „The Philippine Islands. A Vital Crossroads During the First Globalization Period", in: Culture & History. Digital Journal 3:1 (2014) (http://dx.doi.org/10.3989/chdj.2014. 004).

Alibert, Pierre-Barthélémy, La fabuleuse aventure du Rhum, Saint-Denis (La Réunion): Orphie, 2012.

Álvarez, Clara, „Libertad y propiedad. El primer liberalismo y la esclavitud", in: Anuario de historia del derecho español 65 (1995), S. 559–583.

Álvarez Cuartero, Izaskun, „De españoles, yucatecos e indios. La venta de mayas a Cuba y la construcción imaginada de una nación", in: Revista de Pesquisa Histórica de la Universidade Federal de Pernambuco 30:1 (2012), S. 1–20.

Álvarez Santos, Javier Luis, „Las islas Canarias en el tráfico atlántico de esclavos a finales del siglo XVI, a partir de la documentación notarial insular", in: Humania de Sur 13, no. 25 (2018), S. 123–138.

Amaral, Ilídio do, O Reino do Congo, os Mbundu (ou Ambundos), O Reino dos ‚Ngola' (ou de Angola) e a presença portuguesa de finais de sêculo XV a meados do sêculo XVI, Lisboa: Ministério da Ciência e da Tecnologia; Instituto de Investigação Científica Tropical, 1996.

Amaral, Samuel, The Rise of Capitalism on the Pampas. The Estancias of Buenos Aires, 1785–1870, Cambridge: Cambridge University Press, 1998.

Anderson, Richard; Lovejoy, Henry B. (eds.), Liberated Africans and the Abolition of the Slave Trade, 1807–1896, Rochester: University of Rochester Press, 2019.

Andrés-Gallego, José, La esclavitud en la América española, Madrid: Ediciones Encuentro, S. A.; Fundación Ignacio Larramendi, 2005.

Andrews, Kenneth R., The Spanish Caribbean. Trade and Plunder, 1530–1630, New Haven: Yale University Press, 1978.

Andújar Castillo, Francisco; Heredia López, Alfonso, „Del comercio a la nobleza titulada. El mercader sevillano Antonio del Castillo Camargo", in: Guillaume-Alonso, Araceli; Pérez, Béatrice (eds.), Figures de la monarchie espagnole des Habsbourg. Charges, fonctions, parcours, Lisboa: Cátedra Alberto Benviste; Faculdade de letras da Universidade de Lisboa, 2020, S. 259–277.

Ankenbauer, Norbert (ed.), Paesi novamente retrovati – Newe unbekanthe landte. Eine digitale Edition früher Entdeckerberichte. Wolfenbüttel: Editiones Electronicae Guelferbytanae 2017 [work in progress] (http://diglib.hab.de/edoc/ed000145/start.htm [09. März 2022]).

Anquandah, James K., „Researching the Historic Slave Trade in Ghana. An Overview", in: Anquandah (ed.), The Transatlantic Slave Trade. Landmarks, Legacies, Expectations, Accra: Sub-Saharan Publishers, 2007, S. 23–53.

Anthony, David W., The Horse, the Wheel, and Language. How Bronze-Age Riders from the Eurasian Steppes Shaped the Modern World, Princeton; Oxford: Princeton University Press, 2007.

Antunes, Cátia; Polónia, Amélia (eds.), Beyond Empires. Global, Self-Organizing, Cross-Imperial Networks, Leiden: Brill, 2016.

Appleby, John C., „A Guinea Venture, c. 1657. A Note on the Early English Slave Trade", in: Mariner's Mirror 79:1 (1993), S. 84–87.

Appleby, „English Settlements in the Lesser Antilles during War and Peace, 1603–1660", in: Paquette, Robert L.; Engerman, Stanley (eds.), The Lesser Antilles in the Age of European Expansion, Gainesville: University Press of Florida, 1996, S. 86–104.

Arango y Parreño, Francisco, Obras de D. Francisco de Arango y Parreño, 2 Bde., La Habana: Publicaciones de la Dirección de Cultura del Ministerio de Educación, 1952.

Araujo, Ana Lucia, „Dahomey, Portugal and Bahia. King Adandozan and the Atlantic Slave Trade", in: Slavery & Abolition 33:1 (2012), S. 1–19.

Araujo, „La correspondance du Roi Adandozan avec la couronne portugaise. Petite histoire d'une grande amitié", in: Saupin, Guy (ed.), Africains et Européens dans le monde atlantique XVe–XIXe siècle, Rennes: Presses universitaires de Rennes, 2014, S. 129–151.

Arcila Farias, Eduardo, Economía colonial de Venezuela, México: Fondo de Cultura Económica, 1946 (Colección Tierra Firme 24).

Arcila Farías, Eduardo, Economía Colonial Venezolana, 2 Bde., Caracas: Italgráfica, 1973.

Arends, Tulio, Sir Gregor McGregor. Un escocés tras la aventura de América, Caracas: Monte Ávila, 1991.

Armitage, David; Subrahmanyam, Sanjay (eds.), The Age of Revolutions in Global Context, c. 1760–1840, Basingstoke: Palgrave Macmillan, 2009.

Arnold, Torsten dos Santos, „Central Europe and the Portuguese, Spanish and French Atlantic, Fifteenth to Nineteenth Centuries", in: European Review 26:3 (2018), S. 421–429.

Arrelucea Barrantes, Maribel; Cosamalón Aguilar, Jesús A., La presencia afrodescendiente en el Perú. Siglos XVI–XX, Lima: Ministerio de Cultura, 2015 (Caminos de la Historia 2).

Arrom, Juan José, „Cimarrón. Apuntes sobre sus primeras documentaciones y su probable origen", in: Revista Española de Antropología Americana 13 (1983), S. 47–57.

Arrom; García Arévalo, Manuel A., Cimarrón, Santo Domingo, República Dominicana: Ediciones Fundación García-Arévalo 1986.

Atkins, John, A Voyage to Guinea, Brazil and the West Indies, London: Routledge, 2013.

Austen, Ralph A.; Derrick, Jonathan, Middlemen of the Cameroons Rivers. The Duala and their Hinterland, c. 1600 – c. 1960, Cambridge: Cambridge University Press, 1999.

Ayala, César J., American Sugar Kingdom. The Plantation Economy of the Spanish Caribbean, Chapel Hill; London: University of North Carolina Press, 1999.

Bader-Zaar, Birgitta, „Abolitionismus im transatlantischen Raum. Organisationen und Interaktionen der Bewegung zur Abschaffung der Sklaverei im späten 18. und 19. Jahrhundert" (http://www.ieg-ego.eu/de/threads/transnationale-bewegungen-und-organisationen/internationale-soziale-bewegungen/birgitta-bader-zaar-abolitionismus-im-transatlantischen-raum-abschaffung-der-sklaverei [08. März 2022]).

Bahadur, Gaiutra, Coolie Woman. The Odyssey of Indenture, London: Hurst & Co., 2013.

Bailey, Ronald, „The Other Side of Slavery. Black Labor, Cotton, and Textile Industrialization in Great Britain and the United States", in: Agricultural History 68:2 (1994), S. 35–50.

Baker, Heather D., „Slavery and Personhood in the Neo-Assyrian Empire", in: Bodel, John; Scheidel, Walter (eds.), On Human Bondage. After Slavery and Social Death, Malden, Oxford; Chichester: Wiley-Blackwell, 2017, S. 15–30.

Baptist, Edward E., The Half Has Never Been Told. Slavery and the Making of American Capitalism, New York: Basis Books, 2014.

Baralt, Guillermo, Slave Revolts in Puerto Rico. Translated by Christine Ayorinde, Princeton: Markus Wiener Publishers, 2007.

Barcia, Manuel, „Un aspecto de las relaciones de dominación en la plantación esclavista cubana. Los contramayorales esclavos", in: Boletín del Gabinete de Arqueología 1:2 (2001), S. 88–93.

Barcia, „An Islamic Atlantic Revolution. Dan Fodio's Jihad and Slave Rebellion in Bahia and Cuba, 1804–1844", in: Journal of African Diaspora, Archaeology, and Heritage 2:1 (2013), S. 6–18.

Barcia, West African Warfare in Bahia and Cuba. Soldier Slaves in the Atlantic World, 1807–1844, Oxford: Oxford University Press, 2014.

Barcia, „‚To Kill all Whites'. The Ethics of African Warfare in Bahia and Cuba, 1807–1844", in: Journal of African Military History 1:1 (2017), S. 72–92.

Barcia, The Yellow Demon of Fever. Fighting Disease in the Nineteenth-Century Transatlantic Slave Trade, New Haven: Yale University Press, 2020.

Barcia Zequeira, María del Carmen, Los ilustres apellidos. Negros en la Habana Colonial, La Habana: Publicaciones de la Oficina del Historiador de la Ciudad de la Habana; Ediciones Boloña, 2009 (Colección Raíces).

Barcia Zequeira, Pedro Blanco, el negrero, La Habana: Ediciones Boloña, 2018 (Collección Raíces).

Barcia Zequeira, Intereses en pugna. España, Gran Bretaña y Cuba ante la trata illegal de africanus, 1835–1845, Aranjuez (Madrid): Doce Calles, 2021 (Colección Antilia).

Barickman, Bert Jude, A Bahian Counterpoint: Sugar, Tobacco, Cassava, and Slavery in the Recôncavo, 1780–1860, Stanford: Stanford University Press, 1998.

Barragan, Rossana, „„Indios esclavos'. en torno a la mita minera y la iguladad, 1790–1812", in: Thibaud, Clément; Entin, Gabriel; Gómez, Alejandro; Morelli, Federica (eds.), L'Atlantique révolutionnaire. Une perspective ibéro-américaine, Paris: Les Perséides, 2013, S. 157–177.

Barragán, „Potosí's Silver and the Global World of Trade (Sixteenth to Eighteenth Centuries)", in: Roth, Karl-Heinz; Lewis, Ben (eds.), On the Road to Global Labour History. A Festschrift for Marcel van der Linden, Leiden: Brill, 2018, S. 61–92.

Barrera, Antonio, „Local Herbs, Global Medicines. Commerce, Knowledge, and Commodities in Spanish America", in: Smith, Pamela H.; Findlen, Paula (eds.), Merchants and Marvels. Commerce, Science and Art in Early Modern Europe, London: Routledge, 2002, S. 163–182.

Barros, Amâdio Jorge Morais, „O negócio atlântico. As redes comerciais portugeneses e as novas geografias do trato internacional (séculos XVI–XVII)", in: Revista da Fac. de Letras História 3, no. 8 (2007), S. 29–47

Bartash, Vitali, „Coerced Human Mobility and Elite Social Networks in Early Dynastic Iraq and Iran", in: Journal of Ancient Near Eastern History 7:1 (2020), S. 25–57.

Barth, Fredrik, Sohar. Culture and Society in an Omani Town, Baltimore: Johns Hopkins University Press, 1983.

Bartlett, Robert, Die Geburt Europas aus dem Geist der Gewalt. Eroberung, Kolonisierung und kultureller Wandel von 950 bis 1350, München: Knaur, 1996.

Bassi, Ernesto, „Beyond Compartmentalized Atlantics. A Case for Embracing the Atlantic from Spanish American Shores", in: History Compass 12:9 (2014), S. 704–716.

Batterson, Sarah, „„A Horde of Foreign Freebooters'. The U.S. and the Suppression of the Slave Trade", in: Diacronie. Studi di Storia Contemporanea 13:1 (2013), S. 1–16 (= Contrabbandieri, pirati e frontier. Per una storia delle pratiche informali nell'America Centrale [XVII–XXI secolo]) (http://www.studistorici.com/2013/04/29/batterson_numero_13/ [08. März 2022]).

Baud, Michiel; Kooning, Kees, „Germans and Tobacco in Bahia (Brazil), 1870–1940", in: Jahrbuch für Geschichte Lateinamerikas 37 (2000), S. 149–175.

Bauer, Ralph, The Alchemy of Conquest. Science, Religion, and the Secrets of the New World, Charlottesville: University of Virginia Press, 2019.

Beckert, Sven, King Cotton. Eine Geschichte des globalen Kapitalismus, München: C.H. Beck, 2014 (Englisch: Empire of Cotton. A Global History, New York: Alfred A. Knopf, 2014).

Beckert; Rockman, Seth (eds.), Slavery's Capitalism. A New History of American Economic Development, Philadelphia: University of Pennsylvania Press, 2016.

Beckles, Hilary McD, White Servitude and Black Slavery in Barbados 1627–1715, Knoxville: Tennessee University Press, 1989.

Beckles, „Servants and Slaves during the 17th-Century Sugar Revolution", in: Palmié, Stephan; Scarano, Francisco A. (eds.), The Caribbean. A History of the Region and Its Peoples, Chicago; London: The University of Chicago Press, 2011, S. 205–216.

Belaubre, Christophe; Dym, Jordana; Savage, John (eds.), Napoleon's Atlantic. The Impact of Napoleonic Empire in the Atlantic World, Leiden: Brill, 2010 (= The Atlantic World. Europe, Africa and the Americas, 1500–1830 20).

Bell, Gregory J., „A Caribbean Borderland. The Tampa Bay Area during the Sixteenth Century", in: Tampa Bay History 25 (2011), S. 1–22.

Bell, ,An Island in the South'. The Tampa Bay Area as a Cultural Borderland, 1513–1904, Dissertation, University of Cincinnati, 2014 (https://www.academia.edu/31073065/_An_Is land_in_the_South_The_Tampa_Bay_Area_as_a_Cultural_Borderland_1513-1904 [09. März 2022]).

Bell, Karen Cook, Running from Bondage. Enslaved Women and Their Remarkable Fight for Freedom in Revolutionary America, Cambridge: Cambridge University Press, 2021.

Bellagamba, Alice; Greene, Sandra E.; Klein, Martin A. (eds.), African Voices on Slavery and the Slave Trade, Cambridge: Cambridge University Press, 2013.

Belmonte Postigo, José Luis, „‚Brazos para el azúcar‘, esclavos para vender. Estrategías de comerzialización en la trata negrera en Santiago de Cuba, 1789–1794", in: Revista de Indias 70, no. 249 (2010), S. 445–468.

Belmonte Postigo, Ser esclavo en Santiago de Cuba. Espacios de poder y negociación en un contexto de expansion y crisis 1780–1803, Aranjuez (Madrid): Ediciones Doce Calles, 2011.

Belmonte Postigo, „Bajo el negro velo de la ilegalidad. Un análisis del mercado de esclavos dominicano 1746–1821", in: Nuevo Mundo Mundos Nuevos (http://nuevomundo.revues.org/ 69478 [13. Juli 2016]).

Belmonte Postigo, „‚No siendo lo mismo echarse al mar, que es lugar de libertad plena‘. Cimarronaje marítimo y política transimperial en el caribe español, 1687–1804", in: Naranjo Orovio, Consuelo (ed.), Esclavitud y diferencia racial en el Caribe hispano, Aranjuez (Madrid): Doce Calles, 2017, S. 43–70.

Bender, Thomas (ed.), The Antislavery Debate. Capitalism and Abolitionism as a Problem in Historical Interpretation, Berkeley: University of California Press, 1992.

Bendtsen, Lasse, „Domestic Slave Trading in St. Croix, 1764–1848", in: Scandinavian Journal of History 41:4–5 (2016) (Slavery, Servitude and Freedom. New Perspectives on Life in the Danish-Norwegian West Indies, 1672–1848), S. 495–515.

Bennett, Herman L., African Kings and Black Slaves. Sovereignty and Dispossession in the Early Modern Atlantic, Philadelphia: University of Pennsylvania Press, 2018.

Bénot, Yves; Dorigny, Marcel (ed.), Rétablissement de l'esclavage dans les colonies françaises. Aux origines de Haïti, Paris: Maisonneuve et Larose, 2003

Ben-Ur, Aviva, Jewish Autonomy in a Slave Society. Suriname in the Atlantic World, 1651–1825, Philadelphia: University of Pennsylvania Press, 2020.

Berbel, Marcía Regina; Marquese, Rafael de Bivar; Parron, Tâmis, Escravidão e política. Brasil e Cuba, 1790–1850, São Paulo: Editora Hucitec, 2010 (englische Version: Slavery and Politics. Brazil and Cuba, 1790–1850. Trans. Marques, Leonardo, Albuquerque: University of New Mexico Press, 2016).

Bergad, Laird W., Cuban Rural Society in the Nineteenth Century. The Social and Economic History of Monoculture in Matanzas, Princeton: Princeton University Press, 1990.

Bergasa Perdomo, Oscar, „Monopolio de tabaco y contrabando en el siglo XVIII en los imperios atlánticos", in: Luxán, Santiago de; Figuerôa-Rêgo, João de; Sanz Rozalén, Vicent (eds.), Tabaco y Esclavos en los Imperios Ibéricos, Lisboa: CHAM; Universidade Nova de Lisboa, 2015, S. 109–120.

Berlin, Ira, Many Thousands Gone. The First Two Centuries of Slavery in North America, Cambridge, MA; London: Harvard University Press, 1998.

Berlin, Generations of Captivity. A History of African-American Slaves, Cambridge, MA; London: Harvard University Press, 2003.

Berlin, The Long Emancipation. The Demise of Slavery in the United States, Cambridge: Harvard University Press, 2015.

Bernand, Carmen, Negros esclavos y libres en las ciudades hispanoamericanas, Madrid: Fundación Histórica Tavera, 2001.

Bernhard, Roland; Wimmler, Jutta, „‚Dreieckshandel‘, Glasperlen und Gender. Mythische Narrative zum transatlantischen Sklavenhandel in aktuellen deutschen und österreichischen Schulbüchern", in: Geschichte in Wissenschaft und Unterricht 70:3–4 (2019), S. 149–164.

Beswick, Stephanie; Spaulding, Jay (eds.), African Systems of Slavery, Trenton; Asmara: Africa World Press, Inc, 2010.

Bethencourt, Francisco, „Iberian Atlantic. Ties, Networks, and Boundaries", in: Braun, Harald E.;
    Vollendorf, Lisa (eds.), Theorising the Iberian Atlantic, Leiden: Brill, 2013, S. 15–36.
Bialushewski, Arne, „Black People Under the Black Flag. Piracy and the Slave Trade on the West
    Coast of Africa, 1718–1723", in: Slavery & Abolition 29:4 (2008), S. 461–475.
Bialushewski, „Pirates, Black Sailors and Seafaring Slaves in the Anglo-American Maritime World",
    in: The Journal of Caribbean History 45:2 (2011), S. 143–158.
Biermann, Felix, „Zentralisierungsprozesse bei den nördlichen Elbslawen", in: Sikora, Przemysław
    (ed.), Zentralisierungsprozesse und Herrschaftsbildung im frühmittelalterlichen
    Ostmitteleuropa. Studien zur Archäologie Europas 23, Bonn: Habelt, 2014, S. 157–194.
Biermann, „Kult, Sklaverei, Mord und Totschlag – menschliche Knochen aus slawischen
    Siedlungsbefunden", in: Beiträge zur Ur- und Frühgeschichte Mitteleuropas 82 (2017) (mit
    Nachtrag) (= Religion und Gesellschaft im nördlichen westslawischen Raum), S. 97–119.
Birmingham, David, The Mbundu and Their Neighbours under the Influence of the Portuguese,
    1483–1790, Oxford: Clarendon Press, 1966.
Birr, Christiane, „Recht als Argument in Bartolomé de Las Casas' Tratado sobre los Indios que han
    sido hechos esclavos", in: Bunge, Kirstin; Schweighöfer, Stefan; Spindler, Anselm; Wagner,
    Andreas (eds.), Kontroversen um das Recht/ Contending for Law, Stuttgart: frommann-
    holzboog, 2012 (PPR II, 4), S. 93–125.
Birr, „Rebellische Väter, versklavte Kinder. Der Aufstand der Morisken von Granada (1568–1570) in
    der juristisch-theologischen Diskussion der Schule von Salamanca", in: De Benedicits, Angela;
    Härter, Karl (eds.), Revolten und politische Verbrechen zwischen dem 12. und 19. Jahrhundert.
    Rechtliche Reaktionen und juristisch-politische Diskurse, Frankfurt am Main: Vittorio
    Klostermann, 2013 (Studien zur europäischen Rechtsgeschichte 285), S. 283–317.
Blackburn, Robin, „¿Por qué „Segunda Esclavitud?", in: Piqueras, José Antonio (ed.), Esclavitud y
    capitalismo histórico en el siglo XIX. Brasil, Cuba y Estados Unidos, Santiago de Cuba: Casa
    del Caribe, 2016, S. 25–64.
Blackburn, „De la invención del desayuno a la importancia de la ropa interior", in: Piqueras, José
    Antonio (ed.), Esclavitud y capitalismo histórico en el siglo XIX Esclavitud y capitalismo
    histórico en el siglo XIX. Brasil, Cuba y Estados Unidos, Santiago de Cuba: Casa del Caribe,
    2016, S. 48–54.
Blackmon, Douglas, Slavery by Another Name. The Re-Enslavement of Black Americans from the
    Civil War to World War II, New York: Doubleday, 2008.
Blanchard, Peter, „Abolition and Anti-Slavery. Latin America", in: Drescher, Seymour; Engerman,
    Stanley L. (eds.), A Historical Guide to World Slavery, Oxford; New York Oxford University
    Press, 1998, S. 17–21.
Blancpain, François, „Les abolitions de l'esclavage dans les colonies françaises (1793–1794 et
    1848)", in: Hoffmann, Léon-François; Gewecke, Frauke; Fleischmann, Ulrich (eds.), Haïti
    2004 – Lumières et ténèbres, Frankfurt am Main: Vervuert, 2008, S. 63–83.
Blanes, Tamara, Fortificaciones del Caribe, La Habana: Editorial Letras Cubanas, 2001.
Blake, John W. (ed.), Europeans in West Africa. 1450–1560. Documents to Illustrate the Nature and
    Scope of Portuguese Enterprise in West Africa, the Abortive Attempt of Castilians to Create an
    Empire There, and the Early English Voyages in Barbary and Guinea, London: Hakluyt Society,
    1942.
Boatcă, Manuela, „Coloniality of Labor in the Global Periphery. Latin America and Eastern Europe
    in the World-System", in: Review 36:3–4 (2013), S. 287–314.
Boatcă, „Second Slavery versus Second Serfdom. Local Labor Regimes of Global Age", in: Saïd
    Amir, Arjomand (ed.), Social Theory and Regional Studies in the Global Age, Albany: State
    University of New York, 2014, S. 361–387.

Bodek, Richard; Kelly, Joseph (eds.), Maroons and The Marooned. Runaways and Castaways in the Americas, Jackson: University Press of Mississippi, 2020.

Bodel, John; Scheidel, Walter (eds.), On Human Bondage. After Slavery and Social Death, Malden, Oxford; Chichester: Wiley-Blackwell, 2017.

Boelhower, William, „Framing Anew Ocean Genealogy. The Case of Venetian Cartography in the Early Modern Period", in: Atlantic Studies 15:2 (2018), S. 279–297.

Böttcher, Nikolaus, „Kreolische Handlungskompetenz in Hispanoamerika vor der Unabhängigkeit – Die Reales Consulados im spanischen Kolonialreich", in: Fischer-Tiné, Harald (ed.), Handeln und Verhandeln. Kolonialismus, transkulturelle Prozesse und Handlungskompetenz, Münster: LIT Verlag, 2002 (Periplus Parerga 8), S. 11–28.

Bohorquez, Jesús; Menz, Maximiliano, „State Contractors and Global Brokers. The Itinerary of Two Lisbon Merchants and the Transatlantic Slave Trade during the Eighteenth Century", in: Itinerario 42:3 (2018), S. 403–429.

Bombe, Bosha, „Reclaiming Lost Identity. Redemption of Slave Descendants among the Ganta", in: Epple, Susanne (ed.), Creating and Crossing Boundaries in Ethiopia. Dynamics of social categorization and differentiation, Münster: LIT Verlag, 2014 (Afrikanische Studien/ African Studies 53), S. 77–88.

Bonazza, Giulia, Abolitionism and the Persistence of Slavery in Italian States, 1750–1850, Cham: Palgrave Macmillan, 2019 (Italian and Italian American Studies).

Bono, Salvatore, Piraten und Korsaren im Mittelmeer. Seekrieg, Handel und Sklaverei vom 16. bis 19. Jahrhundert, Stuttgart: Klett-Cotta, 2009.

Bonciani, Rodrigo Faustinoni, „A emergência de uma sociedade nova em São Tomé (1485–1535)", in: Ribeiro, Alexandre Vieira; Gebara, Alexsander Lemos de Almeida (orgs.), Estudos Africanos. Múltiplas Abordagens, Niterói: Editora da UFF, 2013 (Coleção História), S. 171–201.

Bonciani, „„Havendo escravos se restaurará tudo'. rajetórias e políticas ibero-atlânticas no fim do século XVI", in: Portuguese Studies Review 75:2 (2017), S. 17–53.

Borges, Graça Almeida, „The South Atlantic and Transatlantic Slave Trade. Review Essay", in: e-Journal of Portuguese History 15:1 (2017) (http://www.scielo.mec.pt/scielo.php?script=sci_arttext&pid=S1645-64322017000100009 [08. März 2022]).

Borgolte, Michael; Jaspert, Niklas (eds.), Maritimes Mittelalter. Meere als Kommunikationsräume, Sigmaringen: Thorbecke Verlag, 2016.

Borucki, Alex, Abolicionismo y tráfico de esclavos en Montevideo tras la fundación republicana, 1829–1853, Montevideo: Biblioteca Nacional, 2009.

Borucki, „The ,African Colonists' of Montevideo. New Light on the Illegal Slave Trade to Rio de Janeiro and the Rio de la Plata (1830–42)", in: Slavery & Abolition 30:3 (2009), S. 427–444.

Borucki, „Apuntes sobre el tráfico illegal de esclavos hacia Brazil y Uruguay. Los ,colonos' of Montevideo (1832–1842)", in: Historia. Questões & Debates 52 (2010), S. 119–148.

Borucki, „The Slave Trade to the Río de la Plata. Trans-Imperial Networks and Atlantic Warfare, 1777–1812", in: Colonial Latin American Review 20:1 (2011), S. 81–107.

Borucki, „Trans-Imperial History in the Making of the Slave Trade to Venezuela, 1526–1811", in: Itinerario 36:2 (2012), S. 29–54.

Borucki, „Transimperial Networks of Slave Trading, Piracy, and Empire Building in the Iberian Atlantic", in: Latin American Research Review 52:4 (2017), S. 681–688.

Borucki; Chagas, Karla; Stalla, Natalia, Esclavitud y trabajo. Un estudio sobre los afrodescendientes en la frontera uruguaya, 1835–1855, Montevideo: Pulmón, 2009.

Borucki; Eltis, David; Wheat, David, „Atlantic History and the Slave Trade to Spanish America", in: The American Historical Review 120:2 (2015), S. 433–461.

Borucki; Eltis, David; Wheat, David (eds.), From the Galleons to the Highlands. Slave Trade Routes in the Spanish Americas, Albuquerque: University of New Mexico Press, 2020.

Bosch Ferrer, Diego; Sánchez Guerra, José, Rebeldía y apalencamiento. Jurisdicciones de Guantánamo y Baracoa, Guantánamo: Centro Provincial del Patrimonio Cultural, 2003.

Boubacar, Barry, Senegambia and the Atlantic Slave Trade. Translated from the French by Ayi Kwei Armah, Cambridge: Cambridge University Press, 1998 (African Studies Series 92).

Bowne, Eric. E., The Westos. Slave Traders of the Early Colonial South, Tuscaloosa: University of Alabama Press, 2005.

Brahm, Felix; Rosenhaft, Eva (eds.), Slavery Hinterland. Transatlantic Slavery and Continental Europe, 1680–1850, Woodbridge: Boydel Press, 2016.

Brana-Shute, Rosemary; Sparks, Randy (eds.), Paths to Freedom. Manumission in the Atlantic World, Columbia: University of South Carolina, 2009.

Brandon, Pepijn; Bosma, Ulbe, „Slavery and the Dutch Economy, 1750–1800", in: Slavery & Abolition 42:1 (2021), S. 43–76.

Brauner, Christina, „Ein Schlüssel für zwei Truhen. Diplomatie als interkulturelle Praxis am Beispiel einer westafrikanischen Gesandtschaft nach Frankreich (1670/71)", in: Historische Anthropologie 21:2(2013), S. 199–226. (Überarbeitete engl. Fassung: „To Be the Key for Two Coffers. A West African Embassy to France (1670/1)", in: IFRA e-papers, 2013, https://ifra-nigeria.org/files/54/IFRA-E-papers/44/BRAUNER,-ChrisTo-Be-the-Key-for-Two-Coffers:-A-West-African-Embassy-to-France-(1670/1).pdf [01. Juli 2022]).

Brauner, „Beim ‚König' von Anomabo. Audienzen an der westafrikanischen Goldküste als Schauplatz afrikanischer Politik und europäischer Konkurrenz (1751/2)", in: Burschel, Peter; Vogel, Christine (eds.), Die Audienz. Ritualisierter Kulturkontakt in der Frühen Neuzeit, Köln; Weimar; Wien: Böhlau, 2014, S. 269–310.

Brauner, Kompanien, Könige und caboceers. Interkulturelle Diplomatie an Gold- und Sklavenküste, 17.-18. Jahrhundert, Köln; Weimar; Wien: Böhlau, 2015.

Breverton, Terry, Admiral Sir Henry Morgan. King of the Buccaneers, Gretna: Pelican, 2005.

Brooks, George E., „A Nhara of the Guinea-Bissau Region. Mãe Aurélia Correia", in: Robertson, Claire C.; Klein, Martin A. (eds.), Women and Slavery in Africa, Madison: University of Madison Press, 1976, S. 295–313.

Brooks, „The Signares of Saint-Louis and Gorée. Women Entrepreneurs in Eighteenth-Century, Senegal", in: Hafkin, Nancy J.; Bay, Edna G. (eds.), Women in Africa. Studies in Social and Economic Change, Stanford: Stanford University Press, 1976, S. 19–44.

Brooks, Eurafricans in Western Africa. Commerce, Social Status, Gender, and Religious Observance from the Sixteenth to the Eighteenth Century, Oxford: James Currey, 2003.

Brown, Vincent, The Reaper's Garden. Death and Power in the World of Atlantic Slavery, Cambridge: Harvard University Press, 2008.

Bulach, Doris; Schiel, Juliane (eds.), Europas Sklaven, Essen: Klartext Verlag, 2015 (= WerkstattGeschichte 66–67).

Burbank, Jane; Cooper, Frederic, „Tráfico de esclavos, esclavitud e imperio", in: Burbank; Cooper, Imperios. Una nueva visión de la historia universal, Barcelona: Crítica, 2011, S. 247–249 (Original: Burbank; Cooper, Empires in World History. Power and the Politics of Difference, Princeton; Oxford: Princeton University Press, 2010).

Burnard, Trevor, „The Atlantic Slave Trade", in: Heuman, Gad; Burnard (eds.), The Routledge History of Slavery, London: Routledge, 2011, S. 80–97.

Burnard, „The Planter Class", in: Heuman, Gad; Burnard (eds.), The Routledge History of Slavery, London: Routledge, 2011, S. 187–203.

Burnard, „Et in Arcadia ego. West Indian Planters in Glory, 1674–1784", in: Atlantic Studies 9:1 (2012), S. 19–40 (= Rethinking the Fall of the Planter Class).

Burnard, „Kingston, Jamaica. Crucible of Modernity", in: Cañizares-Esguerra, Jorge; Childs, Matt D.; Sidbury, James (eds.), The Black Urban Atlantic in the Age of the Slave Trade, Philadelphia: University of Pennsylvania Press, 2013 (The Early Modern Americas), S. 123–144.

Burnard, The Atlantic in World History, 1490–1830, London: Bloomsbury Academic, 2020.

Burnard, Trevor; Garrigus, John D., The Plantation Machine. Atlantic Capitalism in French Saint-Domingue and British Jamaica, Philadelphia: University of Pennsylvania Press, 2016.

Burroughs, Charles, „The Plantation Landscape and Its Architecture. Classicism, Representation, and Slavery", in: Niell, Paul B.; Widdifield, Stacie G. (eds.), Buen Gusto and Classicism in the Visual Cultures of Latin America, 1780–1910, Santa Fe: University of New Mexico Press, 2013, S. 114–135.

Bussmann, Richard, „Kriege und Zwangsarbeit im pharaonischen Ägypten", in: Lingen, Kerstin von; Gestwa, Klaus (eds.), Zwangsarbeit als Kriegsressource in Europa und Asien, Paderborn: Schöningh, 2014, S. 58–72.

Bustos Rodríguez, Manuel, Cádiz en el sistema atlántico. La ciudad, sus comerciantes y la actividad mercantil (1650–1830), Madrid: Sílex Ediciones; Universidad de Cádiz, 2005.

Cabrera Salcedo, Lizette, De los bueyes al vapor. Caminos de la tecnología del azúcar en Puerto Rico y el Caribe, San Juan: La Editorial; Universidad de Puerto Rico, 2010.

Caldeira, Arlindo Manuel, „Learning the Ropes in the Tropics. Slavery and the Plantation System on the Island of São Tomé", in: African Economic History 39 (2011), S. 35–71.

Caldeira, Escravos e Traficantes no Império Português. O Comércio Negreiro Português no Atlântico Durante Os Séculos XV a XX, Lisboa: Esfera dos Livros, 2013.

Caldeira, „Aprender os Trópicos. Plantações e trabalho escravo na ilha de São Tomé", in: Vaz do Rego Machado, Margarida; Gregorio, Rute Dias; Silva, Susana Serpa (eds.), Para a história da escravatura insular nos séculos XV a XIX, Lisboa: CHAM, 2013, S. 25–54.

Caldeira, „Luanda in the 17th Century. Diversity and Cultural Interaction in the Process of Forming an Afro-Atlantic City", in: Nordic Journal of African Studies 22:1–2 (2013), S. 72–104.

Caldeira, „O tráfico de escravos na costa ocidental africana nos séculos XV e XVI. Primeiras viagens, estratégias de exploração, papel dos arquipélagos de Cabo Verde e de São Tomé e Príncipe", in: Pérez García, Rafael M.; Fernández Chaves, Manuel F.; França Paiva, Eduardo (eds.), Tratas, esclavitudes y mestizajes. Una historia conectada, siglos XV–XVIII, Sevilla: Editorial Universidad de Sevilla, 2020, S. 19–42.

Calic, Marie-Janine, Südosteuropa. Weltgeschichte einer Region, München: C.H. Beck, 2016.

Camacho y Pérez Galdós, Guillermo, „El cultivo de la caña de azúcar y la industria azucarera en Gran Canaria (1510–1535)", in: Anuario de Estudios Atlánticos 7 (1961), S. 11–70.

Cameron, Catherine M., Captives. How Stolen People Changed the World, Lincoln; London: University of Nebraska Press, 2016.

Cameron, „The Nature of Slavery in Small-Scale Societies", in: Lenski, Noel; Cameron (eds.), What is a Slave Society? The Practice of Slavery in Global Perspective, Cambridge; New York: Cambridge University Press, 2018, S. 151–168.

Campbell, Gwyn (ed.), Abolition and Its Aftermath in Indian Ocean Africa and Asia, London; Portland: Frank Cass, 2005.

Campbell; Elbourne, Elizabeth (eds.), Sex, Power, and Slavery, Athens: Ohio University Press, 2014.

Campbell; Miers, Suzanne; Miller, Joseph C. (eds.), Women and Slavery, 2 Bde., Athens: Ohio University Press, 2007–2008.

Campoamor, Fernando G., El hijo alegre de la caña de azúcar. Biografía del ron, La Habana: Editorial Científico-Técnica, 1993.

Candido, Mariana P., „Different Slave Journeys. Enslaved African Seamen on Board of Portuguese Ships, c.1760–1820s", in: Slavery & Abolition 31:3 (2010), S. 395–409.

Candido, „Strategies for Social Mobility. Liaisons between Foreign Men and Slave Women in Benguela, ca. 1770–1850", in: Campbell, Gwyn; Elbourne, Elizabeth (eds.), Sex, Power, and Slavery, Athens: Ohio University Press, 2014, S. 272–288.

Candido, „Memórias de uma Mercadora Africana", in: Cienciahoje (www.cienciahoje.org.br/artigo/memorias-de-uma-mercadora-africana/ (15. April 2019).

Candido, „Comerciantes en el Puerto de Benguela a finales del siglo XVIII. Las donas y la trata de esclavos", in: Velázques Gutiérrez, María Elisa; González Undurraga, Carolina (eds.), Mujeres africanas y afrodescendientes. Experiencias de esclavitud y libertad en América Latina y África. Siglos XVI al XIX, México: Instituto Nacional de Antropología e Historia, 2016 (colección africanía 9), S. 243–278.

Candido; Jones, Adam (eds.), African Women in the Atlantic World. Property, Vulnerability and Mobility, 1660–1880, Melton: Boydell & Brewer, 2019.

Candido, "African Businesswomen in the Age of Second Slavery in Angola", in: Tomich, Dale W.; Lovejoy (eds.), The Atlantic and Africa. The Second Slavery and Beyond, Albany: SUNY Press, 2021, S. 179–201.

Candioti, Magdalena, „Regulando el fin de la esclavitud. Diálogos, innovaciones y disputas jurídicas en las nuevas repúblicas sudamericanas 1810–1830", in: Jahrbuch für Geschichte Lateinamerikas 52 (2015), S. 149–172.

Candioti, Una historia de la emancipación negra. Esclavitud y abolición en la Argentina, Buenos Aires: Siglo XXI Editores, 2021.

Cañizares-Esguerra, Jorge, Puritan Conquistadors. Iberianizing the Atlantic, 1500–1700, Stanford: Stanford University Press, 2006.

Cañizares-Esguerra, „How the ‚Reformation' Invented Separate Catholic and Protestant Atlantics", in: Archiv für Reformationsgeschichte 108 (2017), S. 245–254.

Cañizares-Esguerra (ed.), Entangled Empires. The Anglo-Iberian Atlantic, 1500–1830, Philadelphia: University of Pennsylvania Press, 2018.

Cañizares-Esguerra; Breen, Benjamin, „Hybrid Atlantics. Future Directions for the History of the Atlantic World", in: History Compass 11:8 (2013), S. 597–609.

Cañizares-Esguerra; Childs, Matt D.; Sidbury, James (eds.), The Black Urban Atlantic in the Age of the Slave Trade, Philadelphia: University of Pennsylvania Press, 2013.

Cañizares-Esguerra; Seemann, Erik R. (eds.), The Atlantic in Global History, 1500–2000, Upper Saddle River: Pearson Prentice Hall, 2006.

Canot, Theodore, Sklaven für Havanna. Der Lebensbericht des Sklavenhändlers Theodore Canot 1826–1839, Pleticha, Hans (ed.), Stuttgart; Wien: Edition Erdmann; Thienemann, 1988.

Canot, Abenteuer afrikanischer Sklavenhändler, Wiesbaden: Fourier Verlag GmbH, 2003 (Nachdruck der Auflage OB Gent von 1931 ohne Kürzungen).

Capela, José, O tráfico de escravos nos portos de Moçambique. 1733–1904, Porto: Ed. Afrontamento, 2002 (Colecção as armas e os varões 15).

Capela, Conde de Ferreira & Ca. Traficantes de escravos, Porto: Afrontamento, 2012 (Biblioteca das ciências sociais: História 36).

Carmagnani, Marcello, Le isole del lusso. Prodotti esotici, nuovo consume e cultura economica europea, 1650–1800, Milano: UTET Libreria, 2010.

Carney, Judith A., Black Rice. The African Origins of Rice Cultivation in the Americas, Cambridge: Harvard University Press, 2001.

Carney; Rosomoff, Richard N., In the Shadow of Slavery. Africa's Botanical Legacy in the Atlantic World, Berkeley: University of California Press, 2009.

Carrara, Angelo Alves, „La producción de oro en Brasil, siglo XVIII", in: Hausberger, Bernd; Ibarra, Antonio (eds.), Oro y plata en los inicios de la economía global. De las minas a la moneda. México: Colegio de México, 2014, S. 251–271.

Carrington, Selwyn H.H.; Noel, Ronal C., „Slaves and Tropical Commodities. The Caribbean in the South Atlantic System", in: Palmié, Stephan; Scarano, Francisco A. (eds.), The Caribbean. A History of the Region and Its Peoples, Chicago; London: University of Chicago Press, 2011, S. 231–242.

Carroll, Patrick J., Blacks in Colonial Veracruz. Race, Ethnicity, and Regional Development, Austin: University of Texas Press, 2001.

Casanova Codina, Joan, ¡O pan, o plomo! Los trabajadores urbanos y el colonialismo español en Cuba, 1850–1898, Madrid: Siglo XXI, 2000.

Casares, Aurelia Martín; M'bachu, Oluwatoyin, „Memorias de un tratante de Liverpool sobre el comerico esclavista entre Canarias y el África Occidental Subshariana a finales del siglo XVIII", in: Acosta Guerrero, Elena (ed.), XXI Coloquio de Historia Canario-Americana, Las Palmas de Gran Canaria: Cabildo de Gran Canaria, 2016, S. 1–10.

Castañeda García, Rafael, Esclavitud africana en la fundación de Nueva España, México: Instituto de Investigaciones Históricas, Universidad Nacional Autónoma de México, 2021 (Colección México 500, 12).

Castañeda García; Hammack, María Esther, „El comercio de esclavos africanos desde el Atlántico ibérico a la Nueva España. Notas historiográficas", in: Fernández Chaves, Manuel; Pérez García, Rafael (eds.), Tratas atlánticas y esclavitudes en América. Siglos XIX, Sevilla: Editorial Universidad de Sevilla, 2021 (Colección Historia 380), S. 185–207.

Cave, Scott, „Madalena. The Entangled History of One Indigenous Floridan Woman in the Atlantic World", in: The Americas 74:2 (2017), S. 171–200.

Chalhoub, Sidney, „The Politics of Ambiguity. Conditional Manumission, Labor Contracts, and Slave Emancipation in Brazil (1850s-1888)", in: International Review of Social History 60:2 (2015), S. 161–191.

Chalhoub, A força da escravidão. Ilegalidade e costume no Brasil oitocentista, São Paulo: Companhia das Letras, 2015.

Chatterjee, Indrani, „Abolition by Denial? Slavery in South Asia after 1843", in: Campbell, Gwyn (ed.), Abolition and Its Aftermath in Indian Ocean Africa and Asia, London; Portland: Frank Cass, 2005, S. 150–168.

Chaunu, David, „L'Empire des coupeurs de bois. Sainte-Lucie et les expansions impériales française et anglaise dans la Caraïbe au XVIIe siècle", in: Michon, Bernard (ed.), Les Européens et les Antilles. XVIIe-début XVIIIe siècle, Rennes: Presses Universitaires de Nantes et Rennes, 2019 (Enquêtes et documents), S. 81–96.

Chaviano, Lizbeth J., „‚Pardas y morenas', libres y libertas. Propietarias y emprendedoras a finales del siglo XVIII en Trinidad, Cuba", in: Anuario de Estudios Americanos 78 (2021), S. 599–628.

Chaviano Pérez, Lizbeth J., „The Dark Faces Among the Slave Trade. Mariners of African Origin in Spanish Ships (1817–1845)", in: Journal of Iberian and Latin American Studies 25:3 (2019), S. 425–439.

Chaviano Pérez, „Esclavitud y rebeldía en el Valle de los Ingenios", in: Laviña, Javier; Piqueras, Ricardo; Mondéjar, Christina (eds.), Afroamérica. Espacio e identidades, Barcelona: Icaria, 2013, S. 120–145.

Cheney, Paul, „Haiti's Commercial Treaties. Between Abolition and the Persistence of the Old Regime", in: Alimento, Antonella; Stapelbroek, Koen (eds.), The Politics of Commercial Treaties in the Eighteenth Century. Balance of Power, Balance of Trade, London: Palgrave Macmillan, 2017, S. 401–420.

Chet, Guy, The Ocean is a Wilderness. Atlantic Piracy and the Limits of State Authority, 1688–1856, Amherst: University of Massachusetts Press, 2014.

Chevaleyre, Claude, „Under Pressure and out of Respect for Human Dignity. The 1910 Chinese Abolition", in: Cottias, Myriam; Rossignol, Marie-Jeanne (eds.), Distant Ripples of the British

Abolitionist Wave: Africa, Asia and the Americas, Trenton: Africa World Press, 2017, S. 147–198.

Chinea, Jorge L., „Diasporic Marronage. Some Colonial and Intercolonial Repercussions of Overland and Waterborne Slave Flight, with Special Reference to the Caribbean Archipelago", in: Revista Brasileira do Caribe 10, no. 19 (2009), S. 259–284.

Chinea, „Spain is the Merciful Heavenly Body Whose Influence Favors the Irish. Jaime O'Daly y Blake. Enlightened Foreign Immigrant, Administrator and Planter in Late Bourbon-Era Puerto Rico, 1776–1806", in: Tiempos Modernos. Revista Electronica de Historia Moderna 7, no. 25 (2012) http://www.tiemposmodernos.org/tm3/index.php/tm/issue/view/32 [10. März 2022]).

Chinea, Raza y trabajo en el Caribe hispánico. Los inmigrantes de las Indias Occidentales en Puerto Rico durante el ciclo agro-exportador 1800–1850, Sevilla: Escuela de Estudios Hispano-Americanos; Wayne State University; Oficina del Historiador oficial de Puerto Rico; Asociación Cultural La otra América, 2014.

Chipman, Donald, „The Traffic in Indian Slaves in the Province of Pánuco, New Spain, 1523–1522", in: The Americas 23:2 (1966), S. 142–155.

Chira, Adriana, „Affective Debts. Manumission by Grace and the Making of Gradual Emancipation Laws in Cuba, 1817–68", in: Law and History Review 36:1 (2018), S. 1–33.

Chira, Patchwork Freedoms. Law, Slavery, and Race beyond Cuba's Plantations, Cambridge; New York: Cambridge University Press, 2022.

Christopher, Emma, Slave Ship Sailors and Their Captive Cargoes, 1730–1807, Cambridge: Cambridge University Press, 2006.

Chuchiak, John F. (2018), „Translator Acquisition Strategies in Spanish Military Campaigns. Indigenous Slave Interpreters in the Spanish Conquest of Yucatan, 1517–1542", in: Kettunen, Harri; López, Verónica Amellali Vázquez; Kupprat, Felix; Lorenzo, Cristina Vidal; Muñoz Cosme, Gaspar; Iglesias, María Josefa (eds.), Tiempo detenido, tiempo suficiente. Ensayos y narraciones mesoamericanistas en homenaje a Alfonso Lacadena García-Gallo, Ponce de León, Couvin: Wayeb, 2018, S. 915–936.

Chuchiak, „Human Plunder. The Role of Maya Slavery in Postclassic and Early Conquest Era Yucatan, 1450–1550" presented at Electronic Symposium: Debt in Pre-Modern State Economies from an Archaeological Perspective at the 2018 Annual Meetings of the Society for American Archaeology, Washington D.C., April 11–15, 2018, (April 11, 2018).

Chuecas Saldías, Ignacio, „El Caribe portugués. Sobre políticas imperiales, redes planetarias y la presencia de portugueses en el Caribe durante el gobierno de Felipe III (1598–1621)", in: Iberoamérica Social. Revista-red de estudios sociales 2 (2018), S. 27–45.

Clarence-Smith, William Gervase, „The Portuguese Contribution to the Cuban Slave and Coolie Trades in the Nineteenth Century", in: Slavery & Abolition 5 (1984), S. 25–33.

Clarence-Smith, The Third Portuguese Empire, 1825–1975. A Study in Economic Imperialism, Manchester; Dover: Manchester University Press, 1985.

Clarence-Smith, „La traite portugaise et espagnole en Afrique au dix-neuvième siècle", in: Daget, Serge (éd.), De la traite à l'esclavage, Ve au XIXème siècle. Actes du Colloque International sur la Traite des Noirs (Nantes 1985), 2 Bde., Nantes; Paris: Université de Nantes; Société Française d'Histoire d'Outre-mer and Centre de Recherche sur l'Histoire du Monde Atlantique, 1988, S. 425–434.

Clarence-Smith, Slaves, Peasants and Capitalists in Southern Angola 1840–1926, Cambridge: Cambridge University Press, 2007.

Clarence-Smith, „The Industrialization of the Developing World and Its Impact on Labour Relations, 1840s to 1940s", in: Hofmeester, Karin; Zwart, Pim de (eds.), Colonialism, Institutional Change, and Shifts in Global Labour Relations, Amsterdam: Amsterdam University Press, 2018, S. 29–65.

Coclanis, Peter A., „Drang Nach Osten. Bernard Baylin, the World-Island, and the Idea of Atlantic History", in: Journal of World History 13:1 (2002), S. 169–182.

Coclanis (ed.), The Atlantic Economy During the Seventeenth and Eighteenth Centuries. Organization, Operation, Practice, and Personnel, Columbia: University of South Carolina Press, 2005.

Coclanis, „Atlantic World or Atlantic/ World?", in: William and Mary Quarterly 63:4 (2006), S. 725–742.

Coghe, Samuël, „The Problem of Freedom in a Mid Nineteenth-Century Atlantic Slave Society. The Liberated Africans of the Anglo-Portuguese Mixed Commission in Luanda (1844–1870)", in: Slavery & Abolition 33:3 (2012), S. 479–500.

Cok, Patricia, „La introducción de los ferrocarriles portátiles en la industria azucarera", in: Santiago 41 (1981), S. 218–239.

Colón, Cristóbal, Textos y documentos completos, Edición de Varela, Consuelo, Nuevas cartas. Edición de Gil, Juan, Madrid: Alianza Editorial, 1992.

Columbus, Christoph, Dokumente seines Lebens und seiner Reisen. Auf Grundlage der Ausgabe von Jacob, Ernst Gerhard (1956) erweitert, neu herausgegeben und eingeleitet von Berger, Friedemann, 2 Bde., Leipzig: Sammlung Dietrich, 1991.

Combrink, Tamira, „From French Harbours to German Rivers. European Distribution of Sugar by the Dutch in the Eighteenth Century", in: Villeret, Maud (ed.), Le diffusion des produits ultramarins en l'Europe dans le XVIIIe siècle, Rennes: Presses Universitaires de Rennes, 2018, S. 39–56.

Combrink, „Slave-Based Coffee in the Eighteenth Century and the Role of the Dutch in Global Commodity Chains", in: Slavery & Abolition 42:1 (2021), S. 15–42.

Conermann, Stephan; Zeuske, Michael (eds.), The Slavery/ Capitalism Debate Global. From ‚Capitalism and Slavery' to Slavery as Capitalism (= Comparativ. Zeitschrift für Globalgeschichte und Vergleichende Gesellschaftsforschung 30: 5–6 [2020]).

Conneau, Theophilus, A Slaver's Log Book, or 20 Years Residence in Africa. The Original 1853 Manuscript by Captain Theophilus Conneau, Englewood Cliffs: Prentice Hall, 1976 [= Theodor Canot].[810]

Cooke, Bill, „The Denial of Slavery in Management Studies", in: Journal of Management Studies 40:8 (2003), S. 1895–1918.

Coquery-Vidrovitch, Catherine, „African Slavery in the Nineteenth Century. Inseparable Partner of the Atlantic Slave Trade", in: Tomich, Dale W.; Lovejoy, Paul E. (eds.), The Atlantic and Africa. The Second Slavery and Beyond, Albany: State University of New York Press, 2021, S. 7–17.

Coquery-Vidrovitch; Lovejoy, Paul E. (eds.), The Workers of African Trade, Beverly Hills: Sage Publications, 1985.

---

[810] Die Lebenserinnerungen Canots sind in verschiedensten Ausgaben publiziert worden, meist unter seinem verballhorten Nachnamen „Canot": Canot, Theodore, Sklaven für Havanna. Der Lebensbericht des Sklavenhändlers Theodore Canot 1826–1839, Pleticha, Hans (ed.), Stuttgart; Wien: Edition Erdmann; Thienemann, 1988 (Alte abenteuerliche Reiseberichte). Das ist die heute am weitesten verbreitete gekürzte Ausgabe, siehe auch: Canot, Kapitän, Abenteuer afrikanischer Sklavenhändler, Wiesbaden: Fourier Verlag GmbH, 2003 (Nachdruck der Auflage OB Gent von 1931 ohne Kürzungen); Originalmanuskript Canots nach Bearbeitung von Brantz Mayer: Mayer, Brantz (ed.), Captain Canot; or Twenty Years of an African Slaver being an Account of His Career and Adventures on the Coast, in the Interior, on Shipboard, and in the West Indies. Written out and Edited from the Captain's Journals, Memoranda and Conversations, by Brantz Mayer, New York; London: D. Appleton and Company; George Routledge and Co., 1854 (www.gutenberg.org/files/23034/23034-h/ 23034-h.htm [10. Oktober 2010]); Reprint: New York: Arno, 1968. Die hier zitierte Ausgabe ist das Originalmanuskript Canots vor der Bearbeitung von Mayer.

Córdoba Ochoa, Luis Miguel, „Los altos precios de la vida en los puertos del Caribe, los cortos salarios de los oficiales y la justificación velada de los fraudes a la Corona en las primeras décadas del siglo XVII", in: Andújar Castillo, Francisco; Ponce Leiva, Pilar (eds.), Debates sobre la corrupción en el mundo ibérico, siglos XVI–XVIII, Alicante: Biblioteca Virtual Miguel de Cervantes, 2018, S. 229–239.

Coronil, Fernando, „Transculturation and the Politics of Theory. Countering the Center, Cuban Counterpoint", in: Ortiz, Fernando, Cuban Counterpoint. Tobacco and Sugar, Durham: Duke University Press, 1995, S. IX–LVI.

Correia, Arlindo, „A Escravatura" (http://www.arlindo-correia.com/200507.html [08. März 2022]).

Cortés López, José Luis, Esclavo y colono. Introducción y sociología de los negroafricanos en la América española del siglo XVI, Salamanca: Ediciones Universidad, 2004.

Corveddu, Mario Salvatore, „Aproximación al léxico cubano de la esclavitud desde el Diccionario Provincial de Esteban Pichardo (1836, 1849, 1862 y 1875). La perspectiva de la cubanidad en la lexicografía general", in: Anuario de Letras. Lingüistíca y Filología 10:1 (2022), S. 151–184.

Cosner, Charlotte A., The Golden Leaf. How Tobacco Shaped Cuba and the Atlantic World, Nashville: Vanderbilt University Press, 2015.

Costa, Leonor Freire, O Transporte no Atlântico e a Companhia Geral do Comércio do Brasil (1580–1663), Lisboa: CNCDP, 2002.

Cottias, Myriam; Mattos, Hebe (eds.), Esclavage et subjectivités dans l'Atlantique luso-brésilien et français (XVIIe – XXe siècles), Marseille: OpenEdition Press, 2016.

Cottias; Rossignol, Marie-Jeanne (eds.), Distant Ripples of the British Abolitionist Wave. Africa, Asia and the Americas, Trenton: Africa World Press, 2017.

Cottrol, Robert J., The Long, Lingering Shadow. Slavery, Race, and Law in the American Hemisphere, Athens: University of Georgia Press, 2013.

Crespi, Liliana M., „Contrabando de esclavos en el puerto de Buenos Aires durante el siglo XVII. Complicidad de los funcionarios reales", in: Desmemoria. Revista de Historia 26 (2000), S. 115–133.

Crespo, Alberto, Esclavos negros en Bolivia, La Paz: Academia Nacional de Ciencias en Bolivia, 1995.

Crespo Solana, Ana, La Casa de Contratación y la Intendencia General de la Marina en Cádiz (1717–1730), Cádiz: Servicio de Publicaciones de la Universidad de Cádiz, 1996.

Crepo Solana, América desde otra frontera. La Guayana Holandesa (Surinam). 1680–1795, Madrid: CSIC, 2006 (Colección América 3).

Crespo Solana, Mercaderes atlánticos. Redes del comercio flamenco y holandés entre Europa y el Caribe, Córdoba: Servicio de Publicaciones, Universidad de Córdoba, 2009.

Crespo Solana (ed.), Comunidades transnacionales. Colonias de mercaderes extranjeros en la Europa atlántica, Aranjuez (Madrid): Doce Calles, 2010.

Crewe, Ryan, „Connecting the Indies. The Hispano-Asian Pacific World in Early Modern Global History", in: Jornal de Estudos Históricos 60 (2017), S. 17–34.

Cromwell, Jesse, „More than Slaves and Sugar. Recent Historiography of the Trans-Imperial Caribbean and Its Sinew Populations", in: History Compass 12 (10) (2014), S. 770–783.

Cromwell, The Smugglers' World. Illicit Trade and Atlantic Communities in Eighteenth-Century Venezuela, Chapel Hill: University of North Carolina Press for the Omohundro Institute, 2018.

Crowley, John, „Sugar Machines. Picturing Industrialized Slavery", in: American Historical Review 121:2 (2016), S. 403–436.

Cuño, Justo, „Los nuevos estados nacionales y los debates en torno a la abolición de la esclavitud en América Latina. 1815–1860", in: Naranjo Orovio, Consuelo (ed.) Esclavitud y diferencia racial en el Caribe Hispano, Aranjuez (Madrid): Editorial Doce Calles, 2017, S. 147–163.

Curry-Machado, Jonathan, Cuban Sugar Industry. Transnational Networks and Engineering Migrants in Mid-Nineteenth Century Cuba, New York: Palgrave Macmillan, 2011.

Curtin, Philip D. (ed.), Africa Remembered. Narratives by West Africans from the Era of the Slave Trade, Madison: The University of Wisconsin Press, 1967.

Curto, José C.; Soulodre-La France, Renée (eds.) Africa and the Americas. Interconnections During the Slave Trade, Trenton: Africa World Press, 2005.

Cwik, Christian, „Neuchristen und Sepharden als cultural broker im karibischen Raum (1500–1700)", in: Zeitschrift für Weltgeschichte. Interdisziplinäre Perspektiven 8:2 (2007), S. 153–175.

Cwik, „Atlantische Netzwerke. Neuchristen und Juden als Lançados und Tangomaos", in: Schmieder, Ulrike; Nolte, Hans-Heinrich (eds.), Atlantik. Sozial- und Kulturgeschichte in der Neuzeit, Wien: Promedia, 2010 (Edition Weltregionen), S. 66–85.

Cwik, „Curazao y Riohacha. Dos puertos caribeños en el marco del contrabando judío (1650–1750)", in: Elías Caro, Jorge; Vidal Ortega, Antonino (eds.), Ciudades portuarias en la gran cuenca del Caribe. Historia, Cultura, Economía y Sociedad, Barranquilla: Ediciones Uninorte; Editorial Universidad del Magdalena, 2010, S. 298–327.

Cwik, „Africanization of the Amerindians in the Greater Caribbean. The Wayuu and Miskito, Fifteenth to Eighteenth Centuries", in: Knight, Franklin W.; Iyob, Ruth (eds.), Dimensions of African and Other Diasporas, Kingston: University of the West Indies Press, 2014, S. 83–104

Czeguhn, Ignacio, „Sklavereigesetzgebung im Spanien der frühen Neuzeit sowie in den ersten Jahrzehnten der Kolonisierung Amerikas", in: Müßig, Ulrike (ed.), Ungerechtes Recht. Symposium zum 75-jährigen Geburtstag von Dietmar Willoweit, Tübingen: Mohr Siebeck, 2013, S. 101–114.

D'Amato, Giussepe; Vidal Ortega, Antonino, „Cartagena de Indias y los mercaderes portugueses de esclavos en la primera mitad del s. XVII", in: Anais de História de Além-Mar 16 (2015), S. 17–50.

Daget, Serge, „L'abolition de la traite des noirs en France de 1814 à 1831", in: Cahiers d'études africaines 11 (1971), S. 22–30.

Dal Lago, Enrico; Katsari, Constantina (eds.), Slave Systems. Ancient and Modern, Cambridge/ London; Cambridge University Press, 2008.

Dal Lago, American Slavery, Atlantic Slavery, and Beyond. The U.S. "Peculiar Institution" in International Perspective, Boulder; London: Paradigm Publishers, 2012.

Dalrymple-Smith, Angus E., Commercial Transitions and Abolition in West Africa 1630–1860, Leiden: Brill, 2019 (Studies in Global Slavery 9).

Dalton, Heather, „‚Into Speyne to selle for Slavys'. Slave Trading in English and Genoese Merchant Networks prior to 1530", in: Green, Toby (ed.), Brokers of Change. Atlantic Commerce and Cultures in Pre-Colonial Western Africa, Oxford: Oxford University Press, 2012, S. 91–123.

Danger Roll, Zoila, Los cimarrones de El Frijol, Santiago de Cuba: Editorial Oriente, 1977.

Daus, Ronald, Die Erfindung des Kolonialismus, Wuppertal: Peter Hammer Verlag, 1983.

Daut, Marlene L., Baron de Vastey and the Origins of Black Atlantic Humanism, London: Palgrave Macmillan, 2017 (The New Urban Atlantic).

Dávila P., Rafael I., „La sal. Objetivo codiciado por Holanda en las provincias de Nueva Andalucía y Venezuela durante el siglo XVII", in: Tiempo y Espacio 64 (2015), S. 45–71.

Davis, Natalie Zemon, „Physicians, Healers, and their Remedies in Colonial Suriname", in: Canadian Bulletin of Medical History 33:1 (2016), S. 3–34.

Dayan, Joan, Haiti, History and the Gods, Berkeley; Los Angeles; London: University of California Press, 1998.

De Vinatea, María Julia, „Las aboliciones de la esclavitud en Iberoamérica. El caso peruano (1812–1854)", in: Revista Historia de la Educación Latinoamericana 16, no. 23 (2014), S. 187–204.

De Zwart, Pim; Van Zanden, Jan Luiten, The Origins of Globalization. World Trade in the Making of the Global Economy, 1500–1800, Cambridge: Cambridge University Press, 2018 (Approaches to Social and Economic History).

Deagan, Kathleen, „Eliciting Contraband through Archaeology. Illicit Trade in Eighteenth-Century St. Augustine", in: Historical Archaeology 41:4 (2007), S. 98–116.

Deagan; Cruxent, José María, Archaelogy at La Isabela. America's First European Town, New Haven: Yale University Press, 2002.

Deardorff, Max, „Imperial Justice, Colonial Power. Pedro Vique y Manrique, the Galley Captain of Cartagena de Indias, 1578–1607", in: Colonial Latin American Historical Review 17:2 (2012), S. 117–142.

Deckert, Emil, Cuba, Bitterfeld; Leipzig: Verlag von Velhagen & Klasing, 1899 (Land und Leute. Monographien zur Erdkunde 2).

Degn, Christian, Die Schimmelmanns im atlantischen Dreieckshandel. Gewinn und Gewissen, Neumünster: Wachholtz, 1974.

Degn, „Schwarze Fracht – Dokumentation und Interpretation", in: Heinzelmann, Eva; Riis, Thomas; Robl, Stefanie (eds.), Der dänische Gesamtstaat – ein unterschätztes Weltreich?, Kiel: Verlag Ludwig, 2006, S. 37–50.

Deive, Carlos E., Tangomangos. Contrabando y piratería en Santo Domingo, 1522–1606, Santo Domingo: Fundación Cultural Dominicana, 1996.

Del Río Moreno, Justo, Los inicios de la agricultura europea en el Nuevo Mundo, 1492–1542, Sevilla; Huelva: Asociación Agraria Jóvenes Agricultores; Caja Rural de Huelva; Caja Rural de Sevilla, 1991.

Delgado Ribas, Josep, „The Slave Trade in the Spanish Empire (1501–1808). The Shift from Periphery to Center", in: Fradera, Josep Maria; Schmidt-Nowara, Christopher (eds.), Slavery and Antislavery in Spain's Atlantic Empire, New York; Oxford: Berghahn, 2013, S. 13–42.

Dembicz, Andrzej, Plantaciones cañeras y poblamiento en Cuba, La Habana: Editorial de Ciencias Sociales, 1989.

Deschamps Chapeaux, Pedro, El negro en la economía habanera del siglo XIX, La Habana: UNEAC, 1971.

Deschamps Chapeaux, „Agustín Ceballos, capataz de muelle", in: Deschamps Chapeaux; Pérez de la Riva, Juan, Contribución a la historia de gentes sin historia, La Habana: Ed. de Ciencias Sociales, 1974, S. 17–27.

Deschamps Chapeaux, Los cimarrones urbanos, La Habana: Ed. de Ciencias Sociales, 1986.

Deusen, Nancy E. van, „The Intimacies of Bondage. Female Indigenous Servants and Their Spanish Masters, 1492–1555", in: Journal of Women's History 24:1 (2012), S. 13–43.

Deusen, Global Indios. The Indigenous Struggle for Justice in Sixteenth-Century Spain, Durham: Duke University Press, 2015.

Deusen, „Coming to Castile with Cortés. Indigenous ‚Servitude‘ in the Sixteenth Century", in: Ethnohistory 62:2 (2015), S. 285–308.

Dewulf, Jeroen, "Rethinking the Historical Development of Caribbean Performance Culture from an Afro-Iberian Perspective", in: New West Indian Guide/ Nieuwe West-Indische Gids 95, nos. 3–4 (Oct 2021), S. 223–253.

Deyle, Stephen, „An „Abominable" New Trade: The Closing of the African Slave Trade and Changing Patterns of U.S. Political Power, 1808–1860", in: William and Mary Quarterly Vol. 66: 4 (2009), S. 833–850.

Diakité, Tidiane, La traite des Noirs et ses acteurs africaines du XVe au XIXe siècle, Paris: Éditions Berg international, 2008.

Dias Paes, Mariana Armond, „O procedimento de manutenção de liberdade no Brasil oitocentista", in: Estudos Históricos 29, no. 58 (2016), S. 339–360.

Díaz Benítez, Ovidio C., Verdades ocultas de la esclavitud. El clamor de los cautivos, La Habana: Editorial de Ciencias Sociales, 2012.

Díaz Díaz, Rafael Antonio, Esclavitud, región y ciudad. El sistema esclavista urbano-regional en Santafé de Bogotá, 1700–1750, Bogotá: Centro Editorial Javeriano, 2001.

Díaz Martínez, Yolanda, „Trabajo y negocio. Los cimarrones dentro y fuera del depósito", in: Piqueras, José Antonio (ed.), Orden político y gobierno de esclavos. Cuba en la época de la segunda esclavitud y de su legado, Valencia: Centro Francisco Tomás y Valiente UNED Alzira; Fundación Instituto de Historia Social, 2016, S. 229–252.

Diptee, Audra A., „African Children in the British Slave Trade Youth in Africa during the Late Eighteenth Century", in: Slavery & Abolition 27:2 (2006), S. 183–196.

Diptee, From Africa to Jamaica. The Making of an Atlantic Slave Society, 1776–1807, Gainesville: University Press of Florida, 2010.

Diptee, „Notions of African Childhood in Abolitionist Discourses. Colonial and Post-colonial Humanitarianism in the Fight Against Child Slavery", in: Duane, Anna Mae (ed.), Child Slavery before and after Emancipation. An Argument for Child-Centered Slavery Studies, Cambridge: Cambridge University Press, 2017, S. 208–230.

Diptee; Trotman, David V., „Atlantic Childhood and Youth in Global Context. Reflections on the Global South", in: Atlantic Studies 11:4 (2014), S. 183–196.

Dobado-González, Rafael; García-Montero, Hector, „Neither So Low nor So Short. Wages and Heights in Bourbon Spanish America from an International Comparative Perspective", in: Journal of Latin American Studies 46:2 (2014), S. 291–321.

Domingues da Silva, Daniel B., The Atlantic Slave Trade from West Central Africa, 1780–1867, Cambridge: Cambridge University Press, 2017 (Cambridge Studies on the African Diaspora).

Domínguez, Lourdes S.; Funari, Pedro Paulo A., „Arqueología de los esclavos e indígenas en Brasil y Cuba", in: Archivo Cubano (2008) (http://www.archivocubano.org/transcult/lourdes_funari. html [10. März 2022]).

Domínguez Cabrera, David, ‚Segunda esclavitud' y trabajo portuario en Cuba (1763–1886), Memoria presentada por David Domínguez Cabrera para optar al grado de doctor por la Universitat Jaume I, director José Antonio Piqueras Arenas, Castelló de la Plana, 2021.

Domínguez Cabrera, „Segunda esclavitud y dinámicas laborales en el puerto de La Habana (1790–1860)", in: Naranjo Orovio, Consuelo (ed.), Sometidos a esclavitud. Los africanos y sus descendientes en el Caribe Hispano, Santa Marta: Editorial Unimagdalena, 2021 (Colección Humanidades y Artes. Historia), S. 503–532.

Donoghue, John; Jennings, Evelyn P. (eds.), Building the Atlantic Empires. Unfree Labor and Imperial States in the Political Economy of Capitalism, ca. 1500–1914, Leiden: Brill, 2015 (Studies in Global Social History 20).

Donoso Anes, Rafael, El asiento de esclavos con Inglaterra (1713–1750). Su contexto histórico y sus aspectos económicos y contables, Sevilla: Universidad de Sevilla, 2010.

Dorigny, Marcel (ed.), Esclavage, résistance, abolitions, Paris: èditions du C.T.H.S, 1999.

Dorsey, Joseph C., „Women without History. Slavery and the International Politics of Partibus Sequitur Ventrem in the Spanish Caribbean", in: Journal of Caribbean History 28:2 (1994), S. 165–207.

Downey, Tom, Planting a Capitalist South. Masters, Merchants, and Manufacturers in the Southern Interior, 1790–1860, Baton Rouge: Louisiana State University Press, 2006.

Drescher, Seymour, „The Long Goodbye. Dutch Capitalism and Antislavery in Comparative Perspective", in: Oostindie, Gert (ed.), Fifty Years Later. Antislavery, Capitalism and Modernity in the Dutch Orbit, Leiden; Pittsburgh: KITLV Press; University of Pittsburgh Press, 1995, S. 25–66.

Drescher, „White Atlantic? The Choice for African Slave Labor in the Plantation Americas", in: Eltis, David; Lewis, Frank; Sokoloff, Kenneth (eds.), Slavery in the development of the Americas, Cambridge: Cambridge University Press, 2004, S. 31–69.

Drescher, Abolition. A History of Slavery and Antislavery, Cambridge: Cambridge University Press, 2009.

Drescher; Emmer, Pieter C. (eds.), Who Abolished Slavery? Slave Revolts and Abolitionism. A Debate With João Pedro Marques, New York; Oxford: Berghahn Books, 2010 (European Expansion & Global Interaction 8).

Dubler, César E. (ed. u. übers.), Abū Ḥāmid el Granadino y su relación de viaje por tierras eurasiáticas, Madrid: Maestre, 1953.

Dubois, Laurent, „The Road to 1848. Interpreting French Antislavery", in: Slavery & Abolition 22 (2001), S. 150–157.

Ducène, Jean-Charles (übers.), De Grenade à Bagdad. La relation de voyage d'Abû Hâmid al-Gharnâtî (1080–1168) ou Al-mu'rib 'an ba'd 'adjâ'ib al-Maghrib (Exposition claire de quelques merveilles de l'Occident), Paris; Budapest; Kinshasa; Turin; Ouagadougou: L'Harmattan, 2006 (Histoire et Perspectives Méditerranéennes 8).

Duke, Antera, The Diary of Antera Duke, an 18th-Century African Slave Trader, ed. Behrendt, Stephen D.; Latham, A.J.H.; Northrup, David, Oxford: Oxford University Press, 2010.

Dye, Alan D., Cuban Sugar Production in the Age of Mass Production. Technology and the Economics of the Sugar Central, 1899–1929, Stanford: Stanford University Press, 1998.

Eagle, Marc; Wheat, David, „The Early Iberian Slave Trade to the Spanish Caribbean, 1500–1580", in: Borucki, Alex; Eltis, David; Wheat (eds.), From the Galleons to the Highlands. Slave Trade Routes in the Spanish Americas, Albuquerque: University of New Mexico Press, 2020, S. 47–72.

Ebert, Christopher, Between Empires. Brazilian Sugar in the Early Atlantic Economy, 1550–1630, Leiden: Brill, 2008.

Echeverri, Marcela, Indian and Slave Royalists in the Age of Revolution. Reform, Revolution and Royalism in the Northern Andes, 1780–1825, New York: Cambridge University Press, 2016.

Echeverri, „Esclavitud y tráfico de esclavos en el Pacífico Suramericano durante el era de la abolición", in: Historia Mexicana 69:2 (2019), S. 627–691.

Echeverri, „Slavery in Mainland Spanish America in the Age of the Second Slavery", in: Tomich, Dale W. (ed.), Atlantic Transformations. Empire, Politics, and Slavery During the Nineteenth Century, New York: State University of New York Press, 2020, S. 19–44.

Eck, Werner, „Sklaven und Freigelassene von Römern in Iudaea und den angrenzenden Provinzen", in: Novum Testamentum 55 (2013), S. 1–21.

Eichmann, Flavio, „Weder Freiheit noch Gleichheit. Terror und Abolition auf Guadeloupe 1794–1801", in: Mittelweg 36:4 (2015), S. 64–85.

Eichmann, „Die letzte Schlacht – Guadeloupe 1815. Koloniale Konflikte im Lichte von Napoleons Sklavenhandelsverbot", in: Zeitschrift für Weltgeschichte 16:2 (2015), S. 93–112 (= Themenheft: Der Wiener Kongress und seine globale Dimension).

Eliot, Lewis B. H., „We Don't Recognize Your Freedom. Slavery, Imperialism, and Statelessness in the Mid-Nineteenth Century Atlantic World", in: Atlantic Studies 16:4 (2019), S. 482–501.

Eller, Anne, We Dream Together. Dominican Independence, Haiti, and the Fight for Caribbean Freedom, Durham: Duke University Press, 2016.

Eller, „Rumors of Slavery. Defending Emancipation in a Hostile Caribbean", in: American Historical Review 122:3 (2017), S. 653–679.

Eller, „Raining Blood. Spiritual Power, Gendered Violence, and Anticolonial Lives in the Nineteenth-Century Dominican Borderlands", in: Hispanic American Historical Review 99:3 (2019), S. 431–465.

Eltis, David, „Free and Coerced Transatlantic Migrations. Some Comparisons", in: American Historical Review 88 (1983), S. 251–280.

Eltis (ed.), Coerced and Free Migration. Global Perspectives, Stanford: Stanford University Press, 2002.

Eltis, „National Participation in the Transatlantic Slave Trade. New Evidence", in: Curto, José C.; Renée Soulodre-La France (eds.) Africa and the Americas. Interconnections During the Slave Trade, Trenton: Africa World Press, 2005, S. 13–41.

Eltis, „Iberian Dominance and the Intrusion of Northern Europeans into the Atlantic World. Slave Trading as a Result of Economic Growing?", in: Almanack 22 (2019), S. 495–549 (https://www.scielo.br/scielo.php?script=sci_arttext&pid=S2236-46332019000200496 [10. März 2022]).

Eltis; Engerman, Stanley L. (eds.), The Cambridge World History of Slavery, Bd. 3: AD 1420-AD 1804, Cambridge: Cambridge University Press, 2011.

Eltis; Engerman, Stanley L.; Drescher, Seymour; Richardson, David (eds.), The Cambridge World History of Slavery, Bd. 4: AD 1804-AD 2016, Cambridge: Cambridge University Press, 2017

Eltis; Lewis, Frank; Sokoloff, Kenneth (eds.), Slavery in the Development of the Americas, Cambridge: Cambridge University Press, 2004.

Eltis; Lovejoy, Paul E.; Richardson, David, „Slave-Trading Ports. Toward an Atlantic-Wide Perspective", in: Law, Robin; Strickrodt, Silke (eds.), Ports of the Slave Trade (Bights of Benin and Biafra), Stirling: Centre of Commonwealth Studies, University of Stirling, 1999, S. 12–34.

Eltis; Richardson, David (eds.), Extending the Frontiers. Essays on the New Transatlantic Slave Trade Database. New Haven: Yale University Press, 2008.

Emmer, Pieter C., „The First Global War. The Dutch versus Iberia in Asia, Africa and the New World, 1590–1609", in: e-Journal of Portuguese History 1:1 (2003), S. 1–14 (https://www.brown.edu/Departments/Portuguese_Brazilian_Studies/ejph/html/issue1/pdf/emmer.pdf [09. März 2022]).

Engerman, Stanley L., „Slavery", in: Horowitz, Maryanne C. (ed.), New Dictionary of the History of Ideas, Bd. 5: Physics to Syncretism, Detroit: Thomson Gale, 2005, S. 2213–2216.

Enthoven, Victor, „‚That Abominable Nest of Pirates'. St. Eustatius and the North Americans, 1680–1780", in: Early American Studies: An Interdisciplinary Journal 10:2 (2012), S. 239–301.

Escobar Ohmstede, Antonio, „Instituciones y trabajo indígena en la América española", in: Revista Mundos do Trabalho 6, no. 12 (2014), S. 27–53.

Espersen, Ryan, „Fifty Shades of Trade. Privateering, Piracy, and Illegal Slave Trading in St. Thomas, Early Nineteenth Century", in: New West Indian Guide 93:2 (2019), S. 1–26.

Evans, Chris, „Brazilian Gold, Cuban Copper and the Final Frontier of British Anti-Slavery", in: Slavery & Abolition 34:1 (2013), S. 118–134.

Evans, Sterling, Bound in Twine. The History and Ecology of the Henequen-Wheat Complex for Mexico and the American and Canadian Plains, 1880–1950, College Station: Texas A&M University Press, 2007.

Everaert, John G., „Una ‚Pesadilla Dulce'. Problemas de Gestión y de Rendimiento de un Ingenio Flamenco en el Brasil (ca. 1548–1615)", in: Centro de Estudos de História do Atlântico (ed.), O Açúcar Antes e Depois de Colombo Seminário Internacional de História do Açúcar, Funchal: Secretaria Regional de Educação e Cultura; Centro de Estudos de História do Atlântico, 2009 (CD-Rom), S. 127–133.

Ezquerra Abadia, Ramón, „Los primeros contactos entre Colón y Vespucio", in: Revista de Indias 37, nos. 143–144 (1976), S. 19–47.

Fábregas García, Adela, „Del cultivo de la caña al establecimiento de las plantaciones", in: Região Autónoma da Madeira (ed.), História e tecnologia do açúcar, Funchal: Centro de Estudos de História do Atlântico, 2000, S. 59–85.

Falola, Toyin, „The Yoruba Caravan System of the Nineteenth Century", in: International Journal of African Historical Studies 24 (1991), S. 111–132.

Falola; Ogundiran, Akin (eds.), The Archaeology of Atlantic Africa and the African Diaspora, Bloomington: Indiana University Press, 2007.

Farias, Juliana Barreto; Santos Gomes, Flávio dos; Líbano Soares, Carlos Eugênio; Araújo Moreira, Carlos Eduardo de, Cidades Negras. Africanos, crioulos e espaços urbanos no Brasil escravista do século XIX, São Paulo: Alameda, 2006.

Fatah-Black, Karwan, „Slaves and Sailors on Suriname's Rivers", in: Itinerario 36 (2012), S. 61–82.

Fatah-Black, White Lies and Black Markets. Evading Metropolitan Authority in Colonial Suriname, 1650–1800, Leiden: Brill, 2015 (The Atlantic World 31).

Feest, Christian, „Im Schatten des Friedensbaumes. Aus der Welt der Irokesen", in: Kunst- und Ausstellungshalle der BRD GmbH (ed.), Auf den Spuren der Irokesen, Katalog, Berlin: Nicolai, 2013, S. 22–29.

Felipe-González, Jorge; Lawrance, Benjamin N.; Cole, Gibril R., „The Amistad Saga. A Transatlantic Dialogue", in: Oxford Research Encyclopedia of Latin American History (https://doi.org/10.1093/acrefore/9780199366439.013.941).

Fernández Chaves, Manuel F., „Capital y confianza. Enrique Freire, factor de los tratantes de esclavos portugueses, 1574–1577", in: Fernández Chaves; Pérez García, Rafael M.; Perez, Beatrice (eds.), Mercaderes y redes mercantiles en la Península Ibérica. Siglos XV–XVIII, Lisboa; Sevilla; Paris: Editorial Universidad de Sevilla; Cátedra Alberto Benveniste; Éditions Hispaniques, 2019, S. 303–329.

Fernández Chaves; Pérez García, Rafael M., „Las redes de la trata negrera. Mercaderes portugueses y tráfico de esclavos en Sevilla (c. 1560–1580)", in: Martín Casares, Aurelia; García Barranco, Margarita (eds.), La esclavitud negroafricana en la historia de España, Granada: Editorial Comares, 2010, S. 5–34.

Fernández Chaves; Pérez García, „La élite mercantil judeoconversa andaluza y la articulación de la trata negrera hacia las Indias de Castilla, ca. 1518–1560", in: Hispania 76, no. 253 (2016), S. 385–414.

Fernández de Pinedo Echevarría, Nadia, Comercio exterior y fiscalidad. Cuba 1794–1860, Bilbao: Servicio Editorial, Universidad del País Vasco; Euskal Herriko Unibertstatea, 2002.

Fernández Méndez, Eugenio, Las encomiendas y la esclavitud de los indios de Puerto Rico. 1508–1550, San Juan: Ediciones el Cemí, 1995.

Fernández Olmos, Margerite; Paravisini-Olmos, Lizabeth, Creole Religions of the Caribbean. An Introduction from Vodou and Santería to Obeah and Espiritismo, New York; London: New York University Press, 2003.

Fernández Prieto, Leida, „Modernización y cambio tecnológico en la agricultura de Cuba, 1878–1920", in: Santamaría García, Antonio; Naranjo Orovio, Consuelo (eds.), Más allá del azúcar. Política, diversificación y prácticas económicas en Cuba, 1878–1930, Aranjuez (Madrid): Doce Calles, 2009, S. 175–218.

Fernández Prieto, „Islands of Knowledge. Science and Agriculture in the History of Latin America and the Caribbean", in: Isis 104:4 (2013), S. 788–797.

Ferraro, Marcelo Rosanova, „Capitalism, Slavery and the Making of Brazilian Slaveholding Class. A Theoretical Debate on World-System Perspective", in: Almanack 23 (2019), S. 151–175.

Ferreira, Roquinaldo, „Negociantes, fazendeiros e escravos. O tráfico ilegal de escravos no Brasil", in: Revista Internacional de Estudos Africanos 18–22 (1995–1999), S. 9–28.

Ferreira, Cross-Cultural Exchange in the Atlantic World. Angola and Brazil during the Era of Slave Trade, Cambridge: Cambridge University Press, 2012.

Ferreira; Seijas, Tatiana, „The Slave Trade to Latin America", in: Fuente, Alejandro de la; Andrews, George Reid (eds.), Afro-Latin American Studies. An Introduction, Cambridge: Cambridge University Press, 2018, S. 27–51.

Ferrer, Ada, „Haiti, Free Soil, and Antislavery in the Revolutionary Atlantic", in: The American
    Historical Review 117: 1 (2012), S. 40–66.

Ferrer Abárzuza, Antoni, Captius i senyors de captius a Eivissa. Una contribució al debat sobre
    l'*esclavitut* medieval (segles XIII–XVI), Valencia: Publicacions de la Universitat de València,
    2015.

Ferrer Abárzuza, „Captives or Slaves and Masters in Eivissa (Ibiza), 1235–1600", in: Medieval
    Encounters 22 (2016), S. 565–593.

Ferry, Robert J., The Colonial Elite of Early Caracas. Formation and Crisis, 1567–1767, Berkeley;
    London: University of California Press, 1989.

Ferry, „Trading Cacao. A View from Veracruz, 1629 – 1645", in: Nuevo Mundo Mundos Nuevos 6
    (2006) (http://nuevomundo.revues.org/document1430.html [23. März 2022]).

Fett, Sharla M., „Middle Passages and Forced Migrations. Liberated Africans in Nineteenth-Century
    US Camps and Ships", in: Slavery & Abolition 31:1 (2010), S. 75–98.

Fett, Recaptured Africans. Surviving Slave Ships, Detention, and Dislocation in the Final Years of
    the Slave Trade, Chapel Hill: University of North Carolina Press, 2017.

Fick, Carolyn E., „The Saint Domingue Slave Insurrection of 1791. A Socio-Political and Cultural
    Analysis", in: Shepherd, Verene A.; Beckles, Hilary McD. (eds.), Caribbean Slavery in the
    Atlantic World. A Student Reader, Kingston; Oxford; Princeton: Ian Randle Publishers; James
    Currey Publishers; Marcus Wiener Publishers, 2000, S. 961–982.

Fick, „Revolutionary Saint Domingue and the Emerging Atlantic", in: Tomich, Dale W.; Zeuske,
    Michael (eds.), The Second Slavery. Mass Slavery, World-Economy, and Comparative
    Microhistories, Bd. 1, Binghamton: Binghamton University, 2009 (= Special Issue: Review.
    A Journal of the Fernand Braudel Center 41:2–3 [2008]), S. 121–144.

Figueroa, Luis A., Sugar, Slavery, and Freedom in Nineteenth-Century Puerto Rico, Chapel Hill:
    University of North Carolina Press, 2005.

Finch, Aisha K., Rethinking Slave Rebellion in Cuba. La Escalera and the Insurgencies of
    1841–1844, Chapel Hill: University of North Carolina Press, 2015.

Figuerôa-Rêgo, João de, „Os Homens da Nação e o Trato Tabaqueiro. Notas sobre Redes e
    Mobilidade Geográfica no Contexto Europeo e Colonial Moderno", in: Anais de História de
    Além-Mar 14 (2013), S. 177–199.

Florentino, Manolo; Amantino, Márcia, „Runaways and *Quilombolas* in the Americas", in: Eltis,
    David; Engerman, Stanley L., (eds.), The Cambridge World History of Slavery, Bd. 3: AD
    1420–AD 1804, Cambridge: Cambridge University Press, 2011, S. 708–740.

Fogel, Robert William, „American Slavery. A Flexible, Highly Developed Form of Capitalism", in
    Harris, J. William (ed.), Society and Culture in the Slave South, London: Routledge, 1992,
    S. 77–99.

Follett, Richard, „Slavery and Plantation Capitalism in Louisiana's Sugar Country", in: American
    Nineteenth Century History 1:3 (2000), S. 1–27.

Follett, The Sugar Masters. Planters and Slaves in Louisiana's Cane World 1820–1860, Baton
    Rouge: Louisiana State University Press, 2005.

Follett; Beckert, Sven; Coclanis, Peter; Hahn, Barbara, Plantation Kingdom. The American South
    and Its Global Commodities, Baltimore: Johns Hopkins University Press, 2016 (The Marcus
    Cunliffe Lecture Series).

Follett; Foner, Eric; Johnson, Walter (eds.), Slavery's Ghost. The Problem of Freedom in the Age of
    Emancipation, Baltimore: Johns Hopkins University Press, 2011.

Forrest, Alan, The Death of the French Atlantic. Trade, War, and Slavery in the Age of Revolution,
    Oxford: Oxford University Press, 2020.

Fradera, Josep María, „La participació catalana en el tràfic d'esclaus", in: Recerques 16 (1984),
    S. 119–139.

Fradera, „Limitaciones históricas del abolicionismo catalán", in: Solano, Francisco; Guimerá, Agustín (eds.), Esclavitud y derechos humanos. La lucha por la libertad del negro en el siglo XIX, Madrid: Consejo Superior de Investigaciones Científicas, 1990, S. 125–133.

Fradera, Colonias para después de un imperio, Barcelona: edicions bellaterra, 2005.

Fradera, La nación imperial (Ensayo Histórico) 1750–1918, 2 Bde., Madrid: edhasa, 2015.

Fradera, Imperial Nation. Ruling Citizens and Subjects in the British, French, Spanish, and American empires, Princeton: Princeton University Press, 2018.

Fradera; Schmidt-Nowara, Christopher (eds.), Slavery and Antislavery in Spain's Atlantic Empire, New York; Oxford: Berghahn, 2013.

Fragoso, João; Guedes, Roberto; Krause, Thiago, A América portuguesa e os sistemas atlânticos na Época Moderna, Rio de Janeiro: Editora FGV, 2013.

Franco, Luciano, Ensayos históricos, La Habana: Editorial de Ciencias Sociales, 1974.

Franklin, Sarah. L., Women and Slavery in Nineteenth-Century Colonial Cuba, Rochester: University of Rochester Press, 2012.

Freire, João (ed.), Olhares europeus sobre Angola. Ocupação do território, operações militares, conhecimentos dos povos, projectos de modernização (1883–1918), Lisboa: Comissão Cultural de Marinha; Edições Culturais da Marinha, 2011 (antologia de textos de época).

Friedman, Saul S., Jews and the American Slave Trade, New Brunswick: Transaction Publishers, 1998.

Frykman, Niklas, The Bloody Flag. Mutiny in the Age of Atlantic Revolution, Berkeley: University of California Press, 2020.

Frykman; Anderson, Clare; van Voss, Lex Heerma; Rediker, Marcus, „Mutiny and Maritime Radicalism in the Age of Revolution. An Introduction", in: International Review of Social History 58 (2013), S. 1–14 (= Special Issue: Mutiny and Maritime Radicalism in the Age of Revolution).

Fuente, Alejandro de la, „Introducción al studio de la trata en Cuba. Siglos XVI y XVII", in: Santiago 61 (1986), S. 155–208.

Fuente, „Sugar and Slavery in Early Colonial Cuba", in: Schwartz, Stuart B. (ed.), Tropical Babylons. Sugar and the Making of the Atlantic World, 1450–1680, Chapel Hill: University of North Carolina Press, 2004, S. 115–157.

Fuente, Havana and the Atlantic in the Sixteenth Century, Chapel Hill: University of North Carolina Press, 2008.

Fuente, „Slaves and the Creation of Legal Rights in Cuba. Coartación and Papel", in: Hispanic American Historical Review 87:4 (2007), S. 659–692 (reprinted in: Fradera, Josep Maria; Schmidt-Nowara, Christopher (eds.), Slavery and Antislavery in Spain's Atlantic Empire, New York; Oxford: Berghahn, 2013, S. 101–134).

Fuente; Gross, Ariela J., Becoming Free, Becoming Black. Race, Freedom, and Law in Cuba, Virginia, and Louisiana, 1500–1860, Cambridge: Cambridge University Press, 2020.

Funes Monzote, Reinaldo, De los bosques a los cañaverales. Una historia ambiental de Cuba 1492–1926, La Habana: Editorial Ciencias Sociales, 2008.

Funes Monzote, From Rainforest to Cane Field. A Cuban Environmental History since 1492, Chapel Hill: University of North Carolina Press, 2008.

Funes Monzote, „Cultura ganadera en la historia de Cuba. Una aproximación", in: Catauro. Revista Cubana de Antropología 13, no. 25 (2012), S. 6–28.

Funes Monzote, „Animal Labor and Protection in Cuba. Changes in Relationships with Animals in the Nineteenth Century", in: Few, Martha; Tortorici, Zeb (eds.), Centering Animals in Latin American History. Writing Animals into Latin American History, Durham: Duke University Press, 2013, S. 209–242.

Funes Monzote, „Historia y cultura porcina en Cuba", in: Catauro. Revista Cubana de Antropología 15, no. 28 (2013), S. 6–29.

Funes Monzote, „Paisajes de la nueva plantación esclavista azucarera en Cuba. La llanura de Colón", in: Piqueras, José Antonio (ed.), Plantación, espacios agrarios y esclavitud en la Cuba colonial, Castellón de la Plana: Publicacions de la Universitat Jaume I; Casa de las Américas, 2017 (Collecció Amèrica 36), S. 91–114.

Funes Monzote, „„Un arcoíris en medio de la tempestad'. Visiones del potrero cubano en el siglo XIX", in: Mundo Agrario 21, no. 46 (2020), e133 (https://doi.org/10.24215/15155994e133).

Fynn-Paul, Jeff; Pargas, Damian Alan (eds.), Slaving Zones. Cultural Identities, Ideologies, and Institutions in the Evolution of Global Slavery, Leiden: Brill, 2018 (Studies in Global Slavery 4).

Gänger, Stefanie, „World Trade in Medicinal Plants from Spanish America, 1717–1815", in: Medical History 59:1 (2015), S. 44–62.

Gámez Duarte, Feliciano, „El crepúsculo de los héroes. El corso insurgente y la edad de plata de la piratería", in: Revista Mexicana de Historia del Derecho 27 (2013), S. 73–98.

Garate, Montserrat, Comercio Ultramarino e ilustración. La Real Compañía de La Habana, Donostia-San Sebastián 1993 (Colección ilustración Vasca 6).

Garavaglia, Juan Carlos, „Un siglo de estancias en la campaña de Buenos Aires. 1751 a 1853", in: Hispanic American Historical Review 79:4 (1999), S. 703–734.

Garavaglia, „The Economic Role of Slavery in a Non-Slave Society. The River Plate, 1750–1814", in: Fradera, Josep Maria; Schmidt-Nowara, Christopher (eds.), Slavery and Antislavery in Spain's Atlantic Empire, New York; Oxford: Berghahn, 2013, S. 74–100.

Garavaglia; Gelman, Jorge D., El mundo rural rioplatense a fines de la época colonial. Estudios sobre producción y mano de obra, Buenos Aires: Biblos, 1989.

Garavaglia; Gelman, Jorge D., „Rural History of the Río de la Plata, 1600–1850", in: Latin American Research Review 30:3 (1995), S. 75–105.

García, Gloria, „Los cabildos de nación. Organización, vicisitudes y tensiones internas (1780–1868)", in: Del Caribe 43 (2004), S. 65–73.

García Álvarez, Alejandro, La costa cubana del guineo. Una historia bananera, La Habana: Editorial de Ciencias Sociales, 2008.

Garcia Balanya, Albert, „Antislavery before Abolitionism. Networks and Motives in Early Liberal Barcelona, 1833–1844", in: Fradera, Josep Maria; Schmidt-Nowara, Christopher (eds.), Slavery and Antislavery in Spain's Atlantic Empire, New York; Oxford: Berghahn, 2013, S. 229–255.

García de León, Antonio, Tierra adentro, mar en fuera. El puerto de Veracruz y su litoral a Sotavento, 1519–1821, Ciudad de México: Fondo de Cultura Económica; Universidad Veracruzana, Secretaría de Educación del Estado de Veracruz, 2011.

García del Pino, César, El corso en Cuba. Siglo XVII. Causas y conscuencias, La Habana: Editorial de Ciencias Sociales, 2001.

García del Pino, Corsarios, piratas y Santiago de Cuba, La Habana: Editorial de Ciencias Sociales, 2009.

García Fitz, Francisco, „Captives in Mediaeval Spain. The Castilian-Leonese and Muslim Experience (XI–XIII Centuries)", in: e-Strategica 1 (2017), S. 205–221.

García Fuentes, Lutgardo, „La introducción de esclavos en Indias desde Sevilla en el siglo XVI", in: Torres Ramírez, Bibiano; Hernández Palomo, José J. (eds.), Andalucía y America en el siglo XVI. Actas de las II Jornadas de Andalucía y América, Sevilla: Escuela de Estudios Hispanoamericanos, CSIC, 1983, S. 249–274.

García Martínez, Orlando, „Estudio de la economía cienfueguera desde la fundación de la colonia Fernandina de Jagua hasta mediados del siglo XIX", in: Islas 55–56 (1976–1977), S. 117–169.

García Martínez, Esclavitud y colonización en Cienfuegos 1819–1879, Cienfuegos: Ediciones Mecenas, 2008.

García Montón, Alejandro, „The cost of the Asiento. Private merchants, royal monopolies, and the making of the trans-atlantic slave trade in the Spanish empire", in: Polónia, Amélia; Antunes,

Cátia (eds.), Mechanisms of Global Empire Building, Porto: CITCEM; Edições Afrontamento, 2017, S. 11–34.

García-Montón, „The Rise of Portobelo and the Transformation of the Spanish Slave Trade, 1640s–1730s. Transimperial Connections and Intra-American Shipping", in: Hispanic American Historical Review 99: 3(2019), S. 388–429.

García Mora, Luis Miguel; Santamaría García, Antonio (eds.), Los Ingenios. Colección de vistas de los principales ingenios de azúcar de la Isla de Cuba. El texto redactado por Cantero, Justo G. Con las láminas dibujadas del natural y litografiadas por Eduardo Laplante, Madrid: CEDEX-CEHOPU; CSIC, Fundación MAPFRE Tavera y EDICIONES Doce Calles, S.L., 2005.

García Mora; Santamaría García, Antonio, „Donde cristaliza la esperanza. Lectura de Los Ingenios", in: García Mora; Santamaría García (eds.), Los Ingenios. Colección de vistas de los principales ingenios de azúcar de la Isla de Cuba. El texto redactado por Cantero, Justo G. Con las láminas dibujadas del natural y litografiadas por Eduardo Laplante, Madrid: CEDEX-CEHOPU; CSIC, Fundación MAPFRE Tavera y EDICIONES Doce Calles, S.L., 2005, S. 15–81.

García-Muñiz, Humberto, „La plantación que no se repite. Historias azucareras de la República Dominicana y Puerto Rico, 1870–1930", in: CLÍO Año 74, no. 169 (Enero-junio 2005), S. 141–174.

García Rodríguez, Mercedes, Misticismo y capitales. La Compañía de Jesús en la economía habanera del siglo XVIII, La Habana: Ed. de Ciencias Sociales, 2000.

García Rodríguez, „Tecnología y abolición", in: Piqueras, José Antonio (ed.), Azúcar y esclavitud en el final del trabajo forzado. Homenaje a M. Moreno Fraginals, México: Fondo de Cultura Económica, 2002, S. 76–92.

García Rodríguez, La aventura de fundar ingenios. La refacción azucarera en La Habana del siglo XVIII, La Habana: Editorial de Ciencias Sociales, 2004.

García Rodríguez, Entre Haciendas y Plantaciones. Orígenes de la manufactura azucarera en La Habana, La Habana: Editorial de Ciencias Sociales, 2007.

García Rodríguez, „¿Fueron los ingenios cubanos del siglo XVIII explotaciones autosuficientes?", in: Torre, Mildred de la (ed.), Voces de la sociedad cubana. Economía, política e ideología 1790–1862, La Habana: Editora de Ciencias Sociales, 2007, S. 9–35.

García Rodríguez, „La Real Compañía de La Habana. Su actividad por el puerto de Carenas", in: Elías Caro, Jorge Enrique; Vidal Ortega, Antonino (eds.), Ciudades portuarias en la gran cuenca del Caribe. Historia, Cultura, Economía y Sociedad, Barranquilla: Ediciones Uninorte; Editorial Universidad del Magdalena, 2010, S. 103–119.

Gareis, Iris, „La evangelización de la población indígena y afro, y las haciendas jesuitas de la América española. Logros y desencuentros", in: Marzal, Manuel M.; Negro, Sandra (eds.), Esclavitud, economía y evangelización. Las haciendas jesuitas en la América virreinal, Lima: Fondo Editorial Pontifícia Universidad Católica del Perú, 2005, S. 43–66.

Garfield, Robert, „Public Christians, Secret Jews. Religion and Political Conflict on Sao Tome Island in the Sixteenth and Seventeenth Centuries", in: The Sixteenth Century Journal. The Journal of Early Modern Studies 21:4 (1990), S. 645–654.

Garfield, A History of São Tomé Island 1470 – 1655. The Key to Guinea, San Francisco: Mellen Research University Press, 1992.

Garrigus, John D., „Blue and Brown. Contraband Indigo and the Rise of a Free Colored Planter Class in French Saint-Domingue", in: The Americas 50:2 (1993), S. 233–263.

Garrigus, „Colour, Class, and Identity on the Eve of the Haitian Revolution. Saint-Domingue's Free Coloured Elite as Colons Américains", in: Slavery & Abolition 17 (1996), S. 20–43.

Garrigus, „New Christians/‚New Whites'. Sephardic Jews, Free People of Color, and Citizenship in French Saint-Domingue, 1760–1789", in: Bernardini, Paolo; Fiering, Norman (eds.), The Jews and the Expansion of Europe to the West, 1450–1800, New York: Berghahn, 2001, S. 314–332.

Gayibor, Théodore N., „La mer et les royaumes du golfe de Guinée", in: Buchet, Christian; Le Bouëdec, Gérard (eds.), The Sea in History. The Early Modern World, Woodbridge: Boydell & Brewer, 2017, S. 622–634.

Geggus, David P. (ed.), The Impact of the Haitian Revolution in the Atlantic World, Columbia: University of South Carolina Press, 2001.

Geggus, Haitian Revolutionary Studies, Bloomington and Indianapolis: Indiana University Press, 2002.

Geggus, „Indigo and Slavery in Saint Domingue", in: Shepherd, Verene A. (ed.), Slavery without Sugar. Diversity in Caribbean Economy and Society since the 17th Century, Gainesville: University of Florida Press, 2002, S. 19–35.

Geggus, „Toussaint's Labor Decret (Supplement to the Royal Gazette [Jamaica], 15 Nov. 1800)", in: Geggus (ed.), The Haitian Revolution. A Documentary History, Indianapolis; Cambridge: Hackett, 2014, S. 153–154.

Geggus, „Slavery and the Haitian Revolution", in: Eltis, David; Engerman, Stanley L.; Drescher, Seymour; Richardson, David (eds.), The Cambridge World History of Slavery, Bd. 4: AD 1804-AD 2016, Cambridge: Cambridge University Press, 2017, S. 321–343.

Gelman, Jorge; Llopis, Enrique; Marichal, Carlos (eds.), Iberoamérica y España antes de las Independencias, 1700–1820. Crecimiento, reformas y crisis, México: Instituto Mora, El Colegio de México, 2014.

Gestrich, Andreas, „Die Antisklaverei-Bewegung im ausgehenden 18. und 19. Jahrhundert. Forschungsstand und Forschungsperspektiven", in: Herrmann-Otto, Elisabeth (ed.), Unfreie Arbeits- und Lebensverhältnisse von der Antike bis zur Gegenwart. Eine Einführung, Hildesheim: Georg Olms Verlag, 2005, S. 237–257.

Gikandi, Simon, Slavery and the Culture of Taste, Princeton: Princeton University Press, 2011.

Gil Montero, Raquel, „Free and Unfree Labour in the Colonial Andes in the Sixteenth and Seventeenth Centuries", in: International Review of Social History 56 (2011) (Special Issue 19: The Joy and Pain of Work. Global Attitudes and Valuations, 1500–1650), S. 297–318.

Gillingham, John, „Crusading Warfare, Chivalry, and the Enslavement of Women and Children", in: Halfond, Gregory (ed.), The Medieval Way of War. Studies in Medieval Military History in Honor of Bernard S. Bachrach, Aldershot: Ashgate, 2015, S. 133–151.

Gillis, John R., „Islands in the Making of an Atlantic Oceania, 1500–1800", in: Bentley, Jerry H.; Bridenthal, Renate; Wigen, Kären (eds.), Seascapes. Maritime Histories, Littoral Cultures, and Transoceanic Exchanges, Honolulu: University of Hawai'i Press, 2007, S. 21–37.

Girard, Philippe R., „Black Talleyrand. Toussaint Louverture's Diplomacy, 1798–1802", in: William and Mary Quarterly 66 (2009), S. 87–124.

Girón Pascual, Rafael M., „Capital comercial, capital simbólico. El patrimonio de los cargadores a Indias judeoconversos en la Sevilla de los siglos XVI y XVII", in: Mediterranea Ricerche Storiche 16, no. 46 (2019) (https://www.academia.edu/40016402 [08. März 2022]), S. 315–348.

Giusti-Cordero, Juan, „Sugar and Livestock. Contraband Networks in Hispaniola and the Continental Caribbean in the Eighteenth Century", in: Revista Brasileira do Caribe 15, no. 29 (2014), S. 13–41.

Gliech, Oliver, Saint-Domingue und die Französische Revolution. Das Ende der weißen Herrschaft in einer karibischen Plantagenwirtschaft, Köln, Weimar; Wien: Böhlau, 2011.

Gliech, „L'autodestruction de l'élite blanche de Saint-Domingue. Histoire d'un paradoxe 1789–1794", in: Revue de la Société Haïtienne d'Histoire, de Géographie et de Géologie, Port-au-Prince (2012), S. 77–92.

Gøbel, Erik, The Danish Slave Trade and Its Abolition, Leiden: Brill, 2016 (Studies in Global Slavery).

Goicoetxea, Ángel, Los vascos y la trata de esclavos, Madrid: ediciones pastor, 2017.

Gómez, Alejandro E., La ley de los franceses", in: Akademos 7:1 (2005), S. 97–132.

Gómez, „Socio-Racial Sensibilities towards coloured subaltern sectors in the Spanish Atlantic", in: Culture & History Digital Journal 4:2 (2015) (https://www.academia.edu/19605871 [23. März 2022]).

Gomez, Michael A., African Dominion. A New History of Empire in Early and Medieval West Africa, Princeton: Princeton University Press, 2018.

Gómez, Pablo F., „The Circulation of Bodily Knowledge in the Seventeenth-Century Black Spanish Caribbean", in: Social History of Medicine 26:3 (2013), S. 383–402.

Gómez, The Experiential Caribbean. Creating Knowledge and Healing in the Early Modern Atlantic, Chapel Hill: University of North Carolina Press, 2017.

Gómez González, Juan Sebastián, „Las tensiones de una frontera ístmica. Alianzas, rebeliones y comercio ilícito en el Darién. Siglo XVIII", in: Historia y Sociedad 15 (2008), S. 143–163.

Gómez González, „‚Poner el reino en la consternación'. Contrabando y hermandad en el istmo de Panamá a mediados del siglo XVIII", in: Boletín Cultural y Bibliográfico 55, no. 100 (2021), S. 13–30.

Góngora Mera, Manuel; Vera Santos, Rocío; Costa, Sérgio, „Los Asientos Internacionales y el reformismo esclavista ilustrado del XVIII", in: Góngora Mera; Vera Santos; Costa (eds.), Entre el Atlántico y el Pacífico Negro. Afrodescendencia y regímenes de desigualdad en Sudamérica, Madrid; Frankfurt am Main: Iberoamericana; Vervuert, 2019 (Biblioteca Ibero-Americana 174), S. 136–154.

Gonzalez, Johnhenry, Maroon Nation: A History of Revolutionary Haiti, New Haven: Yale University Press, 2019 (Yale Agrarian Studies Series).

Gonzales, Moises, „The Genizaro Land Grant Settlements of New Mexico", in: Journal of the Southwest 56:4 (2014), S. 583–602.

González, Raymundo, „Campesinos monteros en Santo Domingo colonial. Dispersión rural en la sociedad esclavista", in: Naranjo Orovio, Consuelo (ed.), Sometidos a esclavitud. Los africanos y sus descendientes en el Caribe Hispano, Santa Marta: Editorial Unimagdalena, 2021 (Colección Humanidades y Artes. Historia), S. 225–269.

González Arévalo, Raúl, „Ansias de libertad. Fuga y esclavos fugitivos en el Reino de Granada a fines de la Edad Media", in: Martín Casares, Aurelia (ed.), Esclavitudes hispánicas (siglos XV al XXI). Horizontes socioculturales, Granada: Universidad de Granada, 2014.

González Guardiola, María Dolores; Igual Luis, David (eds.), El mar vivido. Perfiles sociales de las gentes de mar en la larga duración (siglos XV–XXI), Cuenca: Ediciones de la Universidad de Castilla-La Mancha, 2020 (colección estudios 170).

González Sedeño, Modesto, Último escalón alcanzado por la plantación comercial azucarera esclavista (1827–1886), La Habana: Editorial de Ciencias Sociales, 2003.

González-Ripoll Navarro, María Dolores, Cuba, la isla de los ensayos. Cultura y sociedad (1790–1815), Madrid: CSIC, Centro de Humanidades, Instituto de Historia, 1999 (Colección Tierra Nueva e Cielo Nuevo 38).

Goslinga, Cornelis Ch., The Dutch in the Caribbean and on the Wild Coast 1580–1680, Assen: Van Gorcum, 1971.

Gottlieb, Alma, „Crossing Religious Borders-Jews and Cabo Verdeans", in: Mande Studies 16–17 (2015), S. 31–68.

Gottmann, Felicia; Stern, Philip, „Crossing Companies", in: Journal of World History 31:3 (2020), S. 477–488.

Gould, Alice B., Nueva lista documentada de los tripulantes de Colón en 1492, Madrid: Real Academia de la Historia, 1984.

Gould, Eliga H., „Lines of Plunder or Crucible of Modernity. The Legal Geography of the English-Speaking Atlantic, 1660–1825", in: Bentley, Jerry H.; Bridenthal, Renate; Wigen, Kären

(eds.), Seascapes. Maritime Histories, Littoral Cultures, and Transoceanic Exchanges, Honolulu: University of Hawai Press, 2007, S. 105–120.

Gould, „Entangled Histories, Entangled Worlds. The English-Speaking Atlantic as a Spanish Periphery", in: American Historical Review 112:3 (2007), S. 764–786.

Grabados Coloniales de Cuba, La Habana; Santander: Museo Nacional de Cuba; Museo de Bellas Artes, Ayuntamiento de Santander, 1998.

Grafenstein Gareis, Johanna von, „Patriotas y piratas en un territorio en disputa, 1810–1819", in: Revista Theorethikos 3:1 (2000), S. 1–51.

Grafenstein, „Haití en el siglo XIX. Desde la Revolución de esclavos hasta la ocupación norteamericana (1791–1915)", in: Istor. Revista de Historia Internacional 12, no. 46 (2011), S. 3–32.

Grafenstein, „Hacer negocios en tiempos de guerra. Comercio, corso y contrabando en el golfo de México y mar caribe durante la segunda década del siglo XIX", in: Grafenstein; Reichert, Rafał; Rodríguez Trevino, Julio César (eds.), Entre lo legal, lo ilícito y lo clandestino. Prácticas comerciales y navegación en el Gran Caribe, siglos XVII al XIX, Ciudad de México: Instituto de Investigaciones Dr. José María Luis Mora, 2018 (Historia económica), S. 96–142.

Grafenstein; Reichert, Rafał; Rodríguez Trevino, Julio César (eds.), Entre lo legal, lo ilícito y lo clandestino. Prácticas comerciales y navegación en el Gran Caribe, siglos XVII al XIX, Ciudad de México: Instituto de Investigaciones Dr. José María Luis Mora, 2018 (Historia económica).

Graham, Richard, "Another Middle Passage? The Internal Slave Trade in Brazil", in: Johnson (ed.), The Chattel Principle: Internal Slave Trades in the Americas, 1808-1888, New Haven: Yale University Press, 2004, S. 291–324.

Grandpré, Louis Marie Joseph Ohier de [auch: Degrandpré], Voyage á la côte occidentale d'Afrique fait dans les années 1786 et 1787, 2 Bde., Paris: DENTU Imprimieur-Libraire, 1801.

Grataloup, Christian, L'invention des continents. Comment l'Europe a découpé le monde, Paris: Larousse, 2009.

Graubart, Karen, „Los lazos que unen. Dueñas de esclavos negros, Lima, ss. XVI–XVII", in: Nueva corónica 2 (2013), S. 625–640.

Green, Tobias, „Fear and Atlantic History. Some Observations Derived from Cape Verde Islands and the African Atlantic", in: Atlantic Studies 3:1 (2006), S. 25–42.

Green, Toby „Building Slavery in the Atlantic World. Atlantic Connections and the Changing Institution of Slavery in Cabo Verde, Fifteenth-Sixteenth Centuries", in: Slavery & Abolition, 32:2 (2011), S. 227–245.

Green, The Rise of the Trans-Atlantic Slave Trade in Western Africa, 1300–1589, Cambridge: Cambridge University Press, 2012 (African Studies).

Green, „Policing the Empires. A Comparative Perspective on the Institutional Trajectory of the Inquisition in the Portuguese and Spanish Overseas Territories (Sixteenth and Seventeenth Centuries)", in: Hispanic Research Journal 13:1 (2012), S. 7–25.

Green (ed.), Brokers of Change. Atlantic Commerce and Cultures in Pre-Colonial Western Africa, London; Oxford: British Academy; Oxford University Press, 2012.

Green, „Beyond an Imperial Atlantic. Trajectories of Africans From Upper Guinea and West-Central Africa in the Early Atlantic World", in: Past & Present 230 (2016), S. 91–122.

Green, „Baculamento or Encomienda? Legal Plurisms and the Contestation of Power in Pan-Atlantic World of the Sixteenth and Seventeenth Centuries", in: Journal of Global Slavery 2:3 (2017), S. 310–336.

Green, A Fistful of Shells. West Africa from the Rise of the Slave Trade to the Age of Revolution, Chicago: University of Chicago Press, 2019.

Green-Pedersen, Svend E., „Colonial Trade under the Danish Flag. A Case Study of the Danish Slave Trade to Cuba 1790–1807", in: Scandinavian Journal of History 5 (1980), S. 93–120.

Greene, Jack P., Settler Jamaica in the 1750s. A Social Portrait, Charlottesville: University of Virginia Press, 2016.

Grieshaber, Christian, „Forschungen zur antiken Sklaverei im Zeitalter der schottischen Aufklärung – Wurzeln des britischen Abolitionismus?", in: Herrmann-Otto, Elisabeth (ed.), Sklaverei und Zwangsarbeit zwischen Akzeptanz und Widerstand, Hildesheim: Georg Olms Verlag, 2010, S. 164–177.

Grieshaber, Frühe Abolitionisten? Die Rezeption der antiken Sklaverei zur Zeit der schottischen Aufklärung und deren Einfluss auf die britische Abolitionsbewegung (1750–1833), Hildesheim: Georg Olms Verlag, 2012.

Gronenborn, Detlef, „Zum (möglichen) Nachweis von Sklaven/ Unfreien in prähistorischen Gesellschaften Mitteleuropas", in: Ethnologisch-Archäologische Zeitschrift 42:1 (2001), S. 1–42.

Gronenborn, „Häuptlinge und Sklaven? Anfänge gesellschaftlicher Differenzierung", in: Gronenborn, Terberger, Thomas (eds.), Vom Jäger und Sammler zum Bauern. Die Neolithische Revolution, Darmstadt: Theiss, 2014, S. 39–47.

Gudmestad, Robert H., A Troublesome Commerce. The Transformation of the Interstate Slave Trade, Baton Rouge: Louisiana State University Press, 2004.

Gudmestad, „Technology and the World the Slaves Made", in: History Compass 4:2 (2006), S. 373–383.

Guedes, Roberto; Godoy, Silvana, „Mamelucos (São Paulo y São Vicente, siglos XVI y XVII)", in: Revista Historia y Justicia 14 (2020) (https://doi.org/10.4000/rhj.3706).

Guimarães, Cecilia Silva, „São Tomé – século XVI. Os conflitos com Portugal e Congo e a aproximação com Angola", in: Ribeiro, Alexandre Vieira; Gebara, Alexsander Lemos de Almeida (eds.), Estudos Africanos. Múltiplas Abordagens, Niterói: Editora da UFF, 2013 (Coleção História), S. 202–239.

Guizelin, Gilberto da Silva, „A abolição do tráfico de escravos no Atlântico Sul. Portugal, o Brasil e a questão do contrabando de africanos", in: Almanack 5 (2013), S. 123–144.

Gunsenheimer, Antje, „Doña Marinas Schwestern und Brüder. Sklaverei in der aztekischen Gesellschaft", in: Dhau. Jahrbuch für außereuropäische Geschichte 2 (2017) (= Sklaverei in der Vormoderne. Beispiele aus außereuropäischen Gesellschaften), S. 53–81.

Gutiérrez Brockington, Lolita, Negros, indios y españoles en los Andes orientales. Reivindicando el olvido de Mizque colonial 1550–1782, La Paz: Plural editors, 2009.

Gutiérrez Escudero, Antonio, „Las reformas borbónicas, Santo Domingo y el comercio con los puertos del Caribe, 1700–1750", in: Memorias 7, no. 12 (2010), S. 4–31

Guzmán Navarro, Arturo, La trata esclavista en el Istmo de Panamá durante el siglo XVIII, Panamá: Editorial Universitaria, 1982.

Hacker, Barton C., „Firearms, Horses, and Slave Soldiers. The Military History of African Slavery", in: ICON. Journal of the International Committee for the History of Technology 14 (2008), S. 62–83.

Häberlein, Mark, Die Fugger. Geschichte einer Augsburger Familie (1367–1650), Stuttgart: Kohlhammer, 2006.

Häberlein, „Atlantic Sugar and Southern German Merchant Capital in the Sixteenth Century", in: Lachenicht, Susanne (ed.), Europeans Engaging the Atlantic. Knowlegde and Trade, 1500–1800, Frankfurt am Main: Campus, 2014, S. 47–71.

Häberlein, Aufbruch ins globale Zeitalter. Die Handelswelt der Fugger und Welser, Darmstadt: Wissenschaftliche Buchgesellschaft, 2016.

Hämäläinen, Pekka, The Comanche Empire, New Haven; London: Yale University Press, 2008 (The Lamar Series in Western History).

Hämäläinen, Lakota America. A New History of Indigenous Power, New Haven; London: Yale University Press, 2019 (The Lamar Series in Western History).

Hahamovitch, Cindy, „Creating Perfect Immigrants. Guestworkers of the World in Historical Perspective", in: Labor History 44:1 (2003), S. 69–94.

Hajda, Yvonne P., „Slavery in the Greater Lower Columbia Region", in: Ethnohistory 52:3 (2005), S. 563–588.

Hall, Catherine; Draper, Nicholas; McClelland, Keith; Donington, Katie; Lang, Rachel (eds.), Legacies of British Slave-Ownership. Colonial Slavery and the Formation of Victorian Britain, Cambridge: Cambridge University Press, 2014.

Hall; Draper, Nicholas; McClelland, Keith, „Introduction", in: Hall; Draper, Nicholas; McClelland, Keith; Donington, Katie; Lang, Rachel (eds.), Legacies of British Slave-Ownership. Colonial Slavery and the Formation of Victorian Britain, Cambridge: Cambridge University Press, 2014, S. 1–33.

Hancock, David J., Citizens of the World. London Merchants and the Integration of the British Atlantic Community, 1735–1785, Cambridge: Cambridge University Press, 1995.

Hancock, Oceans of Wine. Madeira and the Emergence of American Trade and Taste, New Haven: Yale University Press, 2009.

Hancock, „The Intensification of Atlantic Maritime Trade (1492–1815)", in: Buchet, Christian; Le Bouëdec, Gérard (eds.), The Sea in History – The Early Modern World, Suffolk: Boydell & Brewer, 2017, S. 19–29.

Handler, Jerome S., „Escaping Slavery in a Caribbean Plantation Society. Marronage in Barbados, 1650s- 1830s", in: Nieuwe West-Indische Gids/ New West Indian Guide 71 (1997), S. 183–225.

Hanley, Ryan, „The Royal Slave. Nobility, Diplomacy and the ‚African Prince' in Britain, 1748–1752", in: Itinerario 39:2 (2015), S. 329–347.

Hanna, Mark G., Pirate Nests and the Rise of the British Empire, 1570–1740, Chapel Hill: University of North Carolina Press, 2015.

Hanß, Stefan, „Sklaverei im vormodernen Mediterraneum", in: Zeitschrift für Historische Forschung 40:4 (2013), S. 623–661.

Haour, Anne, „The Early Medieval Slave Trade of the Central Sahel. Archaeological and Historical Considerations", in: Proceedings of the British Academy 168 (2011), S. 61–78.

Harding, Leonhard, Das Königreich Benin. Geschichte – Kultur – Wirtschaft, München: Oldenbourg, 2010.

Harwich, Nikita, Histoire du Chocolat, Paris: Éditions Desjonquères, 1992.

Harwich, „Le cacao vénézuélien. Une plantation à front pionnier", in: Caravelle 85 (2005), S. 17–30.

Hausse de Lalouvière, Joseph la, „A Business Archive of the French Illegal Slave Trade in the Nineteenth Century", in: Past & Present 252:1 (2021), S. 139–177.

Havik, Philip J., „Women and Trade in the Guinea Bissau Region. The Role of African and Luso-African Women in the Trade Networks from the Early 16th to the Mid 19th Century", in: Studia 52 (1994), S. 83–120.

Havik, „Matronas e Mandonas. Parentesco e poder feminino nos rios de Guiné (século XVII)", in: Pantoja, Selma (ed.), Entre Áfricas e Brasis, Brasília: Paralelo 15 Editores, 2001, S. 13–34.

Havik, Silences and Soundbytes. The Gendered Dynamics of Trade and Brokerage in the Pre-Colonial Guinea Bissau Region, Münster: LIT Verlag, 2004.

Havik, „The Port of Geba At the Crossroads of Afro Atlantic Trade and Culture", in: Mande Studies 9 (2007), S. 21–50.

Havik, „Traders, Planters and Go-Betweens. The Kriston in Portuguese Guinea", in: Portuguese Studies Review 19:1–2 (2011), S. 197–226.

Hawthorne, Walter, „The Production of Slaves Where There Was No State. The Guinea-Bissau Region, 1450–1815", in: Slavery & Abolition 29:2 (1999), S. 97–124.

Hawthorne, Planting Rice and Harvesting Slaves. Transformations Along the Guinea-Bissau Coast, 1400–1900, Portsmouth: Heinemann, 2003.

Hawthorne, From Africa to Brazil. Culture, Identity, and an Atlantic Slave Trade, 1600–1830, Cambridge: Cambridge University Press, 2010.

Hazard, Samuel, Cuba a pluma y lapiz. Traducción del inglés por Adrian del Valle, 3 Bde., La Habana: Cultural, S.A., 1928 (Colección de libros cubanos 7–9).

Head, David, „Slave Smuggling by Foreign Privateers. Geopolitical Influences on the Illegal Slave Trade", in: Journal of the Early Republic 33:3 (2013), S. 433–462.

Heinen, Heinz (ed.), Menschenraub, Menschenhandel und Sklaverei in antiker und moderner Perspektive. Ergebnisse des Mitarbeitertreffens des Akademievorhabens *Forschungen zur antiken Sklaverei* (Mainz, 10. Oktober 2006). Stuttgart: Franz Steiner, 2008 (Forschungen zur antiken Sklaverei 37).

Heintze, Beatrix, Afrikanische Pioniere. Trägerkarawanen im westlichen Zentralafrika (ca. 1850–1890), Frankfurt am Main: Verlag Otto Lehmbeck, 2002.

Heintze, A África centro-occidental no século XIX (c. 1850–1890). Intercâmbio com o Mundo Exterior. Appropriação, Exploração e Documentação. Tradução de Marina Santos, Luanda: Editorial Kilombelombe, 2013.

Heinzelmann, Eva; Riis, Thomas; Robl, Stefanie (eds.), Der dänische Gesamtstaat – ein unterschätztes Weltreich?, Kiel: Verlag Ludwig, 2006.

Helg, Aline, Plus jamais esclaves! De l'insoumission à la révolte, le grand récit d'une émancipation (1492–1838), Paris: La Découverte, 2016.

Helg, Slave no More. Self-Liberation before Abolitionism in the Americas. Translated by Vergnaud, Lara, Chapel Hill: The University of North Carolina Press, 2019.

Henige, David, „John Kabes of Komenda. An Early African Entrepreneur and State Builder", in: Journal of African History 18 (1977), S. 1–19.

Henige; Johnson, Marion, „Agaja and the Slave Trade. Another Look at the Evidence", in: History in Africa 3 (1976), S. 57–67.

Henriques, Isabel de Castro, Percursos da modernidade em Angola. Dinâmicas comerciais e transformações sociais no século XIX, pref. Jean Devisse, Lisboa: Instituto de Investigação Científica Tropical; Instituto da Cooperação Portuguesa, 1997.

Herbert, Eugenia W., Red Gold of Africa. Copper in Precolonial History and Culture, Madison: University of Wisconsin Press, 1984 (Neuedition: 2003).

Heredia López, Alfonso Jesús, „Los comerciantes a Indias y la Casa de la Contratación. Vínculos y redes (1618–1644)", in: Colonial Latin American Review 28:4 (2019), S. 514–537.

Hernæs, Per O.; Iversen, Tore (eds.), Slavery across Time and Space. Studies in Medieval Europe and Africa, Trondheim: Department of History, NTNU, 2002 (Trondheim Studies in History; 38).

Hernández de Lara, Odlanyer; Rodríguez Tápanes, Boris; Arredondo Antúnez, Carlos, Esclavos y cimarrones en Cuba. Arqueología histórica en la cueva El Grillete, Buenos Aires: Aspha, 2013.

Hernández González, Manuel, El círculo de los Gálvez. Formación, apogeo y ocaso de una élite de poder indiana, Madrid: Ediciones Polifemo, 2019 (colección „La Corte en Europa" 21).

Herrero Sánchez, Manuel, „La explotación de las salinas de Punta de Araya. Un factor conflictivo en el proceso de acercamiento hispano-neerlandés (1648–1677)", in: Cuadernos de Historia Moderna 14 (1993), S. 179–200.

Herrmann-Otto, Elisabeth (ed.), Unfreie Arbeits- und Lebensverhältnisse von der Antike bis zur Gegenwart. Eine Einführung, Hildesheim: Georg Olms Verlag, 2005.

Herrmann-Otto, Sklaverei und Freilassung in der griechisch-römischen Welt, Hildesheim; Zürich: Georg Olms Verlag, 2009 (Studienbücher Antike 15) (^{2}2017).

Herzog, Tamar, „Colonial Law and ‚Native Customs'. Indigenous Land Rights in Colonial Spanish America", in: The Americas 69:3 (2013), S. 303–321.

Hess, Andrew C., The Forgotten Frontier. A History of the Sixteenth Century Ibero-African Frontier, Chicago; London: University of Chicago Press, 1987 (Publications of the Center for Middle Eastern Studies 10).

Hevia Lanier, Oilda, „Reconstruyendo la historia de la exesclava Belén Álvarez", in: Rubiera Castillo, Daisy; Martiatu Terry, Inés María (eds.), Afrocubanas. Historia, pensamiento y prácticas culturales, La Habana: Editorial Ciencias Sociales, 2011, S. 30–53.

Hevia Lanier, „Historias ocultas. Mujeres dueñas de esclavos en La Habana colonial (1800–1860)", in: Hevia Lanier; Rubiera Castillo, Daisy (eds.), Emergiendo del silencio. Mujeres negras en la historia de Cuba, La Habana: Editorial de Ciencias Sociales, 2016, S. 3–55.

Heywood, Linda (ed.), Central Africans and Cultural Transformations in the American Diaspora, New York: Cambridge University Press: 2001.

Heywood, „Slavery and its Transformation in the Kingdom of Kongo. 1491–1800", in: Journal of African History 50 (2009), S. 1–22.

Heywood, Njinga of Angola. Africa's Warrior Queen, Cambridge: Harvard University Press, 2017.

Heywood; Thornton, John K., Central Africans, Atlantic Creoles, and the Foundations of the Americas, 1585–1660, Cambridge: Cambridge University Press, 2007.

Hezser, Catherine, Jewish Slavery in Antiquity, Oxford: Oxford University Press, 2005.

Hidalgo Nuchera, Patricio, „¿Esclavitud o liberación? El fracaso de las actitudes esclavistas de los conquistadores de Filipinas", in: Revista Complutense de Historia de América 20 (1994), S. 61–74.

Higgs, Catherine, Chocolate Islands. Cocoa, Slavery and Colonial Africa, Athens: Ohio University Press, 2012.

Higman, Barry W., „The Making of the Sugar Revolution", in: Thompson, Alvin O. (ed.), In the Shadow of the Plantation. Caribbean History and Legacy, Kingston: Ian Randle Publishers, 2002, S. 40–71.

Higman, Plantation Jamaica, 1750–1850. Capital and Control in a Colonial Economy, Kingston, Jamaica; Barbados; Trinidad and Tobago: UWI Press, 2005.

Hilgendorf, Eric; Marschelke, Jan-Christoph; Sekora, Karin (eds.), Slavery as a Global and Regional Phenomenon, Heidelberg: Universitätsverlag Winter, 2015.

Hirschhausen, Ulrike von, „Diskussionsforum. A New Imperial History?", in: Geschichte und Gesellschaft 41:4 (2015), S. 718–757.

Hochschild, Adam, Sprengt die Ketten. Der entscheidende Kampf um die Abschaffung der Sklaverei, Stuttgart: Klett-Cotta, 2007.

Hodson, Christopher; Rushforth, Brett, „Absolutely Atlantic. Colonialism and the Early Modern French State in Recent Historiography", in: History Compass 8:1 (2010), S. 101–117.

Hofman, Corinne L.; Ulloa Hung, Jorge; Herrera Malesta, Eduardo; Jean, Joseph Sony, „Indigenous Caribbean Perspectives. Archaeologies and Legacies of the First Colonised Region in the New World", in: Antiquity 92, no. 361 (2018), S. 200–216.

Holeman, Jamie, „‚A Peculiar Character of Mildness'. The Image of a Human Slavery in Nineteenth-Century Cuba", in: González-Ripoll, Maria Dolores; Álvarez Cuartero, Izaskun (eds.), Francisco Arango y la invención de la Cuba azucarera, Salamanca: Servicio de Publicaciones de la Universidad de Salamanca, 2009, S. 41–54.

Hoonhout, Bram, Borderless Empire. Dutch Guiana in the Atlantic World, 1750–1800, Athens: University of Georgia Press, 2020 (Early American Places Series 21).

Hopkin, Daniel, „Julius von Rohr, an Enlightenment Scientist of the Plantation Atlantic", in: Brahm, Felix; Rosenhaft, Eva (eds.), Slavery Hinterland. Transatlantic Slavery and Continental Europe, 1680–1850, Woodbridge: Boydell Press, 2016, S. 133–160.

Horta, José da Silva, „Ser ‚Português' em terras de Africanos. Vicissitudes da construção identitária na ‚Guiné do Cabo Verde' (sécs. XVI–XVII)", in: Fernandes, Hermenegildo; Henriques, Isabel

Castro; Horta; Matos, Sérgio Campos (eds.), Nação e Identidades – Portugal, os Portugueses e os Outros, Lisboa: Centro de História; Caleidoscópio, 2009, S. 261–273.

Howard, Allen M., „Nineteenth-Century Coastal Slave Trading and the British Abolition Campaign in Sierra Leone", in: Slavery & Abolition 27:1 (2006), S. 23–49.

Howe, George L., Mount Hope. A New England Chronicle, New York: Viking Press, 1959.

Hu-DeHart, Evelyn, „Latin America in Asia-Pacific Perspective", in: Parreñas, Rhacel Salazar; Siu, Lok C. D. (eds.), Asian Diasporas. New Formations, New Conceptions, Stanford: Stanford University Press, 2007, S. 29–61.

Hu-DeHart; López, Kathleen, „Asian Diasporas in Latin America and in the Caribbean. An Historical Overview", in: Afro-Hispanic Review 27:1 (2008), S. 9–21.

Huber, Vitus, Beute und Conquista. Die politische Ökonomie der Eroberung Neuspaniens, Frankfurt am Main: Campus, 2018 (Campus Historische Studien 76).

Hüsgen, Jan, „General Buddhoe und Peter von Scholten. Erinnerungen an Sklavenemanzipation auf den U.S. Virgin Islands und in Dänemark", in: Schmieder, Ulrike; Zeuske, Michael (eds.), Erinnerungen an Sklaverei, Leipzig: Leipziger Universitätsverlag, 2012 (= Comparativ. Zeitschrift für Globalgeschichte und Vergleichende Gesellschaftsforschung 22:2), S. 112–125.

Humboldt, Alexander von, Cuba-Werk. Herausgegeben und kommentiert von Hanno Beck in Verbindung mit W.-D. Grün, Darmstadt: Wissenschaftliche Buchgesellschaft, 1992, Bd. III (Alexander von Humboldt Studienausgabe. Sieben Bände).

Humboldt, Reise durch Venezuela. Auswahl aus den amerikanischen Reisetagebüchern, Faak, Margot (ed.), Berlin: Akademie Verlag, 2000 (Beiträge zur Alexander-von-Humboldt-Forschung 12).

Humboldt, Political Essay on the Island of Cuba. A Critical Edition, Kutzinski, Vera M.; Ette, Ottmar (eds.), Chicago; London: The University of Chicago Press, 2011.

Hunt, Nadine, „Scattered Memories. The Intra-Caribbean Slave Trade to Spanish America, 1700–1750", in: Araujo, Ana Lucia; Candido, Mariana P.; Lovejoy, Paul E. (eds.), Crossing Memories. Slavery and African Diaspora, Trenton: Africa World Press, 2011, S. 105–127.

Huxley, Selma (ed.), Itsasoa. Los vascos en el marco atlántico norte. Siglos XVI y XVII, 3 Bde., San Sebastián: Etor, 1987.

Ibarra [Cuesta], Jorge, „Las grandes sublevaciones indias desde 1520 hasta 1540 y la abolición de las encomiendas", in: Ibarra (ed.), Aproximaciones a Clío, La Habana: Editorial de Ciencias Sociales, 1979, S. 3–39.

Iglesias García, Fe, Del Ingenio al Central, La Habana, Editorial de Ciencias Sociales, 1999.

Iglesias Rodríguez, Juan José, „La burguesía atlántica gaditana del siglo XVIII: visiones del mundo y transformaciones de mentalidad, Francisco Guerra de la Vega, comerciante y naviero", in: Iglesias Rodríguez; García Bernal, José Jaime (eds.), Andalucia en el mundo moderno. Agentes y escenarios, Madrid: Sílex, 2016, S. 355–388.

Iglesias Rodríguez, „Redes familiares y élites mercantiles internacionales en la Andalucia atlántica moderna (Cádiz, siglos XVI–XVII)", in: Sánchez-Montes González, Francisco; Lozano Navarro, Julián José; Jiménez Estrella, Antonio (eds.), Familias, élites y redes de poder cosmopolitas de la Monarquía Hispánica en la Edad Moderna, Granada: Editorial Comares, 2016, S. 143–169.

Iglesias Rodríguez, „Los procesos de acumulación y vinculación patrimonial de la propiedad en las nuevas élites nobiliarias atlánticas de la Andalucía moderna" (https://journals.openedition. org/e-spania/32837 [08. März 2022]).

Ilcan, Suzan; Rygiel, Kim, „„Resiliency Humanitarianism'. Responsibilizing Refugees through Humanitarian Emergency Governance in the Camp", in: International Political Sociology 9 (2015), S. 333–351.

Ipsen, Pernille, Daughters of the Trade. Atlantic Slavers and Interracial Marriage on the Gold Coast, Philadelphia: University of Pennsylvania Press, 2015.

Israel, Jonathan, „Jews and Crypto-Jews in the Atlantic World System", in: Kagan, Richard L.;
　　Morgan, Philip D. (eds.), Atlantic Diasporas. Jews, Conversos, and Crypto-Jews in the Age of
　　Mercantilism, 1500–1800, Baltimore: Johns Hopkins University Press, 2009, S. 3–17.
Izard, Miguel, Orejanos, cimarrones y arrochelados, Barcelona: Sendai Ediciones, 1988.
Izard, „Élites criollas y movilización popular", in: Guerra, François-Xavier (ed.), Las revoluciones
　　hispánicas. Independencias americanas y liberalismo español, Madrid: Editorial Complutense,
　　1995, S. 89–106.
Izard, Ni cuatreros ni montoneros, Llaneros. Compilación prólogo y bibliografía González Segovia,
　　Armando, Caracas: Centro Nacional de Historia, 2011.
Jarvis, Michael J., In the Eye of All Trade. Bermuda, Bermudians, and the Maritime Atlantic World,
　　1680–1783, Chapel Hill: University of North Carolina Press, 2010.
Jennings, Evelyn P., „War as the ‚Forcing House of Change'. State Slavery in Late-Eighteenth-Century
　　Cuba", in: William and Mary Quarterly 62:3 (2005), S. 411–440.
Jennings, „The Sinews of Spain's American Empire. Forced Labor in Cuba from the Sixteenth to the
　　Nineteenth Centuries", in: Donoghue, John; Jennings (eds.), Building the Atlantic
　　Empires. Unfree Labor and Imperial States in the Political Economy of Capitalism,
　　ca. 1500–1914, Leiden: Brill, 2015, S. 25–54.
Jennings, Judith, The Business of Abolishing the British Slave Trade, 1783–1807, London:
　　Routledge, 1997.
Jennings, Lawrence C., „French Policy towards Trading with African and Brazilian Merchants,
　　1840–1853", in: The Journal of African History 17:4 (1976), S. 515–528.
Jennings, French Antislavery. The Movement for the Abolition of Slavery in France, 1802–1848,
　　Cambridge: Cambridge University Press, 2000.
Jensen, Niklas Thode; Simonsen, Gunvor, „Introduction. The Historiography of Slavery in the
　　Danish-Norwegian West Indies, c. 1950–2016", in: Scandinavian Journal of History 41:4–5
　　(2016) (Slavery, Servitude and Freedom. New Perspectives on Life in the Danish-Norwegian
　　West Indies, 1672–1848), S. 475–494.
Jobs, Sebastian, „Unsicheres Wissen und Gewalt. Der Sklavenaufstand von Camden 1816 und
　　Praktiken der Vergewisserung im US-amerikanischen Süden", in: Historische Anthropologie
　　22:3 (2014), S. 313–333.
Johnson, Jessica Marie, Wicked Flesh. Black Women, Intimacy, and Freedom in the Atlantic World,
　　Philadelphia: University of Pennsylvania Press, 2020 (Early American Studies).
Johnson, Walter, „On Agency", in: Journal of Social History 37:1 (2003). S. 113–125.
Johnson, „The Pedestal and the Veil. Rethinking the Capitalism/ Slavery Question", in: Journal of
　　the Early Republic 24:2 (2004), S. 299–308.
Johnson (ed.), The Chattel Principle. Internal Slave Trades in the Americas, New Haven; London:
　　Yale University Press, 2004.
Johnson, „Agency. A Ghost Story", in: Follett; Foner, Eric; Johnson (eds.), Slavery's Ghost. The
　　Problem of Freedom in the Age of Emancipation, Baltimore: The Johns Hopkins University
　　Press, 2011, S. 8–30.
Johnson, River of Dark Dreams. Slavery and Empire in the Cotton Kingdom, Cambridge: Harvard
　　University Press, 2013.
Jones, Adam, Brandenburg Sources for West African History 1680–1700, Stuttgart: Steiner, 1985
　　(Studien zur Kulturkunde 77).
Jones, From Slaves to Palm Kernels. A History of the Galinhas Country (West Africa), 1730–1890,
　　Wiesbaden: Steiner, 1983.
Jones; Sebald, Peter, An African Family Archive. The Lawsons of Little Popo/ Aneho (Togo)
　　1841–1938, Oxford: Oxford University Press, 2005 (British Academy Fontes Historiae Africanae,
　　New Series 7).

Jones, Guno, „The Shadows of (Public) Recognition Transatlantic Slavery and Indian Ocean Slavery in Dutch Historiography and Public Culture", in: Schrikker, Alicia; Wickramasinghe, Nira (eds.), Being A Slave. Histories and Legacies of European Slavery in the Indian Ocean, Leiden: Leiden University Press, 2020, S. 269–293.

Jordaan, Han, „The Curaçao Slave Market. From Asiento Trade to Free Trade, 1700–1730", in: Postma, Johannes Menne; Enthoven, Victor (eds.), Riches from Atlantic Commerce. Dutch Transatlantic Trade and Shipping, 1585–1817, Leiden: Brill, 2003 (The Atlantic World. Europe, Africa and the Americas, 1500–1830 1), S. 219–257.

Jordaan; Wilson, Victor, „The Eighteenth-Century Danish, Dutch, and Swedish Free Ports in the Northeastern Caribbean. Continuity and Change", in: Oostindie, Gert; Roitman; Jessica V. (eds.), Dutch Atlantic Connections, 1680–1800. Linking Empires, Bridging Borders, Leiden: Brill, 2014, S. 275–308.

Justesen, Ole (ed.), Danish Sources for the History of Ghana 1657–1754, 2 Bde. (Bd. 1: 1657–1735; Bd. 2: 1735–1754), Copenhagen: Det Kongelige Danske Videnskabernes Selskab; The Royal Danish Academy of Sciences and Letters, 2005.

Kaltmeier, Olaf, „Mapuche – Brüche und Einbrüche zwischen Widerstand und Eroberung", in: Imbusch, Peter; Messner, Dirk; Nolte, Detlev (eds.), Chile heute, Frankfurt am Main: Vervuert, 2004, S. 191–206.

Kananoja, Kalle, Healing Knowledge in Atlantic Africa. Medical Encounters, 1500–1850, Cambridge: Cambridge University Press, 2021 (Global Health Histories).

Karp, Matthew, „The World the Slaveholders Craved. Proslavery Internationalism in the 1850s", in: Shankman, Andrew (ed.), The World of the Revolutionary American Republic. Land, Labor, and the Conflict for a Continent, London: Routledge, 2014, S. 414–432.

Kastenholz, Raimund, Sprachgeschichte im West-Mande. Methoden und Rekonstruktionen, Köln: Köppe, 1996 (Mande Languages and Linguistics/ Langues et Linguistique Mandé 2).

Katz, Friedrich, „Plantagenwirtschaft und Sklaverei. Der Sisalanbau auf der Halbinsel Yucatán bis 1910", in: Zeitschrift für Geschichtswissenschaft 7:5 (1959), S. 1002–1027

Kaye, Anthony, „The Second Slavery. Modernity in the Nineteenth-Century South and the Atlantic World", in: Laviña, Javier; Zeuske, Michael (eds.), The Second Slavery. Mass Slaveries and Modernity in the Americas and in the Atlantic Basin, Berlin; Muenster; New York: LIT Verlag, 2014 (Sklaverei und Postemanzipation/ Slavery and Postemancipation/ Esclavitud y postemancipación 6), S. 174–202.

Kelley, Sean M., „New World Slave Traders and the Problem of Trade Goods. Brazil, Barbados, Cuba, and North America in Comparative Perspective", in: English Historical Review 134, no. 567 (2019), S. 302–333.

Kemner, Jochen, Dunkle Gestalten? Freie Farbige in Santiago de Cuba (1850–1886), Berlin: LIT-Verlag, 2010 (= Sklaverei und Postemanzipation 5).

Kempe, Michael, „Die Piratenrunde. Globalisierte Seeräuberei und internationale Politik um 1700", in: Grieb, Volker; Todt, Sabine (eds.), Piraterie von der Antike bis zur Gegenwart, Stuttgart: Steiner (Historische Mitteilungen der Ranke-Gesellschaft – Beihefte 81), 2012, S. 155–180.

Kern, Holger Lutz, „Strategies of Legal Change. Great Britain, International Law, and the Abolition of the Transatlantic Slave Trade", in: Journal of the History of International Law 6 (2004), S. 233–258.

Kerr-Ritchie, Jeffrey R., Rebellious Passage. The Creole Revolt and America's Coastal Slave Trade, Cambridge: Cambridge University Press, 2019.

Kielstra, Paul Michael, The Politics of Slave Trade Suppression in Britain and France, 1814–1848, London: Macmillan Press, 2000.

King, James Ferguson, „The Latin-American Republics and the Suppression of the Slave Trade", in: Hispanic-American Historical Review 24:3 (1944), S. 387–411.

Kleijwegt, Marc (ed.), The Faces of Freedom. The Manumission and Emancipation of Slaves in Old World and New World Slavery, Leiden: Brill, 2006 (The Atlantic World 7).

Klein, Herbert S., The Atlantic Slave Trade, Cambridge: Cambridge University Press, 1999.

Klein, „The Transition from Plantation Slave Labour to Free Labour in the Americas", in: Aje, Lawrence; Armstrong, Catherine (eds.), The Many Faces of Slavery. New Perspectives on Slave Ownership and Experiences in the Americas, London: Bloomsbury, 2020, S. 211–228.

Klein, Martin A., „Slavery, the International Slave Market and the Emancipation of Slaves in the Nineteenth Century", in: Lovejoy, Paul E.; Rogers, Nicholas (eds.), Unfree Labour in the Development of the Atlantic World, London: Frank Cass, 1994, S. 197–220.

Klooster, Wim, „Inter-Imperial Smuggling in the Americas, 1600–1800", in: Bailyn, Bernhard; Denault, Patricia L. (eds.), Soundings in Atlantic History. Latent Structures and Intellectual Currents, 1500–1825, Cambridge: Harvard University Press, 2009, S. 141–180.

Klooster, „The Northern European Atlantic World", in: Canny, Nicholas; Morgan, Philip D. (eds.), The Oxford Handbook of the Atlantic World, Oxford: Oxford University Press, 2011, S. 165–180.

Klooster, „The Geopolitical Impact of Dutch Brazil on the Western Hemisphere", in: Groesen, Michiel van (ed.), The Legacy and Impact of Dutch Brazil, Cambridge: Cambridge University Press, 2014, S. 25–40.

Klooster, The Dutch Moment. War, Trade, and Settlement in the Seventeenth-Century Atlantic World, Ithaca: Cornell University Press, 2016.

Klooster; Oostindie, Gert, „El Caribe holandés en la época de la esclavitud", in: Anuario de Estudios Americanos 51 (1994), S. 233–259.

Klooster; Oostindie, Gert (eds.), Curaçao in the Age of Revolutions, 1795–1800, Leiden: KITLV Press, 2011 (Caribbean Series 30).

Klooster; Oostindie, Gert, Realm between Empires. The Second Dutch Atlantic, 1680–1815, Ithaca; Leiden: Cornell University Press; Leiden University Press, 2018.

Knight, Franklin W.; Liss, Peggy K. (eds.), Atlantic Port Cities. Economy, Culture and Society in the Atlantic World, 1650–1850, Knoxville: The University of Tennessee Press, 1991.

Knight, Frederick C., Working the Diaspora – The Impact of African Labor on the Anglo-American World 1650–1850, New York; London: New York University Press, 2010.

Kołodziejczyk, Dariusz, „Slave Hunting and Slave Redemption as a Business Enterprise. The Northern Black Sea Region in the Sixteenth to Seventeenth Centuries", in: Oriente Moderno 25, no. 86 (2006), S. 149–159.

Kühn, Fabio, „Conexões Negreiras. Contrabandistas de escravos no Atlântico Sul (Rio da Prata, 1730–1752)", in: Anos 90, 24, no. 45 (2017), S. 101–132.

Kuethe, Allan J.; Andrien, Kenneth J., The Spanish Atlantic World in the Eighteenth Century. War and the Bourbon Reforms, 1713–1796, New York: Cambridge University Press, 2014.

Kulikoff, Allan, Tobacco and Slaves. The Development of Southern Cultures in the Chesapeake, 1680–1800, Chapel Hill: University of North Carolina Press, 1986.

La Rosa Corzo, Gabino, Runaway Slave Settlements in Cuba. Resistance and Repression. Translated by Mary Todd, Chapel Hill; London: The University of North Carolina Press, 2003.

La Rosa Corzo, Tatuados. Deformaciones étnicas de los cimarrones en Cuba, La Habana: Fundación Fernando Ortiz, 2011.

La Rosa Corzo; González, Mirtha T., Cazadores de esclavos, La Habana: Fundación Fernando Ortiz, 2004

Lachenicht, Susanne, „Histoires naturelles, récits de voyage et géopolitique religieuse dans l'Atlantique français XVIe et XVIIe siècles", in: Revue d'histoire de l'Amérique française 69:4 (2016), S. 27–45.

Lahon, Didier, O Negro no Coração do Império – Uma Memória a Resgatar. Séc. XV–XIX, Lisboa, 1999.

Lakwete, Angela, Inventing the Cotton Gin. Machine and Myth in Antebellum America, Baltimore: Johns Hopkins Press, 2003.

Landers, Jane G., „Gracia Real de Santa Teresa de Mose. A Free Black Town in Spanish Colonial Florida", in: American Historical Review 95 (1990), S. 9–30.

Landers, „Cimarrón Ethnicity and Cultural Adaptation in the Spanish Domains of the Circum-Caribbean, 1503–1763", in: Lovejoy, Paul E. (ed.), Identity in the Shadow of Slavery, London; New York: Continuum, 2000, S. 30–54.

Landers (ed.), Colonial Plantations and the Economy in Florida, Gainesville: University of Florida Press, 2000.

Landers, „Slavery in the Lower South", in: OAH Magazine of History (2003), S. 23–27.

Landers, „Maroon Women in Spanish America", in: Gaspar, David Barry; Hine, Darlene C. (eds.), Beyond Bondage. Free Women of Color in the Slave Societies of the Americas, Bloomington: Indiana University Press, 2004, S. 3–18.

Landers, „Slave Resistance on the Southeastern Frontier. Fugitives, Maroons, and Banditti in the Age of Revolution", in: Smith, Jon; Cohn, Deborah (eds.), Look Away! The U.S. South in New World Studies, Durham and London: Duke University Press, 2004, S. 80–93.

Landers, „Africans and Native Americans on the Spanish Florida Frontier", in: Restall, Matthew (ed.), Beyond Black and Red. African-Native Relations in Colonial Latin America, Albuquerque: University of New Mexico Press, 2005, S. 53–80.

Landers; Robinson, Barry (eds.), Slaves, Subjects, and Subversives. Blacks in Colonial Latin America, Albuquerque: University of New Mexico Press, 2006.

Langer, Christian, „Forced Migration in New Kingdom Egypt. Remarks on the Applicability of Forced Migration Studies Theory in Egyptology", in: Langer (ed.), Global Egyptology. Negotiations in the Production of Knowledges on Ancient Egypt in Global Contexts, London: Golden House Publications, 2017, S. 39–51.

Langer, Egyptian Deportations of the Late Bronze Age. A Study in Political Economy, Berlin; Boston: De Gruyter, 2021 (Zeitschrift für ägyptische Sprache und Altertumskunde. Beihefte 13).

Langfur, Hal; Walker, Charles F., „Protest and Resistance Against Colonial Rule in Iberian America", in: Bouza, Fernando; Cardim, Pedro; Feros, Antonio (eds.), The Iberian World, 1450–1820, London: Routledge, 2019, S. 617–634.

Lapique Becali, Zoila; Segundo Arias, Orlando, Cienfuegos, Trapiches, ingenios y centrales. Prólogo de María del Carmen Barcia, La Habana: Editorial de Ciencias Sociales, 2011.

Laserna Gaitán, Antonio Ignacio, „Los guarichos. Indígenas utilizados como sirvientes domésticos en Nueva Andalucia (S. XVIII)", in: Mena García, María Carmen; Eugenio Martínez, María Ángeles; Sarabia Viejo, María Justina (eds.), Venezuela en el siglo de la Luces, Sevilla-Bogotá: Muñoz Moya y Montraveta eds., 1995, S. S. 137–172.

Latimer, Jon, Buccaneers of the Caribbean. How Piracy Forged an Empire, Cambridge: Harvard University Press, 2009.

Laviña, Javier; Ruiz-Peinado, José Luis, Resistencias esclavas en las Américas, Aranjuez (Madrid): Doce Calles, 2006.

Laviña, De Saint-Domingue a Haití. Conflicto y revolución, San Juan: Ediciones Universidad de Puerto Rico, 2020.

Laviña, Javier; Zeuske, Michael, „Failures of Atlantization. First Slaveries in Venezuela and Nueva Granada", in: Review. A Journal of the Fernand Braudel Center 31:3 (2008), S. 297–343.

Laviña, Javier; Zeuske, Michael (eds.), The Second Slavery. Mass Slaveries and Modernity in the Americas and in the Atlantic Basin, Berlin; Muenster; New York: LIT Verlag, 2014 (Sklaverei und Postemanzipation/ Slavery and Postemancipation/ Esclavitud y postemancipación 6).

Law, Robin, The Oyo Empire, c. 1600-c.1836. A West African Imperialism in the Era of the Atlantic Slave Trade, Oxford: Clarendon, 1977.

Law, „Early European Sources Relating to the Kingdom of Ijebu (1500–1700). A Critical Survey", in: History in Africa 13 (1986), S. 245–260.

Law, „Slave-Raiders and Middlemen, Monopolists and Free Traders. The Supply of Slaves for the Atlantic Trade in Dahomey, c. 1715–1850", in: Journal of African History 30 (1989), S. 45–68.

Law, The Slave Coast of West Africa, 1550–1750. The Impact of the Atlantic Slave Trade on an African Society, Oxford: Clarendon Press, 1991.

Law, „Ethnicities of Enslaved Africans in the Diaspora. On the Meanings of ‚Mina' (Again)", in: History in Africa 32 (2005), S. 247–267.

Law; Mann, Kristin, „West Africa in the Atlantic Community. The Case of the Slave Coast", in: William and Mary Quarterly 56:2 (1999), S. 307–334.

Lawrance, Benjamin N., Amistad's Orphans. An Atlantic Story of Children, Slavery, and Smuggling, New Haven; London: Yale University Press, 2014.

Leaming, Hugo Prosper, Hidden Americans. Maroons of Virginia and the Carolinas, New York: Garland Pub., 1995 (Studies in African American History and Culture).

Lenski, Noel; Cameron, Catherine M. (eds.), What is a Slave Society? The Practice of Slavery in Global Perspective, Cambridge; New York: Cambridge University Press, 2018.

Leonard, Adrian; Pretel, David (eds.), The Caribbean and the Atlantic World Economy. Circuits of Trade, Money and Knowledge, 1650–1914, London: Palgrave Macmillan, 2015 (Cambridge Imperial and Post-Colonial Studies Series).

Lespagnol, André, „Les malouins dans l'espace caraïbe du XVIIIe siècle. La tentation de l'interlope", in: Butel, Paul (ed.), Commerce et Plantations dans la Caraïbe. XVIII e et XIXe siècles, Bordeaux: Maison des Pays Ibériques, 1992, S. 9–21.

Lespagnol, La Course malouine au temps de Louis XIV. Entre l'argent et la gloire, Rennes: Ed. Apogée, 1995.

Lespagnol, Messieurs de Saint-Malo. Une élite negociante au temps de Louis XIV, 2 Bände, Rennes: Presses Universitaires de Rennes, 1997 (Collection „Histoire", Rennes, France).

Lessa de Sá, Vivian Kogut (ed.), The Admirable Adventures and Strange Fortunes of Master Anthony Knivet. An English Pirate in Sixteenth-Century Brazil, Cambridge: Cambridge University Press, 2015.

Lewis, David M., Greek Slave Systems in their Eastern Mediterranean Context, c. 800–146 BC, Oxford; New York: Oxford University Press, 2018.

Lewis, Martin W.; Wigen, Kären, The Myth of Continents. A Critique of Metageography, Berkeley: University of California Press, 1997

Linden, Marcel van der, „Unanticipated Consequences of ‚Humanitarian Intervention'. The British Campaign to Abolish the Slave Trade, 1807–1900", in: Theory and Society 39:3–4 (2010), S. 281–298.

Linden (ed.), Humanitarian Intervention and Changing Labor Relations. The Long-Term Consequences of the Abolition of the Slave Trade, Leiden: Brill, 2011.

Lindsay, Lisa A., Captives as Commodities. The Transatlantic Slave Trade, New York: Prentice Hall, 2007.

Lingna Nafafé, José, Colonial Encounters. Issues of Culture, Hybridity and Creolisation, Portuguese Mercantile Settlers in West Africa, Frankfurt am Main: Peter Lang, 2007.

Lingna Nafafé, „Lançados, Culture and Identity. Prelude to Creole Societies on the Rivers of Guinea and Cape Verde", in: Havik, Philip J.; Newitt, Malyn D. (eds.), Creole Societies in the Portuguese Colonial Empire, Bristol: University of Bristol, 2007, S. 65–91.

Lingna Nafafé, „Political Challenges of the African Voice. Autonomy, Commerce and Resistance in Pre-Colonial Western Africa", in: Green, Toby (ed.), Brokers of Change. Atlantic Commerce and Culture in Pre-Colonial Western Africa, London; Oxford: British Academy; Oxford University Press, 2012, S. 71–90.

Liss, Peggy K., Atlantic Empires. The Network of Trade and Revolution, 1713–1826, Baltimore: Johns Hopkins University Press, 1982.

Lloyd, David; O'Neill, Peter (eds.), The Black and Green Atlantic. Cross – Currents of the African and Irish Diasporas, Basingstoke: Palgrave Macmillan, 2009.

Lloyd, Peter C., „Osifekunde of Ijebu", in: Curtin, Philip D. (ed.), Africa Remembered. Narratives by West Africans from the Era of the Slave Trade, Madison: University of Wisconsin Press, 1967, S. 218–288.

Lockhart, James, Of Things of the Indies. Essays Old and New in Early Latin American History, Stanford: Stanford University Press, 1999.

Lohse, John C.; Valdez, Fred, Ancient Maya Commoners, Austin: The University of Texas Press, 2010.

Lopes, Gustavo A., „Brazil's Colonial Economy and the Atlantic Slave Trade. Supply and Demand", in: Richardson, David; Ribeiro da Silva, Filipa (eds.), Networks and Trans-Cultural Exchange. Slave Trading in the South Atlantic, 1590–1867, Leiden: Brill, 2015, S. 31–70.

Lopes; Marques, Leonardo, „O outro lado da moeda. Estimativas e impactos do ouro do Brasil no tráfico transatlântico de escravos (Costa da Mina, c. 1700–1750)", in: CLIO. Revista de Pesquisa Histórica 37 (2019), S. 5–38.

Lopes Filho, João, Cabo Verde. Abolição da escravatura. Subsidios para o estudo, Praia: Spleen Edições, 2006.

López Mesa, Enrique, „¿Vega grande o plantación?", in: Piqueras, José Antonio (ed.), Plantación, espacios agrarios y esclavitud en la Cuba colonial, Castellón de la Plana: Publicacions de la Universitat Jaume I; Casa de las Américas, 2017 (Colleció Amèrica 36), S. 249–266.

López Piñero, José M., „Las ,Nuevas Medicinas' Americanas en la Obra (1565–1574) de Nicolas Monardes", in: Asclepio 42 (1990), S. 3–67.

López Valdés, Rafael L., Componentes africanos en el etnos cubano, La Habana: Ed. de Ciencias Sociales, 1985.

Lorenzo Sanz, Eufemio, Comercio de España con América en la época de Felipe II. Los mercaderes y el tráfico indiano, 2 Bde., Valladolid: Institución Cultural Simancas, 1979.

Lovejoy, Henry B., „The Registers of Liberated Africans of the Havana Slave Trade Commission. Transcription Methodology and Statistical Analysis", in: African Economic History 38 (2010; = Special Issue: The Trans-Atlantic Slave Trade Database and African Economic History), S. 107–135.

Lovejoy, „The Registers of Liberated Africans of the Havana Slave Trade Commission. Implementation and Policy, 1824–1841", in: Slavery & Abolition 37:1 (2016), S. 23–44.

Lovejoy, Prieto. Yorùbá Kingship in Colonial Cuba during the Age of Revolutions, Chapel Hill: The University of North Carolina Press, 2018.

Lovejoy, Paul E., „Indigenous African Slavery", in: Lovejoy; Kopytoff, Igor; Cooper, Frederic, Indigenous African Slavery (= Historial Reflections/ Réflections Historiques 6:1 (1979): Current Directions in Slave Studies), S. 19–83.

Lovejoy, „The Central Sudan and the Atlantic Slave Trade", in: Harms, Robert W.; Miller, Joseph C.; Newbury, David C.; Wagner, Michelle D., Paths to the Past. African Historical Essays in Honor of Jan Vansina, Atlanta: African Studies Association Press, 1994, S. 345–370.

Lovejoy (ed.), Identity in the Shadow of Slavery, London; New York: Continuum, 2000 (The Black Atlantic).

Lovejoy, „The Black Atlantic in the Construction of the ,Western' World", in: Hoerder, Dirk; Harzig, Christiana; Shubert, Adrian (eds.), The Historical Practice of Diversity. Transcultural

Interactions from the Early Modern Mediterranean to the Postcolonial World, New York; Oxford: Berghahn Books, 2003, S. 109–133.

Lovejoy (ed.), Slavery on the Frontiers of Islam, Princeton: Markus Wiener Publishers, 2004.

Lovejoy, „The Yoruba Factor in the Trans-Atlantic Slave Trade", in: Falola, Toyin; Childs, Matt (eds.), The Yoruba Diaspora in the Atlantic World, Bloomington: Indiana University Press, 2004 (Blacks in Diaspora), S. 40–55.

Lovejoy, „The Urban Background of Enslaved Muslims in the Americas", in: Slavery & Abolition 26:3 (2005), S. 349–376.

Lovejoy, „Patterns in Regulation and Collaboration in the Slave Trade of West Africa", in: Leidschrift 22:1 (2007), S. 41–57.

Lovejoy, „The Trans-Atlantic Slave Voyage Database and the History of the Upper Guinea Coast", in: African Economic History 38 (2010; = Special Issue: The Trans-Atlantic Slave Trade Database and African Economic History), S. 1–28.

Lovejoy, „Esclavitud y comercio esclavista en el África Occidental. Investigaciones en curso", in: Velázquez, María Elena (ed.), Debates históricos contemporáneos. Africanos y afrodescendientes en México y Centroamérica, México: Centro de Estudios Mexicanos y Centroamericanos; Instituto Nacional de Antropologia e Historia; Institut de Recherche pour le Développement; Universidad Nacional Autónoma de México, 2011, S. 35–57.

Lovejoy, Transformations in Slavery. A History of Slavery in Africa, Cambridge: Cambridge University Press, 2012 (African Studies 117).

Lovejoy, „Transformations of the Ékpè Masquerade in the African Diaspora", in: Innes, Christopher; Rutherford, Annabel; Bogar, Brigitte (eds.), Carnival. Theory and Practice, Trenton: Africa World Press, 2013, S. 127–152.

Lovejoy, Jihad in West Africa during the Age of Revolutions, Athens: Ohio University Press, 2016.

Lovejoy, „Slavery in Societies on the Frontier of Centralized States in West Africa", in: Lenski, Noel; Cameron, Catherine M. (eds.), What is a Slave Society? The Practice of Slavery in Global Perspective, Cambridge; New York: Cambridge University Press, 2018, S. 220–247.

Lovejoy; Law, „The Changing Dimensions of African History. Reappropriating the Diaspora", in: McGrath, Simon; Jedrej, Charles; King, Kenneth; Thompson, Jack (eds.), Rethinking African History, Edinburgh: Centre of African Studies, 1997, S. 181–200.

Lovejoy; Richardson, David, „Trust, Pawnship, and Atlantic History. The Institutional Foundations of the Old Calabar Slave Trade", in: American Historical Review 104:2 (1999), S. 333–355.

Lovejoy; Richardson, David, „This Horrid Hole. Bonny in 18th Century", in: Journal of African History 45 (2004), S. 363–392.

Lovejoy; Rogers, Nicholas (eds.), Unfree Labour in the Development of the Atlantic World, London: Frank Cass, 1994.

Lucassen, Leo; Voss, Lex Herman van, „Flight as Fight", in: Rediker, Marcus; Chakraborty, Titas; Rossum, Matthias van (eds.), A Global History of Runaways. Workers, Mobility, and Capitalism, 1600–1850, Oakland: University of California Press, 2019 (California World History Library 28), S. 1–21.

Lucena Salmoral, Manuel, Piratas, bucaneros, filibusteros y corsarios en América, Madrid: Fundación MAPFRE, 1992.

Lucena Salmoral, La esclavitud en la América española, Warszawa: Universidad de Varsovia; Centro de Estudios Latinoamericanos, 2002 (Estudios y Materiales 22).

Lucena Salmoral, Regulación de la esclavitud negra en las colonias de América Española (1503–1886), Alcalá de Henares: Universidad de Alcalá, 2005.

Luxán Meléndez, Santiago de, „Cuba y el primer ensayo de creación de un estanco imperial del tabaco 1684–1739", in: Chambouleyron, Rafael; Arenz, Karl-Heinz (eds.), Anais do IV Encontro

Internacional de História Colonial 17, Belém: Editora Açaí, 2014 (= O sistema atlântico do tabaco ibérico. Complementaridades e diferenças [séculos XVII–XIX]), S. 100–115.

Luxán Meléndez; Luxán Hernández, Lia de, „Las compañías reales de esclavos y la integración de Cuba en el sistema atlántico del tabaco español 1696–1739", in: Anuario de Estudios Atlánticos 62 (2016), S. 1–22.

MacGaffey, Wyatt, „Dialogues of the Deaf. Europeans on the Atlantic Coast of Africa", in: Schwartz, Stuart B. (ed.), Implicit Understandings. Observing, Reporting, and Reflecting on the Encounters between Europeans and Other Peoples in the Early Modern Era, Cambridge; New York: Cambridge University Press, 1994, S. 249–267.

MacGaffey, „Indigenous Slavery and the Atlantic Trade. Kongo Texts", in: Beswick, Stephanie; Spaulding, Jay (eds.), African Systems of Slavery, Trenton; Asmara: Africa World Press, Inc, 2010, S. 173–201.

Major, Andrea, Slavery, Abolition and Empire in India, 1772–1843, Liverpool: Liverpool University Press, 2012.

Mallinckrodt, Rebekka von, „There Are No Slaves in Prussia?", in: Brahm, Felix; Rosenhaft, Eva (eds.), Slavery Hinterland. Transatlantic Slavery and Continental Europe, 1680–1850, Woodbridge: Boydel Press, 2016, S. 109–131.

Mallinckrodt; Köstlbauer, Josef; Lenz, Sarah, „Beyond Exceptionalism. Traces of Slavery and the Slave Trade in Early Modern Germany, 1650–1850", in: Mallinckrodt; Köstlbauer; Lenz (eds.), Beyond Exceptionalism. Traces of Slavery and the Slave Trade in Early Modern Germany, 1650–1850, Berlin; Boston: De Gruyter 2021, S. 1–25.

Mallo, Silvia C.; Telesca, Ignacio (eds.), ‚Negros de la patria'. Los afrodescendientes en las luchas por la independencia en el antiguo Virreinato del Río de la Plata, Buenos Aires: Editorial SB Paradigma 2010 (Serie Historia Americana).

Maluquer de Motes, Jordi, „Burguesia catalana y l'esclavitud colonial. Modes de producció y pràctica política", in: Recerques 3 (1974), S. 83–116.

Maluquer de Motes, „Abolicionismo y resistencia a la abolición en la España del siglo XIX", in: AEA 43 (1986), S. 311–331.

Maluquer de Motes, „La formación del mercado interior en condiciones coloniales. La inmigración y el comercio catalán en las Antillas españolas durante el siglo XIX", in: Estudios de Historia Social 44–47 (1988), S. 89–104.

Mamigonian, Beatriz G., „José Majojo e Francisco Moçambique, marinheiros das rotas atlânticas. Notas sobre a reconstituição de trajetórias da era da abolicão", in: Topói 11 (2010), S. 75–91.

Mamigonian, Africanos livres. A abolição do tráfico de escravos no Brasil, São Paulo: Companhia das Letras, 2017.

Mann, Charles C., Kolumbus' Erbe. Wie Menschen, Tiere, Pflanzen die Ozeane überquerten und die Welt von heute schufen. Aus dem Englischen von Hainer Kober, Reinbek bei Hamburg: Rowohlt, 2013.

Mann, Kristin; Bay, Edna G. (eds.), Rethinking the African Diaspora. The Making of a Black Atlantic World in the Bight of Benin and Brazil, London: Frank Cass, 2001 (= Special Issue: Slavery & Abolition 22:1).

Marchena Fernández, Juan (ed.), La influencia de España en el Caribe, la Florida y la Luisiana (1500–1800), Madrid: Instituto de Cooperación Iberoamericana, 1983.

Marchena Fernández, „Elogio de la gloria efímera. Las ciudades del istmo en el Caribe", in: Quiles, Fernando; Marchena Fernández (eds.), Viaje al corazón del mundo. Las ciudades coloniales del istmo de Panamá, Sevilla: Arte, Creación y Patrimonio Iberoamericanos en Redes; Universidad Pablo de Olavide, 2021, S. 125–269.

Marichal, Carlos, „Un capítulo olvidado del comercio internacional. la grana cochinilla mexicana y la demanda europea de tintes americanos, de 1550 a 1850", in: Marichal; Topik, Steven;

Zephyr, Frank (eds.), De la plata a la cocaína. Cinco siglos de historia económica de América latina, 1500–2000, México: Fondo de Cultura Económica, 2017, S. 9–36.

Mark, Peter; Horta, José da Silva (eds.), The Forgotten Diaspora. Jewish Communities in West Africa and the Making of the Atlantic World, Cambridge: Cambridge University Press, 2011.

Marques, João Pedro, Portugal e a Escravatura dos Africanos, Lisboa: Imprensa de Ciências Sociais, 2004.

Marquese, Rafael de Bivar, Feitores do corpo, missionários da mente. Senhores, letrados e o controle dos escravos nas Américas, 1660–1860, São Paulo: Companhia Das Letras, 2004.

Marquese, „The dynamics of slavery in Brazil. Resistance, the slave trade and manumission in the 17th to 19th centuries", in: Novos Estudos Cebrap 74 (2006), S. 107–123.

Marquese, „African Diaspora, Slavery, and the Paraiba Valley Coffee Plantation Landscape. Nineteenth Century Brazil", in: Review. A Journal of the Fernand Braudel Center, Binghamton University 41:2–3 (2008) (= Special Issue: The Second Slavery. Mass Slavery, World-Economy, and Comparative Microhistories, Bd. 1), S. 195–216.

Marquese, „Espacio y poder en la caficultura esclavista de las Américas. el Vale do Paraíba en perspectiva comparada", in: Piqueras, José Antonio (ed.), Trabajo libre y coactivo en sociedades de plantación, Madrid: Siglo XXI de España Editores, S. A., 2009, S. 215–251.

Marquese, „Estados Unidos, Segunda Escravidão e a Economia Cafeeira do Império do Brasil", in: Almanack 5 (2013), S. 51–60.

Marquese; Parron, Tâmis, „Revolta Escrava e Política da Escravidão. Brasil e Cuba, 1791–1825", in: Revista de Indias 71, no. 251 (2011), S. 19–52.

Marquese; Salles, Ricardo (eds.), Escravidão e Capitalismo Histórico no Século XIX. Cuba, Brasil, Estados Unidos, Rio de Janeiro: Civilização Brasileira, 2016.

Marquese; Salles, Ricardo, „La esclavitud en el Brasil ochocentista. Historia e Historiografía", in: Piqueras, José Antonio (ed.), Esclavitud y capitalismo histórico en el siglo XIX. Brasil, Cuba y Estados Unidos, Santiago de Cuba: Editorial del Caribe, 2016, S. 153–206.

Marrero Cruz, Eduardo, Julián de Zulutea y Amondo. Promotor del capitalismo en Cuba, La Habana: Ediciones Unión, 2006.

Marrero Cruz, Eduardo, „Traficante de esclavos y chinos", in: Marrero Cruz, Julián de Zulutea y Amondo. Promotor del capitalismo en Cuba, La Habana: Ediciones Unión, 2006, S. 46–79.

Marrero Cruz, „La llanura de Colón, emporio azucarero del mundo en el siglo XIX", in: Boletín. Archivo Nacional de la República de Cuba 15 (2007), S. 21–33.

Martin, Bonnie, „Slavery's Invisible Engine. Mortgaging Human Property", in: Journal of Southern History 76 (2010), S. 817–866.

Martín Casares, Aurelia (ed.), Esclavitudes hispánicas (siglos XV al XXI). Horizontes socioculturales, Granada: Universidad de Granada, 2014.

Martín Casares; García Barranco, Margarita (eds.), La esclavitud negroafricana en la historia de España, Granada: Editorial Comares, 2010.

Martineau, Ann-Charlotte, „A Forgotten Chapter in the History of International Commercial Arbitration. The Slave Trade's Dispute Settlement System", in: Leiden Journal of International Law 31 (2018), S. 219–241.

Martínez Heredia, Fernando; Scott, Rebecca J.; García Martínez, Orlando (eds.), Espacios, silencios y los sentidos de la libertad. Cuba 1898–1912, La Habana: Ediciones Unión, ²2003.

Martínez Shaw, Carlos; Martínez Torres, José Antonio (eds.), España y Portugal en el mundo. 1581–1668, Madrid: Polifemo, 2014.

Martínez Shaw; Oliva Melgar, José Maria (eds.), El sistema atlántico español (siglos XVII–XIX), Madrid: Marcial Pons, 2005.

Martins, Amilcar; Martins, Robert B., „Slavery in a Nonexport Economy. Nineteenth Century Minas Gerais Revisted", in: Hispanic American Historical Review 63:3 (1983), S. 566–582.

Marzagalli, Silvia, „The French Atlantic", in: Itinerario 23:2 (1999), S. 70–83.

Massey, Sara R. (ed.), Black Cowboys of Texas, College Station: Texas A&M University Press, 2000.

Matory, Lorand James, „El Nuevo Imperio Yoruba. Textos, Migración y el Auge Transatlántico de la Nación Lucumí", in: Hernández Rodríguez, Rafael (ed.), Culturas encontradas. Cuba y los Estado Unidos, La Habana: Centro de Investigación y Desarrollo de la Cultura Cubana Juan Marinello; Centro de Estudios Latinoamericanos David Rockefeller Harvard University, 2001, S. 167–188.

Maya Restrepo, Luz Adriana, Brujería y reconstrucción de identidades entre los africanos y sus descendientes en la Nueva Granada, siglo XVII, Bogotá: Ministerio de Cultura, 2005.

Mayer, Brantz (ed.), Captain Canot; or Twenty Years of an African Slaver being an Account of His Career and Adventures on the Coast, in the Interior, on Shipboard, and in the West Indies. Written out and Edited from the Captain's Journals, Memoranda and Conversations, by Brantz Mayer, New York; London: D. Appleton and Company; George Routledge and Co., 1854 (www.gutenberg.org/files/23034/23034-h/23034-h.htm ([10. Oktober 2010]).

Mayo, Carlos, Estancia y sociedad en la pampa, 1740–1820, Buenos Aires: Editorial Biblos, 2004.

M'baye, Babacar, „The Economic, Political, and Social impact of the Atlantic Slave Trade on Africa", in: The European Legacy. Toward New Paradigms 11:6 (2006) (= Modern Perspectives on Slavery), S. 607–622.

McCarthy, Matthew, Privateering, Piracy and British Policy in Spanish America, 1810–1830, Woodbridge: Boydell Press, 2013.

McCormick, Michael, Origins of the European Economy. Communication and Commerce, AD 300–900, Cambridge: Cambridge University Press, 2001.

McDonald, Kevin P., „,A Man of Courage and Activity'. Thomas Tew and Pirate Settlements of the Indo-Atlantic Trade World, 1645–1730", in: Working Papers, UC World History Workshop, UC Berkeley, 2005, S. 1–21 (https://www.academia.edu/4362092/_Thomas_Tew_and_Pirate_Sett lements_of_the_Indo-Atlantic_Trade_World_2005 [09. März 2022]).

McDonald, Pirates, Merchants, Settlers, and Slaves. Colonial America and the Indo-Atlantic World, Berkeley: University of California Press, 2015.

McDonnell, Michael, „Rethinking the Age of Revolution", in: Atlantic Studies 13:3 (2016), S. 301–314.

McKeown, Adam, „Global Migration 1846–1940", in: Journal of World History 15:2 (2004), S. 155–190.

McKeown, „Chinese Emigration in Global Context, 1850–1940", in: Journal of Global History 5 (2010), S. 95–124.

McNeill, John R., The Atlantic Empires of France and Spain. Louisbourg and Havana, 1700–1763, Chapel Hill: UNC Press, 1985.

Meir, Lucille Mathurin, „Women Field Workers in Jamaica during Slavery", in: Moore, Brian L.; Higman, Barry W.; Campbell, Carl; Bryan, Patrick (eds.), The Dynamics of Caribbean Society. Slavery Freedom and Gender, Barbados: University of West Indies Press, 2003, S. 182–196.

Mellafe, Rolando, La introducción de la esclavitud negra en Chile. Tráfico y rutas, Santiago. Estudios de Historia Económica Americana de la Universidad de Chile, 1959.

Melton, Edgar, „Manorialism and Rural Subjection in East Central Europe, 1500–1800", in: Eltis, David; Engerman, Stanley L. (eds.), The Cambridge World History of Slavery, Bd. 3: AD 1420-AD 1804, Cambridge: Cambridge University Press, 2011, S. 297–322.

Menard, Russell L., Sweet Negotiations. Sugar, Slavery and Plantation Agriculture in Early Barbados, Charlottesville: University of Virginia Press, 2006.

Mendes, António De Almeida, „Le rôle de l'Inquisition en Guinée vicissitudes des présences juives sur la Petite Côte (XVe–XVIIe siècles)", in: Revista Lusófona De Ciência Das Religiões 3, nos. 5–6 (2004), S. 137–155.

Mendes, „Les réseaux de la traite ibérique dans l'Atlantique nord. Aux origines de la traite atlantique (1440–1640)", in: Annales. Histoire, Sciences sociales 63:4 (2008), S. 739–768.

Mendes, „The Foundations of the System. A Reassessment of the Slave Trade to the Spanish Americas in the Sixteenth and Seventeenth Centuries", in: Eltis, David; Richardson, David (eds.), Extending the Frontiers. Essays on the New Transatlantic Slave Trade Database, New Haven: Yale University Press, 2008, S. 63–94.

Mendes, „Les Portugais et le premier Atlantique (XVe–XVIe siècles)", in: Nef, Annliese; Coulon, Damien; Picard, Christophe; Valérian, Dominique (eds.), Les Territoires de la Méditerranée XIe–XVIe siècle, Rennes: Presses Universitaires de Rennes, 2013, S. 137–157.

Méndez Capote, Renée, Fortalezas de la Habana colonial, La Habana: Editorial Gente Nueva, 1974.

Mendoza, Irma Marina, „El cabildo de los pardos en Nirgua. Siglos XVII y XVIII", in: Bolivarium. Anuario de Estudios Bolivarianos 4 (1995), S. 95–120.

Menz, Maximiliano M., „Domingos Dias da Silva, o último contratador de Angola. A trajetória de um grande traficante de Lisboa", in: Revista Tempo 23:2 (2017), S. 384–407 (= Dossié: O tráfico de escravos africanos. Novos horizontes).

Meriño Fuentes, María de los Ángeles; Perera Díaz, Aisnara, „El cabildo carabalí viví. Alianzas y conflictos por el derecho a la libertad. Santiago de Cuba (1824–1864)", in: Millars. Espai i Història 33 (2010), S. 157–171.

Metzig, Gregor M., „Guns in Paradise. German and Dutch Artillerymen in the Portuguese Empire (1415–1640)", in: Anais de História de Além-Mar 12 (2012), S. 61–87.

Miahle, Federico, Álbum Isla de Cuba Pintoresca, La Habana: Real Sociedad Patriótica, 1839.

Miers, Suzanne, Slavery in the Twentieth Century. The Evolution of a Global Problem, Walnut Creek; Lanham: Altamira Press, 2003.

Miller, Christopher L., The French Atlantic Triangle. Literature and Culture of the Slave Trade, Durham; London: Duke University Press, 2008.

Miller, Ivor L., Voice of the Leopard. African Secret Societies and Cuba, Jackson: University Press of Mississippi, 2009 (Caribbean Studies Series).

Miller, Joseph C., Way of Death. Merchant Capitalism and the Angolan Slave Trade, 1730–1830, Madison: University of Wisconsin Press, 1988.

Miller, „O Atlântico Escravista. Açúcar, Escravos e Engenhos", in: Afro-Asia 19–20 (1997), S. 9–36.

Miller, „Central Africans during the Era of the Slave Trade, c. 1490s-1850s", in: Heywood, Linda (ed.), Central Africans and Cultural Transformation in America, Cambridge: Cambridge University Press, 2002, S. 21–69.

Miller, „The Historical Contexts of Slavery in Europe", in: Hernæs, Per; Iversen, Tore (eds.), Slavery across Time and Space. Studies in Medieval Europe and Africa, Trondheim: Department of History, NTNU, 2002 (Trondheim Studies in History; 38), S. 1–57.

Miller, „Domiciled and Dominated. Slavery as a History of Women", in: Campbell, Gwyn; Miller (eds.), Women and Slavery, Bd. 2: The Modern Atlantic, Athens: Ohio University Press, 2008, S. 284–312.

Miller, The Problem of Slavery as History. A Global Approach, New Haven: Yale University Press, 2012.

Miño Grijalva, Manuel, El cacao Guayaquil en Nueva Espana, 1771–1812, México: El Colegio de México, 2013 (Política imperial, mercado y consumo).

Miño Grijalva, El obraje. Fábricas primitivas en el mundo hispano americano en los albores del capitalismo, 1530–1850, Ciudad de México: El Colegio de México, Centro de Estudios Históricos, 2016.

Miño Grijalva, „Trabajo concentrado vs. trabajo doméstico. Para una historiografía sobre el trabajo en los obrajes andinos y novohispanos", in: Pérez Toledo, Sonia; Solano de las Aguas, Sergio

(eds.), Pensar la historia del trabajo y los trabajadores en América, siglos XVIII y XIX, Madrid; Frankfurt am Main: Iberoamericana; Vervuert, 2016, S. 61–93.

Mintz, Sidney W., „Plantation and the Rise of a World Food Economy. Some Preliminary Ideas", in: Review 34:1–2 (2011), S. 3–14 (= Rethinking the Plantation. Histories, Anthropologies, and Archaeologies).

Mintz; Price, Sally, „The Beginnings of African-American Societies and Cultures", in: Mintz; Price, Sally (eds.), Caribbean Contours, Baltimore; London: The Johns Hopkins University Press, 1985, S. 42–51

Mira Caballos, Esteban, „Las licencias de esclavos negros a Hispanoamérica (1544–1550)", in: Revista de Indias 54:201 (1994), S. 273–297.

Mira Caballos, El indio antillano. Repartimiento, encomienda y esclavitud (1492–1542), Sevilla: Muñoz Moya editor, 1997.

Mira Caballos, „La medicina indígena en la Española y su comercialización (1492–1550)", in: Asclepio 44 (1997), S. 185–198.

Mira Caballos, Indios y mestizos americanos en la España del siglo XVI, Frankfurt am Main; Madrid: Vervuert-Iberoamericana, 2000.

Mira Caballos, Nicolás de Ovando y los orígenes del sistema colonial español, 1502–1509, Santo Domingo, República Dominicana: Patronato de la Ciudad Colonial de Santo Domingo, Centro de Altos Estudios Humanisticos y del Idioma Español, 2000.

Mitchell, Elise A. „Morbid Crossings: Surviving Smallpox, Maritime Quarantine, and the Gendered Geography of the Early Eighteenth-Century Intra-Caribbean Slave Trade", in: The William and Mary Quarterly Vol. 79:2 (2022), S. 177–210.

Mojarro, Jorge, „Filipinas en la temprana historiografía indiana", in: Revista de Indias 79, no. 277 (2019), S. 631–657.

Molina, Fray Alonso de, Vocabulario en Lengua Castellana y Mexicana y Mexicana y Castellana [1571], México D.F.: Editorial Porrúa, 1977.

Monsma, Karl, „Esclavos y trabajadores libres en las estancias del siglo XIX. Un estudio comparativo de Rio Grande do Sul y Buenos Aires", in: Reguera, Andrea; Marques Harres, Marluza (eds.), De la región a la nación. Relaciones de Escala para una Historia Comparada Brasil-Argentina (s. xix y xx), Tandil: Universidad Nacional del Centro de la Provincia de Buenos Aires; Cesal, 2012, S. 83–119.

Monteiro, John M., „Labor Systems", in: Bulmer-Thomas, Victor; Coatsworth, John H.; Cortés, Roberto (eds.), Cambridge Economic History of Slavery, Bd. 1, Cambridge: Cambridge University Press, 2006, S. 395–422.

Monteiro, Blacks of the Land. Indian Slavery, Settler Society, and the Portuguese Colonial Enterprise, edited and translated by Woodard, James and Weinstein, Barbara, Cambridge: Cambridge University Press, 2018 (Cambridge Latin America Studies).

Moore, Jason W, „Sugar and the Expansion of the Early-Modern World Economy: Commodity Frontiers, Ecological Transformation, and Industrialization", in: Review 23:3 (2000), S. 409–443.

Moreau, Jean-Pierre, „Navigation européenne dans les Petites Antilles aux XVIe et début du XVIIe siècles. Sources documentaires, approche archéologique", in: Revue française d'histoire d'outre-mer 74, no. 275 (1987) (= Economie et société des Caraïbes XVII–XIXe s. [1re Partie]), S. 129–148.

Moreno Fraginals, Manuel, El Ingenio. Complejo económico social cubano del azúcar, 3 Bde., La Habana: Ed. de Ciencias Sociales, 1978.

Morgado García, Arturo, Una metropolí esclavista. El Cádiz de la modernidad, Granada: Editorial Universidad de Granada, 2013.

Morgan, Jennifer L., Laboring Women: Reproduction and Gender in New World Slavery, Philadelphia: University of Pennsylvania Press, 2004.

Morgan,"Women and Slavery in the Transatlantic Slave Trade", in: Tibbles, Anthony (ed.), Transatlantic Slavery. Against Human Dignity, Liverpool: National Museums Liverpool, 2005, S. 60–69.

Morgan, "Accounting for "The Most Excruciating Torment": Gender, Slavery, and Trans-Atlantic Passages", in: History of the Present 6:2 (2016), S. 184–207.

Morgan, Kenneth et al. (eds.), The British Transatlantic Slave Trade, 4 Bde., London: Pickering and Chatto, 2003.

Morgan, Slavery and the British Empire: From Africa to America, Oxford: Oxford University Press, 2007.

Morgan, A Short History of Transatlantic Slavery, London/ New York: I.B. Tauris, 2016.

Morgan, Philipp D., „Atlantic Studies Today", in: Lerg, Charlotte A.; Lachenicht, Susanne; Kimmage, Michael (eds.), The TransAtlantic Reconsidered, Manchester: Manchester University Press, 2018, S. 52–75.

Morgan, „Introduction. Maritime Slavery", in: Slavery & Abolition 31:3 (2010), S. 311–326.

Morgan, William A. „Cuban Tobacco Slavery in the Nineteenth Century", in: Luxán, Santiago de; Figuerôa-Rêgo, João de; Sanz Rozalén, Vicent (eds.), Tabaco y Esclavos en los Imperios Ibéricos, Lisboa: CHAM; Universidade Nova de Lisboa, 2015, S. 243–260.

Morgan, „Opportunities and Boundaries for Slave Family Formation. Tobacco Labor and Demography in Pinar del Río, Cuba, 1817–1886", in: Colonial Latin American Review 29:1 (2020), S. 139–160.

Morelli, Federica, „Guerras, libertad y ciudadanía. Los afro-descendientes de Esmeraldas en la independencia", in: Revista de Indias 76, no. 266 (2016), S. 83–108.

Moscoso, Francisco, Orígenes y cultura de la caña de azúcar. De Nueva Guinea a las islas del Atlántico, Puerto Rico: Publicaciones Gaviota, 2017.

Mouser, Bruce L., „Continuing British Interest in Coastal Guinea-Conakry and Fuuta Jaloo Highlands (1750 to 1850)", in: Cahiers d'études africaines, 172 (2003), S. 761–790.

Mouser, „Forgotten Expedition into Guinea, West Africa, 1815–17. An Editor's Comments", in: History in Africa 35 (2008), S. 481–489.

Mouser, „A History of the Rio Pongo. Time for a New Appraisal?", in: History in Africa 37 (2010), S. 329–354.

Moutoukias, Zacarías, Contrabando y control colonial en el siglo xvii. Buenos Aires, el Atlántico y el espacio peruano, Buenos Aires: Ceal, 1988.

Muaze, Mariana; Salles, Ricardo (eds.), O Vale do Paraíba e o Império do Brasil nos Quadros da Segunda Escravidão, Rio de Janeiro: 7 Letras, 2015.

Muaze; Salles, Ricardo (eds.), A Segunda Escravidão e o Impérico do Brasil em Perspectiva Histórica, São Leopoldo: Casa Leiria, 2020.

Müller, Viola Franziska, „Runaway Slaves in Antebellum Baltimore. An Urban Form of Marronage?", in: International Review of Social History 65 (2020), S. 169–195.

Muhaj, Ardian, „Portugal as a Rising ‚Periphery' of Europe at the Beginning of the Fifteenth Century", in: Instituto de Estudios Ceutíes (ed.), I Congreso internacional. Los orígenes de la expansión europea. Ceuta 1415, Ceuta: Papel de Aguas, 2019, S. 31–42.

Mulligan, William; Bric, Maurice (eds.), A Global History of Anti-Slavery Politics in the Nineteeth Century, New York: Palgrave Macmillan, 2013.

Múnera, Alfonso, La independencia de Colombia. Olvidos y ficciones. Cartagena de Indias (1580–1821), Bogotá: Editorial Planeta Colombia, 2021.

Naranjo Orovio, Consuelo (ed.), Esclavitud y diferencia racial en el Caribe hispano, Aranjuez (Madrid): Doce Calles, 2017.

Naranjo Orovio, „Archipiélago de esclavos. Trabajo forzado y seguridad pública en Puerto Rico, 1800–1850", in: Naranjo Orovio (ed.), Los márgenes de la esclavitud. Resistencia, control y abolición en el Caribe y América Latina, Madrid: Dykinson, 2021, S. 179–208.

Naranjo Orovio (ed.), Sometidos a esclavitud. Los africanos y sus descendientes en el Caribe Hispano, Santa Marta: Editorial Unimagdalena, 2021 (Colección Humanidades y Artes. Historia).

Naranjo Orovio; González Ripoll, Loles; Ruiz del Árbol Moro, María (eds.), The Caribbean. Origin of the Modern World, Aranjuez (Madrid): Doce Calles, 2020.

Nater, Laura, „Colonial Tobacco. Key Commodity of the Spanish Empire", in: Topik, Steven; Marichal, Carlos; Frank, Zephyr (eds.), From Silver to Cocaine. Latin American Commodity Chains and the Building of the World Economy, 1500–2000, Durham: Duke University Press, 2006, S. 93–117.

Naum, Magdalena; Nordin, Jonas M. (eds.), Scandinavian Colonialism and the Rise of Modernity. Small Time Agents in a Global Arena, New York: Springer, 2013 (Contributions to Global Historical Archaeology 37).

Navarrete, María Cristina, „Cimarrones y palenques en las provincias al norte del Nuevo Reino de Granada siglo XVII", in: Fronteras de la Historia 6 (2001), S. 97–127.

Navarrete, María Cristina, „De las ‚malas entradas' y las estrategias del ‚buen pasaje'. El contrabando de esclavos en el Caribe neogranadino, 1550–1690", in: Historia Crítica 34 (2007), S. 160–183.

Naveda Chávez-Hita, Adriana, Esclavos negros en las haciendas azucareras de Córdoba, Veracruz, 1690–1830, Xalapa: Universidad Veracruzana; Centro de Investigaciones Históricas, 1987.

Naveda Chávez-Hita, „La esclavitud negra en Veracruz", in: Grafenstein Gareis, Johanna von; Muñoz Mata, Laura (eds.), El Caribe. Región, frontera y relaciones internacionales, México: Editorial Mora, 2000, S. 11–96.

Negro, Sandra; Marzal, Manuel M. (eds.), Esclavitud, economía y evangelización. Las haciendas jesuitas en la América Virreinal, Lima: Fondo Editorial de la Pontificia Universidad Católica del Perú, 2005.

Negrón-Portillo, Mario; Mayo-Santana, Raúl, La esclavitud urbana en San Juan de Puerto Rico. Estudio del Registro de esclavos de 1872, 2 Bde., Río Piedras: Huracán, 1992.

Nelson, Scott R., „Who Put Their Capitalism in My Slavery?", in: The Journal of the Civil War Era 5:2 (2015), S. 289–310.

Nelson, William E., The Americanization of the Common Law. The Impact of Legal Change on Massachusetts Society, 1760–1830, Cambridge: Cambridge University Press, 1975 (Studies in Legal History).

Nerín, Gustau, Guinea Ecuatorial, historia en blanco y negro (hombres blancos y mujeres negras en Guinea Ecuatorial [1843–1968]), Barcelona: Ediciones Península, 1997.

Nerín, Corisco y el estuario del Muni (1470–1931). Del aislamiento a la globalización y de la globalización a la marginación. Prólogo de Valérie de Wulf, Paris: L'Harmattan, 2015.

Nerín, Traficants d'ànimes. Els negrers espanyols a l'Àfrica, Barcelona: Raval Edicions SLU, Pòrtic, 2015.

Nessler, Graham, An Islandwide Struggle for Freedom. Revolution, Emancipation and Re-Enslavement in Hispaniola, Chapel Hill: University of North Carolina Press, 2016.

Newman, Simon P., A New World of Labor. The Development of Plantation Slavery in the British Atlantic, Philadelphia: University of Pennsylvania Press, 2013.

Newson, Linda A., „The Depopulation of Nicaragua in the Sixteenth Century", in: Journal of Latin American Studies 14:2 (1982), S. 253–286

Newson, „Africans and Luso-Africans in the Portuguese Slave Trade on the Upper Guinea in the Early Seventeenth Century", in: Journal of African History 53:1 (2012), S. 1–24.

Newson, „Bartering for Slaves on the Upper Guinea Coast in the Early Seventeenth Century",
in: Green, Toby (ed.), Brokers of Change. Atlantic Commerce and Culture in
Pre-Colonial Western Africa, London; Oxford: British Academy; Oxford University Press, 2012,
S. 257–282.

Newson; Minchin, Susie, From Capture to Sale. The Portuguese Slave Trade to Spanish America in
the Early Seventeenth Century, Leiden: Brill, 2007 (The Atlantic World 12).

Nichols, James David, „The Line of Liberty. Runaway Slaves and Fugitive Peons in the Texas-Mexico
Borderlands", in: Western Historical Quarterly 44:4 (2013), S. 413–433.

Nicolussi-Köhler, Stephan, „Vom Mittelmeer zur Nordsee. Der atlantische Handel im
Spätmittelalter", in: Obenaus, Andreas (ed.), Europas maritime Expansion. Ideen und
Innovationen, Entdeckungen und Eroberungen vom 9. bis zum 18. Jahrhundert, Wien:
Mandelbaum Verlag, 2021, S. 92–111.

Nistral-Moret, Benjamín, Esclavos, prófugos y cimarrones. Puerto Rico, 1770–1870, San Juan: Ed.
Universidad de Puerto Rico, 1984.

Noack, Karoline, „Die Einheimischen, die Fremden und die Furcht. Umsiedlungspolitik im Inka-
Staat", in: Ertl, Thomas (ed.), Erzwungene Exile. Umsiedlung und Vertreibung in der
Vormoderne, München: Campus 2017, S. 107–130 (Spanisch: ‚‚... los mitimaes temían a los
naturales y los naturales a los mitimaes'. Políticas de reasentamiento y la construcción de la
diferencia en el Estado inca", in: Surandino Monográfico 4 (2018), S. 23–38).
(http://revistascientificas.filo.uba.ar/index.php/surandino/article/view/5633 [09. März 2022]).

Noonan, John T., The Antelope. The Ordeal of the Recaptured Africans in the Administration of
James Monroe and John Quincy Adams, Berkeley: University of California, 1977.

Norton, Marcy, „Subaltern Technologies and Early Modernity in the Atlantic World", in: Colonial
Latin American Review 26:1 (2017), S. 18–38.

Núñez Seixas, Xosé Manoel, „Nation-Building and Regional Integration. The Case of the Spanish
Empire (1700–1914)", in: Miller, Alexei; Berger, Stefan (eds.), Nationalizing Empires, Budapest;
New York: CEU Press, 2015, S. 195–245.

Nwokeji, G. Ugo, The Slave Trade and Culture in the Bight of Biafra. An African Society in the
Atlantic World, Cambridge: Cambridge University Press, 2010.

Obenaus, Andreas, Islamische Perspektiven der Atlantikexpansion. Der islamische Atlantikraum
des mittelalterlichen Abendlandes, 2 Halbbde., Wien; Berlin: Turia & Kant, 2013
(Mittelmeerstudien 3: 1. Halbbd.: Der islamische Atlantikraum des mittelalterlichen
Abendlandes; 2. Halbbd.: Islamische und christliche Atlantikerkundung im Mittelalter).

Obenaus, „Die Geheimnisse des Atlantiks und seine Erforschung im Spiegel mittelalterlicher
arabischer Quellen", in: Conermann, Stephan; Wolter-von dem Knesebeck, Harald; Quiering,
Miriam (eds.), Geheimnis und Verborgenes im Mittelalter. Funktion, Wirkung und
Spannungsfelder von okkultem Wissen, verborgenen Räumen und magischen Gegenständen,
Berlin; Boston: De Gruyter, 2021 (= Das Mittelalter. Perspektiven mediävistischer Forschung.
Beihefte 15), S. 147–166.

Obenaus, „Weit gesteckte Ziele und reale Erfolge der spätmittelalterlichen Atlantikexpansion", in:
Obenaus (ed.), Europas Maritime Expansion. Ideen und Innovationen, Entdeckungen und
Eroberungen vom 9. bis zum 18. Jahrhundert, Wien: Mandelbaum Verlag, 2021, S. 112–136.

Offen, Karl H., „El mapeo de la Mosquitia colonial y las prácticas espaciales de los pueblos
mosquitos", in: Mesoamérica 50 (2008), S. 1–36.

Offner, Jerome A., Law and Politics in Aztec Texcoco, Cambridge: Cambridge University Press, 1983.

O'Flanagan, Patrick, Port Cities of Atlantic Iberia, c. 1500–1900, Aldershot: Ashgate Publishing,
2008.

Ojo, Olatunji, „The Organization of the Atlantic Slave Trade in Yorubaland, ca. 1777 to ca. 1856", in:
International Journal of African Historical Studies 41:1 (2008), S. 77–100.

Olexer, Barbara J., The Enslavement of the American Indian in Colonial Times, Columbia: Joyous Publishing, 2005.

Olivas, Aaron Alejandro, „The Global Politics of the Transatlantic Slave Trade During the War of the Spanish Succession, 1700–1715", in: Eissa-Barroso, Francisco A.; Vázquez Varela, Ainara (eds.), Early Bourbon Spanish America. Politics and Society in a Forgotten Era (1700–1759), Leiden: Brill, 2013, S. 85–109.

Oliveira, Vanessa S., „The Gendered Dimension of Trade. Female Traders in Nineteenth Century Luanda", in: Portuguese Studies Review 23:2 (2015), S. 93–121.

Oliveira, „Slavery and the Forgotten Women Slave Owners of Luanda", in: Lovejoy, Paul E.; Oliveira (eds.), Slavery, Memory, Citizenship, Trenton: Africa World Press, 2016, S. 126–147.

Olsen, Margaret M., „‚Negros Horros‘ and ‚Cimarrones‘ on the Legal Frontiers of the Caribbean: Accessing the African Voice in Colonial Spanish American Texts", in: Research in African Literatures 29:4 (1998), S. 52–72.

O'Malley, Gregory E., Final Passages. The Intercontinental Slave Trade of British America, 1619–1807, Chapel Hill: University of North Carolina Press, 2014.

O'Malley, „Slavery's Converging Ground. Charleston's Slave Trade as the Black Heart of the Lowcountry", in: William and Mary Quarterly 74:2 (2017), S. 271–302.

Oostindie, Gert, „The Economics of Suriname Slavery", in: Economic and Social History in the Netherlands 5 (1993), S. 1–24.

Oostindie (ed.), Fifty Years Later. Antislavery, Capitalism and Modernity in the Dutch Orbit, Leiden; Pittsburgh: KITLV Press; University of Pittsburgh Press, 1996.

Oostindie; Roitman, Jessica V. (eds.), Dutch Atlantic Connections, 1680–1800. Linking Empires, Bridging Borders, Leiden: Brill, 2014.

Oostindie; Roitman, Jessica V., „What is the ‚Dutch Atlantic‘"?, in: Oostindie; Roitman (eds.), Dutch Atlantic Connections, 1680–1800. Linking Empires, Bridging Borders, Leiden: Brill, 2014, S. 2–10.

Oostindie; Stipriaan, Alex van, „Slavery and Slave Cultures in a Hydraulic Society. Suriname", in: Palmié, Stephan (ed.), Slave Cultures and the Cultures of Slavery, Knoxville: University of Tennessee Press, 1997, S. 78–99.

Oppen, Achim von, Terms of Trade and Terms of Trust, Münster: LIT Verlag, 1994.

O'Reilly, William, „The Atlantic World and Germany. A Consideration", in: Pieper, Renate; Schmidt, Peer (eds.), Latin America and the Atlantic World. El Mundo Atlántico y América Latina (1500–1850), Köln, Böhlau, 2005, S. 35–56.

Orlandi, Angela, „Ciudades y aldeas del Nuevo Mundo en los documentos de los mercaderes y viajeros italianos del Quinientos", in: Anuario de Estudios Americanos 73 (2016), S. 45–64.

O'Rourke, Kevin H.; Williamson, Jeffrey G., Globalization and History: The Evolution of a Nineteenth-Century Atlantic Economy, Cambridge: The MIT Press, 2001.

Ortega, José Guadalupe, „Cuban Merchants, Slave Trade Knowledge, and the Atlantic World, 1790s-1820s", in: Colonial Latin American Historical Review 15:3 (2006), S. 225–251.

Ortega, „Machines, Modernity, and Sugar. The Greater Caribbean in a Global Context, 1812–1850", in: Journal of Global History 9:1 (2014), S. 1–25.

Ortiz, Fernando, Hampa afro-cubana. Los negros esclavos. Estudio sociológico y de derecho público, La Habana: Revista Bimestre Cubana, 1916.

Ortiz, Contrapunteo cubano del tabaco y del azúcar (advertencia de sus contrastes agrarios, económicos, históricos y sociales, su etnografía y su transculturación), Introducción de Bronislaw Malinowski, La Habana: Jesús Montero, 1940 (Biblioteca de Historia, Filosofía y Sociología, v. 8).

Ortiz, „El fenómeno social de la transculturación y su importancia en Cuba", in: Revista Bimestre Cubana 46 (1940), S. 273–278.

Ortiz, Los negros esclavos, La Habana: Ed. de Ciencias Sociales, 1976.

Ortiz, Los bailes y el teatro de los negros en el folklore de Cuba, La Habana: Editorial de Ciencias Sociales 1981.

Ortiz, Cuban Counterpoint. Tobacco and Sugar, Durham: Duke University Press, 1995.

Ortiz, Contrapunteo cubano del tabaco y del azúcar (Advertencia de sus contrastes agrarios, económicos, históricos y sociales, su etnografía y su transculturación). Edición de Santí, Enrico Mario, Madrid: Cátedra; Música Mundana Maqueda, 2002 (Letras Hispánicas).

Ortiz, Los esclavos negros. Estudio sociologico y de derecho publico, Havanna: Reviste Bimestere Cubana, 2016.

Ortiz Escaramilla, Juan, „El Veracruz que mira al Caribe, 1750–1825", in: Memorias. Revista Digital de Arqueología e Historia desde el Caribe 14, no. 34 (2018), S. 60–86.

Osei-Tutu, John Kwadwo; Smith, Victoria E. (eds.), Shadows of Empire in West Africa. New Perspectives on European Fortifications, Cham: Palgrave Macmillan, 2018 (African Histories and Modernities).

Osorio, Alejandra B., „El imperio de los Austrias españoles y el Atlántico. Propuesta para una nueva historia", in: Favarò, Valentina; Merluzzi, Manfredi; Sabatini, Gaetano (eds.), Fronteras. Procesos y prácticas de integración y conflictos entre Europa y América (Siglos XVI–XX), México: Fondo de Cultura Económica, 2016, S. 35–54.

Osterhammel, Jürgen, Sklaverei und die Zivilisation des Westens, München: Carl Friedrich von Siemens Stiftung, 2000.

Osterhammel, Die Verwandlung der Welt. Eine Geschichte des 19. Jahrhunderts, München: C.H. Beck, 2009.

Ott, Undine, „Europas Sklavinnen und Sklaven im Mittelalter. Eine Spurensuche im Osten des Kontinents", in: Bulach, Doris; Schiel, Juliane (eds.), Europas Sklaven, Essen: Klartext Verlag, 2015 (= WerkstattGeschichte 66–67), S. 31–53.

Otte, Enrique, „Empresarios españoles y genoveses en los comienzos del comercio trasatlántico. La avería de 1507", in: Revista de Indias 93–94 (1963), S. 519–530.

Otte, Las perlas del Caribe. Nueva Cádiz de Cubagua, Caracas: Fundación John Boulton, 1977.

Otte, Von Bankiers und Kaufleuten, Räten, Reedern und Piraten, Hintermännern und Strohmännern. Aufsätze zur atlantischen Expansion Spaniens, Stuttgart: Steiner, 2004 (Studien zur modernen Geschichte 58).

Overman, Charles Theodore, A Family Plantation. The History of the Puerto Rican Hacienda ‚La Enriqueta', San Juan: Academia Puertorriqueña de la Historia, 2000.

Padrón Reyes, Lilyam, „De defensas y fortificaciones. Santiago de Cuba en la estrategia imperial española, siglo XVIII", in: Fernández Valle, María de los Ángeles; López Calderón, Carme; Rodríguez Moya, Inmaculada (eds.), Espacios y muros del barroco iberoamericano, Santiago de Compostela; Sevilla: Andavira Editora, S. 191–204.

Pålsson, Ale, „Smugglers before the Swedish Throne. Political Activity of Free People of Color in Early Nineteenth-Century St Barthélemy", in: Atlantic Studies 14:3 (2017), S. 318–335.

Pärssinen, Martti, Tawantinsuyu. The Inca State and Its Political Organization, Helsinki: Societas Historica Finlandiae, 1992 (Studia Historica 43).

Paiva, Eduardo França, „Coartações e alforrias nas Minas Gerais do século XVIII. s possibilidades de libertação escrava no principal centro colonial", in: Revista de História 133 (1995), S. 49–57 (www.revistas.usp.br/revhistoria/article/view/18768 (23. März 2022).

Palen, Marc-William, „Free-Trade Ideology and Transatlantic Abolitionism. A Historiography", in: Journal of the History of Economic Thought 37:2 (2015), S. 291–304.

Palmer, Colin, „The Slave Trade, African Slavers and the Demography of the Caribbean to 1750", in: Knight, Franklin W. (ed.), General History of the Caribbean, Bd. 3: The Slave Societies of the Caribbean, London; Basingstoke: UNESCO Publishing, 1997, S. 9–44.

Palmié, Stephan (ed.), Slave Cultures and the Cultures of Slavery, Knoxville: University of Tennessee Press, 1997.

Palmié, „Ecué's Atlantic. An Essay in Method", in: Journal of Religion in Africa 37:2 (2007), S. 207–315.

Palmié, „On Predications of Africanity", in: Palmié (ed.), Africas of the Americas. Beyond the Search for Origins in the Study of Afro-Atlantic Religions, Leiden: Brill, 2008, S. 1–37.

Palmié, „Ekpe/ Abakuá in Middle Passage. Time, Space, and Units of Analysis in African American Historical Anthropology", in: Apter, Andrew; Derby, Lauren (eds.), Activating the Past. Historical Memory in the Black Atlantic, London: Cambridge Scholars Press, 2010, S. 1–44.

Palmié; Scarano, Francisco A. (eds.), The Caribbean. A History of the Region and Its Peoples, Chicago; London: University of Chicago Press, 2011.

Pantoja, Selma A., „Género e comercio. As traficantes de escravos na região de Angola", in: Travessias. Revista de Ciências Sociais e Humanas em Língua Portuguesa 4–5 (2004), S. 79–97.

Paolella, Christopher, Human Trafficking in Medieval Europe. Slavery, Sexual Exploitation, and Prostitution, Amsterdam: Amsterdam University Press, 2020 (Social Worlds of Late Antiquity and the Early Middle Ages).

Paquette, Gabriel, Imperial Portugal in the Age of Atlantic Revolutions. The Luso-Brazilian World, c. 1770–1850, Cambridge: Cambridge University Press, 2013.

Paquette, „Portugal and the Luso-Atlantic World in the Age of Revolutions", in: História 32:1 (2013), S. 175–189.

Paquette, The European Seaborne Empires. From the Thirty Years' War to the Age of Revolutions, New Haven: Yale University Press, 2019.

Paquette, Robert L., Engerman, Stanley L. (eds.), The Lesser Antilles in the Age of European Expansion, Gainesville: University Press of Florida, 1996.

Parcero Torre, Celia María, La pérdida de La Habana y las reformas borbónicas en Cuba 1760–1773, Ávila: Junta de Castilla y León, 1998.

Pargas, Damian Alan, Slavery and Forced Migration in the Antebellum South, New York: Cambridge University Press, 2015.

Pargas, Freedom Seekers. Fugitive Slaves in North America, 1800–1860, Cambridge: Cambridge University Press, 2022 (Cambridge Studies on the American South).

Parker, Susan R., „Men without God or King. Rural Planters of East Florida, 1784–1790", in: Florida Historical Quarterly 69 (1990), S. 135–155.

Parkinson, Robert G., The Common Cause. Creating Race and Nation in the American Revolution, Chapel Hill: University of North Carolina Press, 2016.

Parron, Tâmis, „The British Empire and the Suppression of the Slave Trade to Brazil. A Global History Analysis", in: Journal of World History 29:1 (2018), S. 1–36.

Parry, Tyler D.; Yingling, Charlton W., „Slave Hounds and Abolition in the Americas", in: Past and Present 246:1 (2020), S. 69–108.

Paz Sánchez, Manuel de; Hernández González, Manuel, La esclavitud blanca. Contribución a la historia del inmigrante canario en América, Tenerife: Siglo XIX, 1992.

Pearce, Adrian J., The Origins of Bourbon Reform in Spanish South America, 1700–1763, New York: Palgrave Macmillan, 2014.

Pearson, Andrew, Distant Freedom. St Helena and the Abolition of the Slave Trade, 1840–1872, Liverpool: Liverpool University Press, 2016.

Pedreira, Jorge Miguel, „Os negociantes de Lisboa na segunda metade do século XVIII. Padrões de recrutamento e trajectórias sociais", in: Análise Social 27, nos. 116–117 (1992), S. 407–440.

Peralta Rivera, Germán, Los mecanismos del comercio negrero, Lima: Kuntur ed., 1990.

Perbi, Akosua Adoma, „Merchants, Middlemen and Monarchs", in: Kessel, Ineke van (ed.), Merchants, Missionaries, and Migrants. 300 Years of Dutch-Ghanaian Relations, Amsterdam: KIT Publishers, 2002, S. 33–41.

Perbi, History of Indigenous Slavery in Ghana. From the Fifteenth to the Nineteenth Century, Ghana: Sub-Saharan Publishers, 2004.

Perdue, Theda, Slavery and the Evolution of Cherokee Society, 1540–1866, Knoxville: University of Tennessee Press, 1979.

Perez, Béatrice, Les marchands de Séville. Une société inquiète (XVe–XVIe siècles), Paris: Presses Universitaires Paris-Sorbonne, 2016.

Pérez de la Riva, Juan, „Antonio del Valle Hernández, ¿El primer demógrafo cubano?", in: Valle Hernández, Antonio del, Sucinta noticia de la situación presente de esta colonia. 1800, Chávez Álvarez, Ernesto (ed.), La Habana: Editorial de Ciencias Sociales, 1977, S. 3–40.

Pérez García, Rafael M.; Fernández Chaves, Manuel F.; França Paiva, Eduardo (eds.), Tratas, esclavitudes y mestizajes. Una historia conectada, siglos XV–XVIII, Sevilla: Editorial Universidad de Sevilla, 2020.

Pérez García, „El mercado de esclavos de Puerto Rico y los comienzos del tráfico negrero transatlántico", in: Fernández Chaves; Pérez García (eds.), Tratas atlánticas y esclavitudes en América. Siglos XIX, Sevilla: Editorial Universidad de Sevilla, 2021 (Colección Historia 380), S. 143–183.

Pérez Guzmán, Francisco, „Modos de vida de esclavos y forzados en las fortificaciones de Cuba. siglo XVIII", in: Anuario de Estudios Americanos 47 (1990), S. 241–257.

Pérez Guzmán, „Las fortificaciones cubanas en el siglo XVIII", in: Arbor 144, no. 567 (1993), S. 29–55.

Pérez Guzmán, La Habana, clave de un imperio, La Habana: Editorial de Ciencias Sociales, 1997.

Pérez Morales, Edgardo, No Limits to Their Sway. Cartagena's Privateers and the Masterless Caribbean in the Age of Revolutions, Nashville: Vanderbilt University Press, 2018.

Pérez Tostado, Igor; García-Hernán, Enrique, Irlanda y el Atlántico Ibérico. Movilidad, participación e intercambio cultural (1580–1823), Madrid: Albatros Ediciones, 2012.

Pestel, Friedemann, „The Impossible Ancien Régime colonial. Postcolonial Haiti and the Perils of the French Restoration", in: Journal of Modern European History 15:2 (2017), S. 261–279.

Petit, Carlos, „Negros y mulatos. Españoles de ambos hemisferios", in: Historia Constitucional 15 (2014), S. 155–204.

Pettigrew, William; Veevers, David (eds.), Transoceanic Constitutions. The Corporation as a Protagonist in Global History, 1550–1750, Leiden: Brill, 2019.

Peukert, Werner, Der atlantische Sklavenhandel von Dahomey 1740–1797. Wirtschaftsanthropologie und Sozialgeschichte, Wiesbaden: Steiner, 1978.

Philalethes, Demoticus, Yankee Travels through the Island of Cuba, New York: D. Appleton and Co., 1856 (Nachdruck: Price, Richard [ed.], Maroon Societies. Rebel Slave Communities in the Americas, Boston: The Johns Hopkins University Press, ²1996).

Philips, John Edward, „Slavery as Human Institution", in: Afrika Zamani 11–12 (2003–2004), S. 27–48.

Phillips, Andrew Sharman, J. C., Outsourcing Empire. How Company-States Made the Modern World, Princeton: Princeton University Press, 2020.

Pichardo, Esteban, Diccionario provincial casi razonado de vozes y frases cubanas, Habana: Imprenta La Antilla, 1862

Picó, Fernando, Ponce y los rostros rayados. Sociedad y esclavitud 1800–1830, San Juan, Puerto Rico: Ediciones Huracán, 2012.

Pieken, Gorch, „Fürsten, Menschenhändler und Piraten im transatlantischen Handel Brandenburg-Preußens 1682–1721", in: Hofbauer, Martin (ed.), Piraterie in der Geschichte, Potsdam: Zentrum für Militärgeschichte und Sozialwissenschaften der Bundeswehr, 2013, S. 39–62.

Pieper, Renate; Schmidt, Peer (eds.), Latin America and the Atlantic World. El Mundo Atlántico y América Latina (1500–1850), Köln: Böhlau, 2005.

Pietschmann, Horst, „Conciencia de identidad, legislación y derecho. Algunas notas en torno al surgimiento del „individuo" y de la „nación" en el discurso político de la monarquía española durante el siglo XVIII", in: Große, Sybille (ed.), Dulce et decorum est philologiam colere. Festschrift für Dietrich Briesemeister zu seinem 65. Geburtstag, Berlin: Domus, 1999, S. 535–554.

Pietschmann (ed.), Atlantic History. History of the Atlantic System 1580–1830. Papers Presented at an International Conference, held 28 August–1 September, 1999, in Hamburg, organized by the Department of History, Hamburg; Göttingen: Vandenhoeck & Rupprecht, 2002.

Pietschmann, „Frühneuzeitliche Imperialkriege Spaniens. Ein Beitrag zur Abgrenzung komplexer Kriegsformen in Raum und Zeit", in: Bührer, Tanja; Stachelbeck, Christian; Walter, Dierk (eds.), Imperialkriege von 1500 bis heute. Strukturen – Akteure – Lernprozesse, Paderborn: Ferdinand Schöningh, 2011, S. 73–92.

Pietschmann, „Imperio y comercio en la formación del Atlántico español", in: Lobato Franco, Isabel; Oliva Melgar, Juan María (eds.), El sistema comercial español en la economía mundial (siglos XVII–XVIII). Homenaje a Jesús Aguado de los Reyes, Huelva: Universidad de Huelva, 2013, S. 71–95.

Pina Yanes, Mayra Teresa; González Terry, Ana Belén, Cruces, el pueblo de los molinos, Cienfuegos: Ediciones Mecenas, 2001.

Pinto Tortosa, Antonio Jesús, „Spain's Diplomacy and Saint-Domingue's Revolution, 1791–1795", in: The Atlantic Millennium 11 (2012–13), S. 33–46.

Pinto Tortosa, „Santo Domingo's Slaves in the Context of the Peace of Basel. Boca Nigua's Black Insurrection, 1796", in: Journal of Early American History 3 (2013), S. 131–153.

Piqueras [Arenas], José Antonio, La esclavitud en las Españas. Un lazo transatlántico, Madrid: Catarata, 2011.

Piqueras (ed.), Orden político y gobierno de esclavos. Cuba en la época de la segunda esclavitud y de su legado, Valencia: Centro Francisco Tomás y Valiente UNED Alzira; Fundación Instituto de Historia Social, 2016.

Piqueras (ed.), Esclavitud y capitalismo histórico en el siglo XIX. Brasil, Cuba y Estados Unidos, Santiago de Cuba: Editorial del Caribe, 2016.

Piqueras (ed.), Plantación, espacios agrarios y esclavitud en la Cuba colonial, Castellón: Publicacions de la Universitat Jaume I; Casa de las Américas, 2017 (Colleció Amèrica 36).

Piqueras, Negreros. Españoles en el tráfico y en los capitales esclavistas, Madrid: Catarata, 2021 (Procesos y movimientos sociales).

Piqueras (ed.), Esclavitud y capitalismo histórico en el siglo XIX. Brasil, Cuba y Estados Unidos, Valencia: Fundación Instituto de Historia Social, 2021.

Pires, Ana Flávia Cicchelli, „A Aboliçao do Comercio Atlântico de Escravos e os Africanos Livres no Brasil", in: Buffa, Diego; Becerra, María José (eds.), Los estudios afroamericanos y africanos en América Latina. Herencia, presencia y visiones del otro, Córdoba; Buenos Aires: Ferreyra Editor; Centro de Estudios Avanzados, Programa de Estudios Africanos; Consejo Latinoamericano de Ciencias Sociales, 2008, S. 89–115.

Pires, Julio Manuel; Da Costa, Iraci del Nero, „Slave-Mercantile Capital and Slavery in The Americas", in: Canadian Journal of Latin American and Caribbean Studies/ Revue canadienne des études latino-américaines et caraïbes 37, no. 73 (2012), S. 155–171.

Pita Pico, Roger, El reclutamiento de negros esclavos durante las guerras de Independencia de Colombia 1810–1825, Bogotá: Academia Colombiana de Historia, 2012.

Pita Pico, La manumisión de esclavos en el proceso de independencia de Colombia. Realidades, promesas y desilusiones, Bogotá: Editorial Kimpres, 2014.

Pita Pico, „El debate sobre la abolición del comercio internacional de esclavos durante la independencia y la temprana República en Colombia", in: Diálogos. Revista Electrónica de Historia 16:1 (2015), S. 241–267.

Pollak-Eltz, Angelina, La esclavitud en Venezuela. Un estudio histórico-cultural, Caracas: Universidad Católica Andrés Bello, 2002.

Polónia, Amélia; Antunes, Cátia (eds.), Mechanisms of Global Empire Building, Porto: CITCEM; Edições Afrontamento, 2017.

Pomeranz, Kenneth; Topik, Steven, The World That Trade Created. Society, Culture, and the World Economy, 1400 to the Present, Armonk: M.E. Sharpe, [2]2006.

Portuondo Zúñiga, Olga, „Cimarronaje y conciencia política", in: Estévez Rivero, Sandra; Castro Monterrey, Pedro; Portuondo Zúñiga (eds.), Por la identidad del negro cubano, Santiago de Cuba: Ediciones Caserón, 2011, S. 13–40.

Post, Charles, „Plantation Slavery and Economic Development in the Antebellum Southern United States", in: Journal of Agrarian Change 3:3 (2003), S. 289–332.

Post, The American Road to Capitalism, Chicago: Haymarket Books, 2011.

Postma, Johannes Menne, The Dutch in the Atlantic Slave Trade 1600–1815, Cambridge: Cambridge University Press, 1990.

Powell, Jim, Greatest Emancipations. How the West Abolished Slavery, New York; Basingstoke: Palgrave Macmillan, 2008.

Prado, Fabricio, „The Fringes of Empires. Borderlands and Frontiers in Colonial Latin America", in: History Compass 10:4 (2012), S. 318–333.

Prado, Edge of Empire. Atlantic Networks and Revolution in Bourbon Río de la Plata, Berkeley: University of California Press, 2015.

Pretel, Daniel, „Towards a Technological History of Global Commodities", in: Stubbs, Jean; Clarence-Smith, William G.; Curry-Machado, Jonathan; Vos, Jelmer (eds.), Handbook of Commodity History, Oxford: Oxford University Press, 2022 (im Erscheinen).

Price, Richard (ed.), Maroon Societies. Rebel Slave Communities in the Americas, Baltimore: Johns Hopkins University Press, [2]1979 (Nachdruck: Maroon Societies. Rebel Slave Communities in the Americas, Boston: The Johns Hopkins University Press, 1996).

Price, Alabi's World, Baltimore: Johns Hopkins University Press, 1990 (Johns Hopkins Studies in Atlantic History and Culture).

Price, „The Miracle of Creolization. A Retrospective", in: New West Indian Guide/ Nieuwe West Indische Gids 75:1 (2001), S. 35–64.

Price, „Maroons in Suriname and Guyane. How Many and Where", in: New West Indian Guide/ Nieuwe West Indische Gids 76:1–2 (2002), S. 81–88.

Price, „The Miracle of Creolization", in: Yelvington, Kevin A. (ed.), Afro-Atlantic Dialogues. Anthropology in the Diaspora, Santa Fe; Oxford: School of American Research Press; James Currey, 2006, S. 115–147.

Price; Price, Sally, „Introduction", in: Stedman, John Gabriel, Narrative of a Five Years Expedition against the Revolted Negroes of Surinam. Transcribed for the First Time from the Original 1790 Manuscript, ed. Price; Price, Baltimore; London: Johns Hopkins University Press, 1988, S. XIII–XCVII.

Price; Price, Sally, Stedman's Surinam. Life in an Eighteen-Century Slave Society, Boston: Johns Hopkins University Press, 1992.

Pritchard, James, In Search of Empire. The French in the Americas 1670–1730, Cambridge: Cambridge University Press, 2004.

Quiles, Fernando; Marchena Fernández, Juan (eds.), Viaje al corazón del mundo. Las ciudades coloniales del istmo de Panamá, Sevilla: Arte, Creación y Patrimonio Iberoamericanos en Redes; Universidad Pablo de Olavide, 2021.

Rael, Patrick, Eighty-Eight Years. The Long Death of Slavery in the United States, 1777–1865, Athens: University of Georgia Press, 2015.

Ramírez Méndez, Luis Alberto, „Las haciendas en el sur del Lago de Maracaibo (siglos XVI–XVII)", in: Boletín de la Academia Nacional de la Historia 92, no. 366, Caracas (2009), S. 121–164.

Ramírez Méndez, „Los esclavos negros en el sur del Lago de Maracaibo (siglos XVI–XVII)", in: Boletín de la Academia Nacional de la Historia 94, no. 373 (2011), S. 83–106.

Ramírez Méndez, La tierra prometida del sur del Lago de Maracaibo y la villa y puerto de San Antonio de Gibraltar (siglos XVI–XVII), 2 Bde., Caracas, Editorial el perro y la rana, 2011.

Ramírez Méndez, „Las haciendas cañeras en el sur del Lago de Maracaibo – Venezuela. (Siglos XVI–XVII)", in: Revista de Indias 74, no. 260 (2014), S. 9–34.

Ramírez Méndez, „El cultivo del cacao venezolano a partir de Maruma", in: Historia Caribe 10, no. 27 (2015), S. 69–101.

Ramírez Méndez, „El comercio trasatlántico de San Antonio de Gibraltar (Venezuela). Siglo XVII", in: Boletín Nacional de la Academia de Historia 98, no. 389 (2015), S. 35–62.

Ramírez Pérez, Jorge Freddy; Hernández Pérez, Pedro Luis, „La plantación cafetalera", in: Ramírez Pérez; Hernández Pérez, Candelaria. Fundación y fomento, Pinar del Río: Edición Loynaz, 2008, S. 13–19.

Ramírez Pérez; Paredes Pupo, Fernando Antonio, Francia en Cuba. Los cafetales de la Sierra del Rosario (1790–1850), La Habana: Ediciones Unión, 2004.

Ramos de Santana, Aderivaldo, „A Extraordinária Odisseia do Comerciante Ijebu que foi Escravo no Brasil, e Homem Livre na França (1820–1842)", in: Revista Afro-Ásia 57 (2018), S. 9–53.

Ramos Guédez, José Marcial, Contribución a la historia de las culturas negras en Venezuela colonial, Caracas: Instituto Municipal de Publicaciones; Alcaldía de Caracas, 2001.

Ramos Guédez, „Mano de obra esclavizada en el eje Barlovento-Valles del Tuy durante el siglo XVIII", in: Equipos Locales de Investigación; ELI (eds.), Reconociéndonos en nuestros saberes y haceres (Tomo VI Estado Miranda), Caracas: Ministerio de Culture; Consejo Nacional de la Cultura; Dirección General de Apoyo Docente, 2006, S. 1–24.

Ramos Zúñiga, Antonio, Guantánamo. El gran proyecto de fortificación de Cuba. Fortificaciones hispánicas y británicas, 1741–1898, s.l.: Asociación Cubana de Amigos de Castillos, 2021.

Ramos-Mattei, Andrés, La hacienda azucarera. Su surgimiento y crisis en Puerto Rico (siglo XIX), San Juan: CERP, 1981.

Ramos-Mattei (ed.), Azúcar y esclavitud, Río Piedras: UPR, 1982.

Ramos-Mattei, La sociedad del azúcar en Puerto Rico, San Juan: UPR, 1988.

Ratelband, Klaas, Os holandeses no Brasil e na costa Africana. Angola, Kongo e São Tomé, 1600–1650, Lisboa: Vega, 2003.

Rediker, Marcus, The Slave Ship. A Human History, New York: Viking, 2007.

Régent, Frédéric, La France et ses esclaves. De la colonisation aux abolitions (1620–1848), Paris: Grasset, 2007.

Reichert, Rafał, „La pérdida de la isla de Jamaica por la Corona española y los intentos de recuperarla durante los años 1655–1660", in: Ulúa. Revista de Historia, Sociedad y Cultura 7, no. 14 (2009), S. 9–33

Reichert, „La lucha por el dominio colonial en las Indias durante el siglo XVII, casos San Martín, Jamaica y la isla Española", in: Revista Historia Caribe 7, no. 20 (2012), S. 159–182.

Reichert, Sobre las olas de un mar plateado. La política defensiva española y el financiamiento militar novohispano en la región del Gran Caribe, 1598–1700, Mérida; Yucatán: Universidad Nacional Autónoma de México, Centro Peninsular en Humanidades y Ciencias Sociales, 2013.

Reichert, „Las Devastaciones de Osorio y los situados novohispanos para Santo Domingo durante los reinados de la casa de Habsburgo", in: Iberoamericana 16, no. 63 (2016), S. 131–147.

Reichert, „Corsarios españoles en el Golfo de Honduras, 1713–1763", in: Estudios de Cultura Maya 51 (2018), S. 151–174.

Reichert, „La política defensiva española en la región del Gran Caribe y su impacto en la Nueva España durante la Casa de los Austrias", in: González Aguayo, Leopoldo Augusto; Velasco Molina, Mónica (eds.), La Talasopolítica mexicana 1, México D.F.: Universidad Nacional Autónoma de México, 2019, S. 105–122.

Reid, Anthony, Southeast Asia in Age of Commerce, 2 Bde., New Haven: Yale University Press, 1993.

Reid, „‚Slavery so Gentle'. A Fluid Spectrum of Southeast Asian Conditions of Bondage", in: Lenski, Noel; Cameron, Catherine M. (eds.), What is a Slave Society? The Practice of Slavery in Global Perspective, Cambridge; New York: Cambridge University Press, 2018, S. 410–428.

Reid, Michele, „Origins of the Yoruba in Cuba. Lucumí, Yoruba, Spain and the Slave Trade", in: Falola, Toyin; Childs, Matt (eds.), The Yoruba Diaspora in the Atlantic World, Bloomington: Indiana University Press, 2004 (Blacks in Diaspora), S. 112–125.

Reis, João José, Death Is a Festival. Funeral Rites and Rebellion in Nineteenth-Century Brazil. Translated by H. Sabrina Gledhill, Chapel Hill: University of North Carolina Press, 2003.

Rella, Christoph, ‚Im Anfang war das Fort'. Europäische Fortifizierungspolitik als Instrument zur Welteroberung. Guinea und Westindien 1415–1678, Münster: Aschendorff, 2010 (Geschichte in der Epoche Karls V.).

Reis; Gomes, Flávio dos Santos; Carvalho, Marcus J.M. de, O Alufá Rufino. Tráfico, escravidão e liberdade no Atlântico Negro (c. 1822 – c. 1853), São Paulo: Companhia Das Letras, 2010.

René, Jean-Alix, Haïti après l'esclavage: formation de l'État et culture politique populaire (1804–1846), Port-au-Prince: Editions Le Natal, 2019.

Reséndez, Andrés, The Other Slavery. The Uncovered Story of Indian Enslavement in America, Boston; New York: Houghton Mifflin Harcourt, 2016.

Reséndez, „La Cruzada antiesclavista y las fronteras del imperio español, 1660–1690", in: Valenzuela Márquez, Jaime (ed.), América en diásporas. Esclavitudes y migraciones forzadas en Chile y otras regiones americanas (siglos XVI–XIX), Santiago: Pontificia Universidad Católica de Chile, Instituto de Historia; Red Columnaria; RIL Editores, 2017, S. 285–318.

Reynolds, Edward, „The Rise and Fall of an African Merchant Class on the Gold Coast 1830–1874", in: Cahiers d'études africaines 14, no. 54 (1974), S. 253–264.

Ribeiro da Silva, Filipa, „Dutch vessels in African Waters. Coastal Routes and Intra-Continental Trade (c.1590–1674)", in: Tijdschrift voor Zeegeschiedenis 1 (2010), S. 19–38.

Ribeiro da Silva, Dutch and Portuguese in Western Africa. Empires, Merchants and the Atlantic System, 1580–1674, Leiden: Brill, 2011.

Ribeiro da Silva, „Crossing Empires. Portuguese, Sephardic, and Dutch Business Networks in the Atlantic Slave Trade, 1580–1674", in: The Americas 68:1 (2011), S. 7–32.

Ribeiro da Silva, „Forms of Cooperation between Dutch-Flemish, Sephardim and Portuguese Private Merchants for the Western African Trade within the Formal Dutch and Iberian Atlantic Empires, 1590–1674", in: Portuguese Studies 28:2 (2012), S. 159–172.

Ribeiro da Silva, „African Islands and the Formation of the Dutch Atlantic Economy. Arguin, Gorée, Cape Verde and São Tomé, 1590–1670", in: The International Journal of Maritime History 26:3 (2014), S. 549–567.

Ribeiro da Silva, „Os Judeus de Amersterdão e o Comércio com a Costa Ocidental Africana, 1580–1660", in: Anais de História de Além-Mar 14 (2013), S. 121–144.

Ribeiro da Silva, „The Dutch and the Consolidation of the Seventeenth-Century South Atlantic Complex, c.1630–1654", in: Portuguese Literary and Cultural Studies 27 (2014), S. 83–103.

Ribeiro da Silva, „Between Iberia, the Dutch Republic and Western Africa. Portuguese Sephardic Long- and Short-Term Mobility in the Seventeenth Century", in: Jewish Culture and History 16:1 (2015), S. 45–63 (http://dx.doi.org/10.1080/1462169X.2015.1032011)

Ribeiro da Silva, „The Slave Trade and the Development of the Atlantic Africa Port System, 1400s–1800s", in: The International Journal of Maritime History 29:1 (2017), S. 138–154.

Ribeiro da Silva; Sommerdyk, Stacey, „Reexaming the Geography and Merchants of the West Central African Slave Trade. Looking behind the Numbers", in: African Economic History 38 (2010; = Special Issue: The Trans-Atlantic Slave Trade Database and African Economic History), S. 77–106.

Richardson, David; Ribeiro da Silva, Filipa, „Introduction. The South Atlantic Slave Trade in Historical Perspective", in: Richardson; Ribeiro da Silva (eds.), Networks and Trans-Cultural Exchange. Slave Trading in the South Atlantic, 1590–1867, Leiden: Brill, 2015, S. 1–29.

Riché, Pierre, Die Welt der Karolinger. Aus dem Französischen übersetzt von Dirlmeier, Cornelia und Ulf, Stuttgart: Reclam, ³2016.

Rio, Alice, Slavery After Rome, 500–1100, Oxford: Oxford University Press, 2017 (Oxford Studies in Medieval Europe).

Rivera Dorado, Miguel, Los mayas, una sociedad oriental, Madrid: Editorial de la Universidad Complutense, 1982.

Robertson, Claire C.; Klein, Martin A. (eds.), Women and Slavery in Africa, Madison: University of Madison Press, 1976, S. 49–66.

Rockman, Seth, „The Future of Civil War Era Studies. Slavery and Capitalism", in: The Journal of Civil War Era 2 (2012) (http://journalofthecivilwarera.com/forum-the-future-of-civil-war-era-studies/the-future-of-civil-war-era-studies-slavery-and-capitalism/ [18. März 2014]).

Rodgers, Nini, Ireland, Slavery and Anti-Slavery, 1612–1865, London: Palgrave Macmillan, 2007.

Rodrigo y Alharilla, Martin, „Familia, redes y alianzas en la gran empresa española. El holding Comillas (1857–1890)", in: Prohistoria 10 (2006), S. 73–92.

Rodrigo y Alharilla, Indians a Catalunya. Capitals cubans en l'economia catalana, Barcelona: Fundación Noguera, 2007.

Rodrigo y Alharilla, „Trasvase de capitales antillanos. Azúcar y tranformación urbana en Barcelona en el siglo XIX", in: Santamaría García, Antonio; Naranjo Orovio, Consuelo (eds.), Más allá del azúcar. Política, diversificación y prácticas económicas en Cuba, 1878–1930, Aranjuez (Madrid): Ediciones Doce Calles, 2009, S. 127–158.

Rodrigo y Alharilla, „Spanish Merchants and the Slave Trade. From Legality to Illegality, 1814–1870", in: Fradera, Josep Maria; Schmidt-Nowara, Christopher (eds.), Slavery and Antislavery in Spain's Atlantic Empire, New York; Oxford: Berghahn, 2013, S. 176–199.

Rodrigo y Alharilla, „De la esclavitud al cosmopolitismo. Tomás Terry Adán y su familia", in: Laviña, Javier; Piqueras, Ricardo; Mondejar, Christina (eds.): Afroamérica, espacios e identidades, Barcelona: Icaria editorial, 2013, S. 93–119.

Rodrigo y Alharilla, „From Periphery to Centre. Transatlantic Capital Flow, 1830–1890", in: Leonard, Adrian; Pretel, David (eds.), The Caribbean and the Atlantic World Economy. Circuits of Trade, Money and Knowledge, 1650–1914, London: Palgrave Macmillan, 2015 (Cambridge Imperial and Post-Colonial Studies Series), S. 217–237.

Rodrigo y Alharilla, „Víctimas y verdugos a la vez. Los marineros españoles y la trata ilegal (1845–1866)", in: Drassana. Revista del Museu Marítim de Barcelona 25 (2017) (= Dossier: El tràfic atlàntic d'esclaus), S. 112–132.

Rodrigo y Alharilla, Un hombre, mil negocios. La controvertida historia de Antonio López, marqués de Comillas, Barcelona: Editorial Ariel, 2021.

Rodrigo y Alharilla, „Les factoreries négrières espagnoles des côtes africaines (1815–1860)", in: Outre-Mers 410–411:1–2 (2021), S. 143–167.

Rodrigo y Alharilla; Chaviano, Lizbeth J. (eds.), Negreros y esclavos. Barcelona y la esclavitud atlántica (siglos XVI–XIX), Barcelona: Icaria editorial, 2017.

Rodrigo y Alharilla; Cózar Navarro, María del Carmen (eds.), Cádiz y el tráfico de esclavos. De la legalidad a la clandestinidad, Madrid: Silex Ediciones, 2018.

Rodrigues, Jaime, O infame comércio. Propostas e experiências no final do tráfico de africanos para o Brasil, 1800–1850, Campinas: Editora da Unicamp, Cecult, 2000.

Rodrigues, De costa a costa. Escravos, marinheiros e intermediarios do tráfico negreiro de Angola ao Rio de Janeiro, São Paulo: Companhia das Letras, 2005.

Rodrigues, „O fim do tráfico transatlântico de escravos para o Brasil. Paradigmas em questão", in: Grinberg, Keila; Salles, Ricardo (eds.), O Brasil Imperial 1831–1870, Bd. 2, Rio de Janeiro: Civilização Brasileira, 2009, S. 299–338.

Rodrigues, „Marinheiros forros e escravos em Portugal e na América Portuguesa (c. 1760–c. 1825)", in: Revista de História Comparada 7:1 (2013), S. 9–35.

Rodrigues, „Aspectos de la religiosidad de los marineros en el Océano Atlántico en la Edad Moderna", in: Uncal, Lucía; Moro, Pedro (eds.), Buenosvientos. Circulación, resistencias, ideas y prácticas en el Mundo Atlántico de la Modernidad Temprana, La Plata: Lucía Uncal, 2020, S. 135–150.

Rodrigues, José Damião, „Widening the Ocean. Eastern Atlantic Islands in the Making of Early-Modern Atlantic", in: Comparativ 26:5 (2016), S. 76–89.

Rodríguez, José Ángel, La Historia de la Caña. Azúcares, aguardientes y rones en Venezuela, Caracas: Alfadil, 2005.

Rodríguez, Al son del ron. Azúcares y rones de Venezuela y la cuenca del Caribe, Caracas: Ediciones B, 2009.

Rodríguez, Sergio, La Carrera de Indias. Las rutas, los hombres y las mercancías, Santander: La Huerta Grande, 2015.

Rodríguez Morel, Genaro, „The Sugar Economy of Española in the Sixteenth Century", in: Schwartz, Stuart B. (ed.), Tropical Babylons. Sugar and the Making of the Atlantic World, Chapel Hill: The University of North Carolina Press, 2004, S. 85–114.

Roeck, Bernd, Der Morgen der Welt. Geschichte der Renaissance, München: Beck 2017 (= Historische Bibliothek der Gerda Henkel Stiftung).

Røge, Pernille, „Why the Danes Got There First – A Trans-Imperial Study of the Abolition of the Danish Slave Trade in 1792", in: Slavery & Abolition 35:4 (2014), S. 576–592.

Røge, Economistes and the Reinvention of Empire. France in the Americas and Africa, c.1750–1802, Cambridge; New York: Cambridge University Press, 2019.

Roitman, Jessica, „Creating Confusion in the Colonies. Jews, Citizenship, and the Dutch and British Atlantics", in: Itinerario 36:2 (2012), S. 55–90.

Rojas, Reinaldo, La rebelión del negro Miguel y otros temas de africanía, Barquisimeto: Tipografía y Litografía Horizonte, C.A., 2004.

Rojas-López, José, „La producción de cacao en la Venezuela de la segunda mitad del siglo XVIII. ¿grandes o modestas plantaciones?", in: Revista Derecho y Reforma Agraria, Ambiente y Sociedad 38 (2012), S. 89–109.

Roldán de Montaud, Inés, „Origen, evolución y supresión del grupo de negros ‚emancipados' en Cuba 1817–1870", in: Revista de Indias 42, nos. 169–170 (1982), S. 559–641.

Roldán de Montaud, „On the Blurred Boundaries of Freedom. Liberated Africans in Cuba, 1817–1870", in: Tomich, Dale W. (ed.), New Frontiers of Slavery, Albany: State University of New York Press, 2015, S. 127–155.

Rood, Daniel, „Plantation Laboratories. Industrial Experiments in the Cuban Sugar Mill, 1830–1860", in: Tomich, Dale W. (ed.), New Frontiers of Slavery, New York: State University of New York Press, 2016, S. 157–184.

Rood, The Reinvention of Atlantic Slavery. Technology, Labor, Race, and Capitalism in the Greater Caribbean, New York; Oxford: Oxford University Press, 2017.

Rosal, Miguel A., „Negros y pardos propietarios de bienes raíces y de esclavos en el Buenos Aires de fines del período hispánico", in: Anuario de Estudios Americanos 58 (2001), S. 495–512.

Rosenthal, Caitlin, Accounting for Slavery. Masters and Management, Cambridge: Harvard University Press, 2018.

Ross, Corey, „The Plantation Paradigm. Colonial Agronomy, African Farmers, and the Global Cocoa Boom, 1870s–1940s", in: Journal of Global History 9:1(2014), S. 49–71.

Rossi, Benedetta (ed.), Reconfiguring Slavery. West African Trajectories, Liverpool: Liverpool University Press, 2009.

Rossi, „Dependence, Unfreedom, and Slavery in Africa. Toward an Integrated Analysis (Review Article)", in: Africa 86:3 (2016), S. 571–590 (http://dx.doi.org/10.1017/S0001972016000504).

Rossum, Matthias van, „Slavery and Its Transformations. Prolegomena for a Global and Comparative Research Agenda", in: Comparative Studies in Society and History 63:3 (2021), S. 566–598.

Roșu, Felicia (ed.), Slavery in the Black Sea Region, c.900–1900. Forms of Unfreedom at the Intersection between Christianity and Islam, Leiden: Brill, 2021 (Studies in Global Slavery 11).

Roth, Rainer, Sklaverei als Menschenrecht. Über die bürgerlichen Revolutionen in England, den USA und Frankreich, Frankfurt am Main: DVS, [2]2017.

Rothman, Adam, „The Domestication of the Slave Trade in the United States", in: Johnson (ed.), The Chattel Principle. Internal Slave Trades in the Americas, 1808–1888, New Haven: Yale University Press, 2004, S. 32–54.

Rothman, Slave Country. American Expansion and the Origins of the Deep South, Cambridge: Harvard University Press, 2005.

Rotman, Youval, Les esclaves et l'esclavage. De la Méditerranée antique à la Méditerranée médiévale, VIe–XIe siècles, Paris: Les Belles Lettres, 2004.

Rotman, Byzantine Slavery and the Mediterranean World, Cambridge; London: Harvard University Press, 2009.

Rotman, „Captif ou esclave? La compétition pour le marché d'esclaves en Méditerrané médiévale", in: Guillén, Fabienne P.; Trabelski, Salah (eds.), Les esclavages en Mediterranée. Espaces et dynamiques économiques (Moyen Âge et Temps Modernes), Madrid: Casa de Velázquez, 2012, S. 25–46.

Rotman, „Byzantium and the International Slave Trade in the Central Middle Ages", in: Necipoglu, Sevgi; Magdalino, Paul (eds.), Trade in Byzantium. Papers from the Third International Sevgi Gönül Byzantine Studies Symposium, Istanbul: Koç University Publications, 2016, S. 129–142.

Roulet, Éric (ed.), Le monde des compagnies. Les premières compagnies dans l'Atlantique. I. Structures et modes de fonctionnement, Aachen: Shaker Verlag, 2017.

Roulet, Florencia, „Violencia indígena en el Río de la Plata durante el período colonial temprano. Un intento de explicación", in: Nuevo Mundo Mundos Nuevos [En ligne], Débats, mis en ligne le 16 février 2018 (https://10.4000/nuevomundo.72018).

Rubies, Joan-Pau, „The Worlds of Europeans, Africans, and Americans ca. 1490", in: Canny, Nicholas; Morgan, Philip D. (eds.), The Oxford Handbook of the Atlantic World, Oxford: Oxford University Press, 2011, S. 21–37.

Rueda Novoa, Rocío, „Esclavos y negros libres en Esmeraldas, s. XVIII–XIX", in: Procesos. Revista ecuatoriana de historia 16 (2001), S. 3–33.

Rugendas, Johann Moritz, Malerische Reise in Brasilien, Paris: Engelmann & Cie., 1835.

Rupert, Linda M., „Marronage, Manumission and Maritime Trade in the Early Modern Caribbean", in: Slavery & Abolition 30:3 (2009), S. 361–382.

Rupprecht, Anita, „'All We Have Done, We Have Done for Freedom'. The *Creole* Slave-Ship Revolt (1841) and the Revolutionary Atlantic", in: International Review of Social History 58 (2013), S. 15–34.

Rushforth, Brett, „'A Little Flesh We Offer You'. The Origins of Indian Slavery in New France", in: William and Mary Quarterly 60:4 (2003), S. 777–808.

Russell-Wood, Anthony John R., The Portuguese Empire, 1415–1808. A World on the Move, Baltimore; London: The Johns Hopkins University Press, 1998.

Saco, José Antonio, Historia de la Esclavitud (Volúmen I–VI), Ensayo introductorio, compilación y notas Torres-Cuevas, La Habana: IMAGEN CONTEMPORÁNEA, 2002–2006 (Biblioteca de Clásicos Cubanos), in: CD Orígenes del pensamiento cubano. Biblioteca digital de clásicos cubanos.

Salamanca Rodríguez, Alejandro, „The Last Journey of the San Cayetano (1745). Privateering and Male Migration During the War of Jenkins' Ear/ El último viaje del San Cayetano (1745). Corsarismo y migración masculina durante la guerra del Asiento", in: Revista Universitaria de Historia Militar 9, no. 18 (2020), S. 246–265.

Salvucci, Linda K., „Atlantic Intersections. Early American Commerce and the Rise of the Spanish West Indies (Cuba)", in: Business History Review 79 (2005), S. 781–810.

Sampaio Garcia, Rozendo, „Contribuição ao estudo do aprovisionamento de escravos negros na América espanhola (1580–1640)", in: Anais do Museu Paulista 16 (1962), S. 1–195.

Samudio A., Edda O., „La cotidianidad esclava en las haciendas del Colegio San Francisco Javier de Mérida", in: Procesos Históricos 1:1 (2002) (http://www.saber.ula.ve/bitstream/123456789/23078/1/articulo1-1.pdf [10. März 2022]).

San Miguel, Pedro, El mundo que creó el azúcar. Las haciendas en Vega Beja, 1800–1873, Río Piedras: Ediciones Huracán, 1989.

Sánchez, Jean-Noël, „Autour d'une source. De l'esclavage aux Philippines, XVIe-XVIIe siècles", in: Source(s). Arts, Civilisation et Histoire de l'Europe 7 (2015), S. 95–172.

Santamaría Garcia, Antonio, Sin azúcar no hay país. La industria azucarera y la economía cubana (1919–1939), Sevilla: Editorial Universidad de Sevilla, 2002.

Santamaría García; García Mora, Luis Miguel, „La industria azucarera en Cuba. Mano de obra y tecnología (1860–1877)", in: Cayuela Fernández, José G. (ed.), Un siglo de España. Centenario 1898–1998, Cuenca: Cortes de Castilla-La Mancha; Ediciones de la Universidad Castilla-La Mancha, 1998, S. 283–298.

Santamaría García; García Mora, Luis Miguel, „Colonos. Agricultores cañeros, ¿clase media rural en Cuba?" 1880–1898", in: Revista de Indias 8, no. 212 (1998), S. 131–161.

Santamaría García; Naranjo Orovio, Consuelo (eds.), Más allá del azúcar. Política, diversificación y prácticas económicas en Cuba, 1878–1930, Aranjuez (Madrid): Ediciones Doce Calles, 2009.

Santamaría García; Vázquez Cienfuegos, Sigfrido, „Indios foráneos en Cuba a principios del siglo XIX. Historia de un suceso en el contexto de la movilidad poblacional y la geoestrategia del imperio español", in: Colonial Latin American Historical Review 1:1 (2013), S. 1–25.

Santana Pérez, Germán, „El África Atlántica. La construcción de la historia atlántica desde la aportación africana", in: Vegueta. Anuario de la Facultad de Geografía e Historia 14 (2014), S. 11–25.

Santana Pérez, „Mercaderes hispanos en África subsahariana antes de la Unión Ibérica, 1503–1580", in: Pérez García, Rafael M.; Fernández Chaves, Manuel F.; Belmonte Postigo, Jose Luis (eds.), Los negocios de la esclavitud. Tratantes y mercados de esclavos en el Atlántico Ibérico, siglos XV-XVIII, Sevilla: Universidad de Sevilla, 2018, S. 71–92.

Santí, Enrico Marío, „Fernando Ortiz. Contrapunteo y transculturación", in: Ortiz, Fernando, Contrapunteo cubano del tabaco y el azúcar (Advertencia de sus contrastes agrarios, económicos y sociales, su etnografía y sus transculturación), Madrid: Catedra. Letras Hispánicas, 2002, S. 25–119.

Santos, Martha S., „Mothering Slaves, Labor, and the Persistence of Slavery in Northeast Brazil.
   A Non-Plantation View from the Hinterlands of Ceará, 1813–1884", in: Women's History
   Review 27:6 (2018), S. 954–971.
Santos-Granero, Fernando, „Slavery as Structure, Process, or Lived Experience, or Why Slave
   Societies Existed in Precontact Tropical America", in: Lenski, Noel; Cameron,
   Catherine M. (eds.), What is a Slave Society? The Practice of Slavery in Global Perspective,
   Cambridge; New York: Cambridge University Press, 2018, S. 191–219.
Santos Pérez, José Manuel, „Brazil and the Politics of the Spanish Habsburgs in the South Atlantic,
   1580–1640", in: Alencastro, Luiz Felipe de (ed.), The South Atlantic, Past and Present, North
   Dartmouth: Tagus Press, 2015 (Portuguese Literary & Cultural Studies 27).
Santos Pérez; Souza, George F. Cabral de (eds.), El desafío holandés al dominio ibérico en Brasil
   en el siglo XVII, Salamanca: Universidad de Salamanca, 2006.
Sanz Rozalén, Vicent, „Los negros del Rey. Tabaco y esclavitud en Cuba a comienzos del siglo XIX",
   in: Piqueras, José Antonio (ed.), Trabajo libre y coactivo en sociedades de plantación, Madrid:
   Siglo XXI eds., 2009, S. 151–176.
Sanz Rozalén, „O tabaco em Cuba no início do século XIX. Conflitividade agrária e dominação
   colonial", in: Chambouleyron, Rafael; Arenz, Karl-Heinz (eds.), Anais do IV Encontro
   Internacional de História Colonial 17, Belém: Editora Açaí, 2014 (= O sistema atlântico do
   tabaco ibérico. Complementaridades e diferenças [séculos XVII–XIX]), S. 116–126.
Sanz Rozalén; Zeuske, Michael, „Microhistoria de esclavos y esclavas", in: Sanz Rozalén; Zeuske
   (eds.), Millars. Espai i Història 42 (2017) (= número monográfico dedicado a ‚Microhistoria de
   esclavas y esclavos'), S. 9–21 (http://repositori.uji.es/xmlui/bitstream/handle/10234/
   168225/Sanz_Zeuske.pdf?sequence=1 [16. Juli 2017]).
Sanz Rozalén; Zeuske, Michael; Luxán, Santiago de (eds.), Resistencia, delito y dominación en el
   mundo esclavo. Microhistorias de la esclavitud atlántica (siglos XVII–XIX), Granada: Editorial
   Comares, 2019.
Sanz Rozalén; Zeuske, „Towards a Microhistory of the Enslaved. Global Considerations", in: Luxán
   Meléndez, Santiago; Figuerôa Rêgo, João (eds.), El tabaco y la rearticulación imperial ibérica
   (s. VV–XX), Évora: Publicações do Cidehus, 2019 (https://books.openedition.org/cidehus/
   6545 [December 12, 2019]).
Sapede, Thiago C., "Negociar como dantes: católicos e protestantes no trato de escravizados no
   reino do Congo do século XVIII. 1752-1800", in: História e Economia. Revista Interdisciplinar
   Vol. 12:1, São Paulo (2014), S. 15–35.
Sarmiento Ramírez, Ismael, „Las bebidas alcohólicas en la Cuba del siglo XIX. Uso y abuso", in:
   Del Caribe 38 (2002), S. 75–89.
Saunier, Éric, „‚El compás y los grilletes'. La masonería y el mundo negrero. Balance y
   perspectivas", in: Sanz Rozalén, Vicent; Zeuske, Michael; Luxán, Santiago de (eds.),
   Resistencia, delito y dominación en el mundo esclavo. Microhistorias de la esclavitud atlántica
   (siglos XVII–XIX), Granada: Editorial Comares, 2019, S. 193–201.
Saupin, Guy (ed.), Africains et Européens dans le monde atlantique XVe-XIXe siècle, Rennes:
   Presses Universitaires de Rennes, 2014.
Scammell, G.V., The World Emcompassed. The First European Maritime Empires c. 800–1650,
   London: Methuen, ²1987.
Scanlan, Padraic X., „Blood, Money and Endless Paper. Slavery and Capital in British Imperial
   History", in: History Compass 14:5 (2016), S. 218–230.
Scanlan, Slave Empire. How Slavery Built Modern Britain, London: Robinson, 2020.
Scarano, Francisco A., Sugar and Slavery in Puerto Rico. The Plantation Economy of Ponce
   1800–1850, Madison: University of Wisconsin Press, 1984.

Scarano, „Población esclava y fuerza de trabajo. Problemas del análisis demográfico de la esclavitud en Puerto Rico, 1820–1873 ", in: Anuario de Estudios Americanos 43 (1986), S. 1–24.

Scarano, Haciendas y barracones. Azúcar y esclavitud en Ponce, Puerto Rico, 1800–1850, Río Piedras: Ediciones Huracán, 1992.

Scarano, „Revisiting Puerto Rico's Nineteenth Century Sugar and Slavery History", in: Centro Journal 32:1 (2020), S. 4–32.

Scelle, Georges, La Traite negrière aux Indes de Castille. Contrats et Traités d'assiento, 2 Bde., Paris: Librairie de la Société du Recueil J.-B. Sirey, 1906.

Schafer, Daniel L., „Family Ties that Bind. Anglo-African Slave Traders in Africa and Florida, John Fraser and His Descendants", in: Heuman, Gad; Walvin, James (eds.), The Slavery Reader, London: Routledge, 2003, S. 778–796.

Scheller, Benjamin, „Erfahrungsraum und Möglichkeitsraum. Das sub-saharische Westafrika in den Navigazioni Atlantiche Alvise Cadamostos", in: Baumgärtner, Ingrid; Falchetta, Piero (eds.), Venedig und die neue Oikoumene. Kartographie im 15. Jahrhundert, Rom; Venedig: Viella Libreria Editrice, 2006, S. 201–220.

Scheller, „Verkaufen, Kaufen und Verstehen. Die Atlantikexpansion der Europäer, die Fernhändler und die neue Erfahrung des Fremden im 14. und 15. Jahrhundert", in: Borgolte, Michael; Jaspert, Nikolas (eds.), Maritimes Mittelalter. Meere als Kommunikationsräume, Ostfildern: Jan Thorbecke Verlag, 2016 (Vorträge und Forschungen 83), S. 233–260.

Schermerhorn, Calvin, „Capitalism's Captives. The Maritime United States Slave Trade, 1807–1850", in: Journal of Social History 47:4 (2014), S. 897–921.

Schermerhorn, The Business of Slavery and the Rise of American Capitalism, 1815–1860, New Haven: Yale University Press, 2015.

Schermerhorn, „Slave Trading in a Republic of Credit. Financial Architecture of the United States Slave Market, 1815–1840", in: Slavery & Abolition 36:3 (2015).

Scheuerer, Gerhard, „The Brandenburg Triangle", in: Backhaus, Jürgen (ed.), The Liberation of the Serfs. The Economics of Unfree Labor, New York: Springer, 2012, S. 7–14.

Schmidt, Christoph, „Typologie", in: Schmidt, Leibeigenschaft im Ostseeraum. Versuch einer Typologie, Köln, Weimar; Wien: Böhlau Verlag, 1997, S. 127–144.

Schmidt-Nowara, Christopher, Slavery, Freedom, and Abolition in Latin America and the Atlantic World, Albuquerque: University of New Mexico Press, 2011.

Schmieder, Ulrike, „Eine Archäologie ‚subalternen' Sprechens. Afrokaribische Frauen und Männer reden über ihre persönlichen und gesellschaftlichen Ziele", in: Zeitschrift für Weltgeschichte. Interdisziplinäre Perspektiven 15:1 (2014), S. 9–36.

Schmieder; Nolte, Hans-Heinrich (eds.), Atlantik. Sozial- und Kulturgeschichte in der Neuzeit, Wien: Promedia, 2010.

Schmieder; Zeuske, Michael (eds.), Transkulturation und Wissen, München: Martin Meidenbauer, 2007 (= Zeitschrift für Weltgeschichte. Interdisziplinäre Perspektiven 8:2).

Schnakenbourg, Eric, „Sweden and the Atlantic. The Dynamism of Sweden's Colonial Projects in the Eighteenth Century", in: Naum, Magdalena; Nordin, Jona M. (eds.), Scandinavian Colonialism and the Rise of Modernity. Small Time Agents in a Global Arena, New York: Springer, 2013 (Contributions To Global Historical Archaeology 37), S. 229–242.

Schneider, Elena A., The Occupation of Havana. War, Trade, and Slavery in the Atlantic World, Williamsburg; Chapel Hill: Omohundro Institute of Early American History and Culture; University of North Carolina Press, 2018.

Schorsch, Jonathan , Jews and Blacks in the Early Modern World, Cambridge: Cambridge University Press, 2004.

Schorsch, Swimming the Christian Atlantic. Judeoconversos, Afroiberians and Amerindians in the Seventeenth Century, 2 Bde., Leiden: Brill, 2009.

Schorsch, „New Christian Slave Traders. A Literature Review and Research Agenda", in: Rauschenbach, Sina; Schorsch (eds.), The Sephardic Atlantic. Colonial Histories and Postcolonial Perspectives, London: Palgrave Macmillan, 2018, S. 23–55

Schorsch, Hidden Lives of Jews and Africans. Underground Societies in the Iberian Atlantic World, Princeton: Markus Wiener Publishers, 2019.

Schröder, Iris, Das Wissen von der ganzen Welt. Globale Geographien und räumliche Ordnungen Afrikas und Europas 1790–1870, Paderborn: Ferdinand Schöningh, 2011.

Schulte Beerbühl, Margrit; Weber, Klaus, „From Westphalia to the Caribbean. Networks of German Textile Merchants", in: Gestrich, Andreas; Schulte Beerbühl (eds.), Cosmopolitan Networks in Commerce and Society 1660–1914, London: German Historical Institute, 2011 (German Historical Institute London Bulletin Supplement 2), S. 53–98.

Schultz, Kara D., „The Kingdom of Angola Is Not Very Far From Here. The South Atlantic Slave Port of Buenos Aires, 1585–1640", in: Slavery & Abolition 36:3 (2015), S. 424–444.

Schultz, „Interwowen. Slaving in the Southern Atlantic under the Union of the Iberian Crowns, 1580–1640", in: Journal of Global Slavery 2:3 (2017), S. 248–272.

Schwartz, Stuart B., Sugar Plantations in the Formation of Brazilian Society: Bahia, 1550–1835, Cambridge: Cambridge University Press, 1985.

Schwartz (ed.), Tropical Babylons. Sugar and the Making of the Atlantic World, 1450–1680, Chapel Hill: University of North Carolina Press, 2004.

Schwartz, „Brazilian Sugar Planters as Aristocratic Managers. 1550–1825", in: Janssens, Paul; Yun, Bartolomé (eds.), European Aristocracies and Colonial Elites. Patrimonial Management Strategies and Economic Development, 15th-18th Centuries, Aldershot: Ashgate, 2005, S. 233–246.

Schwartz, „The Iberian Atlantic to 1650", in: Canny, Nicholas; Morgan, Philip D. (eds.), The Oxford Handbook of the Atlantic World, Oxford: Oxford University Press, 2011, S. 147–164.

Schwarz, Suzanne (ed.), Slave Captain. The Career of James Irving in the Liverpool SlaveTrade, Liverpool: Liverpool University Press, [2]2008.

Schwarz, „Extending the African Names Database. New Evidence from Sierra Leone", in: African Economic History 38 (2010; = Special Issue: The Trans-Atlantic Slave Trade Database and African Economic History), S. 137–163.

Scott, Rebecca J., Slave Emancipation in Cuba. The Transition to Free Labor, 1860–1899, Pittsburgh: University of Pittsburgh Press, 2000.

Secreto, María Verónica, „Territorialidades fluidas. Corsários franceses e tráfico negreiro no Rio da Prata (1796–1799). Tensões locais-tensões globais", in: Topoi 17, no. 33 (2016), S. 419–443.

Seibert, Gerhard, „São Tome's Great Slave Revolt of 1595. Background, Consequences and Misperceptions of One of the Largest Slave Uprisings in Atlantic History", in: Portuguese Studies Review 18: 2 (2011), S. 29–50.

Seibert, „Creolization and Creole Communities in the Portuguese Atlantic. São Tomé, Cape Verde, the Rivers of Guinea and Central Africa in Comparison", in: Proceedings of the British Academy 178 (2012), S. 29–51.

Seibert, „São Tomé and Príncipe. The First Plantation Economy in the Tropics", in: Law, Robin; Schwarz, Susanne; Strickrodt, Silke (eds.), Commercial Agriculture and Slavery in Atlantic Africa, London: James Currey, 2013 (Western Africa Series), S. 54–78.

Seijas, Tatiana, „The Portuguese Slave Trade to Spanish Manila. 1580–1640", in: Itinerario 32:1 (2008), S. 19–38.

Seijas, Asian Slaves in Colonial Mexico. From Chinos to Indians, New York: Cambridge University Press, 2014.

Serrano Mangas, Fernando, „La Armada española frente a la oleada de corsarios colombianos de 1826", in: Revista de Historia Naval 1:2 (1983), S. 117–129.

Serrera, Ramón María, „La Casa de la Contratación en el Alcázar de Sevilla (1503–1717)", in: Boletín de la Real Academia Sevillana de Buenas Letras 36 (2008), S. 141–176.

Sharman, Jason C., Empires of the Weak. The Real Story of European Expansion and the Creation of the New World Order, Princeton: Princeton University Press, 2019.

Shaw, Rosalind, Memories of the Slave Trade. Ritual and the Historical Imagination in Sierra Leone, Chicago: University of Chicago Press, 2002.

Shepherd, Verene A., Livestock, Sugar and Slavery. Contested Terrain in Colonial Jamaica, Kingston, Ian Randle Publishers, 2009.

Shepherd (ed.), Slavery without Sugar. Diversity in Caribbean Economy and Society since the 17th Century, Gainesville: University of Florida Press, 2002.

Shepherd; Beckles, Hilary McD (eds.), Caribbean Slavery in the Atlantic World. A Student Reader, Kingston; Oxford; Princeton: Ian Randle Publishers; Marcus Wiener Publishers; James Currey Publishers, 2000.

Sheriff, Abdul, „The Twilight of Slavery in the Persian Gulf", in: Zanzibar International Film Festival Journal 2 (2005), S. 35–46.

Sherman, William L., Forced Native Labor in Sixteenth-Central America, Lincoln; London: University of Nebraska Press, 1979.

Shumway, Rebecca, The Fante and the Transatlantic Slave Trade, Rochester: University of Rochester Press, 2011.

Siegert, Bernhard, Passagiere und Papiere. Schreibakte auf der Schwelle zwischen Spanien und Amerika, München; Zürich: Wilhelm Fink, 2006.

Silva, Alberto da Costa e, Francisco Félix de Souza. Mercador de escravos, Rio de Janeiro: Editora Nova Fronteira; Ed. Uerj, ³2004.

Silva, Cristina Nogueira da; Grinberg, Keila, „Soil Free from Slaves. Slave Law in Late Eighteenth- and Early Nineteenth-Century Portugal ", in: Slavery & Abolition 32:3 (2011), S. 431–446.

Silva, Daniel B. Domingues da, „Brasil e Portugal no comércio atlântico de escravos. Um balanco histórico e estatístico", in: Guedes, Roberto (ed.), Brasileiros e Portugueses, Rio de Janeiro: Mauad X, 2013, S. 49–66.

Silva, Susana S., „Do Abolicionismo as novas formas de Escravatura. Portugal e os Açores no século XIX", in: Vaz do Rego Machado, Margarida; Gregorio, Rute Dias; Silva, Susana Serpa (eds.), Para a história da escravatura insular nos séculos XV a XIX, S. 97–207.

Silva Jayasuriya, Shihan de, The Portuguese in the East. A Cultural History of a Maritime Trading Empire, London: I.B. Tauris, 2017.

Silva Júnior, Waldomiro Lourenço da , História, direito e escravidão. A legislação escravista no Antigo Regime ibero-americano, São Paulo: Annablume, 2013.

Silva Júnior, „Esclavitud y manumisiones. Brasil, Cuba y las transformaciones jurídicas en la Ilustración", in: Piqueras, José Antonio (ed.). Plantación, espacios agrarios y esclavitud en la Cuba colonial, Castellón de la Plana: Universitat Jaume I; Casa de las Américas, 2017, S. 413–437.

Silva Júnior, „A escravidão hispano-americana. Uma perspectiva de longa duração", in: Cañizares-Esguerra, Jorge; Fernandes, Luiz Estevam deO.; Martins, Maria Cristina Bohn (eds.), As Américas na primeira modernidade. 1492–1750, Curitiba: Editora Prismas, 2018, S. 147–180.

Simmer, Götz, Gold und Sklaven. Die Provinz Venezuela während der Welser-Verwaltung (1528–1556), Berlin: Wissenschaft und Technik Verlag, 2000.

Singleton, Theresa A., „Islands of Slavery. Archaeology and Caribbean Landscapes of Intensification", in: Lenski, Noel; Cameron, Catherine M. (eds.), What is a Slave Society? The Practice of Slavery in Global Perspective, Cambridge; New York: Cambridge University Press, 2018, S. 290–309.

Skirda, Alexandre, La traite des Slaves. L'esclavage des Blancs du VIIIe au XVIIIe siècle, Paris: Les
  Éditions de Paris, 2010.
Slatta, Richard W., Cowboys of the Americas, New Haven: Yale University Press, 1990.
Slenes, Robert W., "The Brazilian Internal Slave Trade, 1850–1888: Regional Economies, Slave
  Experience, and the Politics of a Peculiar Market", in: Johnson (ed.), The Chattel Principle:
  Internal Slave Trades in the Americas, 1808-1888, New Haven: Yale University Press, 2004, S.
  325–372.
Sluyter, Andrew, „The Hispanic Atlantic's Tasajo Trail", in: Latin American Research Review 45:1
  (2010), S. 98–120.
Sluyter, Black Ranching Frontiers. African Cattle Herders of the Atlantic World, 1500–1900, New
  Haven: Yale University Press, 2012.
Sluyter, „How Africans and Their Descendants Participated in Establishing Open-Range Cattle
  Ranching in the Americas", in: Environment and History 21 (2015), S. 77–101.
Smallwood, Stephanie E., Saltwater Slavery. A Middle Passage from Africa to American Diaspora,
  Cambridge: Harvard University Press, 2007.
Smallwood, „Reflections on Settler Colonialism, the Hemispheric Americas, and Slavery", in:
  Williams and Mary Quarterly 76:3 (2019), S. 407–416.
Smith, Frederick H., Caribbean Rum. A Social and Economic History, Gainesville: University Press
  of Florida, 2005.
Snyder, Christina, Slavery in Indian Country. The Changing Face of Captivity in Early America,
  Cambridge; London: Harvard University Press, 2010.
Snyder, „Native American Slavery in Global Context", in: Lenski, Noel; Cameron,
  Catherine M. (eds.), What is a Slave Society? The Practice of Slavery in Global Perspective,
  Cambridge; New York: Cambridge University Press, 2018, S. 169–190.
Soares, Mariza de Carvalho, „African Barbeiros in Brazilian Slave Ports", in: Cañizares-Esguerra,
  Jorge; Childs, Matt D.; Sidbury, James (eds.), The Black Urban Atlantic in the Age of the Slave
  Trade, Philadelphia: University of Pennsylvania Press, 2013, S. 207–230.
Solano D., Sergio Paolo, „Trabajadores, salarios y precios en Cartagena de Indias, 1750–1810. Una
  aproximación al estudio del mundo laboral de la plaza fuerte", in: Boletín de Historia y
  Antigüedades 106, no 869 (2019), S. 83–129.
Sonderegger, Arno, „Atlantische Wellen – Afrikanische Positionen. Zur panafrikanischen Idee bis
  1945", in: Schmieder, Ulrike; Nolte, Hans-Heinrich (eds.), Atlantik. Sozial- und
  Kulturgeschichte in der Neuzeit, Wien: Promedia, 2010 (Edition Weltregionen), S. 172–192.
Sondhaus, Lawrence, Navies in Modern World History, London: Reaction Books, 2004 (Reaction
  Books – Globalities).
Soule, Emily Berquist, „From Africa to the Ocean Sea. Atlantic Slavery in the Origins of the Spanish
  Empire", in: Atlantic Studies 15:1 (2018), S. 16–39.
Soule, „The Spanish Slave Trade during the American Revolutionary War", in: Paquette, Gabriel;
  Quintero Saravia, Gonzalo M. (eds.), Spain and the American Revolution. New Approaches and
  Perspectives, London: Routledge, 2019, S. 100–121.
Souto Mantecón, Matilde, Mar abierto. La política y el comercio del Consulado de Veracruz en el
  ocaso del sistema imperial, México: El Colegio de México-Instituto de Investigaciones Dr. José
  María Luis Mora, 2001.
Souza, Marcos Andre Torres de; Agostini, Camilla, „Body Marks, Pots, and Pipes.
  Some Correlations between African Scarifications and Pottery Decoration in
  Eighteenth and Nineteenth Century Brazil", in: Historical Archaeology 46:3 (2016),
  S. 102–123.
Sparks, Randy J., Where the Negroes are Masters. An African Port in the Era of Slave Trade,
  Cambridge; London: Harvard University Press, 2014.

Staden, Hans, Warhafftig Historia und Beschreibung einer Landtschafft der Wilden ..., ed. Klüpfel, Karl, Stuttgart: Bibliothek des Litterarischen Vereins in Stuttgart, 1859 (N. Federmanns und H. Stadens Reisen in Südamerika, 1529 bis 1555), S. 87–197.

Stamm, Malte, Das koloniale Experiment. Der Sklavenhandel Brandenburgs im transatlantischen Raum 1680–1718, Diss. Universität Düsseldorf, 2011 (https://d-nb.info/1036727564 [01. Juli 2016]).

Stark, David M., Slave Families and the Hato Economy in Puerto Rico, Gainesville: University Press of Florida, 2015.

Starna, William A.; Watkins, Ralph, „Northern Iroquois Slavery", in: Ethnohistory 38 (1991), S. 34–57.

Steiner, Benjamin, Colberts Afrika. Eine Wissens- und Begegnungsgeschichte in Afrika im Zeitalter Ludwigs XIV., München: De Gruyter Oldenbourg, 2014.

Stevens-Acevedo, Anthony M., The Origins of the Colonial Sugar Oligarchy in La Hispañola. The Case of the Varas-Soderín-Castillo-Torres Clan in the Sixteenth Century, M.A. Thesis, The City College of New York, 2005.

Stevens-Arroyo, Anthony, „The Inter-Atlantic Paradigm. The Failure of Spanish Medieval Colonization of the Canary and Caribbean Islands", in: Comparative Studies in Society and History 35:3 (1993), S. 515–543.

Studer, Elena F. S. de, La trata de esclavos en el Río de la Plata durante el siglo XVIII, Buenos Aires: Libros de Hispanoamérica, ²1984.

Studnicki-Gizbert, Daviken, A Nation Upon the Ocean Sea. Portugal's Atlantic Diaspora and the Crisis of the Spanish Empire, 1492–1640, Oxford: Oxford University Press, 2007.

Suárez y Romero, Anselmo, Colección de artículos, Habana: Establecimiento tipográfico La Antillana, 1859.

Sued-Badillo, Jalil, „From Tainos to Africans in the Caribbean. Labor, Migration, and Resistance", in: Palmié, Stephan; Scarano, Francisco A. (eds.), The Caribbean. A History of the Region and Its Peoples, Chicago; London: The University of Chicago Press, 2011, S. 97–113.

Sutner, Philipp A., „„Der Mutterhandel'. Getreidehandel zwischen den Niederlanden und dem Baltikum", in: Halbartschlager, Franz; Obenaus, Andreas; Sutner, Philipp A. (eds.), Seehandelrouten. Wegbereiter der frühen Globalisierung, Wien: Mandelbaum Verlag, 2019, S. 75–101.

Sweet, James H., Recreating Africa. Culture, Kingship, and Religion in the African-Portuguese World, 1441–1770, Chapel Hill: University of North Carolina Press, 2003.

Sweet, „Slaves, Convicts and Exiles. African Travelers in the Portuguese Atlantic World, 1720 1750", in: Williams, Caroline A. (ed.), Bridging the Early Modern Atlantic World. People, Products, and Practices on the Move, Farnham; Burlington: Ashgate, 2009, S. 193–202.

Swingen, Abigail Leslie, Competing Visions of Empire. Labor, Slavery, and the Origins of the British Atlantic Empire, New Haven: Yale University Press, 2015.

Tablada [Pérez], Carlos; Castelló, Galia, La Historia de la Banca en Cuba del siglo XIX al XXI, Bd. 1: La Colonia, La Habana: Editorial de Ciencias Sociales, 2007.

Tadman, Michael, Speculators and Slaves. Masters, Traders, and Slaves in the Old South, Madison: University of Madison Press, 1989.

Tadman, „The Demographic Cost of Sugar. Debates on Slave Societies and Natural Increase in the Americas", in: American Historical Review 105:5 (2000), S. 1534–1575.

Tadman, „The Reputation of the Slave Trader in Southern History and the Social Memory of the South", in: American Nineteenth Century History 8:3 (2007), S. 247–271.

Tardieu, Jean-Pierre, Los negros y la Iglesia en el Perú. Siglos XVI–XVII, Quito: Ediciones Afroamérica; Centro Cultural Afroecuatoriano, 1997.

Tardieu, „El esclavo como valor en las Américas españolas", in: Iberoamericana. América Latina – España – Portugal. Ensayos sobre letras, historia y sociedad 7 (2001), S. 59–71.

Tardieu, De l'Afrique aux Amériques Espagnoles (XVe–XIXe siècles). Utopies et réalités de l'esclavage, Paris: L'Harmattan; Université de la Réunion, 2002.

Tardieu, „La esclavitud de los negros y el plan de Dios. La dialectica de los jesuitas del virreinato del Perú", in: Negro, Sandra; Marzal, Manuel M. (eds.), Esclavitud, economía y evangelización. Las haciendas jesuitas en la América Virreinal, Lima: Fondo Editorial de la Pontificia Universidad Católica del Perú, 2005, S. 67–81.

Tardieu, „Cimarrón-Maroon-Marron. An Epistomological Note", in: Outre-Mers. Revue d'Histoire 94, no. 350–351 (2006), S. 237–247.

Tardieu, Resistencia de los negros en el virreinato de México (siglos VVI–XVII), Madrid: Iberoamericana-Vervuert, 2017.

Taterka, Thomas, „Zu Bauernsklaven bekehrt. 700 Jahre deutsche Kolonialgeschichte im Baltikum", in: D'Aprile, Dorothee; Bauer, Barbara; Kadritzke, Niels (eds.), Auf den Ruinen von Imperien. Geschichte und Gegenwart des Kolonialismus, Berlin: taz-Verlags- und Vertriebs GmbH, 2016 (= Edition Le Monde diplomatique 18), S. 59–61.

Taylor, Eric Robert, If We Must Die. Shipboard Insurrections in the Era of the Atlantic Slave Trade, Baton Rouge: Louisiana State University Press, 2006.

Telesca, Ignacio, „Esclavitud en Paraguay. Las estancias jesuíticas", in: Pineau, Marisa (ed.), La ruta del esclavo en el Río de la Plata. Aportes para el diálogo intercultural, Buenos Aires: EDUNTREF, 2011, S. 153–172.

Tenorio Adame, Antonio, „La esclavitud en el discurso de José Miguel Guridi y Alcocer", in: López Sánchez, Eduardo Alejandro; Soberanes Fernández, José Luis (eds.), La constitución de Cádiz de 1812 y su impacto en el occidente novohispano, México: Universidad Nacional Autónoma de México, 2015, S. 401–422 (http://biblio.juridicas.unam.mx/libros/8/3961/26.pdf [08. März 2022]).

Termorhuizen, Thio, „Indentured Labour in the Dutch Colonial Empire 1800–1940", in: Oostindie, Gert (ed.), Dutch Colonialism, Migration and Cultural Heritage, Leiden: Brill, 2008, S. 261–314.

Teubner, Melina, „Street Food, Urban Space, and Gender. Working on the Streets of Nineteenth-Century Rio de Janeiro (1830–1879)", in: International Review of Social History 27 (2019; = Special Issue: Free and Unfree Labor in Atlantic and Indian Ocean Port Cities), S. 229–254.

Teubner, Die ‚zweite Sklaverei' ernähren. Sklavenschiffsköche und Straßenverkäuferinnen im Südatlantik (1800–1870), Frankfurt am Main: Campus, 2021.

Thibaud, Clément; Entin, Gabriel; Gómez, Alejandro E.; Morelli, Federica (ed.), L'Atlantique révolutionnaire. Une perspective ibéro-américaine, Paris: Les Perséides, 2013.

Thomin, Mike, „Among Ships of Thieves on Waves of Change", in: Coriolis. Interdisciplinary Journal of Maritime Studies 8:1 (2018), S. 12–32.

Thompson, Alvin O., Flight to Freedom. African Runaways and Maroons in the Americas, Kingston: University of the West Indian Press, 2006.

Thompson, Mary V., ‚The Only Unavoidable Subject of Regret'. George Washington, Slavery, and the Enslaved Community at Mount Vernon, Charlottesville: University of Virginia Press, 2019.

Thornton, John K., „‚I am a Subject of the King of Congo'. African Political Ideology and the Haitian Revolution", in: Journal of World History 4:2 (1993), S. 181–214.

Thornton, „The Role of Africans in the Atlantic Economy. Modern Africanist Historiography and the World System Paradigm", in: Colonial Latin American Historical Review 3 (1994), S. 125–140.

Thornton, Africa and Africans in the Making of the Atlantic World, 1400–1800, Cambridge: Cambridge University Press, 1998.

Thornton, „The African Experience of the ‚20 and Odd Negroes' Arriving in Virginia in 1619", in: William and Mary Quarterly 55:3 (1998), S. 421–434.

Thornton, Africa and the Africans in the Making of the Atlantic World, 1400–1880, Cambridge: Cambridge University Press, 1998.

Thornton, Warfare in Atlantic Africa 1500–1800 (Warfare and History, ed. Jeremy Black), London: UCL Press, 1999.

Thornton, „Mbanza Kongo/ São Salvador. Kongo's Holy City", in: Anderson, David; Rathbone, Richard (eds.), Africa's Urban Past, London; Portsmouth: James Currey and Heinemann, 2000, S. 67–84.

Thornton, „Cannibals, Witches and Slave Traders in the Atlantic World", in: William and Mary Quarterly 60:2 (2003), S. 273–293.

Thornton, „Les États de l'Angola et la formation de Palmares (Brésil)", in: Annales. Histoire, Sciences sociales 63:4 (2008), S. 769–797.

Thornton, „Firearms, Diplomacy, and Conquest in Angola", in: Lee, Wayne (ed.), Empires and Indigenes. Intercultural Alliance, Imperial Expansion, and Warfare in the Early Modern World, New York: New York University Press, 2011, S. 167–191.

Thornton, A Cultural History of the Atlantic World, 1350–1820, Cambridge: Cambridge University Press, 2012.

Thornton, A History of West Central Africa to 1850, Cambridge; New York: Cambridge University Press, 2020 (New Approaches to African History).

Thornton; Heywood, Linda, „Privateering, Colonial Expansion, and the African Presence in Early Anglo-Dutch Settlements", in: Heywood; Thornton, Central Africans, Atlantic Creoles, and the Foundations of the Americas, 1585–1660, Cambridge: Cambridge University Press, 2007, S. 5–48.

Thul Charbonnier, Florencia, „Traficantes y saladeristas. Los brasileños y sus prácticas continuadoras del tráfico de esclavos en Montevideo en el marco de la abolición, 1830–1852", in: Guzmán, Florencia; Ghidoli, María de Lourdes (eds.), El asedio a la libertad. Abolición y posabolición de la esclavitud en el Cono Sur, Buenos Aires: Biblos, 2020, S. 211–235.

Tinker, Hugh, A New System of Slavery. The Export of Indian Labour Overseas, 1830–1920, London: Oxford University Press, 1974 (^{2}1993).

Tinnie, Dinizulu, „The Slaving Brig Henriqueta and Her Evil Sisters. A Case Study in the 19th-Century Slave Trade to Brazil", in: Journal of African American History 93:4 (2008), S. 509–531.

Tölle, Tim, „Early Modern Empires. An Introduction to the Recent Literature", in: H-Soz-Kult 20.04.2018 (https://www.hsozkult.de/literaturereview/id/forschungsberichte-2021 [09. März 2022]).

Tomich, Dale W., „The Wealth of the Empire. Francisco de Arango y Parreño, Political Economy, and the Second Slavery in Cuba", in: Comparative Studies in Society and History 45:1 (2003), S. 4–28.

Tomich, „Econocide? From Abolition to Emancipation in the British and French Caribbean", in: Palmié, Stephan; Scarano, Francisco A. (eds.), The Caribbean. A History of the Region and Its Peoples, Chicago; London: University of Chicago Press, 2011, S. 303–316.

Tomich, „Commodity Frontiers, Spatial Economy and Technological Innovation in the Caribbean Sugar Industry, 1783–1878", in: Leonard, Adrian; Pretel, David (eds.), The Caribbean and the Atlantic World Economy. Circuits of Trade, Money and Knowledge, 1650–1914, London: Palgrave Macmillan, 2015 (Cambridge Imperial and Post-Colonial Studies Series), S. 184–216.

Tomich (ed.), New Frontiers of Slavery, New York: State University of New York Press, 2016.

Tomich (ed.), Slavery and Historical Capitalism during the Nineteenth Century, Lanham: Lexington Books, 2017.

Tomich; Funes Monzote, Reinaldo, „Naturaleza, tecnología y esclavitud en Cuba. Frontera azucarera y Revolución industrial, 1815–1870", in: Piqueras, José Antonio (ed.), Trabajo libre y trabajo coactivo en sociedades de plantación, Madrid: Siglo XXI de España, 2009, S. 75–117.

Tomich; Funes Monzote, Reinaldo, „Fronteira Açucareira e Revolução Industrial em Cuba, 1815–1870", in: Cunha, Olivia Maria Gomes da (ed.), Outras Ilhas. espaços, temporalidades e transformações em Cuba, Rio de Janeiro: Aeroplano; FAPERJ, 2010, S. 65–117.

Tomich; Marquese, Rafael de Bivar; Funes Monzote, Reinaldo; Venegas Fornias,
    Carlos, Reconstructing the Landscapes of Slavery. A Visual History of the Plantation
    in the Nineteenth-Century Atlantic World, Chapel Hill: University of North Carolina Press, 2021.

Tomich; Funes Monzote, Reinaldo; Marquese, Rafael de Bivar; Venegas Fornias, Carlos, „The Cuban
    Ingenio", in: Tomich; Marquese; Funes Monzote; Venegas Fornias, Reconstructing the
    Landscapes of Slavery. A Visual History of the Plantation in the Nineteenth-Century Atlantic
    World, Chapel Hill: University of North Carolina Press, 2021, S. 87–122.

Tomich; Zeuske, Michael (eds.), The Second Slavery. Mass Slavery, World-Economy, and
    Comparative Microhistories, 2 Bde., Binghamton: Binghamton University, 2009 (= Special
    Issue: Review. A Journal of the Fernand Braudel Center, Binghamton University 31: 2–3).

Tracy, James D. (ed.), The Rise of Merchant Empires, 2 Bde. (Bd. 1: Long Distance Trade in the Early
    Modern World, 1350–1750; Bd. 2: The Political Economy of Merchant Empires. State Power and
    World Trade, 1350–1750), Cambridge: Cambridge University Press, 1990.

Trouillot, Michel-Rolph, Silencing the Past. Power and the Production of History, Boston: Beacon
    Press, 1995.

Truchuelo, Susana; Reitano, Emir (eds.), Las fronteras en el Mundo Atlántico (siglos XVI–XIX), La
    Plata: Universidad Nacional de La Plata, 2017 (Colección Hismundi).

Trudel, Marcel, L'esclavage au Canada français. Histoire et conditions de l'esclavage, Quebec:
    Presses Universitaires Laval, 1960.

Turgeon, Laurier, „Codfish, Consumption, and Colonization. The Creation of the French Atlantic
    World During the Sixteenth Century", in: Williams, Caroline A. (ed.), Bridging the Early Modern
    Atlantic World. People, Products, and Practices on the Move, Aldershot; Burlington: Ashgate,
    2009, S. 33–56.

Ullivari, Saturnino, Piratas y corsarios en Cuba, Sevilla: Renacimiento, 2004.

Urbina Carrasco, María Ximena, „Traslados de indigenas de los archipiélagos patagónicos
    occidentales a Chiloé en los siglos XVI, XVII y XVIII", in: Valenzuela Márquez, Jaime (ed.),
    América en diásporas. Esclavitudes y migraciones forzadas en Chile y otras regiones
    americanas (siglos XVI–XIX), Santiago: Pontificia Universidad Católica de Chile, Instituto de
    Historia; Red Columnaria; RIL Editores, 2017, S. 381–411.

Valcárcel Rojas, Roberto; Ulloa Hung, Jorge, „Introducción. La desaparición del indígena y la
    permanencia del indio", in: Valcárcel Rojas; Ulloa Hung (eds.), De la desaparición a la
    permanencia. indígenas e indios en la reinvención del Caribe, Santo Domingo, R.D.: Fundación
    García Arévalo, 2018 (Los indígenas más allá de Colón 2), S. 5–39.

Valenzuela Márquez, Jaime (ed.), América en Diásporas. Esclavitudes y migraciones forzadas en
    Chile y otras regiones americanas (siglos XVI–XIX), Santiago de Chile: Instituto de Historia
    UC-RC- RIL, 2017.

Valladares, Rafael, „Por toda la Tierra", España y Portugal. Globalización y ruptura (1580–1700),
    Lisboa: CHAM, 2016.

Vanegas Beltrán, Muriel; Solano, Sergio; Flórez Bolívar, Roicer, „Elites y poder colonial.
    Comerciantes y Cabildo en Cartagena de Indias, 1750–1810", in: Memorias. Revista Digital de
    Historia y Arqueología desde el Caribe colombiano 42 (2020), S. 44–75.

Vansina, Jan, „Long-Distance Trade Routes in Central Africa", in: Journal of African History 3 (1962),
    S. 375–390.

Vansina, „Ambaca Society and the Slave Trade, c. 1760–1845", in: Journal of African History 46
    (2005), S. 1–27.

Varela, Consuelo, Colón y los florentinos, Madrid: Alianza Editorial, 1988.

Varela, Cristóbal Colón. Retrato de un hombre, Madrid: Alianza Editorial, 1992.

Varela, Christóbal Colón. De corsario a almirante, Barcelona; Madrid: Lunwerg editores, 2005.

Varela Marcos, Jesús, Las salinas de Araya y el origen de la Armada de Barlovento, Caracas: Academia Nacional de la Historia, 1980 (Serie Historia Colonial 146).

Varella, Claudia, „El canal administrativo de los conflictos entre esclavos y amos. Causas de manumisión decididas ante síndicos en Cuba", in: Revista de Indias 251 (2011), S. 109–136.

Varella, „The Price of ,Coartación' in the Hispanic Caribbean. How Much Freedom Does the Master Owe to the Slave", in: International Journal of Cuban Studies 4:2 (2012), S. 200–210.

Varella; Barcia, Manuel, Wage-Earning Slaves. Coartación in Nineteenth-Century Cuba, Gainesville: University of Florida Press, 2020.

Vázquez Cienfuegos, Sigfrido, „La vacuna en Cuba durante el gobierno de Someruelos", in: Temas americanistas 17 (2004), S. 34–40.

Vázquez Cienfuegos, Sigfrido, Tan difíciles tiempos para Cuba. El gobierno del Marqués de Someruelos (1799–1812), Sevilla: Universidad de Sevilla, 2008, S. 191–195.

Vázquez Cienfuegos; Santamaría García, Antonio, „Cuba económica en tiempos de las independencias americanas. La hacienda y la Consolidación de los Vales Reales en comparación con el caso de México", in: Revista de Historia Económica 30:1 (2012), S. 91–124.

Venegas Delgado, Hernán, Trinidad de Cuba. Corsarios, azúcar y revolución en el Caribe, La Habana: Centro de Investigación y Desarrollo de la Cultura Cubana Juan Marinello, 2005.

Venegas Delgado; Valdés Dávila, Carlos, La ruta del horror. Prisioneros Indios del Noreste Novohispano llevados como esclavos a La Habana, Cuba (finales del siglo XVIII a principios del siglo XIX), México DF: Plaza y Valdés, 2013.

Vergara, Ana J., „La libertad durante el ocaso de la esclavitud. Peticiones de libertad de esclavos y las leyes de manumisión republicanas (1821–1854)", in: Anuario de Estudios Bolivarianos 14, no. 15 (2008), S. 151–183.

Vernon, Valentine Palmer, „The Customs of Slavery. The War without Arms", in: American Journal of Legal History 48:2 (2006), S. 177–218.

Vidal, Carlos, „Un siglo de dominación sueca, 1785–1878", in: Crespo Solana, Ana; González-Ripoll, Maria Dolores (eds.), Historia de las Antillas no hispanas, Madrid: CSIC; Ediciones Doce Calles, 2011 (Historia de Las Antillas III), S. 367–377.

Vidal, Cécile (ed.), Louisiana. Crossroads of the Atlantic World, Philadelphia: University of Pennsylvania Press, 2014.

Vidal, Caribbean New Orleans. Empire, Race, and the Making of a Slave Society, Chapel Hill: University of North Carolina Press, 2019.

Vidal Ortega, Antonino; Roman Romero, Raúl, „De vasallos británicos a súbditos españoles. Los márgenes borrosos de los imperios en el caribe occidental a finales del siglo XVIII y principios del siglo XIX", in: Revista Temas Americanistas 40 (2018), S. 161–187.

Vieira, Alberto, Os Escravos no Arquipélago da Madeira. Séculos XV a XVII, Funchal: Região Autónoma da Madeira, 1991.

Vieira, Portugal y las islas del Atlántico, Madrid: Editorial MAPFRE, S. A., 1992 (Colección Portugal y el mundo).

Vieira, „La isla de Madeira y el tráfico negrero en el siglo XVI", in: Revista de Indias 55, no. 204 (1995), S. 333–356.

Vieira, „Sugar Islands. The Sugar Economy of Madeira and the Canaries, 1450–1650", in: Schwartz, Stuart B. (ed.), Tropical Babylons. Sugar and the Making of the Atlantic World, 1450–1680, Chapel Hill: University of North Carolina Press, 2004, S. 42–84.

Vila Vilar, Enriqueta, „La esclavitud en el Caribe, La Florida y Luisiana. Algunos datos para su estudio", in: Marchena Fernández, Juan (ed.), La influencia de España en el Caribe, la Florida y la Luisiana (1500–1800), Madrid: Instituto de Cooperación Iberoamericana, 1983, S. 109–128.

Vila Vilar, „Sevilla, Capital de Europa", in: Boletín de la Real Academia Sevillana de Buenas Letras. Minervae Baeticae 37 (2009), S. 57–74.

Vila Vilar; Klooster, Wim, „Forced African Settlement. The Basis of Forced Settlement. Africa and its Trading Conditions", in: Emmer, Pieter C.; Carrera Damas, Germán (eds.), General History of the Caribbean, Bd. 2: New Societies. The Caribbean in the Long Sixteenth Century, London; Basingstoke: UNESCO Publishing, 1999, S. 159–179.

Villeret, Maud, Le goût de l'or blanc. Le sucre en France au XVIIIe siècle, Rennes: Presses universitaires de Rennes; Tours: Presses universitaires François-Rabelais, 2017 (collection „Tables des Hommes").

Viña Brito, Ana; Gambín García, Mariano; Chinea Brito, Carmen Dolores, Azúcar. Los ingenios en la colonización canaria (1487–1525), Tenerife: Museo de Historia y Antropología de Tenerife, 2008.

Vos, Jelmer; Eltis, David; Richardson, David, „The Dutch in the Atlantic World. New Perspectives from the Slave Trade with Particular Reference to the African Origins of the Traffic", in: Eltis; Richardson (eds.), Extending the Frontiers. Essays on the New Transatlantic Slave Trade Database, New Haven: Yale University Press, 2008, S. 228–249.

Voss, Karsten, Sklaven als Ware und Kapital. Die Plantagenökonomie von Saint-Domingue als Entwicklungsprojekt 1697–1715, München: C.H. Beck, 2017 (Schriftenreihe zur Zeitschrift für Unternehmensgeschichte 27).

Vries, Jan de; van der Woude, Ad, The First Modern Economy. Success, Failure, and Perseverance of the Dutch Economy, 1500–1815, Cambridge: Cambridge University Press, 1997.

Vries, „The Dutch Atlantic Economies", in: Coclanis, Peter A. (ed.), The Atlantic Economy During the Seventeenth and Eighteenth Centuries. Organization, Operation, Practice, and Personnel, Columbia: University of South Carolina Press, 2005, S. 1–29.

Vyšný, Peter, „Grundprobleme der Erforschung des aztekischen Rechts", in: Societas et Jurisprudentia 3:3 (2015), S. 71–103.

Walvin, James, „Commemorating Abolition, 1807–2007", in: Linden, Marcel van der (ed.), Humanitarian Intervention and Changing Labor Relations, Leiden: Brill, 2011, S. 57–67.

Walvin, Slavery in Small Things. Slavery and Modern Cultural Habits, Chichester: Wiley Blackwell, 2017.

Walker, Christine, Jamaica Ladies. Female Slaveholders and the Creation of Britain's Atlantic Empire, Chapel Hill: University of North Carolina Press, 2020.

Wallerstein, Immanuel, The Modern World-System. Capitalist Agriculture and the Origins of the European World-Economy in the Sixteenth Century, New York: Academic Press, Inc., 1974.

Wallerstein, The Modern World-System II. Mercantilism and the Consolidation of the European World-Economy, 1600–1750, New York: Academic Press, Inc., 1980.

Wallerstein, The Modern World-System III. The Second Era of Great Expansion of the Capitalist World-Economy, 1730s–1840s, New York: Academic Press, Inc., 1989.

Wallerstein, The Modern World-System IV. Centrist Liberalism Triumphant, 1789–1914, Berkeley: University of California Press, 2011.

Walter, Rolf, „Oberdeutsche Kaufleute und Genuesen in Sevilla und Cadiz (1525–1560)", in: Kellenbenz, Hermann; Walter (eds.), Oberdeutsche Kaufleute in Sevilla und Cadiz (1525–1560). Eine Edition von Notariatsakten aus den dortigen Archiven. Eingeleitet von Walter, Rolf, Stuttgart: Steiner, 2001 (Deutsche Handelsakten des Mittelalters und der Neuzeit; 21), S. 11–64.

Weaver, Brendan J.M., ‚Fruit of the Vine, Work of Human Hands'. An Archaeology and Ethnohistory of Slavery on the on the Jesuit Wine Haciendas of Nasca, Peru., Dissertation, Department of Anthropology, Vanderbilt University, 2015.

Weaver, Jace, The Red Atlantic. American Indigenes and the Making of the Modern World, 1000–1927, Chapel Hill: University of North Carolina Press, 2014.

Weber, Benjamin (ed.), Croisades en Afrique. Les expéditions occidentales à destination du continent africain, XIIIe-XVIe siècle, Toulouse: Méridiennes; Presses Universitaires du Midi, 2019.

Weber, Klaus, Deutsche Kaufleute im Atlantikhandel 1680–1830. Unternehmen und Familien in Hamburg, Cádiz und Bordeaux, München: C.H. Beck, 2004 (Schriftenreihe zur Zeitschrift für Unternehmensgeschichte 12).

Weber, „Deutschland, der atlantische Sklavenhandel und die Plantagenwirtschaft der Neuen Welt", in: Journal of Modern European History 7:1 (2009), S. 37–67.

Weber, „Blurred Concepts of Slavery", in: Hilgendorf, Eric; Marschelke, Jan-Christoph; Sekora, Karin (eds.), Slavery as a Global and Regional Phenomenon, Heidelberg: Universitätsverlag Winter, 2015, S. 17–47.

Weber, „Atlantic Commerce and the Rise of Central European Rural Industry", in: Buchet, Christian; La Bouëdec, Gérard (eds.), The Sea in History. The Early Modern World/ La Mer Dans L'histoire, Woodbridge: Boydell & Brewer, 2017, S. 66–77.

Weber; Wimmler, Jutta (eds.), Globalized Peripheries. Central and Eastern Europe's Atlantic Histories, c. 1680–1860, Woodbridge: Boydell Press, 2019.

Weindl, Andrea, „The Slave Trade of Northern Germany from the Seventeenth to the Nineteenth Centuries", in: Eltis, David; Richardson, David (eds.), Extending the Frontiers. Essays on the New Transatlantic Slave Trade Database. New Haven: Yale University Press, 2008, S. 250–271.

Weiske, Constanze, Lawful Conquest? European Colonial Law and the Appropriation Practices in Northeastern South America, Trinidad and Tobago, Berlin; Boston: De Gruyter, 2021 (Dialectics of the Global 12).

Weiss, Holger, „Danskar och svenskar i den atlantiska slavhandeln 1650–1850" [Les Danois et les Suédois dans la traite négrière transatlantique 1650–1850], in: Müller, Leos; Rydén, Göran; Weiss (eds.), Global historia från periferin. Norden 1600–1850, Lund: Studentlitteratur, 2009, S. 39–74.

Weiss (ed.), Ports of Globalisation, Places of Creolisation. Nordic Possessions in the Atlantic World during the Era of the Slave Trade, Leiden: Brill, 2016.

Welch, Pedro L., Slave Society in the City. Bridgetown, Barbados, 1680–1834, Kingston: Ian Randle Publishers, 2003.

Welie, Rik van, „Slave Trading and Slavery in the Dutch Colonial Empire. A Global Comparison", in: Nieuw West-Indische Gids/ New West-Indian Guide 82:1–2 (2008), S. 45–94.

Weltfish, Gene, The Universe Lost. Pawnee Life and Culture, New York: Bison Books, 1977.

Wemheuer, Felix (ed.), Marx und der globale Süden, Köln: PapyRossa Verlag, 2016.

Wendt, Reinhard, „Zucker – zentrales Leitprodukt der Europäischen Expansion", in: Zeitschrift für Agrargeschichte und Agrarsoziologie 61 (2013), S. 43–58.

Wendt, Vom Kolonialismus zur Globalisierung. Europa und die Welt seit 1500, Paderborn: Ferdinand Schöningh, 2016.

Wheat, David, „Nharas and Morenas Horras. A Luso-African Model for the Social History of the Spanish Caribbean, c.1570–1640", in: Journal of Early Modern History 14:1–2 (2010), S. 119–150.

Wheat, „Garcia Mendes Castelo Branco, fidalgo de Angola y mercader de esclavos en Veracruz y el Caribe a principios del siglo XVII", in: Velázquez, María Elisa (eds.), Debates históricos contemporáneos. Africanos y afrodescendientes en México y Centroamérica, México, D.F.: INAH; CEMCA; UNAM-CIALC; IRD, 2011, S. 85–107 (http://books.openedition.org/cemca/197#ftn3 [01. Juli 2022]).

Wheat, „Global Transit Points and Travel in the Iberian Maritime World, 1580–1640", in: Mancall, Peter C.; Shammas, Carole (eds.), Governing the Sea in the Early Modern Era. Essays in Honor of Robert C. Ritchie, San Marino: Huntington Library, 2015, S. 253–274.

Wheat, Atlantic Africa and the Spanish Caribbean, 1570–1640, Chapel Hill: University of North Carolina Press, 2016 (Omohundro Institute of Early American History and Culture).

Wheat, „Tangomãos en Tenerife y Sierra Leona a mediados del siglo XVI", in: Cliocanarias 2 (2020), S. 545–569.

Wheat, „Otros pasajes. Movilidades africanas y la polifuncionalidad de los navíos negreros en el Atlántico ibérico, siglos XVI–XVII", in: Naranjo Orovio, Consuelo (ed.), Sometidos a esclavitud. Los africanos y sus descendientes en el Caribe Hispano, Santa Marta: Editorial Unimagdalena, 2021 (Colección Humanidades y Artes. Historia), S. 89–116.

Wheeler, Douglas, „Angolan Woman of Means. D. Ana Joaquina dos Santos e Silva, Mid-Nineteenth Century Luso-African Merchant-Capitalist of Luanda", in: Santa Barbara Portuguese Studies Review 3 (1996), S. 284–297.

Wiecker, Nils, Der iberische Atlantikhandel. Schiffsverkehr zwischen Spanien, Portugal und Iberoamerika, 1700–1800, Stuttgart: Steiner, 2012 (Beiträge zur Europäischen Überseegeschichte 99).

Wilks, Ivor, Forests of Gold. Essays on the Akan and the Kingdom of Asante, Athens: Ohio University Press, 1993.

Williams, Jennie K., „Trouble the Water. The Baltimore to New Orleans Coastwise Slave Trade, 1820–1860", in: Slavery & Abolition 41:2 (2020), S. 275–303.

Williams, Neville, The Sea Dogs. Privateers, Plunder and Piracy in the Elizabethan Age, New York: Macmillan Publishing, 1975.

Wimmler, Jutta, Centralized African States in the Transatlantic Slave Trade. The Example of 18th Century Asante and Dahomey, Graz: Leykam, 2012.

Wimmler, The Sun King's Atlantic. Drugs, Demons and Dyestuffs in the Atlantic World, 1640–1730, Leiden: Brill, 2017.

Wing, John T., Roots of Empire. Forests and State Power in Early Modern Spain, c.1500–1750, Leiden: Brill, 2015 (Brill's Series in the History of the Environment 4).

Wolf, Eric R.; Mintz, Sidney W., „Haciendas y plantaciones en Mesoamérica y Las Antillas", in: Florescano, Enrique (ed.), Haciendas, latifundio y plantaciones en América Latina, México: Siglo XXI, 1975, S. 532–572.

Wolff, Jennifer, „‚Guerra justa' y Real Hacienda. Una nueva aproximación a la esclavitud indígena en la isla de San Juan y la Española, 1509–1519", in: Op. Cit. 22 (2013–2014), S. 215–257.

Wolff, „Emaranhado. El Caribe hispano como espacio del Atlántico luso-africano. Una mirada a la trata esclavista desde los márgenes antillanos. Puerto Rico, 1560–1630", in: Naranjo Orovio, Consuelo (ed.), Sometidos a esclavitud. Los africanos y sus descendientes en el Caribe Hispano, Santa Marta: Editorial Unimagdalena, 2021 (Colección Humanidades y Artes. Historia), S. 117–169.

Wood, Marcus, The Horrible Gift of Freedom. Atlantic Slavery and the Representations of Emancipation, Athens: Ohio University Press, 2010.

Wright, Irene, „Rescates. With Special Reference to Cuba, 1599–1610", in: Hispanic American Historical Review 3:3 (1920), S. 333–361

Yáñez, César, „Los negocios ultramarinos de una burguesía cosmopolita. Los catalanes en las primeras fases de la globalización, 1750–1914", in: Revista de Indias 64, no. 238 (2006), S. 679–710.

Yazdani, Kaveh, „18th-Century Plantation Slavery, Capitalism and the Most Precious Colony in the World", in: Vierteljahresschrift für Sozial- und Wirtschaftsgeschichte 108:4 (2021), S. 457–503.

Yun-Casalilla, Bartolomé, „The History of Consumption of Early Modern Europe in a Trans-Atlantic Perspective. Some New Challenges in European Social History", in: Hyden-Hanscho, Veronika; Pieper, Renate; Stangl, Werner (eds.), Cultural Exchange and Consumption Patterns in the Age of Enlightenment. Europe and the Atlantic World, Bochum: Verlag Dr. Dieter Winkler, 2013, S. 25–40.

Zabala, Aingeru., „La vida cotidiana en los navíos de comercio", in: Palacio Atard, Vicente (ed.), España y el mar en el siglo de Carlos III. Vicente Palacio Atard y otros, Madrid: Marinvest, 1989, S. 183–198.

Zambrano Pérez, Milton, „Piratas, piratería y comercio ilícito en el Caribe. La visión del otro (1550–1650)", in: Historia Caribe 12 (2007), S. 23–56.

Zanetti Lecuona, Oscar; García Álvarez, Alejandro, Caminos para el azúcar, La Habana: Ed. de Ciencias Sociales, 1987 (Englisch: Zanetti Lecuona; García Álvarez, Sugar and Railroads. A Cuban History; 1837–1959, Chapel Hill; London: University of North Carolina Press, 1998).

Zapatero, Juan Manuel, Historia de las fortificaciones de Puerto Cabello, Caracas: Banco Central de Venezuela, 1977.

Zehnle, Stephanie, „Narben vor Gericht. Afrikanische Dermografiken und koloniale Aneignungen", in: WerkstattGeschichte 83:1 (2021), S. 75–94.

Zeron, Carlos Alberto, „Les Jésuites et le commerce d'esclaves entre le Brésil et l'Angola à la fin du XVIe siècle", in: Traverse. Zeitschrift für Geschichte/ Revue d'historie 1 (1996), S. 34–50.

Zeuske, Michael, Sklavereien, Emanzipationen und atlantische Weltgeschichte. Essays über Mikrogeschichten, Sklaven, Globalisierungen und Rassismus, Leipzig: Leipziger Universitätsverlag 2002 (Arbeitsberichte des Instituts für Kultur und Universalgeschichte Leipzig e.V. 6).

Zeuske, Schwarze Karibik. Sklaven, Sklavereikulturen und Emanzipation, Zürich: Rotpunktverlag, 2004.

Zeuske, „Atlantik, Sklaven und Sklaverei – Elemente einer neuen Globalgeschichte", in: Jahrbuch für Geschichte der Europäischen Expansion 6 (2006), S. 9–44

Zeuske, „Sklaverei, Postemanzipation und Gender auf Kuba. Ein Überblick", in: Schmieder, Ulrike (ed.), Postemanzipation und Gender, Leipzig: Leipziger Universitätsverlag, 2007 (= Comparativ. Zeitschrift für Globalgeschichte und Vergleichende Gesellschaftsforschung 17:1), S. 18–37.

Zeuske, Von Bolívar zu Chávez. Die Geschichte Venezuelas, Zürich: Rotpunktverlag, 2008.

Zeuske, Die Geschichte der Amistad. Sklavenhandel und Menschenschmuggel auf dem Atlantik im 19. Jahrhundert, Stuttgart: Reclam, 2012.

Zeuske, „Slaving. Traumata und Erinnerungen der Verschleppung", in: Jahrbuch für Europäische Überseegeschichte 13 (2013), S. 69–104.

Zeuske, Amistad. A Hidden Network of Slavers and Merchants. Translated by Rendall, Steven, Princeton: Markus Wiener Publishers, 2014.

Zeuske, „Postemancipación y trabajo en Cuba", in: Boletín Americanista 64, no. 68 (2014) (= La Postemancipación en las Américas. Síntesis y Nuevas Perspectivas de Análisis"), S. 77–99.

Zeuske, „The French Revolution in Spanish America. With Some Reflections on Manfred Kossok as Marxist Historian of ‚Bourgeois Revolutions'", in: Review 38:1–2 (2015; = Toward a Historical Social Science), S. 99–145.

Zeuske, „Atlantic Slavery und Wirtschaftskultur in welt- und globalhistorischer Perspektive", in: Geschichte in Wissenschaft und Unterricht 5–6 (2015), S. 280–301.

Zeuske, Sklavenhändler, Negreros und Atlantikkreolen. Eine Weltgeschichte des Sklavenhandels im atlantischen Raum, Berlin; Boston: De Gruyter, 2015.

Zeuske, „Francisco de Arango y Parreño. Representación (1811). Oder: Der ‚Adam Smith der Plantagensklaverei in den Amerikas' und das Verhältnis von ‚Rasse' und Klasse", in: Stieglitz, Olaf; Martschukat, Jürgen (eds.), Race & Sex. Eine Geschichte der Neuzeit. 49 Schlüsseltexte aus vier Jahrhunderten neu gelesen, Berlin: Neofelis Verlag 2016, S. 353–357.

Zeuske, „Sklaven und Tabak in der atlantischen Weltgeschichte", in: Historische Zeitschrift 303:2 (2016), S. 315–348 (https://www.degruyter.com/downloadpdf/j/hzhz.2016.303.issue-2/hzhz-2016-0379/hzhz-2016-0379.xml [26. Oktober 2016]).

Zeuske, „Cosmopolites of the Hidden Atlantic. The ‚Africans' Daniel Botefeur and his Personal Slave Robin Botefeur in Cuba/ Cosmopolitas del Atlántico esclavista/ Los ‚africanos' Daniel

Botefeur y su esclavos de confianza Robin Botefeur in Cuba", in: Almanack 12 (2016),
S. 129–155 (http://dx.doi.org/10.1590/2236-463320161208).

Zeuske, „Coolies – Asiáticos and Chinos. Global Dimensions of Second Slavery", in: Damir-
Geilsdorf, Sabine; Lindner, Ulrike; Müller, Gesine; Tappe, Oliver; Zeuske (eds.), Bonded
Labour. Global and Comparative Perspectives (18th–21st Century), Bielefeld: transcript Verlag,
2016, S. 35–57.

Zeuske, „Karl Marx, Sklaverei, Formationstheorie, ursprüngliche Akkumulation und Global South", in:
Wemheuer, Felix (ed.), Marx und der globale Süden, Köln: PapyRossa Verlag, 2016, S. 96–144.

Zeuske, „La Habana and Nueva Orleans/ New Orleans – Two Metropolis of Slave Trade", in: Ette,
Ottmar; Müller, Gesine (eds.), New Orleans and the Global South. Caribbean, Creolization,
Carnival, Hildesheim, Zürich; New York: Olms, 2017, S. 337–375.

Zeuske, „Microhistorias de vida y Hidden Atlantic. Los ‚africanos' Daniel Botefeur y Robin Botefeur
en África, en el Atlántico y en Cuba/ Life microhistories and Hidden Atlantic. The ‚Africans'
Daniel Botefeur and Robin Botefeur in Africa, the Atlantic, and Cuba", in: Sanz Rozalén, Vicent;
Zeuske (eds.), Millars. Espai i Història 42 (2017; = Número monográfico dedicado a
‚Microhistoria de esclavas y esclavos'), S. 151–191.

Zeuske, „Versklavte und Sklavereien in der Geschichte Chinas aus global-historischer Sicht.
Perspektiven und Probleme", in: Dhau. Jahrbuch für außereuropäische Geschichte 2
(2017; = Sklaverei in der Vormoderne. Beispiele aus außereuropäischen Gesellschaften), S. 25–51.

Zeuske, „Kaffee statt Zucker. Die globale commodity Kaffee und die Sklaverei auf Kuba
(ca. 1790–1870)", in: Saeculum. Jahrbuch für Universalgeschichte 67:2 (2017), S. 275–303.

Zeuske, „Sklaverei in der Neuen Welt – auch eine transrechtliche Sklaverei auf der Linie
Afrika-Atlantik-Amerika?", in: Fargnoli, Iole; Späth, Thomas (eds.), Sklaverei und Recht.
Zwischen römischer Antike und moderner Welt, Bern: Haupt, 2018 (Berner Universitätsschriften
61), S. 101–144.

Zeuske, „Del reino de Hannover a Cuba y Estados Unidos, pasando por el infierno de la trata en
Senegambia y el Atlántico. El médico y negrero alemán Daniel Botefeur 1770–1821", in: Opatrný,
Josef (ed.), Caribe hispano y Europa. Siglos XIX y XX. Dos siglos de relaciones, Praga: Universidad
Carolina; Editorial Karolinum, 2018 (= Ibero-Americana Pragensia Supplementum 48), S. 47–81.

Zeuske, „Out of the Americas. Slave Traders and the Hidden Atlantic in the Nineteenth Century", in:
Atlantic Studies 15:1 (2018), S. 103–135.

Zeuske, Sklaverei. Eine Menschheitsgeschichte. Von der Steinzeit bis heute, Stuttgart: Reclam,
2018 ([2]2021).

Zeuske, „Atlantik und ‚Atlantic Slavery'. Neuere Forschungskomplexe und Historiografien", in:
Historische Zeitschrift 309 (2019; = Neue Historische Literatur. Schwerpunkt Geschichte der
Sklaverei), S. 411–428.

Zeuske, Handbuch Geschichte der Sklaverei. Eine Globalgeschichte von den Anfängen bis heute,
2 Bde., Berlin; Boston: De Gruyter, [2]2019.

Zeuske, „Kolumbus als Sklavenhändler und der Kapitalismus menschlicher Körper", in: Arnold,
Rafael; Buschmann, Albrecht; Morkötter, Steffi; Wodianka, Stephanie (eds.), Romanistik in
Rostock. Beiträge zum 600. Universitätsjubiläum, Norderstedt: BoD, 2019 (Rostocker Studien
zur Universitätsgeschichte 32), S. 11–36.

Zeuske, „Humboldt in Venezuela and Cuba. The ‚Second Slavery'", in: German Life and Letters 74:3
(2021), S. 311–325.

Zeuske, „The Atlantic and Atlantic Slavery, the Hidden Atlantic, and Capitalism", in: Tomich, Dale
W.; Lovejoy, Paul E. (eds.), The Atlantic and Africa. The Second Slavery and Beyond, Albany:
State University of New York Press, 2021, S. 65–105.

Zeuske, „Legados de la esclavitud y afrodescendientes en Cuba, Puerto Rico y el Caribe", in: Burchardt, Hans-Jügen (ed.), (Post)colonialismo a prueba. Cuba, Puerto Rico y las Filipinas desde una perspectiva comparada, México: Editorial Gedisa, 2021, S. 391–415.

Zeuske, „Legacies of Slavery and People of African Descent in Cuba, Puerto Rico, and the Caribbean", in: Burchardt, Hans-Jürgen; Leinius, Johanna (eds.), (Post-)Colonial Archipelagos. Comparing the Legacies of Spanish Colonialism in Cuba, Puerto Rico, and the Philippines, Ann Arbor: University of Michigan Press, 2022, S. 285–304.

Zeuske; Conermann, Stephan, „The Slavery/ Capitalism Debate Global. From „Capitalism and Slavery" to Slavery as Capitalism. Introduction", in: Conermann; Zeuske (eds.), The Slavery/ Capitalism Debate Global. From ‚Capitalism and Slavery' to Slavery as Capitalism (= Comparativ. Zeitschrift für Globalgeschichte und Vergleichende Gesellschaftsforschung 30:5–6 [2020]), S. 448–463.

Zeuske, „Writing Global Histories of Slavery", in: Doddington, David Stefan; Dal Lago, Enrico (eds.), Writing the History of Slavery, London: Bloomsbury Academic, 2022, S. 41–57.

Zeuske; García Martínez, Orlando, La sublevación esclava en la goleta Amistad. Ramón Ferrer y las redes de contrabando en el mundo Atlántico, La Habana: Ediciones UNIÓN, 2013.

Zeuske; Sanz Rozalén, Vicent, „El Negrito y la microeconomía política de la trata negrera en el Atlántico. La arribada a puerto con un cargamento de esclavizados", in: Martín Casares, Aurelia; Benítez Sánchez-Blanco, Rafael; Schiavon, Andrea (eds.), Reflejos de la esclavitud en el arte. Imágenes de Europa y América, Valencia: tirant humanidades, 2021, S. 138–160.

Ziemann, Daniel, Vom Wandervolk zur Großmacht. Die Entstehung Bulgariens im frühen Mittelalter (7.–9. Jh.), Köln; Weimar; Wien: Böhlau, 2007.

Zogbaum, Heidi, „The Steam Engines in Cuba's Sugar Industry, 1794–1860", in: Journal of Iberian and Latin American Studies 8:2 (2002), S. 37–60.

Zwahr, Helmut, Herr und Knecht. Figurenpaare in der deutschen Geschichte, Leipzig; Jena; Berlin: Urania-Verlag, 1990.

Illustrationen (Karten, Bilder und Fotos)

---

811 Siehe: Wright, Irene, „Rescates. With Special Reference to Cuba, 1599–1610", in: Hispanic American Historical Review 3:3 (1920), S. 333–361; Andrews, Kenneth R., The Spanish Caribbean. Trade and Plunder, 1530–1630, New Haven: Yale University Press, 1978; Fuente, „Introducción al studio de la trata en Cuba. Siglos XVI y XVII", in: Santiago 61 (1986), S. 155–208; Deive, Carlos E., Tangomangos. Contrabando y piratería en Santo Domingo, 1522–1606, Santo Domingo: Fundación Cultural Dominicana, 1996; Reichert, „Las Devastaciones de Osorio y los situados novohispanos para Santo Domingo durante los reinados de la casa de Habsburgo", in: Iberoamericana 16, no. 63 (2016), S. 131–147.

litografiadas por Eduardo Laplante, Madrid: CEDEX-CEHOPU; CSIC, Fundación MAPFRE Tavera y EDICIONES Doce Calles, S.L., 2005, S. 218 —— **216**

Abb. 6c Moreno Fraginals, Manuel, El Ingenio. Complejo económico social cubano del azúcar, Bd. 1, La Habana: Ed. de Ciencias Sociales, 1978., S. 231 (nach Samuel Hazard, Cuba with Pen and Pencil, 1865; Spanisch: Hazard, Samuel, Cuba a pluma y lapiz. Traducción del inglés por Adrian del Valle, Bd. 2, La Habana: Cultural, S. A., 1928 (Colección de libros cubanos 7–9), S. 196 und 197) —— **217**

Abb. 7a García Mora; Santamaría García (eds.), Los Ingenios. Colección de vistas de los principales ingenios de azúcar de la Isla de Cuba. El texto redactado por Cantero, Justo G. Con las láminas dibujadas del natural y litografiadas por Eduardo Laplante, Madrid: CEDEX-CEHOPU; CSIC, Fundación MAPFRE Tavera y EDICIONES Doce Calles, S.L., 2005, S. 224 —— **221**

Abb. 7b Foto: Privatarchiv Michael Zeuske —— **222**

Karte 8 „Ferrocarriles, Vapores y Estaciones Telegráficas del Departamento occidental", José M. de la Torre 1857; https://bdh-rd.bne.es/viewer.vm?id=0000016840 (13. Dezember 2021) —— **223**

Abb. 9 García Mora; Santamaría García, „Los almacenes de Regla", in: García Mora; Santamaría García (eds.), Los Ingenios. Colección de vistas de los principales ingenios de azúcar de la Isla de Cuba. El texto redactado por Cantero, Justo G. Con las láminas dibujadas del natural y litografiadas por Eduardo Laplante, Madrid: CEDEX-CEHOPU; CSIC, Fundación MAPFRE Tavera y EDICIONES Doce Calles, S.L., 2005, S. 122–126, Abb. S. 122 —— **225**

Abb. 10a Foto: Michael Zeuske, 2009; siehe auch: Zeuske, Michael, „Sklaven und Tabak in der atlantischen Weltgeschichte", in: Historische Zeitschrift 303:2 (2016), S. 315–348, Abb. S. 322 —— **228**

Abb. 10b Lithographie von *Pierre Toussaint Frédéric (Federico) Miahle*, Album Pintoresco de la Isla de Cuba. Storch & Kramer, Berlin, für: *Bernardo May y Ca.*, Havana, c. 1855, Tafel 27, reproduziert in: Grabados Coloniales de Cuba [Ausstellungskatalog], La Habana; Santander: Museo Nacional de Cuba; Museo de Bellas Artes, Ayuntamiento de Santander, 1998, S. 107 (gemeinfrei), Archiv Michael Zeuske —— **229**

Abb. 10c Foto: Michael Zeuske, 2013 —— **229**

Abb. 11a „Pierre-Joseph Laborie's model coffee plantation. Laborie, Coffee Planter of Santo Domingo", in: Tomich; Marquese; Funes Monzote; Venegas Fornias, „The Brasilian Coffee Fazenda", in: Tomich; Marquese; Funes Monzote; Venegas Fornias, Reconstructing the Landscapes of Slavery. A Visual History of the Plantation in the Nineteenth-Century Atlantic World, Chapel Hill: The University of North Carolina Press, 2021, S. 123–145, Abb. S. 125 —— **231**

Abb. 11b „Cafetal La Ermita en las lomas del Cusco" (Kuba), in: Tomich; Marquese; Funes Monzote; Venegas Fornias, „The Brasilian Coffee Fazenda", in: Tomich; Marquese; Funes Monzote; Venegas Fornias, Reconstructing the Landscapes of Slavery. A Visual History of the Plantation in the Nineteenth-Century Atlantic World, Chapel Hill: The University of North Carolina Press, 2021, S. 123–145, Abb. S. 127[812] —— **232**

---

812 Siehe auch: Miahle, Federico, „Cafetal La Ermita en las lomas del Cusco", in: Miahle, Álbum Isla de Cuba Pintoresca, La Habana: Real Sociedad Patriótica, 1839; Grabados Coloniales de Cuba [Ausstellungskatalog], La Habana; Santander: Museo Nacional de Cuba; Museo de Bellas Artes, Ayuntamiento de Santander, 1998, S. 111, „Picture 3" (koloriert).

Abbildung auf der letzten Seite: Entwurf eines Wappens für den Piraten (aus spanischer
Sicht) und *privateer* (aus englischer Sicht) John Hawkins. College of Arms MS Misc. Grants 1,
fol. 148r. Reproduced by permission of the Kings, Heralds and Pursuivants of Arms.

Register

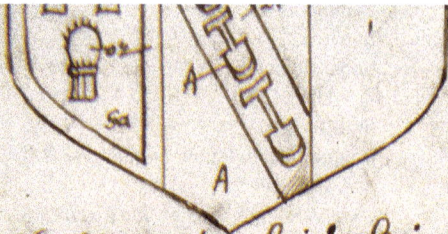

Sr John Hawkins Knight :

Ego Clanton gonon by
Robt Cooke Clar : 1568